MESMER

MESMER

A ciência negada do magnetismo animal

5ª edição

PAULO HENRIQUE DE FIGUEIREDO
autor de Revolução Espírita - A teoria esquecida de Allan Kardec

© 2017 Paulo Henrique de Figueiredo

EDITORA MAAT
São Paulo - SP
Site: www.editoramaat.com.br
E-mail: maat@editoramaat.com.br

FUNDAÇÃO ESPÍRITA ANDRÉ LUIZ
Guarulhos - SP
www.feal.com.br
editorial@feal.com.br

5ª edição, 1ª reimpressão
Tiragem: 2.000 exemplares
Impresso na Gráfica Viena

A reprodução parcial ou total desta obra, por qualquer meio, somente será permitida com a autorização por escrito da editora. (Lei n° 9.610 de 19.02.1998)

Impresso no Brasil
Presita en Brazilo

Tradução do francês dos textos de Mesmer
Álvaro Glerean

Capa e projeto gráfico
Bruno Tonel

Dados Internacionais de Catalogação na Publicação (CIP)
Angelica Ilacqua CRB-8/7057

F475m

    Figueiredo, Paulo Henrique de.
        Mesmer: a ciência negada do magnetismo animal / Paulo Henrique de Figueiredo. [tradução do francês dos textos de Mesmer por Álvaro Glerean] – 5. ed. – Guarulhos: Fundação Espírita André Luiz; São Paulo: Maat, 2019.
        592 p. : 16 x 22 cm

        Bibliografia
        ISBN 978-85-7943-091-6 (Feal)

    1. Magnetismo animal. 2. Medicina. 3. História da medicina. 4. Sistemas terapêuticos. 5. Mesmer, Franz Anton, 1734-1815. I. Título. II. Glerean, Álvaro.

19-1190
                                CDD-154.72

Índice para catálogo sistemático
1.Magnetismo animal 154.72

*Nasci em tempos rudes Aceitei
contradições lutas e pedras como lições
de vida e delas me sirvo. Aprendi a viver.*
CORA CORALINA

*Foi assim que viu a vida Cora Coralina. Empresto esse poema para
expressar minha gratidão. Agradeço todo apoio e compreensão de
minha esposa Viviane, e de minhas filhas, Juliana e Carolina.*

SUMÁRIO

Prefácio do tradutor 11
Prefácio à 4ª edição 13
Introdução 21
Cronologia de Mesmer 63

Parte 1: biografia de Franz Anton Mesmer 68
   I - Uma cuidadosa formação...71
   II - Doutorado em medicina 77
   III - O magnetismo animal 87
   IV - Mozart nos jardins de Mesmer..93
   V - A *baquet* e outros métodos 101
   VI - Mesmer e o espiritualismo..119
   VII - O sonambulismo magnético 127
   VIII - Magnetismo e espiritismo...141
   IX - Mesmer ressurge entre os espíritos...149
   X - Bibliografia completa de Franz Anton Mesmer........................151

Parte 2: breve história da medicina 154
   I - A medicina oficial dos tempos de Mesmer 157
   II - Medicina científica e filosofia 169
   III - Cristianismo e cura...175
   IV - O galenismo e a teoria dos humores 179
   V - A medicina dogmática 195
   VI - Surgem contestações e reformas 209
   VII - O renascimento das ciências médicas.....................................217
   VIII - O iluminismo e a medicina vitalista 225
   IX - Espiritualismo e materialismo...239
   X - A medicina integral 245

Parte 3: obras originais de Mesmer..266
Sumário histórico das obras de Mesmer 269

Memória sobre a descoberta do magnetismo animal............................294
Nota à edição brasileira 295
Aviso ao público 297
Memória sobre a descoberta do magnetismo animal................................299
Proposições 321
Apêndice 325

Resumo histórico dos fatos relativos ao magnetismo animal................330
Nota à edição brasileira 331
Lista das corporações de sábios às quais este escrito foi endereçado 333
Resumo histórico dos fatos relativos ao magnetismo animal 337
Relações com a Faculdade de Medicina de Viena....................................345
Relações com a Academia de Ciências de Paris.......................................351
Relações com a Sociedade Real de Medicina de Paris 365
Relações diversas de agosto de 1778 a setembro de 1780........................381
Relações com a Faculdade de Medicina de Paris 403
Proposições do senhor Mesmer à Faculdade de Medicina de Paris.........405
Reflexões históricas servindo de conclusão a esta obra............................453
Peças justificativas 473

Memória de F. A. Mesmer, doutor em medicina, sobre suas descobertas...... 478
Nota à edição brasileira 479
Prefácio...481
Memória de F. A. Mesmer, doutor em medicina, sobre suas descobertas 485

Apêndice I: Magnetismo animal e homeopatia....................................526

Apêndice II: Aforismos do senhor Mesmer...536
Nota à edição brasileira 537
Aforismos do senhor Mesmer 539

Apêndice III: Uma carta manuscrita de Mesmer.................................576

Referências 580

PREFÁCIO DO TRADUTOR

Conheci, certamente não por acaso, uma pessoa, o Paulo Henrique, que estava à procura de alguém que pudesse traduzir do francês, livros escritos por Mesmer e seus discípulos. Após relatar o seu projeto, ou seja, o de escrever sobre o magnetismo, relacionando-o com o espiritualismo e com a doutrina espírita, perguntou se eu não conhecia alguém que pudesse fazer as traduções. Como eu havia feito já a tradução de um livro científico do francês e a supervisão de outra tradução, respondi que poderia tentar, mesmo porque eu já estava quase que totalmente envolvido com o tema, pela simples exposição que ele havia feito.

Com o passar do tempo, vencendo todas as dificuldades próprias de uma tradução, mais ainda por se tratar de assunto que envolvia não só a parte médica, mas também a parte conceitual da época (século 18), além do texto original com a grafia e os caracteres gráficos também da época, acabei me envolvendo profundamente com o assunto e adquirindo conhecimentos valiosos não só do ponto de vista conceitual como também filosófico. Travei conhecimento íntimo com duas personalidades marcantes (Mesmer e o marquês de Puységur), amplamente cultas e que, com certeza, podem ser incluídos entre aquelas pessoas que vieram para exercer uma missão aqui no nosso mundo. No momento em que percebi este fato, a tradução passou a ser para mim como que uma obrigação que deveria ser cumprida da melhor maneira possível, pois que deveria servir não só para divulgar o pensamento e as teorias de ambos, como também como tentativa para resgatá-los.

Esta experiência foi para mim extremamente gratificante, porque pude conhecer mais a fundo essas personalidades ímpares, além de entrar em contato com a época em que eles viveram, assim como com o conhecimento médico, filosófico e social, e também todas as dificuldades por eles enfrentadas e suas lutas inglórias para divulgar suas descobertas e importantes achados sobre o magnetismo animal e suas aplicações na medicina.

Em resumo, tive a dolorosa sensação de estar convivendo com toda aquela gente e seu modo de ser e de agir, e estar assistindo às manobras vis realizadas por puro interesse contra os dois pioneiros – manobras que acabaram impedindo que eles impusessem seu modo de curar. Ao mesmo tempo, estive observando sua tenacidade e sua alta capacidade de trabalho visando à cura de seus pacientes, geralmente agindo em circunstâncias inadequadas. Enfim, creio que este trabalho acrescentou algo positivo no meu modo de ser e de pensar: ao se tomar conhecimento de vidas como estas, bem como das vidas de seus contemporâneos, não há como deixar de aprender muito e de agradecer pela excelente oportunidade de ser um pouco útil.

ÁLVARO GLEREAN

Nascido em São Paulo, capital, a 21 de maio de 1930, o doutor Álvaro Glerean formou-se em medicina pela Escola Paulista de Medicina (atual Unifesp) em 1956. Monitor da cadeira de histologia da Escola Paulista de Medicina. Docente da disciplina de histologia da Faculdade de Odontologia de São José dos Campos. Doutor em ciências pela Universidade de São Paulo, 1969. Docente da disciplina de histologia e embriologia geral do Instituto de Ciências Biomédicas da Universidade de São Paulo. Docente da disciplina de histologia do departamento de Morfologia da Universidade Federal de São Paulo, Escola Paulista de Medicina. Tradutor de livros científicos da língua francesa. Autor do *Manual de histologia – texto e atlas para os estudantes da* área *de saúde* (Atheneu, São Paulo, 2002), além de uma série de coletâneas de contos, como *Diálogos, Histórias temporãs, Reflexões*, e *Histórias contadas pelo meu computador*, publicadas pela Editora Baraúna, SP.

PREFÁCIO À 4ª EDIÇÃO

Depois de três edições esgotadas, Mesmer – a ciência negada do magnetismo animal está relançada, ampliada e revista, com nova capa e projeto gráfico. Faz parte agora de uma trilogia, a qual deu início, e tem como segunda obra Revolução Espírita – a teoria esquecida de Allan Kardec. Além de uma terceira que a completará, em elaboração.

Este livro oferece as principais obras do médico Franz Anton Mesmer traduzidas para o português, além de uma biografia renovada e fiel aos fatos, e uma contextualização da medicina em sua histórica tradição espiritualista.

Toda obra tem sua história. A desta teve início nos anos oitenta, quando pesquisávamos a doutrina espírita de Allan Kardec e nos deparamos com a seguinte afirmativa desse autor, em sua *Revista Espírita* de 1858:

> O Magnetismo preparou os caminhos do Espiritismo, e os rápidos progressos dessa última doutrina são, incontestavelmente, devidos à vulgarização das ideias da primeira. Dos fenômenos magnéticos, do sonambulismo e do êxtase, às manifestações espíritas, não há senão um passo; sua conexão é tal que é, por assim dizer, impossível falar de um sem falar do outro. Se devêssemos ficar fora da ciência magnética, nosso quadro estaria incompleto, e se poderia nos comparar a um professor de física que se abstivesse de falar da luz. Todavia, como o Magnetismo já tem entre nós órgãos especiais, justamente autorizados, tornar-se-ia supérfluo cair sobre um assunto tratado com a superioridade do talento e da experiência; dele não falaremos, pois, senão acessoriamente, mas suficientemente para mostrar as relações íntimas das duas ciências que, na realidade, não fazem senão uma.

Um depoimento surpreendente e revelador! Essas palavras demonstram uma relação íntima entre as duas ciências, sendo o estudo de uma fundamental para a compreensão da outra. Isso quanto a vários aspectos, seja doutrinário, fenomênico, cultural. Além disso, o magnetismo dos tempos de Allan Kardec estava reabilitado, aceito socialmente, contando com consultórios, hospitais mesméricos, sua terapia estava acolhida e era aplicada pelos médicos homeopáticos e magnetizadores. As descobertas do sonambulismo influenciavam a filosofia e a psicologia. Diversas obras, cursos e instituições se encarregavam de divulgar e ensinar sua ciência. Foi por isso que Kardec, apesar de demonstrar a importância para o espírita em estudar essa ciência correlata, não ter se preocupou em reproduzir os fundamentos dela em suas obras espíritas, pelo livre acesso que o magnetismo tinha no ambiente cultural de então.

Todavia, não sabia o fundador do espiritismo que a doutrina espírita iria atravessar o Atlântico e aportar em terras brasileiras, ganhando milhões de adeptos e simpatizantes que estudariam suas obras. No Brasil, o magnetismo animal, apesar de ter aqui chegado por precursores como os médicos Domingos José Gonçalves de Magalhães, visconde do Araguaia, (1811-1882) e doutor Eduardo Monteggia durante o segundo império, não se estabeleceu como ciência e ficou completamente esquecido.

Não obstante a advertência de Kardec, o magnetismo animal não mais estava associado ao espiritismo para que se explicassem e completassem mutualmente. Diante dessa intrigante lacuna, demos início às pesquisas sobre as relações entre magnetismo animal e espiritismo que já se estenderam por três décadas.

No século vinte, no entanto, inúmeras fontes secundárias relataram as curas de Mesmer descrevendo cenas burlescas, extravagantes e vergonhosas. Casaco roxo ornado de flores, passos dançantes, varinha mágica, ajudantes desnudos. Impuseram ao magnetismo animal um fala supersticiosa que nunca houve no original. No discurso combativo, o uso abusivo da zombaria é um golpe mortal, esquivando-se da necessidade de argumentar, justificar, comparar, ou adotar o longo e difícil caminho de vencer pela razão. Numa época quando a religião considerava o riso pecado, o conde de Shaftesbury (1671-1713) defendia a "liberdade de zombar, a liberdade de questionar tudo, em uma linguagem decente, e a permissão de esclarecer e refutar qualquer argumento, sem ofender o interlocutor: essas são as condições que tornam agradáveis os colóquios intelectuais"[1]. Realmente, num discurso argumentativo, a zombaria bem colocada dá leveza, diverte e atenua o peso das argumentações. Todavia, quando se faz uso unicamente desse recurso, o escárnio torna-se uma forma de desviar o interesse do tema, sepultar as ideias que não se aceita sem que mesmo sejam

---

1   SHAFTESBURY. *Characteristicks of men, manners, opinions.* Londres: Time, 1711.

examinadas. É simplesmente calúnia e difamação. Não passa de uma hábil e infame maneira de se instaurar uma proposital conspiração do silêncio. Por essa maneira, Mesmer foi um dos grandes silenciados, e teve sua ciência negada!

O materialismo, no século 19, foi uma hipótese metafísica adotada por um grupo de pensadores, que debatiam suas ideias com a oposição dos espiritualistas racionais, que consideravam uma dimensão imaterial do ser humano além dos fenômenos biológicos. As ciências não lidam com verdades, mas possibilidades. Nenhuma teoria pode ser provada, e várias delas podem conviver de acordo com a escolha dos componentes das comunidades científicas. O professor Helmholtz, que lutou para defender uma ciência restrita aos fenômenos físico-químicos no século 19, fez um alerta fundamental quanto aos fundamentos da ciência: "Por favor, não esqueçamos que o materialismo é uma hipótese metafísica. Se isto for esquecido, o materialismo se converterá num dogma que irá entorpecer o progresso da ciência e irá conduzir, como todos os dogmas, a uma intolerância violenta"[2].

No século seguinte, porém, ao se adotar uma hegemonia materialista como dogma da universidade, que se espalhou por toda a cultura, o pensamento espiritualista perdeu sua legitimidade como interlocutor, seus argumentos deixaram de ser combatidos como se estivesse completamente derrotado. Ou seja, bastam ironia e silêncio para abolir as iniciativas espiritualistas de ver o mundo, a sociedade, as ciências.

A sabedoria oriental, porém, clama há milênios: todo exagero carrega em si mesmo a semente de sua oposição. A igreja impôs seus dogmas e gerou em aversão um ceticismo absoluto. No século 20, o dogmatismo materialista irrestrito criou uma imensa insatisfação contra sua pretensão de reduzir a metafísica ao nada. É natural do ser humano buscar o entendimento do que não vê. Buscar a causa invisível dos efeitos aparentes. Quem encontrar um botão que seja numa praia, jamais pensaria tratar-se de um objeto surgido do acaso, do desbastar natural pela erosão. Certamente imaginaria um criador, um artesão. Não há nada mais natural do que buscar na causa da vida uma causa primária, uma concepção filosófica de Deus. Um exame introspectivo de nós mesmos também nos leva a considerar a existência de uma individualidade subsistente ao corpo imortal, a intuição da existência da alma. A partir desses dois elementos, a relação entre alma e Deus aceita elaborar a hipótese de uma lei natural que estabelece uma harmonia quanto à moral, saúde, sociedade,

---

2   Transcrito por LEAKE, CHAUNCEY D. [1964]. *Perspectives of Adaptation: Historical Backgrounds in Handbook of Physiology*, vol. IV, ed. D. B. Dill et al., Amer. Physiological Soc., 1964.

comportamento, sobrevivência, e tudo o que concerne à humanidade. Para o espiritualismo racional, somente essas três ideias são o bastante para fundamentar uma proposta filosófica, científica e moral espiritualista; um alicerce sólido, simples e sustentável.

Mesmer adotou uma postura científica moderna, tendo como objetivo afastar a superstição pela evidencia das leis naturais. Foi assim que descobriu o sonambulismo, fenômeno precursor dos atuais estudos da hipnose e estados alterados de consciência:

> O que é certo é que esses fenômenos, tão antigos quanto as enfermidades dos homens, sempre espantaram e muitas vezes alucinaram o espírito humano. (...) Observando esses fenômenos, refletindo sobre a facilidade com a qual esses erros nascem, multiplicam-se e se sucedem, ninguém poderá desconhecer a fonte das opiniões sobre os oráculos, as inspirações, as sibilas, as profecias, as divinações, os sortilégios, a magia, a demonologia dos antigos. E nos nossos dias, as possessões e as convulsões. Embora essas diferentes opiniões pareçam tão absurdas quanto extravagantes, não passam de quimeras. São muitas vezes o resultado de observações de certos fenômenos da natureza que por falta de luz ou boa-fé foram sucessivamente desfigurados, ocultos ou misteriosamente escondidos. Posso provar hoje que tudo o que tem sido considerado verdadeiro nos fatos analisados deve ser relacionado com a mesma causa e que não devem ser levadas em conta senão como sendo modificações do estado chamado sonambulismo.

Como vamos demonstrar, as descrições burlescas escritas sobre Mesmer são falsas, retiradas de folhetos difamatórios anônimos espalhados pelas ruas de Paris em sua época, e quem se escondia sob pseudônimos eram seus declarados e ferrenhos opositores da academia. Mesmer foi um homem de seu tempo, médico reconhecido por sua carreira, respeitado por sua cultura ampla e diversa sobre ciências, filosofia, história. Mesmer foi um espiritualista e defendia seus argumentos em oposição aos que desejavam impor na universidade o materialismo reducionista, como Lavoisier e diversos médicos seus oponentes da academia. Era o ambiente do antigo regime, e o poder nas universidades de medicina obedecia a uma hierarquia ligada à nobreza. O medico do rei estava no topo dessa estrutura. E cabia a ele regimentar, controlar e definir os rumos da medicina oficial. Mesmer tinha uma consciência social que o permitiu enxergar essa relação entre política, poder e ciência com grande lucidez, como afirmou numa nota em suas Memórias:

> Na França, a cura de uma pessoa pobre nada é; quatro curas burguesas não valem a de um marquês ou a de um conde; quatro curas de um marquês equivalem apenas à de um duque; e quatro curas de um duque nada serão diante daquela de um príncipe. Que contraste com as minhas ideias, eu que acreditei merecer a atenção do mundo inteiro, quando na verdade não consegui curar senão cães.

Diversos discípulos de Mesmer, como Lafayette, Adrien Duport, Duval d'Eprémesnil, o casal Roland, Nicolas Bergasse, viram no mesmerismo a possibilidade de tornar realidade os sonhos de Rousseau, instaurando uma medicina do povo, o resgate da saúde que poderia se aliar a uma grande regeneração social da França, demonstrando o equivoco e a artificialidade dos privilégios aristocráticos e o despotismo da monarquia. Sob a liderança de outro discípulo de Mesmer, Jacques-Pierre Brissot, esses homens lideraram a fase inicial da revolução francesa e ajudara a difundir seus princípios por toda a França.

As ideias transformadoras de Mesmer são fundamentais para ajudar na compreensão de como o povo francês saiu de uma submissão e dependência ao antigo regime e sonhou com a regeneração da humanidade, aderindo e sustentando a revolução francesa[3]. Mas sua influencia não terminou nesse final de século 18, e foi absolutamente influente na cultura do século 19. O fundador da homeopatia, Samuel Hahnemann, quando conheceu a proposta de Mesmer, percebeu a compatibilidade dessa terapia com sua própria. Os princípios eram os mesmos, apesar das descobertas terem surgido de forma independente! Muitos imaginam atualmente que a cura pelos passes se daria por uma transfusão de fluidos (ou energias, num termo atual) do magnetizador para o doente. Mas foi exatamente essa ideia, como vamos demostrar, que Mesmer considerou equivocada! Foi contra essa interpretação que ele sustentou sua revolução na medicina. Para Mesmer, a cura se dava por um processo autônomo e natural.

---

3   Sobre o tema, recomendamos a pesquisa de Robert Darnton em *O lado oculto da revolução – Mesmer e o final do iluminismo na França* (São Paulo: Companhia das Letras, 1988). Apesar de uma visão deturpada do significado científico da obra de Mesmer, Darnton concluiu que "o mesmerismo da década de 1780 forneceu boa parte do material com que os franceses reconstruíram suas concepções de mundo depois da Revolução".

Não eram remédios que curavam, mas uma força natural da fisiologia (vis medi-catrix naturae), que reconstruía a harmonia orgânica quando o desequilíbrio da doença se instaurava na economia orgânica. Por meio do passe o organismo saudável do magnetizador induzia um esforço no sentido da cura no corpo do paciente, numa ação dinâmica equivalente à dos remédios homeopáticos.

Para Mesmer, a natureza física do universo esta relacionada com estados de vibração nas diversas fases de um pleno, que representava toda a matéria sem que existam vazios. Os físicos e químicos de sua época achavam que a única maneira de uma força vencer as distâncias do vazio seria por meio de subs-tâncias feitas de átomos invisíveis e sem peso: os fluidos imponderáveis, como o fluido calórico, que explicava o fenômeno do calor, assim como os demais fluidos: luminoso, elétricos, magnéticos. Mas não para Mesmer. Para ele, os nossos sentidos apreendiam as vibrações dos meios. Os ouvidos percebiam as vibrações do ar, a visão as vibrações do éter, e assim por diante. Haveria, porém, estados de vibração da matéria em condições ainda mais sutis. E essas seriam responsáveis por colocar em sintonia os organismos do magnetizador e do paciente, explicando o mecanismo dessa cura. O destino desse debate de teorias da física seria surpreendente. A teoria dos fluidos imponderáveis da física do século 19 cairia por terra quando Einstein e seus contemporâneos instituíram os fundamentos da física moderna. E então as ideias de Mesmer sobre os estados de vibração do fluido universal se tornaram uma antecipação conceitual intuitiva da revolução dessa ciência!

Essa teoria ondulatória que Mesmer criou, denominada Fluido Universal, também explicava os fenômenos da lucidez sonambúlica, que ele descobriu durante o tratamento de seus pacientes. Alguns entravam num estado de sono especial, que os permitia, mesmo dormindo, descrever o que ocorria à distân-cia, observar os organismos em seu interior, prever o tratamento e o desfecho dos pacientes com os quais eram colocados em relação. Foi a descoberta do sonambulismo provocado, estado de consciência que causaria outra revolução, na filosofia, psicologia e diversas áreas da ciência.

Não poderíamos deixar de comentar a influência fundamental das ideias de Mesmer numa outra revolução do século 19, o espiritismo. Allan Kardec, antes de se dedicar aos estudos dos fenômenos espíritas, durante a sua brilhante carreira como escritor e educador, havia estudado a ciência de Mesmer durante trinta e cinco anos. E as relações entre magnetismo animal e espiritismo são para ele tão fundamentais que ele afirmou, numa *Revista Espírita* de 1869, num momento conclusivo de sua obra:

> O magnetismo e o Espiritismo são, com efeito, duas ciências gêmeas, que se completam e se explicam uma pela outra, e das quais aquela das duas que não quer se imobilizar, não pode chegar a seu complemento sem se apoiar sobre a sua congênere; isoladas uma da outra, elas se detêm num impasse; elas são reciprocamente como a física e a química, a anatomia e a fisiologia. A maioria dos magnetistas compreende de tal modo por intuição a relação íntima que deve existir entre as duas coisas, que se prevalecem geralmente de seus conhecimentos e magnetizam, como meio de introdução junto aos espíritas. (*Revista Espírita*, 1869, p. 7)

Segundo Kardec, magnetismo animal e espiritismo "se completam e se explicam" mutualmente, e as duas não poderiam se separar, pois isso faria com que caísse num "impasse", se imobilizando! São fortes e graves afirmativas num momento em que o espiritismo já estava estabelecido com a publicação de todas as obras que o fundamentavam, foi uma reflexão de um momento lúcido e conclusivo de seu legado. Mas essa não era apenas a opinião pessoal do professor Rivail, mas também a dos espíritos superiores que lhe transmitiram os ensinamentos que fundamentaram a doutrina espírita:

> O Espiritismo liga-se ao Magnetismo por laços íntimos (essas duas ciências são solidárias uma com a outra); (...) Os Espíritos sempre preconizaram o magnetismo, seja como meio curativo, seja como causa primeira de uma multidão de coisas; eles defendem sua causa e vêm prestar-lhe apoio contra seus inimigos. (*Revista Espírita*, 1858, p. 188)

Atualmente, tanto a homeopatia quanto o espiritismo contam com milhões de simpatizantes, e, apesar da estrutura acadêmica ainda submeter às suas instituições uma dogmatismo radical materialista, ambas possuem pesquisadores, divulgadores e estudiosos que recuperam e permitem estendem aos indivíduos os benefícios de suas práticas. Os benefícios práticos dos remédios homeopáticos são incontestáveis pela prática secular desde Hahnemann. E os benefícios morais e sócias da doutrina espíritas consolam e motivam aqueles que estudam as obras de Allan Kardec. Por outro lado, a descoberta do sonambulismo provocado abriu caminho para a pesquisa da hipnose, psicologia, psiquiatria, e outros ramos. Acreditamos que a tradução das obras fundamentais de Franz Anton Mesmer, uma nova biografia e a contextualização de sua medicina na cultura da época, que realizamos nesta obra, irá permitir uma compreensão mais ampla e legítima dessas ciências todas, como anunciaram seus próprios fundadores.

Quanto ao espiritismo, podemos confirmar o que disse Kardec ao assegurar o quanto o magnetismo animal a explica e completa, pois a pesquisa dessa nossa primeira obra, *Mesmer – a ciência negada do magnetismo animal* nos levou a descobrir o verdadeiro caráter da proposta espírita, relatado em *Revolução Espírita – a teoria esquecida de Allan Kardec*. O fundamento da cura e do sonambulismo descobertos por Mesmer está no conceito filosófico da autonomia. Não são remédios que curam, mas o próprio organismo do enfermo que recupera sua harmonia, pelos esforços naturais de sua fisiologia. E o sonambulismo provocado revela todo o potencial da alma, causa da individualidade que nos representa. Por sua vez, o espiritismo vai demonstrar toda a força da autonomia moral, como instrumento de transformação social pela adesão voluntária e consciente de cada indivíduo de nosso planeta. Ao contrário da moral heterônoma proposta pelas religiões tradicionais e pela ideologia materialista, que submete o indivíduo aos castigos e recompensas para agir submisso ás leis externas a si mesmo, a autonomia moral o leva a agir de acordo com as leis naturais presentes em sua própria consciência, transformando-o em agente livre da regeneração da humanidade.

Em sendo ciências gêmeas, magnetismo e espiritismo, também essas duas obras Mesmer e Revolução Espírita se comunicam e explicam mutuamente. Os pressupostos da recuperação que estas obras representam são harmônicos com quem acredita na regeneração da humanidade pela superação dos preconceitos e privilégios e o estabelecimento futuro de uma sociedade fundamentada na oportunidade para todos, valorização da diferença e da diversidade. Foi com essa esperança que Kardec terminou seu artigo, ao afirmar:

> Tudo prova, no desenvolvimento rápido do Espiritismo, que ele também terá logo seu direito de cidadania; a espera disso, aplaude com todas as suas forças a categoria que acaba de alcançar o Magnetismo, como a um sinal incontestável do progresso das ideias. (Idem, ibidem)

Oferecemos, enfim, ao leitor, a oportunidade de conhecer o pensamento de Franz Anton Mesmer afastado do preconceito e escárnio pelo qual foi injustamente negado no século 20. Ele indicou caminhos que deixamos de pisar depois da imposição do materialismo como única verdade aceita. Suas ideias sobre justiça social, medicina, psicologia, e tantos outros ramos do conhecimento são inspirações válidas para o debate contemporâneo, na busca por soluções para a atual crise moral da humanidade.

Paulo Henrique de Figueiredo, outubro de 2016.

INTRODUÇÃO

Aquele que deseja filosofar deve, antes de tudo, duvidar de todas as coisas. Não deve adotar posição num debate antes de ouvir as várias opiniões e considerar e comparar as razões pró e contra. Jamais deve julgar ou adotar posição com base no que ouviu, na opinião da maioria, na idade, nos méritos ou no prestígio do orador em questão, mas deve proceder de acordo com a persuasão de uma doutrina orgânica que seja fiel às coisas reais e a uma verdade que possa ser entendida à luz da razão.

GIORDANO BRUNO

CONSIDERAÇÕES INICIAIS

Quando do lançamento desta obra, no Brasil, havia uma escassez de fontes para pesquisa sobre o mesmerismo em nosso idioma. A tradução resumia-se a uma única e raríssima publicação contendo extratos de um dos livros de Mesmer, suas memórias de 1779 e 1799[4]. A obra foi editada unicamente em 1862[5], pelo magnetizador brasileiro doutor Eduardo Monteggia, que foi um dos pioneiros da divulgação e da prática do magnetismo animal no Brasil e se correspondeu com o barão du Potet e outros pesquisadores franceses.

---

4 A primeira tradução para língua inglesa de *Mémoire sur la decouverte du magnetisme animal* foi publicada somente em 1948: *Mesmerism by doctor Mesmer* (1779), acrescida de uma monografia de Gilbert Frankau e traduzida por V. R. Myers. London, Macdonald.

5 As memórias do doutor Mesmer, de 1779 e 1799, foram publicadas em cadernos mensais de 32 páginas e distribuídas gratuitamente, em 1862, aos assinantes do jornal *Propaganda da magnetotherapia*, do doutor Eduardo A. Monteggia.

Um leitor interessado tem à sua disposição apenas diminutas e escassas referências e citações em livros dedicados a assuntos correlatos, como medicina, hipnotismo, psicologia, psiquiatria, espiritismo, enciclopédias e romances da ciência. Todavia, ele irá se espantar ao constatar que quase todas as fontes secundárias a respeito do mesmerismo tem se contentado em reproduzir um descrédito ao seu fundador, Mesmer, repetindo um eco da campanha difamatória empreendida nas capitais europeias, especialmente Viena e Paris, pela comunidade médica e científica representada pelos poderes políticos pretensamente classistas, sustentada, inclusive economicamente, pela realeza despótica do século 18.

Muitos autores não se deram ao trabalho de pesquisar seriamente, consultando fontes primárias, contextualizando o cenário cultural da época, estudando as biografias das personalidades envolvidas. Faltaria ainda compreender as implicações específicas da história da medicina, da história e filosofia das ciências, e empreender uma checagem histórica dos fatos. Mesmo sem intenção de caluniar Mesmer, ao descrever cenas distorcidas do tratamento de seus pacientes, esses autores tornam-se instrumentos do preconceito e da infâmia. Outros escritores, bem intencionados, foram traídos pela escassez de fontes à sua disposição e se deixaram seduzir pelas caluniosas descrições.

Em sua clássica obra sobre a natureza e potencial da mente, *A memória e o tempo*, o pesquisador e escritor Hermínio C. Miranda (1920-2013) cita Mesmer quando desenvolve sua *visão retrospectiva*. Em certo trecho, cita: "Mesmer, excêntrico e um tanto exibicionista" e o descreve circulando o salão com um "jaleco de seda palidamente colorida e uma varinha na mão, como se fosse um mago", e conclui: "Talvez essas atitudes teatrais hajam prejudicado seu conceito médico". Quando estive com ele em sua residência numa manhã agradável em Caxambu, MG, depois da publicação da primeira edição desta obra em 2005, perguntei o motivo pelo qual teria ele tal conceito depreciativo sobre Mesmer. Ele me respondeu ter sido enganado pelas fontes consultadas na época, e proferiu: "a leitura de sua obra alterou completamente minha impressão. E digo mais, ela já nasceu um clássico!". Posteriormente, no decorrer da instrutiva conversa, adentrando a noite, afirmou que oportunamente retificaria a descrição feita em *A memória e o tempo*. Foi exatamente o que ocorreu quando escreveu, poucos anos depois daquele encontro, o livro *Memória Cósmica* (São Paulo: Editora Lachâtre), uma das mais completas obras sobre psicometria:

> Mesmer, apesar de sua formação médica, foi uma dessas figuras pioneiras e, como sempre, mal compreendido e sumariamente rejeitado principalmente pelos 'sábios' da época. E até hoje é considerado

por muita gente com desconfiança e reserva. Razão? Suas descobertas pioneiras, com o que chamou de magnetismo animal, punham em cheque acomodadas e obsoletas estruturas de conhecimento tidas por sagradas e intocáveis. E que, infelizmente para o processo evolutivo do ser humano, dominam, ainda, o pensamento contemporâneo, no seu desesperado esforço corporativo de bloquear e ignorar a realidade espiritual. (MIRANDA, 2008, p. 31)

Hermínio prossegue. Afirma que Mesmer "foi e continua sendo um pioneiro incompreendido, quase maldito", e explica o que considera a causa para essa deturpação:

> É o preço que têm de pagar aqueles que vieram meter-se num corpo material exatamente para mudar a visão da vida como um todo. E mudar para melhor, é claro. Não dá para prosseguir no discurso sobre o sábio incompreendido. Às leitoras e leitores interessados, recomento, com entusiasmo, o livro *Mesmer – a ciência negada e os textos escondidos*, de Paulo Henrique de Figueiredo, (...) É um livro que coloca as coisas no devido lugar, ao recorrer a textos ignorados por cerca de duzentos aos. Mesmer foi claramente vitimado por uma deliberada conspiração do silêncio. (*Idem*, p. 32)

Com leviandade se tem julgado o caráter de um homem. O empenho tendencioso das obras sobre o mesmerismo concentra-se em demonstrar Mesmer como uma figura caricata, dotada de uma personalidade mística e exibicionista. A versão é repetidamente reproduzida de um livro a outro. As descrições de seus métodos invariavelmente levam a crer num comportamento burlesco destituído de ética científica e pessoal. A preconceituosa descrição de supostas atitudes teatrais de Mesmer soa como uma implícita conclusão de que o assunto não é merecedor de maior atenção das pessoas cuja razão repele tanto o misticismo quanto a futilidade.

A negligência tem impedido o mais básico direito de defesa. Uma simples leitura dos escritos de Mesmer dá, ao menos, lugar à dúvida, pois em seu tempo ele denunciou a quem se interessasse:

> As primeiras curas obtidas de algumas doenças consideradas incuráveis pela medicina suscitaram inveja e produziram mesmo ingratidão, que se somaram para ampliar as prevenções contra meu método de

cura. De sorte que muitos sábios uniram-se para fazer cair, senão no esquecimento, pelo menos no desprezo, as aberturas que realizei neste campo: divulgou-se por toda parte como impostura. Na França, nação mais esclarecida e menos indiferente aos novos conhecimentos, não deixei de amargar contrariedades de toda espécie e perseguições que meus compatriotas me haviam preparado há tempos, mas que, longe de me desencorajar, redobraram meus esforços para o triunfo das verdades que acho essenciais à felicidade dos homens. (MESMER, 1799)

Em janeiro de 1858, na introdução do número inaugural da *Revista espírita de estudos psicológicos*, Allan Kardec afirmou:

O que não se fez e disse contra o magnetismo animal! E, todavia, todos os raios que se lançaram contra ele, todas as armas com as quais o atingiram, mesmo o ridículo, enfraqueceram-se diante da realidade, e não serviram senão para colocá-lo mais e mais em evidência. É que o magnetismo é uma força natural, e que, diante das forças da natureza, o homem é um pigmeu semelhante a esses cãezinhos que ladram, inutilmente, contra o que os assusta. (*Revista Espírita*, 1858, p. 1)

Já viramos o milênio e os ecos desses latidos desesperados ainda se fazem ouvir deste outro lado do Atlântico.

Por outro lado, Kardec assegurou que, na pesquisa do espiritismo, "se devêssemos ficar fora da ciência magnética, nosso quadro estaria incompleto, e se poderia nos comparar a um professor de física que se abstivesse de falar da luz[6]". Todavia, ele decidiu que, no corpo de sua obra, dela não falaria "senão acessoriamente, mas suficientemente para mostrar as relações íntimas das duas ciências que, na realidade, não fazem senão uma". Isto porque, segundo ele, na França, o magnetismo dispunha de órgãos especiais devidamente autorizados para tratar do assunto com mais propriedade. Esta ciência estava reabilitada em seu tempo e os médicos não mais temiam professá-la. Suas instituições mantinham cursos regulares, emitiam certificados, publicavam, fartamente, livros, jornais e revistas. Portanto, conclui Kardec: "tornar-se-ia supérfluo cair sobre um assunto tratado com a superioridade do talento e da experiência".

---

6   *Revista Espírita*, 1858, p. 1.

Ele só não poderia prever que o conjunto de sua obra seria traduzido, pesquisado e estudado intensamente em outra pátria – o Brasil –, mas que a ciência do magnetismo animal seria abandonada, seus órgãos, extintos e suas teorias, esquecidas, provocando uma lacuna e dificultando um completo entendimento da doutrina espírita, como suas próprias palavras denunciam.

Mesmo fora do contexto da pesquisa espírita, a falta de conhecimento acerca das teorias do magnetismo animal tem distanciado a cultura brasileira de um debate sério sobre as questões envolvidas, e dificultado uma melhor compreensão da diversidade de opiniões presentes na comunidade internacional, quanto mais o interesse de uma pesquisa acadêmica nacional sobre o assunto. Enquanto atualmente, no Brasil, o assunto está sendo relegado ao esquecimento, o caráter científico, histórico e social do mesmerismo e da medicina vitalista são temas da pesquisa e literatura estrangeira.

Nas últimas décadas, teses e debates acadêmicos estão sendo dedicados à questão, tanto na Europa quantos nos Estados Unidos. No entanto, é curioso constatar que importantes circunstâncias têm sido negligenciadas. Pouco é dito sobre o fato de o mesmerismo ter sido muito bem recebido nas províncias, em oposição à perseguição da comunidade médica de Paris, as íntimas relações entre a ciência do magnetismo animal e o vitalismo – importante ciência do iluminismo –, e a inserção do magnetismo animal como uma revolução da medicina.

Um estudo franco desta ciência terá muito a contribuir para qualquer pessoa com sede de esclarecimento. Certamente será útil aos profissionais que cuidam da alma, venham eles da medicina, da psicologia ou da educação. As obras de Mesmer tocam em assuntos tão diversos quanto filosofia, física, fisiologia, sociologia e outros. O magnetismo animal foi a base para o surgimento da psicologia, da parapsicologia, da psicanálise, da hipnose e aplainou caminhos para o surgimento da ciência espírita. Para desenvolver este resgate e ao mesmo tempo fugir das falsas interpretações, é necessário recorrer às obras originais de Mesmer, do marquês de Puységur, do barão du Potet, e dos outros teóricos da área.

Franz Anton Mesmer foi um homem obstinado, médico sábio e filósofo. Trocou uma vida que poderia ter sido calma e honrada pela defesa determinada de sua descoberta, considerando-a uma questão humanitária. É uma ironia o fato de Mesmer ter sofrido acusações de estar apenas em busca de fortuna e prestígio, pois, antes de tudo, suas posses eram suficientes para mantê-lo confortavelmente por toda sua vida. E o seu prestígio, conquistado por uma brilhante carreira na medicina e na cultura em geral, foi completamente abalado depois de ele se dedicar ao magnetismo. Apesar da trajetória atribulada e permeada por perseguições e sofrimentos, Mesmer manteve admiráveis condições de saúde e disposição. Desencarnou lúcido, e ainda curando seus conterrâneos, aos oitenta e um anos de idade.

A explicação de Mesmer sobre sua dedicação à descoberta do magnetismo animal é ao mesmo tempo um convite à leitura de sua obra e uma revelação de seu verdadeiro caráter:

> Superior a tantos obstáculos e contradições, acreditei ser necessário ao progresso da ciência, mais ainda ao sucesso do magnetismo, publicar minhas ideias sobre a organização e a influência respectiva do corpo. Abandono voluntariamente minha teoria à crítica, declarando que não tenho nem tempo nem vontade de responder. Não teria nada a dizer àqueles que, incapazes de me julgar com justiça e com generosidade, comprazem-se em me combater com disposições puramente hostis ou sem nada melhor para substituir aquilo que pretendem destruir, e eu verei com prazer melhores gênios remontarem a princípios mais sólidos, mais luminosos; talentos mais amplos que os meus descobrirem novos fatos e tomar, por suas concepções, e seus trabalhos, minhas descobertas ainda mais interessantes: em uma palavra, eu devo desejar que se faça melhor do que eu. Será suficiente sempre à minha glória ter podido abrir um vasto campo aos cálculos da ciência e de ter de algum modo traçado a rota desta nova carreira. Como me resta a percorrer apenas um curto trecho do caminho da vida, desejo consagrar o que me resta de existência à única prática de um meio que reconheço como eminentemente útil à conservação de meus semelhantes, a fim de que não sejam, de agora em diante, expostos às chances incalculáveis das drogas e de sua aplicação". (MESMER, 1799)

Um crítico justo e coerente do magnetismo animal, respeitando o desejo manifestado por Mesmer, tem o dever de agir com seriedade e rigor metódico, tudo estudando antes de considerar-se em condições de elaborar conclusões. Basta lembrar as recomendações de Allan Kardec, que considerava a ciência do Magnetismo Animal como ciência irmã do Espiritismo, numa justa ponderação:

> Só se pode considerar como crítico sério aquele que houvesse tudo visto, tudo estudado, com a paciência e a perseverança de um observador consciencioso; que soubesse sobre esse assunto tanto quanto o mais esclarecido adepto; que não tivesse extraído seus conhecimentos

dos romances das ciências; a quem não poderia opor nenhum fato do seu desconhecimento, nenhum argumento que ele não tivesse meditado; que refutasse, não por negações, mas por meio de outros argumentos mais peremptórios; que pudesse, enfim, atribuir uma causa mais lógica aos fatos averiguados. (*Revista Espírita*, 1860, p. 271)

Como bem disse Kardec, para compreender uma ciência como é o magnetismo animal é preciso estudar, com paciência e perseverança, todos os seus fatos. Mas também mergulhar nas obras de Mesmer para conhecer seus argumentos, o desenvolvimento de suas ideias, as descrições de suas descobertas, os verdadeiros fatos por ele relatados. Para isso é necessário voltar ao passado, relembrando a ciência, a situação política, os costumes e a consciência de sua época e decifrar o significado dos termos vigentes em sua cultura. Enfim, é preciso estudar também os antecedentes e precursores de sua doutrina.

Este estudo tem como finalidade contribuir para uma reparação desta lacuna: o desconhecimento, em nossos dias, da ciência do magnetismo animal e a biografia de seu descobridor.

O MAGNETISMO É UM MÉTODO RACIONAL

Iniciado em 1766, o magnetismo animal foi a primeira proposta terapêutica científica da era moderna, antes da também vitalista homeopatia, descoberta por Hahnemann, e da pesquisa laboratorial iniciada por Claude Bernard. Foi pela metodologia científica que o doutor Mesmer fez sua descoberta. E a eficácia do método foi comprovada pela observação sistematizada dos seus efeitos salutares sobre os pacientes. Nascido muito sensível e sendo grande observador por natureza, Mesmer esclarece como estabeleceu sua doutrina:

> Ver-se-á, ouso crer, que estas descobertas não são produtos do acaso, mas sim o resultado do estudo e da observação das leis da natureza; que a prática que eu ensino não é um empirismo cego, mas um método racional. (MESMER, 1799)

E então completa, em sua proposição de número 27, em suas primeiras memórias (1779)[7]:

---

7   Veja a obra na íntegra, na terceira parte deste livro.

> Esta doutrina, enfim, colocará o médico em condições de bem julgar o grau de saúde de cada indivíduo, e de preservá-lo das doenças às quais poderá estar exposto. A arte de curar atingirá assim a derradeira perfeição.

As teses do magnetismo animal foram fundamentadas por uma sólida teoria, constituindo uma ciência baseada em fenômenos naturais exaustivamente experimentados. A exposição essencial desta ciência não está nas vinte e sete proposições publicadas nas primeiras memórias escritas por Mesmer em 1779, como se pensava. A sua obra máxima, embora pouco conhecida, foi elaborada cuidadosamente e oferecida ao público somente em 1799: *Memória de F. A. Mesmer, doutor em medicina, sobre suas descobertas*[8].

A MEDICINA HEROICA NÃO CURAVA

É importante destacar que todas as teorias sobre o mecanismo da doença (como a milenar teoria galênica dos humores – bile amarela, bile negra, fleuma e bílis) e as práticas terapêuticas da medicina oficial antes de 1800 eram completamente falsas. As perniciosas terapias, mantidas por tradição e empirismo – como sangrias, vomitórios, vesicatórios, doses de ópio e outras fórmulas perigosas –, prejudicavam os pacientes e muitas vezes antecipavam sua morte. As cirurgias, procuradas somente pelos pacientes já sem esperança, eram feitas sem anestesia. Os cirurgiões haviam desenvolvido a habilidade de decepar tumores a sangue frio, cauterizando-os rapidamente com um ferro em brasa. Os pacientes eram amarrados em tábuas e desmaiavam de dor. A experiência era traumática e poucos sobreviviam, mesmo porque não havia assepsia alguma, permitindo as infecções. Ironicamente, esta medicina era conhecida como *heroica*. Parece-nos, hoje, que o único herói mesmo era o paciente, quando sobrevivia ao tratamento.

Disse Mesmer, em suas *memórias de 1779*, sobre a insuficiência científica da medicina de sua época:

> O conhecimento que adquirimos até hoje da natureza e da ação dos nervos é tão imperfeito que não nos deixa nenhuma dúvida a esse respeito. Sabemos que eles são os principais agentes das sensações e do movimento, sem, porém, sabermos restabelecê-los à ordem natural

---

8   Esta obra, finalmente traduzida para o português, encontra-se integralmente na terceira parte deste livro a partir da página 485.

quando alterados. É uma reprimenda que nos devemos fazer. A ignorância dos séculos precedentes sobre este assunto garantiu aos médicos a confiança supersticiosa que eles possuíam e que inspiravam nos seus específicos e suas fórmulas, tornando-os déspotas e presunçosos.

UMA EDUCAÇÃO ESPECIAL

Após seus estudos denominados de *humanidades*, concluídos antes da idade comum, Mesmer completou os de teologia, filosofia, medicina e, em parte, de direito. No entanto, sua formação médica não foi comum. Ele fez seu terceiro doutorado na Universidade de Viena, reformulada por van Swieten e de Haen, discípulos do famoso Boerhaave, o maior professor de medicina de seu tempo. Este médico visionário, criador da clínica moderna, propôs uma retomada dos princípios da medicina científica, fruto da observação junto aos pacientes e do uso da razão, recuperando os princípios do pai da medicina, o grego Hipócrates. Sua proposta renovadora incluía, no currículo de medicina, o estudo das ciências naturais, da física e da química, e as então recentes descobertas fisiológicas. Para Boerhaave, uma *vis vitae*, ou força vital, era responsável pela manutenção da saúde orgânica. Esta era uma convicção de todos os vitalistas científicos, que estavam se contrapondo ao materialismo mecanicista da medicina oficial.

Entretanto, apesar dos conhecimentos renovadores, ainda não havia uma terapêutica que correspondesse a eles, superando a milenar medicina heroica e suas práticas.

A DESCOBERTA DO MAGNETISMO ANIMAL

Um organismo privilegiado quanto à facilidade em manipular o princípio vital, cultura e bom senso excepcionais, a formação superior pela então recente medicina científica da escola de Boerhaave – dando nova dimensão à *vis medicatrix naturae*[9] proposta por Hipócrates – e uma personalidade determinada e observadora foram fatores fundamentais para possibilitar a descoberta do magnetismo animal. Isto se iniciou formalmente quando Mesmer recebeu seu doutorado médico, no dia 27 de maio de 1766, ao apresentar sua tese escrita em latim: *Dissertatio physico-medica de planetarum influxu in corpus humanum* (em suas

---

9   Hipócrates considerava que uma força curativa fisiológica natural, a *vis medicatrix naturae*, promovia o equilíbrio orgânico e representava o esforço para retomá-lo quando uma doença colocava o organismo em desequilíbrio.

obras para um público maior, Mesmer traduziu e simplificou este título como *Da influência dos planetas sobre o corpo humano*). Todos estes fatores conjugaram-se na figura do doutor Franz Anton Mesmer.

Em 1813, o mais famoso discípulo direto de Mesmer, Armand Marc Jacques de Chastenet, o marquês de Puységur (1751-1825), escreveu sobre as qualidades de seu mestre:

> Cumpria que se encontrasse um observador que, somente mais atento que outro aos perpétuos eflúvios do fluido, ou princípio vital dos corpos organizados, reparasse enfim na influência dos seus sobre o princípio ou fluido vital de seus semelhantes; cumpria que aquele homem fosse douto na física, na química e na fisiologia, para que pudesse dirigir as suas observações sobre causas pertencentes àquelas ciências; e ademais cumpria ainda que fosse médico, para logo aplicá-lo ao tratamento e ao alívio dos males da humanidade. Esse homem, em quem se achou reunido tanto mérito e tantas qualidades, é o senhor doutor Mesmer, ancião hoje retirado e quase ignorado em uma pequena aldeia da Suíça, porém cuja imagem e nome transmitir-se-ão com glória à posteridade reconhecida. (MONTEGGIA, 1861, p. 81)

Dois anos depois desse depoimento, em 1815, Mesmer morreu, permanecendo até seus últimos dias curando e esclarecendo seus semelhantes por meio do magnetismo animal em sua residência de Meesburg, na Alemanha.

O MATERIALISMO LIMITA A MEDICINA

O mesmerismo é uma visão espiritualista e positiva da natureza, e absolutamente incompatível com o materialismo (negação) ou mesmo com a visão religiosa dogmática e sobrenatural da Igreja (fanatismo), como também o seriam a Homeopatia e o Espiritismo. Assim como para Hipócrates, a arte de curar, segundo Mesmer, concentra-se em recuperar e manter a saúde, considerada como um estado de equilíbrio. Identificado o desequilíbrio presente no organismo do doente, o magnetizador, por meio de passes, imposição, insuflação, massagens, exerce uma ação dinâmica pelo magnetismo animal (ou princípio vital) no paciente. Um tratamento metódico, em sessões regulares, permite que o ciclo da doença se complete rapidamente, invertendo a ação desagregadora e funesta provocada pelo desequilíbrio instaurado. Atingido o estado crítico, o estado doentio está superado. Finalmente o equilíbrio orgânico se restabelece e o paciente volta ao seu estado saudável.

A terapia descoberta por Mesmer é, assim, muito diferente da supressão dos sintomas empregada pela alopatia. Para ele, os sintomas são fenômenos naturais fisiológicos que denunciam o desequilíbrio presente na economia orgânica. A ação do medicamento alopático, suprimindo os efeitos observáveis dos sintomas, tende a mascarar a verdadeira causa da doença! No entanto, apesar dos sintomas estarem omitidos pela medicação, a condição de desequilíbrio causado pela doença ainda permanece no corpo. Como consequência, se – por sorte – a própria natureza não restaurar sozinha a saúde, a doença se agravará. Além de muitos remédios e tratamentos da medicina oficial aceita na época de Mesmer serem intoxicantes, venenosos e exaustivos; sua fundamentação científico-filosófica estava equivocada.

Neste sentido, seguindo os mesmos princípios de Mesmer, Hahnemann, fundador da medicina homeopática e que também lutava contra os equívocos da medicina oficial alopática, denunciava como ilógico e prejudicial o fato de que:

> A antiga escola acreditava [...] extinguir doenças através da remoção das [supostas] causas morbíficas materiais [...], pois para a escola médica comum era quase impossível desfazer-se dessa ideia material e reconhecer a natureza físico-mental do organismo como uma essência tão altamente potencializada que as modificações vitais nas sensações e funções, as quais são chamadas doenças, pudessem principal e quase que exclusivamente ser causadas e provocadas através de uma influência dinâmica não material. (HAHNEMANN, 1842, p. 27)

É importante destacar que a medicina alopática mantinha uma orientação materialista sem solução de continuidade desde Galeno, que viveu no segundo século. E ainda hoje insiste nesse equívoco, afastando da humanidade os benefícios dos meios naturais da cura propostos pelo espiritualismo.

Algumas décadas depois, Hahnemann recomendaria o mesmerismo na sua obra máxima, o *Organon da arte de curar*, e faria uso do magnetismo animal no tratamento de seus próprios pacientes, com uma intensidade relevante (ver apêndice 1: "Magnetismo animal e homeopatia"). E os médicos homeopatas continuariam essa tradição de união dos dois métodos durante o século 19.

Centena de vezes, Mesmer reproduziu os efeitos de sua terapia para o exame dos médicos e sábios de seu tempo, mas seus esforços foram em vão. Sendo a medicina daquela época influenciada pelo empirismo, pelo materialismo, pelo dogmatismo da Igreja e pelo autoritarismo absoluto da realeza, era de se esperar uma reação violenta à sua nova visão da arte de curar. Nos tempos de

Mesmer, já dizia o padre Hervier, doutor da Sorbonne, bibliotecário dos Grandes Augustinos e discípulo de Mesmer, em *Carta sobre a descoberta do magnetismo animal* ao senhor Court de Gebelin:

> Seu saber e sua modéstia lhe deram partidários. Mas a inveja não tardou a lhe suscitar inimigos poderosos. Cobriram-no de calúnias e de ridículos; sua fortuna, sua própria vida e seu nome foram expostos a grandes perigos; ele sofreu a sorte do famoso Galileu perseguido pelo fanatismo do seu século por haver sustentado o movimento da terra; foi tratado de visionário como o célebre Harvey que ensinava a circulação do sangue; perseguiram-no como a Cristóvão Colombo que descobriu o novo mundo; enfim, foi imitado no teatro como Sócrates para fazê-lo odiado do povo. A maior parte das corporações encarregadas da instrução pública possuem o poder de nada admitir que lhe seja estranho, apesar de quanto vantajoso lhe possa ser; é uma mercadoria proibida que eles bloqueiam nas barreiras do seu reino. É o destino dos grandes homens serem perseguidos.

Para o magnetizador Puységur, um discípulo direto de Mesmer, o magnetismo tornou-se o centro de uma disputa de natureza filosófica, desde que se trata de defender a filosofia contra o materialismo e até mesmo defender conceitos como a liberdade de pensamento. Esta luta contra o materialismo é inseparável, para Puységur, de uma luta científica contra a medicina oficial: "a luta se dá contra o materialismo no que concerne à alma, e contra a postura da medicina com respeito ao que é o corpo; todos os dois direcionam sua pontaria para nossa destruição". (PUYSÉGUR, 1784). Ainda hoje, no início do terceiro milênio, o materialismo entrava a eficácia da medicina oficial.

O CORPORATIVISMO DOS MÉDICOS PARISIENSES

Depois de pesquisar por décadas e criar uma sólida teoria, para divulgar e apresentar aos médicos suas descobertas, Mesmer enfrentou o corporativismo da classe médica de Paris, empenhada em centralizar em suas mãos o poder político, acadêmico e financeiro de sua classe e controlar as universidades, criando as academias sob o domínio absoluto desses médicos alopatas e da realeza. Mas essa elite não era unanimidade, ela enfrentava a oposição dos médicos vitalistas da universidade francesa de Montpellier e da escola científica de Boerhaave, van Swieten e seus outros discípulos, que retomavam os princípios hipocráticos originais. O período do iluminismo é muito mais complexo e diverso em suas implicações do que normalmente se pensa. O vitalismo, de tendência espiritualista, e a clínica científica de Boerhaave que combatia a tradição retrógrada; ambas contestavam o corporativismo dos médicos parisienses, – são fatores distintos e determinantes no contexto em que Mesmer esteve envolvido durante a defesa do magnetismo animal, notadamente no período vivido em Paris. Os episódios relacionados com esta luta foram relatados em seus pormenores no *Resumo histórico dos fatos relativos ao magnetismo animal*. Publicado por Mesmer em 1781, é a mais importante obra de referência sobre os fatos históricos ligados ao surgimento do mesmerismo.[10]

AS LUZES DO ESPIRITISMO

De um lado a perseguição do fanatismo religioso, de outro o combate do corporativismo da elite médica, ambos característicos do antigo regime, período no qual Mesmer defendia a legitimidade da ciência do Magnetismo Animal. Depois viria o materialismo nas universidades após a Revolução Francesa. Somente depois de algumas décadas do século 19 é que uma reação espiritualista abriu espaço para a recuperação dos princípios da ciência do magnetismo animal. Os médicos homeopatas e os magnetizadores se uniram nesse esforço. A teoria de Mesmer só poderia ser compreendida em sua totalidade nesse século seguinte, sob as luzes do espiritismo, ciência espiritualista criada por Allan Kardec, esforço secundado por pesquisadores e cientistas como Léon Denis, Camille Flammarion, Gabriel Dellane, Charles Richet, Albert de Rochas, Robert Hare, Oxon, Robert Dale Owen, Willian James, Willian Crookes, Alfred Russell Wallace, Oliver Lodge, Frederic Myers, James H. Hyslop, Henri Bergson, Hans Driesh, Richard Hogdson, Willian Barret, Frederich Zöllner, Gustav Fechner, Edward Weber, barão Von Schrenck-Notzing, Hans Reichenbach, Karl du Prel, Boutleroff, Alexander Aksakoff, Ernesto Bozzano, Cezar Lombroso, Ângelo Brofferio, Enrico Morselli, Luigi Luciani, Giovanni Schiaparelli e outros. Isto porque a doutrina espírita, fundada nos mesmos princípios básicos do magnetismo animal, acrescenta à ciência o elemento espiritual. Comentou Kardec, em 1859:

> Não é avançar muito dizer que a metade dos médicos hoje reconhece e admite o magnetismo, e que três quartas partes dos magnetizadores são médicos. Dá-se o mesmo com o espiritismo, que conta entre as fileiras muitos médicos e homens de ciência. Que importa, pois, a

---

10   Esta obra encontra-se incluída na terceira parte deste livro.

opinião sistemática ou mais ou menos interessada de alguns? [...] A verdade pode ser discutida, mas não destruída [...] Se o magnetismo fosse uma utopia há muito dele não mais cogitariam, ao passo que, como o seu irmão, o espiritismo, lança raízes por todos os lados. (*Revista Espírita*, 1859, p. 290)

AS CIÊNCIAS IRMÃS E O SEXTO SENTIDO

Mesmer não se limitou a propor uma renovação da medicina, mas suas pesquisas experimentais avançaram numa renovação da psicologia experimental pela descoberta do sonambulismo provocado. Desse modo, o magnetismo animal avançou, em sua base teórica, exatamente nos pontos negados pelo materialismo mecanicista da medicina tradicional. Enquanto o materialista via o ser humano reduzido ao fenômeno biológico, ele demonstrou experimentalmente, pelos efeitos do sonambulismo, que o homem possui um *sentido* íntimo, que recebe as impressões dos sentidos orgânicos e comanda o cérebro conforme a vontade da alma:

> O magnetismo animal deve ser considerado em minhas mãos como um sexto sentido *artificial*. [...] Ele deve, em primeiro lugar, transmitir-se pelo sentimento. O sentimento e apenas ele pode tornar a teoria inteligível. Por exemplo, um dos meus doentes, acostumado a provar os efeitos que produzo, tem, para me compreender, uma disposição a mais do que o restante dos homens. (MESMER, 1781)

Segundo Mesmer, esse sentido íntimo não se encerra no âmbito do corpo físico, mas permite o contato com todos os outros seres, não importando a distância. A comunicação do pensamento estende-se mesmo por todo o universo.

> Estes mesmos movimentos assim modificados pelo pensamento no cérebro e na substância dos nervos são comunicados ao mesmo tempo à série de um fluido sutil com a qual esta substância dos nervos está em continuidade, podendo, independentemente e sem o concurso do ar e do éter, estender-se a distâncias indefinidas e comunicar-se imediatamente com o senso íntimo de outro indivíduo. (MESMER, 1781)

Podemos inferir, de toda sua obra, entre outros, alguns conceitos básicos científicos e filosóficos, como a existência do princípio vital diferenciando os seres vivos da matéria inorgânica; a vontade como causa externa ao corpo físico, evidenciando a existência objetiva da alma; o livre-arbítrio, que relativiza o determinismo orgânico da saúde e da doença, o sexto sentido. Por causa da ação material do pensamento e do sentimento sobre um fluido sutil, Mesmer os define como fenômenos naturais e concretos – portanto, positivos, abrindo caminho para as pesquisas espiritualistas da filosofia e o espiritismo, no século seguinte. Desse modo, as hipóteses do Magnetismo Animal formaram uma base conceitual precursora fundamental para a compreensão dos ensinamentos dos espíritos superiores por Allan Kardec, na elaboração de suas obras.

UMA ANTECIPAÇÃO DOUTRINÁRIA

É manifesto que o doutor Franz Anton Mesmer e seu discípulo Puységur anteciparam pontos fundamentais do espiritismo, pela observação sistematizada dos fatos. Muitos conceitos, teorias, observações e conclusões constantes na doutrina espírita foram anteriormente verificados pela ciência do magnetismo animal e eram temas correntes de um dos ramos da ciência iluminista. Como vimos, expressões como *princípio vital*, *fluido universal*, *sexto sentido*, *sonambulismo provocado* etc.; teorias como da presciência, da dupla vista, da telepatia e outras estavam presentes nos estudos de Mesmer no final do século 18. O que vem confirmar que toda grande revolução do pensamento humano é antecipada por movimentos precursores. Tendo estudado por mais de trinta e cinco anos esta ciência[11], Allan Kardec, o codificador do espiritismo, com toda razão afirmou que as duas ciências formam um só corpo, e uma não poderia ser compreendida sem as luzes da outra.

Esta proximidade evidente das duas ciências constata-se pelo simples estudo de suas doutrinas. Todavia, os livros básicos do magnetismo animal não tinham sido publicados em português e, assim, a maioria dos espíritas brasileiros até agora não puderam tomar conhecimento dessa evidência. Por outro lado, as calúnias e difamações dos perseguidores materialistas, do século vinte, – quando majoritariamente se manteve uma orientação materialista para a pesquisa universitária –, foram longe na extensão de seus prejuízos, deturpando os fatos nos livros, enciclopédias e outras mídias.

Entretanto, acreditamos, o tempo é senhor da razão, e uma reparação consciente, baseada na recuperação dos fatos, colocará em definitivo, no seu devido lugar de honra, estes precursores: Franz Anton Mesmer e o marquês de

---

11 "Não seremos nós quem conteste o poder do sonambulismo, cujos prodígios observamos, estudando-lhe todas as fases durante mais de trinta e cinco anos." (Kardec, 1857, p. 43)

Puységur. E também seus destemidos continuadores: Joseph Philippe François Deleuze (1753-1835), Jules Denis (barão du Potet de Sennevoy, 1796-1881), Louis Joseph Jules Charpignon (1815-?), Charles Lafontaine (1803-1892), Eugène Auguste Albert d'Aiglon de Rochas (coronel de Rochas, 1837-1914), Julian Ochorowicz (1850-1917), e tantos outros. Em 1784, Puységur concluiu sua obra afirmando que:

> O magnetismo está assegurado hoje por uma base tão sólida que se provará por si mesmo, por uma sequência insensível de fatos, amealhados naturalmente, e à evidência dos quais os espíritos se renderão cedo ou tarde. O tempo será melhor do que todos os seus esforços em prová-lo. (PUYSÉGUR, 1784)

O ELEMENTO ESPIRITUAL NA NOVA ERA

A medicina oriental tem tradicionalmente uma orientação espiritualista milenar, e ainda hoje mantém essa tradição. Todavia, a ciência do magnetismo animal enfrentou diversas barreiras e preconceitos do pensamento ocidental. Desse modo, exerceu a tarefa fundamental de aplainar o caminho para o surgimento da doutrina dos espíritos. Esclareceu Mesmer:

> Os preconceitos são inimigos da felicidade dos homens. Só sobre a verdade pode repousar sua felicidade. Apresentar aos Povos com sabedoria e circunspeção a verdade livre de erros, de prestígios e de embustes é, pois, o dever mais caro ao verdadeiro Legislador: eis o que eu proponho. (MESMER, 1781)

Allan Kardec, décadas depois, bem notando essa aproximação, na obra inaugural do espiritismo, *O livro dos espíritos*, questão 555, esclareceria:

> O espiritismo e o magnetismo nos dão a chave de uma imensidade de fenômenos sobre os quais a ignorância teceu um sem-número de fábulas, em que os fatos se apresentam exagerados pela imaginação. O conhecimento lúcido dessas duas ciências que, a bem dizer, formam uma única, mostrando a realidade das coisas e suas verdadeiras causas, constitui o melhor preservativo contra as ideias supersticiosas, porque revela o que é possível e o que é impossível, o que está nas leis da natureza e o que não passa de ridícula crendice.

Estas duas ciências acrescentarão – neste terceiro milênio – ao elemento material, estudado em seus detalhes pela ciência oficial, o elemento espiritual, positivamente pesquisado, dando início a uma nova era.

MESMER DESCOBRIU O SONAMBULISMO

Muitos livros sobre hipnose e divulgação científica desconhecem a origem dos fenômenos sonambúlicos, citando um discípulo, Puységur, como seu descobridor. Mas isso é um equívoco. Cabe aqui elucidar que o fenômeno do sonambulismo provocado e a lucidez sonambúlica eram conhecidos por Mesmer desde as suas primeiras experimentações em Viena. Disse ele: "Um dos meus doentes, acostumado a provar os efeitos que produzo, tem, para me compreender, uma disposição a mais do que o restante dos homens." Não corresponde à verdade, portanto, afirmar que tenha sido seu discípulo, o marquês de Puységur, o moderno descobridor desse estado alterado de consciência, mas sim o primeiro pesquisador do fenômeno, tendo publicado a primeira obra sobre suas experiências em 1784.

> "Advogando a causa do magnetismo animal, estou simplesmente advogando aquela do seu célebre inventor, o senhor Mesmer [...] É a ele apenas que devo minhas fracas luzes e meus felizes ensaios. Possa meus esforços acelerar o triunfo que lhe é devido!". (PUYSÉGUR, 1784)

No entanto, o marquês de Puységur não ousou elaborar uma teoria sobre as causas, fazendo uso das explicações de seu mestre:

> Não pretendo dar a teoria do magnetismo animal, nem entrar em algumas discussões sobre sua analogia com todo o sistema do mundo: apenas o senhor Mesmer pode empreender tão grande tarefa. A que me imponho é, simplesmente, dizer como ajo para curar as doenças, e como se produzem sobre muitos dos doentes os efeitos tão surpreendentes e inesperados dos quais se entende poder falar. (PUYSÉGUR, 1784)

Talvez a confusão tenha surgido pelo fato de Mesmer evitar a publicidade do sonambulismo para concentrar-se no estabelecimento do novo meio de cura: "Em vez de aguçar a curiosidade, eu estava interessado em tornar úteis esses fenômenos, e só quis convencer por meio de fatos", afirmou Mesmer. Outro de seus discípulos, J. L. Picher Grandchamp, na edição comentada das *Memórias*, revelou que:

> [...] o doutor Mesmer por uma destas comparações felizes, que lhe eram abundantes, dizia a seus discípulos [...] que, nesse estado de sonambulismo [...], o indivíduo tornar-se para o médico bem instruído sobre o magnetismo animal um telescópio ou um microscópio com o qual poderia se aperceber de todas as indisposições, todas as doenças e, sobretudo, suas causas e curas, até as obscuras, veladas e não apreciáveis.

Em sua obra, publicada em 1799, Mesmer ofereceu uma teoria completa sobre o sonambulismo e as diversas faces da lucidez sonambúlica.

No século seguinte, além de despertar o interesse da comunidade científica, o tema tomaria uma grande parte dos livros básicos da codificação do espiritismo, elaborados por Allan Kardec: "Para o espiritismo, o sonambulismo é mais do que um fenômeno psicológico, é uma luz projetada sobre a psicologia. É aí que se pode estudar a alma, porque é onde esta se mostra a descoberto." (KARDEC, 1857, p. 240).

O sonambulismo é um instrumento experimental de fundamental importância para o estudo da fisiologia da alma, colocando uma teoria psicológica da mente no terreno da observação positiva, e não de suposições sistemáticas e pessoais, comuns nas escolas psicológicas materialistas – behaviorismo, Gestalt e psicanálise –, que consideram a hipótese, não comprovada, de que a mente apenas um produto virtual do cérebro, e a alma uma abstração.

Neste sentido, uma pesquisa científica, resgatando o sonambulismo provocado, tem todas as condições para a elaboração de uma psicologia genuinamente experimental, como Allan Kardec já havia alertado, referindo-se ao sonambulismo:

> Enquanto o homem se perde nas sutilezas de uma metafísica abstrata e ininteligível, em busca das causas da nossa existência moral, Deus cotidianamente nos põe sob os olhos e ao alcance da mão os mais simples e patentes meios de estudarmos a psicologia experimental. (KARDEC, 1857, p. 240)

No estado sonambúlico, o sujet passa a se comunicar com os recursos de sua alma, em muitos casos, a individualidade que se comunica nessa condição tem mais recursos, conhecimento e memória do que a personalidade que representa quando desperta.

OS IRMÃOS PUYSÉGUR E A LUCIDEZ SONAMBÚLICA

Puységur, além de fazer uso do mesmerismo como terapia, difundiu o emprego do estado sonambúlico como instrumento para o diagnóstico, o acompanhamento e a previsão de cura de seus pacientes, como haviam sido antecipados tais recursos pelo doutor Mesmer. Isso teve início com o atendimento de seu primeiro paciente, Victor Race, um jovem camponês, trabalhador de sua propriedade rural, um castelo em Busancy. O rapaz sofria de uma moléstia dos pulmões. Ao ser magnetizado por Puységur, entrou em estado sonambúlico. Nesse estado, o jovem apresentou as mais diversas modalidades de lucidez sonambúlica: observava o interior dos organismos, atendia a ordens telepáticas de Puységur, previa o momento exato das curas, enxergava com os olhos completamente vendados e muito mais.

O marquês comentaria, alguns anos depois, que o sonâmbulo com a mais variada e intensa lucidez sonambúlica que passou por suas mãos teria sido, surpreendentemente, o camponês Victor, justamente seu primeiro paciente.

Puységur escreveu a um de seus irmãos, o visconde Maxime, também magnetizador, para lhe contar sobre a transmissão do pensamento:

> É com este homem simples [Victor Race], este camponês, homem grande e robusto, com a idade de vinte e três anos, atualmente acabrunhado pela doença, ou antes, pela tristeza, e por isto mesmo mais própria a ser removida pelo agente da natureza [o magnetismo animal]; é com este homem, digo, que me instruí, que me esclareci. Quando ele está no estado magnético, não é mais um campônio tolo conseguindo a duras penas responder com uma frase, é um ser que não sei classificar: não tenho necessidade de lhe falar; eu penso diante dele, e ele me entende, me responde. Vem alguém à sua câmara? Ele o vê, se eu quiser, ele fala, ele diz coisas que eu quero que ele diga, nem sempre as que eu lhe dito, mas aquelas que a verdade exige. Quando ele quer dizer mais e eu não creio prudente que o faça, então interrompo suas ideias, suas frases no meio de uma palavra. (PUYSÉGUR, 1784)

É importante destacar que os irmãos Puységur descendiam de uma tradicional família de nobres militares franceses[12]. O casal François-Jacques de

---

12   Os dados genealógicos são de GeneaNet Extrait de la généalogie familiale de BAUDARD de FONTAINE Philippe en juin 2003.

Chastenet, conde de Puységur (1716-1782), mestre de acampamento geral dos dragões, e a senhora Marie Margueritte Masson, tiveram dez filhos. Dentre eles, três irmãos foram discípulos de Mesmer, e se dedicaram à prática e à divulgação do mesmerismo.

Muitas vezes confundido com o marquês de Puységur, o visconde Jacques Maxime Paul de Chastenet (1755-1820) era seu irmão mais novo. Mestre-de-campo do Segundo Regimento do Languedoc, infantaria, servia na guarnição de Montauban, cidade na qual residia. Engajado nos debates políticos de sua época, criticou a pretensão do clero em ser a primeira ordem do Estado. Em 1770, redigiu uma proposta sugerindo que os bens do clero fossem destinados ao bem comum, para a felicidade dos cidadãos: *Du droit du souverain sur les biens fonds du clergé et des moines, et de l'usage qu'il peut faire de ces biens pour le bonheur des citoyens.* Mudou-se para Portugal e atuou como coronel do exército lusitano. Em 1814, voltou para Bordéus. No mesmo ano foi promovido a tenente-general e capitão dos guardas do duque de Angoulême. Depois de permanecer por quatro anos em Paris, faleceu em 19 de março de 1820.

O visconde Maxime também escreveu uma obra para apresentar os fenômenos do sonambulismo provocados pelo magnetismo animal, publicada em 1784: *Rapport des cures opérées a Bayonne par le magnétisme animal* (com notas de M. Duval d'Espremenil. Paris: Hez Prault, 1784). O livro é um relatório das curas que ele operou em Bayonne, e foi endereçado ao abade de Poulouzat, conselheiro clerical do departamento de Bordéus. Além disso, Maxime se correspondia muito com seu irmão mais famoso, o marquês, e muitas vezes participava das experiências feitas por ele em Busancy.

O terceiro Puységur interessado no mesmerismo foi Antoine Hyacinthe Anne de Chastenet, conde de Chastenet (1752-1809), oficial da marinha e introdutor do magnetismo animal na colônia espanhola de São Domingos, enquanto trabalhava mapeando a ilha.[13] Escreveu uma peça teatral, uma sátira política, *La journée des dupes*, publicada em 1790 e representada no Teatro Nacional da França, tendo como personagens Mirabeau, La Fayette, Bailly, Montmorency, Mounier, La Pérouse, entre outros.

---

13   PUYSÉGUR, [Antoine Hyacinthe A. de], Comte de CHASTENET. Carte Réduite de l'Isle de St. Domingue levée dressée et publiée par ordre du roi sous le ministère de m. le mal. de Castries, ministre et sécretaire d'etat ayant le Département de la marine d'apres les observations faites sur la Corvette le Vautour en 1784 et 1785.

MESMER NÃO ERA FLUIDISTA

É um engano imaginar ser de Mesmer a teoria fluidista, segundo a qual uma energia material emana das mãos do magnetizador e atinge o paciente. O simples exame de suas teorias afasta este erro histórico. Alertou o pesquisador polonês Julian Ochorowicz: "Considerá-lo fluidista é um erro, propagado por aqueles que não leram Mesmer ou que não o compreenderam." (OCHOROWICZ, 1903, p. 208). A teoria do fluido vital foi derivada do mecanicismo da física da época, que considerava os fenômenos como luz, eletricidade, magnetismo, calor, como sendo constituídos por átomos invisíveis e sem peso (imponderáveis), constituindo fluidos. O calor, por exemplo, teria como causa o fluido calórico; o magnetismo: fluidos magnéticos. Seguindo essa hipótese, na área da fisiologia, alguns pesquisadores consideraram a causa do movimento da vida como sendo também uma substância imponderável: o fluido vital.

Mesmer, porém, não aceitava essa ideia mecanicista, pois ele não explica os fenômenos da transmissão da vontade, do pensamento e da ação dinâmica entre o magnetizador e o sujet. Portanto, propôs uma nova teoria da física, a do fluido universal – causa única de todos os fenômenos da matéria, adotando uma hipótese ondulatória em oposição ao mecanicismo em evidência na comunidade científica da época.

Segundo Mesmer, o fluido universal seria a fonte primária de todas as forças e de toda a matéria. A luz seria um estado de vibração do éter, como o som está representado por ondas do ar. Seguindo esse raciocínio, o magnetismo animal seria, desse modo, um estado particular de vibração[14] (ou *tom de movimento*, em suas palavras) do fluido universal mais tênue do que o éter, meio da luz: "Nem a luz, nem o fogo, nem a eletricidade, nem o magnetismo e nem o som são substâncias, mas sim efeitos do movimento nas diversas séries do fluido universal", definiu o magnetizador, negando a teoria então aceita pelos físicos mecanicistas. Para Mesmer, o magnetismo animal é um agente natural não observável pelos cinco sentidos. No entanto, pode ser constatado pelos seus efeitos no organismo, ou seja, a cura e o sonambulismo provocado. Em sua obra Mesmerismus, o autor ainda diz expressamente:

> "A palavra magnetismo, que eu adotei de forma aleatória, apesar de ser um substantivo, não designa nenhuma substância, mas apenas

---

14 Poderíamos definir *ton de movimento* como sendo um estado de vibração, ou, segundo conceitos atuais da física, uma ação dinâmica produzida por uma função de onda vital.

uma conexão entre as forças da natureza e dos efeitos, ou da influência geral e específica do emprego, segundo os aspectos mencionados, em relação ao corpo do ser humano".

Evidente que, em não designando "nenhuma substância", repetimos, a teoria do magnetismo animal, segundo seu criador, Mesmer, não equivale à suposição da existência de um fluido vital, como substância responsável pelo movimento dos seres vivos e funcionamento de seus organismos! Essa confusão de teorias marcou o movimento dos magnetizadores no século 19, surgindo, inclusive, líderes, como o suíço Charles Leonard Lafontaine (1803-1892), que liderava um movimento de magnetizadores chamados "fluidistas". Estes consideravam uma ação material e mecânica do magnetismo animal a partir da hipotética substância fluido vital, em oposição direta à teoria original de Mesmer. Além disso, quando da divulgação do espiritismo na Europa, Lafontaine passou a fazer oposição à essa associação entre as duas ciências, constituindo uma minoria na época, como explicou Allan Kardec:

> "De todos os tempos, os magnetistas estiveram divididos em dois campos: os espiritualistas e os fluidistas; estes últimos, muito menos numerosos, fazendo ao menos abstração do princípio espiritual, quando não o negam absolutamente, tudo relacionam com a ação do fluido material; conseqüentemente, estão em oposição de principio com os espíritas. Ora, há que se observar que, se todos os magnetistas não são espíritas, todos os espíritas, sem exceção, admitem o magnetismo. Em todas as circunstâncias, deles se fizeram os defensores e os sustentáculos". (*Revista Espírita*, 1863, pág. 7)

Essa teoria ondulatória de Mesmer recebeu uma confirmação com o advento do espiritismo, quando os espíritos que propuseram seus ensinamentos a Kardec adotaram a teoria do fluido universal para fundamentar os conceitos de física na doutrina espírita. Para esta, existem estados de vibração do fluido cósmico universal que ultrapassam a faixa perceptível pelos cinco sentidos no universo observável. A matéria imponderável, ou fluídica, vibrando em velocidades maiores que a da luz, é o meio de comunicação das informações trocadas, por exemplo, nos fenômenos de telepatia, de magnetismo animal e espiritismo.

Também Hahnemann partilhou do mesmo conceito na filosofia da homeopatia: "Todos os tipos de prática do mesmerismo baseiam-se num afluxo dinâmico de maior ou menor força vital no paciente." (HAHNEMANN, 1842, p. 244)

De acordo com o fundador da homeopatia, a ação dinâmica não se dá pela "comunicação de partes materiais", mas por uma função de onda de uma força vital do tipo não material. Para explicar o que é uma ação dinâmica – que para ele ocorre tanto no mesmerismo quanto na ação medicamentosa do remédio homeopático –, Hahnemann fez uso, em sua doutrina, da mesma comparação antes empregada por Mesmer, ou seja, o fluxo e o refluxo das marés e a ação do magnetismo mineral.

Por sua vez, o fluidismo foi obra de alguns magnetizadores da segunda geração, durante o século 19 que adotaram a hipótese da existência de um fluido constituído por átomos imponderáveis para explicar os fenômenos da vida. Para justificar sua aceitação dessa teoria mecanicista, os magnetizadores fluidistas, como Lafontaine, caíram no erro por uma interpretação empirista e simplista das descrições feitas pelos sonâmbulos, que enxergavam, pela lucidez sonambúlica, um fluido sendo emanado das mãos dos magnetizadores quando aplicavam passes em seus pacientes.

No século 20, porém, a física moderna abandonaria a teoria dos fluidos imponderáveis, explicando os fenômenos eletromagnéticos por meio de ondas e campos. Podemos considerar, desse modo, que a teoria do fluido universal criada por Mesmer e adotada pelo espiritismo foi uma antecipação conceitual intuitiva da teoria moderna da física, enquanto a teoria então aceita dos fluidos imponderáveis (incluído o fluido vital), está superada.

Segundo Mesmer, não havia uma emissão de substância que saía do magnetizador e se espargia sobre o paciente. Seu princípio fundamental afirmava que ocorria uma sintonia entre os dois, permitindo que se ampliasse a ação fisiológica de combate ao estado de desiquilíbrio pelo organismo do doente, acelerando assim a cura natural. Mesmer sabia que ocorreriam tentativas prematuras, imitando seu método sem compreender sua teoria, além de julgamentos precipitados:

> "Tenho a expectativa otimista de que princípios cujos corolários são de tão grande importância não sejam julgados preconceituosamente e a partir de apresentações e fragmentos imaturos, que, sem o meu consentimento têm vindo a público por alguns de meus alunos; muito menos a partir de opiniões unilaterais e comentários daqueles que acreditam centralizar a essência do saber nos seus próprios conhecimentos. - Na leviandade e imprudência daqueles que imitam meu método terapêutico sem conhecer sua natureza íntima está a causa de tantos preconceitos que se instauraram contra o mesmo. (Mesmer, *Mesmerismus*)

O MAGNETISMO É UM ATRIBUTO DA ALMA

Concordam a doutrina espírita e o magnetismo animal que o magnetizador, fazendo uso racional da vontade, que é sediada na alma, direciona e produz o efeito curativo do princípio vital no paciente. Esclareceu Puységur:

> O homem apenas possui esta sensibilidade tão desejável: se, longe de buscar sufocar em si, ele se deixasse conduzir pelos seus doces impulsos, ele se reconheceria sem cessar o poder de reforçar seu princípio vital à sua vontade, e de reparar, por sua ação, o dos seus semelhantes. É aqui que é preciso parar sobre as explicações físicas do poder dos homens. Qual é a natureza dessa vontade, único agente da ação artificial de seu princípio vital? Não é a junção de duas essências que não se podem nem ver nem apreciar? Remontando ao princípio vital, posso bem compreender ainda que ele é o último escalão da matéria; e a eletricidade me dá uma espécie de evidência; mas, além do último escalão da matéria, o que haverá ainda? A vontade existe, todavia; sua ação sobre o princípio vital é manifesta; mas qual é sua natureza? Se seu princípio está além da matéria, é preciso absolutamente reconhecer em nós a existência de um princípio imaterial, emanante da fonte e do princípio criador do universo. (PUYSÉGUR, 1784)

Assim, ao adotar uma teoria espiritualista, Puységur identifica o magnetismo animal como sendo atributo da alma, sede imaterial da vontade, criada por Deus. Depois, concordou Kardec ao afirmar: "Pelos fenômenos do sonambulismo, seja natural, seja magnético, a Providência nos dá a prova irrecusável da existência e da independência da alma, e nos faz assistir ao espetáculo sublime da sua emancipação." (KARDEC, 1857, p. 242).

Afastando o sobrenatural, a ciência do magnetismo animal enfrentou a ignorância que dominou o Ocidente por séculos, seja pelo fanatismo ou pela negação, impedindo a conciliação entre filosofia, ciência e religião. Esclareceu Puységur:

> A série de fenômenos verdadeiramente maravilhosos que o estado de sonambulismo magnético deve produzir, não se pode, creio, calcular. As propriedades de nossas sensações são ainda apenas reconhecidas; e o que pode limitar o termo onde elas terminam? As maravilhas da Antiguidade, os erros da magia, a arte mentora da feitiçaria e da adivinhação, o poder de dar visões às crianças como aos homens razoáveis,

> cujo espírito está exaltado ou prevenido; todas as coisas, digo eu têm uma base de verdade à qual é impossível hoje não crer. (PUYSÉGUR, 1785)

E Mesmer completa, referindo-se a essas mesmas práticas: "São muitas vezes os resultados de observações de certos fenômenos da natureza, que por falta de luz ou boa-fé foram sucessivamente desfiguradas, ocultas ou misteriosamente escondidas". Vemos assim que Mesmer e seus discípulos buscavam na ciência respostas antes explicadas pelo misticismo ou pelos dogmas, abrindo caminho para a futura compreensão do espiritismo.

OS MAGNETIZADORES E O CORPO ESPIRITUAL

É surpreendente o fato de que muito cedo o magnetismo animal levou à constatação de um intermediário entre o espírito e o corpo, que receberia, posteriormente, a denominação de *perispírito* por Allan Kardec.

A diferença entre espírito e alma, difundida pela doutrina espírita, foi, em 1785, assim explicada por Puységur:

> Os antigos tinham a ideia de duas essências no homem, uma espiritual e outra material. A antiga teologia dos hebreus falava do homem segundo estes três prismas; *mens*, *anima*, e *corpus*: espírito, alma e corpo. Os egípcios acreditavam o mesmo homem dividido em três partes distintas, entendimento, alma e corpo terrestre e mortal. Eles compreendiam o entendimento como a parte espiritual da alma, a alma como o corpo sutil e delimitado em que o entendimento estava revestido, e o corpo terrestre, como animado pela alma; isto é, pelo corpo sutil. Pitágoras, que havia buscado muitas luzes entre os egípcios, ensinava que a alma inteligente estava revestida por um corpo sutil que ele chamava carro da alma, o qual fazia a comunicação das duas naturezas. Ele pretendia que este intermediário era luminoso, e que, movido pela alma inteligente, sua ação podia se estender por toda a natureza. Este carro da alma, este intermediário luminoso de Pitágoras lembra muito, parece-me, aquilo que nós chamamos hoje pelo nome de magnetismo ou eletricidade animal, e duvido que o filósofo grego houvesse podido se explicar mais claramente se tivesse conhecido os fenômenos novos que esta descoberta nos apresenta.

Outro destacado magnetizador, Charpignon, em sua obra *Physiologie, medicine et métaphysique do magnetisme*, publicada em Paris no ano de 1842 (quinze anos antes de *O livro dos espíritos*), concluiu por uma composição tríplice do homem:

As considerações psicológicas a que acabamos de nos entregar tiveram como resultado fixar-nos na necessidade de admitir, na composição da individualidade humana, uma verdadeira tríade, e achar neste composto trinário um elemento de uma natureza essencialmente diferente das duas outras partes, elemento perceptível, antes por suas faculdades fenomenais, que por suas propriedades constitutivas; porque a natureza de um ser espiritual escapa aos nossos meios de investigação. O homem é, pois, um ser misto, um organismo de composição dupla, a saber: combinação de átomos formando os órgãos, e um elemento de natureza material, mas indecomponível, dinâmica por essência, numa palavra, um fluido imponderável. Isto quanto à parte material. Agora, como elemento característico da espécie hominal: é um ser simples, inteligente, livre e voluntário, que os psicólogos chamam alma. (CHARPIGNON, 1842, p. 355)

No entanto, a existência de um corpo espiritual, ou perispírito, não foi um sistema, mas sua existência foi um ensinamento dos espíritos que elaboraram a doutrina espírita, pelas obras de Allan Kardec.

O SONÂMBULO PODE VER O PASSADO E O FUTURO

Um intrigante fenômeno ocorria por meio da lucidez de determinados sonâmbulos, a presciência ou percepção de fatos futuros. Mesmer observou esse fenômeno, e, a partir de sua teoria do sexto sentido, ofereceu uma explicação em sua obra de 1799, segundo a qual:

[...] o homem, estando pelo *senso* íntimo em contato com toda a natureza, encontra-se sempre colocado de modo a sentir o encadeamento das causas e dos efeitos. Compreender-se-á que ver o passado não é outra coisa do que sentir a causa pelo efeito, e que prever o futuro é sentir o efeito pela causa, qualquer distância que possamos supor entre a primeira causa e o último efeito. Por outro lado, tudo o que *foi* deixou alguns traços. Do mesmo modo, o que *será* já está determinado pelo conjunto das causas que o deve realizar. O que conduz à ideia de que no universo tudo está presente, e que o passado e o futuro são apenas diferentes relações das partes entre si.

Os fenômenos naturais pesquisados por Mesmer, como a presciência e a telepatia, o qualificam como precursor tanto da ciência espírita como da parapsicologia e demais iniciativas da ciência.

O MAGNETISMO E A CARIDADE ATIVA

Outro ponto essencial do espiritismo para o qual encontramos equivalência na ciência do magnetismo animal são suas naturais consequências morais, fundamentais tanto para o magnetizador como para o paciente. O lema do magnetizador, registrado como as últimas palavras da segunda obra de Puységur, *Sequência das memórias para servir para a história e o estabelecimento do magnetismo animal*, é "Vontade ativa para o bem, crença firme no seu poder, confiança total ao empregá-lo." Nessa mesma obra, Puységur desenvolve o tema, afirmando que o magnetismo animal, como meio de cura, é equivalente à ação da caridade. Reproduzimos o longo trecho:

> Todo homem crescendo adquire a faculdade de curar seu semelhante, como adquire a faculdade de reproduzir-se. Estas duas faculdades são o resultado da comiseração e do amor, dois sentimentos tão imperiosos tanto um como o outro, e certamente comuns a todos os homens. Nada nos prova melhor como estamos afastados das leis da natureza do que esse abandono total de uma de nossas importantes faculdades. Devem ter existido, igualmente, sociedades entre as quais o magnetismo animal, esta medicina tão fácil e tão natural, tenha sido exercido, mas na simplicidade dos costumes antigos, deveria ser suficiente aos homens irem ao impulso de suas almas compassivas para operar alívios prontos e seguros. A arte de curar, longe de ser uma ciência, era, por assim dizer, uma necessidade, tanto que não deveriam existir regras para esta operação, como para todas as outras ações físicas e de primeira necessidade que operamos sem cálculo. Supõe-se, com efeito, que existiu uma sociedade de homens justos e bons, satisfeitos, em toda a plenitude de seu ser, os dons imanentes que lhes prodigalizou a natureza, unicamente ocupados em usufruir sua felicidade, sem outras necessidades que aquela de render graças ao Criador; dotados por outro lado de uma saúde inalterável, a qual algumas paixões desordenadas não vinham perturbar a pureza; concluir-se-á então que não deviam então acontecer choques destrutivos entre eles. Os impulsos naturais existindo com toda sua força, deviam ser obedecidos cegamente e, depois do amor e da amizade, seria certamente a caridade ativa, filha da sensibilidade, que devia mais agitar e afetar as almas. Ora, o efeito, por assim dizer, maquinal deste último sentimento era precisamente o que nós chamamos hoje de magnetismo animal, e era suficiente por consequência para remediar a todas as doenças acidentais, inseparáveis da espécie humana. (PUYSÉGUR, 1785)

Portanto, de acordo com a ciência do magnetismo animal, o esforço da vontade, motivado pela caridade ativa, efetiva-se como um efeito material na ação da cura, por meio dos efeitos do passe e demais recursos. Há aqui uma aproximação da psicologia, medicina e moral, antecipando as pesquisas sobre o impacto das emoções e sentimentos na saúde.

A CURA PELA FÉ RACIOCINADA

Nesse sentido, o magnetismo e o espiritismo dão uma nova dimensão ao termo *fé*, separando a fé da superstição religiosa. Com o auxílio da razão, ela deixa de ser cega e pode operar prodígios antes denominados *milagres*, mas que não passam de um exemplo concreto da ação positiva da vontade sobre a matéria. Antes disso:

> [...] a fé não foi compreendida senão pelo lado religioso, porque o Cristo a exaltou como poderosa alavanca e porque O têm considerado apenas como chefe de uma religião. Entretanto, o Cristo, que operou milagres materiais, mostrou, por esses milagres mesmos, o que pode o homem, quando tem fé, isto é, a vontade de querer e a certeza de que essa vontade pode obter satisfação. Também os apóstolos não operaram milagres, seguindo-lhe o exemplo? Ora, que eram esses milagres, senão efeitos naturais, cujas causas os homens de então desconheciam, mas que, hoje, em grande parte se explicam e que pelo estudo do espiritismo e do magnetismo se tornarão completamente compreensíveis? (KARDEC, 1864, p. 306)

Isto esclarece Kardec em *O evangelho segundo o espiritismo*, e então conclui: "O magnetismo é uma das maiores provas do poder da fé posta em ação. É pela fé que ele cura e produz esses fenômenos singulares, qualificados outrora de milagres".

OS TRÊS RAMOS DA MEDICINA

Na proposta de Mesmer, o magnetismo animal, como meio de cura e de preservação da saúde do homem, é uma das seções da medicina. E, concluindo no mesmo sentido, Kardec afirmaria que, ao lado das necessárias intervenções convencionais e da homeopatia, ele constitui um dos três ramos, que, combinados, constituem a *arte de curar*:

> [...] todos os três estão igualmente na natureza, e têm sua utilidade, conforme os casos especiais, o que explica porque um tem êxito onde outro fracassa, porque seria parcialidade negar os serviços prestados

pela medicina ordinária. Em nossa opinião, são três ramos da arte de curar, destinados a se suplementar e se completar, conforme as circunstâncias, mas das quais nenhuma tem o direito de se julgar a panaceia universal do gênero humano.

Segundo esse raciocínio, nenhum deles, magnetismo, homeopatia ou medicina convencional se sobrepõem ou se anulam, mas são complementares. A elas podemos acrescentar, para o efeito de uma medicina integral, os tratamentos descobertos pelo espiritismo ao revelar a existência dos espíritos: a mediunidade de cura, que é o auxílio ao doente pelos fluidos benéficos regeneradores dos bons espíritos, derramados sobre ele pelo médium, pela simples imposição de mãos; os efeitos salutares da prece e sua ação fluídica; as técnicas da desobsessão. A prova da participação de uma inteligência oculta em casos patológicos...

> [...] ressalta de um fato material: são as múltiplas curas radicais obtidas, nalguns centros espíritas, pela só evocação e doutrinação dos espíritos obsessores, sem magnetização, nem medicamentos e, muitas vezes, na ausência do paciente e a grande distância deste. (KARDEC, 1868, pp. 329-330)

É PRECISO DESTRUIR A CAUSA DA DOENÇA

Mesmer sabia que "para curar verdadeiramente uma doença não é suficiente fazer desaparecer os sintomas visíveis: é preciso destruir a causa". Isto porque, apesar de uma cura ser obtida, "é possível que a obstrução pudesse formar-se de novo, os sintomas desaparecidos voltarem sucessivamente, e, entretanto a cura não ter parecido menos real". Como obter uma cura definitiva? "O conhecimento deste último perigo sempre me levou a encorajar as pessoas que eu havia curado a recorrerem de tempos em tempos aos tratamentos pelo magnetismo animal, seja para provar sua saúde, seja para a manutenção, seja para reafirmá-la, se fosse o caso". Todavia, ainda assim não se estaria afastando todas as causas das doenças, porque, explica Mesmer:

> [...] às causas físicas deve-se juntar a influência das causas morais. O orgulho, a inveja, a avareza, a ambição, todas as paixões aviltantes do espírito humano são também causas invisíveis de doenças visíveis. Como curar radicalmente os efeitos de causas sempre subsistentes? [...] Fala-se tanto nos reveses da fortuna, e das melancolias interiores

tão comuns no mundo. O magnetismo animal não cura a perda de cem mil libras de renda, nem de um marido brutal ou ciumento, nem de uma mulher rabugenta ou infiel, nem de um pai ou de uma mãe desnaturados, nem de filhos ingratos, nem de inclinações infelizes, de vocações forçadas.

Mesmer identificou a causa moral e psicossomática do desequilíbrio físico, mas reconheceu ser o mesmerismo insuficiente para destruí-la por completo.

O ESPIRITISMO CURA AS DOENÇAS MORAIS

A solução para cura das enfermidades morais, que Mesmer reconheceu não estar no alcance da ciência do magnetismo animal, encontra-se plenamente atendida na doutrina espírita, quando declara: a maior contribuição para a saúde humana é a educação do espírito. É aí que se encerra a missão providencial do espiritismo. Uma alma educada pelos princípios da liberdade, da solidariedade e da tolerância acorda em si mesma os potenciais inatos, as imensas faculdades depositadas em seu íntimo. E, pelo despertar de sua própria vontade, ela adquire o poder de manter o seu equilíbrio e conquista definitivamente o controle sobre a saúde. A educação espírita é a chave para a superação do atual surto de doenças que toma a humanidade terrena. O espiritismo...

> [...] cura os males físicos, mas cura, sobretudo, as doenças morais e são esses os maiores prodígios que lhe atestam a procedência. Seus mais sinceros adeptos não são os que se sentem tocados pela observação de fenômenos extraordinários, mas os que dele recebem a consolação para suas almas; os a quem liberta das torturas da dúvida; aqueles a quem levantou o ânimo na aflição, que hauriram forças na certeza, que lhes trouxe, acerca do futuro, no conhecimento do seu ser espiritual e de seus destinos. Esses os de fé inabalável, porque sentem e compreendem. (KARDEC, 1868, p. 327)

O tratamento deve ser adequado à causa. A doença pode ser uma perturbação apenas orgânica e estar circunscrita ao corpo. Como pode, também, provir de uma natureza espiritual, tendo sua causa representada no perispírito. Mas se o desequilíbrio tiver a sua causa no espírito, então:

> [...] o perispírito e o corpo, postos sob sua dependência, serão entravados em suas funções, e nem é cuidando de um nem do outro que se fará

> desaparecer a causa. [...] Não destruirão o germe senão combatendo por seus semelhantes, fazendo homeopatia espiritual e fluidicamente, como se faz materialmente, dando ao doente, pela prece, uma dose infinitesimal de paciência, de calma, de resignação, conforme o caso, como se lhe dá uma dose infinitesimal de *brucina*, de *digitalis* ou de acônito. Para destruir uma causa mórbida, há que combatê-la em seu terreno. (Doutor Morel Lavallée, espírito, *in Revista Espírita*, 1867, p. 56)

É preciso tratar, ao mesmo tempo, o corpo e a alma, objetivando as causas dos desequilíbrios, para alcançar a tão desejada saúde.

Quando a causa da doença estiver no espírito, a cura provém da educação moral. Neste caso, deveria o médico fazer-se moralizador de seus doentes? Kardec esclarece:

> [...] sim, sem dúvida, em certos limites; é mesmo um dever, que um bom médico jamais negligencia, desde o instante que vê no estado da alma um obstáculo ao restabelecimento da saúde do corpo. O essencial é aplicar o remédio moral com tato, prudência e a propósito, conforme as circunstâncias. [...] É, pois, à educação, e, sobretudo, à primeira educação, que incubem os cuidados dessa natureza. Quando a educação, desde o berço, for dirigida nesse sentido; quando se aplicar em abafar, em seus germes, as imperfeições morais, como faz com as imperfeições físicas, o médico não mais encontrará no temperamento um obstáculo, contra o qual a sua ciência muitas vezes é impotente. (*Revista Espírita*, 1869, p. 66)

MEDICINA E MEDIUNIDADE

Completando os recursos da verdadeira arte de curar em sua tese, Allan Kardec propôs que a medicina se alie à mediunidade, prestando mútuo apoio uma à outra, na figura do médico-médium. Este, em sua atividade profissional, concilia o seu conhecimento científico com a assistência espiritual no tratamento dos seus pacientes.

Tanto os espíritos bons podem auxiliá-lo no trabalho da cura (por evocação ou inspiração), como também um diálogo com os pacientes desencarnados pode auxiliar nos casos futuros. Kardec enxergou essa possibilidade e perguntou aos espíritos:

– Poderia um médico, evocando os Espíritos de seus clientes que morreram, obter esclarecimentos sobre o que lhes determinou a morte, sobre as faltas que haja porventura cometido no tratamento deles e adquirir assim um acréscimo de experiência?

– Pode e isso lhe seria muito útil, sobretudo se conseguisse a assistência de Espíritos esclarecidos, que supririam a falta de conhecimentos de certos doentes. Mas, para tal, fora necessário que ele fizesse esse estudo de modo sério, assíduo, com um fim humanitário e não como meio de adquirir, sem trabalho, saber e riqueza. (KARDEC, 1861, p. 391)

Allan Kardec esclareceu, também, que o médico-médium, diferente do médium curador, não deve se constranger ao cobrar seus honorários:

Porque um médico tornou-se médium e é assistido por espíritos no tratamento de seus doentes, não se segue que deva renunciar a toda remuneração, o que o obrigaria a procurar os meios de subsistência fora da medicina e, assim, renunciar a sua profissão. Mas se for animado do sentimento das obrigações que lhe impõe o favor que lhe é concedido, saberá conciliar seus interesses com os deveres da humanidade. (*Revista Espírita*, 1867, p. 306)

Enfim, o Codificador do espiritismo declarou que "se terá mais confiança nos médicos quando forem médiuns, e mais confiança nos médiuns [curadores] quando forem médicos".

Numa perspectiva futura, quando o atual materialismo ceder ao espiritualismo na cultura, a medicina poderá contar sem preconceitos com os recursos da alma e do mundo espiritual em sua prática. Então, combinando medicina comum, homeopatia, magnetismo animal, magnetismo espiritual, desobsessão, mediunidade e educação moral, os médicos terão em suas mãos todos os recursos para conquistar uma saúde integral e definitiva para a humanidade.

ALLAN KARDEC FICOU QUASE CEGO

Nos tempos de Kardec, porém, o espiritualismo encontrava espaço no ambiente cultural. Até mesmo na universidade, no campo das ciências humanas, a orientação filosófica era a do espiritualismo racional, a partir da escola de Royer Collard e Victor Cousin. Quanto à saúde, magnetizadores e homeopatas atuavam em hospitais, consultórios; sonâmbulos ofereciam diagnósticos e prescreviam tratamentos dos pacientes; havia cursos e vasta literatura sobre essas ciências. Em 1850, Hippolyte Leon Denizard Rivail, mais conhecido por seu pseudônimo de Allan Kardec, por quase trinta anos vinha estudando o sonambulismo provocado e todas as suas fases. Seus afazeres, no entanto, foram interrompidos por um grave problema. Rivail quase ficou cego. Não podia ler ou escrever, condição grave para suas atividades como pedagogo, escritor e também professor do *Lycée Polymathique* (Liceu Polimático). Mal distinguia as pessoas que lhe estendiam a mão.

Preocupado, Rivail percorreu as clínicas dos mais notáveis médicos de Paris. Entre elas a do doutor L. (seu nome foi preservado por Kardec), professor de oftalmologia. O doutor fez um exame atento e meticuloso. Sua declaração é de que a vida de Rivail iria se alterar bruscamente. Ele sofria de uma amaurose. Conforme seu diagnóstico, ele logo ficaria completamente cego. A única coisa a fazer era se conformar com a nova situação.

Mas Rivail não se deu por vencido. Procurou uma sonâmbula. Em transe, ela pôde afirmar que não se tratava de cegueira, mas de uma apoplexia, um pequeno derrame sanguíneo em seus olhos. Entretanto, se não recebesse um cuidado adequado, aquilo poderia cegá-lo. A sonâmbula afirmou que poderia curá-lo. E disse mais, previu que uma pequena melhora ocorreria em quinze dias. Um mês depois, começaria a enxergar novamente. E a cura completa ocorreria em dois ou três meses. Pois tudo ocorreu exatamente segundo a previsão. Com o diagnóstico por meio do sonambulismo, e pelo mesmerismo, Denizard Rivail ficou completamente curado. É importante observar, no entanto, que se Kardec simplesmente deixasse o tempo passar, como recomendou o médico, teria desenvolvido a cegueira.

"Ah como a gente sabida é boba!", disse em 1862 o doutor Armand Trousseau (1801-1867), professor da Faculdade de Medicina de Paris e membro da Academia Francesa de Medicina, numa conferência que chamou a atenção de Rivail. Disse Trousseau:

> Como vedes, senhores, as pessoas inteligentes são as que caem primeiro [...] lembrai-vos do que se passava no fim do século passado. Um empírico alemão, submetendo as mulheres à ação de um fluido que ele dizia emanar de si mesmo, lançou uma teoria bizarra, na época chamada de mesmerismo. Vem a Paris, instala-se na Praça Vendôme, no grande centro de Paris. Aí as pessoas mais ricas, as camadas mais altas da sociedade da capital, vêm postar-se em torno da varinha de Mesmer. Eu não saberia atribuir quantas curas foram atribuídas

a Mesmer, que, aliás, é o inventor e o importador, entre nós, dessa maravilha que se chama sonambulismo, isto é, uma das mais vergonhosas chagas do empirismo. (*Revista Espírita*, 1862, p. 227)

E Trousseau, que em 1852 assumira a cátedra de clínica médica do hospital L'Hotel Dieu, continua:

Com efeito, que dizer do sonambulismo? Moças histéricas, geralmente perdidas, juntam-se a qualquer charlatão faminto e ei-los simulando o êxtase, a catalepsia, o sono, e ei-los, com a mais falsa segurança, exibindo mais ignorância do que se podiam imaginar, ignorâncias bem pagas, bem aceitas, acreditadas com uma fé mais robusta que os conselhos do clínico mais esclarecido.

Todavia, Kardec não se preocupou em provar para o senhor Trousseau a existência do magnetismo e do sonambulismo. Seria tempo perdido. Disse, porém:

[...] que, se o ataque e o sarcasmo são armas pouco dignas da ciência, é ainda mais indigno que ela arraste na lama uma ciência hoje espalhada no mundo inteiro, reconhecida e praticada pelos mais eminentes homens e atirar sobre os que a professam os insultos mais grosseiros que os possam encontrar no vocabulário da injúria. É para lamentar ouvir expressões tão triviais, feitas para inspirar desgosto, descendo das cátedras do ensino.

Kardec, homem de profundo bom senso, demonstra sua indignação diante das ofensas gratuitas do catedrático doutor, claramente desinformado ou mal intencionado. Confirmando que em seu tempo o mesmerismo era amplamente utilizado, pesquisado e divulgado; afirmou, por fim, o professor: "Quanto a Mesmer, é preciso estar muito pouco ao corrente do que se passa para ignorar que o magnetismo está mais espalhado do que nunca, e que é hoje professado por notabilidades científicas." (*Revista Espírita*, 1863, p. 338).

KARDEC ESTUDOU O MAGNETISMO POR DÉCADAS

Quando assistiu àquela conferência, Allan Kardec já publicara *O livro dos espíritos*, obra que esclarece com detalhes o sonambulismo como fenômeno natural, podendo ser provocado pelo magnetismo. Tendo estudado a ciência do magnetismo animal por trinta e cinco anos, logo constatou que as duas eram ciências irmãs. "O magnetismo e o espiritismo se dão as mãos. São duas partes de um mesmo todo, dois ramos de uma mesma ciência, que se completam e se explicam um pelo outro. Acreditar no magnetismo é abrir caminho ao espiritismo, e reciprocamente." (*Revista Espírita*, 1867, p. 347). Como vimos, muitas das teorias de Mesmer, como a do sexto sentido, da presciência, o fluido universal, a terapia pelos passes, entre outras, foram utilizadas pelos espíritos superiores para fundamental a doutrina espírita.

O magnetismo, como ciência, sofreu violentos ataques da comunidade médica tradicional desde quando Mesmer divulgou seus primeiros resultados. Entretanto, esclareceu Kardec que o...

> [...] magnetismo preparou o caminho do espiritismo e os rápidos progressos desta última doutrina são incontestavelmente devidos à vulgarização das ideias sobre a primeira. Dos fenômenos magnéticos, do sonambulismo e do êxtase às manifestações espíritas há apenas um passo. Sua conexão é tal que, por assim dizer, é impossível falar de um sem falar do outro. (*Revista Espírita*, 1858, p. 96)

O codificador do espiritismo ainda afirmaria ter sido o aparecimento do espiritismo preparado por vários pesquisadores como Swedenborg, Mesmer e Puységur. De acordo com Kardec, as grandes ideias são antecipadas, como o cristianismo teve Sócrates e Platão como precursores:

> Há um século tinham preparado seu aparecimento. Swedenborg, [...] Sem esquecer Mesmer, que deu a conhecer a força fluídica, de Puységur [...] Todos levantaram uma ponta do véu da vida espiritual; todos giraram em torno da verdadeira luz e dela se aproximaram mais ou menos; todos prepararam os caminhos e dispuseram os espíritos, de sorte que, por assim dizer, o espiritismo apenas teve que completar o que havia sido esboçado. (*Revista Espírita*, 1865, p. 264)

É surpreendente a forte afirmação de Kardec de que o espiritismo não seria completo sem as descobertas do mesmerismo, ensejando a importância de conhece este para uma adequada interpretação daquele: "Se tivermos que ficar fora da ciência do magnetismo, nosso quadro ficará incompleto e poderemos ser comparados a um professor de física que se abstivesse de falar da luz." (*Revista Espírita*, 1858, p. 96). Kardec, no entanto, não reproduziu em sua obra os textos doutrinários do magnetismo. Em sua época, diversas instituições de pesquisa, clínicas, periódicos e grupos científicos frequentados por médicos e pesquisadores cuidavam do assunto com profundidade e experiência. Por isso Kardec, em sua *Revista Espírita*, não desenvolveu plenamente as doutrinas do magnetismo animal, referindo-se a elas "senão acessoriamente, mas de maneira suficiente para mostrar as relações íntimas das duas ciências que, na verdade, não passam de uma".

Tais afirmações ensejam a importância da recuperação da ciência de Mesmer para uma adequada interpretação da teoria dos espíritos presentes nas obras do espiritismo.

MARQUÊS DE PUYSÉGUR DEFENDEU O MESMERISMO

Em 1813, dois anos antes do desencarne de Mesmer, o marquês de Puységur teceu as seguintes considerações num artigo, relatando os recursos e esforços de seu criador para o estabelecimento dessa ciência, comparando o valor do fenômeno do sonambulismo para a compreensão do homem, como o foi as descobertas de Newton para a física:

> As sonâmbulas magnéticas não guardam nenhuma lembrança, no seu despertar, das experiências de que participaram. Nada lhes fica gravado na memória.
>
> A esta obscuridade, que em todos os tempos deveu envolver os fenômenos magnéticos, é que cumpre atribuir a ignorância em que os homens estiveram até aqui da existência de uma das suas mais belas faculdades. Assim como o acaso, ou antes, a observação, fizera Newton descobrir a perpétua gravitação dos corpos, que todos os seus conhecimentos matemáticos antecedentes não lhe puderam fazer presumir; da mesma maneira cumpria que se encontrasse um observador que, somente mais atento que outro aos perpétuos eflúvios do fluido, ou princípio vital dos corpos organizados, reparasse enfim na influência dos seus sobre o princípio ou fluido vital de seus semelhantes. Cumpria que aquele homem fosse douto na física, na química, na fisiologia, para que pudesse dirigir as suas observações sobre causas pertencentes àquelas ciências e, demais, cumpria ainda que fosse médico, para logo aplicá-lo ao tratamento e ao alívio dos males da humanidade. Esse homem, em quem se achou reunido tanto mérito e tantas qualidades, é o senhor doutor Mesmer, ancião hoje retirado, e quase ignorado, numa pequena aldeia da Suíça, porém cuja imagem e nome transmitir-se-ão com glória à posteridade reconhecida. [...] Infelizmente para Mesmer, não se dava com

a sua descoberta o mesmo que com todas as que se fizeram antes dele sobre a natureza morta e inanimada, de cuja realidade cada um pode, a cada instante, certificar-se com o auxílio dos mesmos instrumentos ou dos mesmos processos que as fizeram alcançar por seus primeiros observadores. Para que os fenômenos do magnetismo animal se manifestem, Mesmer era o único investigador. Sendo só, esse homem reproduzirá esse fenômeno milhares de vezes às vistas de seus contemporâneos. Para os menos esclarecidos, serão milagres; para os doutores, ilusões; e sob esses dois aspectos, igualmente enganadores, ninguém são e conscientemente poderá julgar.

Tal, com efeito, aconteceu com a descoberta de Mesmer: aparecendo no meio de uma geração ainda imbuída das lembranças dos pretendidos milagres praticados sobre o túmulo do diácono Paris, que assembleias civis e religiosas haviam condenado sem haver podido explicá-los nem concebê-los. Em luta com doutores indignados com razão contra as exagerações místicas e metafísicas a que esses prestígios haviam dado causa, e sob um governo vacilante, do qual a ideologia republicana e o filosofismo mais absurdo haviam desde muito tempo solapado os alicerces, tudo concorria para não fazer encarar Mesmer, à sua chegada à França, senão como um taumaturgo empreendedor e audacioso, que, para atrapalhar a marcha de uma revolução salutar, vinha renovar antigos erros e remoçar velhas prevenções. Apesar de alguns médicos franceses muito afamados haverem altamente reconhecido a existência e a utilidade da descoberta de seu douto colega, ela não deixou de ser proscrita pela desfavorável decisão que sobre ela deram, à exceção de um só, todos os sábios comissários encarregados de julgá-la, e a verdade de fato mais admirável que talvez jamais se haja manifestado às ciências físicas e fisiológicas, não foi mais, desde esse momento, do que um objeto de zombaria aos olhos dos seus profanadores.

Demais, quaisquer que fossem os motivos que levaram a opinião a declarar-se tão fortemente contra o magnetismo animal, o certo é que não podem mais servir de desculpa ao silêncio que os sábios atuais guardassem hoje a seu respeito. A evidência e a regularidade das suas manifestações, os resultados constantemente salutares da sua aplicação no tratamento das moléstias, atestados por trinta anos de experiência e de observação, tudo enfim serve para provar a esses doutos que o magnetismo do homem é uma verdade incontestável.
(MONTEGGIA, 1861)

FAZENDO UM APELO À RAZÃO

Por fim, conclui Puységur:

> Sábios da França inteira, faço o último apelo ao vosso discernimento. Tudo quanto anteriormente se acreditou ou decidiu do magnetismo animal não influa, porém, sobre a opinião que deveis ter dele, pois não haveria mais razão para negardes a sua existência, porque o ceticismo filosófico do século 18 o tratou de quimera, do que o credes prestígio mágico ou obra do demônio, porque a ideologia mística dos séculos 16 e 17 o prescreveu e condenou como tais. Não, senhores, os fatos devem ser para os sábios do século 19 o único catecismo de sua razão, E sob um governo cujo chefe declarou-se inimigo de toda a espécie de ideologia, porque está na altura de todas as ciências que professais, não deve haver para vós outras verdades além dos fatos. E não é, pois, uma ordem tácita que ele vos dá, de lhe dizerdes enfim se o magnetismo é um fato, essa liberdade que me concede de publicar cada ano os seus fenômenos e de convidar-vos para vir observá-los? Qual é o fim das ciências senão descobrir a verdade pela observação das leis da natureza? [...] Ouso dizer que este magnetismo, quando o tempo tiver sancionado a sua existência, obrigará os sábios físicos e outros a retificarem, ou mesmo mudarem as inúmeras noções que eles haviam adotado antes de o reconhecerem. (MONTEGGIA, 1861)

Da mesma forma que a ciência do magnetismo animal é fundamental para a compreensão do espiritismo, o inverso também é válido! É imprescindível, nos dias de hoje, fazer uma revisão da doutrina de Mesmer e seus seguidores – Puységur, Deleuze, du Potet etc. E o espiritismo é a ferramenta necessária para esta tarefa.

Puységur conta, em seguida, o que lhe disse um homem sábio, mas incrédulo, que foi à sua casa em 1811 e, vendo três homens doentes entrarem em transe sonambúlico, confessou: "O maior esforço para mim, senhor, não é o acreditar nas suas experiências; pois não tenho, por certo, a pretensão nem a presunção de tudo saber; mas é o ter muito que descrer, a ser real tudo quanto vejo neste momento". E, em seu artigo, conclui revelando sua crença em Deus como causa primária de todas as coisas:

> Ora, qual é a sua causa? Devo seguramente conhecê-la, pois que está em mim, uso dela, e ponho-a em jogo. Bem podem outros pô-la em dúvida, mas para mim não é certamente uma hipótese: esta causa

é o ato voluntário do meu pensamento. A causa, pois, de todos os fenômenos magnéticos no universo é um grande, eterno e soberano pensamento. É Deus, enfim, que está em tudo, abraça tudo, e que está no homem como o homem está nele, torna o nosso ser, ou, a nossa alma, ainda encerrada no tempo, suscetível de relações imateriais com o seu princípio e digna de poder reunir-se a Ele na eternidade. (*Idem*)

UMA REVOLUÇÃO NA MEDICINA

Existe uma história praticamente oculta nos livros de história da medicina. As terapias alopáticas, atualmente bastante questionada quando se pesa os benefícios e as reações adversas de seus remédios, são uma continuidade do pensamento galenista (*contraria contraribus curantur*), na roupagem dos medicamentos novos, porém tão agressivos e prejudiciais quanto os empregados nos milênios anteriores. Por outro lado, as alternativas terapêuticas criadas a partir das descobertas científicas dos pesquisadores vitalistas foram combatidas, caluniadas, deturpadas e finalmente silenciadas pela ciência oficial.

Considerando as previsões de regeneração da humanidade propostas pelo espiritismo, as ciências médicas vão descobrir no espiritualismo o que lhe falta para superar os limites impostos pelo materialismo. Os casos hoje insolúveis, os sofrimentos desnecessários, as razões ocultas que desafiam os médicos serão resolvidos quando as verdadeiras causas forem atacadas. Veja o que disse Kardec, em *O evangelho segundo o espiritismo*:

> Se os médicos são malsucedidos, tratando da maior parte das moléstias, é que tratam do corpo, sem tratarem da alma. Ora, não se achando o todo em bom estado, impossível é que uma parte dele passe bem. O espiritismo fornece a chave das relações existentes entre a alma e o corpo e prova que um reage incessantemente sobre o outro. Abre, assim, nova senda para a ciência. Como lhe mostra a verdadeira causa de certas afecções, faculta-lhe os meios de combatê-las. Quando a ciência levar em conta a ação do elemento espiritual na economia, menos frequentes serão os seus maus êxitos. (KARDEC, 1864, p. 51)

Mais de dois bilhões de pessoas no mundo vivem atualmente em situação de pobreza. Considerando o alto custo de suas práticas hospitalares e industriais, podemos inferir que jamais a estrutura médica alopática atenderá plenamente, isolada, às necessidades da humanidade. A população mundial precisa de um tratamento eficaz, barato, sem efeitos colaterais e que ataque a verdadeira causa das doenças. Será fundamental que se estabeleça uma estrutura baseada mais na prevenção do que na recuperação da saúde. As terapias espiritualistas estão prontas a dar essa contribuição. Nesse sentido, uma revolução da medicina terá um caráter social inevitável. Podemos concluir que a fraternidade, no sentido de cooperação e apoio mútuo, será a base dessa conquista.

CRONOLOGIA DE MESMER

1734 Franz Anton Mesmer nasce em Iznang, aldeia próxima ao lago de Constança, na região da Suábia, hoje Alemanha, no dia 23 de maio.

1743 É levado pelos pais para o monastério Reichenau, em Constança, onde, durante seis anos, estudou línguas, literatura clássica, literatura e música com os monges.

1750 Ingressa na universidade jesuíta de Dillingen, na Baváira, onde estudou filosofia por quatro anos, chegando ao doutorado. Passa a ler as obras de Galileu, Descartes, Leibniz, Kepler, Newton etc.

1754 Inicia o curso de teologia na Universidade de Ingolstadt, também na Baváira.

1759 Ingressa na Universidade de Viena, Áustria, e no primeiro ano estuda leis.

1760 Transfere-se, na mesma universidade, para o melhor curso de medicina da Europa, totalmente reformulado por Gerhard van Swieten – discípulo de Boerhaave, o mais respeitado professor da época, conhecido como o "Hipócrates holandês".

1766 Depois de seis anos estudando medicina, no dia 27 de maio, conquista o doutorado com uma dissertação, *Dissertatio physico-medica de planetarum influxu*, sob a égide de Newton e talvez de Paracelso. Neste texto, que trata da influência dos planetas sobre o corpo humano, usou pela primeira vez o conceito de fluido universal.

1768 Casa-se com Maria Anna von Posh, numa concorrida cerimônia, em 10 de janeiro, celebrada na catedral de Santo Estêvão pelo arcebispo de Viena. Muda-se para uma mansão em Landstrasse, onde promovia saraus musicais com Mozart, Gluck, Haydn e outros.

1768 Estreia, em outubro, no teatro de seu jardim, a primeira apresentação em Viena de uma ópera de Mozart. Então apenas um menino de doze anos, o compositor apresentou seu primeiro *singspiel* em alemão, uma comédia popular, *Bastien et bastienne*.

MESMER	1773	Inicia o primeiro tratamento pelo magnetismo animal. A paciente foi uma parenta da esposa de Mesmer e amiga da família Mozart, Franziska Esterlina, uma senhorita de vinte e nove anos bastante debilitada.
	1775	Com a pouca acolhida dada à sua descoberta, determina-se a nada mais realizar publicamente em Viena. Viaja para diversos países da Europa anunciando sua descoberta. Visita Suábia, Bavária, Suíça, Hungria etc.

Publica uma *Carta ao povo de Frankfurt*, que representa uma importante fase do desenvolvimento de sua teoria. Pela primeira vez definiu o magnetismo animal como sendo a capacidade de um indivíduo causar efeitos similares ao magnetismo mineral em outra pessoa.

Em cinco de janeiro, publica em jornais e panfletos uma *Carta a um médico estrangeiro*, esclarecendo a terapia do magnetismo animal. Foi primeiramente endereçada ao medico Johann Christoph Unzer, de Altona.

Em Munique, a 28 de novembro, é aceito como membro da Academia do Eleitorado da Baviera.

1776   Deixa de fazer uso do ímã como simples condutor do magnetismo animal, para evitar mal-entendido por parte dos médicos e físicos. Continua a usar água, garrafas, barras de ferro.

Publica *Cartas sobre a cura magnética*, esclarecendo sua tese de doutorado, e as envia, como divulgação, a alguns médicos.

1777   Aceita como paciente a famosa pianista Maria Theresa Paradis, desde 20 de janeiro, curando sua cegueira e gerando controvérsias.

1778   Chega a Paris, no mês de fevereiro, e começa a apresentar suas descobertas para os sábios e os médicos desta capital. Nesse mesmo ano morrem Voltaire e Rousseau.

Retira-se no mês de maio, com alguns doentes, para a cidade de Creteil. Requisita comissários da Sociedade Real de Medicina de Paris para que eles fiscalizem as curas, o que foi recusado.

1779   Depois de tentar em todas as universidades, sem sucesso, um exame de seu sistema, publica em Paris um relato analítico da nova ciência: *Memória sobre a descoberta do magnetismo animal*.

1780   Propõe à Faculdade de Medicina de Paris um teste comparativo de seu método com a medicina tradicional. Em 18 de setembro, houve uma assembleia geral. Após uma leitura e um discurso, d'Eslon, seu discípulo foi excluído do quadro dos médicos e as proposições de Mesmer foram rejeitadas com desdém e animosidade.

1781	Publica *Resumo histórico dos fatos relativos ao magnetismo animal*, a mais importante descrição histórica da ciência do magnetismo animal. Em agosto, viaja para Spa, cidade famosa pelo uso medicinal de sua água mineral, permanecendo ali por apenas duas semanas e então retornando para Paris.
1782	Faz uma segunda viagem a Spa para uma estada de três meses.
1784	Em 20 de agosto, envia uma carta a Benjamin Franklin denunciando os equívocos da comissão nomeada para examinar d'Eslon, desautorizado para agir em seu nome, e a impropriedade do método adotado. O rei da França nomeia uma comissão de sábios da Academia de Ciências de Paris – Bailly, Darcet, Franklin, Lavoisier –, que em quatro meses concluiu que as proposições de Mesmer não passavam de imaginação, além de redigir um relatório secreto alegando implicações sexuais. Outra comissão formada por médicos da Sociedade Real de Medicina também rejeitou a existência do magnetismo animal. Porém, um de seus membros, Jussieu, divergiu dos colegas e admitiu as curas. Troca cartas com George Washington, primeiro presidente dos Estados Unidos da América.
1785	Desautoriza a divulgação de *Aforismos de Mesmer*, anotações de suas aulas, divididas em 344 proposições. Entretanto, alguns de seus discípulos não o respeitam, publicando o livro.
1787	Encontra-se, em Zurique, com o pastor Johann Caspar Lavater (1741-1801) um entusiasta do magnetismo animal na Suíça.
1788	Viaja para Kalsruhe. Depois, percorre a região do Lago de Constança.
1790	É homenageado por Mozart, em sua ópera *Così fan tutte*. No final do primeiro ato, a personagem Despina, fantasiada de médico, imita Mesmer e seu tratamento. Sua esposa, von Posh, morre de câncer no seio, em 15 de maio.
1793	Retorna a Viena em 14 de setembro. Dois meses depois, é preso pela polícia, pois estava sendo investigado por questões políticas, suspeito de ser favorável aos jacobinos. Liberado, ficou sob custódia até cinco de dezembro. Continuaria, porém, sendo observado pelas autoridades.
1796	Vai a Wagenhausen, no cantão de Thurgau, Suíça, onde permanece por três anos, até 1798. Retorna à Paris, onde vive no número 206 da Rua Vendôme.
1799	Publica *Memória de F. A. Mesmer, doutor em medicina, sobre suas descobertas*, sua principal obra, contendo o modelo teórico da terapia do

magnetismo animal, sonambulismo provocado e lucidez sonambúlica. Foi seu primeiro trabalho publicado depois de dezoito anos.

1801 Muda-se para Versalhes em fevereiro.

1802 Decidido a deixar a França, passa a residir em Meesburg, no sul da Alemanha.

1809 Muda-se para a cidade suíça de Frauenfeld. Muitos achavam que ele já havia morrido. Um grupo de médicos da Academia de Berlim redescobre o seu paradeiro, mas, já com setenta e cinco anos, ele não aceita acompanhá-los.

1812 Recebe um emissário de Berlim, doutor Karl Christian Wolfart, encarregado de solicitar "a comunicação de todos os fatos, retificações e esclarecimentos desse importante tema".

1814 Mesmerismo ou sistema das interações, teoria e aplicação do magnetismo animal como a medicina geral para a preservação da saúde do homem é publicado em Berlim. Segundo seu editor, doutor Wolfart, é uma organização de artigos, anotações e pensamentos de Mesmer sobre ciência, filosofia, educação etc., constituindo as suas reminiscências.

1815 Deixa este mundo no dia cinco de março, lúcido até os últimos dias de seus oitenta e um anos, na cidade de Meesburg, Suábia, nas proximidades do lago de Constança, atual Alemanha.

1821 Realizam-se notáveis experiências de magnetismo, registradas em relatórios, os magnetizadores du Potet e Robouam, sob a direção dos doutores Bertrand, Husson e Récamier, e na presença de trinta outros médicos.

1826 Nomeada, depois de calorosos debates, nova comissão pela Academia de Medicina de Paris para novamente analisar o magnetismo animal, com doze membros, depois reduzida para nove: Bourdois de la Mothe, Foucquier, Guéneau de Mussy, Guersant, Itard, Husson, Leroux, Marc, Thillaye.

1831 Em sessões de 21 e 28 de junho, é lido pelo relator, doutor Husson, e aprovado, o relatório da comissão da Academia de Medicina favorável ao magnetismo animal, depois de cinco anos de pesquisas e numerosas experimentações registradas. No entanto, o relatório não foi publicado. Depois de assinado, foi arquivado na Academia.

1857 Allan Kardec publica *O livro dos espíritos*, dando início ao espiritismo. Na questão 555, revela a ligação íntima entre as duas ciências:

O espiritismo e o magnetismo [animal] nos dão a chave de uma imensidade de fenômenos [...] em que os fatos se apresentam exagerados pela imaginação. O conhecimento lúcido dessas duas ciências que, a bem dizer, formam uma única, mostrando a realidade das coisas e suas verdadeiras causas, constitui o melhor preservativo contra as ideias supersticiosas.

1863   Mesmer dá sua primeira comunicação por meio de um médium da Sociedade Parisiense de Estudos Espíritas, presidida por Allan Kardec. Fala sobre o 'magnetismo animal' e espiritual, também afirma ser a prece um magnetismo sublime.

PARTE 1:
BIOGRAFIA DE FRANZ ANTON MESMER

I - UMA CUIDADOSA FORMAÇÃO

Mesmer pertencia a uma grande família católica da Suábia, região que hoje pertence à Alemanha. Foi o terceiro dos nove filhos do casal Franciscus Antonius Mesmer e Maria Ursula Michel. Seu pai, Anton Mesmer, era caçador episcopal e couteiro do bispo de Constança. Esta antiga profissão era respeitada e permitia uma vida confortável para sua família.

Mesmer nasceu em Iznang, perto de Radolfzell, no dia 23 de maio de 1734. Aquela pequena aldeia fica nas imediações do grande lago de Constança, ou Bodensee, um dos maiores e mais profundos da Europa. A maior parte de sua linha costeira pertence hoje à Alemanha, mas suas águas banham também a Suíça e a Áustria.

A espetacular paisagem dos Alpes suíços e o ambiente agradável do lago marcaram a infância e mocidade de Mesmer. A região sempre foi agraciada pelo clima agradável e a riqueza de sua fauna e flora. A produção de vinho nas margens do famoso rio Reno e a pesca de truta e salmão no lago de Constança são características dessa província. Mesmer manteria por toda sua vida o hábito de receber seus convidados com uma mesa farta e alegre.

A grande extensão do lago reflete o calor no verão, oferecendo um clima ensolarado e moderado. No outono, a luminosidade torna as cores da paisagem mais contrastantes e folhas de todas as cores se espalham pelo chão. A neve cobre a paisagem no inverno.

Curiosamente, depois de percorrer diversas partes da Europa defendendo as suas descobertas, Mesmer passou os últimos anos de sua vida com suas irmãs em Meesburg, cidade natal de sua mãe, a poucos quilômetros de onde nasceu. Ele deixou este mundo no dia 5 de março de 1815, lúcido até os últimos dias de seus oitenta e um anos.

Vale destacar que a meio caminho entre Iznang e Meesburg fica a famosa cidade de Constança. Foi nela que, em 1415, exatamente quatrocentos anos antes da morte de Mesmer, as chamas de uma fogueira da inquisição consumiram o corpo do reformador Jan Hus, condenado pelo papa, no concílio realizado nessa cidade.[15] Em meio às labaredas, Hus permaneceu cantando enquanto pôde. Suas últimas palavras foram: "Hoje queimarão um simples pato (*Hus*, em alemão), mas um dia virão as aves do céu em tão grande número que não poderão ser alcançadas." O espírito de Allan Kardec, comunicando-se em Paris em setembro de 1869, afirmou:

> Após quinhentos anos, Jan Hus vive na memória de todos, ele que verteu apenas o seu próprio sangue para a defesa das liberdades que havia proclamado. (...) O pensador, o filósofo, o que primeiro desper-tou a ideia do direito e do dever, que substituiu a escravidão e o jugo pela esperança da liberdade, esse está vivo em todos os corações. Ele não procurou o seu bem estar e a sua glória, mas a felicidade e a glória para a Humanidade futura! (KARDEC, 1869, p. 196)

Jan Hus, Mesmer e Kardec. São três personalidades cujos atos gloriosos estão inscritos nas folhas esparsas do grande livro da imortalidade.

Mesmer, lembrando a coragem dos mártires da liberdade perseguidos pela intole-rância, lamentava a indolência e a fraqueza daqueles que o cercavam afirmando que:

> [...] a opinião elevava outrora a coragem até fazê-la desafiar o martí-rio, ao passo que hoje não se pode suportar o menor ridículo. É que o amor-próprio punha então toda a sua glória na força da resistência, e que no presente ele temeria a humilhação de uma credulidade que se taxaria de fraqueza. O ridículo seria, sem dúvida, o melhor meio de reformular as opiniões, se todavia não houvesse de errar pela intenção. Mas, por um zelo exagerado para o progresso da filosofia, abusou-se muitas vezes desse meio. As verdades mais úteis foram desconhecidas, confundidas com os erros e sacrificadas com eles. (MESMER, 1799)

---

15   Atualmente, faz parte do roteiro histórico da cidade de Constança uma visita ao porto, onde fica a pitoresca estátua Impéria, uma enorme prostituta de cimento e ferro, carregando em suas mãos um papa e um rei, ambos nus. Depois da polêmica causada entre os moradores, a estátua, criada pelo escultor Peter Lenk em 1993, é um cartão-postal da cidade. A mulher provocante é uma referência ao Concílio de Constança, ocorrido entre 1414 e 1418, tendo como um de seus objetivos reunificar o poder da Igreja Católica, que naquela época estava com três papas, um na cidade francesa de Avignon, e os outros em Pisa e Roma. O papa que pronunciou a condenação de Huss em Constança, no final do concílio, renunciou.

PRIMEIROS PASSOS

Em 1743, quando o pequeno Franz completou nove anos, seus pais, considerando o interesse e a inteligência do menino, encaminharam-no para o monastério Reichenau, em Constança, para com os monges aprender a ler o latim e iniciar-se na música, preparando-se para futuramente cursar a universidade. Sua formação recebeu a proteção direta de von Schönborn, bispo de Constança.

Os seus primeiros estudos, conforme os costumes da época, compreendiam também seis anos de línguas, literatura clássica e teologia. Os colégios davam uma educação básica formal, tornando os jovens aptos a prosseguirem seus estudos profissionais ou a tomarem lugar na sociedade. Entretanto, Mesmer trazia em sua essência uma sede pelas ciências ainda nascentes. Sua vontade firme marcaria uma formação eclética e extensa, culminando com a apresentação de sua tese de doutorado em medicina.

Seus primeiros anos na escola monástica foram dedicados a temas mais amenos. O amor dos monges pela música marcaria a vida de Mesmer. Experimentando o magnetismo animal, ele percebeu uma ligação entre as harmonias musicais, o equilíbrio do corpo humano e o universo inteiro. É intuitiva a noção de que a música eleva o espírito. Na doutrina espírita, há uma definição oferecida pelo espírito do compositor italiano de óperas, como *O barbeiro de Sevilha*, Giochino Rossini (1792-1868), que afirma haver uma conexão entre as três percepções da alma – harmonia, ciência e virtude:

> "A harmonia, a ciência e a virtude são as três grandes concepções do Espírito: a primeira o arrebata, a segunda o esclarece, a terceira o eleva. Possuídas em toda a plenitude, elas se confundem e constituem a pureza." (espírito Rossini, in KARDEC, 1890, p. 181)

Outra definição clássica da harmonia vamos encontrar no *sonho de Cipião* (*Somnium Scipionis*), uma das mais belas páginas da Antiguidade, obra-prima do grego Marco Túlio Cícero (106-43 a.C). No texto, o sonhador conversava com a alma de seu pai, Paulo Emílio, e de seu avô, Cipião, o africano. Contemplava as maravilhas dos astros, viajando pelo céu, quando perguntou:

– Que som doce e intenso é esse que chega aos meus ouvidos?

– É a harmonia que, a intervalos desiguais, mas sabiamente combinados, produz a impulsão e o movimento das esferas em que, misturando-se os tons agudos com os graves, produzem-se acordes e diversos conceitos; não se pode realizar em silêncio tamanho movimento, e a natureza quis que, quando as notas agudas vibram num lado, as graves ressoem em outro. Os homens inspirados que, com instrumentos diversos ou com a voz, imitam esses cantos, abrem caminho e procuram ingresso neste lugar, do mesmo modo que os outros, que, mediante seu engenho na vida humana, cultivaram os estudos divinos. Essa harmonia, ressoando nos ouvidos dos homens, ensurdeceu-os sem que chegassem a compreendê-la, e vós, por outra parte, tendes esse sentido pouco desenvolvido. Assim como o Nilo, nos lugares chamados cataratas, precipita-se de montes altíssimos e ensurdece as pessoas que se encontram perto daquele lugar com o ruído estridente com que se despenha, assim também não podeis escutar a prodigiosa harmonia do universo inteiro no seu giro rápido, e não podeis contemplar o Sol de frente, sem que seu esplendor deslumbre vossa vista.

Quase todos os compositores de gênio, como Beethoven e Mozart, declararam que percebiam harmonias impossíveis de serem descritas.

Mesmer encontrou a inspiração para suas ideias na grande música das esferas. Compreendeu a uniformidade das leis que regem tanto a formação e o equilíbrio dos astros quanto as vibrações criadoras do som, da luz, do calor, e do magnetismo animal. Completa o espírito de Rossini:

> O homem que gosta das delícias da harmonia é mais elevado, mais depurado, do que aquele que ela não pode penetrar. A sua alma está mais apta a sentir. Liberta-se mais facilmente, e a harmonia a ajuda a libertar-se. Ela a transporta e lhe permite ver melhor o mundo moral. De onde é necessário concluir que a música é essencialmente moralizadora, uma vez que leva a harmonia às almas, e que a harmonia as eleva e as engrandece. (*Ibidem*, p. 184)

TEOLOGIA, FILOSOFIA E DIREITO

A educação primeira de Franz Anton Mesmer foi contínua e bem fundada. Aos quinze anos, ele recebeu uma bolsa de estudos para ingressar na famosa universidade fundada em 1551 pelos jesuítas de Dillingen (antigo Colégio de São Jerônimo), na Baviera. Mesmer ficou quatro anos estudando filosofia nessa cidade atravessada pelo rio Danúbio, até que, em 1754, foi levado para a Universidade de Ingolstadt, outra escola jesuítica da mesma região. Nos nove anos que passou nessas universidades, Mesmer alcançou o título de *emeritus studiosus* em teologia. Também foi promovido ao que na época era designado como *doctor autoritate, et consensu illustrissimorum, perillustrium, magnificorum, spectabilium, clarissimorum Professorum* em filosofia.

O conhecimento da filosofia, desde Sócrates até Descartes e Leibiniz, e ciências, com Galileu e Newton, foi essencial para a descoberta do magnetismo animal. Como veremos, a medicina de Mesmer está baseada no retorno às raízes fundamentais. A filosofia socrática e a medicina científica foram esforços contemporâneos de Sócrates e Hipócrates, cuja influência mútua participa da própria geração de suas doutrinas. "A criação da medicina hipocrática marca o ingresso de nova ciência na área do saber científico e, como Sócrates e Platão foram amplamente influenciados pela medicina, estimulou por sua vez a especulação filosófica", concluíram Giovanni Reale e Dario Antiseri (ANTISERI, 1997, p. 123). A esse respeito, W. Jaeger[16] escreve: "Não exageramos quando dizemos que a ciência ética de Sócrates, que ocupa o centro da disputa nos diálogos platônicos, não teria sido pensável sem o modelo de medicina".

Tanto Sócrates quanto Hipócrates foram fundamentais para o surgimento da ciência do magnetismo animal. Podemos afirmar que a medicina de Mesmer é um renascimento, iluminado pela ciência, dos fundamentos filosóficos e científicos desses luminares gregos. Para Sócrates, o homem é a sua alma, e é preciso despojá-la, submetê-la à prova para curá-la. Em sua filosofia, a cura da alma está em aprimorá-la, a fim de que o homem se realize em seu justo valor. Para Hipócrates, que fundou a medicina científica, a saúde e o corpo não são realidades isoladas, mas partes de um amplo conjunto de fatores, desde o ambiente até questões sociais. A palavra fundamental para representar a saúde, portanto, é *harmonia*. A cura é obtida auxiliando os esforços da natureza. Hipócrates recomendava a seus alunos um estudo dedicado da filosofia.

Na obra *Fedro* (PLATÃO, 2003), Sócrates perguntou:

– Acreditas que seja possível conhecer a natureza da alma sem conhecer o universo?

E Fedro respondeu:

– Se dermos crédito a Hipócrates, que é um Asclepíades, nem sequer o corpo se pode conhecer sem tal método.

E Sócrates, antes de chegar a essa conclusão pelo exame da razão, afirmou:

– Pois ele tem razão, meu amigo!

A medicina científica de Mesmer iria associar todos esses conceitos com as recentes descobertas científicas de sua época, numa síntese prática: a terapia do magnetismo animal, elaborada por meio da observação científica. Seu testemunho fundamental foram as inumeráveis curas condicionadas à ação de sua descoberta.

Por outro lado, a leitura de reformadores, como Descartes, foi fundamental na educação de Mesmer. O filósofo, no *Discurso do método*, havia condenado os

---

16   W. Jaeger. *Paidéa. La formazione dell'uomo greco*. Vol. 2. Florença: La nouva Itália, 1967.

programas e os processos da antiga educação. Comenta René Hubert em sua *História da pedagogia geral*:

> Trazia, ele próprio, nova filosofia, nova física, novo método. Condenada pela realeza, pelo Papado, pelas faculdades de teologia, pela congregação dos jesuítas, sua doutrina se infiltrava, sobretudo, no espírito publico e, pois, não podia deixar de repercutir ao menos nas teorias e nos planos de educação, quando não na própria educação. (HUBERT, 1949, p. 55)

No século 18, ainda pairava a sombra da perseguição àqueles que ameaçavam a hegemonia do poder da Igreja, apesar de terem se tornado mais escassas as labaredas do fanatismo inquisitorial, agora queimando livros, não mais pessoas vivas. Mas o Renascimento foi, acima de tudo, um ressurgimento da dignidade do indivíduo, na mais livre busca da verdade, representando um rompimento dos grilhões da ignorância dogmática.

Mesmer anotou em suas memórias:

> A filosofia conseguiu neste século triunfar sobre os preconceitos e a superstição: foi pelo ridículo, sobretudo, que ela foi bem-sucedida na extinção das fogueiras que o fanatismo, muito crédulo, havia acendido, porque o ridículo é a arma à qual o amor-próprio pode menos resistir. (MESMER, 1799)

A conquista do saber foi sempre um terreno de lutas e heroísmo. A própria história do magnetismo animal está impregnada dessas condições. Bacon dizia que "saber é poder". Nas suas obras, Franz Anton Mesmer deixa que ressaltem a profundidade e a lucidez dos seus conhecimentos filosóficos, científicos e morais, em parte por sua formação, também por seu autodidatismo e principalmente pelos evidentes conhecimentos inatos de sua alma. Ávido de conhecimento, ele se interessava por todas as áreas do saber, e nunca parou de estudar. Em 1759, aos vinte e cinco anos, Mesmer foi para Viena, Áustria. Primeiramente dedicou-se ao estudo das leis por apenas um ano, para só então ingressar em sua quarta faculdade, a de medicina.

II - DOUTORADO EM MEDICINA

Mesmer recebeu a melhor educação disponível aos estudantes de medicina em toda a Europa. Mas ele integrava uma minoria. Naqueles tempos, a formação daqueles que se dedicariam à arte de curar não se diferia, na grande maioria das universidades, dos métodos empregados durante mais de um milênio. Diante de um professor circunspecto, autoritário e distante dos seus pupilos por sua superioridade eclesiástica, os alunos acompanhavam a leitura monótona dos livros de Galeno e Aristóteles e os comentários da filosofia escolástica. Os estudantes jamais estudavam o corpo humano para chegarem a suas próprias conclusões; nem ao menos acompanhavam o tratamento e a cura dos pacientes. Sua formação era teórica e mecanicista. Tudo era determinado pela memorização dos livros impostos. Este sistema vinha sendo arrastado por séculos, enclausurando o raciocínio e a criatividade de gerações de médicos e criando uma gama de preconceitos acadêmicos que deterioraram a prática médica.

Por séculos, os estudantes de medicina foram condicionados a virar as costas para a realidade, debruçando-se sobre livros escritos no século 2, quase exclusivamente por Galeno. Era respeitada a autoridade absoluta da palavra escrita, em detrimento da observação da natureza. A prática médica, além de ter uma orientação materialista, era prejudicial aos já debilitados e indefesos doentes. Sua terapia fazia uso irracional e indiscriminado das sangrias, purgantes, vomitórios, infusórios, específicos e irracionais poções. Muitas dessas práticas teimosamente avançaram até o século 19, ignorando as descobertas de Mesmer e continuando a desgraçar suas vítimas.

Entretanto, vivia-se uma época de transformações e novas ideias no Século das Luzes. Precursores, como os médicos Paracelso, van Helmont, Willian Harvey, André Vesálio, Descartes e seus seguidores haviam aberto uma passagem nas trevas, por onde a luz poderia finalmente surgir. E certamente não foi por coincidência que Anton Mesmer fez os seis anos de seu curso de medicina na Universidade de Viena, após a reestruturação esclarecida de Gerard van Swieten. Para compreender a relevância deste fato, precisamos seguir o caminho do mestre de van Swieten, o médico considerado pelos historiadores da medicina como o maior professor e clínico da medicina iluminista: Boerhaave.

O SURGIMENTO DA CLÍNICA MÉDICA

O holandês Hermann Boerhaave (1688-1738), um dos mais influentes humanistas do século 18, criou a clínica médica ao recuperar os princípios originais de Hipócrates. Com sua pedagogia renovadora, Boerhaave era conhecido como "professor da Europa" e também "Hipócrates holandês". Boerhaave permitia aos seus alunos a elaboração de suas próprias conclusões pela observação direta e a prática médica junto ao leito dos doentes, retomando o método científico. Para ele, a enfermaria não era um lugar apenas para tratamento, mas também para a educação dos estudantes.

Em suas aulas, frequentadas por alunos de toda Europa, ele dizia que o objetivo da medicina era curar os pacientes e que o médico devia permanecer ao lado deles, deixando os preconceitos acadêmicos de lado e avaliando a situação com calma e dedicação. Quando um paciente morria, Boerhaave levava seus alunos para acompanhar a autópsia. Todos os dias eles eram levados para seguir o exame clínico dos seus pacientes, com os quais conversava regularmente, no pequeno hospital de Leyden. Os futuros médicos aprendiam a decidir sobre o tratamento depois de conhecerem meticulosamente os históricos clínicos de seus pacientes.

O médico holandês – professor de medicina, botânica e química – trazia novos conceitos para a medicina, indo muito além das noções mecanicistas medievais. Para ele, influenciado pelas teses de Newton, os sistemas físicos do organismo compreendiam um todo equilibrado e integrado. Enquanto os médicos ainda seguiam esquemas supersticiosos e irracionais (como a teoria dos humores, conhecida como *humorismo*), Boerhaave estudava os fluxos que percorrem os tubos, vasos e órgãos sólidos que controlam os humores corporais, criando uma nova teoria: o solidismo. Retomando Hipócrates, Boerhaave dizia que no estado de saúde tudo encontra seu próprio equilíbrio, e a doença era um fator desequilibrante relacionado com a obstrução ou a estagnação da *vis medicatrix naturae*.

Boerhaave ainda sofreu influências das únicas terapias disponíveis em sua época, mas concentrava-se nos recursos mais amenos, oferecendo aos seus pacientes água pura, leite, repouso e massagens. Ele escreveu sobre o sistema circulatório, o sistema nervoso, as funções do cérebro e a possibilidade dos impulsos elétricos ou atrações magnéticas ativarem secreções glandulares.

No entanto, Boerhaave dava como certa a presença da alma separada do corpo. Afastava-se do dogma materialista da milenar medicina galênica, apesar de não ter levado o estudo da alma ao detalhamento da prática médica. Seria necessário um estudo dedicado de suas obras para esclarecer o quanto se consagrou a tal tema. Nos últimos dias de sua vida, ele escreveu, já moribundo: "Como não posso sair desta situação agonizante, coloco-me nas mãos de Deus, cujos planos acolho com resignação e cuja vontade amo e venero como a nada mais". Protestante, Boerhaave primava por sua religiosidade.

É surpreendente a profundidade de seus aforismos, como, por exemplo, sua afirmação quanto à origem psicossomática das doenças:

> Sentimentos violentos ou de longa duração atacam e corrompem o cérebro, nervos, temperamento e músculos, de maneira tão extraordinária e concreta. E, consequentemente, em acordo com suas diversidades e duração, são capazes de produzir e criar praticamente todo tipo de doença. (WIJNGAARDEN, 2002, p. 38)

Em sua obra, Mesmer retomou a relação entre emoção, paixões e a patologia.

Muitos alunos seguiram o gênio do mestre Boerhaave e o auxiliaram na reformulação da ciência médica. Um célebre discípulo da escola vienense foi Leopold Auenbrugger, que desenvolveu o método da percussão para o diagnóstico, fundamental técnica clínica usada até hoje. Outro foi Albrecht von Haller (1708-1777), que ensinou todos os ramos da medicina, desenvolveu esplendidamente a anatomia e a fisiologia. Sua obra sobre fisiologia iniciou a era moderna. Uma de suas maiores contribuições foi superar a afirmação de Galeno de que a sensibilidade restringia-se ao sistema nervoso. Haller, pela observação experimental, definiu a irritabilidade como característica dos músculos e a sensibilidade, dos nervos.

Estas recentes teorias, e a linha de pensamento de Boerhaave, causariam uma clara influência na doutrina de Mesmer, formando a base médico-científica da terapia do magnetismo animal.

A EXCELENTE FACULDADE DE MEDICINA DE VIENA

Outro destacado aluno de Boerhaave, o que mais nos interessa, foi o holandês Gerard van Swieten (1700-1772). Discípulo predileto, foi cuidadosamente preparado para assumir o posto de seu mestre. Enquanto exercia a função de assistente, anotava diariamente os comentários de Boerhaave sobre cada caso. Futuramente, essas anotações comporiam os cinco volumes da *Commentaria in Hermann Boerhaave aphorismos*, renomada obra elaborada sob uma inspiração claramente hipocrática.

No entanto, van Swieten sabia que, sendo católico, não teria chances de assumir o posto máximo em Leyden, uma pequena cidade protestante. Viajou para Viena e, em 1744, logo em sua chegada, foi chamado para curar a enfermidade da irmã da imperatriz Maria Thereza. Impressionada com os bons resultados do tratamento, a monarca convidou-o para ser seu médico particular. Pouco depois, em 1748, van Swieten recebeu o encargo de reorganizar a faculdade de medicina de Viena, assumindo o cargo de presidente. Desde que assumiu o trono, em 1740, a imperatriz Maria Teresa empreendeu uma grande reforma universitária.

Além de um clínico destacado, van Swieten possuí a uma ampla visão administrativa. Construiu novos prédios, organizou laboratórios, estabeleceu novos cursos e fundou uma clínica similar à criada por Boerhaave em Leyden.

Anton Mesmer já se encontrava na Universidade de Viena, dedicando-se ao estudo das leis. No entanto, por não ser cidadão austríaco, concluiu que esta carreira não previa para ele um futuro ideal. Por isso, em 1860, depois de um ano de estudo, encaminhou-se para o estimulante e inovador curso de medicina de Gerard van Swieten.

Outros importantes professores de Mesmer foram Anton de Haen (1704-1776), também discípulo de Boerhaave, e o barão Anton von Stöerck (1731-1803), que estava à frente das instruções clínicas nas enfermarias e foi o grande reformador dos hospitais de Viena. Além de ser um jovem professor, era amigo de Mesmer. Stöerck assumiu a presidência da faculdade depois da morte de van Swieten, em 1772.

Mesmer, em seu quarto curso superior, teve à sua disposição uma das melhores estruturas de ensino médico da Europa. Totalmente renovada, a faculdade de medicina havia incorporado as recentíssimas inovações criadas por Boerhaave, comandadas por seu primoroso discípulo, van Swieten. A anatomia era estudada em separado da cirurgia. Mesmer e seus colegas faziam uso do completo laboratório de química. Mesmer pôde dedicar-se a conhecer as particularidades do organismo humano nas bem estruturadas dependências do departamento de anatomia. Até mesmo um jardim botânico tinha sido fundado por van Swieten. Esta escola promoveu uma aproximação entre a medicina e as ciências naturais.

A fisiologia estudada na escola de medicina de Viena tinha sido renovada por Boerhaave e seus discípulos. Como vimos, a doutrina dos humores de Galeno, tão antiga quanto equivocada, havia sido substituída pelo estudo dos sólidos e dos líquidos. A movimentação equilibrada e integrada dos fluxos e pressões dos líquidos corporais representa a saúde do organismo controlado pela alma. O desequilíbrio orgânico, evidenciado pela obstrução ou a estagnação dos líquidos, ou mesmo uma alteração da substância das partes sólidas, por sua vez, representa o estado de doença.

As aulas de van Swieten, de Haen e von Stöerck entusiasmavam pela clareza, pela lógica e pelas opiniões renovadoras. Boerhaave pesquisou, escreveu e ensinou sobre o sistema circulatório, o sistema nervoso, as funções do cérebro e a possibilidade de os impulsos elétricos ou a atração magnética provocar as secreções glandulares. Seus discípulos descobriram conceitos fundamentais, como os da irritabilidade e da sensibilidade, por von Haller. A clínica médica não era teórica, como nas faculdades tradicionais. Mesmer aprendeu a examinar detidamente os doentes nas enfermarias masculina e feminina do hospital de Viena, reservadas especialmente para o ensino da medicina clínica. Ele usava o termômetro, examinava o paciente, escutava suas queixas. Hoje, estas práticas médicas podem parecer óbvias, mas para a época eram inovações restritas a poucos profissionais.

Por outro lado, a maioria dos médicos seguia ideias tradicionais completamente falsas, no exercício da cura. "Todas as teorias sobre o mecanismo das doenças antes de 1800 eram como castelos de areia no ar." (PORTER, 1996, p. 123) Em suas abordagens terapêuticas, os médicos da época seguiam empiricamente as tradições milenares. Como não acompanhavam clinicamente seus pacientes, desconheciam as consequências funestas de seus tratamentos. Poucos pacientes saravam; muitos tinham a morte precipitada; a maioria sofria danos irreparáveis.

Apesar do desenvolvimento da teoria clínica e fisiológica, a prática médica permanecia estagnada. Os tratamentos disponíveis eram os da medicina heroica, de tradição materialista. Foi exatamente nessa questão que o gênio de Mesmer viria a atuar, avançando nas considerações metafísicas e no estudo objetivo da vitalidade humana, aos quais não tinham se dedicado Boerhaave ou mesmo qualquer outro médico. De acordo com as pesquisas de Mesmer, o estado patológico ou o desequilíbrio orgânico proposto por Boerhaave estava relacionado diretamente com a alma (que, para Mesmer, não era uma abstração, mas uma individualidade que interagia com todo o universo e os seres que o habitam, recebendo impressões atemporais e de tudo que existe, por meio do que ele denominou *instinto* e também pelo *sexto sentido*). E esse conhecimento era a chave para o restabelecimento da saúde. Simbolicamente, o segredo da arte de curar estava 'nas mãos' do médico. Mesmer escreveria sobre sua terapia em 1799:

> Eu apresentarei uma teoria tão simples quanto nova do progresso e do desenvolvimento das doenças. Também substituirei os princípios incertos que até agora têm servido de regra à medicina, por uma prática igualmente simples, geral e tomada da natureza.

As descobertas de Mesmer estavam relacionadas com uma terapia natural, fundamentada pela nascente medicina científica, e era fruto da observação e da experimentação científica. Seu esforço nasceu do exercício da liberdade de pensamento e consciência, contrariando a orientação dogmática de seu tempo.

> O livre pensamento eleva a dignidade do homem e faz dele um ser ativo e inteligente. Para compreender é preciso fazer uso do discernimento, na experiência e na observação dos fatos. [Portanto,] o livre pensador é o que pensa por si mesmo, e não pelos outros. Sua opinião lhe é própria. É voluntariamente adotada em virtude do exercício do julgamento pessoal. (*Revista Espírita*, 1867, p. 38)

Imerso nessa atmosfera que privilegiava o livre exame, Mesmer pôde despertar em seu espírito a emancipação intelectual e a independência moral, bases para a descoberta da terapia do magnetismo animal.

O DOUTORADO EM MEDICINA: *DE PLANETARUM INFLUXU*

Mesmer recebeu seu grau de doutor em medicina no dia 27 de maio de 1766 com uma dissertação de quarenta e oito páginas, intitulada: *Dissertatio physico-medica de planetarum influxu*. Na primeira folha, abaixo de seu nome, podem-se ler as palavras: *Marisburgensis Acron. Suev. A.A.L.L. & Phil. Doct.* (suábio de Meesburg, do lago de Constança, doutor em artes e filosofia).

O seu trabalho, bastante influenciado pelas teorias de Isaac Newton e, talvez, Paracelso, foi recebido, e seu diploma assinado pelos seus mestres van Swieten e Stöerk. Anton Mesmer contou em suas *Memórias*:

> Fiz, em Viena, em 1766, uma dissertação sobre a influência dos planetas sobre o corpo humano. [...] Nomeei a propriedade do corpo animal, que o torna suscetível à ação dos corpos celestes e da terra, magnetismo animal. [...] Meu primeiro objetivo foi o de meditar sobre o que poderia ter levado a opiniões absurdas segundo as quais os destinos dos homens, assim como os eventos da natureza, pudessem ser vistos como submetidos às constelações e às diferentes posições dos astros entre

si. Um vasto sistema de influências ou de relações que ligam todos os seres, as leis mecânicas e mesmo o mecanismo das leis da natureza foi o resultado das minhas meditações e de minhas pesquisas.

Assim, ele retomou, sob as luzes da ciência, as ideias de Hipócrates e Sócrates. Para Mesmer, a causa da gravidade é material, mas rarefeita a tal ponto que é imperceptível para nossos sentidos. Ele usa a expressão *fluido universal* para a origem da gravidade, do magnetismo, da luz, da eletricidade e de tudo que existe no universo. Todas as forças têm uma origem comum no fluido universal, em diferentes estados de vibração (ou, nas palavras de Mesmer: *ton de movimento*). Esta teoria, que contrariava a física dos séculos 18 e 19 (a comunidade científica aceitava a falsa ideia de que esses fenômenos seriam substâncias imponderáveis e invisíveis[17]) seria posteriormente adotada pela doutrina espírita, em 1857, em *O livro dos espíritos*, de Allan Kardec, e confirmada pelo atual paradigma da física moderna!

Aos trinta e dois anos, o doutor Franz Anton Mesmer estava preparado pelo conhecimento de línguas, artes, filosofia, teologia e medicina. Estudioso e observador, conhecia a física, a química, a biologia, a botânica e outras disciplinas. Tendo aperfeiçoado seus dotes musicais durante seus estudos superiores, tocava com talento violoncelo e clavicórdio, instrumento antecessor do piano.

Estava apenas iniciada a luta de toda uma vida para revelar a ciência do magnetismo animal. Mesmer denunciou:

> Meu objetivo então era apenas o de fixar a atenção dos médicos. Mas, longe de ter obtido êxito, percebi que me taxaram de singularidade, que me trataram de homem de sistema e que taxaram de crime a minha propensão de mudar a rota ordinária da medicina.

A nova ciência está destinada a promover uma revolução na medicina, superando o dogma materialista mecanicista, e seu descobridor não mediu esforços para tanto.

Muito se especulou sobre quando Mesmer teve as primeiras ideias sobre o magnetismo animal. Alguns pesquisadores chegaram até a imaginar que a

---

17 Desenvolvemos esse tema na parte 4 da obra *Revolução Espírita – a teoria esquecida de Allan Kardec*, demonstrando as diferenças entre a falsa teoria aceita pela física, dos fluidos imponderáveis, e a proposta por Mesmer e adotada pelo espiritismo, do Fluido Universal.

descoberta tivesse ocorrido por acaso. Clareando a questão, um discípulo de Mesmer, J. L. Picher Grandchamp,[18] na edição anotada das *Memórias*,[19] em 1826, contou um interessante fato narrado por Anton Mesmer:

> Após seus estudos denominados de humanidade, e perfeitamente feitos antes da idade ordinária, ele fez o de medicina. Formado na escola de van Swieten e de Haen, discípulos do famoso Boerhaave, ele não tardou a se impor uma nova rota, e após ter por longo tempo combatido os pré-julgamentos, foi que ele se lançou nos conhecimentos dos verdadeiros princípios da natureza. O profundo sistema que anunciou foi resultado da combinação dos tempos novos e das suas observações particulares. Diz-se que Newton teve sua primeira ideia, tão sabiamente desenvolvida depois como seu sistema de gravitação, observando uma maçã caindo da árvore. O doutor Mesmer teve sua primeira ideia do seu sistema observando que cada vez que à mesa ou noutro local um doméstico ou outra pessoa de seu conhecimento colocava-se atrás dele, por uma sensação particular e sem observá-la com a vista, ele anunciava que se tratava de tal ou qual que lhe pedia essa observação. Nascido muito sensível, e grande observador por natureza, é destes primeiros efeitos e destas primeiras causas que ele tirou e baseou seu sistema, estabeleceu sua doutrina e a aplicou para a cura das doenças. Ele me repetiu várias vezes esses acontecimentos.

Mesmer contou que, em determinada ocasião, ao se aproximar de um ferido de guerra, observou que, ao dirigir sua atenção para a ferida, a hemorragia se estancava. Entretanto, intrigou-se ao notar o sangue jorrando novamente ao se afastar do soldado e desviar sua atenção da chaga. Repetindo algumas vezes os movimentos, certificou-se da relação causal, ficando maravilhado com

---

18   Grandchamp possuía os seguintes títulos: antigo cirurgião chefe do hospital-geral da Caridade de Lion, membro do Colégio Real de Cirurgia desta cidade, membro da Sociedade de Medicina e do Círculo Médico de Paris, membro honorário da Academia Real de Medicina, um dos médicos e cirurgiões dos pobres da primeira circunscrição de Paris.

19   *Memórias de F. A. Mesmer, doutor em medicina, sobre suas descobertas.* Nova edição com notas de J. L. Picher Grandchamp. Paris: Pierre Maumus et Cie., 1826.

o acontecimento. Mesmer conclui que existia necessariamente um meio de comunicação entre a sua vontade e as funções orgânicas do soldado ferido[20].

Mesmer não era místico. As suas ideias não partiram de um sistema improvisado: foram elaborados lenta e progressivamente, a partir da observação dos fatos, por um método científico.

---

20 Mesmer relatou o fato numa carta publicada em *Recueil des effects salutaires de l'aimant dans les maladies*, Geneva, 1782. Reproduzida em Bloch, George J. *Mesmerism, a translation of the original scientific and medical writings of F. A. Mesmer*. Califórnia: William Kaufmann, 1980.

III - O MAGNETISMO ANIMAL

Não vamos descrever o surgimento do magnetismo animal, as dificuldades para divulgar seus benefícios e também os princípios, consequências e regras desta ciência. Nada substituiria satisfatoriamente um estudo dos textos originais de Franz Anton Mesmer. Para isto, transcrevemos as suas obras na íntegra.

No entanto, cabe destacar a difícil situação vivida por Mesmer em Paris, lutando para convencer a elite acadêmica a estudar, sem preconceitos e por meios científicos, as curas conquistadas pelo magnetismo animal.

Sabedor da impossibilidade da observação direta do princípio vital, imperceptível para nós, Mesmer desejava comprovar suas hipóteses pelo estudo dos resultados de sua terapia. Seguindo os passos formais do método científico, Mesmer desejava testar o seu modelo teórico a partir da análise controlada dos efeitos benéficos da aplicação de sua terapia. Assim, esperava um debate sério da comunidade acadêmica e científica, abrindo um novo campo para o conhecimento humano.

As opiniões estavam divididas entre os que o rejeitavam e aqueles que nele viam "um grande cientista incompreendido e denegrido pelos arrogantes acadêmicos". O jornal italiano *Notizie Diverse*, do cremonense Lorenzo Manini, era favorável às curas mesméricas. As discussões também tomavam as páginas de jornal, franceses, alemães e ingleses. A polêmica se espalhou por toda a Europa, e "não abrangeu apenas os mais populares e incrédulos, mas também, e sobretudo, cientistas ilustres, letrados famosos, cortes, academias, iluministas de todas as nações". (VOVELLE, 1997, p. 175)

No entanto, enfrentando uma oposição sistemática e preconcebida do meio científico parisiense, em determinado momento Mesmer viu seus esforços desperdiçados:

> Resumindo minha situação, desejo apenas falar de meus trabalhos de minhas complacências e de minhas penas; irá me restar o testemunho de minha consciência. E apenas isso. Eu havia multiplicado

as experiências para provar a ação do magnetismo animal, e, no entanto, não pude fazer reconhecer esta ação.

Sua determinação não se perdia em devaneios, mas sua postura científica era clara e esclarecida:

> Eu havia imaginado um número muito considerável de tratamentos para provar que o magnetismo animal era um meio de cura das doenças as mais inveteradas, e, no entanto, não consegui fazer reconhecer que o magnetismo animal era um meio de cura.

Determinado, Mesmer chegou a abrir mão de suas confortáveis posições profissionais e sociais para despertar os sábios de sua época:

> Minha profissão de médico me havia dado outrora em Viena alguma consideração, minha descoberta me havia posto no maior descrédito. Na França, tornei-me objeto de risos entregue à turba acadêmica. Só no restante da Europa meu nome chegou a tocar algumas vezes a abóbada dos templos elevados às ciências, porém o foi só para ser repelido com desprezo.

Seu digno e sincero empenho na divulgação de suas descobertas enfrentou cobiça, orgulho, ambição e inveja de representantes da ciência e da medicina.

Enquanto acusava e denegria Mesmer, a elite acadêmica e científica parisiense elaborava a fundação da Academia de Ciências, respeitando uma divisão de classes de inspiração feudal e nada democrática. No topo estavam os *honoraires*, representantes fiéis do alto clero, da nobreza e do governo. Seguiam os *pensionnaires*, verdadeiros donos da Academia, recebedores de pagamentos anuais e jetons pela presença nas reuniões. Além disso, muitos eram nomeados para a administração pública e para outros cargos. Os privilégios e honras seguiam o costume do *Ancien Régime*. Mesmer criticou duramente esta prática:

> O título de membro da Sociedade Real de Londres deveria ser considerado pouco importante. É o mesmo tanto na Inglaterra quanto na França. A falsa aplicação, e a prodigalidade das distinções literárias são distribuídas incessantemente a tal ponto que todo homem de mérito verdadeiro não mais as quer. (MESMER, 1779)

Os novos membros da Academia eram escolhidos pelos próprios *honoraires* e *pensionnaires*. As comissões, como a que julgou Mesmer em 1784, seguiam uma lógica corporativa, e eram formadas respeitando hierarquia, antiguidade e etiqueta. Entre suas incumbências estava examinar as novidades científicas, controlar as pesquisas e decidir a aplicação dos recursos financeiros.

Deste modo, o poder dos acadêmicos ganhava uma dimensão política e econômica que impedia a necessária liberdade de pensamento, conceito fundamental da verdadeira ciência. A pesquisa científica nascia em Paris atrelada ao poder. A vigilância ideológica e a arbitrariedade excluíam todos os que não se coadunavam com os acadêmicos.

Mesmo diante de tantos obstáculos, a privilegiada situação econômica e social de Mesmer permitiu que ele mantivesse a isenção em suas pesquisas:

> Felizmente, não passo necessidades. A fortuna, secundando meu coração ativo, impede que dependam da humanidade minha fome e minha sede. Foi justa a fortuna, porque se, por desgraça, o precioso segredo que me confiou a natureza tivesse caído em mãos necessitadas, ele teria corrido grandes perigos. Os ecos infiéis das ciências falam sempre sobre tom do entusiasmo dos encorajamentos dados às ciências; mas nada dizem de que vil dependência são os meios.

O DESPOTISMO ACADÊMICO E O DESÂNIMO DOS MÉDICOS

Os poderosos acadêmicos não estavam interessados na verdade que as descobertas de Mesmer revelavam, pois elas destruiriam as bases mecanicistas de suas práticas médicas, mantenedoras de seu poder controlador. O primeiro ataque que ele recebeu foi um gélido desprezo:

> Mais isolado em Paris do que se não conhecesse ninguém, lancei os olhos em torno de mim para descobrir se não poderia me apoiar em algum homem nascido para a verdade. Céus! Que vasta solidão! Que deserto povoado por seres inanimados para o bem! Caí numa insegurança excessiva. Vi bem que não devia mais fazer o que havia feito até então, mas qual partido tomar? Eu não o via.

E conclui, afirmando que, apesar de tudo,

> [...] a medicina é livre na França. Ela se mantém nesse estado malgrado os assaltos frequentes que desde há dois séculos lhe tem

sido desferidos pelos primeiros médicos do rei. Na França, onde tudo respira à proteção e crédito, a proteção e o crédito dos primeiros médicos do rei, não puderam franquear as barreiras opostas às vias ilegítimas de dominação. Eles são respeitados na medicina, mas eis tudo: eles não são seus senhores. Seria algo para mim que, desejoso de sua benevolência, não desejaria sua proteção.

Enquanto os acadêmicos condenavam e perseguiam Mesmer, os doentes desenganados pela medicina oficial corriam para a eficaz terapia mesmérica, pela qual a sentença de morte era substituída pela cura consoladora.

Vale observar que o despotismo acadêmico, de inspiração feudal, manobrado pelas instâncias do poder político, econômico e ideológico da época de Mesmer, iria ganhar forças, desenvolver sutilezas e se aperfeiçoar até se transformar na atual e cruel ditadura capitalista da pesquisa acadêmica. O empirismo mecanicista milenar da medicina heroica iria se transformar no dogma materialista positivista do século seguinte, numa passagem sem solução de continuidade.

Já as doutrinas e terapias vitalistas tomariam outro rumo. Enquanto o materialismo se impunha na ciência, de cima para baixo, o vitalismo e o magnetismo seguiam o sentido inverso. A aceitação da terapia de Mesmer nasceu dos doentes que encontravam um alento na verdadeira cura proporcionada por meios suaves e consoladores. Por outro lado, os médicos práticos e de mente aberta e dedicados à saúde popular se interessaram pelas novas práticas vitalistas, como o mesmerismo e a homeopatia. Eles já estavam cansados de aplicar as sangrias e sanguessugas, os vomitivos, as bolhas provocadas tirando as forças e levando à morte prematura de seus pacientes. Muitos deles não desejavam mais sair de suas casas.

Esses médicos, mais conscientes, viviam uma luta interior entre seu ideal de proporcionar o alento e uma prática que condenava os doentes à morte antecipada ou a danos irreparáveis.

> Ser um cirurgião, nos anos 1870, significava ser competente em fazer sangria: o doutor se atormentava diante da visão do paciente ingênuo, abrindo seus braços para sua faca, prestes a retirar, de seu organismo já debilitado, o precioso líquido vital. (PORTER, 1996, p. 321)

O ceticismo médico do século 19 pode ser resumido pela declaração do médico norte-americano Arthur Hertzler:

> Em alguns casos eu sabia, desde o início, que meus esforços seriam inúteis no tocante a prestar serviços aos outros... Frequentemente eu sabia, antes de atrelar os cavalos, que a viagem seria inútil... Estava certo de que eu colocava alguns remédios na minha maleta apenas visando a evitar problemas; alguém tinha de pagar pela graxa do eixo da roda da charrete, e somente conselho e advertências não justificavam proventos, a menos que fortalecidos por alguns comprimidos. Isto era tão importante quanto o amém dos sacristãos durante os sermões do padre – não ofendia e era uma evidência de boa-fé. (HERTZLER, 1938, pp. 99-100)

Daniel Cathell, médico de Baltimore, num trabalho publicado em 1882 (final do século 19, mais de cem anos após a descoberta do magnetismo animal), dirigido aos colegas médicos, afirmou:

> É tão grande o pavor popular pelo que os médicos graduados são capazes de fazer que eles estão procurando os médicos comuns e práticos. Noventa por cento desse grupo evita os médicos de intervenção heroica, preferindo os métodos mais moderados, como os homeopatas. (CATHELL, 1882, p. 139)

As terapias vitalistas, como o magnetismo animal e depois a homeopatia, eram bem recebidas pelos pacientes e médicos práticos. Enquanto algumas dezenas de acadêmicos decidiam, do alto de suas cátedras, o que devia existir ou não na natureza, milhares de doentes erguiam-se reanimados e preservados pelas terapias baseadas nas leis naturais.

Entretanto, a partir da segunda metade do século 19, a ciência oficial iria se entronizar no dogma materialista.

Mas, como a natureza sempre compensa os excessos, nessa mesma época surgiu o espiritismo. Os espíritos vieram confirmar as teses vitalistas, valendo-se dos médiuns, no advento da doutrina espírita, contagiando as mentes lúcidas e consolando os sofredores. O futuro certamente aguarda uma conciliação, que podemos definir metaforicamente como sendo a união da alma com o corpo. E Franz Anton Mesmer nada mais fez do que participar dessa revolução.

IV - MOZART NOS JARDINS DE MESMER

Enquanto exercia sua clínica nos hospitais de Viena, Mesmer morava numa bela mansão em Landstrasse, famoso bairro da grande Viena. Ele passou a residir lá depois de seu casamento com Maria Anna von Bosch. Durante o inverno vienense, porém, o casal retirava-se para sua propriedade rural em Rothmule.

Foi concorrida a cerimônia de casamento de Mesmer, celebrada em 10 de janeiro de 1768, na catedral de santo Estevão, pelo arcebispo de Viena. Sua noiva era viúva de um conselheiro da corte, Ferdinand Konrad von Bosch, e filha do oficial médico das forças armadas Georg Friedrich von Eulenschenk. As duas famílias, Mesmer e Bosch, eram numerosas em Viena. Muitos parentes de Mesmer tinham vindo da Suábia para se estabelecer nessa capital.

Maria Anna fazia parte da aristocracia austríaca, tinha dez anos a mais que seu marido, e trouxe um filho já com vinte anos, Franz, para morar com eles.

A mansão passou a ser frequentada por muitos amigos, embaixadores, príncipes e toda a alta sociedade. Mesmer, além de músico hábil, era também um generoso patrono. Por sua paixão pela música, conviviam em sua casa os grandes expoentes da música da época, como Franz Haydn, um grande amigo de Mesmer, Christoph Gluck (1714-1787), o genial renovador da ópera; e a família de Mozart. Durante o século 18, Viena foi uma cidade em que a música desempenhou um papel de destaque. O imperador José II tocava instrumentos no palácio de Schönbrunn. Van Swieten tocava contrabaixo.

Wolfgang Amadeus Mozart, o menino prodígio, em suas cartas, descreveu seu amigo Mesmer como um homem culto e jovial, sempre disposto a receber seus amigos e conhecidos, oferecendo uma mesa farta e uma conversa alegre. Aquele alemão de alta estatura não era um homem comum. Sua fronte larga e seu porte imponente destacavam sua figura em qualquer salão que entrasse. Um cartão de identidade datado de 1798 (KERNER, 1956, p. 6), quando ele já contava sessenta e quatro anos, relata a altura 1,76 metro, cabelos castanhos, rosto cheio e uma testa larga.

A residência de Anton Mesmer era descrita como um ambiente acolhedor. Seus dois andares abrigavam diversos quartos. Os agradáveis e vastos jardins convidavam para um longo passeio. Suas alamedas sombreadas eram ladeadas com flores coloridas, belas estátuas e bancos esparsos. Os caminhos sinuosos levavam ao aviário e a pombal, narrou Mozart. O destaque ficava para o belo teatro ao ar livre, um requisitado palco para as atividades culturais. Caminhando por uma elevação, chegava-se a uma esplanada. Dali se podia admirar as belas paisagens das cercanias vienenses. Sua vista privilegiada se estendia pelos belos bosques e prados do Prater, antigas áreas imperiais de caça, que em 1866 tinham sido abertas ao público pelo imperador José II. Ao fundo, avistava-se o Danúbio.

O casarão, solidamente construído, foi utilizado por muitos anos como estabelecimento comercial, sendo demolido somente em 1920. (ULRICH, p. 149).

PAIXÃO PELA MÚSICA

A música era uma paixão antiga de Mesmer. Admirado musicista, além do clavicórdio e do violoncelo, também tocava esplendidamente a harmônica de vidro. Esse curioso instrumento foi inventado por Benjamim Franklin. Para se conhecer o seu som peculiar, basta passar levemente o dedo sobre a borda molhada de um copo de cristal. Com alguma habilidade, poder-se-á ouvir um silvo longo, penetrante e bastante singular. O instrumento, aperfeiçoado por Mesmer, tinha a forma aproximada de um cravo. Consistia em diversos copos ladeados e semi-imersos na água, que eram girados em um fuso, por meio de um pedal. As diversas notas eram produzidas ao se tocar as beiradas dos copos de diferentes tamanhos.

Leopold Mozart, ao escrever para sua esposa em 1773, comentou:

> Não te escrevi pelo correio anterior porque celebramos um grande sarau musical na casa do nosso amigo Mesmer, em seu jardim da Landstrasse. Mesmer toca esplendidamente a harmônica de vidro. É em Viena o único que aprendeu e possui um instrumento muito mais bonito que o da senhorita Dewis. Wolfgang também o tocou[21].

---

21   Mozart, Wolfgang Amadeus. *Cartas Vienenses*. São Paulo: Veredas, 2004.

Em 1765, as irmãs Dewis tinham levado o instrumento à Viena e oferecido um concerto para a imperatriz. Mozart, entusiasmado com o instrumento de Mesmer, chegou a compor algumas peças para serem tocadas pela harmônica de vidro, como o *Adágio para harmônica, K 356* e o *Adágio e rondó para harmônica, flauta, oboé, viola e violoncelo, K 617*.

Entre os mais destacados saraus musicais de Viena estavam o de van Swieten, o professor de medicina, com sua pequena câmara em Tiefen Graven, e o teatro da residência de Anton Mesmer. Naquelas concorridas noites culturais em Landstrasse, além das costumeiras palestras científicas, podiam-se ouvir as mais belas composições executadas pelos grandes mestres, muitas escritas especialmente para aquelas ocasiões. O próprio Mesmer, Haydn, Gluck, Leopold e Wolfgang Mozart, e outros músicos, revezavam-se ao piano, violinos, violoncelos, proporcionando momentos inesquecíveis em meio aos jardins. Podemos imaginar quantos improvisos inebriantes dos grandes músicos teriam se perdido nos tempos, deixando Mesmer e seus convidados com o privilégio de serem os únicos a aplaudi-los.

Mozart, um menino de doze anos, estreou nos jardins da casa de Mesmer, em outubro de 1768, seu primeiro *singspiel* em alemão. Leopold Mozart ficaria eternamente reconhecido por esta iniciativa de seu amigo.

Alguns meses antes, tudo se encaminhava para se exibir em Viena *La finta simplice*, que seria a primeira ópera de Mozart a ser apresentada fora de Salzburg. Foi uma decepcionante notícia quando o diretor da Ópera Real de Viena, senhor Aflígio, ludibriando as ordens imperiais, recusou-se a apresentar a obra de quem, para ele, era apenas um jovem.

Anton Mesmer, ao ser informado do caso, rapidamente mobilizou-se para auxiliar o amigo, oferecendo sua mansão. O ambiente, no entanto, era inadequado para a apresentação completa daquela ópera, e Mozart escreveu rapidamente outro tema.

A estreia de Mozart em Viena foi com uma comédia popular alemã, com canções e diálogos falados: *Bastien et Bastienne*. O texto do libreto foi inspirado em *Le Devin du village*, escrito pelo compositor e filósofo, Jean-Jacques Rousseau, em Paris.

Com um texto coloquial e melodias simples, *Bastien* foi a terceira ópera composta pelo gênio da música. Na peça de um ato, preocupada com a indiferença de Bastien, seu pretendente, a pastora Bastienne consulta Colas, que era o feiticeiro da aldeia. O velho e experiente mago a aconselha a fingir desinteresse também. Em seguida, vai dizer a Bastien que a moça já não o ama como antes, mas o adverte que as suas artes mágicas poderão reacender o amor da amada. É o que basta para que o pastor se sentisse inflamado de paixão. Os dois, enfim, agradecem a Colas por tê-los unido tão habilmente.

A estreia de Mozart foi um grande evento no teatro do jardim de Mesmer.[22] Após o sucesso da apresentação, Mozart e seu pai voltaram agradecidos para Salzburg.

Esse gesto de amizade jamais seria esquecido por Wolfgang Mozart, que, a partir de então, seria um habitual frequentador da casa de Mesmer, tanto em Viena quanto em Paris. Curiosamente, a primeira paciente tratada pela terapia do magnetismo animal, durantes os anos de 1773 e 1774, foi uma parenta da esposa de Mesmer e amiga da família Mozart, Franziska Esterlina, uma senhorita de vinte e nove anos bastante debilitada. Várias cartas de Leopold à sua esposa comentam o estado de saúde dessa moça. O tratamento surtiu efeito, como confirma uma das mensagens de Wolfgang Mozart para seu pai:

> De onde você imagina que eu estou escrevendo esta carta? Pois é do jardim de Mesmer, em Landstrasse. Neste momento a sua senhora não está em casa. Mas quem está aqui é a senhora Esterlina. Ela se casou e agora é uma von Bosch [desposara o enteado de Anton Mesmer]. Mas, para minha surpresa eu mal a reconheci! Ela ganhou peso e está bastante vigorosa. Agora tem três crianças, e todas são fortes e robustas. (MOZART, 2004)

MESMER HOMENAGEADO EM *COSI FAN TUTTE*

Mozart, alguns anos depois, homenageou Mesmer, inserindo, numa de suas mais famosas obras, um papel em alusão ao magnetismo animal e seu descobridor.

---

22 Alguns autores afirmam que o jardim da casa de Mesmer ainda não tinha sido construído em 1768. A apresentação teria sido, então, em outro ambiente de sua residência.

Sempre que se representar sua célebre ópera bufa *Cosi fan tutte* (1790), a homenagem será renovada. Última obra de uma popular trilogia (as outras foram *As bodas de Fígaro* e *Don Giovanni*) em parceria com o poeta italiano Lorenzo da Ponte, *Cosi fan tutte* foi baseada num caso real ocorrido em Viena por volta de 1780.

O enredo é ambientado em Nápoles, no século 18. Ferrando e Guglielmo, jovens oficiais do exército, numa calorosa discussão sobre se as mulheres são ou não fiéis, citaram suas namoradas como paradigmas da virtude feminina. O velho solteirão don Alfonso apostou cem cequins que as namoradas deles, as irmãs Fiordiligi e Dorabella, passariam num teste de fidelidade.

Seguindo seu plano, don Alfonso declara para as donzelas que seus noivos foram chamados para se apresentarem ao exército. Eles voltam, então, disfarçados de soldados albanianos, determinados a conquistar o coração delas. Como elas resistiram, os rapazes fingem tomar veneno, num gesto desesperado. No final do primeiro ato, a criada das irmãs, Despina, convencida por don Alfonso, aparece disfarçada como um doutor chamado para salvar Ferrando e Guglielmo da morte. O médico entra em cena falando um sotaque alemão carregado, parodiando Mesmer.

O diálogo que se sucede revela algumas particularidades de Mesmer e sua descoberta do magnetismo animal, exploradas de forma bem humorada por Mozart. Vamos analisar a tradução do texto selecionado, acrescido de comentários sobre as referências a Mesmer.

No primeiro ato, durante a cena 16, todos os outros personagens estão em cena, quando entra Despina disfarçada como um médico, vestida com uma bela casaca e usando uma grande peruca branca. Começa o diálogo:

Don Alfonso: Aqui está o doutor, senhoritas! Médico: Salvete amabiles bonae puellae!

(Com estas palavras estranhas, Mozart e da Ponte estão satirizando a fama de Mesmer em falar muito mal o francês, com seu sotaque germânico da Suábia.).

Fiordiligi e Dorabella: Ele está falando um idioma que nós desconhecemos.

Médico: Mas é só pedir e eu falarei diversos idiomas: conheço o grego e o árabe, falo o turco e o vândalo. Também posso falar o dialeto da Suábia e o tártaro.

(Mesmer, em virtude de seus estudos de filosofia e medicina conhecia bem o latim, o grego, e outras línguas mortas, com os quais ele pôde ler os textos originais de Platão, Hipócrates, Galeno, Avicena. Mas que, na sátira de Mozart, não eram tão úteis quanto à língua vernácula.).

Don Alfonso: Mantenha todos esses idiomas consigo mesmo. Neste momento, examine estas miseráveis criaturas. Eles tomaram veneno. O que pode ser feito?

Fiordiligi e Dorabella: Doutor, o que pode ser feito? Médico: Eu preciso saber primeiro a razão e a natureza da poção bebida. Preciso saber se estava quente ou fria, se era pouca ou muita, se foi ingerida toda de uma vez ou em diversas doses.

(Mozart estava bem familiarizado com as práticas terapêuticas do magnetismo animal. Aqui o autor faz uma referência espirituosa à meticulosa avaliação que o doutor Mesmer sempre fazia ao atender seus pacientes. Discípulo do mestre holandês Boerhaave, seu tratamento era precedido por minuciosos exames clínicos nos pacientes, tomando o pulso e auscultando-os, o que era novidade em sua época.).

Fiordiligi, Dorabella e don Alfonso: Eles tomaram arsênico, doutor. Eles beberam isto aqui, a causa foi o amor, e eles sorveram tudo de um só gole.

Médico: Não se inquiete, não se altere. Não se altere, não se inquiete. Veja agora uma prova de minha ciência.

Fiordiligi e Dorabella: Ele está segurando um objeto de metal em suas mãos.

Médico: Esta é a famosa peça de ímã, a pedra de Mesmer, que teve sua origem na Alemanha e que então se tornou tão famosa na França. (O médico aplica a peça em Ferrando e Guglielmo).

(O autor da ópera revela o processo histórico do surgimento do magnetismo animal. Mesmer fez suas pesquisas iniciais com o uso conjunto do magnetismo mineral, o que depois foi abandonado, como podemos acompanhar em suas *Memórias*. No entanto, por razões que o pudor da época exigia, manteve o uso, em determinadas ocasiões, de um bastão de metal, evitando o toque direto nos pacientes femininos. Mesmo assim, Mesmer foi alvo de um relatório secreto enviado ao rei em 1784 pelos ditos sábios, acusando seu método de estar envolvido com implicações graves de cunho sexual. Utilizado como instrumento de difamação, na época, milhares de cópias do relatório circularam na Europa. É interessante lembrar que o tema desta ópera satírica está relacionado com essas mesmas questões sociais, ou seja, o pudor excessivo, a infidelidade e o moralismo.).

Fiordiligi, Dorabella e don Alfonso: Como eles estão se movendo, torcendo, tremendo! Eles vão acabar batendo suas cabeças no chão.

(Aqui o autor brinca com as reações físicas dos doentes, descrevendo as manifestações sintomáticas das crises dos pacientes de Mesmer em seus tratamentos.).

Médico: Ah! Sustentem-no por suas testas!

Fiordiligi e Dorabella: Nós estamos prontos, nós estamos prontos.

Médico: Segure firmemente, segure firmemente, seja valente! Agora eles estão livres da morte.

Fiordiligi, Dorabella e don Alfonso: Eles estão olhando ao redor, e estão recuperando suas forças. Ah este doutor vale seu peso em ouro! [...]

(Os moços, já despertos, começam a galantear e pedir beijos às donzelas.) [...]

Despina e don Alfonso: É o efeito do veneno, não tenham medo.

Fiordiligi e Dorabella: Isso pode ser verdade, mas o comportamento impróprio deles está comprometendo nossa honra.

Fiordiligi e Dorabella: Eu não posso resistir por mais tempo!

Despina e don Alfonso: Em algumas horas vocês vão ver, pela ciência do magnetismo, os paroxismos cessarão, e eles voltarão ao seu estado normal.

(Paroxismo é o momento mais agudo de um ataque repentino.) [...]

Cena final do segundo ato

Guglielmo: (para Dorabella) Este pequeno retrato em troca de um coração, veja, estou oferecendo-o a você, minha senhora!

Ferrando e Guglielmo: (para Despina) E ao doutor magnético nós oferecemos a honra que ele merece.

E, após mais um breve diálogo, a ópera termina com a orquestra triunfante. Sobem os aplausos, e assim Mozart homenageou seu caro amigo Franz Anton Mesmer.

V - A *BAQUET* E OUTROS MÉTODOS

Nos primeiros tempos da descoberta do magnetismo, Mesmer e os outros magnetizadores faziam uso de alguns instrumentos, como a tina (ou *baquet*), a varinha de metal, a magnetização de água, garrafas, e de árvores, para aplicação do magnetismo animal.

Na casa do marquês de Puységur, em Busancy, havia uma árvore muito grande e frondosa. Quando voltou de Paris, depois de aprender os métodos de Mesmer, foi exatamente essa árvore que ele utilizou para atender, ao mesmo tempo, um número grande de doentes:

A fim então de poder operar sobre toda esta pobre gente um efeito mais contínuo, e ao mesmo tempo me poupar de fadigas, tomei a iniciativa de magnetizar uma árvore, segundo os procedimentos que nos indicou o senhor Mesmer. Depois de haver nela atado uma corda, experimentei sua virtude sobre meus doentes e alguns outros [...] opero bem os efeitos salutares sobre todos os doentes da vizinhança; eles afluem em torno de minha árvore. Era, esta manhã, mais de cento e trinta. É uma procissão perpétua no país; passo aí duas horas todas as manhãs: minha árvore é a melhor tina possível. Não há uma única folha que não comunique saúde; cada um, mais ou menos, aí sente bons efeitos. (PUYSÉGUR, 1784)

Os primeiros efeitos do sonambulismo provocado em doentes do magnetizador de Busancy foram por meio dessa árvore, junto à qual ele passava duas horas diárias, dedicando-se às curas.

Já o instrumento mais utilizado por Mesmer, principalmente enquanto permaneceu em Paris, foi a tina mesmérica ou *baquet*. Descreveu Puységur:

O fundo da tina do senhor Mesmer é composto de garrafas arranjadas entre si de maneira particular. Acima dessas garrafas, coloca-se água até certa altura; varas de ferro, cujas extremidades tocam a água, saem dessa tina; e a outra extremidade, terminada em ponta, se aplica sobre os doentes. Uma corda, em comunicação com o reservatório magnético e o reservatório comum, liga todos os doentes uns aos outros; de modo que existe uma circulação de fluido ou de movimento que serve para estabelecer o equilíbrio entre eles. [...] Se desejar, utiliza-se uma vara de ferro, terminada em ponta, apoiada no meio da tina, que se pode tocar de tempo em tempo, ou de uma recarga que se pode operar à vontade, mantendo este movimento na direção dada; e por intermédio da corda que serve para ligar todos os doentes entre si, chega, como já disse acima, um combate, em cada indivíduo, pelo restabelecimento do equilíbrio, do fluido ou movimento elétrico animal. (PUYSÉGUR, 1784)

Os objetos eram utilizados apenas condutores ou intermediários da ação do magnetizador:

Toca-se cada uma das garrafas que entram no reservatório magnético, e se lhe comunica então uma impulsão elétrica animal; carrega-se também a água que recobre as garrafas, e, por esta operação, determinam-se as correntes de movimentos que serão levadas para os pontos necessários dos doentes. (PUYSÉGUR, 1784)

Quando visitavam Mesmer, os médicos alopatas ficavam confusos porque não encontravam qualquer tipo de remédio ou prática invasiva no tratamento dos doentes:

> A esperança próxima de ver o magnetismo animal como se vê uma poção fortificante através das paredes de um vidro branco inflamou os senhores Bertrand, Malloët e Sollier pelo interesse de minha descoberta, mas eles caíram em si quando se aperceberam de uma espécie de tina montada sobre três pés, recoberta, e de onde saíam algumas varas de ferro recurvadas de maneira a aplicar as extremidades, seja na cabeça, seja no peito, seja no estômago, seja no ventre; que se aplicava ao mesmo tempo em pessoas sentadas em torno da tina. (MESMER, 1799)

Limitados por um raciocínio mecanicista, os doutores acreditavam que somente uma substância palpável teria o poder de provocar alterações orgânicas. Mesmer, no entanto, considerava transitório, e até irrelevante, o uso de instrumentos em sua terapia. Ele esclareceu a questão numa nota de suas *Memórias*:

> Os pretensos imitadores do meu método estabeleceram em suas residências tinas semelhantes àquelas que viram na sala de meus tratamentos. Se souberem apenas isso, estão pouco avançados. É de se presumir que, se eu tivesse um estabelecimento cômodo, suprimiria as tinas. Em geral, uso apenas pequenos meios, e isso quando necessários. (MESMER, 1799)

Ou seja, a tina remediava o problema causado pelo pequeno espaço disponível no apartamento da Praça Vendôme, sua clínica em Paris.

Puységur concorda com a opinião de seu mestre:

> A tina, sem a ajuda do magnetizador, não deve ser vista senão como um acessório do tratamento magnético, pois que seu efeito, muito secundário, é primeiramente o de manter um movimento já impresso do que imprimir um por si mesma. (PUYSÉGUR, 1784)

Mesmer estava preocupado unicamente com a o conteúdo de sua descoberta, e não com a forma de aplicá-la. Em nenhuma parte de sua obra ele estabeleceu um método de cura que pudesse ser ensinado ou seguido pelos médicos.

De acordo com Mesmer, um médico, conhecedor da fisiologia, da patologia e das teorias do magnetismo animal poderia encontrar em sua prática os meios mais adequados à sua natureza e a de seus pacientes:

> Esperam-se sem dúvida explicações sobre a maneira de se aplicar o magnetismo animal, e de torná-lo um meio curativo eficaz; mas como, independentemente da teoria, este novo método de curar exige indispensavelmente uma instrução prática e seguida, não creio ser possível dar aqui a descrição, nem desta prática, nem do aparelho e das máquinas de diferentes espécies, nem dos procedimentos de que me servi com sucesso, porque cada um, em consequência da sua instrução, se aplicará em estudá-los, e aprenderá por si mesmo a variá-los e a acomodá-los às circunstâncias e às diversas situações da doença. (MESMER, 1799)

O magnetizador deveria desenvolver seus métodos terapêuticos pelo livre exercício da experimentação, respeitando uma condição essencial da ciência.

Quando alguns discípulos de Mesmer quiseram publicar as anotações de seu curso, que continham a descrição de alguns instrumentos, foram expressamente desautorizados por ele. Porém, agindo, contra a vontade de seu mestre, levaram ao público seus 344 *Aforismos*[23] anotados durante as aulas.

Com o passar das décadas, os magnetizadores abandonaram os grandes instrumentos. A segunda geração – du Potet, Charpignon, Aubin Gautier, Foissac, Lafontaine e outros – restringiu os recursos terapêuticos aos passes, imposições de mãos, massagens, sopros magnetização da água e o sonambulismo provocado. O magnetizador Hector Durville (1848-1923), que foi o sucessor do barão em seu *Journal du magnétisme* e ensinava tanto na *Université de France* quanto em seu curso da Escola Prática de Magnetismo, afirmou:

> Du Potet não se preocupou em fazer uma descrição minuciosa dos procedimentos de aplicação nas suas obras. Seu método de trabalho consistia preferencialmente na aplicação de passes, porém dava pouca importância aos gestos em si, pois, conforme seu entendimento, a

---

23   Trata-se de *Aforismos de Mesmer*. Paris: Quinquet, 1785. Apesar de Mesmer ter rejeitado e desautorizado essa obra, oferecemos a sua tradução como apêndice, por seu valor como fonte histórica para a pesquisa.

vontade de fazer o bem seria o principal motor que impulsiona o fluido magnético beneficiando o enfermo. (DURVILLE, 1903, p. 112)

Os instrumentos como a tina foram importantes durante o período experimental da ciência do magnetismo animal. O mesmo papel foi desempenhado pelas mesas girantes, cestas de bico e outros instrumentos, quando do surgimento da ciência espírita. As mesas girantes surgiram no período inicial da comunicação com os espíritos e foram utilizadas como instrumento rústico de comunicação por tiptologia.[24]

A CÂMARA DE CRISES

Um elemento controverso da prática terapêutica de Mesmer era a câmara de crises. Puységur explicou que:

> [...] as câmaras das crises, a que se deveria chamar antes de inferno para convulsões, não deveriam jamais existir. O senhor Mesmer jamais as teria feito. Não foi senão quando a multidão dos doentes veio superlotar sua casa em seu novo alojamento, que o obrigou então a dividir seus cuidados. Ele imaginou ter um local onde pudesse ao menos, ao abandonar seus doentes, não mais deixá-los expostos a serem tocados por todo o mundo, o que ele sabia lhes ser totalmente contrário.
> É preciso lamentar-se verdadeiramente de todo o mal que resultou de tal estabelecimento, que só o sentimento de humanidade lhe havia ditado. Tanto que, se apenas ele pudesse entrar nesta câmara fatal, o mal não teria sido assim tão grande. Mas, uma vez obrigado a cuidar tanto de sua doutrina como de seus meios, cada iniciado se acreditava no direito de seguir o que se chamava de crise. Então, disso resultou uma grande desordem nos indivíduos submetidos às experiências públicas. A decência, a saúde, tudo estava comprometido, e nenhuma cura satisfatória veio amenizar as tristezas do homem honesto forçado a deixar profanarem assim os seus meios.
> Todos os médicos que, saídos da escola do senhor Mesmer, dirigiram-se às províncias para aí estabelecerem tratamentos magnéticos, começaram seu estabelecimento por fazer arranjar uma sala de crises. Ninguém pode ser repreendido por uma precaução tão bárbara, porque o fizeram

---

24   Comunicação dos espíritos por meio de pancadas (raps), utilizando um código alfabético.

> visando o bem, e que todos seguramente tiveram muito que sofrer com o quadro horrível que apresentaram as convulsões muito reiteradas. Mas é tempo de desabusá-las, assim como o público. Tudo o que se chama de convulsões não deve ser senão uma passagem efêmera nas mãos do magnetizador. E o estado dé crise, ao contrário, é um estado calmo e tranquilo que oferece aos olhos sensíveis apenas um quadro de felicidade e do trabalho pacífico da natureza para atingir a saúde. É apenas neste estado que os indivíduos doentes sofrem algumas vezes de maneira inaudita. Digo mais, sua cura não pode ser obtida sem sofrimentos. Mas então poder-se-ia dizer que, sob o império benfazejo da natureza, apenas seu corpo sofre, sem que sua alma seja alterada. A percepção que eles adquirem neste estado lhes faz encarar seus sofrimentos como necessários e apresentam com antecedência sua cura como termo destes mesmos sofrimentos; eles têm uma coragem e uma paciência que os tranquilizam sobre seu estado. (PUYSÉGUR, 1784)

Os pacientes, colocados em uma fase sonambúlica mais profunda, despertavam a lucidez sonambúlica. Nesse estado, podiam prever, entre outras coisas, o tratamento mais adequado para sua enfermidade e, inclusive, o momento exato da sua cura. Esse conhecimento antecipado do fim de seus sofrimentos despertava confiança e esperança nos pacientes.

Nessa época, o tempo médio de vida não passava de vinte e cinco a trinta anos. Os remédios e tratamentos heroicos da medicina ordinária não traziam lenitivo algum – pelo contrário, espalhavam pavor pelo sofrimento que causavam. O mesmerismo e o sonambulismo foram um grande bálsamo, principalmente para os casos considerados incuráveis. Nesse sentido, o magnetismo animal estava antecipando o papel consolador e as consequências morais da doutrina espírita.

A *CRISIS* HIPOCRÁTICA

Vejamos como Puységur, o magnetizador de Busancy, apresenta a *crise*, um importante conceito da terapia do magnetismo animal:

> Quando se toca a um doente com disposição imediata para curar-se, o fluido animal não demora a juntar seus esforços àqueles da natureza; e muitas vezes, desde a primeira vez, ocasiona-lhe uma crise, a qual, segundo os fenômenos que ela apresenta, deve se chamar crise magnética. (PUYSÉGUR, 1784)

Sobre a crise, Mesmer afirmou:

> Qualquer doença não pode ser curada sem uma crise. Esta lei é tão verdadeira e tão geral que após a experiência e a observação, a mais simples pústula, a menor bolha na pele, não se cura senão após uma crise. (MESMER, 1799)

Este conceito fisiológico, abandonado pela medicina alopática, remonta à Antiguidade. Segundo Hipócrates, o pai da medicina, toda enfermidade apresenta um começo (*arché*); uma fase de crescimento (*epídosis*); um ápice (*akmé*), em que ela alcança seu ponto máximo; e um final (*télos*). Os médicos hipocráticos designam com o nome de *crisis* o momento decisivo em que a enfermidade pode sofrer uma mudança súbita para o bem ou para o mal: a partir daí, ela pode decrescer, extinguindo o desequilíbrio, ou, no caso contrário, agravar e conduzir o doente para a morte. O bom médico tem o dever de identificar o momento da doença, prevendo os passos seguintes de seu desenvolvimento. Mesmer esclareceu:

> Hipócrates parece ter sido o primeiro e talvez o único que compreendeu o fenômeno das crises nas doenças agudas. Seu gênio observador o levou a reconhecer que os diversos sintomas nada mais são do que modificações dos esforços que a natureza faz contra as doenças. (MESMER, 1799)

Ou seja, os sintomas são sinais aparentes do esforço do corpo para combater o desequilíbrio instaurado em sua fisiologia. Segundo Mesmer, é um equivoco considerar o conjunto dos sintomas como uma causa, tornando-a algo em si. Ou seja, os médicos, desconheciam a verdadeira teoria hipocrática e, assim, conforme concluiu Mesmer, observaram-se...

> [...] os mesmos sintomas nas doenças crônicas, mais afastados da causa, isolados, sem febre contínua, substantivaram-se estes acidentes eventuais como se fossem outras tantas doenças, diferenciando-se cada uma com um nome; estudaram-se, analisaram-se estes acidentes e seus sintomas como coisas: avaliaram-se mesmo por indicador as sensações da doença. Eis então a fonte de erros que assolam a humanidade por tantos séculos.

Esclareceu Mesmer que, a partir da observação de numerosos casos, no estudo de seus pacientes, enquanto acompanhava-os no pé de suas camas...

> Hipócrates, pelos sintomas os mais aparentemente opostos, em lugar de ficar desconcertado, prognosticou a cura; sua segurança estava baseada na observação da marcha periódica dos dias, que ele chamou críticos. Ele sentia, vagamente, que existia um princípio externo e geral, cuja ação era regular; e que seria este princípio que desenvolveria e decidiria a complicação das causas que formam a doença.

Divergindo dos médicos de sua época, Mesmer não acreditava na hipótese da ação do médico hipocrático como uma simples espera ao lado do doente, aguardando passivamente a cura surgir pela ação espontânea da natureza. Nem mesmo um irracional combate dos sintomas (prática tanto da medicina heroica quanto da alopatia): isso, para Mesmer, é combater os efeitos, abandonando a causa a seu bel-prazer, prejudicando o paciente e jamais conquistando a cura.

> Os antigos tinham pouco conhecimento do mecanismo de funcionamento do corpo animal, e sabiam menos ainda como esse mecanismo está relacionado com a organização da natureza como um todo, então eles relacionaram cada gênero desses esforços como sendo espécies de doenças. Desde o nascimento da medicina, houve oposição ao verdadeiro e único meio empregado pela natureza para destruir as causas que perturbam a harmonia. (MESMER, 1799)

Assim, de acordo com Mesmer, essa antiga definição da *vis medicatrix naturae* estava absolutamente equivocada. Ele propôs, enfim, que esse princípio hipocrático poderia ter o curso de sua ação corrigido e controlado pela ação intencional do médico conhecedor da teoria do magnetismo animal.

O MÉDICO DEVE AUXILIAR A NATUREZA

Hipócrates afirmou: *Natura medicatrix, quæ lucere oportet, quæ máxime vergunt, o ducenda per loca convenientia.* Ou seja, a natureza cura, mas com a condição de que seus efeitos sejam sustentados, auxiliados e dirigidos convenientemente. (BUÉ, 1934, p. 214) A verdadeira arte de curar, portanto, reside na pesquisa dos meios que podem sustentar, secundar, dirigir os esforços da natureza para reconquistar o equilíbrio perdido. Este procedimento é o único agente da cura.

Mesmer concluiu:

> O que o pai da medicina observava assim, e que outros após ele chamaram natureza, não era senão o efeito deste princípio que eu reconheci e anunciei a existência, princípio que determina sobre nós essa espécie de fluxo e refluxo ou intenção e remissão das propriedades. (*Ibidem*, 1799)

Vemos, então, que Mesmer considera o magnetismo animal e a *vis medicatrix naturae* uma só coisa: um *ton de movimento* presente no organismo humano (ou seja, uma ação dinâmica produzida por uma função de onda vital). Esta ação, evocada habilmente pelo esforço da vontade do magnetizador, age dinamicamente no organismo do paciente, acelerando o ciclo natural da doença. Alcança-se, por esse meio, o ponto máximo (*akmé*), desencadeando o fenômeno da crise. O estado de desequilíbrio está então vencido. Em seguida, os sintomas entram em declínio e o ciclo da doença alcança o seu final (ou *télos*, segundo os hipocráticos). Finalmente, a saúde está restabelecida sem um desnecessário e prejudicial desgaste do enfermo.

O RESSURGIMENTO DA MEDICINA CIENTÍFICA

A ação do magnetizador – aplicando passes, imposições de mãos, sopros – dependia dos objetivos que ele pretende atingir, a partir do diagnóstico da doença e da fase em que ela se encontrava. O médico, conhecendo a fisiologia, a patologia e o histórico de seu paciente, pode induzir, pelo magnetismo animal, a cura.

Para tanto, ensina Mesmer, ele deve compreender que:

> As diferentes formas segundo as quais o esforço da natureza se manifesta dependem da diversidade da estrutura das partes orgânicas ou das vísceras que sofrem esse esforço, de suas correspondências e relações, segundo os diversos graus e modos da resistência, e do período do seu desenvolvimento. (*Ibidem*, 1799)

Fazendo uso experimental desses princípios, Mesmer estabeleceu seus métodos de cura e criou a primeira terapia médica científica baseada na descoberta do magnetismo animal.

Segundo este raciocínio, a ciência do magnetismo animal representou o ressurgimento da medicina científica, desde Hipócrates. Ela foi criada a partir da observação positiva dos fenômenos naturais, sem se condicionar pelo dogmatismo materialista. O magnetismo animal é científico e ao mesmo tempo vitalista, porque sua experimentação comprova a hipótese de existência da força vital. Ela é positiva porque considera apenas os fenômenos observados pelos sentidos. Entretanto, é espiritualista, porque evidencia que o homem não tem apenas cinco sentidos, e lhe acrescenta um sexto: o sentido espiritual.

A postura científica de Mesmer afasta qualquer sombra de explicação sobrenatural ou mesmo suposições pessoais empíricas. E ele vai ainda mais longe quando denuncia os efeitos da má compreensão de sua teoria:

> É o empirismo ou a aplicação às cegas dos meus procedimentos que deram lugar às prevenções e às críticas indiscretas que se fizeram contra esse novo método [...] Estes procedimentos, se não forem razoáveis, irão se assemelhar a afetações tão absurdas quanto ridículas, às quais será impossível atribuir fé. Determinados e prescritos de modo positivo, tornar-se-ão, sob uma observação muito escrupulosa, motivo de superstição; e eu ousaria dizer que uma grande parte das cerimônias religiosas da Antiguidade parece consequência desse empirismo. Por outro lado, todos aqueles que quiseram se assegurar por sua própria experiência da realidade do magnetismo, praticando-o sem conhecer seus princípios, viram-se privados de obter o sucesso que pretendiam; imaginando que os efeitos deveriam ser o resultado imediato dos procedimentos como aqueles da eletricidade ou das operações químicas. (*Ibidem*, 1799)

Isso explica os insucessos dos imitadores e charlatães, e as fracassadas tentativas de testar a veracidade do magnetismo animal por pessoas despreparadas, que desconheciam seus princípios.

Ou seja, aquele que apenas imita os movimentos de um magnetizador, agindo mecanicamente, não obtém resultado algum. Sua ação não passa de uma gesticulação inútil ou encenação supersticiosa. Fica clara a importância, na ciência do magnetismo animal, da prévia compreensão dos seus princípios científicos e filosóficos, do conhecimento das ciências naturais e de uma prática metódica e estudada para alcançar resultados positivos, ou seja, a cura dos pacientes. Explicou Kardec, experimentado magnetizador: "A magnetização comum é um verdadeiro tratamento seguido, regular e metódico; [...] Todos os magnetizadores são mais ou menos aptos a curar, desde que saibam conduzir-se convenientemente." (KARDEC, 1861, p. 217)

A terapia do magnetismo animal deve ser seguida com regularidade e periodicidade, suas sessões devem ser renovadas até que a cura tenha sido conquistada.

Além disso, segundo Mesmer, apesar de o magnetismo animal ser útil para a cura de *todas as doenças*, não é apto para curar *todos os doentes*. De acordo com o princípio da cura pelo magnetismo animal, a ação do magnetizador dá condições e forças para o organismo do doente reagir ao estado de desequilíbrio e recuperar-se. Se o corpo do doente não estiver em condições de reagir, ou nos casos de degeneração orgânica, o médico precisa recorrer a outros meios.

Além disso, no tratamento mesmérico, o médico precisa desempenhar suas práticas comuns, como diagnosticar, com sua experiência, os casos adequados ao tratamento, observar sua composição e a evolução da recuperação. "Esta lei da natureza é que torna indispensável para a prática do magnetismo, uma teoria salutar da economia animal, e o concurso das luzes que dão o estudo da medicina." (MESMER, 1799) Para ser magnetizador, é necessário conhecer as ciências médicas.

O uso dos gestos (sopro; imposição de mãos) e os passes (rápidos ou lentos, longitudinais ou transversais), o tempo necessário, o local da aplicação e outras variáveis estavam relacionados com o efeito esperado pelo diagnóstico do médico, de acordo com a patologia de seu paciente e a fase identificada de seu tratamento.

Conforme a vontade do magnetizador e o movimento empregado, diferentes resultados eram obtidos. Os magnetizadores da segunda geração, como du Potet, usavam, por exemplo, o passe longitudinal para saturar o paciente com o princípio vital, e o passe transversal para dispersar a concentração. Já Albert de Rochas[25] fazia uso da saturação pelos passes longitudinais para levar o paciente ao estado de transe sonambúlico, e repetia continuamente o gesto para levá-lo aos estados mais profundos. Quando desejava despertá-lo, aplicava os passes transversais. Os gestos eram adaptados às conveniências de seus métodos pessoais.

O magnetizador Alphonse Bué procedia desta maneira para *regular* o sonâmbulo:

> Pelas imposições e os passes acionam-se mais ou menos o cérebro e o epigástrio e procura-se manter um justo equilíbrio entre esses dois centros de vida nervosa; pelos passes longitudinais e imposições, carrega-se; pelos passes transversais e o sopro frio à distância, se

---

25   Sobre os procedimentos magnéticos de Albert de Rochas e outros magnetizadores, consultar a excelente obra: de Rochas, Albert. *As vidas sucessivas*. Bragança Paulista: Lachâtre, 2002.

> dispersa; aumenta-se ou diminui-se assim, à vontade, a profundeza do estado sonambúlico, que apenas deve ser produzido por ações graduais com paciência e tato indefiníveis; e é assim que se chega, progressivamente, a estabelecer entre magnetizador e magnetizado esse estado de relação [*rapport*]. (BUÉ, 1934, p. 28)

Magnetizadores, como Puységur, e depois du Potet, faziam experimentações científicas para compreender sua prática. Colocavam, por exemplo, um sensitivo em estado de lucidez sonambúlica e registravam as descrições narradas por ele enquanto se desenrolava o tratamento magnético de um doente. O sonâmbulo descrevia o movimento do princípio vital envolvendo o paciente ou ele próprio, e assim por diante:

> Os sonâmbulos veem, das extremidades dos dedos do magnetizador, quando este vai lentamente descendo-os ao longo de seu corpo, sem tocá-lo, jorrar longas agulhas brilhantes, que parecem envolvê-los em suas cintilações fosforescentes [...] os matizes brilhantes variam segundo os indivíduos. (BUÉ, 1934, p. 115)

Outras vezes, o próprio paciente, sonambulizado, dialogava com o magnetizador, dando explicações e instruções sobre seu caso e o processo terapêutico. Com o tempo, os magnetizadores foram criando, racionalmente, seus métodos terapêuticos.

O PASSE ESPÍRITA

Cabe aqui esclarecer a diferença entre o magnetismo terapêutico, teoria médica proposta pela ciência do magnetismo animal, e a mediunidade de cura, revelada pela doutrina espírita.

Vale ressaltar que, considerando a descoberta de Mesmer quanto à cura como um fenômeno natural, pela própria natureza da fisiologia, toda pessoa saudável e bem intencionada pode curar pela imposição de mãos sem conhecer as técnicas do mesmerismo. Há, inclusive, um ato instintivo das mães diante dos filhos quando doentes, postando-se ao lado deles, acariciando a fronte, por horas, velando sua recuperação. Nessa ação, ocorre uma sintonia (ou ação dinâmica) do organismo saudável da mãe com o do filho, induzindo uma aceleração do processo natural da cura (*vis medicatrix naturae*), como explicou Mesmer. O magnetizador, no tratamento de seus pacientes, faz uso dirigido e coordenado desse processo natural observado no instinto materno.

De acordo com as pesquisas espíritas de Allan Kardec, que antes desses havia estudado a ciência do magnetismo animal por 35 anos e a conhecia profundamente, as duas modalidades, terapia do magnetismo animal e mediunidade de cura, agem a partir do princípio vital, ele afirma:

> Todas as curas desse gênero são variedades do magnetismo e só diferem pela intensidade e pela rapidez da ação. O princípio é sempre o mesmo: o fluido[26], a desempenhar o papel de agente terapêutico e cujo efeito se acha subordinado à sua qualidade e a circunstâncias especiais. (KARDEC, 1868, p. 295)

As diferenças, portanto, além, da metodologia e do agente da cura (espírito na mediunidade de cura, magnetizador na terapia mesmérica, ou ambos), estão relacionadas com a qualidade do fluido espiritual e as circunstâncias especiais, e determinam diferentes efeitos, como veremos.

A terapia do magnetismo animal, praticada nos séculos 18 e 19, é um tratamento medicinal acompanhado de um procedimento clínico, utilizado inclusive pelos médicos homeopatas desde Hahnemann, que compartilham sua filosofia vitalista[27]. Seu criador a via como uma revolução na medicina, destinada a alterar os procedimentos terapêuticos. No atendimento aos pacientes, os médicos (mesméricos e homeopatas) realizavam um diagnóstico do quadro do paciente e o acompanhamento durante o tratamento, observando a evolução dos sintomas e do ciclo natural da cura:

> Em geral, ele deve levar a bom termo a cura de todas as doenças, contanto que os reforços da natureza não estejam inteiramente esgotados, e que a paciência esteja ao lado do remédio; porque está a cargo da natureza restabelecer lentamente o que foi minado lentamente. Não importa o que o homem deseje ou faça na sua impaciência: poucas são as doenças de um ano que se curam num dia. (MESMER, 1781)

---

26   O termo fluido, aqui empregado por Kardec, faz referência a uma substância tênue que representa a matéria do mundo espiritual. Não estando ao alcance dos nossos sentidos, é perceptível por meio do perispírito ou corpo espiritual, que dela é constituído.

27   Na época de Kardec os médicos homeopatas eram também magnetizadores,seguindo a orientação do fundador dessa medicina, Hahnemann.

Já a cura realizada pelos espíritos, estudada por Allan Kardec na segunda metade do século 19, está representada pela mediunidade de cura, processo por meio do qual os bons espíritos, visando o reestabelecimento da saúde do doente, valem-se dos recursos de um médium de cura para agir no organismo do enfermo. Os médiuns, porém, são pessoas comuns, regularmente sem compreensão da medicina ou fisiologia. Alguns deles entram em transe, e o espírito, esse sim um médico (acompanhado por muitos outros espíritos médicos), age conversando com os pacientes, observando suas condições, e agindo diretamente na cura, seja intervindo por meio de instrumentos ou indiretamente no interior do organismo, se valendo de uma mediunidade de efeitos físicos. Um caso famoso foi o do brasileiro Arigó (José Pedro de Freitas, 1922-1971), por meio do qual o espírito do doutor Fritz, com um canivete ou faca de cozinha, em segundos e sem anestesiar, retirava tumores, cataratas, e outras intervenções. Em outra categoria de cura mediúnica, o espírito não incorpora no médium, mas apenas age por meio de efeitos físicos diretamente nos enfermos. Entre eles estão certos curandeiros, benzedeiras e xamãs. Além de trabalhos de atendimentos a enfermos organizados em torno de médiuns para tal fim.

Na prática, porém, não há como distinguir ou separar a atuação humana e espiritual no processo de cura. São duas causas que participam simultaneamente. Para ocorrer, o fenômeno da mediunidade de cura independe do conhecimento médico do médium e, em alguns casos, pode curar instantaneamente. Nesse caso o médium é um instrumento dos bons espíritos. Mas esse processo jamais vai substituir a medicina. Não se pode assegurar sua regularidade, nem garantir o sucesso da cura. A partir destas observações, Kardec desconsiderou a possibilidade de a mediunidade de cura substituir as técnicas médicas:

> Eis, também, porque as curas instantâneas, que ocorrem nos casos em que a predominância fluídica é, por assim dizer, exclusiva, jamais poderão tornar-se um meio curativo universal. Não são, consequentemente, chamadas a suplantar nem a medicina, nem a homeopatia, nem o magnetismo comum. (*Revista Espírita*, 1868, p. 89)

Quanto à metodologia, enfim, em sua doutrina, Allan Kardec distinguiu com clareza o magnetismo animal praticado pelos médicos de seu tempo, e a mediunidade de cura:

> Médiuns curadores [...] este gênero de mediunidade consiste, principalmente, no dom que possuem certas pessoas de curar pelo simples

toque, pelo olhar, mesmo por um gesto, sem o concurso de qualquer medicação. Dir-se-á, sem dúvida, que isso mais não é do que magnetismo. Evidentemente, o fluido magnético desempenha aí importante papel; porém, quem examina cuidadosamente o fenômeno sem dificuldade reconhece que há mais alguma coisa. A magnetização comum é um verdadeiro tratamento seguido, regular e metódico; no caso que apreciamos, as coisas se passam de modo inteiramente diverso. Todos os magnetizadores são mais ou menos aptos a curar, desde que saibam conduzir-se convenientemente, ao passo que nos médiuns curadores a faculdade é espontânea e alguns até a possuem sem jamais terem ouvido falar de magnetismo. A intervenção de uma potência oculta, que é o que constitui a mediunidade, faz-se manifesta, em certas circunstâncias, sobretudo se considerarmos que a maioria das pessoas que podem, com razão, ser qualificadas de médiuns curadores recorre à prece, que é uma verdadeira evocação. (KARDEC, 1861, p. 217)

O médium de cura se conhece pelo sucesso de sua atuação, (muitas vezes por um gesto, como relata Kardec) junto aos doentes, Isso pode ocorrer ocasionalmente quando uma pessoa tem uma forte vontade de aliviar o sofrimento de seus semelhantes, um simples gesto de imposição de mãos pode regenerar os seres fracos ou doentes, quando auxiliado pelos bons espíritos evocados pela prece. Para tanto, é preciso unir uma fé ardente, a vontade dirigida, a prece e a evocação dos poderes superiores que vão ampará-lo e intervir no sentido da cura.

O magnetismo animal, praticado no século 19, como relatou Kardec, é um processo racional de cura. Por outro lado, na mediunidade de cura, o fenômeno não é controlado pelo médium, mas sim pelos espíritos superiores, que representam a "potência oculta" a que Kardec se refere.

Quanto ao método de aplicação, na terapia do magnetismo animal, os magnetizadores conduziam-se convenientemente segundo as ciências médicas, como recomendava Mesmer, Hahnemann[28] e Kardec. Já a cura pela imposição

---

28   O fundador da homeopatia recomendou o mesmerismo nos parágrafos 288 e seguintes do *Organon da arte de curar* e chegou a prescrever aplicações do magnetismo animal para seus próprios pacientes.

de mãos (valendo-se do fenômeno mediúnico), aplicada pela mãe zelosa em seu filho doente, ou a mão amiga que acolhe um parente ou conhecido enfermo, não exigem técnica por parte do operador, são gestos de boa vontade, acolhidos pelo auxílio dos espíritos benfazejos que respondem prontamente ao chamado de uma prece sincera e verdadeira. Esclareceu Herculano Pires, quanto à intervenção espiritual na cura:

> O passe espírita é simplesmente a imposição de mãos, usada e ensinada por Jesus, como se vê nos Evangelhos [...] A técnica do passe não pertence a nós, mas exclusivamente aos espíritos superiores. Só eles conhecem a situação real do paciente, as possibilidades de ajudá-lo em face de seus compromissos nas provas, a natureza dos fluidos de que o paciente necessita e assim por diante. (PIRES, 1995)

Desse modo, o recurso simples da imposição de mãos, segundo Léon Denis, é um importante recurso terapêutico popular e complementar, ao alcance de todos, uma verdadeira revolução moral e social na arte de curar:

> Vem a ser a medicina dos humildes e dos crentes, do pai de família, da mãe para os seus filhos, de quantos sabem verdadeiramente amar. Sua aplicação está ao alcance dos mais simples. Não exige senão a confiança em si, a fé no poder infinito que por toda a parte faz irradiar a vida e a força. Como o Cristo e os apóstolos, como os santos, os profetas e os magos, todos nós podemos impor as mãos e curar, se temos amor aos nossos semelhantes e o desejo ardente de aliviá-los. (DENIS, 1919, p. 182)

Uma recuperação adequada e lúcida dessas ciências do século 19 tão esquecidas, considerando uma revolução conceitual na medicina no sentido de uma orientação filosófica espiritualista, associaria aos recursos modernos e tecnológicos, as práticas do tratamento mesmérico, associado à medicação homeopática, visando agir junto aos enfermos de uma forma preventiva e antecipando as fases mais críticas das doenças, quando somente uma intervenção cirúrgica restaria. Também a participação de parentes e amigos, na aplicação de passes e imposições de mãos, evocando o auxílio dos bons espíritos, completaria um quadro amplo da questão da saúde. Podemos imaginar claramente esse futuro, inclusive com atuação de médicos médiuns, aproveitando os sábios da espiritualidade para o diagnóstico, prognóstico e tratamento dos pacientes. Além disso, uma conscientização da profilaxia levaria aos hábitos cotidianos recursos como higiene, alimentação adequada, integração com a natureza, controle emocional, busca da saúde espiritual. Podemos considerar mesmo, que esse foi o sonho de Mesmer, Hahnemann e Kardec, ao projetarem os benefícios de suas ciências no futuro da humanidade. Um sonho que certamente se tornará realidade no futuro de nosso mundo.

VI - MESMER E O ESPIRITUALISMO

Entre tantas calúnias e difamações, Franz Anton Mesmer foi acusado também de ser ateu e materialista. No entanto, a ciência do magnetismo animal nasceu da tradição vitalista, corrente científica de grande destaque em sua época. O vitalismo e a ciência do magnetismo animal chamaram a atenção do pesquisador para as causas primárias, unindo as tradições filosóficas espiritualistas à ciência.

J. L. Picher Grandchamp, expondo ideias íntimas de Mesmer que apenas alguém tão próximo poderia revelar, comentou que:

> [...] o interesse, a inveja, o ciúme servem-se de todas as armas ofensivas para atacar o senhor doutor Mesmer pela calúnia. Acusaram-no de ateísmo, de materialismo, últimos recursos da perseguição. Ao se interrogar seus discípulos sobreviventes, entre os quais um grande número de eclesiásticos respeitáveis de todos os graus de sua hierarquia, ter-se-á a convicção bem estabelecida do contrário. Em suas memórias de 1799, vê-se sua profissão de fé. E alhures, como já se disse várias vezes, um sábio verossímil e o maior adorador da divindade. Eu posso atestar, pelo meu lado, que, sempre e em todas as ocasiões, ele nos fazia admirar as grandezas de Deus na natureza e em todas suas maravilhas. Nesses momentos de intimidade familiar com qualquer um de seus discípulos, sempre o ouvimos dizer: "A melhor obra que eu conheço sobre a existência de Deus é aquela de

Fénelon." [29] Sobre Jean-Jacques Rousseau,[30] Mesmer disse que "Se esse grande homem permanecesse entre os vivos, ele ambicionaria o favor de ser seu *valet de chambre*; e, se fosse possível, gostaria de ter sido seu médico para lhe prolongar a vida, que foi tão preciosa para a felicidade do gênero humano neste mundo e no outro.".

O resultado das meditações e pesquisas de Mesmer foi "um vasto sistema de influências ou de relações que ligam todos os seres, as leis mecânicas e mesmo o mecanismo das leis da natureza". E então ele completou: "Ver-se-á, ouso crer, que estas descobertas não são produtos do acaso, mas sim o resultado do estudo e da observação das leis da natureza; que a prática que eu ensino não é um empirismo cego, mas um método racional." Ou seja, o magnetismo animal foi uma proposta científica iluminista que surgiu a partir de um modelo filosófico holístico, dualista, espiritualista e deísta. Uma alternativa racional à tradição materialista da medicina ordinária ou galênica.

Mesmer ensinava que a sua terapia dependia diretamente do sentimento do magnetizador. Era preciso desejar a cura com sinceridade para obter sucesso, o que exigia um esforço moral:

---

29 Fénelon é o nome literário de François de Salignac de la Mothe, prelado e escritor francês nascido no castelo de Fénelon, em Périgord, a 6 de agosto de 1651. Escreveu admiráveis livros sobre Deus e a alma. "Em suas obras, a profundidade dos pensamentos é realçada por uma linguagem admirável e nunca o espírito francês ostentou maior clareza, elegância e força como nesses livros imortais." (DELANNE, 1885, p. 13)

30 Jean Jacques Rousseau, em Emílio ou da Educação (p. 390), escreveu a respeito de Deus: "Esse Ser que quer e que pode, esse Ser, ativo por si mesmo, esse Ser, enfim qualquer que seja, que move o universo e ordena todas as coisas, eu o chamo Deus. Acrescento a esse nome as ideias reunidas de inteligência, de poder, de vontade e a de bondade, que é uma consequência necessária; apesar disto não conheço melhor o Ser que assim classifico; ele se furta, tanto aos meus sentidos como ao meu entendimento; quanto mais penso nele, mais me confundo; sei com muita certeza que ele existe, e que existe por si mesmo; sei que minha existência é subordinada à sua e que todas as coisas que conheço se encontram absolutamente no mesmo caso. Percebo Deus por toda parte em suas obras; sinto-o em mim, vejo-o à minha volta; mas tão logo quero contemplá-lo em si mesmo, tão logo quero procurar onde está, o que é, qual a sua substância, ele me escapa, e meu espírito perturbado não percebe mais nada."

> Contentemo-nos em fazer, à exemplo do senhor Mesmer, esforços sobre nós mesmos: e certos de muito fazer, por não se exaltar ao extremo, vendo todos os efeitos surpreendentes e salu*tares* que um homem, *com o coração reto e amor ao bem* pode operar pelo magnetismo animal. (PUYSÉGUR, 1784)

Era esse o 'segredo' do magnetismo animal descoberto por Mesmer, e tão especulado em sua época.

Mesmer já tinha observado o prejuízo do orgulho e do preconceito, inimigos da popularização de suas descobertas:

> Na França, a cura de uma pessoa pobre nada é; quatro curas burguesas não valem a de um marquês ou a de um conde; quatro curas de um marquês equivalem apenas à de um duque; e quatro curas de um duque nada serão diante daquela de um príncipe. Que contraste com as minhas ideias, eu que acreditei merecer a atenção do mundo inteiro, quando na verdade não consegui curar senão cães. (MESMER, 1781)

François Deleuze, discípulo direto de Mesmer afirmou, em 1819, em suas *Instruções práticas*:

> No magnetismo, para um indivíduo agir sobre outro, é necessário haver uma simpatia moral e física entre ambos. A vontade é a primeira condição para magnetizar. A segunda condição é a fé do magnetizador na sua capacidade. A terceira é o desejo de fazer o bem. (DELEUZE, 1813)

Mesmer constatou, também, a importância da vontade do paciente:

> O magnetismo animal não curará certamente aquele que sentirá o retorno de suas forças apenas para se voltar para novos excessos. Antes de todas as coisas, é indispensável que o doente deseje ser curado. (MESMER, 1781)

Como se vê, a ciência do magnetismo animal, no século 18, teve um desenvolvimento fundamental para a compreensão da doença e da cura, e todo este conhecimento foi abandonado quando o materialismo dominou a medicina oficial de forma dogmática. Uma retomada das pesquisas científicas e filosóficas vitalistas representará um progresso absolutamente necessário.

A IMPORTÂNCIA DAS CAUSAS PRIMÁRIAS

A medicina, entregue ao materialismo desde Galeno, tinha abandonado a natureza e a alma como agentes da cura. Por outro lado, a ciência do magnetismo animal teve bases sólidas na filosofia espiritualista. Puységur, pesquisando o fenômeno do sonambulismo provocado, pôde estudar a alma e encontrou, a partir da ciência, o Criador. Senão, vejamos:

> Digo que todos os efeitos produzidos com o concurso apenas da vontade são físicos. Mas o que é a vontade? Esta questão impenetrável até o presente à luz da física e da fisiologia talvez seja respondida com a ajuda do magnetismo animal. É por ele, e pelos seus efeitos prodigiosos, que se aprenderá a conhecer a energia e o poder da vontade. A descoberta do magnetismo animal pelo senhor Mesmer nos conduzirá a esclarecer tanto sobre nossa existência espiritual quanto sobre nossa existência física? Que duplo reconhecimento nós lhe deveremos! Eu nada decido, mas me inclino a crer que foram as ideias do materialismo com respeito à alma que levaram a mascarar a perturbação que causa em nós a desordem de nossas paixões e, por outro lado, as ideias da medicina ordinária, com respeito ao corpo, que tendem a mascarar nossos males físicos. Mas podemos concluir que todos os dois tendem igualmente à nossa destruição. Quase nada ocorre de suicídio sem a influência do materialismo, e poucas mortes prematuras não se devem aos médicos. Remontando às causas primeiras de nossa existência, Deus e a natureza, quais vantagens morais e físicas devemos tirar! (PUYSÉGUR, 1784)

Por sua vez, Mesmer procurou inspiração na natureza para retirar a essência de suas experimentações e curas. Num esforço socrático, procurou suas respostas no que há de mais sublime em seu íntimo. Para tanto, fugiu do burburinho da sociedade vienense e encontrou refúgio nos bosques e prados. Desde a sua infância, a beleza natural inspirava Mesmer, nas paisagens alpinas das margens do lago de Constança.

Numa das mais belas passagens de sua obra, Mesmer descreve seu emocionante contato com a natureza, sua busca pela verdade e, por fim, confessa corajosamente:

> E então um ardor vivo se apoderou dos meus sentidos. Eu não procurava mais a verdade com amor. Eu a procurava com inquietude. O campo, as florestas, as solidões as mais retiradas eram os únicos atrativos para mim. Eu me sentia mais perto da natureza. Violentamente agitado, parecia-me algumas vezes que, ao coração cansado dos inúteis convites da natureza, parecia que iria recusá-la com furor. Ó natureza, eu gritava nesses acessos, que pretende de mim? Em outros momentos, ao contrário, eu me imaginava estreitando-a em meus braços com ternura ou apertando-a com impaciência e sapateando fortemente, desejando-a render-se aos meus desejos. Felizmente meus gritos perdiam-se no silêncio dos bosques, havia somente árvores para testemunhar sua veemência. Eu tinha certamente o aspecto de um frenético. (MESMER, 1781)

Segundo Puységur, realmente "a floresta não é somente maravilhoso espetáculo; é ainda perpétuo ensinamento. Ela nos fala, sem cessar, das regras fortes, dos princípios augustos que regem toda a vida, e presidem à renovação dos seres e estações". (PUYSÉGUR, 1784) A floresta faz refletir, consola, repousa, desperta recursos ilimitados a quem procura suas virtudes ocultas.

Em todos os tempos, as paisagens naturais, com as grandes florestas, foram um abrigo da meditação e do pensamento dos sonhadores, conforme Léon Denis:

> Quantas obras delicadas e fortes têm sido meditadas em sua sombra fresca e mutável, na paz de suas potentes e fraternais ramadas! Quem quer que possua alma de artista, de escritor, de poeta, saberá haurir nessa fonte viva e transbordante a inspiração fecunda. (DENIS, 1919)

No passado, as florestas serviram de modelo para as tradições filosóficas e religiosas. Nas florestas foram elaboradas as tradições celtas. A solidão desse abismo verde foi o palco para Vercingetórix e Joana d'Arc ouvirem as vozes.

UMA EXPERIÊNCIA SINGULAR

No período de elaboração de suas teorias, Mesmer empreendeu esforços para compreender as relações entre o homem e os princípios universais. E, num momento crucial, quando suas pesquisas nos mais diversos ramos do conhecimento convergiram para um princípio único, nasceu uma nova ciência.

Mergulhado nas dúvidas e atormentado pelas incompreensões e ataques gratuitos de seus detratores, Mesmer viveu, num apogeu, uma experiência singular descrita por ele como um encontro com a verdade: "Todas as outras ocupações tornaram-se inoportunas." Num esforço para desprender-se da forma, em proveito do conteúdo, ele lamentou o tempo que dedicava à pesquisa de expressões com as quais redigia seus pensamentos:

> Percebi que, todas as vezes que temos uma ideia, nós a traduzimos imediatamente e sem reflexão para a língua que nos é mais familiar. Tomei o desígnio bizarro de me libertar dessa escravidão. Tal era o esforço de minha imaginação, com que eu idealizava essa ideia arbitrária. Pensei três meses sem um idioma. Ao sair desse acesso profundo de devaneio, olhei com espanto em torno de mim, meus sentidos não me enganam mais da mesma maneira que no passado: os objetos tomaram novas formas; as combinações mais comuns me pareceram sujeitas à revisão; os homens me pareceram de tal modo entregues ao erro que eu sentia um deslumbramento desconhecido quando encontrava, entre as opiniões acreditadas, uma verdade inconteste, porque era para mim uma prova tão rara que não há incompatibilidade decidida entre a verdade e a natureza humana. Insensivelmente, a calma voltou ao meu espírito. A verdade que eu havia perseguido tão ardorosamente, não me deixou mais dúvidas quanto à sua existência. Ela se mantinha ainda à distância: ela estava ainda obscurecida por uma ligeira névoa; mas eu via distintamente o rasto que conduzia a ela, e não mais me afastei. Foi assim que adquiri a faculdade de submeter à experiência a teoria imitativa, que havia pressentido, e que é hoje a verdade física mais autenticamente demonstrada pelos fatos.

Fenômenos como este ocorreram na vida dos visionários e grandes reformadores da humanidade. Paulo de Tarso, depois de despertar no caminho de Damasco, viveu um período de preparação junto à natureza antes de empreender sua missão. Jesus meditou nos desertos da Palestina, Francisco de Assis despertou os potenciais de sua alma pelas forças naturais dos bosques de Pádua. A natureza também inspirou Descartes, Newton, Pestalozzi e incontáveis outros homens de gênio.

Jean-Jacques Rousseau vivenciou uma experiência semelhante, a qual marcou a sua vida. Para escrever *A origem das desigualdades entre os homens*, o filósofo viajou a Saint-Germain por uma semana. Lá, na floresta, empreendeu uma meditação solitária sobre o homem e sua história. Rousseau assim descreveu aqueles momentos:

Embrenhado na floresta, aí procurava, aí achava a imagem dos primeiros tempos, cuja história orgulhosamente traçava; abatia as pequenas mentiras dos homens; ousava pôr a nu a sua natureza, seguir o progresso dos tempos e das coisas que o desfiguraram, e, comparando o homem do homem com o homem natural, ousava mostrar-lhe no seu pretenso aperfeiçoamento a verdadeira origem das suas misérias. A minha alma, na exaltação destas sublimes contemplações, elevava-se até junto da Divindade, e vendo daí os meus semelhantes seguirem, na cega estrada dos seus preconceitos, a dos seus erros, das suas desgraças, dos seus crimes, gritava-lhes com uma voz fraca que eles não podiam ouvir: – Insensatos, que vos queixais permanentemente da natureza, sabei que todos os vossos males provêm de vós mesmos. (ROUSSEAU, 1781)

A inspiração nascida do despertar do conhecimento inato dos pesquisadores sinceros é um auxiliar legítimo da ciência, na medida em que fortalece os modelos oferecidos à comprovação experimental. O esquema seguinte explica a experiência vivida por Mesmer e Rousseau:

Posso alinhar o caminho que vos mostro, com alguns princípios fundamentais: 1) a alma tem o poder de se esquivar à matéria; 2) de se elevar bem acima da inteligência; 3) esse estado é superior à razão; 4) ele pode colocar o homem em relação com o que escapa às suas faculdades; 5) o homem pode provocá-lo pela prece a Deus, por um esforço constante da vontade, reduzindo, por assim dizer, a alma ao estado de pura essência, privada de atividade sensível e exterior, pela abstração, em uma palavra, de tudo o que há de diverso, de múltiplo, de indeciso, de turbilhonante, de exterioridade na alma; 6) existe no eu concreto e complexo do homem uma força completamente ignorada até aqui: procurai-a, pois. (Mensagem "Filosofia", de 3 de fevereiro de 1860, médium senhor Colin, *Revista Espírita*, abr. 1860)

Neste estado de 'pura essência', o homem pode ter acesso a uma força que o aproxima da verdade, superando as confusões do pensamento aprisionado na matéria. Tudo leva a crer na experiência de Mesmer como sendo uma busca desse estado essencial. E ele pôde concluir que "a verdade que eu havia perseguido tão ardorosamente não me deixou mais dúvidas quanto à sua existência".

VII - O SONAMBULISMO MAGNÉTICO

Os estados alterados da consciência, provocados pela ação dinâmica do magnetismo animal, foram primeiramente observados por Mesmer como consequência de suas experimentações. Em sua *Memória* de 1799, ele desenvolveu um inédito modelo teórico para explicar suas causas, suas condições e os fenômenos envolvidos, como a presciência, dupla vista, visão do interior do organismo, transposição dos sentidos e outros.

O sábio Seifert, antes irredutível difamador do magnetismo animal, ficou convencido da realidade dos efeitos da lucidez sonambúlica depois de seu encontro pessoal com Mesmer.

Em 1775, frente a pouca acolhida dada à sua descoberta, o doutor Mesmer determinou-se a nada mais realizar publicamente em Viena. Empreendeu, então, uma viagem a diversos países da Europa para ampliar sua experiência e apresentar aos pesquisadores a verdade a partir dos fatos. Mesmer operou seus métodos nos hospitais, sob os olhos de médicos, e tratou muitos nobres e outros doentes, atendendo-os em castelos e residências.

Na Hungria, no velho castelo do barão Horetcky de Horka, Mesmer, tratou o barão pelo magnetismo e, paralelamente, cuidou de outros doentes que vinham consultá-lo. Seifert conhecia os fatos de segunda mão, mas julgava tudo isso um simulacro.

Em determinado dia, ao receber os jornais, encontrou num deles a notícia de que Mesmer provocava convulsões em pacientes epiléticos enquanto eles permaneciam desavisados e isolados num quarto próximo. Tendo a parede impedindo que o vissem, Mesmer influenciava seus enfermos movendo apenas um dedo em sua direção.

Seifert chegou, sem demora, ao castelo do barão, ainda trazendo o jornal em suas mãos. Anunciado, encontrou Mesmer cercado por diversos cavalheiros. Perguntou então se era verdade o que afirmava a gazeta, e Mesmer confirmou. Então, muito nervoso, Seifert exigiu, ou pouco menos que isso, uma prova experimental do fenômeno.

Atendendo à insistência do visitante, Mesmer conservou-se de pé, a três passos da parede, enquanto Seifert se colocou à entrada da porta entreaberta, a fim de poder observar o magnetizador e o magnetizado ao mesmo tempo.

Anton Mesmer, com naturalidade, fez diversos movimentos retilíneos dum lado para o outro, com o dedo indicador da mão esquerda, na direção presumida do enfermo, que começou logo a queixar-se, apalpando as costas e parecendo sofrer um incômodo.

Seifert então lhe perguntou:

– Que sente?

– Não estou me sentindo bem.

Seifert, insatisfeito com a resposta, pediu uma descrição mais clara de seus males.

– Parece-me – disse o paciente – que tudo oscila em mim, de um lado a outro.

Para evitar novas perguntas, afastando a possibilidade de influenciar o doente, Seifert o orienta para que declare qualquer mudança em seu corpo, sem esperar um comando. Alguns minutos depois, Mesmer fez movimentos ovais com o dedo.

– Agora estou sentindo que tudo dá voltas em mim, como num círculo – disse o doente.

Mesmer cessa os movimentos, e o paciente declara no mesmo instante que as sensações haviam terminado e nada mais sentia. Outras ações se seguiram, e todas as declarações tinham uma perfeita correlação. Não só com os movimentos e os intervalos, mas ainda com o caráter das sensações que Mesmer queria provocar.[31] O astrônomo francês Camille Flammarion comentou o fato:

> Vi realizar as mesmas experiências [de Mesmer] pelo meu saudoso amigo, o coronel de Rochas, na Escola Politécnica de Paris, pelo doutor Barety, em Nice, e por outros investigadores. A ação da vontade à distância não é duvidosa, como o sabem os que estudaram o assunto. (FLAMMARION, 1920, p. 137)

---

31   Esta experiência foi relatada pelo doutor J. Kermer em *Franz Anton Mesmer*. Frankfurt: 1856. Também por Julian Ochorowicz. *Sugestão mental*. São Paulo: Ibrasa, 1982, pp. 160-61; e Camille Flammarion. *A morte e seus mistérios: Volume I – Antes da morte*. Rio de Janeiro: FEB, pp. 105-106.

Com a experiência empreendida por Mesmer, deixam de serem desconhecidas certas características do sonambulismo provocado. As circunstâncias do fenômeno remetem a uma atuação à distância por meios não materiais: ausência de contato inclusive visual entre o paciente e Mesmer, distância entre eles, situação inesperada, movimentos aleatórios e desconhecidos do paciente, variação e repetição dos fenômenos, todos com resultados positivos. A experiência, se repetida em condições controladas e registradas, e apuradas estatisticamente, comprovariam cientificamente a atuação à distância, por meios não materiais conhecidos, da influência do magnetizador sobre o magnetizado.

A FERRAMENTA PARA EXAMINAR A ALMA

O discípulo de Mesmer, J. L. Picher Grandchamp, revelou que:

> [...] o doutor Mesmer, por uma destas comparações felizes que lhe eram abundantes, dizia a seus discípulos, sobre o sono magnético, que nesse estado de um sonambulismo perfeito o indivíduo no qual ele está desenvolvido tornar-se-ia, para o médico bem instruído sobre o magnetismo animal, um telescópio ou um microscópio com o qual poderia se aperceber de todas as indisposições, todas as doenças e sobretudo suas causas e curas, até as obscuras, veladas e não apreciáveis.

Allan Kardec e os espíritos da codificação concordariam com essa tese: "Para o espiritismo, o sonambulismo é mais do que um fenômeno psicológico, é uma luz projetada sobre a psicologia. É aí que se pode estudar a alma, porque é onde esta se mostra a descoberto." (KARDEC, 1857, p. 239)

Alguns historiadores da ciência, concluindo precipitadamente, acreditavam que Mesmer desconhecia os desdobramentos dos fenômenos do sonambulismo provocado, concluindo que eles teriam sido descobertos por seu discípulo e contemporâneo, Armand Marie Jacques de Chastenet, o marquês de Puységur. Mesmer, quando fez a descoberta do magnetismo animal, estava determinado em empregá-la na transformação da arte de curar. Por outro lado, compreendia os desdobramentos de sua descoberta. Porém, sua atenção estava concentrada na verificação experimental dos efeitos terapêuticos. Temia que desvios de atenção viessem a prejudicar uma apreciação justa e isenta de preconceitos. Ele assim explicou:

Depois que meus métodos de tratar e de observar as doenças foram postos em prática em diferentes partes da França, várias pessoas, seja por um zelo imprudente, seja por vaidade e sem cuidado pelas recomendações e precauções que eu julgo necessárias, deram publicidade prematura aos efeitos e, sobretudo, à explicação do sono crítico. Não ignoro que foram resultantes de abusos e vejo com dor os antigos preconceitos retornarem a passos largos.

A Mesmer planejara apresentar suas descobertas de forma gradual e progressiva, para evitar que, diante de tantas novidades revolucionárias, o choque do novo causasse uma excessiva prevenção. Sua meta principal era reformar a medicina, levando ao povo os benefícios da cura inspirada na natureza.

SONAMBULISMO E ÉTICA

Segundo Mesmer, o sonambulismo esteve sempre presente na história da humanidade. O que se desconhecia era a sua causa e a sua natureza:

> [...] quaisquer um desses fatos são conhecidos de todos os tempos sob diversas denominações, e particularmente sob aquela de sonambulismo. Algumas outras foram completamente negligenciadas. Outras foram cuidadosamente ocultadas. É certo que esses fenômenos, tão antigos como as enfermidades dos homens, sempre espantaram e muitas vezes alucinaram o espírito humano. (MESMER, 1799)

A crença no sobrenatural servia como instrumento de dominação dos povos, mantendo-os submissos à vontade de uma elite: "Servirão muitas vezes para provocar grandes revoluções; a charlatanice política e religiosa dos diferentes povos, e a adquirir seus recursos e seus meios".

Explicando a origem natural dos fatos, Mesmer concluiu que:

> [...] são muitas vezes os resultados de observações de certos fenômenos da natureza que, por falta de luz ou por boa-fé, foram sucessivamente desfigurados, ocultados ou misteriosamente escondidos. Posso provar hoje que tudo o que tem sido considerado verdadeiro nos fatos analisados deve ser relacionado com a mesma causa e que não devem ser levados em conta senão como sendo modificações do estado chamado sonambulismo.

Sobre o assunto, comentou J. L. Picher Grandchamp:

> Estas explicações do senhor doutor Mesmer são tão justas, tão abalizadas pela experiência, que vi homens distintos oferecerem gordas

somas para lhes ceder duas ou três vezes um indivíduo em sono magnético para procurar descobrir, por seus meios, o endereço onde havia sido depositado um roubo de quinhentos mil francos, produtos de uma receita geral. Nossa recusa obstinada tinha sua origem e sua justificação no abuso que poderia ser feito do sonambulismo.

E então, considerando a cautela de Mesmer quanto à divulgação de sua doutrina, concluiu seu discípulo Grandchamp:

> [...] é um grande mal, dir-se-á, talvez, a facilidade de poder abusar desse estado. Ter-se-á razão; mas qual é a profissão que não se possa servir neste sentido? A medicina deve ser classificada na primeira linha nesta filiação do abuso. Abusa-se de tudo, da própria verdade. E vejamos por que o senhor doutor Mesmer exigia de seus discípulos uma grande moralidade, e que sua doutrina não devia ser senão confiada a um pequeno número escolhido até que a administração pública, suficientemente esclarecida, tenha estabelecido as leis relativas, igualmente úteis à humanidade e repressivas.

Foi somente em suas últimas *Memórias* que Anton Mesmer achou necessário produzir seus "pensamentos sobre a natureza de um fenômeno tão próprio para nos alucinar, e que, em qualquer dia sob nossos olhos, foi constantemente desconhecido". Suas conclusões – reunindo assuntos diversos como a teoria da presciência, visão à distância, fluido universal, transmissão do pensamento, lucidez sonambúlica – foram então uma antecipação e mesmo um desenvolvimento da apreciação dos fenômenos pela doutrina espírita, na codificação de Allan Kardec, mais de cinquenta anos depois. E também, vale lembrar, antecipou as bases teóricas e experimentais da futura parapsicologia.

A LUCIDEZ SONAMBÚLICA

O marquês Chastenet de Puységur foi o primeiro experimentador dos fenômenos do sonambulismo provocado como instrumento para o diagnóstico das enfermidades, prescrição do tratamento e previsão da cura, por meio dos extraordinários efeitos da lucidez sonambúlica. Aí está toda a originalidade e precedência de seu trabalho. O propósito de sua pesquisa era especificamente a cura dos seus semelhantes, e o seu tratamento pelo magnetismo animal era o que aprendeu com Mesmer.

Chastenet de Puységur passou a obter crises mais suaves em seus tratamentos. Ele explicou essa diferença:

Como pode, dirão, que um discípulo do senhor Mesmer cite tantos fatos extraordinários, seguidos de resultados tão felizes, enquanto o próprio Mesmer nada publicou de parecido. Minha resposta é muito simples: eu tenho meu tempo absolutamente livre em minha casa. Eu, pois, quanto é necessário, posso seguir todos os períodos de uma cura. Segundo as indicações que me são dadas pelos próprios doentes, posso fazê-los se deitarem ao meu alcance, e não deixá-los um só momento. Enfim, acompanho todos os eventos, enquanto o senhor Mesmer, na mira de todas as vontades de um público que ele deve respeitar, não tem nem um dia para ser dono de si mesmo. Posso afirmar, sem ofendê-lo, que lhe seria impossível operar uma cura semelhante àquela de Joly. Porque, desde a primeira crise, que lhe foi ocasionada, obrigado talvez a abandoná-lo para correr à outra extremidade de Paris ou para fazer uma consulta, ele teria abandonado todos os frutos de seus sacrifícios, perdendo o momento de obter do doente uma indicação segura da causa dos seus males. (PUYSÉGUR, 1784)

A explicação de Puységur é, ao mesmo tempo, uma descrição do cotidiano atribulado e da vida requisitada de Mesmer, no auge de sua fama em Paris.[32]

Puységur antecipou-se à investigação experimental parapsicológica. No entanto, apesar de sua primeira obra *Memórias para contribuir para a história e a instituição do magnetismo animal*, ter sido concluída em 1784, ele respeitou as advertências de Mesmer, pedindo sigilo ao destinatário de seu trabalho:

Tenho a honra de lhe enviar todos os detalhes e os resultados das experiências que tive a satisfação de operar em minha casa por meio do magnetismo animal do qual devemos o conhecimento ao senhor Mesmer. Creio que não é a época ainda de publicar os fatos dos quais fui testemunha; não haveria o interesse de neles crerem, malgrado a quantidade de testemunhas que foram juntadas: eu lhe peço então, senhor, não emprestar estas Memórias a ninguém. É apenas ao senhor que eu as confio, para servir às suas reflexões e lhe

---

32   Não caberia aqui um desenvolvimento mais completo desta figura fundamental para a ciência do magnetismo animal que foi o marquês de Puységur. Estamos preparando, entretanto, uma tradução comentada das principais obras de Puységur e de outros pesquisadores do sonambulismo.

> facilitar os meios de ter êxito, ainda melhores do que eu, nas suas tentativas magnéticas. (PUYSÉGUR, 1784)

E então prossegue, afirmando que:

> [...] pelo menos cinquenta magnetizadores chegaram a ponto de poder repetir com sucesso as experiências que citaram, e não conseguiram persuadir as pessoas razoáveis e de boa-fé, menos ainda a multidão. Ao interesse do magnetismo animal se junta então meu interesse particular: na circunstância presente, eu estaria comprometido pela publicidade prematura das experiências que realizei, porque eu não poderia ver sem tristeza pessoas duvidarem da minha veracidade. Posso me engajar a convencer meus amigos, mas minha missão não se estende até o público.

Puységur reforça seu pedido: "A confiança que tenho no senhor, não me deixa dúvida sobre o uso discreto que o senhor fará do meu envio.".

Puységur não teve nenhuma intenção de tirar o mérito da descoberta de Mesmer. Inferimos isto de suas palavras:

> Ao advogar a causa do magnetismo animal, estou simplesmente advogando aquela do seu célebre inventor. Ao ensaiar dar algumas noções sobre a causa que me faz agir, o senhor Mesmer não verá, espero, em mim senão o zelo ardente que me anima para sua glória. É a ele apenas que devo minhas fracas luzes e meus felizes ensaios. Possa meus esforços acelerar o triunfo que lhe é devido! [...] não pretendo dar a teoria do magnetismo animal, nem entrar em algumas discussões sobre sua analogia com todo o sistema do mundo: apenas o senhor Mesmer pode empreender tão grande tarefa. A que me imponho é, simplesmente, dizer como ajo para curar as doenças e como se produzem sobre muitos dos doentes os efeitos tão surpreendentes e inesperados dos quais se entende poder falar [...] o magnetismo animal, dando hoje a derradeira prova de um fluido universal e sempre em movimento, vem oferecer à humanidade um meio seguro da cura da maior parte de seus males.

A *crise*, definida por Mesmer como fase imprescindível do ciclo da cura, foi perdendo seu significado original dado pelos médicos. Com o tempo, o estado de sonambulismo passou a ser identificado impropriamente pela palavra *crise*: "As mudanças notáveis que a ação do magnetismo provoca naqueles que a ele se submetem, ou o estado diferente do estado natural em que o magnetismo os faz entrar." (DELEUZE, 1813) Foi por este motivo que, em muitas obras sobre o magnetismo, o sonâmbulo passou a ser chamado de *crisíaco* e o estado de sonambulismo provocado, de *sono crítico*.

OS SONÂMBULOS E OS SERES INVISÍVEIS

Os magnetizadores comprovaram muito cedo as relações dos sonâmbulos com seres invisíveis. Deleuze, discípulo de Mesmer, em sua correspondência mantida com o doutor G. P. Billot por mais de quatro anos, de março de 1829 até agosto de 1833, inicialmente foi relutante, mas por fim afirmou: "O magnetismo demonstra a espiritualidade da alma e a sua imortalidade; ele prova a possibilidade da comunicação das inteligências separadas da matéria com as que lhes estão ainda ligadas." (BILLOT, 1839)

Por sua vez, Deleuze afirmou: "Não vejo razão para negar a possibilidade da aparição de pessoas que, tendo deixado esta vida, ocupam-se daqueles que aqui amaram e a eles se venham manifestar, para lhes transmitir salutares conselhos. Acabo de ter disto um exemplo." (*Ibidem*) Foi com estas palavras que Deleuze introduziu a narração do caso de uma sonâmbula cujo falecido pai se manifestou por duas vezes a fim de aconselhá-la sobre a escolha do futuro marido da jovem. Em sua *História crítica*, ele já havia escrito: "Todos os sonâmbulos, deixados livres no transe, dizem-se esclarecidos e assistidos por um ser que lhes é desconhecido." (DELEUZE, 1813) Por sua vez, Billot declarava receber instruções dos espíritos superiores, por intermédio dos magnetizados em transe sonambúlico, em suas pesquisas.

O tema da comunicação com os espíritos passou a fazer parte das discussões dos magnetizadores e das páginas de seus periódicos. Um estudo das obras de Chardel, Charpignon, Ricard, Teste e Aubin Gauthier revela diversas descrições de fenômenos experimentais que revelam a comunicação entre vivos e desencarnados.

Anos depois, o magnetizador Louis Alphonse Cahagnet (1809-1885), com coragem e determinação, conversou com os espíritos por meio de seus sonâmbulos em êxtase, principalmente Adèle Maginot, registrando em sua obra mais de cento e cinquenta atas assinadas por testemunhas que reconheceram a identidade dos espíritos comunicantes. Cahagnet antecipou em mais de dez anos esse instrumento de pesquisa da ciência espírita. Para Gabriel Delanne, "Era um lutador soberbo esse trabalhador, que teve a glória de se fazer o que foi: um dos pioneiros da verdade." (DELLANE, 1899).

Em janeiro de 1848, Cahagnet publicou o primeiro dos três volumes de sua obra *Arcanes de la vie future dévoilés*[33], com mais de mil páginas, na qual apresentou...

> [...] para a humanidade desorientada uma nova pátria, cheia de vida, de atividade, onde moram os nossos mortos. Esta obra vos oferecerá a prova de um mundo melhor que o nosso, onde vivereis após deixardes aqui o vosso corpo e onde um Deus infinitamente bom vos recompensará em cêntuplo as aflições que vos eram proveitosas nesta terra de dor.

No final do mesmo ano, Cahagnet fundou a Sociedade dos Magnetizadores Espiritualistas e um jornal, *Le magnétiseur spiritualiste*, por sugestão do espírito Emmanuel Swedenborg (1688-1772), sábio, cientista, filósofo e médium sueco do século 18 que também era mentor do norte-americano Andrew Jackson Davis. Futuramente, esta sociedade aproximou-se do espiritismo, sendo uma importante contribuição para a união das duas ciências, magnetismo e espiritismo, e de seus pesquisadores. Cahagnet e Jackson Davis foram os primeiros a recolher material para formar a base do espiritismo moderno, solidamente estabelecido pelas obras de Allan Kardec.

Louis Alphonse Cahagnet morreu aos setenta e seis anos de idade, no dia 10 de abril de 1885, em Argenteuil, França. *A Revista Espírita*, fundada por Kardec, em sua edição de maio de 1885, publicou uma transcrição do artigo necrológico:

> Cahagnet é um exemplo raro do que pode uma firme vontade aliada a uma vasta inteligência. Ele se tornara, à força de trabalho e perseverança, um erudito, um profundo metafísico, e adquirira, no mundo que se ocupa do magnetismo animal e do espiritismo, distinguido lugar como publicista. Suas diversas obras – e o número é grande –,

---

33   CAHAGNET, Louis Alphose. *Arcanes de la vie future dévoilés*. Paris: Librairie Vigot, 1848, três volumes In-12, 323-396-391 páginas. Ele escreveu também: *Guide du magnétiseur ou procédés magnétiques d'après Mesmer, Puységur et Deleuze*. (1849), e muitas outras. As duas obras nominadas foram inseridas *no Index Livrorum Prohibitorum*, da Igreja Católica, em 1851: "Julgou sem nos ouvir e condenou sem outro motivo que o de prazerosamente arremessar três de nossas obras, num só dia, no fogo", declarou Cahagnet. As obras de Allan Kardec também seriam proibidas pela Igreja, em 1864, e inseridas no *Index*.

traduzidas para o inglês e o alemão, valeram-lhe numerosos teste-munhos de estima e simpatia. Nada mais curioso e mais interessante a esse respeito que a sua volumosa correspondência com sumidades científicas e literárias de todos os países.

No entanto, alguns magnetizadores preferiram manter silêncio sobre a comunicação com espíritos. O barão du Potet, numa carta de sua correspondência particular com Alphonse Cahagnet, publicada nos *Arcanes*, afirmou: "Tratais, com uma antecipação de vinte anos, destas questões, a humanidade não está preparada para compreendê-las." E Cahagnet replicou:

> Ah! Respondemos então, por que o vemos banhar com suas lágrimas as cinzas daqueles que julga haver perdido para sempre? Em que momento da existência podemos chegar mais a propósito para dizer a esse homem: consola-te, irmão, aquele que presumes separado de ti, para sempre, acha-se ao teu lado, a te asseverar, por meu intermédio, que ele vive, que é mais feliz do que na Terra e que te aguarda nas esferas próximas para continuar o convívio contigo.

Posteriormente, du Potet se rendeu às evidências e passou a pesquisar os fenômenos espíritas, publicando suas conclusões em suas obras e cursos. Em 1863, dedicou-se ao espiritualismo, explicando seus princípios e fenômenos na terceira parte de seu *Thérapeutique magnétique: règles de l'application du magnétisme à l'expérimentation pure et au traitement des maladies, spiritualisme, son principe et ses phénomènes* (Paris: Dentu, Truchy, G. Baillière, 1863).

KARDEC MAGNETIZADOR

Hippolyte Léon Denizard Rivail, que adotaria o pseudônimo Allan Kardec nas obras de codificação espírita, conhecia as *Memórias* e os aforismos de Mesmer, além de diversas obras contra e a favor do magnetismo animal. Segundo suas próprias declarações, ele se dedicou a estudar o magnetismo animal e o sonambulismo em todas as suas fases, por longos trinta e cinco anos, desde os seus dezenove anos de idade, já em Paris.

O jovem astrônomo Camille Flammarion, que psicografou as mensagens de Galileu publicadas em *A gênese*, revelou, durante o discurso pronunciado sobre o túmulo de Allan Kardec, que seu desencarne veio surpreendê-lo no momento em que, em sua atividade infatigável, trabalhava numa obra sobre as relações entre o magnetismo animal e o espiritismo.

Kardec, conhecendo profundamente as duas ciências, afirmou, na *Revista Espírita*, que:

> [...] dos fenômenos magnéticos, do sonambulismo e do êxtase às manifestações espíritas há apenas um passo. Sua conexão é tal que, por assim dizer, é impossível falar de um sem falar de outro. Se tivermos de ficar fora da ciência do magnetismo animal, nosso quadro ficará incompleto e poderemos ser comparados a um professor de física que se abstivesse de falar da luz.

Em seu último trabalho, o *Catálogo racional de obras para fundar uma biblioteca espírita* (1869), Allan Kardec recomendou aos espíritas a leitura de uma extensa relação de obras sobre o magnetismo animal,[34] incluindo Mesmer, Puységur, Deleuze, du Potet, Charpignon, Millet, Billot, e outros.

De acordo com a descrição da amiga e tradutora das obras de Kardec para o inglês, Anna Blackwell:

> Kardec foi membro de diversas sociedades de pesquisas. Ele tomou parte ativa nos trabalhos da Sociedade de Magnetismo de Paris, dedicando muito de seu tempo na investigação prática do sonambulismo, transe, clarividência, e uma variedade de fenômenos relacionados ao mesmerismo.[35]

---

34 Em seu Catálogo racional, Kardec recomendou a leitura das seguintes obras sobre o magnetismo: "*Anais do magnetismo animal*", *Revista Magnética*; Aubin Gautier. *Tratado de sonambulismo*; doutor Bertrand; *Correspondência com Deleuze*, doutor Billot; *Esboço da natureza humana explicada pelo magnetismo animal*, Chardel; *Fisiologia, medicina e metafísica do magnetismo animal*, doutor Charpignon; *Instrução práticas sobre o magnetismo animal*, Deleuze; *Tratado de magnetismo em doze lições*, barão du Potet; *A arte de magnetizar*, Fontaine; *Curso de magnetismo em doze lições*, Millet; *Memórias para servir à história e ao estabelecimento do magnetismo animal*, Puységur; *Cartas ódico-magnéticas*, Reichenbach; *Manual prático do magnetismo animal*, Teste; *Memórias e aforismos*, Mesmer. Esta obra de Mesmer, recomendada por Kardec, é uma coletânea de três livros que se encontram integralmente publicados na terceira parte desta obra.

35 Trecho do prefácio da edição inglesa de *O livro dos espíritos*, de Allan Kardec. (*The spirit's book*. São Paulo: Lake, 2003, pp. 10-11).

A Sociedade de Magnetismo de Paris, citada por Blackwell, era dirigida pelo barão du Potet, que teria sido, segundo ela, o orientador de Kardec em seu estudo do magnetismo animal.

O doutor du Potet, Jules Denis du Potet de Senevoy (1796-1881), nasceu em La Chapelle, perto de Sennevoy, e faleceu em Paris. Excelente médico, com grande habilidade para o diagnóstico, dedicou-se ao magnetismo animal e, como um verdadeiro apóstolo, ensinou essa ciência que para ele era "a medicina da natureza" (DURVILLE, 1903). Em sua formação, foi influenciado tanto por Deleuze quanto pelo marquês de Puységur.

Du Potet foi editor do *Journal du Magnétisme* e publicou por mais de vinte anos os *Annaes do Magnetismo*, estabeleceu cursos regulares de magnetismo; foi dirigente da Sociedade Mesmeriana, presidia o Júri Magnético de Paris e foi presidente honorário da nova Sociedade de Magnetismo de Paris (desde 1860). Além disso, escreveu importantes obras como *Traité complet de magnétisme animal*, *Manuel de l'étudiant magnétiseur*, *Le magnétisme animal opposé à la medicine*, e outros.

Se a ciência do magnetismo animal não estivesse bastante difundida na sociedade europeia e suas obras amplamente disponíveis, Allan Kardec teria a necessidade de divulgar e esclarecer todos os fundamentos daquela doutrina para tornar a codificação espírita compreensível. No entanto, isso não foi necessário, pois o magnetismo já possuía órgãos especiais justamente acreditados.

Todavia, o tempo passou e hoje esse grande volume de informações e recursos científicos e filosóficos não está mais disponível para pesquisa. Destacamos, assim, a necessidade atual de os espíritas empreenderem a tradução e o estudo das obras fundamentais do magnetismo animal para uma compreensão, com maior clareza, da própria doutrina dos espíritos.

Conhecendo as dificuldades enfrentadas pelo magnetismo, Allan Kardec fez uma justa homenagem aos...

> [...] homens de convicção que, enfrentando o ridículo, o sarcasmo e os dissabores, dedicaram-se corajosamente à defesa de uma causa tão humanitária. Seja qual for a opinião dos contemporâneos sobre o seu proveito pessoal, opinião que é sempre o reflexo das paixões vivazes, a posteridade lhes fará justiça. Ela colocará o barão du Potet, diretor do *Journal du Magnétisme*, o senhor Millet, diretor da

Union Magnétique,[36] ao lado de seus ilustres pioneiros, o marques de Puységur e o sábio Deleuze. Graças aos seus esforços perseverantes, o magnetismo, popularizado, fincou pé na ciência oficial, onde já se fala dele aos cochichos. Este termo passou à linguagem comum: já não afugenta e, quando alguém se diz magnetizador, já não lhe riem no rosto. (*Revista Espírita*, 1858, p. 96)

Depois de homenagear os desbravadores que lutaram contra a ignorância, permitindo uma recepção mais ponderada da nascente ciência espírita, Kardec concluiu o seu artigo otimista pelo futuro de sua doutrina:

[...] tudo prova, no rápido desenvolvimento do espiritismo, que em breve este terá foros de cidade. E, enquanto espera, aplaude com toda a sua força a posição que acaba de conquistar o magnetismo animal, como um sinal inconteste do progresso das ideias. (*Revista Espírita*, 1858, p. 96)

Em 23 de maio,[37] dia do aniversário de Mesmer, realizavam-se os dois banquetes anuais que reuniam os magnetizadores de Paris e adeptos estrangeiros. A Sociedade do Mesmerismo, do doutor marquês du Planty, e a Sociedade Filantrópica Magnética do doutor Léger.

Kardec foi convidado para os dois eventos concomitantes e teve de escolher um deles para comparecer.

Sempre temos perguntado por que motivo esta solenidade comemorativa é celebrada por dois banquetes rivais [...] Porque uma cisão entre homens que se dedicam ao bem da Humanidade e ao culto da verdade? Estão divididos quanto a princípios de sua ciência? [...] Absolutamente. Têm as mesmas crenças e o mesmo mestre: Mesmer. Se este mestre, cuja memória evocam, atende a esse apelo, como o cremos, deve sofrer

---

36   A União Magnética, cujo diretor era o senhor Millet, foi um órgão de divulgação da Sociedade Filantrópica Magnética de Paris. (MONTEGGIA, 1861).

37   O dia exato do nascimento de Mesmer é 23 de maio, e não 26, como foi grafado equivocadamente no artigo "Banquetes magnéticos", da *Revista Espírita* de junho de 1858 (o engano é do texto original francês da *Revue Spirite*).

ao ver a desunião entre os discípulos. [...] E, então, Kardec propôs: Gostaríamos de ver os homens de bem unidos por um mesmo sentimento de confraternização. Com isso a ciência magnética lucraria em progresso e em consideração. (*Revista Espírita*, 1858, p. 182)

Não sabemos se foi em atendimento ao apelo de Kardec, mas, no ano seguinte, ocorreu a fusão dos dois banquetes mesmerianos reunindo todos os magnetizadores num só evento. Em 27 de dezembro de 1860, os grupos presididos pelos doutores marquês du Planty e Léger fundiram-se em uma única Sociedade do Magnetismo de Paris (MONTEGGIA, 1861). Os presidentes honorários foram os médicos marquês du Planty e barão du Potet; o presidente, doutor E. Léger; o gerente do jornal, doutor Millet. Entre os trabalhos semanais da Sociedade, havia uma sessão experimental, magnetização dos doentes, curso de fisiologia e magnetismo, e discussões.

VIII - MAGNETISMO E ESPIRITISMO

AS CIÊNCIAS SOLIDÁRIAS

Allan Kardec definiu o magnetismo e o espiritismo como ciências irmãs no primeiro número de sua *Revista Espírita*:

> O espiritismo liga-se ao magnetismo por laços íntimos, como ciências solidárias [...] Os espíritos sempre preconizaram o magnetismo, quer como meio de cura, quer como causa primeira de uma porção de coisas; defendem a sua causa e vêm prestar-lhe apoio contra os seus inimigos. Os fenômenos espíritas têm aberto os olhos de muita gente, ao mesmo passo aliando essas pessoas ao magnetismo. [...] Tudo prova, no rápido desenvolvimento do espiritismo, que em breve terá foros de cidade. E, enquanto espera, aplaude com toda a sua força a posição que acaba de conquistar o magnetismo, como um sinal inconteste do progresso das ideias. (*Revista Espírita*, 1858, p. 287)

O codificador do espiritismo manteve este pensamento sobre a ligação íntima das duas ciências até o final de sua vida. No último ano da *Revista*, em 1869, ele assegurou:

> O magnetismo e o espiritismo são, com efeito, duas ciências gêmeas, que se completam e explicam uma pela outra, e das duas, a que não quer *imobilizar-se* não pode chegar ao seu complemento sem se apoiar na sua congênere; isoladas uma da outra, detêm-se num impasse; são reciprocamente como a física e a química, a anatomia e a fisiologia. A maioria dos magnetistas compreende de tal modo por intuição a relação íntima que deve existir entre as duas coisas que geralmente se prevalecem de seus conhecimentos em magnetismo, como meio de introdução junto aos espíritas. [...] todos os espíritas, *sem exceção*,

admitem o magnetismo. Em todas as circunstâncias, fizeram-se seus defensores e baluartes. (*Revista Espírita*, 1869, p. 11)

Destaca-se do comentário de Kardec um alerta: o risco de se perder a compreensão exata do espiritismo sem o apoio da ciência do magnetismo animal e vice-versa.

A terapia do magnetismo animal estava reabilitada na época de Allan Kardec. Em 1858, Allan Kardec, na edição de outubro de sua *Revista Espírita*, relatou uma notícia do *Journal des Débats*, de Estolcomo: o rei Oscar, seguindo o conselho de seus médicos, fez uso dos serviços de um magnetizador, o senhor Klugenstiern, para curar-se. Comentando o fato, Kardec perguntava se há vinte e cinco anos os médicos teriam ousado prescrever publicamente tal meio. "Como mudaram as coisas neste curto período!", exclamou Kardec.

Antes disso, porém, Kardec comenta que "todas as faculdades e todos os jornais não contavam com sarcasmos suficientes para denegrir o magnetismo e seus partidários".

Décadas depois, chegavam tempos novos e, segundo Kardec:

> [...] não só não riem do magnetismo, mas ei-lo oficialmente reconhe-cido como agente terapêutico [...] Que lição para os que se riem das ideias novas! Apressamo-nos em declarar que não são os médicos suecos os únicos a retornarem a essa ideia estreita: por toda parte, na França como no estrangeiro, a opinião mudou completamente, a tal respeito. (*Revista Espírita*, 1869, p. 11)

As calúnias e difamações propagadas pelos detratores do magnetismo animal no final do século anterior, por meio de peças teatrais, artigos nos jornais, decla-rações acadêmicas e diversas obras, encontravam finalmente um julgamento mais esclarecido pela opinião pública. Na época do nascimento do espiritismo, a ciên-cia do magnetismo animal estava conquistando um lugar de destaque. Segundo Charles Lafontaine, seus cursos ministrados em Genebra, em 1854, "eram frequentados por pastores, ministros, médicos, engenheiros, arquitetos, artistas, estudantes de teologia etc. Gente toda instruída". (MONTEGGIA, 1861, p. 186)

A nova posição da ciência do magnetismo animal foi descrita pelo barão du Potet num artigo publicado em 10 de dezembro de 1861, em Genebra:

> O magnetismo teve ainda contra si o ignóbil charlatanismo de homens sem consistência, que arrastaram na lama a augusta verdade

a fim de tirarem dela um pouco de ouro. Teve contra si o confessional, todo o partido sacerdotal, tudo o que faz passar as opiniões antes das verdades [...] prodigiosos foram, porém, os esforços empregados para combater tantos elementos destruidores. Por toda a parte estabeleceu-se a luta. Devemos-lhe novos defensores, e não somos os únicos a pegar na pena. Outras tribunas que não a nossa se levantaram: A *União Magnética*, órgão da Sociedade Filantrópica Magnética de Paris; a *Revista das Ciências Ocultas*, publicada no departamento do Gard pelo senhor Manlius Salles; o *Magnetizador*, pelo senhor Lafontaine, publicado em Genebra; no Brasil, o senhor Monteggia fundou um jornal com o título *Jesus e Mesmer*[38]. Formaram-se novas sociedades que também contribuirão por sua parte a tornar a opinião de mais em mais favorável, e a causa do magnetismo está ganha. Seu incomparável arrojo anuncia, em um porvir próximo, o seu completo triunfo, donde deve resultar o progresso da humanidade. O magnetismo, marchando a par com as ciências físicas, deve excedê-las um dia, pois nele encontram-se reunidas todas as forças da natureza. Ele deve, pois, servir à filosofia, alargar o domínio da medicina, da fisiologia e dar ao pobre e ao rico os meios de esclarecerem-se e conservarem a sua saúde. Nesta transformação que se prepara, e da qual se vê o começo, os grandes espíritos reconhecerão um dia que a sua verdadeira causa foi o magnetismo. Temos pelo menos essa convicção, pois julgamos que o progresso nunca se efetua por obras de razão somente, mas por descobertas. (MONTEGGIA, 1861, p. 56)

Vejamos também a opinião do astrônomo e divulgador da ciência, Camille Flammarion:

Declaramos que a medicina não é uma ciência e que se acha em atraso relativamente ao progresso das ciências exatas e positivas. Não sabemos o que é a *vida*, confessemo-lo francamente. É talvez por aí que se deveria começar. O estudo sério do magnetismo virá em nosso auxílio! [...] Que se pode restabelecer o equilíbrio das forças vitais,

---

38 Du Potet, no mesmo artigo, já havia mencionado outras obras como os *Anais* publicados por Puységur, a *Revista de Magnetismo Animal*, por Aubin Gauttier e outros.

> curar e prolongar a existência humana, atuando por uma vontade firme, perseverante, e sustentada, por meio de passes magnéticos e imposições de mãos, o conjunto da rede nervosa. Parece-me que os sábios dignos de tal título, os naturalistas, os físicos, os fisiologistas e principalmente os médicos poderiam, sem quebra de dignidade, conceder a estas novas experiências uma atenção esclarecida e emancipada de qualquer ideia preconcebida. Grandes descobertas se esperam, pois nos achamos em face de horizontes inexplorados. (BUÉ, 1934, p. 355)

Entretanto, os recursos médicos do sonambulismo, pesquisados por Puységur, ainda enfrentavam a incredulidade:

> Se a ação do fluido magnético é hoje um ponto geralmente admitido, o mesmo não se dá em relação às faculdades sonambúlicas, que ainda encontram muitos incrédulos no mundo oficial, sobretudo no que toca às questões médicas. Contudo, é de convir que, sobre esse ponto, os preconceitos se enfraqueceram singularmente, mesmo entre os homens de ciência: temos a comprovação desta assertiva no grande número de médicos que fazem parte de todas as sociedades magnéticas, tanto na França quanto no estrangeiro. De tal modo os fatos se vulgarizaram que foi preciso ceder a evidencia e seguir a corrente, quisessem ou não quisessem. (*Revista Espírita*, 1858, p. 288)

Kardec conclui com uma esperança: "O mesmo se dará em breve com a lucidez intuitiva.".

A reabilitação pública do magnetismo animal, no século 19, criou uma situação favorável para o surgimento da ciência espírita, que então completava apenas um ano de existência, a partir da publicação de *O livro dos espíritos*, em 1857. Segundo Kardec, a divulgação dos pressupostos básicos do magnetismo animal, confirmados pelo espiritismo preparou o terreno para uma aceitação rápida dos conceitos da ciência espírita.

UMA REAÇÃO MATERIALISTA

Mas a reabilitação da ciência do magnetismo animal não iria durar até os dias atuais. Ao mesmo tempo em que o espiritismo surgia na França, prometendo novos tempos para a humanidade, uma articulada reação materialista assolava as ciências, partindo principalmente da Alemanha, retomando forças e criando uma vala intransponível entre o 'espírito' e a observação positiva dos fatos.

Jovens alunos do renomado fisiologista alemão Johannes Müller (1801-1858), o mais destacado vitalista de seu país, divergindo dos ensinamentos do mestre, assinaram conjuntamente um artigo, em 1855, quando decidiram explicar todos os fenômenos naturais, inclusive a consciência humana, como sendo físico-químicos. Entretanto, com essa atitude, Hermann von Helmholtz, Ernst Brücke, Carl Ludwig, e Emil Dubois-Reymond, estavam desrespeitando perigosamente os princípios epistemológicos. A partir deste pacto, o ceticismo se alastraria e o materialismo seria imposto como dogma nos meios acadêmicos.

Camille Flammarion (1842-1925), cientista, astrônomo e filósofo, alertou, em 1867, o caráter anticientífico das negativas materialistas de sua época:

> Um erro capital é imaginarem-se com direito de afirmar sem provas, a embalarem-se com a doce ilusão de serem os outros obrigados a acreditar sob palavra. Coisas que a verdadeira ciência profundamente silencia, afirmam-nas, categóricos. Afirmam, como se houvessem assistido aos conselhos da Criação, ou como se fossem os próprios autores delas. Os campeões da ciência, que pretendem representá-la e falar com e por ela, não se dignam de seguir o método científico, que é o de nada afirmar sem provas. Newton não se cansava de repetir: parece-nos, e Kepler dizia: submeto-vos estas hipóteses... Aqueles outros [*os materialistas alemães*], porém, dizem: afirmo, nego, isto é, aquilo não é, a ciência julgou, decidiu, condenou, posto que no que dizem não haja sombra de argumento científico. (FLAMMARION, 1867, p. 38)

Em sua natureza essencial, a ciência não afirma nem nega, ela apenas procura.

Luiz Bückner, um dos primeiros materialistas da ciência, em seu *Força e matéria* (1855), deixa evidente sua postura ingênua e preconceituosa quando analisa o fenômeno do sonambulismo provocado, ou sono mesmérico: "O sonambulismo é um fenômeno a propósito do qual temos infelizmente poucas observações precisas e positivas, o que é muito lamentável, visto o interesse científico desta questão." Vemos que o pensador alemão começa bem o tema e coloca a experimentação científica como a base fundamental para estudá-lo. Mas em seguida conclui precipitadamente: "Todavia, e se bem que faltem suficientes dados, podem-se relegar para o domínio das fábulas todos os fatos maravilhosos e extraordinários que dos sonâmbulos se contam." Autoritariamente, Bückner julgou e condenou ideias e fenômenos que desconhecia, que não examinou.

Frente a isto, denuncia Flammarion:

> Mas, é assim que os senhores alemães raciocinam, bem como os seus clarividentes imitadores, positivistas da nossa moderna França [...] Certo, pesa dizê-lo, mas é a essa puerilidade, ou melhor, perversão da faculdade de raciocinar – que se reduz o movimento materialista dos nossos tempos. [...] Todo o fundamento desta grande querela, toda a base deste edifício heterogêneo, cujo desmoronamento pode esmagar muitos cérebros sob os escombros, toda a força deste sistema que pretende dominar o mundo presente e futuro, todo o seu valor e potência repousam nessa assertiva fantasiosa, arbitrária e jamais demonstrada. (FLAMMARION, 1867, p. 41)

Como bem previu Flammarion, muitos cérebros foram esmagados pelo desmoronamento do edifício materialista. A grande bandeira do nada foi levantada pelos sistemas do ateísmo e do niilismo, levando a uma descrença absoluta. Os ingênuos materialistas fizeram escola. Sucederam suas cátedras: Georg Hegel (1770-1831), Auguste Comte (1798-1857), Karl Marx (1818-1883), Friedrich Nietzsche (1844-1900), Sigmund Freud (1856-1939), Martin Heidegger (1889-1976), Jean-Paul Sartre (1905-1980). Suas doutrinas também optaram pelo materialismo sem o apoio das conclusões racionais da ciência pura.

A doutora em pedagogia e escritora Dora Incontri, analisando a nova geração dos materialistas, destaca a atitude anticientífica:

> Outra característica própria de muitos pensadores deste século [...] é o dogmatismo, que indica as doutrinas de cada qual como a verdade final que o progresso histórico poderia atingir. As próprias personalidades em questão têm grande tendência ao autoritarismo: Hegel foi o filósofo oficial do Estado prussiano, pregando um absolutismo estatal; Comte se estabelece como sumo-sacerdote da religião positivista; Marx condena inapelavelmente os opositores (vejam-se as queixas dos anarquistas); Freud considera inimigos os discípulos que criam autonomia de pensamento. Assim, os sistemas inflados, dogmáticos, fechados e excludentes de outras verdades são reflexo dos homens que os criaram, fundadores de escolas, chefes de correntes, profetas de verdades inapeláveis. Todos eles foram críticos da religião dogmática, inquisitorial do passado, mas resvalaram para o mesmo comportamento: dogmatizaram a filosofia, alegando serem científicos, negaram a divindade absoluta, tornando suas ideias absolutas. (INCONTRI, 2004, p. 52)

O mundo está num período de transição, solicitado violentamente por hábitos obsoletos, crenças precárias do passado e verdades novas, que lhe são progressivamente desvendadas.

Mesmo que timidamente, o dogmatismo materialista vem sendo questionado e bombardeado por fundamentadas pesquisas, livros, estudos acadêmicos e a própria opinião pública. É possível que ainda neste século vejamos o espírito imortal ocupar, definitivamente, o seu lugar na ciência. Quando isto ocorrer, estará restabelecida a união fundamental entre a ciência, a filosofia e suas consequências morais.

IX - MESMER RESSURGE ENTRE OS ESPÍRITOS

Depois da publicação de suas memórias, em 1799, Mesmer ainda foi procurado por sábios – o doutor Karl Christian Wolfart, da Alemanha, e o doutor Johann Ferdinand Koreff, da França –, sendo requisitado para defender suas teses, agora aceitas por muitos médicos e em pleno desenvolvimento nesses países. Mas ele estava resoluto: "Abandono voluntariamente minha teoria à crítica, declarando que não tenho nem tempo nem vontade de responder." Recusando o convite, passou seus últimos dias dedicando-se à arte de curar os seus semelhantes, no exercício da terapia do magnetismo animal. Foi um grande gênio e um homem virtuoso. Lutador incansável quando o combate pediu coragem, enfrentou escárnio, perseguição, calúnias e o desprezo sem titubear, mantendo a cabeça erguida e abrindo mão das questões da individualidade pela propagação da verdade que antevia.

Mesmer soube parar no momento certo. Como ele mesmo disse, esperando que possam...

> [...] melhores gênios remontar a princípios mais sólidos, mais luminosos. Talentos mais amplos que os meus descobrir novos fatos e tomar, por suas concepções, e seus trabalhos, minhas descobertas ainda mais interessantes: em uma palavra, eu devo desejar que se faça melhor do que eu. (MESMER, 1799)

Conforme previra, passou os seus últimos dias a "consagrar o que me resta de existência à única prática de um meio que reconheço como eminentemente útil à conservação de meus semelhantes". Deixou este mundo a poucos quilômetros de onde nascera, mas as pesquisas prosseguiram em muitos lugares, com incontáveis estudiosos, pesquisadores e práticos, como Chastenet, Puységur, Deleuze, du Potet e Allan Kardec.

Entre os espíritos comandados pelo espírito de Verdade, no advento do espiritismo, estava o próprio Mesmer!

Por meio da mediunidade do senhor Alexandre Delanne, na Sociedade de Paris, em 14 de outubro de 1864, Mesmer conta o que encontrou depois da morte:

> [...] o mundo dos invisíveis é como o vosso. Em vez de ser material e grosseiro, é fluídico, etéreo, da natureza do perispírito, que é o verdadeiro corpo do espírito, tirado desses meios moleculares, como o vosso se forma de coisas mais palpáveis, tangíveis, materiais. [*E fez uma nova previsão:*] Quando compreenderdes as leis das relações entre os seres fluídicos e os que conheceis, a lei de Deus estará próxima de ser posta em execução. Porque cada encarnado compreenderá sua imortalidade e de então ele se tornará não só um ardente trabalhador da grande causa, mas ainda um digno servidor de suas obras. (*Revista Espírita*, 1865, p. 155)

Em outra comunicação, em 18 de dezembro de 1863, Mesmer destacou a importância da vontade para curar e descreveu todos os gêneros de magnetismo: o magnetismo animal, o espiritual, e outro, segundo ele, muito mais poderoso – a prece que uma alma pura e desinteressada dirige a Deus.

Outros médicos desencarnados participaram das obras da codificação do espiritismo, como Hahnemann e Demeure. Pelos estudos elaborados no plano espiritual, os espíritos confirmaram as bases filosóficas das terapias vitalistas, como o magnetismo animal e a homeopatia.

Montaigne, por meio de um médium em Paris, em 1865, afirmou que:

> [...] a humanidade não é má por natureza, mas é ignorante e, por isso mesmo, mais apta a se deixar governar por suas paixões. É progressiva e deve progredir para atingir seus destinos. Esclarecei-a, mostrai-lhe seus inimigos ocultos na sombra. Desenvolvei sua essência moral, nela inata, e apenas entorpecida sob a influência dos maus instintos e reanimareis a centelha da eterna verdade, da eterna presciência do infinito, do belo e do bom, que reside para sempre no coração do homem, mesmo o mais perverso. (*Revista Espírita*, 1868, p. 51)

São novos tempos e, se quisermos usufruir dos benefícios, façamos então por merecer, como recomendou Montaigne, concluindo: "Filhos de uma doutrina nova, reuni as vossas forças, que o sopro divino e o socorro dos bons espíritos vos sustentem, e fareis grandes coisas. Tereis a glória de haver posto as bases dos princípios imperecíveis, cujos frutos vossos descendentes recolherão.".

X - BIBLIOGRAFIA COMPLETA
DE FRANZ ANTON MESMER

Dissertatio physico-medica de planetarum influxu in corpus humanum, 1766. (*Da influência dos planetas sobre o corpo humano*) Tese de doutorado em medicina aprovada pela Universidade de Viena.

Schreiben über die Magnetkur, 1766. (*Cartas sobre a cura magnética*) Carta sobre a sua tese de doutorado, enviada como divulgação a alguns médicos.

Lettre sur la cure magnétique à un médecin résident à l'étranger, 1775. Publicada como: *Sendschreiben* über *die Magnetkur an einen auswärtigen Arzt*. Vienna. (*Carta de 5 de janeiro de 1775, a um médico estrangeiro*) Carta endereçada ao médico Johann Christoph Unzer, de Altona, esclarecendo o uso medicinal do magnetismo. Teve diversas reimpressões.

Drittes Schreiben an die Frankfurter, 1775. Publicada também como *Zweites schreiben an das publikum, apêndice do periódico Wien Diarium*, n. 6, 21 janeiro de 1775. Tradução em francês no Journal Encyclopédique, 1776; 4, 2: 324. (*Carta ao povo de Frankfurt*) Divulgação pública do conteúdo científico da *Carta de 5 de janeiro de 1775, a um médico estrangeiro*. Enviada a todas as academias de ciência da Europa, requisitando comentários.

Mémoire sur la découverte du magnétisme animal par F. A. Mesmer. Genebra e Paris, 1779. Uma segunda edição foi publicada em 1781. Tradução para o alemão, Karlsruhe, 1781. (*Memória sobre a descoberta do magnetismo animal*) Sua primeira obra descrevendo suas descobertas. Foi traduzida para o inglês somente em 1848, sendo a única obra de Mesmer disponível em inglês até 1980, quando George Bloch publicou uma tradução das obras de Mesmer, exceto *Précis historique*... e as cartas, em *Mesmerism – a translation of the Original Scientific and Medical Writings by F. A. Mesmer*.

Précis historique des faits relatifs au magnétisme animal jusqu'en avril 1781. Londres e Paris, 1781. Traduzido para o alemão, Karlsruhe, 1783. (*Resumo histórico dos fatos relativos ao magnetismo animal*) A mais importante descrição histórica da ciência do magnetismo animal.

Copie d'une lettre écrit par m. Mesmer, à m. Franklin. A messierur les auteurs du Journal de Paris, ce 20 Août 1784. Paris, 1784. (*Carta de Mesmer a Franklin*) Reprodução, no jornal, da carta endereçada a Benjamin Franklin desautorizando antecipadamente o doutor Deslon como intérprete de sua doutrina, diante da convocação da comissão de investigação instituída naquele ano e presidida pelo estadista norte-americano.

Discourse de m. Mesmer sur lê magnétisme. Genebra, 1782. (*Discursos de Mesmer sobre o magnetismo*) Artigo publicado em *Recueil des Effects Salutaires de l'Aimant dans le Maladies*. Mesmer descreve algumas características do magnetismo animal, do fluido universal e da eletricidade.

Sammlung der Neuesten Gedruckten und Geschriebenen Nachrichten von Magnet-curen Vorzüglich der Mesmerischen. Leipzig, 1798. (*Coleção da mais recente publicação e do noticiário sobre a cura magnética, mais especificamente, o Mesmerismo*) Um resumo das cartas de Mesmer publicadas em 1766 e 1775.

Aphorismes de m. Mesmer. Estrasburgo, 1785. Foram feitas várias edições, além de tradução para o alemão. (*Aforismos de Mesmer*) Apesar do título, esta não é uma obra de Mesmer. Os aforismos são anotações de alguns alunos (entre eles, Louis Caullet de Veaumorel) de um curso ministrado pelo descobridor do magnetismo animal. Sua publicação foi severamente desautorizada por Mesmer. O título original da obra era Aforismos de Mesmer ditados na assembleia dos seus discípulos, e nos quais se encontram seus princípios, sua teoria e os meios de magnetizar, ao todo formando um corpo de doutrina desenvolvido em 344 parágrafos, para facilitar a aplicação dos Comentários ao magnetismo animal.

Mémoires de F. A. Mesmer, docteur en médicine, sur ses découvertes. Paris, 1799. Segunda edição francesa, Paris, 1826. Tradução alemã, Jena, 1800. (*Memória de F. A. Mesmer, doutor em medicina, sobre suas descobertas*) Obra principal de Mesmer, contendo o modelo teórico da terapia do magnetismo animal, do sonambulismo provocado e da lucidez sonambúlica.

Über den Ursprung und die Wahre Natur der Pocken, Sowie Über die Möglichkeit der Gänzlichen Ausrottung Durch die Einzig Richtige Verfahrensart bei der Geburt. Halle e Berlim, 1812. (*Sobre a origem e a verdadeira natureza da varíola, e a maneira de exterminar o mal pelo único método correto desde o nascimento*) Pequeno folheto de divulgação.

Mesmerismus oder System der Wechselwirkungen, Theorie und Anwendung des Thierischen Magnetismus als die Allgemeine Heilkunde zur Erhaltung des

Menschen[39]. Berlim, 1814. (*Mesmerismo ou sistema das interações, teoria e aplicação do magnetismo animal como a medicina geral para a preservação da saúde do homem*) Segundo seu editor, doutor Karl Christian Wolfart, é uma organização de artigos, anotações e pensamentos de Mesmer sobre ciência, filosofia, educação etc., constituindo as suas reminiscências e sua derradeira obra.

---

39   Oferecemos uma análise e trechos fundamentais dessa última obra de Mesmer, *Mesmerismus*, em *Revolução Espírita – a teoria esquecida de Allan Kardec*, São Paulo: Editora Maat, 2016.

PARTE 2:
BREVE HISTÓRIA DA MEDICINA

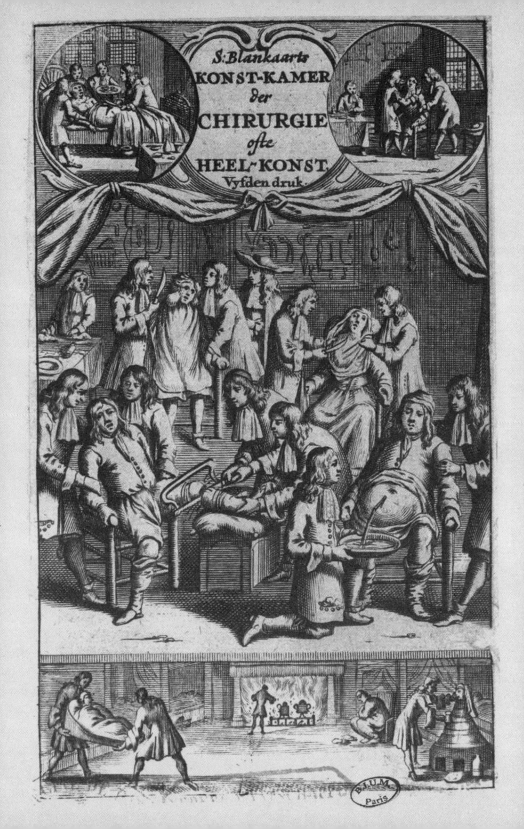

I - A MEDICINA OFICIAL DOS TEMPOS DE MESMER

George Washington morreu porque chamou o médico

Lafayette (1757-1832), o marquês que se tornou, ainda adolescente, general maior do exército da revolução norte-americana, foi emissário dos Estados Unidos na França. Quando voltou para a América, em 1784, levou uma carta de Mesmer para o presidente George Washington. O doutor Mesmer ficou muito impressionado com a resposta que recebeu, mencionando-a trinta anos depois, quando escreveu suas reminiscências.

O texto da carta de Washington para Mesmer dizia:

> O marquês de Lafayette fez a honra de me apresentar suas considerações, por meio de uma carta datada de 16 de junho de 1784. Ele, então, passou a explicar os poderes do 'magnetismo animal', cuja descoberta, se for possível provar ser tão grandemente benéfica como se afirma que será, realmente deve ser venturosa para a humanidade, e cobrirá de honra aquele gênio a quem se deve seu nascimento.[40]

Enquanto eram trocadas tais cartas, os médicos tradicionalistas franceses combatiam Mesmer e suas descobertas.

---

40 Esta carta, de 25 de novembro de 1784 encontra-se em: Hale, E. E. & Hale, E. E., Jr. (1888) *Franklin in France* (vol. 2). Boston. p. 309. O doutor Wolfart, editor de Mesmer, escreveu sobre a "notável conexão" entre os dois homens e declarou que "a condolência e respeito que o promotor da liberdade norte-americana mostrou para com o descobridor do magnetismo animal são evidentes nas cartas de Washington para Mesmer". (Wolfart, K. C. (1815) *Erläuterungen zum Mesmerismus*. Berlim. p. 16).

Apenas os pacientes de classes superiores ou com poder aquisitivo tinham acesso ao atendimento prestado pelos médicos graduados, representantes da medicina heroica. Entretanto, mal sabiam os ingênuos acamados que esse auxílio não trazia vantagem alguma. Era mais eficaz sarar deixando a natureza agir sozinha do que se submeter à irracional terapia dos médicos galênicos.

Em 1799, enquanto Mesmer publicava sua derradeira obra e foi viver na pequena aldeia Meesburg, George Washington estava morrendo nas mãos de seus médicos oficiais.

Na manhã de 13 de dezembro daquele ano, aos sessenta e sete anos de idade, George Washington saiu para fazer seu passeio diário em Mount Vernon. Era um cavaleiro obstinado e nem mesmo o mau tempo podia mantê-lo longe da sela. Ao voltar para casa, seu sobretudo estava ensopado e em seus cabelos brancos havia neve. Ele não tirou as roupas molhadas para jantar e horas depois já estava com sua garganta inflamada. Ao tentar ler algumas partes do jornal em voz alta, uma rouquidão o impediu.

Tobias Lear, seu secretário, sugeriu que tomasse um remédio. Washington discordou: "Não. Você sabe que jamais tomo algo para curar resfriado. Deixe que ele se vá do mesmo modo que veio.".

Na madrugada, entre duas e três horas, Washington acordou sua esposa, Martha, e queixou-se de que sua garganta estava muito dolorida. Ele estava se sentindo muito indisposto. Mal conseguia falar, tremia de frio e tinha dificuldade para respirar. Martha mandou chamar o doutor Wilhiam Craik, amigo e colega do presidente na guerra contra os franceses e os índios, além de companheiro de exploração de fronteiras.

Enquanto o médico não chegava, Washington pediu que Rawlins, o capataz que costumava cuidar de escravos doentes, fizesse uma sangria: arregaçou a manga da camisa e Rawlins fez um corte. Washington queixou-se de que a incisão não era suficientemente grande. "Mais", ordenou.

Quando o doutor Craik chegou, aplicou um vesicatório de cantárida[34] à garganta de Washington, de modo que atraísse sangue para uma vesícula, e lhe fez nova sangria. Deram chá de Artemísia e vinagre ao paciente, para gargarejar, e ele quase se sufocou. Craik pediu que chamassem outro médico e submeteu o presidente a outra sangria.

À tarde, entre 15 e 16 horas, dois outros médicos, Gustavus Brown e Elisha Cullen Dick, chegaram. Craik e Brown diagnosticaram o problema como amigdalite aguda – aquilo que os médicos de hoje chamam de *faringite estreptocócica aguda.* E concluíram que eram necessárias mais sangrias, vesicantes[41] e purgações com laxante.

Dick, mais jovem que os colegas, assumiu uma atitude mais flexível, pedindo que não fizessem nova sangria em Washington: "Ele precisa de todas as suas forças – outra sangria as esgotará." Porém, Craik e Brown obtiveram a permissão do doente para lhe fazerem a quarta sangria. Washington foi submetido a um breve hiato de recobro de forças, o bastante para que Craik lhe ministrasse calomelano[42] e outros purgantes.

Logo depois, o presidente pediu que a esposa ficasse ao seu lado na cama, para logo em seguida fazer um novo pedido: que ela trouxesse os dois testamentos dele e queimasse o antigo, o que Martha Washington tratou de fazer.

Nas primeiras horas do dia, George Washington estava convencido de que iria morrer. "Acho que estou partindo. Minha respiração não durará muito tempo", disse a Lear, a quem deu instruções para que cuidasse de todos os seus documentos militares e de suas contas. Em seguida, sorriu e disse com plena resignação que a morte "é a dívida que todos nós devemos pagar". A Craik disse, pouco depois: "Doutor, sou duro de morrer, mas não tenho medo de partir. Minha respiração não durará muito tempo." Ele não se queixava, embora certamente estivesse sentindo dores terríveis.

"Está tudo bem", disse, por fim, sussurrando. Estas foram suas últimas palavras. Cinco horas depois, com a amada Martha ao seu lado, George Washington morreu.

Washington era muito resistente. Robusto, com 1,90 metros de altura, era considerado um gigante para a época. Sua compleição férrea permitiu que sobrevivesse a uma série de doenças que teriam matado outros homens – disenteria, gripe, malária, caxumba, pleurisia, pneumonia, raquitismo, varíola, tuberculose e febre tifoide –, sem falar em todos os tiros que o atingiram. É irônico o fato de ele ter morrido vítima do tratamento do que, atualmente, é considerado apenas um simples incômodo: infecção da garganta.

---

41   Entre os remédios vesicantes, o mais utilizado era o vesicatório de cantárida, feito a partir de uma gaze embebida em óleo misturado com o pó de moscas espanholas de cantárida secas e trituradas. Extremamente cáustica, o contato com a pele provocava grandes bolhas. Os médicos imaginavam estarem eliminando um suposto excesso de líquido seroso do organismo, furando e drenando as bolhas regularmente.

42   Calomelano é uma substância química, o protocloreto de mercúrio, que tem propriedades purgativas.

É fácil identificar falhas na forma pela qual o primeiro presidente norte-americano foi tratado em suas últimas horas de vida. Mas os médicos de Washington fizeram o melhor que puderam com base no conhecimento absurdo e empírico em que foram educados.

As terapias empregadas no leito de morte de Washington demonstram o lado sombrio da medicina – o qual predominou durante a maior parte da história ocidental. As últimas horas de vida do presidente revelam a impotência dos médicos: as técnicas usadas naquela época ou não funcionavam ou eram terrivelmente prejudiciais. No que toca ao início do século 19, os médicos eram verdadeiros fatores de perigo. Segundo consta, nessa época, os reis e as rainhas da Europa viviam menos que os plebeus, apesar de terem melhores casas e alimentos, porque ficavam totalmente à mercê de um dos maiores riscos à saúde daquele tempo: a profissão médica.

Para compreendermos melhor a situação da saúde naquela época, apenas duzentos anos atrás, vejamos alguns fatos. Qualquer pessoa nascida nos Estados Unidos antes da segunda metade do século 19 tinha menos de cinquenta por cento de chances de sobreviver o tempo suficiente para gerar filhos. E era particularmente perigoso viver numa grande cidade. Com a Revolução Industrial, as grandes cidades do mundo ocidental atingiram um grau de mortalidade que quase se igualou ao da Roma antiga. No início do século 18, um quinto das crianças nascidas na cidade de Nova York morria antes de alcançar o primeiro ano de vida, geralmente por causa da diarreia infantil, e, mesmo quando conseguiam atingir a idade adulta, suas chances de morrer entre os vinte e trinta anos de idade eram de uma em quatro. Na campestre região da Virgínia, onde fica Mount Vernon, exatamente onde Washington viveu, eram frequentes os surtos de cólera, febre amarela e varíola.

As pessoas daquele tempo ficavam dominadas por uma sensação de dúvida, vulnerabilidade, medo constante e resignação — pela certeza de que "é assim que as coisas são e sempre foram". E as pessoas estavam certas em pensar assim, pois, até aquele momento, os cerca de três milhões de anos de existência do homem não haviam apresentado muita mudança no padrão de mortalidade (CAIRNS, 1997, p. 3). E as coisas não mudariam muito na medicina ocidental no século seguinte.

SANGRIAS, SANGUESSUGAS, QUEIMADURAS DE ÁCIDO E OUTROS REMÉDIOS

Fazia parte do cotidiano dos médicos:

> As nojentas sanguessugas ficavam expostas em vidros, na vitrine da barbearia do senhor Moura. Os médicos pediam-nas e o senhor Moura

> enviava. Eram colocadas nos doentes, na parte onde deveria ser tirado o sangue. Agarrava-se à pele, geralmente do braço, pernas, nádegas, ou costas. Chupavam o sangue e se intumesciam. Quando fartas do repasto hemofágico, soltavam-se. Se fosse necessário, punham-se outras no mesmo local, para tirar mais sangue. As sanguessugas já cheias eram depositadas em água e soltavam o sangue. E estavam prontinhas para novas aplicações. Uns médicos preferiam sanguessugas, outros, ventosas sarjadas. (ANDRADE, 1982, p. 233)

Aqueles que possam estar imaginando que esta citação data de tempos primitivos enganam-se. A referência é de Belo Horizonte, por volta de 1900. O senhor Moura foi um simpático barbeiro conhecido na capital mineira que criava as sanguessugas e as aplicava para sangria. Seus serviços eram oferecidos nos jornais. Além de se ocupar em cortar os cabelos de seus clientes, aplicava as sanguessugas que criava, ou as alugava para os médicos, atividade paralela dos barbeiros desde a Idade Média.

Segundo os registros históricos, a sangria era, como disse um seu adepto de 1830, "não apenas nosso remédio mais potente e importante, como o mais usado". Desde o surgimento das obras do médico grego Galeno, no século 2, a sangria tornou-se um método terapêutico comum pelos mais de 1.500 anos seguintes. Galeno utilizava a venissecção (sangria) para quase todas as enfermidades, principalmente as que provocavam febre e inflamações. (ROOT-BERNSTEIN, 1997, pp. 75-76).

As pessoas eram sangradas para os mais diversos problemas, como contusões, epilepsia, demência, surdez, gota, cefaleia, lumbago e até mesmo falta de fôlego ou dor de garganta. Galeno havia aconselhado a remoção de até 750 mililitros, mas nos séculos 18 e 19 o volume aumentou para até um litro – o equivalente a um quinto de todo o sangue normalmente presente no corpo humano. Os médicos acreditavam que esse derramamento da substância vital corrigia uma suposta superabundância de sangue no corpo, conhecida como *plethora*. Outros alegavam a existência de substâncias mórbidas (denominadas *materia peccans*) que precisavam ser retiradas do sangue para que o doente se recuperasse.

Em outras ocasiões, quando, por exemplo, o doente apresentava uma inflamação, ferida ou doença de pele num braço, o médico aplicava uma sangria no braço oposto, imaginando desviar e dissipar a concentração da *materia peccans* do membro enfermo.

Para retirar as substâncias mórbidas de outras partes do corpo, a equivocada teoria médica propunha o uso de substâncias que provocavam artificialmente o vômito (vomitivos), laxantes, sialagogos (remédio que provoca o salivar), sudoríficos e diuréticos, vesicatórios (meios que favorecem a supuração), cautérios (aplicações de ácidos sobre feridas, cauterizações por meio de mocha ou ferro ardente que queimavam até os ossos), banhos em que a água era misturada com substâncias as mais diversas em quantidades exorbitantes e muitos outros métodos que causavam dores e sofrimentos terríveis para os doentes. Muitas vezes os médicos misturavam diversas substâncias; algumas misturas levavam até sessenta diferentes acreditando que entre tantos ingredientes, alguns deles iriam promover a cura.

É intrigante como os nobres e ilustres senhores se deixavam submeter sem questionamentos a esses tratamentos debilitantes. Talvez a força do hábito impedisse a observação das evidências. Essa aceitação também era motivada por questões circunstanciais: o doente era tratado em sua própria casa, sem condições de higiene. Normalmente, o seu estado ia piorando dia após dia. O convívio com os familiares ia ficando insuportável na medida em que os berros, as secreções e os odores ficavam mais impressionantes. Finalmente, quando a presença urgente do médico era solicitada e ele aplicava a sangria, na maioria das vezes o doente perdia as forças, ficava inerte e sem reação, proporcionando alívio imediato aos presentes. Os gritos só iriam recomeçar muito tempo depois de o médico já ter se retirado, se o doente sobrevivesse.

Numa atitude radical, o médico francês François Broussais, no início do século 19, acreditava que a sangria era o único remédio necessário para curar toda e qualquer doença. Sem titubear, ele prescrevia: "noventa sanguessugas... e continue a dieta". Não havia discussão.

Segundo Samuel Hahnemann, o médico criador da homeopatia e contemporâneo de Mesmer, os médicos alopatas de sua época aplicavam esses métodos...

> [...] na suposição de poderem enfraquecer e suavizar materialmente a doença, aumentando, contudo, os sofrimentos do doente, retirando, assim, do organismo, como também de seus medicamentos, as forças e os humores vitais indispensáveis à cura. Ela agride o corpo com grandes e, muitas vezes, reiteradas doses de fortes medicamentos, cujos efeitos prolongados, não raro terríveis, ela desconhece e que ela, ao que parece, aplica-se em tornar desconhecidos, por meio da mistura de várias dessas substâncias desconhecidas em uma fórmula medicamentosa, provocando, assim, no corpo doente, por meio de seu emprego prolongado, novas doenças medicamentosas, em parte ainda mais impossíveis de ser erradicadas. (HAHNEMMAN, 1842, p. 19)

Hahnemman, médico lúcido em meio à cegueira geral, afirmava sobre as sangrias:

> Não levando em consideração que talvez jamais houvesse sequer uma gota de sangue a mais no corpo humano vivo, a velha escola, contudo, considera a suposta pletora de sangue como causa material e principal das hemorragias e inflamações que deve afastar e suprimir com aberturas na veia com ventosas ou sanguessugas. [...] Assim, o alopata, por meio de suas sangrias, não subtrai ao doente afetado por uma febre aguda qualquer excesso de sangue, já que o excesso não poderia existir, mas o priva da quantidade normal de sangue indispensável à vida e ao restabelecimento da saúde e, consequentemente, das forças – uma grande perda que o poder do médico não mais é capaz de reparar! (HAHNEMMAN, 1842, pp. 31-32)

As fórmulas ancestrais eram mantidas sem contestação e, o que é pior: "O médico da velha escola se vangloriava, em palavras e escritos, de ser um médico racional que pesquisa a causa da doença para curá-la sempre radicalmente; porém, vide: ele apenas cura um sintoma isolado e sempre com prejuízo para o doente". (HAHNEMMAN, 1842, p. 48) Mesmo os métodos de tratamento mais contraditórios e absurdos eram aceitos por uma fidelidade aos livros tradicionais e à autoridade de antigos e prestigiados médicos da velha escola. Segundo a lenda, diante do fracasso, eles afirmavam: "Este paciente morreu, mas morreu curado.".

Foram estes arrogantes doutores alopáticos que condenaram tanto Mesmer quanto Hahnemann, ladeados pelos boticários, ávidos pelos lucros dos medicamentos, e pelos professores universitários, orgulhosos de sua arte irracional. Para alcançar seus objetivos, eles manipularam habilmente a opinião pública. O senso comum impedia que se analisasse a verdade com clareza. O médico, cientista e filósofo polonês Ludwik Fleck (1896-1961) foi um dos primeiros epistemólogos a constatar a relatividade do pensamento científico e afirmou que "a atenção médica é usualmente dirigida somente para fenômenos que ele foi treinado para ver".[43] O conservadorismo dos cientistas, principalmente da medicina, de acordo com Fleck, existe por que:

---

43 KRAMSZTYK, Z. *Is Medicine an Art or a Science?* (1895). In: LÖWY, I (ed.). *The Polish School of Philosophy of Medicine: from Tytus Chalubinski (1820-1889) to Ludwik Fleck (1896-1961).* Dordrecht: Kluwer Academic Publishers, 1990, p. 180.

> O que é conhecido sempre parece sistemático, provado, aplicável e evidente para aquele que conhece. Da mesma forma, todo sistema alheio de conhecimento sempre parece contraditório, não provado, inaplicável, irreal ou místico. (FLECK, 1935, p. 77)

O SURGIMENTO DA ARTE DE CURAR ENTRE OS POVOS PRIMITIVOS

Todavia, um mergulho no passado dos povos revela uma medicina mais humana e eficaz em seu nascimento. No Egito, na Babilônia, na Índia, na China e entre povos ancestrais do Extremo Oriente, os médicos possuíam conceitos, práticas e meios relativamente complexos e eficazes na tarefa de prevenir e restabelecer a saúde.

Heródoto, o grego pai da história, contou, no relato de sua viagem ao Egito:

> Quanto à medicina egípcia, existe esta organização: cada médico cuida de certa doença e não de várias. O país todo está cheio de médicos, pois há médicos para os olhos, outros para a cabeça, outros para os dentes, outros para o corpo e outros também para as doenças obscuras...[44]

Futuramente, estas observações seriam comprovadas e enriquecidas pelos achados arqueológicos. Em 1873, Georg Ebers, um dedicado egiptólogo alemão, numa viagem a Luxor adquiriu um volumoso rolo de papiro. Em suas primeiras linhas o texto dizia: "Começa aqui o livro da produção dos remédios para todas as partes do corpo humano..." O pesquisador voltou para a Alemanha e publicou, em dois volumes, um fac-símile que deveria entrar para a história com o nome de *Papiro de Ebers*. Uma tradução feita por Henry Breasted, em 1930, revelaria que os textos remontavam aos primeiros tempos da história egípcia, em 1555 a.C.

No *Papiro de Ebers*, os egípcios descreveram sua surpreendente arte de curar. Eles praticavam cirurgias primitivas e conheciam anatomia humana. Sabiam como tratar fraturas com ataduras de linho, embebidas em resinas de látex glutinoso ou asfalto, que possui a mesma função do atual engessamento.

---

44   HERÓDOTO. *História*. Tradução portuguesa de Mário da Gama Kury, 2. ed., Brasília: Universidade de Brasília, 1988.

Infecções em feridas eram tratadas com medicamentos à base de folhas ou casca de salgueiro ou cauterização. Muitas outras soluções engenhosas curavam uma enorme gama de enfermidades, classificadas sistematicamente, no papiro, por descrição da enfermidade, diagnóstico, prognóstico e prescrições terapêuticas. Eles conheciam os efeitos de muitas substâncias retiradas de plantas, minerais e animais. Faziam uso de calmantes, do efeito anestésico da papoula e de muitos outros produtos vindos de locais distantes.

As receitas do *Papiro de Ebers* pediam ingredientes como cinamomo, canela, pimenta e açafrão. A canela e a pimenta só eram encontradas a milhares de quilômetros das margens do Nilo, na China, na Índia e no Ceilão. Hoje, sabe-se que a navegação propiciava o comércio entre esses povos.

> A casca do cinamomo, na China tinha o nome de Kuei e, segundo a experiência chinesa e indiana, era uma valiosa substância estimulante aromática, além de benéfica ao estômago e à digestão [...] Os nômades que habitavam as imensas terras entre o Nilo e o Indo, além de navegadores corajosos, formavam elos pelos quais as drogas da China e da Índia podiam chegar ao Nilo, como primeiros mensageiros da medicina asiática. (THOWALD, 1962, p. 69)

Drogas e incenso da Índia, betume para enfaixamento de fraturas. O comércio trazia também açafrão vindo de Creta, tintura de ópio e até o arbusto-de-Chipre, de cuja casca e de cujas folhas se fazia a hena para receitas e também para enfeitar as egípcias. Atualmente, as moças repetem esse hábito, tatuando-se nas praias.

A CIÊNCIA SECRETA DOS SACERDOTES

No Egito antigo, a ciência das terapias ancestrais era conhecida somente por um grupo seleto. Ela estava bem guardada nos templos.

Esse povo dominava duas grandes artes: levantar exuberantes construções arquitetônicas e manter em absoluto segredo seus conhecimentos. A medicina do Egito antigo era exercida por médicos-sacerdotes que ensinavam sua arte para discípulos criteriosamente selecionados. Escrita cifrada e outros artifícios conservavam as tradições ocultas.

Os escolhidos eram recebidos nos templos-escola onde trabalhavam na cultura de ervas e se dedicavam ao aprendizado por décadas. Os mais corajosos conseguiam superar terríveis provações físicas, como longos jejuns e testes de coragem, que, para muitos, terminavam em morte. Finalmente, os mais resistentes e determinados eram iniciados nos ensinamentos secretos. Os escolhidos por esse método estavam aptos a compreender, e se calar.

Os sacerdotes egípcios eram guardiães da saúde dos faraós e de suas cortes, além de cuidarem das medidas sanitárias e profiláticas para manter, de forma coletiva e impessoal, a capacidade produtiva dos milhares de escravos que serviam aos egípcios. O sigilo de suas técnicas estava diretamente relacionado com a manutenção do poder e da supremacia das dinastias egípcias sobre os outros povos, concentrando a força nas mãos dos sacerdotes e faraós. O conhecimento era a fonte do poder.

Revelam os pergaminhos e as inscrições gravadas nas paredes milenares dos templos egípcios que os sacerdotes faziam uso de profundos conhecimentos científicos de astronomia, magnetismo e espiritualismo. Nos sonhos e nos transes sonambúlicos e mediúnicos eles encontravam meios para diagnosticar doenças e determinar os remédios mais indicados para cada caso. Manipulando o princípio vital, os sacerdotes obtinham curas espantosas.

Os iniciados conheciam o Deus único, a existência do perispírito, a reencarnação e a ciência da mediunidade. Faziam uso dos efeitos físicos, da clarividência e de outros dons psíquicos. Allan Kardec dialogou com o espírito Mehmet-Ali, antigo paxá do Egito, em 16 de março de 1858. Na palestra, publicada na *Revista Espírita*, Kardec perguntou: "Os sacerdotes do antigo Egito conheciam a doutrina espírita?" "Era a deles", respondeu o paxá, que havia vivido como o príncipe Sésostris e, em outra vida, como sacerdote. Ele também afirmou que os sacerdotes recebiam manifestações mediúnicas, conheciam a alma e o Deus único, mas mantinham tudo isso oculto, construindo crenças falsas para dominar o povo. Segundo ele, os sacerdotes conheciam os mistérios, mas não ensinavam os preceitos da moral. A sua finalidade era dominar e não instruir. Contou que Moisés foi iniciado no Egito. Entretanto, ao invés de ocultar, Moisés queria revelar.

Os tratamentos eram encobertos por um véu de misticismo e superstição. Quando se dirigiam ao povo, os sacerdotes davam explicações sobrenaturais. Diziam que a causa das doenças era um castigo dos deuses. A ignorância e o temor do povo conferiam poder e prestígio aos sacerdotes, que, para isso, criaram a origem divina do faraó.

A manutenção dos privilégios da elite egípcia tinha como custo a enorme desigualdade social e a escravidão de milhares de pessoas. Elas eram amontoadas em apertados alojamentos e sofriam desgastes e privações. Despojados da avançada ciência médica que servia à corte, morriam prematuramente com tuberculose, diarreia, artrite e peste. Ironicamente, o povo, ignorante e abandonado pela medicina, voltava suas esperanças para os deuses e crenças populares, incentivados pelos próprios sacerdotes! O culto às imagens, superstições, oferendas e curandeirismos milagrosos eram o único alento das grandes massas.

A humanidade ainda não estava preparada para fazer uso do avanço científico estendendo seus benefícios para todos indistintamente. Entretanto, a arrogante supremacia egípcia seria implacavelmente destruída. Sobraram apenas alguns papiros e monumentos. A ciência do espírito e a verdadeira arte de curar ficariam escondidas sob o manto do sobrenatural e da superstição por milênios.

Porém, o destino do homem já estava traçado. Os segredos foram revelados progressivamente por Moisés, por Jesus e pelo espiritismo. Atualmente, vivemos os embates finais contra a ignorância. O senso moral e o sentimento de justiça são as únicas armas dos defensores da verdade. Os inimigos são o egoísmo e o orgulho, que construíram os benefícios das elites de todos os tempos. O renascimento das leis naturais, revelando as relações entre a saúde do homem e a harmonia universal, encontraria o seu apogeu nas ciências vitalistas e espiritualistas do magnetismo animal, da homeopatia e do espiritismo, que, oportunamente, tornar-se-ão aliados dos avanços científicos da medicina moderna, na futura construção da saúde integral. Na *Revista Espírita*, o espírito François de Sales elucidou:

> O espiritismo está chamado a esclarecer o mundo, mas lhe é necessário certo tempo para progredir. Ele existiu desde a criação, mas não foi conhecido senão por poucas pessoas, porque a massa, em geral, pouco se ocupa em meditar sobre as questões espíritas. Hoje, com a ajuda desta pura doutrina, far-se-á uma luz nova. Deus, que não quer deixar a criatura na ignorância, permite aos espíritos elevados virem em nossa ajuda para contrabalançar o espírito das trevas que tende a envolver o mundo; o orgulho humano obscurece o julgamento e faz cometer muitas faltas neste mundo; são necessários espíritos simples e dóceis para comunicar a luz e atenuar todos os nossos males. Coragem! Persisti nesta obra, que é agradável a Deus, porque ela é útil para sua maior glória e dela resultarão grandes bens para a salvação das almas. (*Revista Espírita*, 1860, p. 129)

A MEDICINA NA GRÉCIA ANTIGA

Por volta de três mil anos antes de Cristo, a medicina grega surgiu da magia primitiva. Acreditava-se que curar ou evitar doenças dependia da vontade dos deuses e semideuses. "Os homens julgam uma doença divina simplesmente porque não a compreendem. Mas, ora, se chamarem de divino tudo que não compreendem, haverá um não acabar de coisas divinas", declarou Hipócrates. A Esculápio, representado com seu cajado envolvido por uma serpente, era dedicado o templo mais procurado. Por volta de 700 a.C., mais de trezentos templos foram construídos para ele nos melhores lugares da paisagem grega, entre bosques e fontes naturais.

A religiosidade era onipresente na sociedade grega. Poucos rejeitavam a intervenção divina e o auxílio dos deuses. Todos recorriam à medicina dos templos, onde os sacerdotes praticavam ritos, exorcismos, oferendas e adivinhações, tudo fruto de tradições milenares. Muitos tratamentos eram indicados pelos sonhos dos pacientes, interpretados pelo sacerdote durante os rituais. Em outros templos, como o de Delfos, as pitonisas entravam em transe sonambúlico e indicavam tratamentos e previam curas.

A terapêutica consistia em banhos, jejuns e preparados de ervas. Mas, apesar de os gregos reconhecerem a importância do sangue, não conheciam suas verdadeiras funções. Assim, a prática da sangria também era empregada naquela época, cortando as veias ou aplicando ventosas. Os médicos-sacerdotes ordenavam aos pacientes crer e seguir à risca suas indicações. Era costume afirmar que, se o paciente morria, era porque não tinha seguido corretamente a orientação.

Com o culto a Esculápio, os gregos perceberam que as esperanças e a ansiedade do paciente eram fundamentais para sua recuperação. A cura dependia dessa predisposição. Todavia, enquanto os sacerdotes de Esculápio mantinham os rituais, pouco a pouco, como uma alternativa a esse grupo, começaram a surgir médicos leigos, com dedicação exclusiva à arte de curar. Eles atendiam em barracas próximas aos templos ou de modo itinerante.

Com o tempo, entre as barracas surgiram escolas para a preparação dos curadores. Estas escolas, ao atenderem os doentes, puderam estudar as diversas patologias. As mais famosas escolas foram as de Crotona, Cirene, Rodes, Cnido e Cós.

Entre os curadores, porém, havia muita contradição, ambição, charlatanismo e ignorância.

Isso não impediu que em Cós a medicina viesse a se tornar ciência pelos méritos de Hipócrates, que à sua experiência somou conhecimentos filosóficos, reunindo a sabedoria que até então estava esparsa.

II - MEDICINA CIENTÍFICA E FILOSOFIA

Hipócrates via o paciente como ser humano

O médico mais notável da Antiguidade foi Hipócrates, contemporâneo do maior dos filósofos, Sócrates. Eles viveram no período áureo da sabedoria grega. Hipócrates nasceu em 460 a.C., na ilha de Cós, onde ensinou e exerceu a arte de curar como chefe da escola local.

Para Hipócrates, o objetivo da medicina é eliminar ou aliviar a dor do paciente. Para alcançar isto, ele substituiu a magia ritualística por meios testados e comprovados pela prática. Considerava imprescindível uma observação atenta, além de argumentações, questionamentos e experimentações. Com ele estava inaugurada a medicina como ciência.

Hipócrates confiava na importância de retribuir com amparo moral a confiança do paciente no terapeuta. Orientava o médico a ter boa aparência e vida regrada, a ser honesto, gentil e compreensivo. Devia ter calma, serenidade e não se irritar. O seu dever era servir ao paciente e o seu lugar era ao lado dos enfermos, onde podia acompanhar o desenvolvimento da doença e as reações do organismo ao tratamento.

Do ponto de vista experimental, os aspectos mais importantes da medicina hipocrática eram a observação atenta dos sintomas, a abertura para ideias vindas de todos os lados e um desejo de explicar as causas das doenças. Seguindo este método, Hipócrates substituiu as causas mágicas e sobrenaturais da antiga medicina grega por explicações racionais e naturais, deduzidas pela observação, pela experimentação e pelo ensinamento proporcionado com os erros. Percebeu que os hábitos, climas, alimentação, estados emocionais e outros fatores podiam ser modificados para favorecer a preservação ou a recuperação da saúde. Sua doutrina considera uma força natural dinâmica (*vis medicatrix naturae*) que rege a harmonia do organismo. É por meio desta força que o corpo tende a curar-se por si mesmo, razão pela qual o médico deve observar o curso da enfermidade para ajudar a natureza – auxiliando, sustentando, secundando, dirigindo os seus esforços.

Suas ideias são, ainda hoje, citadas em inúmeros textos científicos, como referência de acuidade diagnóstica, de ética e raciocínio clínico. Contudo, numa análise mais detalhada, mostram que, sob os aspectos filosóficos, estratégicos e conceituais da medicina, ainda são desconsideradas ou mal interpretadas. "Hipócrates era um vitalista, ou seja, acreditava que a matéria viva compreendia a energia vital – que proporciona aos seres vivos características especiais." (BOTSARIS, 2001, p. 61)

Segundo Hipócrates, o corpo humano é parte de um todo. Era preciso observar todos os detalhes, como o sono, a alimentação, o ambiente físico, o clima, os hábitos de vida, as estações do ano – anotando todas as circunstâncias. Sua doutrina ensinava que a saúde advinha do estado de equilíbrio do microcosmo com o macrocosmo. Não era um determinado órgão que adoecia, mas o indivíduo como um todo entrava em desequilíbrio vital. A origem da doença poderia ser mental ou então espiritual, e apresentar, como efeito, os sintomas físicos. Surge a fisiologia, ciência do homem com saúde; patologia, ou ciência do homem doente; e finalmente a terapêutica, ou arte de tratar os enfermos.

Conta-se que, seguindo este conceito, Hipócrates alcançou uma famosa cura para um rei da Macedônia. Percebendo que a doença que definhava o rei tinha uma causa emocional, obteve a cura por meio de longos diálogos com o monarca, ajudando-o a afastar as preocupações que estavam atormentando seu espírito. Hipócrates, mesmo diante de sintomas físicos, percebeu que a causa da doença era moral e a cura dependia do soerguimento do espírito.

Os seguidores de Hipócrates, depois de sua morte, por não terem a mesma capacidade, seguiram seus ensinamentos mecanicamente. Sem um natural aperfeiçoamento de seus estudos e conclusões, a doutrina do mestre de Cós perdeu o caráter evolutivo e não se atualizou. E, o que é pior, as práticas médicas foram sendo desligadas de sua base filosófica socrática, abandonando seu sentido original. Esses equívocos foram posteriormente fossilizados nos dogmas da medicina.

SÓCRATES, PLATÃO E HIPÓCRATES

A medicina hipocrática e a filosofia socrática nasceram juntas. Houve uma influência mútua e fundamental entre eles. Disse W. Jaeger: "Não exageramos quando dizemos que a ciência ética de Sócrates, que ocupa o centro da disputa nos diálogos platônicos, não teria sido pensável sem o modelo da medicina, à qual Sócrates se remete tão frequentemente." (*Apud* ANTISERI, 1997, p. 127)

Para Platão, Hipócrates era o paradigma do grande médico, e foi pela mente brilhante desse homem sábio, hábil e talentoso que as ciências médicas foram fundadas. Por sua vez, os princípios filosóficos de Hipócrates secundavam a doutrina de Sócrates e Platão. O que estes pensavam sobre a saúde é fundamental para compreender a medicina hipocrática.

A profilaxia do corpo pela alma é uma evidente influência mútua entre a medicina de Hipócrates e a filosofia de Sócrates e Platão. Em *As leis*, Platão afirma que "quando uma alma e um corpo se associam para formar uma estrutura única, estamos certos em dizer, segundo a natureza, que se trata verdadeiramente de um ser vivo". O ser é uma entidade composta.

Corpo sem alma não pode ser um ser vivo. Só a união dos dois elementos caracteriza o fenômeno da vida humana. E então continua: "A alma, única coisa que poderia ser incorpórea ou absolutamente incolor. É o único ente naturalmente apto para fabricar e criar, enquanto o corpo se presta a ser fabricado, a ser transformado, a ser visto." (PLATÃO, 1999, p. 525)

Segundo Platão, a alma é ativa, imperceptível, imutável e imortal e o corpo, passivo, perceptível, sujeito à geração, à transformação e corruptível. São dois elementos distintos, com características particulares. Enquanto a alma rege e gera, o corpo se submete. Mais à frente (p. 528), completa o raciocínio, afirmando que "a alma é superior ao corpo. Enquanto aquela é inteligência, este é desprovido de inteligência; enquanto aquele comanda, este obedece: ela é a causa de tudo que existe". E então concluiu que a "alma é a causa universal" (p. 534). Fantástica percepção! A matéria, como princípio básico universal, sofre as transformações determinadas pela vontade da alma, surgindo as diferenciações, a diversidade.

Mas como Platão justifica esta superioridade da alma sobre o corpo? Ele esclareceu que "a alma é a mais anterior de todas as coisas que participam da geração, e que é imortal e comanda todos os corpos" (p. 509). Segundo estas palavras, a alma existe antes de sua união com o corpo e sobrevive depois de sua desagregação. A partir daí, Platão fundamentou a reencarnação e a sobrevivência da alma depois da morte do corpo material. Futuramente, a preexistência da alma seria abandonada e combatida pelos chefes da Igreja, porque iria contrariar a doutrina do pecado original, criada por eles.

Mas foi em sua obra *Timeu e Crítias* que Platão referiu-se diretamente à medicina, explicando "Por que meios a saúde dos corpos e dos espíritos pode ser curada e conservada". Ele afirma que, "em verdade, no que tange à saúde ou à doença, à virtude ou ao vício, não há medida regular ou falta de medida que sejam de maior consequência que as da alma em relação ao corpo." (PLATÃO, 2002, p. 177) É a partir da alma que deve agir o terapeuta para recobrar o equilíbrio da saúde ou conservá-la, ensina a doutrina de Sócrates e de Platão.

A MEDICINA HIPOCRÁTICA ERA VITALISTA

Como vimos, foi pela experimentação metódica e pela observação dos fenômenos naturais (*tékhne iatriké*) que Hipócrates desenvolveu conceitos fundamentais, como a existência de um princípio vital, representado por uma força inata presente no homem em auxílio de seu equilíbrio (*vis medicatrix naturae*); as relações entre o microcosmo orgânico e o macrocosmo da natureza, a *physis* promovendo alterações orgânicas preventivas, de forma autônoma; as fases cíclicas das doenças e seu momento crucial, representado pela crise (*crisis*). O magnetismo e a homeopatia, iluminados pelos avanços científicos, seriam o desenvolvimento moderno desses conceitos hipocráticos.

Poucos anos depois das descobertas de Mesmer, Samuel Hahnemann, fazendo considerações semelhantes às do criador do magnetismo animal, lançaria seu *Organon*, livro-base da medicina homeopática. Seus medicamentos, além da força vital, retomariam outro conceito fundamental de Hipócrates: o princípio da *similia similibus curantur*: os semelhantes são curados pelos semelhantes. Por esse método, o princípio terapêutico induzia no enfermo, por meio de uma ação dinâmica imaterial, reações análogas aos sintomas da enfermidade.

Precursor dessa descoberta, Hipócrates dizia:

> A doença é produzida pelos semelhantes e, por estes, o doente retorna à saúde. Deste modo, o que provoca a Estrangúria[45] que não existe, cura a que existe. A tosse, assim como a Estrangúria, é causada e curada pelo mesmo agente... (HIPÓCRATES, 1987, p. 87)

O princípio da similitude é também um princípio básico do mesmerismo: o magnetizador faz uso de um meio universal, agente transmissor de uma ação dinâmica do magnetismo animal do médico, auxiliando o organismo do paciente a recuperar seu estado de equilíbrio.

Segundo Allan Kardec:

> Sócrates, como o Cristo, teve a morte dos criminosos, vítima do fanatismo, por haver atacado as crenças que encontrara e colocado a virtude real acima da hipocrisia e do simulacro das formas. Por haver, numa palavra, combatido os preconceitos religiosos. (KARDEC, 1864, p. 43)

---

45   Estrangúria: eliminação lenta e dolorosa de urina.

Que ideias foram estas que atraíram tanto ódio e rancor de seus adversários? Entre elas, disse Sócrates, segundo Platão: "Se os médicos são malsucedidos, tratando da maior parte das moléstias, é que tratam do corpo, sem tratarem da alma. Ora, não se achando o todo em bom estado, impossível é que uma parte dele passe bem.".

Desta forma, podemos afirmar que a ciência do magnetismo animal, a homeopatia e também o espiritismo tiveram seus conceitos espalhados por todos os povos, em todas as épocas da humanidade. Isto porque, quando surgem ideias fundamentadas na Verdade, elas são sempre antecipadas por precursores que lhes assentam o caminho e preparam o campo para sua chegada.

Mesmer, Hahnemann e Kardec coordenaram e completaram diversos princípios que estavam espalhados, reunindo-os em ciências irmãs. Segundo Kardec:

> Se reunissem as ideias que se acham disseminadas na maioria dos filósofos antigos e modernos, nos escritores sacros e profanos, os fatos inumeráveis e infinitamente variados, produzidos em todas as épocas, e que atestam as relações do mundo visível e do mundo invisível, chegar-se-ia a construir o espiritismo tal qual é hoje. (*Revista Espírita*, 1866, p. 385)

Surge aqui um importante paralelo. De um lado está a união das ideias filosóficas de Sócrates e Platão sobre a saúde da alma, conjugadas com os princípios de Hipócrates sobre a arte de curar espiritualista e vitalista. E, de outro lado, centenas de anos depois, o surgimento da filosofia espírita, absolutamente compatível com as ciências do magnetismo animal e da homeopatia.

As doutrinas fundamentais de Hipócrates, Sócrates e Platão foram precursoras das ciências complementares de Mesmer, Hahnemann e Kardec. Fica evidente que um estudo comparado das obras originais de todas estas ciências é fundamental para desvendar as relações e desdobramentos de suas teorias.

III - CRISTIANISMO E CURA

O magnetismo é uma das maiores provas do poder da fé posta em ação. É pela fé que ele cura e produz esses fenômenos singulares, qualificados outrora de milagres.

(Um espírito protetor em O evangelho segundo o espiritismo)

AS CURAS DE JESUS

A maior revolução do conhecimento humano ocorreu durante três anos, durante os quais Jesus vivenciou e apresentou ao mundo a sua doutrina. Ele a sintetizou na fórmula: "Sou o caminho, a verdade e a vida. Ninguém vai ao pai senão por mim." Estes princípios podem ser representados pela trindade ciência, filosofia e religião. Isto quando percebemos que a compreensão da *verdade* é a motivação da ciência, o *caminho* da sabedoria é a definição da filosofia e, por fim, a essência da *vida* é a religião natural.

Portanto, a humanidade recebia de seu irmão maior uma doutrina que unificava toda a filosofia, a ciência e a religião até então espalhadas por toda a humanidade.

> A Verdade mais pura e mais substancial ao espírito é a Verdade que pode ser imediatamente sentida pelo coração, imediatamente compreendida pela inteligência e imediatamente aplicada na vida prática. Justamente por isso é que, apesar das centelhas de Verdade, difundidas várias vezes na História, o seu foco mais poderoso e iluminado foi o acendido por Jesus. Se outros profetas e legisladores do bem tiveram missões parciais, em relação a agrupamentos e povos

específicos, reveladores de partes da Verdade, Jesus é o ponto de unificação de toda a humanidade, pois ele exemplificou a fraternidade universal e é ele que ainda zela pela totalidade da evolução planetária! Meditai sempre nisso e ligai vosso pensamento ao mestre dos mestres, pois apenas integrados em suas falanges é que estaremos, de fato, contribuindo lucidamente para o progresso da humanidade! (LÉON DENIS *apud* INCONTRI, 1997, pp. 48-49)

Jesus esclareceu e desenvolveu as leis naturais, com o auxílio da razão.

Quanto às leis de Moisés, propriamente ditas, [Jesus], ao contrário, modificou-as profundamente, quer na substância, quer na forma. Combatendo constantemente o abuso das práticas exteriores e as falsas interpretações, por mais radical reforma não podia fazê-las passar do que as reduzindo a esta única prescrição: Amar a Deus acima de todas as coisas e o próximo como a si mesmo, e acrescentando: aí estão a lei toda e os profetas. (KARDEC, 1864, p. 55)

A cura dos doentes, tanto do corpo quanto da alma, foi uma das mais surpreendentes consequências práticas da sua doutrina.

Jesus ia por toda a Galiléia, ensinando nas sinagogas, pregando o Evangelho do reino e curando todos os langores e todas as enfermidades no meio do povo. – Tendo-se a sua reputação espalhada por toda a Síria; traziam-lhe os que estavam doentes e afligidos por dores e males diversos, os possessos, os lunáticos, os paralíticos e ele a todos curava. – Acompanhava-o grande multidão de povo da Galiléia, de Decápolis, de Jerusalém, da Judéia e de além Jordão. (Mateus, 4, 23-25)

Não há, porém, nada de místico, sobrenatural ou mágico na prática terapêutica de Jesus e de seus discípulos. As causas das doenças não estavam em substâncias do mal ou influências demoníacas. Suas curas não dependiam de magias ou rituais.

Jesus não fazia milagres. A origem de sua habilidade terapêutica estava numa profunda compreensão das leis naturais.

Até ao presente, a fé não foi compreendida senão pelo lado religioso, porque o Cristo a exaltou como poderosa alavanca e porque o têm considerado apenas como chefe de uma religião. Entretanto, o Cristo, que operou milagres materiais, mostrou, por esses milagres mesmos, o que pode o homem, quando tem fé, isto é, a vontade de querer e a certeza de que essa vontade pode obter satisfação. Também os apóstolos não operaram milagres, seguindo-lhe o exemplo? Ora, que eram estes milagres, senão efeitos naturais, cujas causas os homens de então desconheciam, mas que, hoje, em grande parte se explicam e que pelo estudo do espiritismo e do magnetismo se tornarão completamente compreensíveis? (KARDEC, 1865, p. 306)

Com as curas, Jesus não pretendia provocar curiosidade nem mesmo demonstrar prodígios, mas, explica Kardec:

[...] queria ele provar que o verdadeiro poder é o daquele que faz o bem; que o seu objetivo era ser útil e não satisfazer à curiosidade dos indiferentes, por meio de coisas extraordinárias. Aliviando os sofrimentos, prendia a si as criaturas pelo coração e fazia prosélitos mais numerosos e sinceros do que se apenas os maravilhasse com espetáculos para os olhos. Daquele modo, fazia-se amado, ao passo que, se ficasse limitado a produzir surpreendentes fatos materiais, conforme os fariseus reclamavam, a maioria das pessoas não teria visto nele senão um feiticeiro ou um mágico hábil, que os desocupados iriam apreciar para se distraírem.

Entretanto, os tempos não tinham ainda chegado. A evolução das ideias precisa de tempo para produzir seus frutos. Os homens não compreenderam os ensinamentos de Jesus imediatamente. A verdadeira doutrina Cristã precisaria ser elaborada por quase dois milênios para eclodir em toda sua grandeza. Foi este o caminho escolhido por Mesmer, Puységur, Hahnemann e também pelo espiritismo, esclarecendo a ação dos médiuns curadores.

Antes disso, por centenas de anos os dogmas da Igreja impuseram a ilusão de uma causa sobrenatural e misteriosa para os fenômenos. A religião oficial do Ocidente mantinha os mecanismos de dominação, pelo medo e ignorância, criada pelos sacerdotes das grandes civilizações do passado. Com esta atitude pautada pelo egoísmo e pela sede de poder, mantiveram-se os equívocos do mais primitivo paganismo supersticioso e mágico.

Enquanto o homem negligencia cultivar o seu espírito e fica absorvido pela busca ou a posse dos bens materiais, sua alma está de certo modo estacionária e lhe é preciso um grande número de encarnações antes que possa, obedecendo insensivelmente, e como por força, à lei inevitável do progresso, chegar a esse começo de vitalidade intelectual, que a torna a diretora do seu ser material, a que está unida. É por isso que, mal grado os ensinamentos dados pelo Cristo para fazer a humanidade adiantar-se, ela está ainda atrasada, pois o egoísmo não se quis apagar diante desta lei de caridade, que deve mudar a face do mundo e dele fazer uma morada de paz e de felicidade. (Espírito Luís de França *in Revista Espírita*, 1867, p. 59)

E assim, depois de um curto período bem-sucedido, o poder de curar do cristianismo primitivo ficou abandonado e esquecido. E o destino do sofrimento humano ficou dependente de supostos caprichos divinos, restritos à intermediação dos representantes da Igreja. Teve início um longo e obscuro período de trevas.

IV - O GALENISMO E A TEORIA DOS HUMORES

O PRINCÍPIO DAS COISAS

Desde os povos primitivos, o homem deseja conhecer a gênese de todas as coisas. Mas foram os gregos que souberam repensar e recriar o conhecimento, transformando-o em teorias. Anteriormente, o conhecimento era tradicional e prático.

Quanto à origem de todas as coisas (*arché*), no período pré–socrático os filósofos definiam a criação de tudo a partir de um só elemento. Mas os gregos não tinham uma dogmática fixa e imutável. Os filósofos naturalistas divergiam sobre qual seria essa fonte primordial. Alguns achavam que era a água; outros, o fogo, a terra ou o ar.

Pitágoras acreditava na união dos quatro elementos para originar todo o universo e, séculos depois, Ptolomeu adotou esta mesma hipótese. Kardec descreveu, em *A gênese*, a adoção dos quatro elementos:

> Cerca do ano 140 da era cristã, Ptolomeu, um dos homens mais ilustres da Escola de Alexandria, combinando suas próprias ideias com as crenças vulgares e com algumas das mais recentes descobertas astronômicas, compôs um sistema que se pode qualificar de misto, que traz o seu nome e que, por perto de quinze séculos, foi o único que o mundo civilizado adotou. Segundo o sistema de Ptolomeu, a Terra é uma esfera posta no centro do universo e composta de quatro elementos: terra, água, ar e fogo. (KARDEC, 1868, p. 99)

Voltando aos gregos, observamos que foi Empédocles de Agrigento o primeiro dos pluralistas, quem definiu nascer e morrer como sendo agregar-se e desagregar-se dos princípios (*arché*) originários, ar, água, terra e fogo. Eles, porém, seriam movidos por outros dois elementos, as forças cósmicas antagônicas do amor (*philía*) e ódio (*neikos*). Claro que as palavras *amor* e ódio não estão fazendo aqui referência aos sentimentos humanos, mas representando forças naturais de união e dispersão. O amor é responsável por toda aproximação ou comunhão, enquanto o ódio gera diferença e dissipação entre as quatro raízes. Tais forças promovem, assim, um movimento constante na realidade observável. Podemos dizer que são seis, e não quatro, os elementos de Empédocles.

Segundo o filósofo e médico, no princípio, haveria a completa unidade dos quatro elementos, presidida por uma *harmonia*. A tal unidade primordial, Empédocles denomina *esfero* (em grego, *sphairos*), por ela possuir as características de uma esfera: um ser simples, indivisível, sem princípio ou fim, de todos os lados igual a si mesmo. Contudo, por ação de ódio, este teria se dividido, configurando a origem à quádrupla partição da unidade primordial.

Tempos depois, desenvolvendo o tema da criação (*arché*), Platão afirmaria, em *Timeu e Crítias*, que os termos *terra*, *água*, *ar* e *fogo* indicam diferenças de qualidades e não da substância:

> [...] o que percebemos como se transformando incessantemente, ora nisso, ora naquilo, o fogo, por exemplo, nunca devemos chamá-lo *isto*, coisa determinada, mas dizer: *o que apresenta tal qualidade*. Pois essas coisas são fugazes e não podem ser definidas como realidades permanentes. (PLATÃO, 2002, p. 193)

Entretanto, durante centenas de anos a filosofia de Empédocles foi interpretada diferentemente de seu sentido original, a partir de alguns poucos fragmentos dos seus textos. Apesar das poucas fontes, sua influência foi muito grande em toda a história da filosofia. Muitos fizeram uso de sua doutrina para elaborar teses materialistas inexistentes no pensamento original. Os filósofos gregos partiam de uma realidade que abrangia Deus, a alma e todas as coisas. O monismo materialista considera a realidade como sendo feita só da matéria, e é uma ideia moderna, que nasceu de uma resposta radical ao dogmatismo religioso. Não encontra, porém, eco nas filosofias naturalistas e pluralistas. Quanto a esse impasse, esclareceu Kardec:

> A história do homem, considerado como ser espiritual se prende a uma ordem especial de ideias, que não são do domínio da ciência propriamente dita e das quais, por este motivo, não tem ela feito objeto de suas investigações. A filosofia, a cujas atribuições pertence, de modo mais particular, esse gênero de estudos, apenas

há formulado, sobre o ponto em questão, sistemas contraditórios, que vão desde a mais pura espiritualidade, até a negação do principio espiritual e mesmo de Deus, sem outras bases, afora as ideias pessoais de seus autores. Tem, pois, deixado sem decisão o assunto, por falta de verificação suficiente. (KARDEC, 1868, p. 90)

A extensão dos conceitos de Empédocles sobre a gênese invadiu os séculos futuros. Mesmer, na doutrina do magnetismo animal, fez uso do conceito de forças antagônicas, agindo alternadamente na manutenção de todas as coisas:

Parti dos princípios conhecidos da atração universal, constatada pelas observações que nos ensinam que os planetas se afetam mutuamente nas suas órbitas, e que a lua e o sol causam e dirigem sobre o nosso globo o fluxo e o refluxo no mar, assim como na atmosfera. Parti, disse eu, do fato de essas esferas exercerem também uma ação direta sobre todas as partes constitutivas dos corpos animados, particularmente sobre o sistema nervoso, por meio de um fluido que a tudo penetra. Eu determinei essa ação pela intenção e a remissão das propriedades da matéria e dos corpos organizados, tais como a gravidade, a coesão, a elasticidade, a irritabilidade, a eletricidade. (MESMER, 1799)

Ou seja, intenção e remissão de Mesmer são equivalentes aos conceitos de amor (*philía*) e ódio (*neikos*) de Empédocles.

Entretanto, a chave para compreender as distantes filosofias pré-socráticas surgiria no século 18, por meio da filosofia espírita, iniciada em 1857 com a publicação de *O livro dos espíritos*. Para evidenciarmos essa questão, vamos recorrer a um fragmento de Empédocles:

Escuta as minhas palavras! Pois o estudo te fortalece o entendimento. Como já disse antes, ao expor o objetivo de minha doutrina, duas coisas quero anunciar. Às vezes, do múltiplo cresce o uno para um único ser; outras, ao contrário, divide-se o uno na multiplicidade. Contempla-os com teu espírito, e não permaneças sentado, com olhos pasmos. (*Os filósofos pré-socráticos*. São Paulo: Cultrix, 2001)

Se interpretarmos os quatro elementos (terra, água, ar e fogo) como sendo os quatro estados (respectivamente, sólido, líquido, gasoso e energia), geridos pela lei da unidade e variedade, teremos um paralelo perfeito com a filosofia espírita:

A natureza jamais se encontra em oposição a si mesma: Uma só é a divisa do universo: unidade e variedade. Remontando à escala dos mundos, encontra-se a unidade de harmonia e de criação, ao mesmo tempo em que uma variedade infinita no imenso jardim de estrelas. Percorrendo os degraus da vida, desde o último dos seres até Deus, patenteia-se a grande lei de continuidade. Considerando as forças em si mesmas, pode-se formar com elas uma série, cuja resultante, confundindo-se com a geratriz, é a lei universal. (KARDEC, 1868, p. 112)

Empédocles explicou a ação do amor e do ódio (união e dispersão) assim:

Considera o sol, que tudo ilumina e aquece, e todos os astros, banhados no calor e na brilhante claridade, considera a chuva, a terra. Tudo isto é separado e toma forma diversa pela discórdia; mas unem-se pelo amor. Pois dos elementos provieram todas as coisas, o que era e o que será, árvores e homens, mulheres, animais, pássaros e peixes. São sempre os mesmo elementos, mas circulando uns através dos outros, tornam-se coisas diversas, tão grandes modificações traz a sua mistura. (*Ibidem*)

Este mesmo conceito foi assim desenvolvido em *A gênese*, por Allan Kardec:

Todas essas forças são eternas e universais, tal como é a criação; sendo inerentes ao fluido cósmico, elas agem necessariamente em tudo e em toda parte, modificando sua ação pela sua simultaneidade ou sucessão; predominando aqui, atenuando-se ali; possantes e ativas em certos pontos, latentes ou secretas em outros; mas, finalmente, preparando, dirigindo, conservando e destruindo os mundos em seus diversos períodos de vida, governando os trabalhos maravilhosos da natureza em qualquer lugar que eles atuem, assegurando para sempre o eterno esplendor da criação. (KARDEC, 1868, p. 111)

A filosofia espírita e também Mesmer na ciência do magnetismo animal retomam os conceitos filosóficos sobre as causas primárias e as origens das coisas, afastando, porém, os sistemas pessoais. Desse modo, o saber filosófico ganha um inédito caráter positivo ou racional.

O homem ocidental, por centenas de anos, foi impedido de elaborar uma compreensão racional do universo. Isto por que a violência do fanatismo religioso atacou o livre pensamento, condição primordial da filosofia. Primeiramente, isto ocorreu com as imposições dogmáticas da Igreja. Principalmente com os horrores da Inquisição.

Depois de um pequeno período de abertura, durante o Iluminismo, teve início uma "idade média" da razão. Agindo em oposição radical ao dogmatismo religioso, desde a segunda metade do século 19, os ramos do saber foram limitados pelo dogma materialista reducionista da ciência.

Neste terceiro milênio, os véus que cobrem uma compreensão do universo em toda sua grandeza pedem nova postura epistemológica para serem levantados. Isto porque o pensamento materialista dogmático impõe o limite dos cinco sentidos para a observação dos fenômenos naturais. E, no entanto, segundo o magnetismo animal e o espiritismo, a maior parte do universo ilimitado só está acessível ao homem por meio do sexto sentido, ou sentido espiritual.

De acordo com a doutrina espírita, agentes invisíveis povoam o universo como uma das forças da natureza, conforme esclareceu Allan Kardec em *A gênese*:

> Esclarecendo-nos acerca dessa força, o espiritismo faculta a elucidação de uma imensidade de coisas inexplicadas e inexplicáveis por qualquer outro meio e que, por isso, passaram por prodígios nos tempos idos. Do mesmo modo que o magnetismo, ele revela uma lei, senão desconhecida, pelo menos mal compreendida; ou, melhor dizendo, conheciam-se os efeitos, porque eles em todos os tempos se produziram, porém não se conhecia a lei e foi o desconhecimento desta que gerou a superstição. Conhecida essa lei, desaparece o maravilhoso e os fenômenos entram na ordem das coisas naturais. (KARDEC, 1868, p. 266)

Segundo as duas ciências, magnetismo animal e espiritismo, a individualidade é um dos elementos integrantes da natureza e não um produto virtual do funcionamento do cérebro, como prega o materialismo. Tanto a mediunidade quanto a lucidez sonambúlica são microscópios e lunetas positivando a observação direta dos universos espirituais.

A matéria, portanto, como estado dinâmico do fluido cósmico universal, está dividida em dois estados básicos: fluidez e tangibilidade.

> Cada um desses dois estados dá lugar, naturalmente, a fenômenos especiais: ao segundo pertencem os do mundo visível e ao primeiro os

do mundo invisível. Uns, os chamados fenômenos materiais, são da alçada da ciência propriamente dita, os outros, qualificados de fenômenos espirituais ou psíquicos, porque se ligam de modo especial à existência dos espíritos, cabem nas atribuições do espiritismo. Como, porém, a vida espiritual e a vida corporal se acham incessantemente em contato, os fenômenos das duas categorias muitas vezes se produzem simultaneamente. No estado de encarnação, o homem somente pode perceber os fenômenos psíquicos que se prendem à vida corpórea; os do domínio espiritual escapam aos sentidos materiais e só podem ser percebidos no estado de espírito. (KARDEC, 1868, p. 274)

Um estudo da filosofia em seus textos originais revela como são antigos os princípios da doutrina espírita e também do magnetismo animal que a precedeu. No entanto, não basta constatar a anterioridade destas ciências, mas promover sua inserção na tradição filosófica:

A união do espiritismo com as ciências filosóficas, com efeito, nos parece de alta necessidade para a felicidade humana e para o progresso moral, intelectual e religioso da sociedade moderna; porque não estamos mais no tempo onde se podia afastar a ciência humana e lhe preferir a fé cega. (HERRENSCHNEIDER *in Revista Espírita*, 1863, p. 261 e ss.)

Esse movimento é necessário para que uma nova doutrina possa erguer-se:

Então, quando o espiritismo quer estender seu domínio sobre todas as classes sociais, sobre os homens superiores e inteligentes, como sobre as almas delicadas e crentes, é preciso que, sem reservas, se lance na corrente do pensamento humano, e que, por sua superioridade filosófica, saiba impor à soberba razão o respeito de sua autoridade [...] a ciência deve compreender que sua filosofia primeira estava incompleta e que princípios primordiais lhe haviam escapado. (*Ibidem*)

Por sua vez, a doutrina de Mesmer é uma união fundamental da medicina com a filosofia espiritualista e as ciências; repetindo – no Iluminismo, o que Hipócrates pretendia fazer com a antiga medicina grega.

Mas como um maior aprofundamento está fora do nosso objetivo, basta lembrar que Empédocles definia a alma humana como sendo uma entidade destinada a reencarnar-se diversas vezes, até sua purificação definitiva. Anaxágoras ainda dizia que a composição da realidade que se transforma (agrega-se e desagrega-se) é produzida por uma inteligência cósmica "ilimitada, independente e não misturada", ou seja, divergente das substâncias. Hipócrates e Anaxágoras afirmavam que "em todas as coisas estão presentes os traços de todas as qualidades", ou seja, tudo está presente em tudo. Xenófanes explicava: "Um só Deus, sumo entre os deuses e os homens, nem por figura nem por pensamento semelhante ao homem. Ele tudo vê, tudo pensa, tudo ouve. Sem fadiga, com a força da mente faz tudo vibrar." Mas foram Sócrates e Platão que pressentiram a ideia cristã e em seus escritos também se nos deparam os princípios fundamentais das ciências irmãs, magnetismo e espiritismo. E estes são alguns de seus princípios: o homem é a alma, a virtude do homem se manifesta com a "cura da alma", fazendo com que ela se realize da melhor forma possível. Como o corpo é instrumento da alma, os valores ligados ao corpo são a ela subordinados. A liberdade é interior, e podemos defini-la como autodomínio. Como a alma é racional, ela alcança a sua liberdade quando se livra do que é irracional. A violência jamais vence, o vencer verdadeiro é o convencer. Deus, que a tudo provê, é a causa primária da alma e da matéria.

Sem a filosofia, a ciência se imobiliza. Por isso a recomendação do espírito são Luís, no final do século 19:

> Mas nada, nada deve progredir mais momentaneamente do que a filosofia; ela deve dar um passo imenso, deixando estacionar a ciência e as artes, mas para elevá-las tão alto, quando for tempo, que essa elevação será muito súbita para vós hoje. (*Revista Espírita,* 1867, p. 84)

PARA SER MÉDICO ERA PRECISO DECORAR OS LIVROS DE GALENO

> Os antigos tinham pouco conhecimento do mecanismo de funcionamento do corpo animal, e sabiam menos ainda como esse mecanismo está relacionado com a organização da natureza como um todo. Então eles relacionaram cada gênero desses esforços como sendo espécies de doenças. Desde o nascimento da medicina houve oposição ao verdadeiro e único meio empregado pela natureza para destruir as causas que perturbam a harmonia.
>
> MESMER

Galeno foi o médico que mais influenciou a medicina ocidental. Apesar de ter morrido no ano 216, as praticas terapêuticas sistematizadas em suas obras iriam persistir até o século 19. Durante a Idade Média, sua doutrina era mais importante que a de Hipócrates. Foi uma interpretação dogmática de sua doutrina que deu origem à medicina alopática.

Cláudio Galeno, homem soberbo e vaidoso, nasceu em Pérgamo, Ásia Menor, em 129 d.C. Seu pai, Nicon, era um rico arquiteto e se dedicou a dar uma excepcional educação a seu filho. Galeno estudou gramática, retórica, lógica e filosofia antes de investir na carreira médica. Aprendeu anatomia, cirurgia, drogas e medicina hipocrática por muitos anos – pelo menos quatro em Alexandria. É claro que todas estas matérias eram ensinadas por meio de conceitos primitivos, incompletos e muitas vezes equivocados.

Em 157, Galeno retornou a Pérgamo, onde exerceu a então ambicionada função de médico dos gladiadores. Além de lhe trazer prestígio, sua avidez pelo saber permitiu que ele adquirisse conhecimentos de anatomia humana e experiência no tratamento cirúrgico de fraturas e ferimentos graves. Mas a ausência de anestesia e o desconhecimento da assepsia muito limitavam o sucesso dessas primitivas operações.

E então houve uma reviravolta na vida de Galeno, que foi chamado a Roma pelo imperador Marco Aurélio, que o designou seu médico pessoal na campanha contra os germânicos. Logo Cláudio Galeno se tornou o médico preferido da corte imperial. Entre seus clientes estavam diversos senadores e ele também seria o médico particular do imperador Lúcio Vero.

Sem problemas econômicos e com tempo disponível, Galeno pôde fazer suas pesquisas e escrever centenas de livros. Metódico e produtivo, ditava o texto para os escribas que o secretariavam. Seus escritos eram divulgados em conferências públicas sobre anatomia, fisiologia e quase todos os assuntos médicos.

As práticas médicas da época de Galeno haviam se dissociado dos princípios que as geraram e os médicos agiam repetindo procedimentos tradicionais. Ele empreendeu uma restauração da dignidade do médico, considerando o exemplo de Hipócrates, enquanto os médicos de seu tempo já o haviam esquecido.

A medicina de sua época era muito primitiva. Galeno acusou os médicos de serem ignorantes e corruptos e de se dividirem em seitas. Segundo Galeno eles eram ignorantes por que não conheciam o corpo humano, não sabiam distinguir as doenças e, desconhecendo as noções de lógica, não sabiam fazer diagnósticos. "Ignorando-se estas coisas, a arte médica torna-se pura *prática empírica*." Galeno acusava-os também de serem corruptos, porque eram insaciáveis por dinheiro, e preguiçosos, abandonando a virtude aconselhada por Hipócrates e Sócrates.

Muitos desses problemas seriam sanados se a medicina retomasse sua união com a filosofia, e Galeno se empenhou em retomá-la. (ANTISERI, 1997, p. 379)

A divisão de seitas na medicina já havia acontecido há algum tempo. Os 'dogmáticos' consideravam a razão como mestra dos conhecimentos da saúde e da doença. Os 'empíricos' colocavam a experiência acima de tudo. Os 'metódicos' escolhiam noções esquemáticas para resolver todas as doenças. Rejeitando sumariamente os metódicos, Galeno acreditava num enlace da razão com a experiência, considerando isto como a base de seu método.

Os estudos experimentais de Galeno foram pioneiros e verdadeiramente revolucionários para a época. Algumas de suas descobertas de anatomia e fisiologia são importantes até hoje. Entretanto, muitas de suas conclusões eram equivocadas. Era proibido dissecar corpos humanos, pois os romanos consideravam os corpos sagrados e invioláveis. Os estudos anatômicos de Galeno foram feitos dissecando animais como porcos e macacos. Depois, ele transferia suas observações para os seres humanos. Evidentemente, cometeu inúmeros enganos.

Entretanto, ansiava por explicar todos os fenômenos com que se deparava. Orgulhoso e dogmático, Galeno atribuía a si mesmo grande superioridade sobre todos os outros médicos, e acreditava poder diagnosticar qualquer queixa dos enfermos, como se fosse onipotente. Esse foi o seu maior erro. Fez descobertas fundamentais, mas também criou teorias sem fundamento, que defendia enfaticamente. Afirmou o médico Hahnemann:

> Claudius Galenus, de Pérgamo, fundador de escola, o facho, o porta-voz da terapêutica geral, Galeno, mais preocupado em imaginar teorias sutis que em consultar a experimentação. Desdenhando descobrir por meio de ensaios as propriedades dos medicamentos, preferia a generalização e a hipótese; deu, assim, funesto exemplo. (HAHNEMANN, 1964, p. 190)

Para superar estes excessos, seus sucessores precisariam corrigir seus erros e continuar suas pesquisas científicas e deduções lógicas, numa evolução constante. Mas, como veremos, isso não ocorreu.

A imensa obra de Galeno foi uma enciclopédia dos conhecimentos médicos. Ele reuniu todo o material disponível em sua época, enriquecendo-o com suas observações pessoais. Elaborou quase quinhentos escritos. Até os nossos dias, porém, permaneceram apenas oitenta e três dos seus tratados médicos.

Galeno imaginava ser fiel ao mestre de Cós, Hipócrates. Porém, em vez de auxiliar a natureza em seu curso natural, como fariam Mesmer e Hahnemann no futuro, concentrou seus esforços em tentar combater as doenças por meio de substâncias, compostos e tratamentos baseados no princípio de *contraria contrariis*, a terapia dos opostos. Para ele, o mais importante era conquistar o equilíbrio das substâncias orgânicas. Dar calor quando a doença causava o frio; purgativos quando o doente estava carregado, mesmo que este método agredisse o paciente. Era o sacrifício em função do resultado. Surgiu daí o uso das sangrias, para curar um hipotético excesso de sangue no organismo. Esta teoria da cura pelo contrário seria o fundamento principal do método alopático e empirista que perdura até hoje na medicina tradicional.

Os escritos de Galeno, a partir da sistematização das doutrinas da Antiguidade, iriam formar a estrutura do conhecimento médico dos mil e quinhentos anos seguintes. Os pontífices e eruditos da Europa medieval afirmavam que *Galeno havia dito tudo que podia ser dito*.

> Já em pleno ano de 1559 da era cristã, o Colégio de Cirurgiões, em Londres, condenou um dos seus membros, o doutor John Geynes, e obrigou-o a retratar-se, quando ousou sugerir que as obras de Galeno continham erros. (CALDER, 1950, p. 83)

Não foram as imperfeições dos livros de Galeno que engessaram a medicina por séculos, mas sim a adoção, de forma dogmática e irracional, de seus princípios. Houve uma imposição que rejeita a liberdade de pensamento. Este equívoco seria a causa primária do sofrimento de milhões de pessoas por séculos, vitimadas pela ignorância irresponsável daqueles que, orgulhosamente, autoproclamavam-se grandes sábios.

Hahnemann discorreu, em 1809, em seus *Escritos menores*, sobre os equívocos milenares da medicina tradicional:

> Em nenhum lugar é mais evidente a nulidade da medicina do que nas antigas doenças físicas de que quase não há família em que alguns de seus membros sofram, e contra os quais se tem ensaiado em vão uma pretensa habilidade de todos os médicos atuais e anteriores. Os infelizes sofrem em silêncios a pesada carga de seus males, considerados incuráveis. Abandonados pelas mãos do homem, não têm outro recurso senão buscar consolo nos domínios da religião. (HAHNEMANN, 1838, p. 88)

No entanto, continua Hahnemann, essas enfermidades somente são consideradas incuráveis porque os livros dos médicos alopatas as declaram assim.

Como se milhões de infelizes que sofrem pudessem achar algum consolo nessa confissão de impotência.

> Como se o ser que criou os infelizes enfermos não houvesse criado também os meios de socorrê-los. Como se não fosse igualmente para eles a fonte eterna de uma bondade sem limites, a respeito da qual o amor maternal mais carinhoso parece apenas uma sombra ao lado do resplendor do sol. (HAHNEMANN, 1838, p. 89)

Para Hahnemann, a verdadeira medicina é um humilde reconhecimento da providência divina estendida a toda humanidade. E então o fundador da homeopatia conclui, referindo-se à escola médica oficial:

> É preciso atribuir a incurabilidade desses males aos vícios de nossas instituições políticas, ao nosso gênero de vida tão distante do que é o estado da natureza e às consequências funestas dos privilégios reproduzidos de mil diferentes formas: assim fica fácil justificar a impotência da medicina nesses casos. (HAHNEMANN, 1990)

Os médicos preferiram evitar o progresso da arte de curar, que pediria um reconhecimento de sua ignorância e uma submissão à sabedoria divina. Assim, optaram, então, por ocultar os vazios e contradições de sua pretensa ciência, amontoando sistemas sobre sistemas a partir de conjecturas, hipóteses e definições falsas, deixando aos doentes a conta de seus enganos.

O SANGUE, A FLEUMA, A BILE AMARELA E A NEGRA

> Deve-se lembrar que lamentavelmente a medicina ainda ignora o desenvolvimento natural e necessário da maior parte das doenças crônicas: opõem este desenvolvimento com seus remédios que perturbam o progresso da doença, interrompendo seu curso e muito frequentemente o fim vem antes de seu tempo, com uma morte prematura. (MESMER, 1799)

As escolas médicas italianas haviam absorvido da filosofia os quatro elementos de Empédocles (água, ar, terra e fogo) para explicar doença e saúde, vida e morte. Com o tempo, foram associando os quatro elementos aos líquidos ou humores do corpo humano, que inicialmente eram diversos, mas com o tempo foram reduzidos a quatro: sangue, fleuma, bile amarela e bile negra. Desta forma, caiu-se num sistema distanciado da experiência real. Este procedimento era considerado por Hipócrates um grande engano. A doutrina hipocrática era uma esclarecida e firme denúncia de qualquer dogmatismo: cada caso deveria ser analisado em sua peculiaridade, sem generalizações que inibam o uso da observação e da razão. Escreveu Hipócrates:

> Estão profundamente em erro todos os que se puseram a falar ou escrever sobre medicina, fundamentando o seu discurso em um postulado, o quente e o frio, o úmido e o seco ou qualquer outro que tenha escolhido, simplificando em excesso a causa original das doenças e da morte dos homens, atribuindo a mesma causa a todos os casos, porque se baseiam em um ou dois postulados. (Hipócrates *apud* ANTISERI, 1997)

Afinal, raciocinava Hipócrates, não se diz que tudo está em tudo? Segundo sua doutrina, é preciso estar atento a todas as particularidades de cada doença em especial. Existem fatores múltiplos que fazem de cada paciente, com suas circunstâncias e características, um caso especialmente único. É preciso observar, raciocinar, experimentar e acompanhar o desenvolvimento de cada doença para que a cura seja estabelecida. É, conclui, uma falsa medicina a que estabelece regras gerais e dogmáticas que serão aplicadas, de forma mecânica, sob a constatação de certo número de sintomas.

Mas alguns fatos fizeram com que a medicina hipocrática passasse erroneamente para a história como sendo a medicina dos quatro humores. Isto aconteceu porque Políbio, um genro de Hipócrates, escreveu um tratado que codificava a doutrina dos humores de forma dogmática, *Sobre a natureza dos homens*, que foi incluído equivocadamente na coleção de livros *hippocraticus*.

Hipócrates falava dos humores de forma geral, sem defini-los sistematicamente. Falava também das influências ambientais da natureza, como as estações e climas, mas de uma forma geral. Políbio, porém, combinou a doutrina das quatro qualidades, proveniente dos médicos italianos, com os ensinamentos de Hipócrates. Assim, compôs um quadro:

> [...] a teoria de que o homem se compõe de um só princípio não tem consistência. Não é possível que o homem seja uma unidade, como pensam alguns médicos, pois nesse caso haveria uma só doença e um só medicamento; na realidade, o homem é formado por diversas

substâncias. O corpo do homem se compõe de sangue, fleuma, bile amarela e bile negra. Há saúde quando esses humores estão misturados de forma equilibrada, e ocorre doença no caso de falta ou excesso de um deles. Cada um deles tem sua natureza particular e suas propriedades. Os que defendem que o homem é formado apenas por um desses humores se baseiam em evidências equivocadas. Os humores variam de acordo com a estação do ano, devido à influência do calor, do frio, do seco e do úmido. (POLÍBIO, *Sobre a natureza dos homens*)

Posteriormente, Galeno errou ao defender rigidamente a teoria dos humores como uma autêntica doutrina de Hipócrates. Ele divulgou e desenvolveu essa teoria amplamente ao comentar, de forma exaustiva, o tratado *Sobre a natureza dos homens* de Políbio. Segundo a interpretação de Galeno, a vida era mantida pelo equilíbrio entre os quatro humores – sangue, fleuma, bile amarela e bile negra, que eram procedentes, respectivamente, do coração, do cérebro, do fígado e do baço. O desequilíbrio seria a doença. Segundo o predomínio natural de um destes humores na constituição dos indivíduos, teríamos os diferentes tipos fisiológicos: o sanguíneo, o fleumático, o bilioso ou colérico e o melancólico.[46] Até hoje, quando alguém está alegre e bem disposto, dizemos que ele está com bom humor e, àquele que está irado, dizemos que está mal-humorado.

Para Galeno, as emoções e os temperamentos se originavam nos órgãos do corpo, portanto na matéria.

O médico poderia dizer, logo à primeira olhada, o temperamento do doente que o procurava. Um indivíduo sanguíneo, inclinado a engordar e pronto para rir, tinha mais do que a sua devida ração de sangue quente e úmido. Uma pessoa fleumática tinha de ser encorpada, baixa, lenta e preguiçosa, por possuir excesso de fleuma fria. O homem melancólico, portador de excessiva quantidade de bile negra, fria e seca, inclinava-se a ser pensativo, rabugento, apreciador da sua própria companhia. (CALDER, 1950, p. 86)

---

46 Nos dicionários atuais, encontramos as definições abaixo:
Sanguíneo: pessoa rica em sangue e que se caracteriza pela robustez, a tez corada e a aparência de disposição alegre; estuante; exuberante. Fleumático: que tem fleuma; sereno; impassível; lento; pachorrento. Bilioso: que tem muita bile; de mau gênio; irascível; colérico.

Já o indivíduo colérico e de mau gênio zangava-se rapidamente em virtude de seu temperamento bilioso. Isso ocorria porque ele tinha, em seu organismo, um desequilíbrio da bile amarela em proporção aos outros humores. A produção em excesso da bile amarela pelo fígado determinava seu caráter irascível. O tratamento para esse paciente furioso seria a purgação da bile amarela, o que podia ser feito pela ingestão de remédios que provocam vômitos, os vomitórios, e outras práticas que ele deveria se submeter regularmente. Até hoje é muito comum, quando uma pessoa está colérica, dizer que ela comeu alguma coisa que não lhe fez bem. Ou seja, a alimentação determinando o estado emocional.

A consequência desta maneira de pensar foi que Galeno instituiu uma materialização da alma e da própria ciência médica. Ele concluiu que a alma seria uma função do cérebro, e a personalidade do homem se originaria nas características orgânicas, ou seja, uma teoria materialista. Segundo Galeno, o tratamento dos fluidos do corpo podia mudar as condições morais. Na Idade Média, este pensamento permitiu que se concluísse que é o corpo que corrompe o espírito. Ou seja, a carne é fraca. A medicina de Galeno era conveniente para a Igreja porque fundamentaria todos os dogmas de sua doutrina.

Mas, voltando alguns séculos antes de Galeno, na Grécia – quando a medicina científica foi iniciada por Hipócrates e auxiliada pela filosofia de Sócrates e Platão – podemos demonstrar que a teoria dos humores chegou a ter fundamentos racionais.

Quando a medicina hipocrática surgiu, as doenças eram pesquisadas e analisadas por observação, inaugurando o método científico. No entanto, as dificuldades eram muito grandes. Não se conheciam as funções corretas dos órgãos ou seus mecanismos funcionais. Quanto ao corpo, imaginava-se que ele apresentava uma composição equilibrada dos quatro elementos (sempre lembrando que, nesse tempo, os elementos eram qualidades e não substâncias). A origem das doenças era...

> [...] o excesso ou a falta antinaturais dos elementos, ou então o fato de mudar-se para um lugar estranho, ou ainda, pois que o fogo e outros elementos têm mais de uma variedade, o fato de que cada um deles assuma propriedades que não lhes convêm, e todos os outros fenômenos do mesmo gênero, eis o que causa as desordens interiores e as doenças. (PLATÃO, 2002, p. 114)

A saúde estaria então relacionada a um fluir das características dos elementos segundo uma lei regular e uniforme. As doenças representavam uma desordem, ou desequilíbrio. Segundo Platão, a doença era uma decomposição da formação dos tecidos, alterando os fluxos normais e regulares do sangue – produzindo, assim, humores alterados.

Platão estudou as doenças e descreveu uma série de humores alterados, uns pela cor, outros pelo odor, pela espessura, o sabor, a viscosidade e assim por diante. Um exemplo da alteração dos humores ocorre quando uma parte de tecido se liquefaz, enegrece e torna-se amarga. Esse líquido, ou humor, recebeu o nome de *bile*. Outros humores, amarelos, verdes, foram designados pelo mesmo nome. Esta classificação foi apenas uma convenção, o nome não tinha importância. Platão explica que o nome "foi-lhes dado seja por alguns médicos, seja simplesmente por um homem capaz de penetrar a natureza dos fatos dessemelhantes e de perceber em todos um mesmo e único gênero, digno de um só nome". Cada um dos humores alterados foi sendo classificado pelos médicos para ser diferenciado e identificado. Surgiram assim as biles negras e a pituita ácida.

Para Platão, a terapia para esses desequilíbrios precisava considerar a alma, que controla o corpo: "Em verdade, no que tange à saúde ou à doença, à virtude ou ao vício, não há medida regular ou falta de medida que sejam de maior consequência que as da alma em relação ao corpo." Segundo o filósofo, é a partir da alma, exceto quando os órgãos se degeneraram ou se acidentaram, que deve agir o médico para recobrar o equilíbrio da saúde ou conservá-la. E então conclui: "Se os médicos são malsucedidos, tratando da maior parte das moléstias, é que tratam do corpo, sem tratarem da alma. Ora, não se achando o todo em bom estado, impossível é que uma parte dele passe bem.".

Com o passar do tempo, estas teorias foram sendo esquecidas. Os médicos que vieram depois de Hipócrates e Platão teimaram em tomar os conceitos desenvolvidos pelos grandes pensadores e engessá-los em seus núcleos doutrinais fixos e imutáveis. Foi assim que a doutrina da criação dos pré-socráticos foi transformada na dogmática teoria materialista dos humores, falsamente atribuída a Hipócrates, mas adotada por Galeno e transmitida à posteridade.

V - A MEDICINA DOGMÁTICA

Quando a Igreja assumiu o sacerdócio da medicina

Os primeiros cristãos, sob a inspiração direta dos discípulos do Cristo, correram para aliviar os sofrimentos dos homens. Foi quando surgiram as primeiras casas de recuperação e alívio para as dores. Por uma evolução natural, os primeiros hospitais foram criados como casas para abrigar moribundos. Com o tempo, porém, os médicos leigos começaram a escassear, e a Igreja nascente encarava o cuidado com os doentes como uma obrigação ou mesmo uma missão dos seus membros.

Porém, já nos primeiros séculos, a doutrina cristã estava se afastando da filosofia grega. Ao mesmo tempo em que os fatos históricos criavam um caminho propício para a ascensão do cristianismo, também instituíam uma reação quase universal contra a abordagem científica e racional para lidar com as doenças. A ainda incipiente medicina racional, ainda tão pouco compreendida na própria Grécia, sofreu mais um golpe.

Os padres latinos, anteriores a santo Agostinho, foram pouco atraídos, quando não decisivamente hostis, em relação à filosofia grega. Ela foi considerada vã, abstrata e superficial, enquanto a doutrina cristã era considerada a sabedoria autêntica e profunda.

> O conservadorismo pode aumentar ainda mais quando o dogmatismo estiver convencido de que várias de suas opiniões e crenças vieram de uma fonte sagrada, de uma revelação divina incontestável e incontestada, de tal modo que situações que tornem problemáticas tais crenças são afastadas como inaceitáveis e perigosas; aqueles que ousam enfrentar essas crenças e opiniões são tidos como criminosos, blasfemadores e heréticos. (CHAUÍ, *Convite à filosofia*, 2001, p. 98)

Um advogado romano, Minúcio Félix, ainda no final do segundo século de nossa era, escreveu sobre Sócrates:

[...] que se vire, portanto, por sua conta, Sócrates, o palhaço de Atenas, com sua confissão de não saber nada, e vanglorie-se com o atestado de um espírito (*dáimon*) mentiroso [...] nós não sabemos o que fazer com a teoria dos filósofos; sabemos muito bem que são mestres de corrupção, corruptos eles próprios, prepotentes e, além do mais, tão descarados que estão sempre a clamar contra aqueles vícios nos quais eles próprios se afundaram. Não dissertamos sobre a virtude, mas a praticamos. (*Octávios*)

A doutrina da reencarnação defendida por Pitágoras, Sócrates e Platão foi julgada por Minúcio como sendo uma aberração. Mas Minúcio não os contradisse racionalmente, somente os julgou com preconceito: "Essa afirmação não parece de fato a tese de um filósofo, parecendo muito mais a tirada injuriosa de um cômico." (*Octávios*)

Entre os padres apologistas, ou aqueles que escreveram para defender e louvar a nascente teologia da Igreja, Quinto Septímio Florente Tertuliano, nascido em Cartago, representa a tendência em rejeitar completamente as doutrinas dos gregos. A fé cristã, assim entendida, torna inútil toda doutrina filosófica racional, porque considera a fé superior à razão. Para Tertuliano, os filósofos gregos são os patriarcas dos heréticos (cristãos que discutiam a veracidade dos dogmas apresentando preceitos alternativos):

> Estas são as doutrinas dos homens e dos demônios, nascidas do espírito da sabedoria terrena [...] O senhor chamou estultice tal sabedoria, a fim de confundir também a filosofia [...] as próprias heresias são subordinadas pela filosofia. (*Sobre a prescrição contra os heréticos*, 7,1)

De acordo com este pensamento, a cultura filosófica atrapalha a alma em sua busca por Deus.

> Os platônicos consideraram Deus providência das coisas; outros, ao contrário, ou seja, os epicuristas, designaram-no inerte e indiferente e, por assim dizer, ausente de todas as coisas humanas. [...] Nenhuma maravilha, portanto, se nossas antigas tradições oficiais foram alteradas pelas elucubrações dos filósofos. Da estirpe de tais filósofos pululam aqueles que deformaram e falsificaram com suas opiniões nosso próprio acervo documentário para acomodá-lo às opiniões dos filósofos. De um só caminho fizeram numerosas trilhas

> oblíquas e inexplicáveis [...] Sem hesitações, contrapomos aos adulteradores de nossa doutrina o argumento preliminar da prescrição, em nome do qual proclamamos como única regra de verdade aquela que nos foi transmitida por Cristo mediante seus apóstolos, dos quais é fácil constatar o quão tardios são esses discursos comentadores. (TERTULIANO, *Apologético*, XVII)

Duas coisas podem ser percebidas nas entrelinhas do texto de Tertuliano. A primeira é uma incompatibilidade pessoal do padre da Igreja com o raciocínio lógico e a liberdade necessários para a construção do pensamento filosófico. Só esta liberdade permite a diversidade de opiniões, possibilitando ao filósofo sintetizar sua própria visão das coisas. E a segunda coisa é a intolerância e o autoritarismo que impunham ideias sem dar chance à argumentação. Quando Tertuliano diz contrapor o "argumento *inicial* da prescrição", qual seria a próxima atitude, depois dessa invalidação da filosofia? A história mostrou que, depois desse argumento "inicial" da prescrição, com o qual se impôs "a única regra da verdade", vêm os argumentos do banimento, da expulsão e por fim da eliminação dos opositores pela morte. Entre os frutos da intolerância estão a ignorância da Idade Média e os absurdos da Inquisição.

Entretanto, este padre da Igreja não deixou de asseverar conceitos, segundo seu entendimento, sobre Deus, o homem e o mundo. Para o pensamento dogmático de Tertuliano, Deus é corpóreo. E o ser também é seu próprio corpo. Tertuliano parecia não distinguir claramente o conceito do *corpus* da *substantia*. Contudo, suas ideias contrariavam a base da doutrina de Sócrates – para quem o homem era a alma (o sujeito) e o corpo apenas instrumento. As teses de Tertuliano e de outros padres, aceitas pela Igreja, formaram um corpo doutrinário estranho à razão, imposto pela autoridade que eles mesmos se concederam, indiferentes às contradições filosóficas criadas por suas interpretações literais e deturpadas da Bíblia e de outras obras.

> Vossos filósofos, tendo na consciência aquela carga de erros, permanecem no número e no decoro da sabedoria. No conjunto, que semelhança se pode captar entre o filósofo e o cristão, entre o discípulo da Grécia e o candidato ao céu, entre o traficante da fama terrena e aquele que faz questão da vida, entre o vendedor de palavras e o realizador de obras, entre quem constrói sobre a rocha e quem destrói, entre quem altera e quem tutela a verdade, entre o ladrão e o guardião da verdade? (TERTULIANO, *Apologético*, XLVII)

A doutrina da Igreja se afastava da filosofia, condenando a medicina, que estava sob seu domínio, a um afastamento de sua origem socrática e hipocrática por tempo indefinido. A arte de curar sedimentava uma ausência de seu cunho científico e racional, adotando uma orientação dogmática e empirista, aproximando-a da medicina antiga grega, com sua natureza mágica e sobrenatural. Vejamos como isso aconteceu.

Com o declínio do Império Romano e as constantes invasões bárbaras, a pobreza se alastrou pela Europa. Uma série de epidemias varreu o império. A impotência da ciência médica para aplacar a fúria das pestes favoreceu um declínio da crença popular na eficácia da medicina. Ressurgiam as práticas supersticiosas, as crenças nos rituais e magias dos templos místicos.

O fechamento das últimas escolas gregas, no início do século 6, marcou o fim da cultura pagã. A Igreja absorveu as antigas escolas e criou novas, iniciando a lenta formação de uma nova cultura. Durante as invasões bárbaras, as escolas anexadas às abadias e catedrais foram os únicos locais de instrução elementar para as funções eclesiásticas ou públicas. O conhecimento foi adaptado para submeter-se à doutrina dogmática da Igreja. Esse estado de coisas estendeu-se até o século 12, com a formação das primeiras universidades.

As obras da Antiguidade foram preservadas nos mosteiros católicos. Apenas os textos em latim foram traduzidos e copiados: a língua grega estava morta. Muitos dos textos gregos foram guardados nos mosteiros e bibliotecas de Bizâncio e só passaram a ser traduzidos no Ocidente após a queda de Constantinopla, em 1453. Por isso, grande parte dos escritos clássicos era desconhecida a Oeste e os monges católicos eram os únicos detentores do saber médico clássico, sendo chamados às vilas e castelos para exercerem a arte de curar. Neste período, a Igreja Católica adquiriu grande poder econômico e político, o que lhe garantiu a predominância ideológica. A fim de estruturar-se, a Igreja fundamentou-se no classicismo greco-romano e realizou a síntese teológica medieval, conciliando a fé cristã com a lógica aristotélica. Prevalecia a escolástica, da palavra latina *scola*, que significa 'escola'. É, portanto, a filosofia das escolas superiores eclesiásticas da Idade Média, na qual se formavam os altos dignitários da Igreja. (TALHEIMER, 1934, p. 73)

> Sem aceitar as limitações do seu entendimento, o tratamento das doenças recebeu orientações impostas como dogmas indiscutíveis para preservar a doutrina da Igreja. Como consequência, a medicina se distanciou da realidade natural. Sob o comando da Igreja, a cura foi vista como milagre, uma intervenção divina rompendo as leis da

natureza. A saúde e a doença dependiam da vontade de Deus. Os rituais e magias dos templos pagãos voltavam com os nomes de água benta, exorcismo e bênção sacerdotal. As doenças eram castigos de Deus por causa do pecado original. O sofrimento era uma bênção porque castigava a maldade do corpo, ainda que tivesse que ser aliviado pela medicina e a caridade. Assim comentaria um moderno defensor da Igreja: "Neste mundo, onde o espírito e o corpo estão unidos por um mistério indissolúvel, o castigo corporal tem sua razão de existir, porque o homem não tem o encargo de desdobrar a criação." (D'AURÉVILLY, *Les Prophètes du Passé*)

Esclarece Kardec:

Todas as religiões são acordes quanto ao princípio da existência da alma, sem, contudo, demonstrarem-no. Não o são, porém, nem quanto a sua origem, nem com relação ao seu passado e ao seu futuro, nem, principalmente, e isso é o essencial, quanto às condições de que depende a sua sorte vindoura. Em sua maioria, elas apresentam, do futuro da alma – e o impõem à crença de seus adeptos – um quadro que somente a fé cega pode aceitar, visto que não suporta exame sério. Ligado aos seus dogmas, às ideias que nos tempos primitivos se faziam do mundo material e do mecanismo do universo, o destino que elas atribuem à alma não se concilia com o estado atual dos conhecimentos. Não podendo, pois, senão perder com o exame e a discussão, as religiões acham mais simples proscrever uma e outro. (KARDEC, 1868, p. 91)

A contribuição árabe, aliada à sabedoria grega, influenciou a Europa cristã e a medicina da época. Galeno acreditava no Deus único e que o corpo era apenas um instrumento da alma. Sua doutrina foi usada para justificar os dogmas e foi aceita tanto pela Igreja Católica como por árabes e judeus. A autoridade de sua obra era tamanha que, quando a observação direta contrariava seus escritos, os fatos eram desconsiderados e a opinião do livro mantida. E tantos erros básicos foram mantidos por séculos.

Enquanto isso, o baixo clero manteve viva a medicina Hipocrática. Nesse período a medicina foi cultivada e mantida nos mosteiros. Os monges guardavam em suas bibliotecas os raros exemplares de manuscritos médicos, depois da destruição da biblioteca de Alexandria e o fechamento das escolas pagãs.

Combinando a leitura cuidadosa dos textos conservados e copiados meticulosamente, e o cultivo de ervas nas hortas internas, os monges faziam experiências e curavam camponeses e companheiros. As terapias naturais foram assim redescobertas e preservadas em anotações cifradas e sigilosamente mantidas. Pesquisas científicas nos campos da física e da química eram desenvolvidas nos porões dos monastérios, mantendo preservados os conhecimentos alquímicos ancestrais.

PORQUE OS ENGANOS DE GALENO PERMANECERAM POR SÉCULOS

> Por que, apesar de seus erros, Galeno não foi contestado durante mais de mil anos? Como explicar que, após sua morte em 203, a pesquisa anatômica e fisiológica tenha estagnado, como se tudo o que havia para ser descoberto, já o tivesse feito por Galeno? (MARGOTTA, 1998, p. 43)

Por que os enganos dos ensinamentos médicos de Galeno não foram identificados depois de sua morte? As suas propostas filosóficas, apesar de ilógicas, eram lei na medicina. Seus textos foram utilizados sem nenhum desenvolvimento, correção, esclarecimento ou aperfeiçoamento. A medicina era ensinada com um rigoroso conservadorismo, sem debates ou discussões. O ensino se resumia na leitura metódica e monótona das obras.

Uma das explicações era que, apesar de os notáveis ensinamentos de anatomia de Galeno estar recheados de equívocos, os estudiosos da Idade Média não podiam conferir suas referências anatômicas porque a dissecação de cadáveres humanos continuava proibida, agora pelo cristianismo e pelos costumes árabes. Mas é preciso fazer justiça a essa destacada figura da medicina. Seu ideal era o de combater o empirismo das práticas médicas. Porém, a sua determinação e entusiasmo no cumprimento de sua tarefa foram mal interpretados. As classes dominantes se aproveitaram da extensão de sua obra como instrumento de sua dominação pelo dogma. Com a imposição pela Igreja, seus preceitos foram deturpados e manipulados. Dario Antiseri afirma que:

> [...] ocorreu com Galeno algo análogo ao que sucedeu com Aristóteles: sua doutrina passou a ser tomada como dogma e repetida ao pé da letra, tornando-se desvirtuada no seu espírito. Muitos de seus erros foram transmitidos por longo tempo, constituindo, como

tais, um obstáculo ao progresso da medicina. Mas é preciso distinguir Galeno do galenismo, da mesma forma como se deve distinguir Aristóteles do aristotelismo. (ANTISERI, 1997, p. 379)

A imposição de Galeno na medicina equivale à imposição de Ptolomeu na astronomia. Esclarece Kardec, em *A gênese*:

> Cerca do ano 140 da era cristã, Ptolomeu, um dos homens mais ilustres da Escola de Alexandria, combinando suas próprias ideias com as crenças vulgares e com algumas das mais recentes descobertas astronômicas, compôs um sistema que se pode qualificar de misto, que traz o seu nome e que, por perto de 15 séculos, foi o único que o mundo civilizado adotou.

Tal sistema só seria superado por Copérnico e Galileu. E então Kardec comentou:

> Quão grande é o universo em face das mesquinhas proporções que nossos pais lhe assinavam! Quanto é sublime a obra de Deus, desde que a vemos realizar-se conforme às eternas leis da natureza! Mas, também, quanto tempo, que de esforços do gênio, que de devotamentos se fizeram necessários para descerrar os olhos às criaturas e arrancar-lhes, afinal, a venda da ignorância! (KARDEC, 1868, p. 99)

A doutrina de Galeno passou a ser seguida pelos médicos, que, ao repetirem suas práticas ao pé da letra, fizeram que muitos de seus erros fossem transmitidos de geração em geração, criando um obstáculo para o progresso da arte de curar. Estava consolidado o *galenismo*, doutrina imóvel e repetitiva que dominou a medicina, impondo dogmaticamente a alopatia. Os ignorantes empiristas condenados por Galeno tomaram para si sua doutrina, como instrumento de dominação e corrupção.

Um incidente uniu Galeno e o surgimento do espiritualismo. Arthur Conan Doyle, que, além de ser o criador de Sherlock Holmes, era espiritualista e doutor em medicina, escreveu a *História do espiritualismo*. Em seu relato sobre Andrew Jackson Davis (1826-1910), o profeta da nova revelação, ele conta que a mediunidade de Davis era usada para diagnósticos médicos, em ações humanitárias de auxílio aos doentes pobres. Ele fazia isso em estado de transe:

> Diz Hipócrates: A alma vê de olhos fechados as afecções sofridas pelo corpo. Assim, ao que parece, os antigos sabiam algo a respeito de tais métodos. As observações de Davis não se circunscreviam aos que se achavam em sua presença: sua alma podia libertar-se pela ação magnética de seu empresário e se mandava como um pombo-correio, na certeza que regressaria com o informação desejada. (DOYLE, 1995, p. 61)

Segundo Conan Doyle, na tarde de seis de março de 1844, Davis foi tomado por uma força que o fez voar da pequena cidade de Poughkeepsie, onde vivia, na área rural de Nova York, em semitranse. Voltando à consciência, percebeu que estava entre montanhas agrestes, e aí, relata Davis, encontrou dois anciãos, com os quais entrou em íntima e elevada comunhão, um sobre medicina e o outro sobre moral. Esteve ausente toda a noite. Perguntando às outras pessoas de manhã, foi informado de que estivera nas montanhas de Catskill, cerca de 40 milhas de sua casa. Posteriormente, Davis identificou seus dois mentores como sendo Galeno e o vidente sueco Swedenborg. Não conhecemos os detalhes da longa e curiosa conversa entre Galeno e Jackson Davis neste que foi seu primeiro contato com os espíritos.

ESCOLÁSTICA SUBSTITUI O PLATONISMO AGOSTINIANO PELO ARISTOTELISMO TOMISTA

Para conciliar a filosofia com a doutrina da Igreja, prevalecia a escolástica. Tomás de Aquino (1221-1274), seu representante máximo, foi um pensador criativo que desenvolveu uma filosofia própria fortemente sistemática, tratando de todas as questões da filosofia e da teologia. Ele tomou como base Aristóteles, e não mais o platonismo e o pensamento de santo Agostinho, como se fazia até então. Inicialmente rejeitado, o ideário de Tomás de Aquino seguiu uma trajetória de aceitação pela Igreja. Em 1313, Tomás de Aquino foi canonizado e durante a Contrarreforma, no concílio de Trento, em 1567, foi considerado doutor da Igreja. Sua filosofia foi então considerada fundamental para combater o protestantismo. O tomismo tornou-se a filosofia cristã oficial. Na Igreja, a obra de Tomás de Aquino foi colocada ao lado da Bíblia.

Tomás marca o ápice da escolástica medieval. E era membro da nobreza, pois pertencia à família dos condes de Aquino.

> A doutrina sagrada é uma ciência. E se prova assim: há duplo gênero de ciências. Algumas delas procedem de princípios conhecidos por lume natural do intelecto, como a aritmética e a geometria; outras

procedem de princípios conhecidos à luz de uma ciência superior: a música se baseia sobre princípios de aritmética. E de tal modo a sagrada doutrina é uma ciência, pois se apoia sobre princípios conhecidos por lume de ciência superior, Isto é, da ciência de Deus e dos beatos. Portanto, como a música admite os princípios que a matemática lhe fornece, também a doutrina sagrada aceita os princípios revelados por Deus. (*apud* REALE, 2003)

Como vemos, a concessão da Igreja em aceitar a argumentação filosófica tem limites muito claros: aqueles determinados pela doutrina sagrada, ou seja, os dogmas centenários.

Dizia Tomás: "Há algumas verdades que superam todo poder da razão humana. Outras verdades podem ser pensadas pela razão natural." Ou seja, segundo Tomás, a fé corrige a razão. A teologia retificaria a filosofia. As duas tratam dos mesmos temas, Deus, o homem e o mundo. Mas, enquanto a filosofia ofereceria um conhecimento imperfeito daquelas coisas, a teologia estaria em condições de esclarecer em seus aspectos específicos, relativos à salvação eterna.

Na sua *Summa contra gentiles*, Tomás de Aquino expõe as verdades que considerava acessíveis à razão e, no quarto livro, as verdades que seriam conhecidas somente pela revelação. A filosofia é então só aparentemente respeitada em sua configuração própria e autônoma, porque, para Tomás, ela não exaure tudo o que se pode dizer ou conhecer. Para torná-la completa e perfeita é preciso integrá-la a tudo o que está contido na *sacra doctrina*. Segundo Tomás, a fé, determinada pela Igreja, melhora a razão, assim como a teologia melhora a filosofia.

Tomás de Aquino e Alberto Magno recusaram as doutrinas que dividiam a alma em duas ou mais partes, e estabeleceram a unidade do ser humano. A alma, para Tomás, significava o "ato do corpo". Ela é uma substância definida como sendo a "forma" do corpo.

Quando Aquino se defrontou com a questão de a alma humana ser algo subsistente, ou seja, se tem substância própria, ele se defrontou com duàs questões. No final das contas, a imposição de dogmas foi mantida. Uma delas é a objeção filosófica: "Aquilo que é subsistente é um ser concreto (*hoc aliquid*). Ora, não a alma, mas o composto de alma e corpo é um ser concreto. Portanto a alma não é subsistente".

Por outro lado, ele encontra a solução de Agostinho:

Quem vê a natureza da mente, isto é, como ela é uma substância, e além do mais não corpórea, vê também que aqueles, os quais opinam que ela é corpórea, enganam-se ao atribuir-lhe aquelas coisas sem as quais não podem conceber nenhuma natureza, isto é, os semblantes dos 'corpos'. Por isso, não só a natureza da mente humana é imaterial, mas é ainda uma substância, isto é, algo que subsiste. (*apud* REALE, 2003)

A primeira posição levaria a concluir que a alma não é uma substância e, portanto, seus atributos, como o pensamento, são frutos do corpo. Esse argumento é o fundamento do materialismo.

Por outro lado, o desenvolvimento do pensamento de Agostinho levaria a se admitir uma substância incorpórea, não observável diretamente pelos sentidos, mas que subsiste independentemente do corpo. Este caminho leva à posição filosófica espírita, que dá ao espírito um segundo corpo, na verdade o principal, constituído de substância da mesma origem do corpo físico. Este corpo espiritual lhe dá independência e é a sede do pensamento e da vontade.

Mas Tomás de Aquino faz outra opção. Divergindo de santo Agostinho, ele respondeu:

> Devemos necessariamente afirmar que o princípio da operação intelectiva, isto é, a alma do homem, é incorpóreo e subsistente. [...] tem atividade própria, na qual o corpo não entra [...] A expressão *hoc aliquid* pode ser tomada em dois sentidos: para indicar qualquer ser subsistente ou então para indicar qualquer ser subsistente que é completo na natureza de dada espécie. Tomado no primeiro modo, exclui a inerência, própria do acidente e da forma material: no segundo, exclui ainda a imperfeição que tem a parte em relação ao todo. Portanto a mão, por exemplo, se poderá dizer *hoc aliquid* no primeiro modo, mas não no segundo. Ora, sendo a alma uma parte da espécie humana, poder-se-á denominar *hoc aliquid* no primeiro modo sendo dotada de uma subsistência, mas não no segundo modo. Neste sentido, apenas o composto de alma e de corpo se diz *hoc aliquid* (ser concreto). [...] para que o intelecto aja requer-se o corpo. (*apud* REALE, 2003)

Não é preciso ir mais longe para perceber que a filosofia de Tomás de Aquino impede o desenvolvimento da ideia de santo Agostinho. Seu pensamento, derivado de Aristóteles, mas impregnado de posições dogmáticas, caía como uma luva para a manutenção da doutrina da Igreja.

A subsistência inerente ao corpo é um subterfúgio para manter o pensamento materialista numa conciliação forçada com os fundamentos da religião. A posição de Platão e Agostinho permite um desenvolvimento da filosofia e da ciência conciliados com os princípios morais. A partir deles, uma observação positiva da alma revela sua substância independente, que depois recebeu o nome de *perispírito*, na doutrina espírita, mas já era conhecido desde as civilizações antigas.

O galenismo apresentava uma posição semelhante. Seu método era o da fragmentação da unidade, priorizando a parte em detrimento do todo. Uma posição oposta à de Hipócrates. Galeno também materializou a alma, numa interpretação equivocada de Aristóteles, como vimos em Tomás de Aquino. De acordo com este pensador, a alma "não passa de um simples arranjo de elementos do corpo, de sua harmonia e temperamento". E então iguala a alma "à natureza do corpo material, já que representa a capacidade específica de agir – *dinamys* vegetativa ou animal – estimulada por um agente: *pneuma* ou *spiritus* vegetativo". Aqui Galeno confunde a alma, princípio intelectivo, com a vitalidade do organismo. Novamente a doutrina espírita esclarece:

> Sem falar do princípio inteligente, que é questão à parte, há, na matéria orgânica, um princípio especial, inapreensível e que ainda não pode ser definido: o princípio vital. Ativo no ser vivente, esse princípio se acha extinto no ser morto; mas, nem por isso deixa de dar à substância propriedades que a distinguem das substâncias inorgânicas. A química, que decompõe e recompõe a maior parte dos corpos inorgânicos, também conseguiu decompor os corpos orgânicos, porém jamais chegou a reconstituir, sequer, uma folha morta, prova evidente de que há nestes últimos o que quer que seja, inexistente nos outros. (KARDEC, 1868, p. 197)

Quando virou as costas para o conhecimento puro e se dedicou exclusivamente à observação, a medicina abriu mão do principal atributo do homem: o intelecto. E se dedicou a um empirismo que não oferece conclusões e o mantém na ignorância. Vários homens iriam lutar para restituir a aliança entre a medicina e a filosofia. Eis alguns: Jan Hus, Lutero, Paracelso, Giordano Bruno, Galileu, Descartes, Newton, Franklin, Mesmer, Hahnemman, Allan Kardec.

A IGREJA ABANDONA A MEDICINA

Na virada do milênio, depois de séculos mantendo a medicina sob o seu domínio, certas seitas cristãs fundamentalistas passaram a condenar a medicina como algo herege. Se a origem da impureza do corpo estava no pecado, diziam, então a Igreja deveria cuidar apenas do espírito. Ocupando novamente o espaço deixado, como aconteceu na Grécia antiga, ressurgia a figura do médico leigo.

A visão do espírito habitando um corpo impuro dividiu o trabalho de cuidar dos homens entre a Igreja e os médicos. O quarto concílio de Latrão (1215), em Roma, proibiu os clérigos de fazerem cirurgias. Médicos e pregadores delimitaram entre si as suas funções. A alma seria tratada pela Igreja e o corpo, pelos médicos.

O dogma da Igreja afirmava que, apesar de o espírito ser imortal, a carne era fraca e corruptível. Em decorrência do pecado original, também era considerada depravada. Segundo esta doutrina, foi pela desobediência de Adão e Eva no jardim do Éden, por sua queda moral, que veio o pecado para o mundo, transmitido geração após geração pelos corpos impuros. O pecado original acarretou o sofrimento e a morte para a humanidade. Mantendo a milenar tradição sobrenatural, a Igreja não deixou de reivindicar curas milagrosas por meio de promessas, peregrinações, águas bentas, em seus templos e cultos. Até hoje é preciso que ocorram milagres para que os santos possam ser canonizados, geralmente por curas milagrosas.

O sistema filosófico de Tomás de Aquino abre a possibilidade de a religião formal da Igreja dialogar com as outras formas de pensamento: é preciso partir das verdades "racionais", porque é a razão que nos une. Discutindo com os judeus, pode-se assumir como pressuposto o Antigo Testamento; discutindo com os heréticos, pode-se assumir toda a Bíblia. Mas o pressuposto para tornar possível a discussão com os pagãos ou gentios é o que nos assemelha: a razão.

Entretanto, a proporção dos clamores por reformas assustou a Igreja e ela desistiu de discutir com quem quer que seja. A Inquisição surgiu como um movimento de defesa da Igreja contra as ideias que contestavam sua autoridade. A crença na possessão demoníaca era bastante antiga, mas ela só foi usada como pretexto para a perseguição daqueles que se desviavam do poder da Igreja. Do século 13 em diante, todos os tipos de desgraça, desde colheitas ruins até epidemias, eram atribuídas às feiticeiras e aos judeus. No final do século 13, cem mil judeus foram massacrados na Francônia, na Baviera e na Áustria.

Mas a perseguição às mulheres consideradas feiticeiras era, até então, esporádica. Foi em 9 de dezembro de 1484 que o papa Inocêncio VIII promulgou a famosa bula que declarou aberta a temporada de caça às bruxas:

> Realmente, nos últimos tempos, chegou a nossos ouvidos o que certamente nos afligiu com amarga tristeza, que muitas pessoas, de ambos os sexos, sem pensar em sua salvação e afastando-se da fé católica, abandonaram-se a demônios, íncubos e súcubos. Por isso, nós decretamos

e ordenamos que os já mencionados inquisidores tenham o poder para proceder à justa correção, ao encarceramento e ao castigo de quaisquer pessoas, sem embaraço e impedimento. (SZASZ, 1976, p. 35)

Muitos médicos modernos fizeram o diagnóstico de histeria ou de doença mental entre os casos investigados pelos tribunais da Inquisição. Entre estes médicos estão Pinel, Esquirol, Charcot, Zilborg e Franz Alexander. Este último, em sua *História da psiquiatria*, chega a dizer: "Os séculos 13 e 14 foram marcados por movimentos psicóticos de massa que aterrorizavam a Igreja, pois não podiam ser controlados." (SZASZ, 1976, pp. 131-132).

Oferecendo uma nova visão, Anton Mesmer, ao explicar os fatos decorrentes do sonambulismo, afirmou que:

> [...] esses fenômenos, tão antigos quanto as enfermidades dos homens, sempre espantaram e muitas vezes alucinaram o espírito humano. A disposição como se manifestam sem cessar, lembrando substâncias cujas modificações têm mecanismos desconhecidos, levam-no igualmente a atribuir aos espíritos ou a princípios sobre-naturais os efeitos com cujas verdadeiras causas sua inexperiência o impede de atinar: segundo sejam felizes ou funestas, segundo as aparências, seus princípios foram caracterizados como bons ou maus, e segundo que eles determinem a esperança ou a crença, a superstição e a credulidade ignorantes os tornam, por sua vez, sagrados ou criminosos. Estes fenômenos só serviram para provocar frequentes revoluções: dispondo as fontes e meios para a charlatanice política e religiosa de várias pessoas [...] Observando esses fenômenos, refletindo sobre a facilidade com que esses erros nascem, multiplicam-se e sucedem-se, ninguém poderá desconhecer a fonte das opiniões sobre os oráculos, as inspirações, as sibilas, as profecias, as divinações, os sortilégios, a magia, a demonologia dos antigos. E, nos nossos dias, as possessões e as convulsões. (MESMER, 1799)

Desde tempos remotos a ignorância sobre os fenômenos extrassensoriais foi utilizada para dominar os povos, como conclui Mesmer:

> Embora essas diferentes opiniões pareçam tão absurdas quanto extravagantes, não passam de quimeras; são muitas vezes os resultados de observações de certos fenômenos da natureza que, por falta de luz

ou boa-fé, foram sucessivamente desfigurados, ocultos ou misteriosamente escondidos. Posso provar, hoje, que tudo o que tem sido considerado verdadeiro nos fatos analisados deve ser relacionado com a mesma causa e que não deve ser levada em conta senão como sendo modificações do estado chamado sonambulismo. (MESMER, 1799)

As diferentes fases pelas quais a medicina passou explicam seu aspecto multifacetário quando chegou à Renascença. A influência do dogmatismo, do empirismo, da superstição, da astrologia e do misticismo estavam presentes na medicina alopática dos tempos de Mesmer. A seguinte descrição exemplifica como isso aconteceu:

> [...] na Inglaterra medieval, a medicina sofreu grande influência da Igreja; os primeiros médicos conhecidos, produtos das escolas monásticas, mantinham-se na qualidade de religiosos. No fim do século 14, só os homens casados podiam se formar em medicina e assumir cargos universitários. Como os casos cirúrgicos e ginecológicos eram considerados impróprios para religiosos, não podiam ser tratados por eles. Somente os cirurgiões-barbeiros e as parteiras exerciam estas funções. A uniformidade da educação médica impedia que novos textos fossem escritos, ao mesmo tempo em que as aulas eram mais teóricas que práticas. Isso tudo resultou na falta de médicos; vilas e vilarejos só podiam contar com os curandeiros locais, possuidores de vasto conhecimento sobre ervas e suas propriedades medicinais. Obras sobre vários aspectos da medicina foram traduzidas do latim para o inglês. Na Idade Média, eram comuns textos médicos acompanhados de referências astrológicas. Cada parte do corpo era determinada pela influência dos planetas e signos do zodíaco. O sol governava o lado direito do corpo; a lua, o esquerdo; Vênus, o pescoço e abdômen; e assim por diante. (MARGOTTA, 1988, p. 59)

O magnetismo animal seria uma alternativa científica oposta ao misticismo, ao dogmatismo e ao empirismo da medicina oficial, defendida pelos médicos opositores de Mesmer.

VI - SURGEM CONTESTAÇÕES E REFORMAS

OS DOGMAS E A CONTESTAÇÃO

Mas a imposição da filosofia escolástica não seria pacífica, pois logo vieram contestações. A autoritária determinação dos dogmas teve um alto preço. Custaram séculos de estagnação da ciência, sofrimentos, doenças, fome e empobrecimento da população europeia. As explicações supersticiosas e sobrenaturais inundavam as práticas terapêuticas, tornando a medicina irracional.

> Entre a Antiguidade espiritualista e o moderno espiritualismo, deu-se, é verdade, um notável eclipse, devido à filosofia de são Tomás, firmado nos princípios da Igreja romana que levantou a fé pan-viva contra a razão: o condenado racionalismo. (MENEZES, 1920, p. 23)

Grandes homens, mesmo isolados em suas lutas, enfrentaram a autoridade pagando a ousadia com suas vidas. Giordano Bruno, retomando as tradições filosóficas de Sócrates e Platão, foi uma luz que brilhou para ajudar a extinguir a escuridão da Idade Média. Pregava a liberdade de pensamento e de expressão como um direito natural.

Giordano Bruno percebeu que o universo infinito abriga uma diversidade de mundos, muitos deles habitados. Contrariando a orientação da Igreja, afirmava que a Terra não era o centro do universo, confirmando as afirmações de Copérnico.

Não se pode conter impunemente a liberdade por muito tempo, pois as leis universais logo vêm oferecer as consequências e cobrar responsabilidades.

> É chegada a hora em que a Igreja deverá prestar conta do depósito que lhe foi confiado, da maneira pela qual praticou os ensinamentos do Cristo, do uso que fez de sua autoridade, enfim, do estado de

incredulidade ao qual conduziu os espíritos; é chegada a hora em que ela deverá dar a César o que é de César e incorrer na responsabilidade de todos os seus atos. Deus a julgou, e a reconheceu imprópria, doravante, para a missão de progresso que incumbe a toda autoridade espiritual. Não seria senão por uma transformação absoluta que poderia viver; ela, porém se resignará a essa transformação? Não, porque então não seria mais a Igreja; para se assimilar as verdades e as descobertas da ciência, seria necessário renunciar aos dogmas que lhe servem de fundamento; para retornar à prática rigorosa dos preceitos do Evangelho, ser-lhe-ia necessário renunciar ao poder, à dominação, trocar o fausto e a púrpura pela simplicidade e a humildade apostólicas. Está entre duas alternativas; se ela se transforma, se suicida; se permanece estacionária, sucumbe sob a opressão do progresso. (KARDEC, 1890, p. 310)

AS REFORMAS PROTESTANTES

A intolerância religiosa forjou a febre das guerras religiosas, e ainda hoje espalha medo e violência, quando a humanidade já deveria agir com a calma da razão. Ponderou Kardec, num artigo publicado na *Revista Espírita*:

> É triste para uma religião fundar sua autoridade e sua estabilidade em semelhantes expedientes. É mostrar pouca confiança em seu ascendente moral. Se a sua base é a verdade absoluta, ela deve desafiar todos os argumentos contrários; como o sol, basta que este se mostre para dissipar as trevas. Toda religião que vem de Deus nada tem a temer do capricho nem da malícia dos homens; ela aure a sua força no raciocínio. E se um homem tivesse o poder de a derrubar, de duas, uma: ou ela não seria obra de Deus, ou este homem seria mais lógico do que Deus, desde que seus argumentos prevaleçam contra os de Deus. (*Revista Espírita*, 1866, pp. 248-249)

No entanto, a violência imposta à liberdade acaba fortalecendo as ideias que combate:

> Os autos-de-fé aproveitam mais à ideia que se quer destruir do que a prejudicam. Eis a grande e profunda verdade constatada pela experiência. [...]. Como amar um Deus que faz queimar seus filhos? Como

crer em sua bondade, se a fumaça das vítimas é um incenso que lhe é agradável? Como crer em seu poder infinito, se necessita do braço do homem para fazer prevalecer a sua autoridade pela destruição? (*Revista Espírita*, 1866, p. 249)

Quando as ideias de mudança e liberdade surgem, elas não dependem de impulsos individuais, mas ganham uma dimensão coletiva, impossível de conter:

É de notar que nove décimos de trezentas e sessenta e tantas seitas que dividiram o cristianismo desde a sua origem tiveram por objetivo aproximar-se dos princípios evangélicos. De onde é racional concluir que, se não tivessem dele se afastado, essas seitas não se teriam formado. E com que armas as combateram? Sempre a ferro e fogo, proscrições e perseguições. Tristes e pobres meios de convencer! Foi no sangue que quiseram abafar. Em falta de raciocínio, a força pode triunfar dos indivíduos, destruí-los, dispersá-los, mas não pode aniquilar a ideia. É por isso que, com algumas variantes, nós as vemos reaparecer incessantemente, sob outros nomes ou sob novos chefes. (*Revista Espírita*, 1866, pp. 249-250)

Portanto, os momentos de grandes mudanças, espalhados pela história da humanidade, são o efeito das leis naturais que regem os grupos sociais:

É nesses momentos que surgem os verdadeiros reformadores, que assim se veem como representantes, não de uma ideia individual, mas de uma ideia coletiva, vaga, à qual o reformador dá forma precisa e concreta e só triunfa porque encontra os espíritos prontos a recebê-la. Tal era a posição de Lutero. Mas Lutero nem foi o primeiro, nem o único promotor da Reforma. Antes dele houve apóstolos como Wyckliff, Jan Hus, Jerônimo de Praga. Estes dois últimos foram queimados por ordem do concílio de Constança. Os hussitas, perseguidos tenazmente após uma guerra encarniçada, foram vencidos e massacrados. Os homens foram destruídos, mas não a ideia, que foi retomada mais tarde sob outra forma e modificada nalguns detalhes por Lutero, Calvino, Zwinglio etc. De onde é permitido concluir que, se tivessem queimado Lutero, isto para nada teria servido e nem mesmo dado um século de espera, porque a ideia da reforma não estava só na cabeça de Lutero, mas na de milhares de outras de onde deveriam sair homens capazes de sustentá-la. Não teria sido senão um crime a mais, sem proveito para a causa que o tivesse provocado. Tanto é certo que, quando uma corrente de ideias novas atravessa o mundo, nada poderá detê-la. (*Revista Espírita*, 1866, p. 251)

A rejeição das concepções dogmáticas da medicina também teve seus sintomas precursores. Um de seus maiores expoentes foi o médico que adotou o nome de Paracelso.

PARACELSO E A GRANDE RENOVAÇÃO DA MEDICINA

A medicina não é apenas uma ciência, mas também uma arte. Ela não consiste em compor pílulas, emplastros e drogas de todas as espécies; trata, ao contrário, dos processos da vida, que devem ser compreendidos antes de ser orientados. Uma vontade poderosa pode curar, num caso em que a hesitação ou a dúvida pode desembocar em fracasso. O caráter do médico pode atuar mais poderosamente sobre o enfermo do que todas as drogas empregadas.

PARACELSO, 1490-1541

Philippus Aureolus Theophrastus Bombastus von Hohenheim Paracelsus nasceu em Einsideln, povoado próximo de Zurique, Suíça, no dia 10 de novembro de 1493, recebendo o nome de Teofrasto. Existe a opinião de que o seu pai deu a ele a alcunha de Paracelso, acreditando que ainda jovem ele era mais sábio que Celso, o célebre médico do imperador Augusto.

Desde jovem, Paracelso fez muitas excursões com seu pai, doutor Wilhelm von Hohenheim, aprendendo os nomes, as virtudes e as aplicações das ervas e plantas medicinais. Foi apenas nessa época que a farmácia seria reconhecidamente retomada na Europa, desde os tempos primitivos no Egito, na Índia, na China e na Grécia, milhares de anos antes da era cristã. Até então, as ervas medicinais eram conhecidas na Idade Média pelos religiosos que as cultivavam cuidadosamente nos jardins de seus mosteiros. Eles as utilizavam em suas curas por meio de pesquisas em algumas poucas e centenárias obras manuscritas guardadas nas suas raras bibliotecas. Essa prática permitiu que esses conhecimentos fossem preservados e chegassem até nós.

Paracelso foi um médico revolucionário e enfrentou os dogmas que engessavam a medicina. Ele retomou a simplicidade de Hipócrates, aprendendo, sem orgulho, com a medicina popular. Acreditava no poder da natureza em curar o corpo e a mente, e conhecia a integração do homem com o universo. A verdadeira arte de curar começava seu despertar.

A alquimia, Paracelso aprendeu com o bispo Eberhard Baumgatner, um dos mais notáveis alquimistas. Aprendeu práticas cirúrgicas com os melhores mestres. E rejeitou o ensino pedante dos escolásticos da universidade, como esclareceu em suas memórias:

> Ponderei comigo mesmo que, se não existissem professores de medicina neste mundo, como faria eu para aprender essa arte? Seria o caso de estudar no grande livro aberto da natureza, escrito pelo dedo de Deus. Sou acusado e condenado por não ter entrado pela porta correta da arte. Mas qual é a porta correta? Galeno, Avicena, Mesua, Rhazes ou a natureza honesta? Acredito ser esta última. Por esta porta eu entrei, pela luz da natureza, e nenhuma lâmpada de boticário me iluminou no meu caminho. (PARACELSO, 1563, p. 59)

Divergindo da postura dos médicos de sua época, Paracelso percebeu a riqueza de aprender com açougueiros e barbeiros, que eram os cirurgiões práticos da época, dialogando interessadamente com quem quer que pudesse enriquecer sua compreensão do corpo humano e das patologias. Grande experimentador, fez muitas descobertas tratando dos pacientes, acompanhando seus hábitos, o desenvolvimento de suas doenças, o efeito dos medicamentos.

Quando se tornou professor de medicina na Universidade de Basiléia, Paracelso rompeu com a tradição que seguia os ensinamentos clássicos cegamente. Passou a ensinar em alemão no lugar do latim, para facilitar a compreensão. Também queimou os livros de Galeno e outros mestres da Antiguidade, simbolizando um rompimento com a medicina tradicional.

> Paracelso pertence a um segundo momento dentro do Renascimento. Não ao dos humanistas, que devoravam e reproduziam *ipsis literis* o original das autoridades clássicas, mas, precisamente, ao momento em que, de posse desses conhecimentos, o renascentista adapta-os à sua realidade cotidiana, rebelando-se, por isso, contra a autoridade escolástica estabelecida e contra seus clamores à universalidade. (GOLDFARB, 1987, p. 158)

Paracelso era defensor de uma medicina baseada em conceitos retirados das leis naturais, diversos das falsas diretrizes dos médicos galênicos. Sua doutrina oferecia uma nova visão do que mantém a vida, as causas das doenças, das relações entre o homem, seu corpo e o universo. Baseando-se nessas apreciações, ele desenvolveu inúmeros preparados farmacêuticos, por meio da observação e da experiência, optando por fórmulas mais simples e com ingredientes provenientes da natureza.

O grande reformador da medicina fez uso, também, de inúmeras substâncias minerais, como enxofre, mercúrio, chumbo, cobre, ferro e antimônio. O emprego dos remédios era fundamentado na teoria dos semelhantes – iguais curam iguais – e nos conceitos de saúde como equilíbrio do princípio vital pelo espírito (*archeus*) que habita o corpo, retomando a corrente hipocrática. O trabalho do médico é oferecer condições para que o *archeus* realize os processos naturais da cura. Paracelso desenvolveu muitos indícios do que futuramente seria a arte da homeopatia. Esta doutrina surgiria com todo seu esplendor dois séculos depois, com a obra do médico alemão Samuel Hahnemann. As bases científicas do magnetismo animal como meio de cura tinham também um paralelo com suas teorias fisiológicas. Porém, o difícil entendimento dos textos originais de Paracelso, em virtude de sua escrita cifrada e os termos desconhecidos da Idade Média dificulta uma pesquisa que resgate seus valores.

Adeptos de Paracelso também se alinhavam com as ideias de seu seguidor dos Países Baixos, Johannes Baptiste van Helmont.

Porém van Helmont criou muitas teses pessoais. Ele rejeitava, por exemplo, a noção de Paracelso de um único espírito habitante no organismo (*archeus*), desenvolvendo a ideia de que cada órgão tem seu espírito específico que regula esse órgão. Quando Allan Kardec questionou os espíritos na doutrina espírita, essa diferença foi esclarecida a favor de Paracelso:

> – Que se deve pensar da teoria da alma subdividida em tantas partes quantos são os músculos e presidindo assim a cada uma das funções do corpo? – Ainda isto depende do sentido que se empreste à palavra *alma*. Se se entende por *alma* o fluido vital, essa teoria tem razão de ser; se se entende por *alma* o espírito encarnado, é errônea. Já dissemos que o espírito é indivisível. Ele imprime movimento aos órgãos, servindo-se do fluido intermediário, sem que para isso se divida. (KARDEC, 1857, p. 106)

Foi com uma ardente fé que Paracelso enfrentou todas as perseguições, difamações e calúnias dos homens de sua época, que não o compreenderam. Diz ele:

> A fé é uma estrela luminosa que guia o investigador através dos segredos da natureza. É preciso que busqueis vosso ponto de apoio em Deus e que coloqueis a vossa confiança num credo divino, forte e puro; aproximai-vos d'Ele de todo o coração, cheios de amor e desinteressadamente. Se possuirdes esta fé, Deus não vos esconderá a verdade, mas, pelo contrário, vos revelará suas obras de maneira visível e consoladora. (PARACELSO, 1563, p. 129)

As doutrinas que iriam revolucionar a medicina no Iluminismo, o magnetismo animal e a homeopatia, tiveram como precursor o Lutero da arte de curar: Teofrasto Paracelso.

E O FANATISMO CIENTÍFICO REAGIU

> Parece que a funesta preocupação principal da velha medicina é tornar, se não mortal, pelo menos incurável a maioria das doenças crônicas, por meio de constantes enfraquecimentos e martírios do doente debilitado e já bastante sofredor, acrescentando-lhe novas doenças medicamentosas destruidoras e, quando estivermos habituados a tal procedimento pernicioso e convenientemente insensíveis às advertências da consciência, eis um negócio muito fácil!
>
> HAHNEMANN

As doutrinas revolucionárias de Paracelso estavam muito à frente de seu tempo. Suas ideias chocaram os médicos. Logo viria uma forte reação. Com medo do desconhecido, os doutores agarram-se com fanatismo à doutrina de Galeno e consideraram herética a doutrina de Paracelso.

> É tão mais fácil sustentar a autoridade do que investigar os fatos, e o tempo era de ideias originais, mas não ainda de sua evolução experimental. Nem era tanto o entendimento da saúde e doença suficientemente avançado para distinguir o que hoje chamamos de uma doença da outra. O diagnóstico apurado das desordens internas não existia e tinha pouca base para se desenvolver, uma vez que os elementos de fisiologia e patologia foram estabelecidos nos séculos 17 e 18. (PORTER, 2001, p. 252)

As ciências naturais seguiam fazendo grandes descobertas no século 17. Entretanto, um grande abismo se aprofundava entre o progresso das outras ciências e a medicina, que parecia regressar à época medieval. Os médicos eram avessos a mudanças e novidades, e os remédios e tratamentos continuaram a depender da autoridade, da tradição e da superstição, evitando a lógica e a observação.

O sistema dos humores, o mais ilógico e cruel, foi, no entanto, o que mais resistiu ao tempo. Durante mais de quatorze séculos, os doentes foram postos à tortura. Combatia-se o bilioso pelos vomitivos; o mucoso, pelos purgativos; o nervoso, pelos antiespasmódicos; o inflamatório, pelas sangrias. Aplicavam-se queimaduras com ácido sobre pústulas, com o que se imaginava estar purgando os males do corpo. A fonte das desgraças continuava jorrando.

VII - O RENASCIMENTO DAS CIÊNCIAS MÉDICAS

O homem volta a observar a natureza na Renascença

Durante a Renascença, novos pensamentos foram aos poucos minando as barreiras insanas da ignorância médica. Em 1536, o rei da França enviou uma força expedicionária para conquistar castelos e cidades de Turim. Ambroise Paré era então um principiante, designado para auxiliar os cirurgiões que atendiam os soldados feridos. Ele nunca tinha visto um ferimento à bala. Os livros determinavam que a pólvora envenenava os ferimentos, que precisavam ser cauterizados com óleo fervente misturado com melaço. Paré juntava coragem para seguir a instrução, quando observou que não havia óleo suficiente. Substituiu o tratamento por uma mistura de gema de ovo, óleo de rosas e terebintina para aliviar a dor.

Durante aquela noite, o médico novato perdeu o sono pensando que havia matado os soldados. Quando foi examiná-los, constatou que os homens tratados com a mistura quase não tinham dor, e os ferimentos não tinham inflamado! Já aqueles que receberam jatos de óleo fervente sobre os ferimentos tinham dores terríveis, inflamações e necrose dos tecidos. Paré transformou-se no ídolo dos soldados ao pôr fim a esta terrível prática tradicional.

O novato viria a se tornar o maior cirurgião da Renascença. Honesto, cheio de compaixão pelos que sofriam, muito inteligente e observador, ele rompeu com os ensinamentos clássicos, como o de cauterizar feridas com óleo fervente ou ferro em brasa. E tinha enorme respeito pelos poderes curativos da natureza e da fé. Certa ocasião, ao ser felicitado por uma cura, respondeu: *Je le pansay, et Dieu le guérit* ("Eu o tratei, Deus o curou"). Paré percebia a necessidade de subordinar sua arte à bondade do Criador. Dedicava sua vida a servir a todos como quem transforma seu modo de agir numa constante prece.

Na Renascença, a observação lutava contra a especulação. Mas Paré, persistente e destemido, enfrentava a ignorância de peito aberto:

> Paré reafirmou sua convicção em sua controvérsia com Gourmelen, professor de medicina em Paris: – Será que o senhor pretende ensinar-me cirurgia, o senhor, que nunca saiu do seu gabinete! Cirurgia é coisa que se aprende com os olhos e as mãos. O senhor, meu pequeno mestre, sabe apenas como é que se tagarela numa cátedra. (CALDER, 1950, p. 102)

A observação e o humanismo de Paré permitiram que ele percebesse a importância da assepsia no atendimento médico. Preocupava-se também com os sentimentos e, o que caracterizou sua arte, a inter-relação do corpo com o espírito.

A anatomia foi a área que mais avançou durante o Renascimento, superando a proibição da Igreja da dissecação do corpo humano. Isso se deve principalmente ao médico flamengo André Vesálio, considerado o maior anatomista de todos os tempos. Sua obra *De humani corporis fabrica libri septem* revolucionou o conhecimento do corpo humano. Suas aulas de anatomia combinavam dissecação de cadáveres, esboços e palestras, atraindo estudantes, professores, clérigos, nobres e soldados.

Porém, mais uma vez o mundo acadêmico mostrou sua resistência às mudanças e, enfurecido, caiu sobre Vesalius. Denunciado como charlatão por aquele que tinha sido seu professor e também por seus alunos, precisou empreender uma fuga. Um de seus companheiros de estudos, Miguel Servetus, por afirmar que o sangue corria do coração para os pulmões, pondo em dúvida as autoridades médicas apoiadas pela Igreja, precisou fugir da França católica. Na Genebra calvinista, foi queimado vivo juntamente com as suas obras.

Outro grande avanço aconteceu quando René Descartes retomou a união entre a medicina e a filosofia, superando a tradição e finalmente abrindo as portas da ciência.

DESCARTES DEVOLVE AO HOMEM SUA DUALIDADE NATURAL

> É verdade que a medicina ora praticada contém poucas coisas cujo benefício seja tão notável; mas, sem que alimente nenhum intuito de desprezá-la, estou certo de que não há ninguém, mesmo entre os que a professam, que não admita que tudo quanto nela se sabe é quase nada, em comparação com o que resta por sabe; e que poderíamos livrar-nos de uma infinidade de moléstias, quer do espírito, quer do

corpo, e talvez mesmo do definhamento da velhice, se tivéssemos conhecimento bastante de suas causas e de todos os remédios que a natureza nos forneceu.

RENÉ DESCARTES, *Discurso do método*

A filosofia do filósofo Descartes inaugura o pensamento moderno, rejeitando o princípio de autoridade e instaurando a dúvida como ponto inicial da busca pelo conhecimento. Sua obra recebeu uma corrente de pensamento reformista integrada pelos humanistas, pelas então recentes concepções científicas e pelas reformas.

Seu período é de grandes transformações e de ruptura do mundo anterior. Entretanto, a escolástica ainda estava forte e, longe de ter desaparecido, sua autoridade nas universidades ainda era grande. A Contrarreforma ainda injustiçava grandes homens, como a queima de Giordano Bruno na fogueira e o silenciamento do já idoso Galileu.

Num distanciamento da tradição, Descartes rompeu com equívocos que encontrou em Aristóteles, Tomás de Aquino e o galenismo, sedimentados durante séculos. Se não concordamos com os princípios que nos são apresentados, não devemos nos conformar com eles – para Descartes, isto é um dever de consciência:

> Não aprovo que tentemos enganar a nós mesmos, saciando-nos de falsas imaginações; pois todo o prazer que advém disso pode tocar apenas a superfície da alma, a qual, no entanto, sente uma amargura interior ao perceber que eles são falsos. (Carta a Elisabeth, 6 de outubro de 1645)

Cansado dos enganos e absurdos impostos pela educação escolástica de sua formação, Descartes busca as verdades em si mesmo. Pouco se tem dedicado aos estudos médicos feitos por Descartes que, além de filosofo, tinha a formação aceita na época para o exercício da medicina. Numa carta a Willian Cavendish, Descartes escreveu: "a preservação da saúde tem sido sempre a principal finalidade dos meus estudos"[47]. Médicos e filósofos foram também Empédocles, Hipócrates, Aristóteles e tantos outros. A união da medicina e da filosofia deu

---

47   CARTER, Richard B., Descartes' Medical philosophy: The Organic Solution to the Mind-Body Problem. Baltimore: The Johns Hopkins University Press, 1983.

condições para o surgimento das ciências médicas, nascidas da corrente de pensamento vitalista.

A interpretação materialista que muitos fazem do pensamento de Descartes está completamente equivocada. Quando separa a alma do corpo, ele retoma o conceito da existência de uma substância independente do corpo, tornando-a um ser concreto. É uma volta aos conceitos dos primórdios da filosofia grega, explicada racionalmente por Sócrates e Platão. Este conceito havia sido escondido da humanidade por séculos, numa interpretação equivocada de Aristóteles por Galeno e Tomás de Aquino. Explica Descartes:

> Afinal, se ainda há homens que não estejam totalmente convencidos da existência de Deus e da alma, com as razões que apresentei, quero que saibam que todas as outras coisas, a respeito das quais se consideram talvez certificados, como a de possuírem um corpo, existirem astros e a Terra, e coisas parecidas, são ainda menos certas. (DESCARTES, 1950, p. 51)

A filosofia de Descartes retomou a discussão sobre a alma subsistente. Para Tomás de Aquino, "Aquilo que é subsistente é um ser concreto (*hoc aliquid*). Ora, não a alma, mas o composto de alma e corpo é um ser concreto. Portanto a alma não é subsistente." Ou seja, a alma e o corpo são uma só substância. Para o pensamento da Igreja, o corpo vivo é condição essencial para a alma agir. Isso faz com que ela se aproxime do pensamento materialista, que diz: "A consciência é uma excreção do cérebro." Ou seja, sua existência é um produto virtual do funcionamento do corpo.

Por outro lado, a conclusão de Descartes é oposta: a alma é um ser concreto, sua substância é independente da substância do corpo. Alma e corpo são independentes, conclui, invalidando a hipótese dogmática e também a materialista. Afirma Descartes:

> A alma racional não pode ser de maneira alguma tirada do poder da matéria, e como não é suficiente que esteja alojada no corpo humano, assim como um piloto em seu navio, salvo talvez para mover seus membros, mas que é necessário que esteja junta e unida estreitamente com ele para ter, além disso, sentimentos e desejos parecidos com os nossos e assim compor um verdadeiro homem. Afinal de contas, eu me estendi um pouco aqui sobre o tema da alma por ele ser um dos mais importantes; pois, após o erro dos que negam Deus,

não existe outro que desvie mais os espíritos fracos do caminho reto da virtude do que imaginar que a alma dos animais seja da mesma natureza que a nossa, e que, portanto, nada temos a recear, nem a esperar, depois dessa vida, não mais do que as moscas e as formigas; ao mesmo tempo em que, sabendo-se quanto diferem, compreende-se muito mais as razões que provam que a nossa é de uma natureza inteiramente independente do corpo e, consequentemente, que não está de maneira alguma sujeita a morrer com ele; depois, como não se notam outras causas que a destruam, somos naturalmente impelidos a supor por isso que ela é imortal. (DESCARTES, 1950, pp. 77-78)

Para Descartes, o calor do corpo e a vida orgânica não são mantidos pela alma:

Há no homem apenas uma única alma, ou seja, a racional; pois só devem ser contadas como ações humanas as que dependem da razão. Com relação à força vegetativa e motora do corpo a que se dá o nome de alma vegetativa e sensitiva nas plantas e animais brutos, elas também existem no homem; mas nele não devem ser chamadas de almas, porque não são o primeiro princípio de suas ações e são de um gênero totalmente diferente da alma racional. (*Carta a Regius*, maio de 1641, tradução francesa de F. Alquié)

Portanto, o corpo não morre quando a alma o deixa, mas a alma deixa o corpo quando ele morre. Concordam com ele Mesmer e Kardec, também sobre este conceito fundamenta-se a teoria do magnetismo animal. Isto porque, segundo Kardec, fazendo uma comparação: "Os corpos orgânicos são, uma espécie de pilhas ou aparelhos elétricos, nos quais a atividade do fluido determina o fenômeno da vida. A cessação dessa atividade causa a morte." (KARDEC, 1857, p. 76).

A filosofia de Descartes, nascida do método racional, possibilita o surgimento de uma ciência que questione a vitalidade do organismo como tendo um princípio que o difere da matéria inorgânica e estude a essência da substância da alma, agora um ser concreto (*hoc aliquid*) independente do corpo, com características próprias e diferentes das orgânicas.

Assim, Descartes dá uma base filosófica para a ciência do magnetismo animal: distinção entre o espírito e o corpo como duas substâncias independentes e reconhecimento de uma vitalidade orgânica independente da alma.

Não cabe aqui descrever a fundamentação da distinção metafísica entre a alma e o corpo na filosofia cartesiana. Para isso, pode-se recorrer aos seus

Princípios (*Príncipes*, I, 63), suas *Meditações* (*Méditations*, VI, AT IX, 62) ou suas *Respostas* às *primeiras objeções* (*Réponses aux premeres objections*, *Méditations*).

A questão subsequente seria como a alma controla o corpo, que tem sua própria vitalidade.

> Embora a alma esteja unida a todo o corpo, no entanto há uma parte na qual ela exerce suas funções mais especificamente que em todas as outras. E habitualmente se acredita que essa parte seja o cérebro, ou talvez o coração [...] mas examinando a coisa com cuidado, parece--me ter reconhecido de maneira evidente que a parte do corpo na qual a alma exerce diretamente suas funções não é em absolutamente o coração; nem tampouco o cérebro, mas apenas a mais interna de suas partes, que é uma certa glândula muito pequena, situada no meio de suas substância.

Descartes se refere à *glândula pineal*, que, segundo Galeno (*Ouvres medicales*, VIII, XIV), recebeu esse nome porque tem a forma de uma pinha. Mas Descartes completa afirmando que esta glândula situa-se...

> [...] de uma forma tal que menores movimentos que acontecem nela muito podem para mudar o curso dos espíritos, e reciprocamente os menores mudanças que ocorrem no curso desses espíritos muito podem para mudar os movimentos dessa glândula.

Descartes definiu que esses espíritos eram substâncias corpóreas, instrumentos de transmissão de informações para comandar todos os movimentos do organismo. Se interpretarmos os espíritos animais como sendo fenômenos físico-químicos, como os hormônios e os impulsos elétricos nervosos, a teoria de Descartes esclarece o comando da alma, ser concreto, sobre um corpo animal movido pelo princípio vital.

Por fim, numa interessante pesquisa, o historiador da ciência Steve Shapin, em seu trabalho *Descartes the Doctor: Racionalism and its therapies*[48] (Descartes o médico: Racionalismo e suas terapias), argumenta que o programa de reforma cartesiano tinha como foco estender a vida humana, lutando contra métodos tradicionais de tratamento que desgastavam a saúde, como as sangrias. Estudado

---

48   Shapin S. *Descartes the doctor: rationalism and its therapies*. Br J Hist Sci 2000; 33:131-54.

as correspondências entre Descartes e médicos, Shapin conclui que ele desejava atuar como médico de si mesmo, defendendo o ideal da autonomia do indivíduo, influenciando a escola holandesa que, posteriormente, seria a base fundamental dos estudos médicos de Mesmer. Descartes prescrevia aos amigos e colegas uma alimentação moderada, melhor estilo de vida, exercícios, organização do sono, controle emocional. Todos esses itens faziam parte das indicações de Mesmer no tratamento de seus pacientes. A autonomia, o esforço pessoal na busca pelo equilíbrio, seria a base fundamental da recuperação e manutenção da saúde propostos pelo magnetismo animal, homeopatia, espiritismo, além de ser um paradigma almejado pela saúde contemporânea. A autonomia viria a se tornar a ideia capital do espiritualismo para regeneração da humanidade, a construção de um mundo novo, durante o século 19.

Mesmer, quando escreveu sua derradeira obra, *Mesmerismus*, tinha plena consciência das consequências morais e sociais de suas descobertas. Quando a causa da cura está no próprio indivíduo, sendo a recuperação da harmonia orgânica uma capacidade natural, está na vontade da alma seu maior impulso. Talvez essa seja a melhor explicação quanto à afirmação de Jesus, diante daquele que se via curado pela imposição de mãos desse mestre:

– Foi a sua fé que lhe curou!

Aqui, a fé, como esforço da vontade firme, não é uma simples crença nos efeitos, mas a verdadeira causa!

Está na liberdade o fundamento da autonomia. E Mesmer afirma, então, a filosofia primeira de seus princípios e os fundamentos de uma sociedade feliz:

> A saúde e a liberdade caminham juntas, tanto em relação aos seus fundamentos quanto aos seus interesses, sendo, portanto, insepa-ráveis para felicidade do ser humano. E qualquer legislação que não tenha se preocupado igualmente com ambos os objetos será imperfeita. Como a independência é o critério da liberdade, é certo, portanto, que doença, ignorância, erro e preconceito são essencial-mente contrários à liberdade. Um povo é feliz quando todos os indi-víduos, gozando da maior liberdade possível – independência – têm todos os meios para satisfazer suas necessidades através do trabalho moderado. (MESMER, *Mesmerismus*)

Estabelecemos a autonomia moral e intelectual como a grande inovação proposta pelo espiritismo (e antecipada pelo magnetismo animal), nesse século 19, na obra *Revolução Espírita – a teoria esquecida de Allan Kardec*, na qual desenvolvemos o tema com maior profundidade. A doutrina espírita inova nesse ponto, contrastando com a heteronomia moral proposta e mantida pelas grandes religiões tradicionais e mesmo pelo materialismo. A autonomia propõe um esforço do indivíduo em estabelecer a cooperação social a partir de uma lei presente em sua consciência, pela liberdade. A heteronomia, por sua vez, condiciona o indivíduo a uma lei externa, à qual deve obediência, submetido pela recompensa ou pelo castigo. Enfim, enquanto a heteronomia se mantém como instrumento de dominação dos povos, a autonomia será, segundo essas doutrinas modernas, o instrumento de superação para o definitivo estabelecimento de um mundo renovado.

VIII - O ILUMINISMO E A MEDICINA VITALISTA

A ciência discute a origem das coisas

Os postulados de Descartes seriam mais profundamente elaborados, nos séculos seguintes, pelos médicos e pesquisadores de orientação espiritualista e vitalista.

A primeira reação científica à medicina alopática de tradição galênica foi elaborada justamente pelos vitalistas de inspiração hipocrática, originando a fisiologia, o método científico da medicina, a biologia e as terapias racionais, sempre lutando contra o senso comum:

> Por encontrar-se alinhada a uma visão reducionista, portanto mais fácil de ser assimilada, a visão galênica acabaria predominando sobre a hipocrática, apesar de esta última ter cativado defensores esporádicos espalhados ao longo da cronologia do processo histórico; representantes do contrafluxo daquilo que foi estabelecido pelos pensadores precedentes como o senso comum para o conhecimento médico. (ROSEMBAUM, 1996, p. 39)

Característico do Iluminismo, este movimento não articulado foi lentamente elaborado sob a inspiração natural da união entre a ciência e a filosofia, iniciada por Hipócrates, Sócrates e Platão, e na era moderna por Descartes. Os vitalistas analisaram o homem como um todo, corpo e alma, integrado com a natureza segundo o princípio do microcosmo inserido no macrocosmo. E acrescentando o elo que faltava, ou seja, a experimentação científica do organismo humano, em busca de sua conformação, sua anatomia, e a função de cada uma de suas partes. Surgia no momento certo, em que a razão estava preparada para absorver um grande número de informações novas, quando o princípio de autoridade perdia força.

O principio vital surgiu primeiramente na filosofia, sendo absorvido pela ciência, em oposição ao empirismo reducionista da medicina alopática materialista e ao dogmatismo da Igreja. "Força análoga à alma, mas diferente dela, no entanto também diferente dos fenômenos físico-químicos e pela qual se explicavam os fenômenos da vida – essa é a explicação adotada por Cuvillier." (ROSEMBAUM, 1996, p. 50).

Um dos primeiros e dos mais destacados vitalistas foi George E. Stahl (1660-1734), médico e químico alemão. Descontente com a medicina de sua época, ele afirmou:

> A regra admitida em medicina de tratar as moléstias pelos remédios contrários ou opostos é completamente absurda. Estou persuadido, ao contrário, que as moléstias cedem aos agentes que produzem uma afecção semelhante (*simila similibus*). Seguindo esse sistema consegui fazer desaparecer a disposição às azias com diminutas doses de ácido sulfúrico, em casos que inutilmente já haviam administrado uma multidão de pós absorventes. (HAHNEMANN, 2001, p. 68)

Como se vê, Stahl antecipava a homeopatia. Em outro de seus trabalhos, surge a teoria fisiológica que seria usada por Anton Mesmer:

> É pelo movimento que a alma humana cumpre sua obra dentro e sobre o corpo [...] neste sentido lhes digo que o movimento é a vida, dentro do verdadeiro sentido desta palavra, é ainda pelo movimento circulatório dos humores que a natureza opera o fenômeno da vida; mas isto não é motivo para afirmar que a circulação dos humores é vida, já que ela não passa de um simples instrumento. A natureza animal, enfim, preside a existência. (ROSEMBAUM, 1996, p. 56)

Na evolução desse pensamento, o espiritualismo moderno, superando os dogmas do fanatismo religioso, abandonará a ideia de uma alma imanente ao corpo físico, dando surgimento à dualidade alma e corpo. A alma estaria fundamentada nos potenciais da vontade, razão e sentimento; enquanto o corpo sedia os instintos, dor, prazer, e emoções. O conceito do princípio vital, seguindo esse raciocínio, surge como necessário intermediário entre a alma e o corpo. E diversas teorias surgirão. Para alguns, ele estará representado por uma substância intermediadora: fluido vital. Para Mesmer, um estado de vibração de um meio, o fluido universal, representaria a transmissão da vontade, pensamento e sentimento. Para o espiritismo, esse meio se ampliará, surgindo a teoria de um corpo espiritual constituído desse mesmo fluido universal – causa da vibração que transmite pensamento e sentimento, como antevisto por Mesmer.

A CIÊNCIA VITALISTA

Mas foi na Faculdade de Medicina de Montpellier, uma das grandes seivas do Iluminismo, que o vitalismo recebeu inicialmente uma produção acadêmica e a sustentação de teses sólidas, caracterizando uma verdadeira revolução. Seria de uma importância fundamental para a ciência a recuperação dos trabalhos acadêmicos e das obras publicadas pelos médicos, físicos, químicos, biólogos, fisiologistas e até botânicos vitalistas dos séculos 18 e 19, para resgatar a rica disciplina desenvolvida antes que o dogma materialista reducionista a marginalizasse.

A importante figura de François Boissier de Sauvages (1707-1767), autor de *Motuum Vitalium Causa*, de 1741, afirmou que Deus adotou o corpo de um princípio vital diretor para a execução de suas funções. Theóphile de Bordeu (1722-1776) aproximou-se de Haller no estudo das funções dos nervos, e era um importante médico vitalista de Montpellier. Henri Fouquet (1727-1806) estudou as relações entre a sensibilidade e os fenômenos vitais. Willian Harvey (1578-1657) afirmou sobre o organismo humano que "o todo parece se referir a uma *vis* – à perfeição da natureza – entre cujas obras não se encontra nada feito em vão".

O vitalista Albrecht von Haller (1708-1777) fundamentou sua teoria sobre a ação das fibras, para mostrar sua noção sobre a irritabilidade e a sensibilidade teciduais. O primeiro tratado consistente sobre fisiologia foi escrito por esse médico da escola de Boerhaave. Superando a noção primitiva de Galeno, ele descobriu que os músculos respondem com contração aos estímulos, e a sensibilidade é propriedade específica do sistema nervoso. Esta sua tese seria utilizada como base fisiológica para a teoria do magnetismo animal, desenvolvida por Mesmer em suas *Memórias* de 1799.

Um dos mais produtivos pesquisadores de Montpellier teria sido Paul-Joseph Barthez. Suas principais obras foram *Discours académique sur le principe vital de l'homme* (Montpellier, 1773), *Discours sur le génie d' Hippocrate* (Montpellier, Tournel, ano IX, 1801), *Nouvelle méchanique des mouvements de l'homme et des animaux* (Carcassonne, Pierre Polere, 1798). Ele assim se refere ao princípio vital, diferente da alma: "É ativo, natural e unitário e manifesta sua atividade entre outras formas na sensibilidade, na contração, no tônus etc. e se acha unido à matéria orgânica". Diante da profusão de sistemas criados para explicar o movimento vital, Barthez propôs a adoção de um termo fundamental, independente de qualquer teoria, para se referir ao fenômeno: o princípio vital. Essas teses do vitalismo seriam confirmadas pela doutrina espírita:

> Os corpos orgânicos seriam verdadeiras pilhas elétricas, que funcionam enquanto os elementos dessas pilhas se acham em condições

de produzir eletricidade: é a vida; que deixam de funcionar quando tais condições desaparecem: é a morte. Segundo essa maneira de ver, o princípio vital não seria mais do que uma espécie particular de eletricidade, denominada eletricidade animal, que durante a vida se desprende pela ação dos órgãos e cuja produção cessa, quando da morte, por se extinguir tal ação. (KARDEC, 1868, p. 199)

Os cientistas vitalistas uniam a filosofia espiritualista com a ciência, oferecendo uma base experimental para o modelo teórico construído por Sócrates, Platão, Hipócrates, Paracelso, Descartes e outros.

O QUE FOI O ILUMINISMO

O século 18, tempo do advento do magnetismo animal, é costumeiramente designado como o Século das Luzes. O Iluminismo é um período caracterizado pelo combate ao obscurantismo filosófico, religioso, moral e político dos séculos anteriores. Um esforço dos educadores, filósofos e cientistas inflamados pela perspectiva de superar uma situação de ignorância, preconceito e dogmatismo. Kant descreveu esta ambição como "a saída do homem de sua imaturidade auto-imposta". (KANT, 1784, p. 54)

Os acadêmicos de história dos anos 1960 e 70 adotaram uma planificação conceitual em sua análise dos participantes do Iluminismo em torno do pensamento materialista. Ainda hoje, é um lugar-comum imaginar esse período como sendo uma concepção materialista dos seres humanos. Mas a compreensão dessa época não pode ser tão simplesmente reduzida.

Realmente, uma oposição ao dogmatismo imposto pela Igreja nos séculos anteriores foi um posicionamento comum entre os iluministas. Mas, como alternativa ao materialismo, o espiritualismo racional foi uma posição adotada por muitos pensadores, filósofos e pesquisadores do Século das Luzes. Eles se opuseram ao pensamento dogmático e sobrenatural, sem, no entanto, abandonar as noções espiritualistas. Sem deixar de serem científicos, combatiam o materialismo e o ateísmo, mantinham a crença num Deus criador e impessoal, na alma espiritual e imortal, e numa lei moral universal.

O Iluminismo francês teve os seus representantes materialistas, como Julião Offrai de La Mettrie (1709-1751), autor do famoso livro *L'homme machine*, e o barão Teodorico d'Holbach (1723-1789), um alemão que viveu em Paris, autor de *Système de la nature*, no qual o materialismo se revela completamente.

Por sua vez, a obra de Rousseau (1712-1778) é um exemplo, na filosofia, de uma reação espiritualista em oposição à filosofia materialista nas luzes. O posicionamento de Rousseau está representado por seu romance *A nova Heloísa*

(1761) e na *Profissão de fé do vigário saboiano*, peça mestra do *Emílio* (1762). A filosofia de Rousseau suscitou a rejeição tanto dos materialistas quanto dos poderes públicos e das igrejas constituídas. Sua obra *Emílio* foi queimada, um mês apenas após sua publicação, em Paris e em Genebra. O arcebispo de Paris condenou Rousseau, que fugiu para a Inglaterra. Ele foi censurado por escolher a religião natural e rejeitar os dogmas da religião revelada.

Rousseau afirmava serem os crentes capazes de conquistar a salvação por si mesmos, é a tese da autonomia moral, posteriormente desenvolvida e fundamentada pelo filósofo Kant[49]. Essa ideia era contrária à posição da igreja católica e das igrejas protestantes. Era lei o axioma "fora da Igreja não há salvação". Em *Profissão de fé do vigário saboiano*, Rousseau afirmou:

> Não tiro das regras os princípios de uma alta filosofia, mas as encontro no fundo do meu coração, escritas pela natureza em caracteres indeléveis. Basta-me consultar-me sobre o que quero fazer. Tudo o que sinto ser bem é bem e tudo o que sinto ser mal é mal: o melhor de todos os casuístas é a consciência. E só quando se comercia com ela é que se recorre às sutilezas do raciocínio. A consciência é a voz da alma, as paixões são a voz do corpo. É espantoso que muitas vezes essas duas linguagens se contradigam? A qual delas se deve ouvir? A razão frequentemente nos engana, não temos senão o direito de recusá-la; mas a consciência nunca engana; é o verdadeiro guia do homem: ela está para a alma assim como o instinto está para o corpo.[50]

Mesmer criou uma ciência experimental com uma orientação filosófica espiritualista. Seu discípulo, o médico Picher Grandchamp, revelou a admiração de Mesmer por Fénelon e Rousseau. "Ele nos fazia admirar as grandezas de Deus na natureza e em todas suas maravilhas", afirmou Grandchamp.

Evidenciando outra questão controversa na interpretação do Iluminismo, pode-se afirmar que não houve uma convivência pacífica quanto a um posicionamento materialista da ciência.

---

49   Aprofundamos o surgimento do conceito de autonomia em Rousseau e Kant na obra *Revolução espírita – a teoria esquecida de Allan Kardec.*

50   Jean-Jacques Rousseau. *Emílio ou da Educação.* Tradução de Sérgio Milliet, São Paulo: Difusão Europeia do Livro, 1968.

Mesmer, sobre a divulgação da descoberta da terapia do magnetismo animal, afirmou que seu...

> [...] objetivo então era apenas o de fixar a atenção dos médicos. Mas, longe de ter obtido êxito, percebi que me taxaram de singularidade, que me trataram de homem de sistema e que taxaram de crime a minha propensão de mudar a rota ordinária da medicina. (MESMER, 1781)

Os médicos de sua época usavam terapias centenárias, supersticiosas, sem fundamento científico. Mas eram os representantes, na medicina da época, do materialismo reducionista. Eles rejeitaram a terapia do magnetismo animal, mesmo sem compreendê-la. "A ignorância dos séculos precedentes sobre este assunto garantiu aos médicos a confiança supersticiosa que eles possuíam e que inspiravam nos seus específicos e suas fórmulas, tornando-os déspotas e presunçosos", disse Mesmer.

As atuais pesquisas, como o trabalho realizado pela professora Elizabeth Ann Williams, do Departamento de História da Universidade do Estado de Oklahoma, Estados Unidos, revelam uma nova visão da medicina iluminista. Em seu *A cultural history of medical vitalism in enlightenment Montpellier* (2003), a pesquisadora afirma que, nas recentes décadas, as características familiares do Iluminismo foram questionadas por revisionistas inspirados por pesquisas teóricas diversas, lideradas principalmente pelos trabalhos da Escola de Frankfurt e do denominado pós-moderno Michel Foucault. Segundo Elizabeth, a revisão do Iluminismo ganhou impulso no famoso livro de Max Horkheimer e Theodor W. Adorno, *Dialética do Iluminismo*, escrito em 1944.

Nesse contexto surge a mais importante questão, ou seja, o quanto a natureza do Iluminismo contribuiu para a situação atual da ciência. Até os anos 1960, o Iluminismo era visto como integrado ao positivismo do século 19. Uma simples continuidade das revoluções científicas, acumulando provisões e métodos para um desabrochar científico, considerando as ciências como o caminho para o aperfeiçoamento moral e social da humanidade. Augusto Comte (1798-1857), "pai do positivismo", foi o responsável pela circulação do termo como a expressão da confiança dupla nas ciências como fontes soberanas de conhecimento e como nossa maior esperança de progresso moral (COOPER, 1996, p. 371). Ingenuamente, alguns historiadores da ciência analisam como uma pacífica e unânime associação dos iluministas pela renúncia às causas iniciais dos fatos, numa opção pelos sentidos físicos como meios exclusivos para a explicação de todos os fenômenos.

Mas uma análise mais recente, baseada nas pesquisas da Escola de Frankfurt, revela uma ciência que exclui, marginaliza e oprime os indivíduos e grupos que desenvolviam conhecimentos considerados além dos limites do 'normal'. De acordo com esta perspectiva, a ciência iluminista trabalhou em conspiração ao lado dos políticos, do governo, do exército e do poder econômico para reforçar relações de domínio e desigualdade entre ricos e nações pobres, homens e mulheres, dominantes e minorias. Vários estudos históricos influentes localizaram na ciência, desde seu nascimento, as modalidades de exclusão e dominação, estabelecendo o caráter opressivo da atividade científica. Em parte pela influência penetrante de Michel Foucault, numa revisão do próprio modernismo, as ciências médicas foram duramente questionadas quanto a esse aspecto.

Como Peter Gay observou décadas atrás, o Iluminismo havia proclamado a medicina como a "a mais sensível causa para a confiança" (GAY, 1966, p. 2). As ciências médicas surgiram então como o elo fundamental que permitiria à ciência dar uma resposta quanto às ligações fundamentais entre o físico e a moral, sem sair dos domínios aceitos pela tradição. Foi na medicina que surgiu o discurso do pensamento científico iluminista como sendo o caminho ideal para alcançar a perfeição moral e social da humanidade. Esta obsessão por uma perfectibilidade permitiu uma intervenção ilimitada nos hábitos e no modo de vida dos indivíduos da sociedade iluminista. Tal intervenção e administração eram a causa da proliferação de discursos científicos, pedagógicos e políticos.

A medicina foi chamada para classificar, analisar e conceituar minuciosamente as particularidades do corpo, da *psique* e do comportamento de todo cidadão do reino. Se os médicos do Iluminismo foram divididos em questões relativas às suas teorias e práticas, no entanto estavam unidos quanto à utilidade da medicina para transformar e controlar a sociedade. As investigações de Foucault dinamitam as fundações de uma romanceada historiografia do Iluminismo, considerando seus líderes como os "guardiões do conhecimento". A tradicional historiografia do Iluminismo foi virada de ponta-cabeça. O que tinha sido um triunfo do desenvolvimento humano, fruto de uma suposta união, passou a ser vista apenas como disfarçada estratégia para manter na cúpula a elite médica vigente.

Numa análise mais profunda, vamos perceber que os médicos representantes do *establishment* científico eram exatamente os alopatas de tradição galênica, com suas sangrias e vomitórios e toda sua parafernália mortal. A corrente científica vitalista e suas terapias enfrentaram a perseguição dos médicos galênicos sediados nas capitais, dominando as recentes corporações científicas, preocupados com a manutenção de seu *status* e de seus rendimentos.

De acordo com J. L. Picher Grandchamp, discípulo de Mesmer e testemunha dos fatos, na edição anotada das *Memórias* de 1799, publicada em 1826, sendo...

> [...] vítima do ciúme em Viena pelas suas descobertas, Mesmer encontrou a França para apreciá-las e as divulgar. Seu saber e sua modéstia lhe deram partidários. Mas a inveja não tardou a lhe suscitar inimigos poderosos. A maior parte das corporações encarregadas da instrução pública possuem o poder de nada admitir que lhe seja estranho, apesar de quanto vantajoso lhe possa ser. É uma mercadoria proibida que eles bloqueiam nas barreiras do seu reino.

Na *Revista Espírita* de 1860, um espírito ilustrou:

> Meu amigo, não sabes que todo homem que caminha na rota do progresso tem sempre contra si a ignorância e a inveja? A inveja é a poeira que os vossos passos levantam. Vossas ideias revoltam certos homens, porque não compreendem, ou bem abafam pelo orgulho a voz da consciência que lhes grita: Aquilo que rejeitas, teu juiz o lembrará a ti um dia; é uma mão que Deus te estende para te retirar do lamaçal onde tuas paixões te lançaram. (*Revista Espírita*, p. 131)

Trabalho excelente sobre a medicina do Iluminismo foi empreendido em recentes décadas, aumentando a literatura biográfica dos filósofos-médicos e estendendo nossa compreensão sobre as instituições, a organização social e a economia dos séculos 18 e 19. Mas o problema central do revisionismo do Iluminismo – as potencialidades da desumanização na ciência – ainda não empolgou os historiadores médicos.

Elizabeth A. Williams recomenda a leitura das seguintes obras, todas em inglês: Martin S. Staum, Cabanis – *Enlightenment and medical philosophy in the french revolution* (Princeton: Princeton University Press, 1980); Kathleen Wellman, La Mettrie – *Medicine, philosophy, and the enlightenment* (Durham: Duke University Press, 1992); Antoinette EmchDériaz, Tissot – *Physician of the enlightenment* (Nova York: Peter Lang, 1992); C.C. Gillispie – *Science and polity in France at the end of the old regime* (Princeton: Princeton University Press, 1980); Matthew Ramsey – *Professional and popular medicine in France, 1770-1830: The social world of medical practice* (Cambridge: Cambridge University Press, 1988); Toby Gelfand – *Professionalizing modern medicine: Paris surgeons and medical science and institutions in the eighteenth century* (Westport.: Greenwood Press, 1980); a economia da medicina iluminista é analisada em Laurence Brockliss e Colin Jones – *The medical world of early modern France* (Oxford: Carendon Press, 1997).

O VITALISMO NO SÉCULO DAS LUZES

Na França, durante o Iluminismo, os médicos vitalistas de Montpellier estavam entre os principais opositores da visão reducionista materialista, que considerava o corpo como uma máquina físico-química. Os pesquisadores vitalistas consideravam uma distinção absoluta entre os seres vivos e as substâncias inertes. Segundo eles, o fenômeno da vida deve-se à ação de uma força, princípio ou poder cuja origem e estado ontológico eram, todavia, desconhecidos.

Os vitalistas também descreveram a vida como uma atividade coordenada e harmoniosa da *economia orgânica* comprometida com uma luta constante contra os processos de desarmonia, destruição e desintegração, que eram a doença. Para eles, a economia vital tem o seu desempenho condicionado por diversas variáveis, como as interações da disposição interna do organismo com o ambiente externo e as características individuais formadas por idade, sexo, temperamento, região e outras influências poderosas na economia vital.

Ainda segundo Elizabeth A. Williams, a historiografia dedicada aos vitalistas de Montpellier oferece fortes evidências de que a força vital ensinada naquela escola impeliu o enciclopedista Diderot a adotá-la (ROGER, 1993, p. 641).

Segundo a visão de alguns historiadores da ciência, a medicina do Iluminismo foi uma radical opção pelo empirismo e pelo materialismo e centrada numa reação à atitude repressiva e ortodoxa da Igreja Católica. A historiadora da medicina Elizabeth Williams mergulhou profundamente no contexto histórico e sociocultural da medicina iluminista e, em seu trabalho sobre o vitalismo de Montpellier, concluiu que "o discurso que eles criaram era uma variante amplamente influente de uma ciência do Iluminismo que era mais complicada, diversa e ambígua em impacto que as representações existentes geralmente admitem." (WILLIAMS, 2003, p. 247).

A pesquisa da professora Elizabeth evidenciou que os médicos vitalistas franceses não desenvolveram uma teoria abstrata ou um jogo de conceitos metafísicos mirabolantes: sua medicina surgiu em contextos específicos de conversação, debate, publicação e trabalhos institucionais contínuos e atividades científicas sérias e reconhecidas. Os médicos estudados eram, na maioria, ao mesmo tempo médicos e professores sérios e nenhum deles era diletante. Os médicos vitalistas não foram aventureiros, mas estavam inseridos na comunidade acadêmica, científica e social. Seu dia-a-dia era o atendimento a seus pacientes e a instrução aos alunos, a administração de instituições e a publicação de suas pesquisas.

Elizabeth situa o vitalismo de Montpellier como um raro exemplo de uma cidade provinciana agraciada com uma tradição científica distinta da tradição da capital. Os vitalistas criaram uma alternativa a um modelo de ciência que julgaram extraviado. Em lugar dos procedimentos universalizados da ciência mecanicista, acentuaram a variabilidade e a espontaneidade. Em lugar de uma unidade espúria das ciências, insistiram em autonomia médica. Em lugar da submissão a uma autoridade cosmopolita, ofereceram conhecimento local autônomo e criativo. Contestaram a confiança dos médicos tradicionalistas nos métodos uniformemente aceitos e o projeto dos empiristas de criar uma unidade inabalável. O vitalismo de Montpellier estava situado no centro não só da aprendizagem, mas de toda a atividade pública que encarnou e promoveu estas reivindicações.

Algumas décadas atrás, quando Robert Darnton avaliou a significação do mesmerismo, uma ciência médica que compartilhou certas afinidades com o vitalismo de Montpellier, concluiu que a descoberta de Mesmer indicou o "fim do Iluminismo na França" (DARNTON, 1988). Todavia, de acordo com a atual releitura da história, afirma Elizabeth, devemos discutir a respeito do vitalismo de Montpellier considerando que ele não representou o fim do Iluminismo ou mesmo foi algum lado inferior ou escuro, mas sim um das potencialidades do novo pensamento científico. Os vitalistas de Montpellier se situaram resolutamente entre o *lumières*. Eles abraçaram, promoveram e ajudaram a configurar o que definiam como sendo uma "revolução" em medicina. Invariavelmente empregaram a linguagem e os métodos associados com a ciência do Iluminismo.

> Assim afirmo aqui que o vitalismo de Montpellier estava completamente inserido no contexto do Iluminismo – foi uma ciência iluminista – cujo desenvolvimento e características indicam que o próprio Iluminismo era mais complicado e diverso em suas implicações do que até agora se pensou. (WILLIAMS, 2003, p. 139)

É nesse contexto que surgiu o magnetismo animal como ciência. "O que se condena hoje como racionalismo não é propriamente a razão, mas o absolutismo racional." (PIRES, 1991, p. 78)

Mesmer estava ciente das peculiares características do pensamento científico de seu tempo. No esforço de rejeitar a superstição, combatia-se tudo que escapava da constatação imediata pelos sentidos. Do passado foram rejeitadas as pesquisas que remetiam a causas desconhecidas. A análise atenta de Mesmer denunciava o preconceito:

> Também precisamos considerar que algumas verdades descobertas no passado foram de tal maneira mal compreendidas e desfiguradas que perderam o seu valor e muitas vezes até foram confundidas com os erros mais absurdos. Mesmo assim tais verdades não perderam por isso o direito de reaparecer no grande dia para a felicidade dos homens. (MESMER, 1799)

E então, constatando o convencionalismo materialista da classe científica nascente, previu as funestas e inevitáveis consequências, prevendo, inclusive, a atual postura materialista da ciência:

> Eu ouso dizer que aqueles que têm dominado a opinião publica por meio de seus conhecimentos têm o dever de investigar essas antigas verdades para livrá-las da escuridão e do preconceito que ainda as envolvem, em vez de reduzir o progresso da ciência a uma desastrosa incredulidade. (MESMER, 1799)

A CIÊNCIA DO MAGNETISMO ANIMAL

Os postulados da ciência do magnetismo animal aparecem como teorias surgidas antecipadamente no Século das Luzes. Sua doutrina não estava destinada aos limites de seu tempo, mas pertencem ao futuro.

As descobertas de Mesmer foram de tal complexidade que exigiam do interessado em conhecê-las uma sólida cultura, rara em seu tempo, formada por diferentes saberes como filosofia, "economia orgânica", as ainda incipientes descobertas da fisiologia, da biologia e da química; os então recentíssimos avanços da medicina, como as teorias clínicas de Boerhaave e o vitalismo; ciências diversas como a física de Newton e a astronomia. Tocava, enfim, em todos os ramos do saber. Assim se explica a sua extrema cautela em apresentá-las à opinião pública. Ele exigia do pretendente um interesse sincero na cura do ser humano. Seu alvo primordial era a transformação da arte de curar desde seus princípios básicos.

Em uma frase, Mesmer definiu o seu interesse pessoal quanto à descoberta do magnetismo animal, ao mesmo tempo esclarecendo a missão para qual destinou sua vida: "Em vez de aguçar a curiosidade, eu estava interessado em tornar úteis esses fenômenos, e só quis convencer por meio de fatos." (MESMER, 1799)

Seu interesse nos fenômenos concentrava-se na utilidade dos seus efeitos quanto à cura das enfermidades. Apesar de conhecer profundamente os efeitos surpreendentes do sonambulismo, Mesmer estava resolutamente empenhado em transformar a arte de curar. Acreditava fielmente na necessidade de eleger esta meta como o primeiro passo imprescindível para que as outras implicações do magnetismo animal tivessem lugar no momento adequado. Por isso sua advertência:

> Os imitadores de meu método de curar, por tê-lo exposto muito frugalmente à curiosidade e à contradição, deram lugar a muitas prevenções contra ele. Além disso, tem-se confundido o sonambulismo com o magnetismo e, por um zelo irrefletido, por um entusiasmo exagerado, pretendeu-se constatar a realidade de um pelos efeitos surpreendentes do outro. (MESMER, 1781)

A doutrina espírita permite compreender o que Mesmer tentou explicar vencendo as limitações de sua época. Na resposta à pergunta 627 de *O livro dos espíritos*, afirmam os espíritos que os sistemas filosóficos encerram os germes de grandes verdades que podem ser libertados graças à chave que o espiritismo oferece. Não foi por acaso que, na *Revista Espírita*, Kardec se referiu ao magnetismo animal como ciência irmã do espiritismo. Para Kardec, não se poderia falar da doutrina espírita sem o magnetismo e vice-versa. As duas ciências "se completam e se explicam mutuamente" (Kardec, *Revista Espírita*, 1858, p. 95). As relações íntimas entre as duas ciências são tais que, segundo Kardec, elas não passam de uma.

AS TERAPIAS DERIVADAS DO VITALISMO

As terapias do magnetismo animal e da homeopatia são respostas da teoria vitalista da medicina iluminista, constituindo uma revolução da arte de curar. Elas substituem completamente a terapia alopática criada pela tradição mecanicista.

A terapia derivada da descoberta de Mesmer sobre o magnetismo animal foi fruto de suas inúmeras experiências a partir das quais deduziu suas asserções. Sua terapia médica vitalista enfrentou a oposição dos médicos defensores da prática médica alopática, uma tradição composta de sistemas, suposições e empirismos formando uma complexa estrutura ilógica regiamente mantida por dois mil anos. Parece incrível, mas uma prática que prejudicava os pacientes e mesmo provocava óbitos foi galhardamente defendida pelos médicos e mantida inalterada até cem anos depois do anúncio da descoberta das terapias derivadas do vitalismo. O atual conhecimento permite afirmar que os doentes atendidos pela medicina alopática nesses dois milênios tinham maiores chances de sobrevivência se ficassem simplesmente em casa, aguardando uma regressão natural de seu estado doentio.

A teoria de Mesmer explicava enfim os fenômenos sobrenaturais superando tanto o dogmatismo escolástico, que os definia como obras do demônio, quanto o materialismo reducionista, que os negava. Como terapia médica, o magnetismo animal oferecia a cura nas instâncias em que a medicina mecanicista se omitia ou mesmo condenava suas vítimas ao tratamento reservado aos alienados.

Em sua derradeira obra, em 1799, Mesmer esperava que a sua teoria evitasse, a partir de então...

> [...] estas interpretações que produzem e alimentam a superstição e o fanatismo e que, acima de tudo, impeça aqueles que tenham a infelicidade de entrar no estado de sonambulismo, por um acidente ou por doenças graves, sejam abandonados pela medicina e afastados da sociedade como incuráveis; porque tenho a certeza que os estados mais horríveis, tais como a loucura, a epilepsia e a maior parte das convulsões são, na maioria das vezes, efeitos funestos da ignorância do sonambulismo, e da ineficácia dos meios empregados pela medicina. (MESMER, 1799)

IX - ESPIRITUALISMO E MATERIALISMO

Os dois rumos da ciência no século 19

Johannes Peter Müller nasceu em 14 de julho de 1801, em Koblenz. Morreu em 1858. Foi um fisiologista e anatomista comparativo alemão, o mais importante representante do vitalismo da Alemanha de seu tempo. Estudou nas universidades de Bonn e Berlim. Para ele, o fisiologista precisa combinar os fatos empiricamente observados com o pensamento filosófico. Em 1830, ele era catedrático da universidade. Seus campos de pesquisa se estendiam pela patologia, a histologia, a zoologia, a anatomia comparada etc.

Em 1849, o cientista suíço-alemão Emil Heinrich du Bois Reymond (1818-1896), professor de fisiologia em Berlim, discípulo e sucessor de Johannes Müller, e Hermann von Helmholtz (1821-1894) empreenderam pesquisas sobre a conservação de energia. Em 1882 e 1892, Helmholtz afirmou que uma das principais motivações de seu trabalho foi o interesse, desde o início da carreira, no princípio da impossibilidade do movimento perpétuo nos fenômenos da vida. Um dos conceitos básicos era: "do nada não pode ser gerada nenhuma força". Ocorreu na fisiologia, ainda de acordo com Helmholtz, um verdadeiro campo de batalha baseado no princípio da impossibilidade do movimento perpétuo para invalidar a existência de um princípio vital. Uma das principais questões da fisiologia alemã, na segunda metade do século 19, foi a aceitação ou recusa de forças vitais na explicação das origens do calor animal.

Esta discussão nasceu do desconhecimento da impossibilidade da observação do princípio vital por meios físicos materiais[51]. Os dois cientistas desejavam

---

51 Fisiologistas da época acreditavam na existência de uma substância, um fluido imponderável e invisível, responsável pelo movimento animal, o "fluido vital", como também se supunha existir o fluido calórico, elétrico, etc. Essas teorias foram superadas pela física moderna.

refutar a visão de seu mestre, Johannes Müller, de que o impulso nervoso era um exemplo de uma função vital. Sua colaboração em um grupo de fisiologistas composto por Carl Ludwig e Ernst von Brücke foi decisiva para reduzir a fisiologia aplicada à química e à física, uma tendência que dominou a fisiologia e a medicina desde então. Eles "juraram a si mesmos validar a verdade básica de que em um organismo nenhuma outra força tem qualquer efeito senão as físico-químicas".

Mas ainda estava por vir um passo mais ousado. Um marco inicial do abandono do vitalismo ocorreu quando os cientistas Hermann Helmholtz, Ernst Brücke, Carl Ludwig e Emil DuBois-Reymond, todos os discípulos diretos de Müller, decidiram assumir suas posições filosóficas materialistas publicando um grande manifesto conjunto em que declaravam que "todos os fenômenos da matéria orgânica, inclusive a consciência, serão explicadas somente por meio de conceitos físicos e químicos" (transcrito por Chauncey D. Leake, *Perspectives of adaptation: historical backgrounds in handbook of physiology*, vol. IV, ed. D. B. Dill *et al.*, Amer. Physiological Soc., 1964, p. 6). Essa declaração foi dogmaticamente seguida pelos signatários e seus discípulos, influenciando as ciências médicas, o surgimento da psicologia, a física e a química, e sedimentando a base materialista da medicina oficial.

São de Claude Bernard (1831-1878), fisiologista francês, considerado o pai da moderna fisiologia experimental, as seguintes palavras:

> [...] a matéria, qualquer que seja, é sempre destituída de espontaneidade e nada provoca. Só faz exprimir por suas propriedades a ideia de quem criou a máquina que funciona. De sorte que a matéria organizada do cérebro, que manifesta fenômenos de sensibilidade e de inteligência próprios ao ser vivo, não tem, do pensamento e dos fenômenos que ela manifesta, mais consciência do que a matéria bruta teria de uma máquina inerte, de um relógio, por exemplo, que não possui consciência dos movimentos que manifesta ou da hora que indica. Assim também os caracteres de impressão e o papel não têm consciência das ideias que produzem. Assegurar que o cérebro

---

No entanto, a teoria de um fluido universal, criada por Mesmer e adotada pelo espiritismo, como origem de toda a matéria, considerando luz, eletricidade, calor, e demais forças como estados de vibração desse agente, mantém sua base conceitual coerente com os paradigmas atuais da ciência.

secreta o pensamento seria o mesmo que dizer que o relógio secreta a hora ou a ideia do tempo [...] Não é preciso supor que foi a matéria quem criou a lei de ordem e de sucessão; seria isso cair no erro grosseiro dos materialistas. (BERNARD, 1952)

Claude Bernard era vitalista e advertiu que os pesquisadores da medicina iriam cair em erro se assumissem uma postura materialista reducionista. A literatura médica tem citado Claude Bernard, inadvertidamente, como iniciador do materialismo científico na medicina. É um erro histórico. Um simples exame de seus escritos afasta absolutamente essa hipótese.

Nessa mesma época, Helmholtz fez uma surpreendente declaração, um alerta que se tornou uma profecia:

Nossa geração tem sido obrigada a sofrer a tirania da metafísica espiritualista; provavelmente a geração mais nova terá que evitar a metafísica materialista [...] Por favor, não esqueçamos que o materialismo é uma hipótese metafísica. Se isto for esquecido, o materialismo se converterá num dogma que irá entorpecer o progresso da ciência e irá conduzir, como todos os dogmas, a uma intolerância violenta.[52]

E Helmholtz rejeitou, por suas convicções pessoais, tanto o vitalismo como o espiritualismo, mas também o materialismo dogmático.

A opção pela orientação materialista na ciência suscitou o seguinte comentário de Allan Kardec:

[...] pessoas há que só veem nos seres orgânicos a ação da matéria e a esta atribuem todos os nossos atos. No corpo humano apenas veem a máquina elétrica; somente pelo funcionamento dos órgãos estudaram o mecanismo da vida, cuja repetida extinção observaram, por efeito da ruptura de um fio, e nada mais enxergaram além desse fio. Procuraram saber se alguma coisa restava e, como nada acharam senão matéria, que se tornara inerte, como não viram a alma escapar-se, como não a puderam apanhar, concluíram que tudo se continha nas propriedades da matéria e que, portanto, à morte se seguia a aniquilação do pensamento. Triste consequência, se fora real, porque então o bem e o mal nada significariam, o homem teria razão para só pensar em si

---

52 Transcrito por LEAKE, CHAUNCEY D. [1964]. *Perspectives of Adaptation: Historical Backgrounds in Handbook of Physiology*, vol. IV, ed. D. B. Dill et al., Amer. Physiological Soc., 1964.

> e para colocar acima de tudo a satisfação de seus apetites materiais; quebrados estariam os laços sociais e as mais santas afeições se romperiam para sempre. Felizmente, longe estão de ser gerais semelhantes ideias, que se podem mesmo ter por muito circunscritas, constituindo apenas opiniões individuais, pois que em parte alguma ainda formaram doutrina. Uma sociedade que se fundasse sobre tais bases traria em si o gérmen de sua dissolução e seus membros se entredevorariam como animais ferozes. (KARDEC, 1857, p. 109)

E assim a medicina do século 19 decidiu consolidar-se numa posição dogmática, levando em consideração apenas os fenômenos físico-químicos para explicar uma natureza que transcende esses limites. Foi influenciada também pelo empirismo, pela filosofia positivista e pelo nascente materialismo filosófico, que não era novo na medicina, mas insistia em dominá-la, mesmo depois de dois milênios de desprezo pela vida, tirando o sangue, queimando, dilacerando e purgando as carnes. Com esse movimento, ela relegava à sua margem as terapias derivadas da ciência vitalista.

Renunciando às causas primeiras, a comunidade científica abandonou voluntariamente o espírito. O universo passou a ser considerado um desabitado e inerte amontoado de substâncias observáveis. Contaminando todos os ramos do saber, uma nova estrutura de poder e dominação, comparável à Igreja em seus tempos de glória terrena, surge na ciência, monopolizando, gerenciando e mantendo dentro dos limites materialistas quase a totalidade dos recursos sociais, econômicos, políticos e acadêmicos. Teve início a entronização do materialismo, substituindo a anterior dominação pela Igreja. Isso ocorreu após a revolução francesa pelos ideólogos, pensadores e cientistas materialistas, como Garat, Destutt de Tracy, Volney, que impuseram suas ideias nos cursos de ciências morais e políticas. Mas não foi esse o único fenômeno cultural do século 19. O espiritualismo racional surgiria como uma grande força na França, se espalhando pelo mundo. Remetemos aqui à pesquisa que apresentamos em *Revolução Espírita – a teoria esquecida de Allan Kardec* quanto à reação espiritualista ocorrida na universidade francesa, lutando de um lado contra o fanatismo religioso e de outro contra a negação materialista dos ideólogos. Professores como Royer-Collard, Victor Cousin, Theódore Jouffroy, Paul Janet, construíram a sólida tradição das ciências filosóficas. Essa filosofia, ensinada nos colégios e faculdades, criou um cenário cultural favorável no século 19, permitindo a recuperação e florescimento das ciências do magnetismo animal e da homeopatia, como também abrindo caminho para o surgimento do espiritismo, como afirma Kardec:

> "Se todos esses sistemas [dos espiritualistas racionais] não chegaram à verdade completa, é incontestável que vários dela se aproximaram ou a roçaram, e que a discussão que deles foi a consequência, preparou o caminho dispondo os espíritos a essa espécie de estudo. Foi nessas circunstâncias, eminentemente favoráveis, que chegou o Espiritismo; mais cedo, teria se chocado contra o materialismo todo-poderoso; num tempo ainda mais recuado, teria sido abafado pelo fanatismo cego". (*Revista Espírita*, 1863, p. 196)

As circunstâncias favoráveis citadas por Kardec são uma referência ao espiritualismo racional liderado por Victor Cousin na universidade francesa, mais cedo, ao materialismo aos ideólogos após a grande revolução, e mais recuado ainda, ao fanatismo ao poder da igreja durante o antigo regime. Para Kardec, o espiritismo pode ser considerado "um desenvolvimento do espiritualismo racional", vejamos:

> "A mais da enérgica reação se opera em favor das ideias espiritualistas, e, como dissemos, toda defesa do espiritualismo racional abre o caminho do Espiritismo, que dele é o desenvolvimento, combatendo os seus mais tenazes adversários: o materialismo e o fanatismo". (*Revista Espírita*, 1868, p. 223)

Um dos professores universitários e pesquisadores do espiritualismo racional, G. H. Love, em sua obra *Du Spiritualisme rationnel*, tendo lido um livro de Allan Kardec, constatou a aproximação das ideias entre sua pesquisa acadêmica e a doutrina espírita:

> "Em *O que é o Espiritismo?*, examinando-se esta doutrina, é impossível não notar quanto sua moral é clara, homogênea, consequente consigo mesma. A moral, tal como a compreendo e tal como a deduzi de noções científicas, não temo reconhecê-lo, tem numerosos pontos de contato com aquela transmitida pelos médiuns do Sr. Allan Kardec" (LOVE, *Du Spiritualisme rationnel*, Paris: Librarie acadêmique, Didier et C., 1862).

Desse modo, a ciência espírita, – movimento espiritual articulado e premeditado pelos espíritos anunciadores da regeneração da humanidade –, no ambiente físico, surgia no momento certo, em virtude do desenvolvimento da razão humana e como consequência natural de ciências como o vitalismo, o magnetismo animal, o sonambulismo provocado, e, como vimos, o espiritualismo racional. Sua doutrina confirmou as bases filosóficas e científicas de todas essas ciências, permitindo que se conhecesse a verdadeira fisiologia humana, em toda a sua complexidade.

> Foram fecundos em milagres os séculos de ignorância, porque se considerava sobrenatural tudo aquilo cuja causa não se conhecia. À proporção que a ciência revelou novas leis, o círculo do maravilhoso se foi restringindo; mas, como a ciência ainda não explorara todo o vasto campo da natureza, larga parte dele ficou reservada para o maravilhoso. Expulso do domínio da materialidade pela ciência, o maravilhoso se encastelou no domínio da espiritualidade, onde encontrou o seu último refúgio. Demonstrando que o elemento espiritual é uma das forças vivas da natureza, força que incessantemente atua em concorrência com a força material, o espiritismo faz que voltem ao rol dos efeitos naturais os que dele haviam saído, porque, como os outros, também tais efeitos se acham sujeitos a leis. Se for expulso da espiritualidade, o maravilhoso já não terá razão de ser e só então se poderá dizer que passou o tempo dos milagres. (KARDEC, 1868, p. 261)

Arguidos por Allan Kardec sobre este assunto, os espíritos assim responderam:

> O fisiologista refere tudo ao que vê. Orgulho dos homens, que julgam saber tudo e não admitem que haja coisa alguma que lhes esteja acima do entendimento. A própria ciência que cultivam os enche de presunção. Pensam que a natureza nada lhes pode conservar oculto. (KARDEC, 1857, p. 109)

X - A MEDICINA INTEGRAL

Allan Kardec tinha um posicionamento bastante crítico em relação aos exageros da medicina alopática de seu tempo, e denunciou suas contradições. Num artigo da *Revista Espírita*, fez uso de uma comparação para esclarecer suas ideias. Nela, um grupo de médicos estava sendo interrogado para verificar se eles eram contraditórios ou não:

> Interroguemos o grupo de doutores: Um deles, médico da Faculdade de Paris, centro de luzes, diz que todas as moléstias têm por princípio um sangue viciado e que, por isso, é preciso renovar o sangue, sangrando, seja qual for o caso.
>
> Errais, meu caro confrade, replica um segundo, o homem nunca tem sangue demais; se o tirais, tirais-lhe a vida; concordo que o sangue possa estar viciado; mas o que é que se faz quando um vaso está sujo? Ninguém o quebra, procura-se lavá-lo; então, daí purgantes, purgantes até limpar.
>
> Um terceiro toma a palavra e diz: senhores, com as vossas sangrias matais os doentes e com os vossos purgantes os envenenais; a natureza é mais sábia que nós todos; deixemo-la atuar; esperemos.
>
> – É isto, replicam os dois primeiros, se matamos os nossos doentes, vós os deixais morrer.
>
> Os ânimos se alteram, quando um quarto diz: – Não os ouça: são todos uns ignorantes. Eu nem sei por que eles pertencem á Academia! Acompanha o meu raciocínio: todo doente é fraco; há, portanto, um enfraquecimento dos órgãos. Isto é lógica pura, ou eu não me conheço mais. Há, pois, que lhe dar tônus. Mas para isto só há um remédio: água fria! Daí não me afasto. (*Revista Espírita*, 1858, p. 221)

Na época de Kardec, os médicos, sem fazer uso do modo experimental científico, lutavam entre si para instituir as mais diversas panaceias, sonhando encontrar, no acaso de suas imaginações, uma teoria exclusiva para a cura de toda e qualquer doença. Tudo isso estava acontecendo cinquenta anos depois do surgimento do magnetismo animal.

Os especialistas materialistas, negando a existência do princípio espiritual preexistente ao nascimento, fazem do organismo a única fonte das faculdades e das inclinações, como uma máquina movida fatalmente por uma força irresistível.

> Ó vós todos, médicos e sábios que pesquisais com tanta avidez os menores casos patológicos insólitos para transformá-los em assunto de meditação, porque não estudais com o mesmo cuidado esses fenômenos estranhos, que, com razão, podem ser qualificados de patologia moral! Porque não buscais deles vos dar conta, descobrir-lhes a fonte! Com isto a humanidade ganharia tanto quanto ganhou pela descoberta do filete nervoso. Infelizmente a maioria dos que não desdenham ocupar-se com essas questões o faz partindo de uma ideia preconcebida, à qual tudo querem sujeitar: o materialista às leis exclusivas da matéria, o espiritualista à ideia que faz da natureza da alma, conforme suas crenças. Antes de concluir, o mais sábio é estudar todos os sistemas, todas as teorias, com imparcialidade e ver o que resolve melhor e mais logicamente o maior número de dificuldades. (*Revista Espírita*, 1866, p. 173)

Segundo o espiritismo, o homem é composto de três princípios que lhe são essenciais: o corpo, o perispírito e o espírito. Essa tese revoluciona o vitalismo, ampliando a compreensão dos fenômenos fisiológicos. Esses princípios reagem um sobre o outro e, conforme haja harmonia perfeita ou uma parcial discordância entre eles, acontecerá a saúde ou a doença.

> Se a doença ou a desordem orgânica, como se queira chamar, procede do corpo, os medicamento materiais, sabiamente empregados, bastarão para restabelecer a harmonia geral. Se a perturbação vier do perispírito, se for uma modificação do princípio fluídico que o compõe, que se acha alterado, será preciso uma modificação em relação com a natureza do órgão perturbado, para que as funções possam retomar seu estado normal. Se a doença proceder do espírito, não se poderia empregar, para a combater, outra coisa senão uma medicação espiritual. Se, enfim, como é o caso mais geral, e, pode mesmo dizer-se, que se apresenta exclusivamente, se a doença procede do corpo,

do perispírito e do espírito, será preciso que a medicação combata simultaneamente todas as causas da desordem por meios diversos, para obter a cura. (espírito doutor Morel Lavallée *in Revista Espírita*, 1867, pp. 55-56)

O PERISPÍRITO FOI REVELADO PELOS ESPÍRITOS

O conhecimento do perispírito, ainda que primitivo, remonta à Antiguidade, mas foi relegado para as ciências ocultas. A ciência voltou a perceber seus efeitos a partir do magnetismo animal.

Se Mesmer chegou a conhecer a existência do corpo espiritual, não deixou uma descrição explicita em suas obras. Entretanto, em suas *Memórias* de 1799, ele descreve uma teoria para os fenômenos do sonambulismo magnético e a lucidez sonambúlica em que as propriedades do segundo corpo são anunciadas. O perispírito não nasceu de um sistema filosófico ou de uma simples dedução. Foi pela experimentação por meio do sonambulismo magnético que ele foi constatado. Os pesquisadores do magnetismo animal da primeira metade do século 19, Lafontaine, du Potet, Deleuze e outros, constataram a exteriorização do corpo espiritual e seus fenômenos.

O homem é formado de alma e corpo, e a influência que ele exerce emana das propriedades de ambos. O fluido magnético é o elemento de comunicação. Consequentemente verificam-se três ações no magnetismo: ação física, ação espiritual, ação mista. (DELEUZE, 1813, p. 165)

É importante aqui destacar que a teoria proposta originalmente por Mesmer adotava uma hipótese de física para explicar o fenômeno da relação entre o magnetizador e o sujet, (tendo uma finalidade terapêutica ou a indução ao sonambulismo), que contrariava o paradigma mecanicista aceita em seu tempo. A comunidade científica, liderada por Lavoisier e Laplace, aceitava a existência de um vazio onde estavam mergulhados os átomos da matéria. Desse modo, para explicar os fenômenos que agiam à distância, como calor, eletricidade e magnetismo, criaram o conceito de matéria imponderável e invisível, representada pelos átomos dos fluidos calórico, elétricos e magnéticos. Outros pensadores, para elucidar o movimento animal, criaram a hipótese de outra substância, o fluido vital.

Mesmer não concordava com essas ideias mecanicistas, pois os fenômenos que observava, como uma ação dinâmica ou indução de seu organismo saudável no sentido de acelerar o processo natural de cura do paciente, pressupunha uma indução e não uma transferência de substância de um corpo a outro. Na lucidez sonambúlica, por exemplo, Mesmer observou a transmissão de pensamento e da vontade entre o sonâmbulo e o magnetizador, o que pressupunha um meio que permitisse uma modulação[53] para transmitir imagens, ideias; o que não seria possível numa ação mecânica de transmissão de uma substância, essa hipótese não explicava nenhum desses fenômenos observados. Ou seja, o pensamento deixava de ser um epifenômeno (efeito secundário, condicionado pelos processos da fisiologia humana) e se tornava comunicável e perceptível à distância, causando influência mútua entre os seres:

> Parece que o pensamento, tal como um quadro, uma pintura ou um texto, pode se fixar no espaço nas diferentes organizações apropriadas a esse fim; - exatamente como no cérebro o pensamento está sempre criando, através do que chamamos de memória ou imaginação, ele pode também ser repetido e reproduzido em outras substâncias. Disso temos um exemplo evidente no espelho, que reflete e reproduz fielmente as cores, formas e posições de milhares e milhares de objetos em cada ponto de sua exposição. (MESMER, *Mesmerismus*)

Atualmente é mais fácil compreender essa explicação quando consideramos as ondas eletromagnéticas como meio de transmissão das imagens, sons, textos, por instrumentos como satélite, televisão, celulares, computadores. Na época, o exemplo disponível era apenas o espelho. Mesmo assim, Mesmer percebeu o alcance da compreensão dessa descoberta:

> Que enorme campo de investigações e conhecimentos se abre com a incessante pesquisa do sentido interior! Compreender-se-á, por fim, que o ser humano, através dessa capacidade, está em contato ou em ação recíproca com toda a natureza; que o exercício dessa capacidade jamais termina e que apenas os seus efeitos poderão ser interrompidos e passar despercebidos através de todos os estímulos provindos dos sentidos externos. Desse modo, como estes últimos são mais intensos, eles superam os outros, assim como a presença do sol

---

53   A modulação é o processo por meio do qual as características do sinal (tonalidade, frequência, intensidade) são modificadas com a finalidade de transmitir as informações.

nos priva, durante o dia, da visão das estrelas. E tudo o que existe de verdadeiro e inquestionável nos fenômenos do sonambulismo, das profecias, das sibilas, dos oráculos, da magia, da feitiçaria, da demonologia será esclarecido por essa teoria. (*Idem*)

O que antes era considerado magia, feitiçaria, profecia, passa a ter uma explicação racional por meio dessa teoria. O desenvolvimento natural dessas ideias propostas por Mesmer e o avanço das pesquisas no século seguinte pelos magnetizadores criaria a base cultural apropriada para abrir o caminho ao surgimento da doutrina espírita. Mas ainda faltava dar à teoria uma fundamentação adequada quanto à física. E a hipótese de um fluido vital, como substância, não esclarecia os fenômenos da transmissão do pensamento. Fazia mais sentido para Mesmer explica-los à semelhança das ondas sonoras. A vibração da corda de um instrumento induz uma corda à distância, na mesma afinação, a vibrar também. A ondulatória dos estados de vibração do fluido universal foi a teoria que criou, em oposição ao mecanicismo da teoria oficial dos fluidos imponderáveis. A complexidade do pensamento, para ser transmitido por um meio, requer variáveis como a intensidade e demais características da modulação das vibrações, o que por uma simples emissão de uma substância não poderia ocorrer. Essa foi a proposta original de Mesmer quando criou sua revolução na medicina e uma explicação para o sexto sentido, como meio de comunicação do ser com toda a natureza:

> A experiência em questão demonstrou que essa essência primordial assim disposta tem algo em comum com o fogo, não sendo, absolutamente, uma substância, mas um movimento, como o som no ar, a luz no éter, modificado numa determinada sequência do fluido global. Todavia esse fluido ou essa sequência não é o do fogo comum, nem o da luz, nem o que observamos no ímã e na eletricidade, mas pertence a uma classe superior a todos em relação à sutileza e mobilidade; é possível que ele seja aquele que penetra a substância nervosa e cuja homogeneidade e imediata continuidade podem colocá-lo em contato recíproco com toda a natureza. (MESMER, *Mesmerismus*)

Além disso, a teoria também deveria explicar o principal, que era o feito da cura pelo magnetismo animal. Segundo ele, há um meio cuja vibração coloca em relação os organismos do magnetizador e do paciente. O estado saudável do terapeuta atua como uma ação dinâmica que induz o organismo doente a apressar sua recuperação da saúde. Poderíamos comparar essa ideia com a teoria de Hahnemann, criador da homeopatia. O magnetismo animal, com agente da cura, atua como uma ação homeopática do corpo saudável do magnetizador sobre o paciente:

> Para que dois indivíduos possam atuar tão intensamente quanto possível um sobre o outro, é necessário, portanto, que se coloquem frente a frente. Nessa posição eles suscitam de modo harmonioso a tensão de suas capacidades, e podem ser considerados como se formassem um todo único. Num ser humano isolado, assim que uma parte sofre, toda a atividade vital se volta para esta parte para aniquilar a causa do sofrimento; também assim atua quando dois seres humanos atuam um sobre o outro, toda a atividade desta união sobre a parte doente com um aumento proporcional da quantidade da força. (Idem)

No século seguinte, a teoria dos fluidos imponderáveis, que, como dissemos, foi proposta por cientistas como Lavoisier e Laplace, apesar de sabermos hoje ser falsa, estava consagrada. Isso esclarece porque a explicação inédita de Mesmer para a cura ficou um tanto diluída, pela complexidade de compreensão da sua teoria dos estados de vibração do fluido universal, que substituía o mecanicismo pela ondulatória. Futuramente, os espíritos superiores que ensinaram Kardec explicariam que a teoria do fluido universal aproximava-se da realidade, enquanto a teoria mecanicista dos fluidos especiais ou imponderáveis, então aceita, estava equivocada:

> Há um fluido etéreo que enche o espaço e penetra os corpos. (...) São-lhe inerentes as forças que presidiram às metamorfoses da matéria, as leis imutáveis e necessárias que regem o mundo. (...) Os movimentos vibratórios do agente são conhecidos sob os nomes de som, calor, luz, etc. (*A gênese*, p. 111)

Mais especificamente quanto ao fenômeno da vida, Allan Kardec vai questionar quanto à existência ou não do fluido vital, ou hipótese de uma substância particular, com existência própria. A resposta dos espíritos será que não, o princípio vital é um dos estados de vibração do fluido cósmico ou universal. Vejamos:

> Será o princípio vital alguma coisa particular, que tenha existência própria? Ou, integrado no sistema da unidade do elemento gerador, apenas será um estado especial, uma das modificações do fluído cósmico, pela qual este se torne princípio de vida, como se torna luz, fogo, calor, eletricidade? É neste último sentido que as comunicações acima reproduzidas resolvem a questão. (*A gênese*, p. 198)

Ou seja, contrariando a hipótese da época de que as forças seriam substâncias feitas de átomos imponderáveis e invisíveis, os espíritos as explicam como "movimentos vibratórios" do fluido universal, como proposto inicialmente por Mesmer! Essa teoria iria se consagra somente no século seguinte, quando do surgimento da física moderna e da descoberta das ondas eletromagnéticas, superando em definitivo a hipótese de que as forças seriam substâncias (fluidos imponderáveis).

Contrariando o senso comum, portanto, a cura pelo magnetismo animal não se dá pela transmissão de uma substância (fluido vital) do magnetizador para o paciente. Mas sim por uma ação dinâmica, uma indução, – por meio do passe, imposição de mãos e outros recursos –, ao processo natural de cura do próprio doente (pela *vis medicatrix naturae*), a mesma explicação adotada por Hahnemann quanto aos medicamentos homeopáticos, que, em sua obra Organon, não só adotou o tratamento do magnetismo animal, como descreveu a ação homeopática dos passes:

> A vontade firme de um homem bem intencionado faz afluir no corpo do enfermo, funcionando de um modo homeopático, ao excitar sintomas semelhantes ao da enfermidade, por meio de passes, deslizando lentamente as palmas das mãos à frente do corpo do paciente do topo da cabeça até a ponta dos pés. (HAHNEMANN, 1848, p. 227)

Para os magnetizadores do século 19, porém, um movimento que se estabeleceu ante do advento do espiritismo, ocorreu uma confusão quanto ao entendimento da teoria da cura e da natureza desse agente magnético. Vejamos o que afirma o barão du Potet. Fazendo uso da teoria de Mesmer e também da Física, que em seu tempo fazia uso da teoria dos fluidos especiais, ele explica adequadamente os ensinamentos de seu mestre, mas faz uso do elemento "fluido magnético", substância negada na teoria original:

> É um fluido mais sutil que a própria luz e que atravessa os corpos densos que a luz não penetra. A alma se reveste desse fluido e o torna

seu ambiente. Ela recebe e ao mesmo tempo exterioriza suas impressões através desse ambiente que a cerca. Nada chega à alma sem que o fluido ao seu redor seja afetado. Esse fluido, também designado de fluido magnético, explica todos os fenômenos provocados pelo pensamento. Os fenômenos físicos produzidos são por vezes muito caprichosos e incertos. Quanto à virtude ou eficácia, o fluido pode ora ser tônico e sedativo, agir sobre a sensibilidade ou sobre o corpo físico. (DU POTET, 1840)

Quem também desenvolve o assunto é outro magnetizador, Charpignon. Ele considera uma parte não observável do ser humano, mas, enquanto Mesmer considerava a capacidade de fazer vibrar o fluido universal como meio de transmissão do pensamento, da vontade, do esforço pela cura, Charpignon vai estabelecer a existência de uma substância, um fluido imponderável, fugindo da teoria original quanto à física. Vejamos o que ele afirmou, em 1842:

> As considerações psicológicas a que acabamos de nos entregar tiveram como resultado fixar-nos na necessidade de admitir, na composição da individualidade humana, uma verdadeira tríade, e achar neste composto trinário um elemento de uma natureza essencialmente diferente das duas outras partes, elemento perceptível antes por suas faculdades fenomenais que por suas propriedades constitutivas; porque a natureza de um ser espiritual escapa aos nossos meios de investigação. O homem é, pois, um ser misto, um organismo de composição dupla, a saber: combinação de átomos formando os órgãos e um elemento de natureza material, mas indecomponível, dinâmica por essência, numa palavra, um fluido imponderável. Isto quanto à parte material, Agora, como elemento característico da espécie hominal: é um ser simples, inteligente, livre e voluntário, que os psicólogos chamam alma. (CHARPIGNON, 1842, p. 355)

Tudo ficaria mais claro com o advento do espiritismo. Seguindo a orientação dos espíritos superiores, Kardec criou o termo perispírito e, por meio da mediunidade, eles revelaram detalhes sobre ele:

> Esse segundo invólucro da alma, ou perispírito, existe, pois, durante a vida corpórea; é o intermediário de todas as sensações que o espírito percebe e pelo qual transmite sua vontade ao exterior e atua sobre

os órgãos do corpo. Para nos servirmos de uma comparação material, diremos que é o fio elétrico condutor, que serve para a recepção e a transmissão do pensamento; é, em suma, esse agente misterioso, imperceptível, conhecido pelo nome de fluido nervoso, que desempenha tão grande papel na economia orgânica e que ainda não se leva muito em conta nos fenômenos fisiológicos e patológicos.

O perispírito não constitui uma dessas hipóteses de que a ciência costuma valer-se para a explicação de um fato. Sua existência não foi apenas revelada pelos espíritos, resulta de observações, como teremos ocasião de demonstrar. [...] Quer durante a sua união com o corpo, quer depois de separar-se deste, a alma nunca está desligada do seu perispírito. (KARDEC, 1861, p. 78)

O corpo fluídico é o órgão cuja radiação transporta a percepção além dos sentidos materiais. Esta faculdade, segundo Kardec, caracteriza o sexto sentido, ou sentido espiritual, constituindo a causa de dois efeitos semelhantes: o sonambulismo e a mediunidade. A importância de seu reconhecimento para a fisiologia da alma é de capital importância para uma medicinal integral.

Tomando em consideração apenas o elemento material ponderável, a medicina, na apreciação dos fatos, se priva de uma causa incessante de ação. [...] Somente faremos notar que no conhecimento do perispírito está a chave de inúmeros problemas até hoje insolúveis. (KARDEC, 1861, p. 78)

O perispírito abre um novo campo de estudos para a fisiologia. Oliver Lodge classificou o espiritismo de "nova revolução copernicana". Assim como Copérnico rompeu de vez o equívoco do geocentrismo, a revolução espírita desloca dos organismos materiais o conceito de vida, rompe o organocentrismo da biologia moderna e reduz a uma simples confusão do efeito pela causa o chamado *materialismo psicológico*.

Se a questão do homem espiritual permaneceu até os nossos dias em forma de teoria, é que nos faltaram os meios diretos de observação que tivemos para constatar o estado do mundo material, e o campo ficou aberto às concepções do espírito humano. Enquanto o homem não conheceu as leis que regem a matéria e não pôde aplicar o método experimental, errou de sistema em sistema, no tocante ao mecanismo do universo e à formação da Terra. Deu-se na ordem moral o mesmo que na ordem física; para determinar as ideias faltou--nos o elemento essencial: o conhecimento das leis do princípio espiritual. Esse conhecimento estava reservado à nossa época, como o das leis da matéria foi obra dos dois últimos séculos. Até o presente, o estudo do princípio espiritual, compreendido na metafísica, tem sido puramente especulativo e teórico; no espiritismo é inteiramente experimental. (PIRES, 1971)

Com o advento do espiritismo, reuniam-se em um só corpo as bases fundamentais da sabedoria; a ciência, a filosofia e suas consequências morais finalmente estavam juntas – sem misticismo, sem superstições, sem os desencontros da metafísica empírica.

Estando o mundo espiritual e o mundo material em incessante contato, os dois são solidários; ambos têm a sua parcela de ação na Gênese. Sem o conhecimento das leis que regem o primeiro, tão impossível seria constituir-se uma Gênese completa, quanto a um estatuário dar vida a uma estátua. Somente agora, conquanto nem a ciência material, nem a ciência espiritual hajam dito a última palavra, possui o homem os dois elementos próprios a lançar luz sobre esse imenso problema. Eram-lhe absolutamente indispensáveis essas duas chaves para chegar a uma solução, embora aproximativa. (KARDEC, 1868, pp. 92-93)

E o filósofo espírita Herculano Pires conclui, evidenciando a missão social do espiritismo, instrumento ideal para secundar a regeneração da humanidade:

Precisamos meditar para buscarmos a forma que nos falta de oferecer ao mundo a solução espiritual do problema social. De fazermos, enfim, que o espiritismo cumpra a sua missão histórica, vencendo a crise que o reduz, no momento, a uma luz bruxuleante em meio de densas trevas, a uma espécie de simples refúgio individual para as decepções e para as aflições humanas. Pois o seu destino, como assinalou sir Oliver Lodge, não é apenas o de consolar corações desalentados, mas o de rasgar para o mundo as perspectivas de uma nova era. Se a fé dogmática determinou o fanatismo religioso da Idade Média, com suas fogueiras sinistras, a fé raciocinada criará o positivismo religioso do terceiro milênio, com as piras da fraternidade acesas em todos os quadrantes do planeta. Porque, como já o dissera Kardec, a tarefa do espiritismo é a de elevar a Terra na escala dos mundos, transferindo-a da categoria expiatória para a de mundo regenerador. (PIRES, 1971)

Para proclamar tão grande sabedoria não seria suficiente a dedicação e o conhecimento de um só homem. No entanto, uma grandiosa falange de sábios reuniu-se com o mestre de todos e o eco de suas vozes repercutiu em todo o universo. Moisés, Sócrates, Platão, Hipócrates, Franklin, Swedenborg, Hahnemann e o próprio Mesmer unem-se a Jesus e outros espíritos evoluídos para proclamarem uma doutrina que resume tudo o que a humanidade buscou por milênios, a doutrina dos espíritos.

O TEMPERAMENTO É UM EFEITO E NÃO UMA CAUSA

A teoria dos temperamentos da personalidade humana, derivada da antiga medicina galênica humoral, ainda era usada na medicina na época de Kardec. A psicologia moderna só teria início no século seguinte. A maioria dos médicos acreditava que a personalidade era determinada pelo tipo orgânico do indivíduo: o tipo sanguíneo, identificado pelo rosto rosado, corpo grande, gestos largos, teria um comportamento expansivo, alegre, bonachão. O fleumático seria melancólico, fechado, triste. E assim por diante. Com outra roupagem, essa ideia ainda permanece na medicina alopática atual.

Atualmente, os geneticistas, secundados pelos neurologistas e psicólogos materialistas, elaboraram a teoria de que os genes são os responsáveis pelos temperamentos e outras características da personalidade.

Steven Pinker é professor de psicologia da Universidade de Harvard. Para os norte-americanos, ele é um dos mais respeitados nomes da ciência cognitiva. Ele escreveu seu *Tábula rasa* (2004) para, entre outras coisas, combater diretamente a ideia de uma alma imaterial, dotada de livre-arbítrio, responsável pelas ações do indivíduo. O seu principal argumento é o que ele chama *primeira lei da genética comportamental*:

A primeira lei da genética comportamental é: todas as características de comportamento humano são hereditárias [...] O pobre coitado que é introvertido, neurótico, tacanho, egoísta e não confiável provavelmente é desse jeito em parte devido aos seus genes, e assim, muito provavelmente, é o resto de nós que tem tendências em quaisquer dessas direções. (PINKER, 2004)

Ou seja, da mesma forma que os médicos alopatas acreditaram desde Galeno no século 2, os partidários da genética comportamental imaginam que o corpo é a origem dos temperamentos.

No livro *O céu e o inferno*, Allan Kardec fez um estudo sobre a teoria dos temperamentos orgânicos que vale também como resposta para a hipótese da origem genética das características comportamentais. Usando o perispírito e outros conceitos descobertos pela ciência espírita, ele esclareceu que o controle sobre as emoções está nas condições morais do espírito que habita o corpo. Mesmo que o temperamento desse corpo oferecesse inclinações para determinadas reações, o espírito pode ter pleno domínio de suas atitudes. Um remédio material nunca poderia mudar as condições morais: isso só poderia ser feito pela educação moral – não uma educação moral pelos livros, mas a que transforma hábitos. Kardec conclui que:

> [...] esta lei explica o insucesso da medicina em certos casos. Desde que o temperamento é um efeito e não uma causa, todo o esforço para modificá-lo se nulifica ante as disposições morais do espírito, opondo-lhe uma resistência inconsciente que neutraliza a ação terapêutica. Por conseguinte, sobre a causa primordial é que se deve atuar. Dai, se puderdes, coragem ao poltrão e vereis para logo cessados os efeitos fisiológicos do medo. Isto prova ainda uma vez a necessidade, para a arte de curar, de levar em conta a influência espiritual sobre os organismos. (KARDEC, 1867, p. 86)

Diferente do que imaginam os médicos materialistas, a medicina é irmã da psicologia e da filosofia espiritualista com suas consequências morais. Apenas com a união das três faces de uma só sabedoria a humanidade irá dominar a dor e o sofrimento para sempre.

A medicina precisava voltar para as suas origens filosóficas, sem perder o necessário caráter científico. O espiritismo e o magnetismo animal são as ciências que examinam as questões metafísicas pelo método experimental. A pesquisa da fisiologia da alma abre novo campo de estudo médico. A medicina, em sua real dimensão, deve estar assentada sobre os firmes pilares da ciência evolutiva, da filosofia espiritualista e de suas consequências morais. Esses recursos teóricos e científicos são os recursos imprescindíveis para a compreensão das causas e dos mecanismos das doenças.

O físico teórico e escritor indiano Amit Goswami esclarece:

> Um nível crítico de confusão satura o mundo contemporâneo. Nossa fé nos componentes espirituais da vida – na realidade vital da consciência, dos valores, e de Deus – está sendo corroída sob o ataque implacável do materialismo científico. Por um lado, recebemos de braços abertos os benefícios gerados por uma ciência que assume a visão mundial materialista. Por outro, essa visão, predominante, não consegue corresponder às nossas intuições sobre o significado da vida. Nos últimos quatrocentos anos, adotamos gradualmente a crença de que a ciência só pode ser construída sobre a ideia de que tudo é feito de matéria – os denominados átomos, em um espaço vazio. Viemos a aceitar o materialismo como dogma, a despeito de sua incapacidade de explicar as experiências mais simples de nossa vida diária. Em suma, temos uma visão de mundo incoerente. As tribulações em que vivemos alimentaram a exigência de um novo paradigma – uma visão unificadora do mundo que integre mente e espírito na ciência. (GOSWAMI, 1993, p. 19)

Um médium da Sociedade de Paris, fundada por Kardec, recebeu uma comunicação coletiva, em 1º de novembro de 1866. A mensagem se constituía de uma série de pensamentos que vão se completando, cada um assinado por um nome diferente. Entre os espíritos comunicantes está Mesmer, que havia falecido 51 anos antes. A mensagem ilustra com muita clareza a necessária união da ciência médica com o progresso do magnetismo e do espiritismo. Dela destacamos os pensamentos abaixo.

> A medicina faz o que fazem os caranguejos espantados. (Doutor Demeure) Porque o magnetismo progride e, progredindo, esmaga a medicina atual, para a substituir proximamente. (Mesmer) A ciência é o progresso da inteligência. (Newton) Mas o que lhe é preferível é o progresso moral. (Jean Reynaud) A ciência ficará estacionária até que a moral a tenha atingido. (François Arago) Para desenvolver a moral é antes preciso desarraigar o vício. (Béranger) Para desarraigar o vício é preciso desmascará-lo. (Eugene Sue) É o que todos os espíritos fortes e superiores procuram fazer. (Jacques Arago) Mas nada, nada deve progredir mais momentaneamente do que a filosofia; ela deve dar um passo imenso, deixando estacionar a ciência e as artes, mas para elevá-las tão alto, quando for tempo, que essa elevação será muito súbita para vós hoje. Em nome de todos, são Luís. (*Revista Espírita*, 1867, pp. 82-84)

AS DIVERSAS CAUSAS DAS DOENÇAS

Segundo Allan Kardec:

> Na medicação terapêutica são necessários remédios apropriados ao mal. Não podendo o mesmo remédio ter virtudes contrárias: ser, ao mesmo tempo, estimulante e calmante, aquecer e esfriar, não pode convir a todos os casos. É por isto que não existe um remédio universal. (*Revista Espírita*, 1867, pp. 55-56)

Por isso, ele considerou a combinação dos três tratamentos terapêuticos da medicina – medicina comum, homeopatia e magnetismo animal – para atacar todas as causas das doenças.

> Esses materiais sãos podem ser fornecidos pelos medicamentos comuns in natura, por esses mesmos medicamentos em estado de divisão homeopática e, enfim, pelo fluido magnético, que não é senão a matéria espiritualizada. São três modos de reparação, ou melhor, de introdução e de assimilação dos elementos reparadores. Todos os três estão igualmente na natureza, e têm sua utilidade, conforme os casos especiais, o que explica porque um tem êxito onde outro fracassa, porque seria parcialidade negar os serviços prestados pela medicina ordinária. Em nossa opinião, são três ramos da arte de curar, destinados a se suplementar e se completar, conforme as circunstâncias, mas das quais nenhuma tem o direito de se julgar a panaceia universal do gênero humano. (*Revista Espírita*, 1867, pp. 55-56)

De acordo com uma teoria espírita patológica, apresentada por Kardec no artigo "Ensaio teórico das curas instantâneas", do ponto de vista fisiológico, as causas das doenças podem ser duas: ou se originam da matéria ou do fluido.

> Duas afecções que apresentam, na aparência, sintomas idênticos, podem ter causas diferentes. Uma pode ser determinada pela alteração das moléculas orgânicas e, neste caso, é necessário reparar, substituir, como me disseram, as moléculas deterioradas por outras sãs, operação que só se pode fazer gradualmente. A outra, por infiltração, nos órgãos sãos, de um fluido mau, que perturba as funções. Neste caso não se trata de reparar, mas expulsar. Esses dois casos requerem, no fluido curador, qualidades diferentes. (*Revista Espírita*, 1867, pp. 55-56)

Sendo assim, algumas doenças têm causa exclusivamente material:

> Certas doenças têm sua causa original na alteração mesma dos tecidos orgânicos. É a única admitida pela ciência até hoje. Em resumo, trata-se de reparar uma desordem orgânica pela introdução, na economia orgânica, de materiais sãos, substituindo materiais deteriorados [Nesses casos, o único recurso é a medicina comum:] Se a doença ou a desordem orgânica, como se queira chamar, procede do corpo, os medicamentos materiais, sabiamente empregados, bastarão para restabelecer a harmonia geral. (Espírito doutor Morel Lavallée *in Revista Espírita*, 1867, pp. 55-56)

O outro extremo é quando a causa é exclusivamente fluídica. Nesses casos, a medicina comum não funciona:

> Tal é o caso de grande número de doenças, cuja origem é devida aos fluidos perniciosos, dos quais é penetrado o organismo. Para obter a cura, não são moléculas deterioradas que devem ser substituídas, mas um corpo estranho que se deve expulsar. Desaparecida a causa do mal, o equilíbrio se restabelece e as funções retomam o seu curso. Concebe-se que em semelhantes casos os medicamentos terapêuticos, por sua natureza destinados a agir sobre a matéria, não tenham eficácia sobre um agente fluídico. Assim, a medicina ordinária é inoperante em todas as doenças causadas por fluidos viciados, e elas são numerosas. A matéria pode opor-se à matéria, mas a um fluido mau há que opor um fluido melhor e mais poderoso. (*Revista Espírita*, 1867, pp. 55-56)

Nos casos de afecções de causa fluídica, a terapia indicada é o magnetismo. Porém:

> A *medicina terapêutica* naturalmente falha contra os agentes fluídicos. Pela mesma razão, a *medicina fluídica* falha onde há que opor matéria a matéria. A medicina homeopática nos parece ser o intermediário, o traço de união entre esses dois extremos, e deve particularmente ter êxito nas afecções que poderiam chamar-se mistas. (*Revista Espírita*, 1867, pp. 55-56)

No entanto, como entre os três casos citados existem inúmeras variações em que as causas materiais e fluídicas se combinam, a medicina comum, a homeopatia e o magnetismo precisam conjugar seus esforços, de acordo com a predominância da causa:

> Se for a do mau fluido, após a expulsão é preciso a reparação. Se for a desordem orgânica, após a reparação é necessária a expulsão. A cura só é completa após a destruição das duas causas. É o caso mais comum. Eis porque os tratamentos terapêuticos muitas vezes necessitam ser completados por tratamento fluídico e reciprocamente. (*Revista Espírita*, 1867, pp. 55-56)

Portanto, nenhum dos três meios de cura – medicina comum, homeopatia e magnetismo animal – está destinado, isoladamente, a atender todas as causas. Uma combinação dos tratamentos, adequando-os a cada caso pelo exame das causas, é fundamental para o sucesso da medicina. Assim, Kardec concluiu:

> Seja qual for a pretensão de cada um destes sistemas à supremacia, o que há de positivo é que, cada um de seu lado, obtém incontestáveis sucessos, mas que, até agora, nenhum justificou estar na posse exclusiva da verdade. De onde há que concluir que todas têm sua utilidade e que o essencial é as aplicar adequadamente. (*Revista Espírita*, 1867, pp. 55-56)

REVENDO OS CONCEITOS DOGMÁTICOS

A medicina comum, o magnetismo animal e a homeopatia, combinados, têm os recursos para sanar os desequilíbrios de origem fisiológica, tanto do corpo, quanto do espírito. Por outro lado, às duas causas fisiológicas é preciso acrescentar a causa moral.

Nesse caso, o espiritismo veio oferecer uma terapia adequada:

> O espiritismo [...] cura, sobretudo, as doenças morais e são esses os maiores prodígios que lhe atestam a procedência. Seus mais sinceros adeptos não são os que se sentem tocados pela observação de fenômenos extraordinários, mas os que dele recebem a consolação para suas almas; aqueles a quem liberta das torturas da dúvida; aqueles a quem levantou o ânimo na aflição, que hauriram forças na certeza,

que lhes trouxe, acerca do futuro, no conhecimento do seu ser espiritual e de seus destinos. Esses os de fé inabalável, porque sentem e compreendem. (KARDEC, 1868, p. 327)

Os espíritos esclareceram a doença da alma:

> Se, enfim, a doença proceder da mente, do espírito; o perispírito e o corpo, postos sob sua dependência, serão entravados em suas funções, e nem é cuidando de um nem do outro que se fará desaparecer a causa. Não é, pois, vestindo a camisa-de-força num louco, ou lhe dando pílulas ou duchas, que se conseguirá repô-lo no estado normal. Apenas acalmarão seus sentidos revoltados; acalmarão os seus acessos, mas não destruirão o germe senão combatendo por seus semelhantes, fazendo homeopatia espiritual e fluidicamente, como se faz materialmente, dando ao doente, pela prece, uma dose infinitesimal de paciência, de calma, de resignação, conforme o caso, como se lhe dá uma dose infinitesimal de brucina, de digitalis ou de acônito. Para destruir uma causa mórbida, há que combatê-la em seu terreno. (Espírito doutor Morel Lavallée *in Revista Espírita,* 1867, p. 56)

O espiritismo oferece alguns recursos complementares, deduzidos de sua doutrina, imprescindíveis para completar o quadro da terapêutica, como a desobsessão, o magnetismo espiritual – que é a ação direta dos espíritos, quando evocados, para restabelecer a saúde – e a prece.

Revelada pelo espiritismo, a cura da obsessão é um recurso imprescindível para uma medicina integral. Desde a revelação da doutrina espírita, a cura das obsessões veio provar uma nova causa da loucura:

> Os casos de obsessão são tão frequentes que não é exagero dizer que nos hospícios de alienados mais da metade apenas têm a aparência de loucura e que, por isso mesmo, a medicação vulgar não tem efeito. Eis todo o segredo dessas curas, para as quais nem há palavras sacramentais, nem fórmulas cabalísticas: conversa-se com o espírito desencarnado, moraliza-se, educa-se-o, como se teria feito em sua vida. A habilidade consiste em saber tomá-lo pelo seu caráter, dirigir com tato as instruções que lhes são dadas, como o faria um instrutor experimentado. (*Revista Espírita,* 1866, p. 47)

Em alguns casos, a cura pode ocorrer exclusivamente pela educação do espírito obsessor, o que é uma prova inequívoca de ela ser a causa:

> A prova da participação de uma inteligência oculta, em tal caso, ressalta de um fato material: são as múltiplas curas radicais obtidas, nalguns centros espíritas, pela só evocação e doutrinação dos espíritos obsessores, sem magnetização, nem medicamentos e, muitas vezes, na ausência do paciente e a grande distância deste. (KARDEC, 1868, p. 229)

A doutrinação do espírito obsessor pode, de acordo com o caso, proporcionar uma cura sem demora. Kardec descreveu um caso de cura de uma jovem de vinte e dois anos que gozava de saúde perfeita e, entretanto, foi acometida de um súbito surto de loucura. Os médicos, depois de enfrentarem inutilmente as crises que se agravavam, recomendaram a sua internação num hospício de alienados. Depois de evocarem o espírito obsessor por oito sessões seguidas, ele renunciou a atormentar a vítima e a doente ficou curada.

> Entre mil outros, este fato é uma nova prova da existência da *loucura obsessional*, cuja causa é outra que não a loucura patológica, e ante a qual a ciência falhará enquanto se obstinar em negar o elemento espiritual e sua influência sobre a economia. Aqui o caso é bem evidente: uma jovem, de tal modo apresentando os caracteres da loucura, a ponto de se enganarem os médicos e que é curada a léguas de distância por pessoas que jamais a viram, sem nenhum medicamento ou tratamento médico, pela só moralização do obsessor. (*Revista Espírita*, 1866, p. 45)

Por sua vez, a prece, compreendida como uma ação fluídica dirigida pela vontade e o firme propósito de curar, é também um recurso terapêutico importante para a medicina. A prece dita em voz alta tem a sua razão de ser quando se deseja contagiar aqueles que se reúnem com um só propósito, de modo a concentrá-los em uma força coesa. A prece dita junto ao doente tem o poder de envolver aqueles que o assistem e mesmo dissipar a tristeza, fazendo com que todos suportem os sofrimentos com coragem:

> A prece é o veículo dos fluidos espirituais mais poderosos, e é como um bálsamo salutar para as feridas da alma e do corpo. Atrai todos os seres para Deus e, de certo modo, faz a alma sair da espécie de letargia

em que se acha mergulhada, quando esquece os deveres para com o seu Criador. Dita com fé, provoca nos que a ouvem o desejo de imitar os que oram, porque o exemplo e a palavra também levam fluidos magnéticos de grande força. [...] a prece de várias pessoas forma um feixe que sustenta e fortifica a alma pela qual é feita; dá-lhe força e resignação. (Espírito são Bento *in Revista Espírita*, 1866, p. 50)

Quem esclareceu o poder fluídico da prece foi o espírito de Franz Anton Mesmer, em comunicação de 18 de dezembro de 1863:

A vontade tanto desenvolve o fluido animal quanto o espiritual, porque, todos sabeis agora, há vários gêneros de magnetismo, em cujo número estão o magnetismo animal e o magnetismo espiritual, que, conforme a ocorrência, pode pedir apoio ao primeiro. Um outro gênero de magnetismo, muito mais poderoso ainda, é a prece que uma alma pura e desinteressada dirige a Deus. (*Revista Espírita*, 1864, p. 7)

As curas mediúnicas são obtidas por uma simples imposição de mãos, ou mesmo uma ação à distância. Ela ocorre quando os bons espíritos são evocados pela prece para prestarem o seu auxílio:

As curas instantâneas são uma variedade da ação magnética. Como se vê, elas repousam num princípio essencialmente fisiológico e nada têm de mais miraculoso que os outros fenômenos espíritas. Compreende-se desde logo porque essas espécies de curas não são aplicáveis a todas as doenças. Sua obtenção se deve, ao mesmo tempo, à causa primeira do mal, que não é a mesma em todos os indivíduos, e às quantidades especiais do fluido que se lhe opõem. Disso resulta que tal pessoa que produz efeitos rápidos nem sempre é indicada para um tratamento magnético regular, e que excelentes magnetizadores são impróprios para curas instantâneas.

As curas instantâneas, que ocorrem nos casos em que a predominância fluídica é, por assim dizer, exclusiva, jamais poderão tornar-se um meio curativo universal. Não são, consequentemente, chamadas a suplantar nem a medicina, nem a homeopatia, nem o magnetismo comum.

A cura instantânea radical e definitiva pode ser considerada como um caso excepcional, visto que é raro: primeiro, que a expulsão do mau fluido seja completa no primeiro golpe; segundo, que a causa fluídica não seja acompanhada de alguma alteração orgânica, o que obriga, num caso como no outro, a olhar várias vezes.

Enfim, não podendo os maus fluidos provir senão de maus espíritos, sua introdução na economia orgânica se liga muitas vezes à obsessão. Daí resulta que, para obter a cura, é preciso tratar, ao mesmo tempo, o doente e o espírito obsessor.

Estas considerações mostram quantas coisas há que levar em conta no tratamento das moléstias e quanto ainda resta a aprender a tal respeito. Além disso, vêm confirmar um fato capital, que ressalta da obra A gênese, é a aliança do espiritismo e da ciência. O espiritismo marcha no mesmo terreno que a ciência, até os limites da matéria tangível. Mas, ao passo que a ciência se detém nesse ponto, o espiritismo continua seu caminho e procede a suas investigações nos fenômenos da natureza com o auxílio dos elementos que colhe no mundo extramaterial. Só aí está a solução das dificuldades contra as quais se choca a ciência. (Revista Espírita, 1868, p. 89)

A CURA DEFINITIVA E INTEGRAL

Em última instância, a verdadeira e definitiva cura física e psicológica passa pelo domínio consciente dos instintos materiais e pela formação de uma personalidade sadia por meio da ação efetiva da vontade no sentido de sua educação moral e intelectual, num despertar das forças latentes da alma.

O espírito é quem dá à carne as qualidades correspondentes ao seu instinto, tal como o artista que imprime à obra material o cunho do seu gênio. Libertado dos instintos da bestialidade, elabora um corpo que não é mais um tirano de sua aspiração, para espiritualidade do seu ser, e é quando o homem passa a comer para viver e não mais vive para comer. A responsabilidade moral dos atos da vida fica, portanto, intacta; mas a razão nos diz que as consequências dessa responsabilidade devem ser proporcionais ao desenvolvimento intelectual do espírito. Assim, quanto mais esclarecido for este, menos desculpável se torna, uma vez que com a inteligência e o senso moral nascem as noções do bem e do mal, do justo e do injusto. Esta lei explica o insucesso da medicina em certos casos. Isto prova ainda uma vez a necessidade, para a arte de curar, de levar em conta a influência espiritual sobre os organismos. (Revista Espírita, 1869, p. 65)

A educação é, enfim, o mais eficaz instrumento à disposição da medicina para a cura do homem. Liberta-o das amarras da animalidade e descobre as potencialidades de sua própria essência espiritual.

Uma ligação íntima entre a medicina, a psicologia e a pedagogia é o elo essencial para se alcançar a cura definitiva do homem integral. E isso não é uma novidade: "Em verdade, no que tange à saúde ou à doença, à virtude ou ao vício, não há medida regular ou falta de medida que sejam de maior consequência que as da alma em relação ao corpo", afirmou Platão em *Timeu e Crítias*.

Ou seja, a verdadeira medicina é uma harmônica associação das terapias de ordem material, vitalista, mental e espiritual – para atingir o único e primordial objetivo da medicina, como afirmaram Hipócrates, Paracelso, Descartes, Mesmer, Hahnemann e Claude Bernard: "conservar a saúde e curar os doentes".

PARTE 3:

OBRAS ORIGINAIS DE MESMER

PRÉCIS
HISTORIQUE
DES FAITS RELATIFS
AU
MAGNÉTISME-ANIMAL
JUSQUES EN AVRIL 1781.

Par M. MESMER, *Docteur en Méde-cine de la Faculté de Vienne.*

OUVRAGE TRADUIT DE L'ALLEMAND.

A LONDRES.

M. DCC. LXXXI.

SUMÁRIO HISTÓRICO DAS OBRAS DE MESMER

A primeira apresentação pública das ideias de Mesmer foi feita na Universidade de Viena, com a sua tese de doutorado, *Da influência dos planetas sobre o corpo humano*. Seguindo o costume da época, o trabalho foi originalmente redigido em latim: *Dissertatio physico-medica de planetarum influxu in corpus humanum*.

Depois das primeiras experiências em Viena (1773), Mesmer viajou para a região da Suábia e para a Suíça, onde visitou os hospitais de Berna e de Zurique, obtendo centenas de curas comprovadas por onde passava.

Em Munique, no dia 28 de novembro de 1775, ele foi incluído como membro da Academia do Eleitorado da Baviera: "O esforço de um homem tão conspícuo, que perpetuou sua fama com demonstrações irrebatíveis e particularíssimas, de um método e descoberta tão inesperados como úteis, há de trazer grande lustro à Corporação." (ZWEIG, 1930)

O magnetismo animal foi o responsável pela cura de muitos enfermos ilustres, entre eles sua alteza Max José, o príncipe-eleitor da Baviera. E também o próprio diretor da Academia, o senhor Osterwald, que escreveu:

> O que conseguiu aqui em diversas enfermidades faz supor que arrebatou à natureza um de seus mais misteriosos segredos. [...] Daqui por diante não pedirei a nenhum médico do mundo outra medicina senão aquela que me persuada firmemente de que estou são. (Ibidem)

A fama de Mesmer se espalhou. Muitos médicos se interessaram em reproduzir as experiências e comprová-las.

Muitos doutores e físicos, inclusive representantes da Academia de Ciências, sem conhecerem os princípios fundamentais da ciência do magnetismo animal, atribuíam os sucessos do mesmerismo somente ao magnetismo mineral ou a eletricidade.

Mesmer compreendia, desde sua tese de doutorado, as relações íntimas entre o fluido magnético animal, a eletricidade e o magnetismo mineral, pois todos eles são estados de vibração do fluido universal.[54] Porém, conhecia também suas diferenças:

> O ímã, seja natural, seja artificial, é, assim como os outros corpos, suscetível do magnetismo animal, e mesmo da virtude oposta, sem que, nem num nem noutro caso, sua ação sobre o ferro e a agulha sofra alguma alteração; o que prova que o princípio do magnetismo animal difere essencialmente daquele do mineral. (MESMER, 1779)

No entanto, a maioria dos médicos não conhecia essa teoria, e os poucos que conheciam não a compreendiam.

Num primeiro momento, o doutor Mesmer chegou a fazer experiências associando ímãs, magnetos ou eletricidade como condutores do magnetismo animal:

> Essa academia não apenas caiu no erro de confundir o magnetismo animal com o *mineral*, apesar de sempre eu ter me dedicado em meus estudos a estabelecer que o uso do ímã, apesar de útil, era sempre imperfeito sem o apoio de teoria do magnetismo animal. Os físicos e médicos com os quais estive me correspondendo ou que buscaram se intrometer para usurpar essa descoberta pretenderam e presumiram divulgar, uns que o ímã era o único agente que eu empregava, os outros que eu utilizava a eletricidade. E assim por diante, porque sabiam que eu havia feito uso desses dois meios. (MESMER, 1779)

Isso explica o insucesso dos médicos que imitavam o método mesmérico sem conhecer seus verdadeiros mecanismos:

> A maior parte deles se desiludiu pela sua própria experiência. Mas em lugar de reconhecer a verdade que eu anunciava, concluíram que, como não obtinham sucesso com o uso desses dois agentes, as

---

54   A doutrina espírita iria confirmar essa hipótese. Na questão 427 de *O livro dos espíritos*, Allan Kardec questiona os espíritos: "De que natureza é o agente que se chama fluido magnético?", e eles responderam: "Fluido vital, eletricidade animalizada, que são modificações do fluido universal.".

curas anunciadas por mim eram suposições. E que minha teoria era ilusória. O desejo de me descartar para sempre de semelhantes erros, e de trazer à luz a verdade me determinaram a não mais fazer uso da eletricidade nem do ímã após 1776.[55] (MESMER, 1779)

Foi assim que Mesmer abandonou suas pesquisas para a aplicação conjunta, com finalidade terapêutica, do magnetismo mineral e da eletricidade aliados a sua descoberta, o magnetismo animal.

O fundador da homeopatia, Samuel Hahnemann, retomaria esses estudos, pesquisando sua ação homeopática:

> A força dinâmica do magneto mineral, da eletricidade e do galvanismo não age menos poderosamente sobre nosso princípio vital e não é menos homeopática do que os medicamentos propriamente ditos [...] Quando muito se empregou até agora a eletricidade e galvanismo somente de modo paliativo, para grande prejuízo dos doentes. Os efeitos positivos e puros de ambos no corpo humano sadio foram, até hoje, ainda pouco testados [...] Pode-se fazer uso das forças do magneto para fins de cura. (HAHNEMANN, 2001, pp. 243-244)

Nos parágrafos seguintes, Hahnemann analisa os benefícios do mesmerismo, "esse maravilhoso e inestimável presente com que Deus agraciou o homem".

Apesar do sucesso prático de seu método, Mesmer sabia da importância do reconhecimento de seu modelo teórico pela comunidade científica. Para esclarecer a opinião pública, que estava sendo confundida por controvérsias e falsas declarações, publicou nos jornais e em panfleto, a *Carta de 5 de janeiro de 1775, a um médico estrangeiro*, na qual dava uma ideia precisa da sua teoria, dos sucessos que havia obtido e suas perspectivas futuras. O médico a quem a carta se destinava era Johann Christoph Unzer, de Altona, editor do *Neuer Gelehteer Merkurius*. Pela primeira vez a expressão *gravitação animal*, usada em sua tese de doutorado, foi substituída por *magnetismo animal*.

---

55 Algumas biografias e relatos sobre Mesmer, principalmente do século 20, mencionam uma confusão entre o magnetismo animal e o mineral inexistente na elaboração do mesmerismo. Para isso, desconsideram os registros do próprio descobridor e não citam qualquer outra fonte da época. Ver ZWEIG, 1930, p. 42 e ss.; WOLFE, 1948, p. 22.

A PRIMEIRA MEMÓRIA SOBRE O MAGNETISMO ANIMAL

Rapidamente, a fama das curas do mesmerismo se espalhou. E não tardou uma investida geral, em Viena, para desacreditá-lo. A saga dessa campanha culminou com a viagem de Mesmer a Paris, em fevereiro de 1778.

A doutrina de Mesmer causou uma verdadeira revolução na França. E, ao mesmo tempo em que as curas se multiplicavam, as hostilidades tomavam vulto. Mesmer esclareceu: "Tanto as inconsequências espalhadas contra mim foram absorvidas com rapidez quanto minhas produções ou minhas defesas foram negligenciadas com afinco, o que me forçou a recorrer a outras medidas e escrever livros." No entanto, as oposições se intensificaram, justamente com a publicação de sua primeira *Memória*, em 1779.

Em 27 de agosto de 1784, depois de uma escalada de hostilidades, a Faculdade de Medicina de Paris publicaria um arresto proibindo a qualquer médico declarar--se partidário do magnetismo animal, quer por meio de escritos, quer pela prática, sob pena de ser eliminado do quadro dos doutores (BUÉ, 1934).

Diante das primeiras recusas em receber as asserções do magnetismo pela Academia de Ciências daquela capital e pela Sociedade Real de Medicina, Mesmer decidiu, em 1779, publicar uma memória analítica de seu método, a *Memória sobre a descoberta do magnetismo animal*. No pequeno livro de oitenta e oito páginas, Mesmer conta a história do magnetismo animal, desde a sua tese de doutorado até a sua chegada em Paris. Depois de descrever os fatos, controvérsias e conflitos, na última parte desta obra, atendendo aos pedidos de seus amigos, ofereceu a famosa síntese de sua teoria, organizada em vinte e sete proposições.

Nesse resumo, a teoria do magnetismo animal foi muito reduzida, como alertou seu descobridor: a *Memória* "é apenas um adiantamento de uma teoria que darei, desde que as circunstâncias me permitam indicar as regras práticas do método que anuncio".

Entretanto, poucos compreenderiam suas ideias.

Mesmer fazia uso de conceitos bastante recentes para a época, principalmente sobre física (como a teoria do fluido universal que adotando a ondulatória se opunha ao mecanicismo absoluto da ciência oficial) e medicina, acrescidos de descobertas experimentais próprias do magnetismo animal. Sua complexidade é um dos motivos pelos quais ela foi considerada incompreensível pelos representantes das academias de ciência europeias. No entanto, Mesmer pediu paciência: "Rogo às pessoas esclarecidas que afastem os prejulgamentos, e que suspendam temporariamente seu julgamento, até que as circunstâncias me permitam dar a meus princípios a evidência de que são suscetíveis". Mesmo atualmente, mais de duzentos anos depois de sua publicação, só é possível decifrar a ciência do magnetismo animal com o auxílio da base filosófico-científica da doutrina espírita.

Ciente de estar desenvolvendo um modelo teórico científico, ele continuou suas pesquisas e experimentos até reunir condições de apresentá-lo como desejava. Quinze anos depois de deixar Paris, pôde finalmente cumprir sua promessa, com a publicação de sua principal obra: *Memórias de Mesmer, doutor em medicina, sobre suas descobertas*, em 1799.

O RESUMO HISTÓRICO

Em 1781, Mesmer publicou seu *Resumo histórico dos fatos relativos ao magnetismo animal até abril de 1781*. A historia completa do magnetismo animal foi contada em detalhes, acrescentando-se documentos, cartas oficiais, descrições de encontros e reuniões, as relações com as academias e universidades, não deixando nenhum nome ou fato de lado.

Como também fez em sua primeira obra, Mesmer não publicou uma teoria de sua doutrina, apesar de ter sido acusado de estar equivocado por isso. Desta vez, ele explicou que:

> [...] desejaria muito poder estabelecer provas com ordem, clareza e precisão, mas o assunto de que trato escapa da expressão positiva. Não me resta, para me fazer entender, senão imagens, comparações, aproximações. Qualquer precisão que eu coloque nesta linguagem vai sempre apresentar lados imperfeitos.

Isto porque, esclarece Mesmer, para perceber os fenômenos do magnetismo animal é preciso fazer uso de um novo sentido:

> O magnetismo animal deve ser considerado nas minhas mãos como um sexto sentido *artificial*. Os sentidos não se definem nem se descrevem: eles sentem. Seria em vão ensinar a um cego de nascença a teoria das cores. É necessário fazê-lo ver, ou seja, sentir [...] Ele deve em primeiro lugar se transmitir pelo sentimento. O sentimento e apenas ele pode tornar a teoria inteligível. Por exemplo, um dos meus doentes, acostumado a provar os efeitos que produzo, tem, para me compreender, uma disposição a mais do que o restante dos homens.
> (MESMER, 1781)

De acordo com a teoria do magnetismo animal, o fluido é perceptível apenas pelo sexto sentido, ou sentido espiritual, como foi definido posteriormente por Allan Kardec, na doutrina espírita. O que é incompreensível a partir de um paradigma reducionista materialista.

O *Resumo histórico* de Mesmer serviu como informação para a maioria das biografias sobre ele escritas nos dois séculos seguintes. Apesar disso, a maioria dos autores não o citou como fonte de pesquisa. E, o que ainda é muito pior, alguns deles, opositores sistemáticos e declarados do mesmerismo, deturparam as descrições de Mesmer conforme lhes convinha, desnaturando os escritos e corrompendo os fatos. O que fica ainda mais grave quando constatamos que o *Resumo histórico* de Mesmer ainda não foi traduzido para o inglês. A tradução para o português, aqui apresentada, é a primeira.

Outro artifício equivocado cometido pelos autores das obras sobre o magnetismo é o uso indiscriminado de fontes contemporâneas de Mesmer, ora citando depoimentos e obras de partidários, ora de opositores ou detratores, não identificando suas origens. Portanto, as obras elaboradas sem uma pesquisa organizada e critérios preestabelecidos não passam de romances com roupagem de ciência, servindo como instrumentos de difamação e deturpação da realidade.

Outros autores foram traídos pela escassez de fontes originais e pela dificuldade de acesso a tais fontes, e tomaram como baliza tais romances mal elaborados, servindo de eco para o equívoco alheio. No entanto, um estudo comparativo do *Resumo histórico de 1781* e de outras fontes originais, com os diversos textos produzidos nas últimas décadas, permitirá que o leitor tire suas próprias conclusões.

A FALSA DESCRIÇÃO DO TRATAMENTO

A história universal foi sendo permeada de preconceitos estabelecidos e erros consagrados. Com o magnetismo animal não foi diferente. A postura determinada e o potencial reformador de sua doutrina despertaram o ódio de alguns, assim como a inveja e o ciúme de outros. O magnetismo sofreu a saga dos precursores de novas ideias: sua teoria foi desprezada, e Mesmer enfrentou a agressão de detratores, a má-fé, a hipocrisia, as manobras malévolas, as resistências inconscientes ou simuladas, a exploração do charlatanismo, a fúria do fanatismo, o desprezo da incredulidade, os ataques objetivando semear o descrédito e o ridículo, e ainda sofreu com desertores e falsos amigos.

O famoso divulgador científico norte-americano Carl Sagan (1934-1996) escreveu sobre o assunto:

> A história é em geral escrita pelos vencedores para justificar as suas ações e para eliminar as reivindicações legítimas dos vencidos [...] O perigo da subjetividade e do preconceito tem sido perceptível desde o começo da história. Cícero escreveu: A primeira lei é que o historiador jamais deve se atrever a registrar o que é falso; a segunda, que jamais deve se atrever a ocultar a verdade; a terceira, que não deve haver suspeitas de favoritismo ou preconceito na sua obra. (SAGAN, 1996, p. 251)

Ironicamente, Carl Sagan daria um clamoroso exemplo de subjetividade e preconceito no mesmo livro acima citado, quando deu sua descrição de Mesmer:

> Eu tinha compreendido vagamente a palavra *mesmerismo* como algo semelhante ao hipnotismo. Mas meu primeiro reconhecimento real de Mesmer foi por meio de Mackay. Mesmer prestava serviços à nobreza francesa decadente às vésperas da Revolução Francesa. Todos se apinhavam num quarto escurecido. Coberto por um manto de seda com flores douradas e brandindo uma varinha de marfim, Mesmer fazia suas vítimas se sentarem ao redor de uma cuba de ácido sulfúrico diluído. O Magnetizador e seus jovens assistentes examinavam profundamente os olhos de seus pacientes e esfregavam os seus corpos. Eles agarravam barras de ferro que saíam da solução ou ficavam de mãos dadas. Num frenesi contagioso, os aristocratas, especialmente as jovens mulheres, eram curados à direita e à esquerda. (SAGAN, 1996, p. 78)

Sagan, ele mesmo o diz, nada sabia sobre o mesmerismo, e ainda assim reproduziu em seu livro a primeira e única fonte que consultou, um relato de 1841 de Mackay. Sagan estava se referindo a Charles Mackay (1814-1889), romancista pseudocientífico, autor do livro publicado em 1841: *Memoirs of extraordinary popular delusions and the madness of Crowds.* (London: Office of the National Illustrated Library, 1841). Depois de uma rápida pesquisa, encontramos no capítulo sete desse livro, "The magnetizers", a descrição da tina (ou *baquet*):

> No centro do salão foi colocado um recipiente oval, onde foram colocadas várias garrafas arrolhadas, cheias de água magnetizada. Foi vertida então só água no recipiente para cobrir as garrafas. O recipiente estava então tapado com uma cobertura de ferro, perfurada por buracos, e foi chamada *baquet*.

A descrição da tina por Mackay confere com a de Mesmer, Puységur e outros. Todavia, quando reproduzida por Carl Sagan, foi alterada de uma forma inteiramente subjetiva: a simples água magnetizada da tina foi substituída por um absurdo conteúdo – ácido sulfúrico diluído.

Em seguida, no mesmo capítulo de *Popular delusions*, Mackay imaginou uma descrição exagerada e fantasiosa:

> Os ajudantes, homens jovens geralmente fortes, bonitos, abraçaram os pacientes entre os joelhos, esfregando a espinha, enquanto pressionavam suavemente os peitos das senhoras, fitando fixamente seus olhos! No meio disto, surge o ator principal, vestido em um roupão longo de seda lilás, ricamente bordada com flores de ouro, segurando uma vara magnética branca.

O trecho não tem bases factuais, muito menos referência documental. Não difere dos panfletos difamatórios, versos burlescos, casos falsos, espalhados pela Europa desde que o mesmerismo despertou o interesse público. Mesmo assim, essa descrição falsa, de abril de 1841, foi sendo reproduzida de um livro a outro, como se, repetida mil vezes, pudesse passar a ser verdade.

UMA CAMPANHA DIFAMATÓRIA DURADOURA

Outra obra do mesmo ano de 1841, *Histoire académique du magnétisme animal*, foi escrita por Burdin Jeune e Fréderic Dubois d'Amiens (Paris: Chez J. N. Bailliére, Libraire de L'Académie Royale de Médecine, 1841). Esse relatório foi dedicado a um professor dos autores, o doutor Gerdy. Todos os três, porém, eram membros da Academia de Ciências e inimigos declarados do magnetismo animal.

O barão du Potet, num relatório[56] sobre o progresso do magnetismo, indicou o posicionamento desses três acadêmicos: "O magnetismo animal teve os seus renegados, os seus Judas [...] e também os seus insultadores públicos: os Burdins, os Vireys, os Dubois d'Amiens, os Gerdys, os Velpeaus etc."

Essa *História acadêmica*, elaborada às pressas, depois de uma campanha antimesmerista feroz, pretendia impedir definitivamente que a Academia voltasse a examinar o magnetismo animal e o sonambulismo provocado depois do relatório

---

56 Barão du Potet, Breve relatório do presidente do Júri Magnético de Paris, sobre o progresso atual da propaganda do magnetismo. Paris, 10 de dezembro de 1860, in MONTEGGIA, 1861.

favorável da Academia, apresentado em 1831 pelo relator da comissão, doutor Husson, como fruto de cinco anos de pesquisa.

O texto de Burdin e Dubois d'Amiens, amplamente divulgado, incluía uma biografia de Mesmer permeada por dados incorretos, inverdades e uma descrição falsa de seu tratamento. No entanto, como ocorreu com Mackay, o livro serviu como fonte biográfica para obras sobre o tema, principalmente na segunda metade do século 19.

As acusações de insinuação sexual, como de Mackay e da *Histoire académique*, não foram, todavia, espontâneas: nasceram de uma campanha difamatória, planejada, iniciada em 1784. Nesse ano, no dia 12 de março, quatro componentes da Faculdade de Medicina, cinco sócios da Academia de Ciências de Paris – a mesma que repeliu o para-raios de Franklin e a vacina de Jenne – e a Sociedade Real de Medicina foram convocados pelo rei Luís 16, da França, para dar um parecer sobre o magnetismo animal.

A primeira comissão foi composta pelos acadêmicos Benjamin Franklin, Le Roi, Bailly, de Bory e Lavoisier e pelos doutores Sallin, J. d'Arcet, Guillotin, Majault. A segunda foi composta pelos médicos Mauduyt, Andry, Caillé e Poissonnier.

A predisposição da maioria desses doutores parisienses pode ser conhecida pela leitura do *Resumo histórico de 1781*. Mesmer desejava uma apreciação de todas as academias e faculdades sobre as curas do magnetismo animal, pelo exame comparativo das terapias, usando um grupo de controle. No entanto, os sábios queriam observar empiricamente a existência do fluido magnético, o que um conhecimento da teoria do magnetismo animal demonstra ser impossível, pois o magnetismo animal é um estado de vibração do fluido universal, com uma frequência maior que a da luz (DU POTET, 1856).

No entanto, o objeto de exame da comissão não foi a teoria de Mesmer, e nem mesmo sua prática. Isto porque os comissários ouviram apenas o doutor d'Eslon, um ex-aluno desautorizado por Mesmer. D'Eslon havia contrariado os acordos feitos com seu mestre.

Antes do pronunciamento das comissões, Mesmer denunciou os equívocos a Benjamin Franklin, numa carta escrita em seu nome por seu discípulo Nicólas Bergasse, publicada pelo *Jornal de Paris*.

Preâmbulo:

> Os senhores autores do *Jornal de Paris*, não tendo podido, devido a considerações particulares, admitir em suas folhas a carta seguinte, que lhes foi endereçada pelo senhor Mesmer. Acreditaram, no entanto, que, nas circunstâncias atuais, importava torná-la pública; e, em consequência, foi determinado fazê-la imprimir.

Carta do senhor Mesmer aos senhores doutores do *Jornal de Paris*:

> Senhores, fui informado que os senhores comissários enviados ao senhor d'Eslon, para constatar a eficácia da minha descoberta dispõem-se a dar incessantemente satisfações públicas de sua opinião sobre o que o senhor d'Eslon lhes pôde informar ou lhes mostrar. Como não era ao senhor d'Eslon que cabia lhes esclarecer sobre uma doutrina da qual sou o inventor, e que a mim importa, ou talvez importe mais à humanidade, que esta doutrina não seja apreciada segundo o que possa dizer ou fazer um homem totalmente desaprovado como meu intérprete, que fique claro, senhores, que no entanto eu discuto expressamente o relatório que os senhores comissários vão publicar, quero fazer seu Jornal ciente da declaração que aqui vou fazer, que, se eles pretendem julgar o sistema de meus conhecimentos segundo o senhor d'Eslon, não os reconhecerei como meus juízes; e para dar à minha declaração todo o respaldo que ela possa ter, e provar que não é o efeito das circunstâncias, permitam-me juntar aqui a cópia de uma carta que enviei ao senhor Franklin, no momento em que soube que uma comissão havia sido nomeada para examinar alhures a importância e a eficácia do magnetismo animal.

Sendo minha demanda de direito público, ouso esperar que julguem por bem acolhê-la. Espero ter a honra de merecer consideração tão distinta, senhores, seu muito humilde e muito obediente servidor, Mesmer. Paris, a 20 de agosto de 1784.

Cópia da carta escrita pelo senhor Mesmer ao senhor Franklin:

> O senhor está à frente dos comissários que o governo enviou ao senhor d'Eslon para obter a revelação de minha descoberta e constatar sua eficácia.
>
> Quando o senhor d'Eslon aproximou-se de mim e quando considerei válido deixá-lo entrever algumas partes de minha teoria, exigi dele a palavra de honra de que jamais tornaria público, sem ter meu aval antecipadamente, as poucas ideias novas que lhe poderia confiar. [...] Entretanto, a despeito de seus juramentos e do ato que subscreveu, o senhor d'Eslon não só ousou dispor de minha propriedade para si próprio como também encontrou homens que não hesitaram em

dividir com ele meus despojos. Trinta e seis médicos, segundo me asseguraram, vieram buscar com ele um sistema de conhecimento do qual ele deveria cuidar, e que não podia revelar-lhes sem faltar com as leis da honra. O senhor D'Eslon, ainda mais, ousou pedir ao governo comissários para fazer constatar como sendo dele uma descoberta que não lhe pertence, uma descoberta que roubou daquele que é seu inventor, da qual não pode fazer senão um uso condenável.

O governo acreditou, seguramente, que o senhor d'Eslon é o autor da descoberta do magnetismo animal e que ele possui o sistema de conhecimentos, em toda sua extensão. Os comissários que o governo escolheu para ir fazer-se instruir junto ao senhor Deslon em relação à ciência do magnetismo animal seguramente acreditaram na mesma coisa.

[...] Em consequência, senhor, peço-lhe para ler com a maior atenção a *Memória* que junto a esta carta; o senhor entenderá uma parte dos delitos que imputo ao senhor Deslon, e não tardará a conhecer quanto podem se tornar embaraçosas para o governo e para o senhor, as falácias que, no desejo único de me prejudicar, ele utilizou na arte de relacionar o governo e o senhor, de uma parte, e ele e os colaboradores de outra.

[...] Minha descoberta interessa a todas as nações, e é para todas as nações que desejo fazer a minha história e minha apologia. Pode-se então aqui, como se fez até o presente, abafar minha voz: não se fará nada mais do que postergar minha reclamação e torná-la mais potente e mais terrível. Eu estou como o senhor, entre o número de homens que não se pode oprimir sem perigo; no número desses homens que, porque fizeram grandes coisas, dispõem da vergonha, como os homens poderosos dispõem da autoridade. Embora se ouse tentar, meu senhor, como o senhor, eu tenho o mundo por juiz: e se puder esquecer o bem que fiz, e impedir o bem que eu gostaria de fazer, terei a posteridade para me vingar. Sou com respeito, senhor, seu muito humilde e muito obediente servidor, Mesmer.

Franklin, com setenta e oito anos, não compareceu às reuniões em Paris. Nesses encontros, os outros comissários ouviram e fizeram experiências com o doutor d'Eslon. Como era de se esperar, e Mesmer havia previsto, eles se viram frustrados na tentativa de observar, por meio dos cinco sentidos, a existência de um fluido. Apesar de terem observado alterações fisiológicas e as crises nos pacientes, durante o tempo empregado por d'Eslon, eles consideraram que tudo era fruto da imaginação. E concluíram, por fim, serem os métodos perigosos e prejudiciais, e que o emprego do magnetismo animal poderia trazer consequências fatais.

Depois de apenas cinco meses, as comissões entregaram seus pareceres desfavoráveis à existência do magnetismo animal para a Academia em 11 de agosto de 1784 e a Sociedade Real cinco dias depois. O relator da Academia de Ciências concluiu:

> *O fluido magnético não existe, e os meios empregados para* colocá-lo em ação são perigosos. Os comissários reconheceram que o fluido magnético animal não pode ser percebido por nenhum dos sentidos físicos, que não teve nenhuma ação, nem neles, nem nos pacientes que a ele foram submetidos; tendo assegurado que as pressões e toques raramente causam mudanças favoráveis para a economia animal, mas regularmente causam exaltações perigosas na imaginação do paciente; tendo se comprovado, finalmente, por experiências decisivas, que a imaginação sem magnetismo produz algumas convulsões, e o magnetismo animal, sem a imaginação, não produz nada; os comissários concluíram, por unanimidade, respondendo à pergunta sobre a existência e a utilidade de magnetismo animal, que nada prova sua existência; que este fluido, como não existe, não tem utilidade alguma; que os efeitos violentos que são observados nos tratamentos públicos quando os pacientes são tocados são devidos à imaginação, ocorrendo a partir de uma imitação dos movimentos observados à sua volta. E ao mesmo tempo sentem-se na obrigação de acrescentar que os toques, e a imaginação produzindo algumas crises, podem ser prejudiciais; que a contemplação destas crises pelos outros pacientes também é perigosa, por causa desta atitude de imitação cuja natureza parece ter nos feito uma lei; e que, então, todo o tratamento público onde forem usados os métodos do magnetismo animal podem ocasionar efeitos fatais. (BINET, 1887, p. 12)

Assim que o relatório foi publicado, os comissários foram questionados em panfletos e periódicos: "Como pode o magnetismo animal não existir e ao mesmo tempo ser perigoso e fatal?".

Um dos membros da comissão da Sociedade Real de Medicina, o botânico Antoine Laurent de Jussieu (1748-1836), apresentou à Academia um longo parecer em separado, divergiu dos outros comissários e, concluindo que a terapia do magnetismo animal apresentava curas inexplicáveis, afirmou:

> [...] vários fatos bem verificados, independentes da imaginação e para ele fora de dúvida, bastavam para lhe fazer admitir a existência ou a possibilidade de um fluido ou agente que aflui do homem para seu semelhante [...] algumas vezes até mesmo por uma simples aproximação à distância. (JUSSIEU, 1784)

Um dos casos que o famoso naturalista considerou mais intrigantes foi quando um jovem, ao ser magnetizado, entrou em crise, ficou em silencio e, em seguida, levantou-se e passou a caminhar pelo corredor tocando e magnetizando habilmente os outros pacientes. Entretanto, quando ele voltou ao estado normal não lembrou nada do que havia acontecido e, questionado por Jussieu, já não sabia mais magnetizar. (JUSSIEU, 1784, p. 15) O fato relatado descreve o estado de sonambulismo provocado, que depois seria amplamente experimentado e estudado pelos magnetizadores.

Jussieu, observador cuidadoso e crítico, interessou-se pelas magnetizações realizadas à distância, evidenciando, portanto, uma ação independente da imaginação do paciente. Em várias ocasiões ele declarou que obteve sucesso provocando ou controlando o curso da crise, apontando seu dedo, ou uma pequena vara de ferro, sem que os pacientes tivessem conhecimento de seu gesto. Um caso de destaque foi de um paciente cego que entrou em crise depois de o magnetizador apontar para ele, que estava a dois metros de distância.

O Museu Nacional da França possui uma carta de Jussieu (12 de abril de 1785) para Claret de La Tourette, secretário perpétuo da Academia de Ciências de Lyons. Nesta carta, Jussieu defende sua crença na existência de um fluido ainda desconhecido que explicaria as curas do magnetismo animal, sendo, assim, um precursor da teoria fluidista, que iria ser adotada por alguns magnetizadores das gerações seguintes.

UM RELATÓRIO SECRETO

Junto ao relatório oficial da Faculdade de Medicina, o relator Bailly acrescentou outro, secreto, para ser lido somente pelo rei. Nele, usando uma linguagem capciosa, o relator disse que havia um aspecto do magnetismo tão perigoso que sua prática deveria ser impedida imediatamente. Acusava injustamente o magnetismo animal de implicações sexuais, perigos para os bons costumes e promiscuidade. Segundo eles, a atração entre o magnetizador e o paciente poderia ser tão grande que as seduções seriam inevitáveis. Num trecho do relatório, Bailly descreve suas impressões subjetivas:

> São normalmente os homens que magnetizam as mulheres. Então as relações entre eles não são, provavelmente, as estabelecidas normalmente entre um paciente e seu médico. Além disso, a maioria das mulheres que procuram a terapia do magnetismo animal não está realmente doente, mas vai lá por ociosidade e falta de propósito. Algumas podem até ter um ou outro desconforto, mas mantêm todo seu frescor e força. Os seus sentidos estão presentes com todo vigor e sua juventude está no auge de sua sensibilidade. Elas têm muito charme para oferecer aos médicos, e eles, por sua vez, bastante saúde; então o perigo é recíproco. Eles ficam próximos por muito tempo, forçosamente se tocando, transmitindo o calor pessoal, trocando olhares, inevitavelmente, os meios empregados provocam a troca de sensações e afetos por todo o tempo. (BINET, 1887)

Bailly não se atém aos fatos, o que se deveria esperar de um trabalho científico, mas levanta suspeitas desonrosas e carregadas de calúnia. Além disso, inadvertidamente, o relator acrescentou em seu relatório secreto o nome de Mesmer, associando-o às suas críticas endereçadas ao doutor d'Eslon, estendendo ao descobridor do magnetismo animal, de forma gratuita, suas acusações e condenações.

Apesar de ser privativo, o relatório foi impresso por ordem do rei e milhares de cópias foram distribuídas por toda a Europa. Concluiu Alphonso Bué:

> Estas decisões eivadas de prevenção e estes arrestos extremamente injustos, visando àqueles que procuravam estudar os fenômenos, longe de desacreditarem Mesmer e sua doutrina, contribuíram, ao contrário, para aumentar o número de seus partidários. (BUÉ, 1934-II, p. 142)

Grande parte dos médicos vitalistas, numerosos na época, defendeu o mesmerismo. Um dos mais dedicados foi Jean Emmanuel Gilbert, formado em medicina em Montpellier, professor de anatomia e cirurgia da Faculdade de Medicina de Lyon e de outras universidades europeias, e médico do Hôtel-Dieu. Gilbert escreveu um livro: *Aperçu sur lê magnétisme animal* (1784), depois da publicação dos relatórios em Paris. Testemunhando as curas efetuadas pelos discípulos de Mesmer, ele concluiu que o magnetismo animal é uma consequência natural das pesquisas dos médicos Hipócrates, van Helmont, Stahl, Bordeu e Barthez. Ele mesmo vinha desenvolvendo métodos semelhantes ao mesmerismo como alternativa à irracional medicina heroica, e registrou dezenas de curas por ele testemunhadas em Lyon. (GILBERT, 1784)

Diversos discípulos de Mesmer espalharam-se pelas províncias, onde foram propagar as curas do magnetismo, produzindo relatórios, como Bercasse e Bonnefoy, e acumulando evidências registradas nos cartórios. Sociedades de médicos magnetizadores foram fundadas por toda a França e se estenderam a outros países. O marquês de Puységur, em sua casa de Busancy, atraía cada vez mais doentes e interessados. "Nunca – disse du Potet – a medicina comum ofereceu ao público o exemplo de semelhantes garantias." (BUÉ, 1934, p. 144).

Alguns meses depois, o marquês de Puységur publicou suas *Memórias para contribuir com a história e a instituição do magnetismo animal* e, um ano depois, sua continuação, relatando os fenômenos decorrentes do sonambulismo provocado, como dupla vista, visão à distância, exteriorização da sensibilidade, previsão do futuro, telepatia e muitos outros.

A partir da divulgação dessas novas descobertas, cada vez mais as academias foram questionadas para se pronunciarem, agora sem prevenção e preconceito. Como explicou Puységur:

> Os acadêmicos decidiram que somente reconheceriam o magnetismo animal, se ele pudesse ser percebido por meio das sensações físicas. Essa é uma triste decisão, servindo somente para atender à vaidade de certas pessoas. Das duas, uma só acontecerá: ou os comissários, acadêmicos e outros concordarão hoje que estavam totalmente enganados no julgamento que tiveram sobre o magnetismo animal, do qual se acham enfim forçados a reconhecer a existência e, finalmente, darão à posteridade a prova mais convincente da prevenção que ditou seu primeiro relatório; ou então, se recusam novamente, e com o mesmo desleixo, de se convencerem desta importante verdade. Se optarem por negligenciar o reconhecimento, eles ficarão expostos, necessariamente, à censura futura, e demonstrarão que os seus conhecimentos de física não eram os mais corretos. (PUYSÉGUR, 1785)

No mesmo sentido, afirmou o astrônomo francês François Arago (1786-1853), no *Annuaire du bureau des longitudes*:

> A maior parte dos fenômenos, agrupados hoje em torno do magnetismo animal, não eram nem conhecidos, nem anunciados em 1784 [...] Os sábios que hoje se entregam a experiências de sonambulismo penetram num mundo todo novo, de cuja existência os Lavoisiers, os Franklins, os Baillys não suspeitavam sequer.

UMA NOVA GERAÇÃO DE MAGNETIZADORES

Apenas quando a paz se restabeleceu na Europa, depois da Revolução Francesa e do Primeiro Império, o magnetismo animal voltou a aparecer. Na França, curavam e pesquisavam os irmãos marquês de Puységur e Máxime de Puységur, o sábio naturalista Joseph Philippe François Deleuze (conhecido como o Hipócrates do magnetismo), o barão Jules Denis du Potet de Sennevoy, Charles Lafontaine, Durand de Gros, Aubin Gauthier, Charpignon, Ricard Despine, Geraud, Bruno, Billot. De acordo com Frank Podmore, na Inglaterra, o mesmerismo estava sendo pesquisado por Elliotson, Gregory, Haddock, o escocês James Esdaile e Spencer T. Hall, e na Alemanha por Gmelin, Wienholt, Fischer, Kluge e Kieser.

Os sábios estudavam, os médicos empregavam a medicina magnética e as curas se multiplicavam, provocando o interesse público. Todavia, a academia voltou a examinar o magnetismo animal somente em 1826, depois das diversas experiências conduzidas pelo doutor du Potet, no Hotel d'Dieu de Paris e outros hospitais. Mais de trinta médicos, entre eles Husson e Récamier, Mitivie e Foucquier, acompanharam as experiências. O barão du Potet, na linha de frente dos magnetizadores de sua época, reuniu as numerosas curas num relatório detalhado e documentado, depois publicadas em sua obra: *Expériences publiques sur le magnétisme animal, faites à l'Hotel Dieu de Paris* (DU POTET, 1826).

A comissão foi composta por Bourdois de la Motte, Foucquier, Guéneau de Mussy, Guersant, Itard, J. J. Leroux, Marc, Thillaye e Husson, que foi designado como relator. Os comissários procederam a diversas experiências, bem averiguadas, registradas e testemunhadas, durante cinco anos. Entre eles, registraram a clarividência por meio da lucidez sonambúlica:

> Vimos dois sonâmbulos que, com os olhos bem vendados, enxergaram objetos colocados em sua presença, designando, sem nelas tocar, a cor e o valor das cartas de jogar, lendo palavras escritas e, mesmo, muitas linhas de livros. Esse fenômeno ocorreu mesmo quando as pálpebras eram perfeitamente cerradas pela imposição dos dedos. (SARGENT, 1880, p. 224)

Entre os relatos de curas e previsões, uma sonâmbula descreveu os sintomas da doença de uma pessoa que esteve em contato com ela:

A comissão – diz o texto – encontrou entre seus membros alguém que quisesse submeter-se à exploração da sonâmbula: foi o senhor Marc. A senhorita Celina foi solicitada a examinar com atenção o estado de saúde de nosso colega.

Ela aplicou a mão sobre a fronte e a região do coração e, após três minutos, disse que o sangue ia à cabeça; que atualmente o senhor Marc tinha um mal no lado esquerdo dessa cavidade; que tinha muitas vezes opressão, sobretudo após haver comido; que ele devia ter muitas vezes uma pequena tosse [...] Não tardamos a perguntar ao senhor Marc se ele aprovava o que a sonâmbula havia dito; ele nos disse que realmente tinha opressão quando caminhava ao sair da mesa; muitas vezes tinha tosse e que antes da experiência tinha dor no lado esquerdo da cabeça. Ficamos espantados com essa analogia. (ROCHAS, 1893, pp. 42-44)

Sobre as sessões de 21 e 28 de junho de 1831, o relatório detalhado, listando um grande número de fatos, confirmou a veracidade dos fenômenos sonambúlicos e curas por meio do mesmerismo: "É somente pelo mais extenso exame, severo, cuidadoso, e numerosas e variadas experiências, que se pode fugir à ilusão." (SARGENT, 1880, p. 224) Apesar disso, depois de aprovado e assinado, por pressões de alguns acadêmicos, o resultado do trabalho foi arquivado pela Academia. Não houve divulgação pública.

No entanto, mesmo enfrentando a oposição sistemática dos alopatas, a reabilitação do magnetismo animal já era um fato. Nas décadas seguintes, durante o surgimento da doutrina espírita, na segunda metade do século 19, grande parte dos médicos utilizava o mesmerismo, normalmente associado à homeopatia.

Do outro lado do Atlântico, no Brasil, o magnetismo chegou no começo do século 18. Como na Europa, os médicos progressistas associavam as duas medicinas vitalistas e científicas – magnetismo animal e homeopatia – abandonando a medicina heroica e suas sangrias. Em 1823, o médico João Lopes Cardoso Machado fala pela primeira vez do magnetismo animal em seu *Dicionário médico-prático*, em Pernambuco.

O doutor Leopoldo Gamard, todavia, enfrentou resistências preconceituosas e teve sua monografia sobre o magnetismo animal rejeitada em 1832, na Sociedade de Medicina do Rio de Janeiro. O relatório final concluiu: "O magnetismo ainda dorme no Brasil, cuidai em o não acordar." Para contribuir com a pesquisa teórica em terras brasileiras, o doutor Guilherme Henrique Briggs, em 1853, traduziu para o português o livro de du Potet, *Prática elementar do magnetismo*.

A medicina mesmérica também esteve presente no meio acadêmico. O doutor José Maurício Garcia, professor de anatomia descritiva da Faculdade de Medicina do Rio de Janeiro, trata, em 1853, do magnetismo animal no seu trabalho *Estudos sobre a fotografia fisiológica*. Seguiram-se outros.

Em 1861, o doutor Joaquim dos Remédios Monteiro apresentou a sua *História do magnetismo* à Academia Imperial de Medicina. E, no mesmo ano, o doutor Eduardo Monteggia fundou seu *Jornal Científico de Propaganda da Magnetotherapia*, no qual publicou, inclusive, textos de Allan Kardec. Monteggia, correspondente do barão du Potet, também fundou, no Rio de Janeiro, a Sociedade de Propaganda do Magnetismo e o Júri Magnético do Rio de Janeiro, sob inspiração das instituições parisienses equivalentes, ambas dedicadas à pesquisa e tratamento por meio do magnetismo animal. Estas entidades foram autorizadas a funcionar pelo governo imperial do Brasil, desde que as práticas curativas fossem conduzidas exclusivamente por médicos.[57]

AS MEMÓRIAS DE 1799

Depois da divulgação do relatório de 1784, muitos magnetizadores pediram a Mesmer que tornasse públicas as teorias de sua descoberta. No entanto, ele alegou a necessidade de elaborar com cuidado e precisão este trabalho, para não deixar dúvidas. Para empreender esta tarefa, precisaria de tempo e dedicação – e, segundo ele, ainda não era o momento certo.

Alguns dos alunos do curso de magnetismo animal ministrado por Mesmer desejavam publicar as anotações das aulas. Todavia, eles foram expressamente desautorizados por seu mestre, que não revisou o texto. Mesmo assim, o material foi editado e publicado por seu discípulo Caullet de Veaumorel, em 1785, com o título *Aforismos de Mesmer*. As anotações do curso foram divididas em 344 proposições. Apesar de ser uma obra refutada por Mesmer, e não revisada por ele, oferecemos a sua tradução no *Apêndice*, como fonte de pesquisa histórica.

Depois disso, Mesmer decidiu deixar a França e empreendeu uma série de viagens pela Europa. De acordo com seu discípulo Bergasse, ele teria viajado primeiramente para a Inglaterra (BERGASSE, 1785). Seguramente, Mesmer foi para a Suíça, depois para a região do lago de Constança, em seguida voltando para Viena. Quando retornou a Paris, em 1798, passou a residir no número 206 da Rua Vendôme.

No ano seguinte, dezoito anos depois da edição de seu livro anterior, Mesmer publicou a sua penúltima e importante obra: *Memória de F. A. Mesmer, doutor em medicina, sobre suas descobertas*. Foi quando finalmente apresentou as suas teorias sobre o magnetismo animal, divulgando, inclusive, uma inédita teoria sobre o sonambulismo provocado e os fenômenos da lucidez sonambúlica. Muitas de

---

57   Todos estes fatos ocorridos no Brasil estão descritos em: Fajardo, F. *Hypnotismo*. Rio de Janeiro: Typ. Laemmert & C., 1889; Fajardo, F. *Tratado de hypnotismo*. Rio de Janeiro: Typ. Laemmert & C., 1896; Monteiro, A.R.C. *A história da hipnose no Brasil*, Rev. Bras. Hipnose, 5: 4-22, 1984.

suas observações e hipóteses foram posteriormente confirmadas pelo espiritismo. Podemos afirmar, com segurança, que a associação destas duas ciências é fundamental, pois as teses do magnetismo animal são realmente compreendidas somente quando submetidas às luzes da filosofia espírita.

Quando Mesmer, decidido a abandonar definitivamente a França, mudou para a cidade suíça de Frauenfeld, em 1809, muitos pensavam que ele já havia morrido. Entretanto, um grupo de médicos da Academia de Berlim descobriu o seu paradeiro. Ele foi então convidado oficialmente pela Academia de Berlim e pelo imperador para apresentar suas teorias. Mas, já com setenta e cinco anos, seria muito desgastante a viagem, e Mesmer não aceitou acompanhá-los. Entretanto, recebeu em sua casa o emissário alemão, doutor Karl Christian Wolfart, encarregado de solicitar "a comunicação de todos os fatos, retificações e esclarecimentos desse importante tema". (MESMER, 1814)

Wolfart contou as suas primeiras impressões sobre Mesmer:

> Conhecer pessoalmente o descobridor do magnetismo superou minhas expectativas. Encontrei-o ocupado com suas atividades beneficentes, mencionadas por ele próprio. Na sua idade avançada, - já havia completado, então, 78 anos - o alcance, a clareza e a perspicácia de seu espírito, sua viva e incansável paixão por se comunicar, seu discurso absolutamente singular, ao mesmo tempo suave e caloroso pela agilidade das metáforas, assim como a fineza de seus costumes, sua amabilidade se mostram ainda mais admiráveis.
>
> Adicione-se a isso um tesouro de conhecimentos em todos os ramos do saber, o que não é fácil para um sábio adquirir; uma amistosa bondade de coração que se revela em todo o seu ser, em suas palavras, em suas ações e em sua intimidade; adicione-se a isso uma força ainda extremamente atuante, quase miraculosa, influindo nos pacientes; o olhar penetrante ou a mão simplesmente erguida em silêncio e tudo isso sublimado por uma nobre figura que infunde respeito; eis os principais traços da imagem que formei de Mesmer como indivíduo.
>
> A satisfação que ele sentiu ao encontrar em mim um médico sem preconceitos, receptivo às suas ideias, que já havia anteriormente posto em prática com sucesso os seus princípios e que era favorável à comunicação do verdadeiro espírito de sua doutrina ou, o que é a mesma coisa, de suas descobertas, e, com isso, ver a sobrevivência e o prosseguimento de sua causa pela luz da humanidade, desatou no peito do digno e fiel ancião o longo e forçado retraimento. - Eu fui

testemunha de seu tratamento nos pacientes que diariamente procuravam sua ajuda, e confesso solenemente: através desse tratamento, assim como das comunicações verbais, das aulas expositivas e da leitura do texto sobre o sistema dos efeitos recíprocos, tanto a natureza como a aplicação e o benefício prático do magnetismo surgiram aos meus olhos sob uma luz mais abrangente e eu realmente aprendi a entender que todos os possíveis tipos de doenças, no contexto dessa doutrina e desse método podem e devem ser curados e que a ciência da subsistência do ser humano, a verdadeira ciência, somente surgirá através do autêntico magnetismo, do Mesmerismo. (*Mesmerismus*)

Depois desse primeiro encontro, Wolfart teve acesso a diversos escritos e documentos guardados por Mesmer em sua residência na pequena cidade histórica de Meesburg, nas costas do lago de Constança. Alguns textos foram traduzidos do francês e juntados a outros em alemão, acabando por formar a última obra, publicada em 1814, com 430 páginas, *Mesmerismus oder Systeme der Wechselwirkungen: Theorie und Anwendung des thierischen Magnetismus als die allgemeine Heilkunde zur Erhaltung des Menschen* (*Mesmerismo ou sistema das interações, teoria e aplicação do magnetismo animal como a medicina geral para a preservação da saúde do homem*). Afirma Wolfart:

O próprio autor entregou-me os manuscritos necessários para a edição de Mesmerismus, explicando várias vezes "que ao escrever a obra, jamais pensara em publicá-la e que não queria impingir a ninguém o seu sistema, visto que, mesmo sem ele, a eficácia e o caráter terapêutico do magnetismo, tanto quanto outras descobertas, já existiam como fato". (*Mesmerismus*)

O livro está dividido em duas partes: física e moral. A primeira tratada dos conceitos de matéria e movimento, dos fenômenos naturais, passando por um estudo do ser humano, sua fisiologia, saúde e doença, e, por fim, do sonambulismo. A segunda parte trata de moral, liberdade, sociedade, governo e educação, oferecendo uma proposta utópica de um mundo novo, baseado na justiça natural. Antes dos textos de Mesmer, há uma introdução elaborada por Wolfart. O capítulo sobre moral havia sido escrito vinte anos antes, em francês, para ser submetido à apreciação da Convenção Nacional, que controlou a França entre 1792 e 1795 e foi publicado no *Journal du Magnétisme*, volumes 3 a 8 (1846 a 1849) pelo barão du Potet, como uma novidade apresentada aos magnetizadores. Tratava-se de uma proposta de reformulação da educação tradicional, baseada em castigos e recompensas, por uma educação autônoma fundamentada na liberdade natural, em suas palavras:

> Certamente os verdadeiros princípios da educação e sua aplicação não podem ser uma invenção ousada e arbitrária; são pelo contrário incontestavelmente traçados e ordenados pela natureza de tal maneira, que só podemos conhecê-los, organizá-los e garantir seu êxito única e exclusivamente pelo estudo da natureza, pois essa é a primeira entre todas as ciências a mostrar as condições em que o ser humano compartilha sua existência com o mundo todo, a sua destinação e os meios para se tornar cada vez melhor e mais feliz. A ciência da natureza abrange no âmbito físico e moral tudo o que se refere à felicidade e ao aperfeiçoamento do gênero humano. (MESMER, *Mesmerismus*)

Numa visão harmônica da natureza, Mesmer compreendia que as leis naturais regiam tanto o mundo físico quanto o moral. A saúde orgânica estava relacionada com a harmonia universal, mas também a moral se fundamentava numa lei geral para os seres, como a gravitação rege a matéria igualmente em todo o universo. Esse pensamento de Mesmer tem plena sintonia com a proposta de autonomia moral e intelectual propostas por Rousseau e Kant, em oposição à moral heterônoma e à educação condicionante da tradição escolar:

> O aspecto físico do ser humano somente se diferencia do aspecto moral porque sabemos menos a respeito da força motriz do segundo; como as leis são comuns a ambos penso que existe uma força motriz tanto para as ações quanto para a saúde. O que saúde é para o indivíduo isolado o amor à justiça e a moralidade é para o homem em sociedade. O que as propriedades da matéria são em relação à manifestação da gravidade, a força de atração e a elasticidade são manifestações do bem e do mal como motivo para a ação humana. (Idem)

Em seguida, o criador do magnetismo animal denuncia os meios de dominação do povo adotados pelos profissionais das áreas humanas e sociais:

> Se for verdade que as classes exclusivas dos juristas, moralistas e médicos se formaram graças à ignorância do povo simples, o que muitíssimas vezes mantém o homem numa desditosa dependência,

então é importante para a felicidade tornar popular, através da educação o princípio da justiça, as leis fundamentais da moral e as regras da medicina por meio de uma instrução comum, de modo que todas as verdades úteis possam ser compreendidas pelo mundo todo. (Idem)

É surpreendente a visão muito à frente de seu tempo que tinha Mesmer, quando a mulher era considerada um ser inferior e a criança era desvalorizada. Quanto à importância da relação entre mãe e filho na educação primeira, suas observações não são somente atuais, mas de vanguarda:

1. Que durante a gravidez a mãe se prepare para um parto natural, sem incidentes desagradáveis, através de bons hábitos, movimentação moderada e serenidade de espírito. 2. Que seja o leite materno a primeira alimentação da criança logo nos primeiros instantes de sua vida no mundo. 3. Que a mãe não deve ter outra ocupação além de zelar pelo seu filho, atendendo suas necessidades, prevenindo todos os seus sofrimentos e aliviando-os. 4. Que a mãe que alimenta seu próprio filho deve ser considerada e reverenciada do mesmo modo que os primeiros servidores do estado, permanecendo diretamente sob seus cuidados e proteção. 5. Que a mãe deve ser encarregada da tarefa da primeira educação, e a criança não seja separada de sua mãe até certa idade. 6. Que, finalmente, a sociedade em que vive a criança reconheça-a, e tenha a obrigação de manter os seus direitos e colaborar através de todos os meios para o completo desenvolvimento de suas potencialidades, a fim de que ela possa se tornar um membro produtivo e feliz dessa sociedade.
Consequentemente, será necessário: 1. Que e a pessoa que pretende se casar seja bem instruída quanto ao seu dever e, principalmente, quantos aos direitos da criança; 2. Que possua as qualidades e aptidões necessárias para o cumprimento de tal tarefa; 3. Por força de sequência das mesmas leis, que, caso existam filhos em relação aos quais essas condições não sejam cumpridas, que as crianças sejam educadas à custa do estado. A educação, contudo, difere da instrução. (*Idem*)

Para Mesmer, o respeito aos animais é um recurso fundamental para desenvolver na criança a sensibilidade, ampliando a virtude além da relação social:

É igualmente importante ativar na criança essa mesma sensibilidade em relação aos animais de sua convivência; dever-se-á chamar sua atenção para o fato de que eles foram dotados pela natureza, nossa mãe comum, das mesmas sensações e, do mesmo modo que ela própria, eles querem viver e evitar a dor; procuram os mesmos recursos e deles se servem; por fim, por ser sua organização muito semelhante à nossa, não se deve considerá-los indignos de nossa atenção e consideração. Além disso, como a virtude consiste no hábito de fazer o bem, a criança não deve perder a oportunidade de fazer uso e exercitar as virtudes sociais inclusive com os animais com os quais ela convive; por esse motivo, também se deve, desde a mais tenra idade, passar para a criança a responsabilidade de cuidar de alguns animais. (*Idem*)

Quanto à aplicação da justiça quanto às penas dos criminosos, Mesmer combateu a pena de morte e a violência considerando que são recursos que "agridem o bom coração pelo horror", enchendo o coração dos criminosos "com ódio e ânsia de vingança", já que esses castigos "como ocorre na falsa medicina, sem conhecer a causa, somente agravam o mal". Para ele, a solução está em a justiça seja exercida "de modo que não atinja o criminoso apenas para prejudicá-lo ou para arruiná-lo, mas simplesmente como um meio de recuperação da vontade corrompida". Sua solução é ainda hoje válida:

Pelos motivos e observações mencionados torna-se evidente que uma verdadeira melhora do código penal é impraticável sem que se instale uma instituição onde possam ser aplicados os meios para o seguro cumprimento do objetivo de combater as próprias causas do mal, ou seja, onde, através da sociedade, através do exemplo intimidador e rigorosa execução da sentença seja detida a vontade delituosa, e o criminoso possa, através de um modo de vida oposto aos seus maus hábitos e tendências, ter uma recuperação radical e contínua, como lhe é devida. (*Idem*)

Nos seus últimos meses, Mesmer ainda promovia, ocasionalmente, concertos na residência do bispo von Dalberg, depois de atender seus pacientes no hospital. Nesses momentos, cercado de amigos, ele tocava a sua antiga harmônica de cristal, que o acompanhou por toda sua vida, desde os encontros com Mozart e outros músicos, em Viena. Esse instrumento, sua caneta e seu copo de cristal, assim como alguns artigos e cartas, foram oferecidos ao doutor Wolfart, depois de Mesmer deixar este mundo, em 5 de março de 1815, aos oitenta e um anos, encerrando um período de coma decorrente de um aneurisma cerebral.

FRANZ ANTON MESMER

MEMÓRIA SOBRE A DESCOBERTA DO MAGNETISMO ANIMAL

NOTA À EDIÇÃO BRASILEIRA

A presente tradução foi feita da primeira edição do original francês, publicado por Mesmer em 1779, intitulada *Mémoire sur la découverte du magnétisme animal; par M. Mesmer, Doctour en Médicine de la Faculté de Vienne* [Memória sobre a descoberta do magnetismo animal pelo senhor Mesmer, doutor em medicina pela Faculdade de Viena] (A Geneve et se trouve a Paris, Ches P. Fr. Didot le jeune, Libraire-Imprimeur de Mounsieur), a partir do exemplar pertencente à Biblioteca Nacional da França.

Uma segunda edição foi publicada em 1781, e no mesmo ano traduzida para o alemão: *Abhandlung* über *die Entdeckung des thierischen Magnetismus.* (Tübingen: Michael Macklot, 1781, reeditada em 1985).

Em português, a *Memória* foi primeiramente publicada em cadernos mensais de trinta e duas páginas, distribuídos gratuitamente, em 1862, aos assinantes do jornal *Propaganda da Magnetotherapia*, pelo divulgador do mesmerismo, doutor Eduardo A. Monteggia. Um exemplar encontra-se na nossa Biblioteca Nacional, no Rio de Janeiro.

A primeira versão para o inglês surgiu somente em 1948, com uma introdução por Gilbert Frankau, e tradução de V. R. Myers: *Mesmerism by doctor Mesmer, 1779.* (Macdonald: London. 1948. Frontis). Em 1980, George Bloch publicou em inglês: *Mesmerism: a translation of the original medical and scientific writings of F. A. Mesmer* (Los Altos, CA: Kaufman, c1980.). No entanto, em que pese o título, a tradução não foi dos textos originais do mestre, mas de uma edição moderna das obras de Mesmer, com algumas alterações do original, publicada por Robert Amadou, em 1971: *Magnetisme animale.* (Com comentários e notas de Frank A. Pattie et Jean Vinchon. Paris, Payot, 1971. Bibliotheque scientifique. Collection science de l'homme). Uma nova edição em inglês, traduzida do original por Joseph Bouleur, foi publicada em 1997: *Mesmerism – the discovery of animal magnetism* (Holmes Pub Group Llc. 1997).

PAULO HENRIQUE DE FIGUEIREDO

AVISO AO PÚBLICO

A descoberta tanto tempo desejada de um princípio que agisse sobre os nervos deve interessar a todos os homens: ela tem o duplo objetivo de se acrescentar a seus conhecimentos e de torná-los mais felizes, oferecendo-lhes um meio de curar as doenças que até o presente têm sido tratadas com pouco sucesso. A vantagem e a singularidade deste sistema determinaram, já há alguns anos, a diligência do público em aguardar avidamente as primeiras esperanças que eu lhes dava. É lhes deturpando que a inveja, a presunção e a incredulidade chegaram, em pouco tempo, a colocá-las na fila das ilusões e a fazê-las cair no esquecimento.

Eu me esforcei, em vão, por fazê-las reviver pela multiplicidade dos fatos: os prejulgamentos prevaleceram, e a verdade foi sacrificada. Mas, diz-se hoje, *Em que consiste essa descoberta? Como você teve êxito? Quais ideias se podem fazer dessas vantagens? E por que não enriqueceu seus concidadãos?* Tais são as questões que me foram apresentadas após minha permanência em Paris, pelas pessoas mais capazes de aprofundar uma questão nova.

É para responder de uma maneira satisfatória, dar uma ideia geral do sistema que proponho, de livrá-lo dos erros emque foi envolvido e dar a conhecer as contrariedades que lhes foram opostas à sua divulgação que publico esta *Memória*: é apenas um adiantamento de uma teoria que darei, desde que as circunstâncias me permitam indicar as regras práticas do método que anuncio. É sob este ponto de vista que peço ao leitor considerar esta pequena obra. Eu não dissimulo que ela oferecerá dificuldades, mas é preciso saber que elas não são de natureza a serem aplainadas por qualquer arrazoado sem o concurso da experiência. Ela apenas dissipará as nuvens e colocará à luz esta importante verdade: que a natureza oferece um meio universal de curar e de preservar os homens.

MEMÓRIA SOBRE A DESCOBERTA DO MAGNETISMO ANIMAL

O homem é naturalmente observador. Desde o nascimento, sua única ocupação é observar, para aprender a fazer uso dos órgãos. O olho, por exemplo, ser-lhe-ia inútil se a natureza não lhe propiciasse primeiramente prestar atenção às menores variações do qual ele é suscetível. É pelos efeitos alternativos do prazer e da privação que ele aprende a conhecer a existência da luz e das diferentes gradações, mas ele permaneceria na ignorância da distância, da grandeza e da forma dos objetos se, comparando e combinando as impressões dos outros órgãos, não aprendesse a retificá-las uma pela outra. A maior parte de suas sensações é, pois, o resultado de suas reflexões sobre as impressões reunidas nos seus órgãos.

É assim que o homem passa seus primeiros anos a adquirir o uso pronto e justo de seus sentidos: inclinado a observar é que ele se liga à natureza e é posto no estado de formar-se a si mesmo – e a perfeição de suas faculdades depende de sua aplicação mais ou menos constante.

No número infinito de objetos que se oferecem sucessivamente a ele, sua atenção se volta essencialmente para aqueles que o interessam por relações mais particulares.

A observação dos efeitos que a natureza opera universalmente e constantemente sobre cada indivíduo não é apanágio exclusivo dos filósofos: o interesse universal faz quase todos os indivíduos muito observadores. As observações multiplicadas de todos os tempos e de todos os lugares não nos deixam nada a desejar sobre sua realidade.

A atividade do espírito humano, junto à ambição do saber, que jamais é satisfeita, buscando aperfeiçoar os conhecimentos precedentemente adquiridos, abandona a observação e a substitui por especulações vagas e muitas vezes frívolas. Ela forma e acumula sistemas que têm apenas o mérito da sua misteriosa abstração, ela se afasta insensivelmente da verdade, a ponto de perdê-la de vista, e de substituí-la pela ignorância e a superstição.

Os conhecimentos humanos assim deturpados nada mais oferecem da realidade que os caracterizava no princípio.

A filosofia fez, algumas vezes, esforços para se livrar de erros e de prejulgamentos, mas, demolindo esses edifícios com muito calor, ela recobriu as cinzas com desprezo, sem fixar sua atenção sobre o que elas possuíam de precioso.

Vemos nos diferentes povos as mesmas opiniões, conservadas sob uma forma tão pouco vantajosa e tão pouco honrosa para o espírito humano que não é verossímil elas terem sido estabelecidas dessa maneira.

A impostura e o desvairamento da razão haviam em vão tentado conciliar as nações, para fazê-las de modo corriqueiro adotarem sistemas tão evidentemente absurdos e ridículos como os vemos hoje. Só a verdade e o interesse geral puderam dar a estas opiniões sua universalidade.

Poder-se-á então adiantar que entre as opiniões vulgares de todos os tempos, que não têm seus princípios no coração humano, que apesar de quão ridículas e mesmo quão extravagantes possam parecer, não podem ser consideradas como o resultado de uma verdade primitivamente reconhecida.

Tais são as reflexões que fiz sobre os conhecimentos em geral, e mais particularmente sobre o tipo de doutrina de influência dos corpos celestes sobre o planeta que habitamos. As reflexões me conduziram a pesquisar nos escaninhos desta ciência, aviltada pela ignorância, o que ela poderia ter de útil e de verdadeiro.

Segundo minhas ideias sobre esta matéria, fiz em Viena, em 1766, uma dissertação *da influência dos planetas sobre o corpo humano*. Parti dos princípios conhecidos da atração universal, constatada pelas observações que nos ensinam que os planetas se afetam mutuamente nas suas órbitas, e que a lua e o sol causam e dirigem sobre o nosso globo o fluxo e o refluxo no mar, assim como na atmosfera. Parti, disse eu, do fato de essas esferas exercerem também uma ação direta sobre todas as partes constitutivas dos corpos animados, particularmente sobre o *sistema nervoso*, por meio de um fluido que a tudo penetra. Eu determinei essa ação pela *intenção* e a *remissão* das propriedades da *matéria e dos corpos organizados*, tais como a *gravidade*, a *coesão*, a *elasticidade*, a *irritabilidade*, a *eletricidade*.

Eu sustentei que, do mesmo modo que os efeitos alternativos, em comparação com a gravidade, produzem no mar o fenômeno sensível que chamamos *fluxo e refluxo*, a intenção e a remissão das ditas propriedades estão sujeitas à ação do mesmo princípio, ocasionando, nos corpos animados, efeitos alternativos análogos àqueles que experimenta o mar. Por estas considerações, estabeleci que o corpo animal, estando submetido à mesma ação, experimentaria também um forte *fluxo* e *refluxo*. Apoiei esta teoria com diferentes exemplos de revoluções periódicas. Nomeei a propriedade do corpo animal, que o torna suscetível à ação dos corpos celestes e da terra, *magnetismo animal*. Eu explicava por este magnetismo as revoluções periódicas que nos chamam a atenção no sexo, e geralmente aqueles que os médicos de todos os tempos e de todos os países observaram nas doenças.

Meu objetivo então era apenas o de fixar a atenção dos médicos. Mas, longe de ter obtido êxito, percebi que me taxaram de singularidade, que me trataram de homem de sistema e que taxaram de crime a minha propensão de mudar a rota ordinária da medicina.

Nunca dissimulei minha tendência de pensar desse modo, nem podem, com efeito, persuadir-me de que fizemos na arte de curar progressos dos quais possamos estar lisonjeados. Creio, ao contrário, que, quanto mais avançamos nos conhecimentos do mecanismo e da economia do corpo animal, mais nos forçaremos a reconhecer nossa insuficiência. O conhecimento que adquirimos até hoje da natureza e da ação dos nervos é tão imperfeito que não nos deixa nenhuma dúvida a esse respeito. Sabemos que eles são os principais agentes das sensações e do movimento, sem, porém, sabermos restabelecê-los à ordem natural quando alterados. É uma reprimenda que nos devemos fazer. A ignorância dos séculos precedentes sobre este assunto garantiu aos médicos a confiança supersticiosa que eles possuíam e que inspiravam nos seus específicos e suas fórmulas,[58] tornando-os déspotas e presunçosos.[59]

O meu grande respeito pela natureza me torna convencido de que a conservação individual do homem foi reservada ao acaso das descobertas e às observações vagas que têm encontrado lugar na sucessão dos vários séculos, para tornar-se domínio de alguns em particular.

---

58   Os médicos prescreviam tratamentos milenares empiricamente, pois desconheciam os efeitos e mesmo a ação dos medicamentos. As fórmulas eram compostas de até 60 elementos diferentes entre vegetais, minerais e substâncias. Muitos ingredientes eram estranhos e exóticos, como raspas de musgo de caveiras dos enforcados, pó de múmias egípcias, excrementos diversos. Os medicamentos homogêneos destinados a uma finalidade única eram os denominados específicos: mercúrio, chumbo etc.

59   Mesmer refere-se aqui à velha medicina heroica, depois classificada por Hahnemman como alopatia. Seus métodos eram principalmente a sangria por lancetação ou sanguessugas, vomitórios, laxantes, vesicatórios, cautérios e outros métodos agressivos. Ver a segunda parte: "Breve história da medicina".

A natureza tem perfeitamente provido de tudo para a existência do indivíduo. Se a geração do homem se faz sem sistema como também sem artifício, como a conservação seria privada da mesma vantagem? A das bestas é uma prova do contrário.

Uma agulha não imantada, posta em movimento, tomará uma determinada direção ao acaso, enquanto que a que estiver imantada, tendo recebido o mesmo impulso, após diferentes oscilações proporcionais à impulsão e ao magnetismo que recebeu, ao contrário daquela, voltará à sua primitiva posição e aí se fixará. É assim que a harmonia dos corpos organizados, uma vez perturbada, deve sofrer as incertezas da minha primeira suposição, se ela não for denominada e determinada pelo *agente geral* de que reconheci a existência. Apenas ele pode restabelecer essa harmonia ao estado natural.

Tem-se visto em todos os tempos doenças se agravarem e se curarem com ou sem a ajuda da medicina, segundo diferentes sistemas e os métodos mais opostos. Estas considerações não me permitiram duvidar que exista na natureza um princípio agindo universalmente, independente de nós, e que opera o que nós atribuímos vagamente à arte e à natureza.

Estas reflexões insensivelmente me afastaram do caminho traçado. Tenho submetido minhas ideias a experiência durante 12 anos, os quais tenho consagrado às mais exatas observações sobre todos os gêneros de doenças. E tenho encontrado a satisfação de ver as máximas que havia pressentido se comprovarem constantemente.

Isso foi, sobretudo, durante os anos de 1773 e 1774, quando encetei em minha casa o tratamento de uma senhorita de 29 anos de idade, chamada Esterlina. Por vários anos, ela foi atacada por uma doença convulsiva e cujo sintoma mais incômodo era o sangue se lançar com impetuosidade para a cabeça, causando dores cruéis nos dentes e nas orelhas, ao que se seguiam delírio, furor, vômitos e síncope. Foi para mim a ocasião mais favorável para observar com exatidão este gênero de *fluxo* e *refluxo* que o MAGNETISMO ANIMAL provoca no corpo humano. A doente apresentava algumas vezes crises salutares, e um alívio acentuado se seguia. Mas não passava de um intervalo momentâneo e sempre imperfeito.

O desejo de penetrar na causa dessa imperfeição e minhas observações ininterruptas me levaram sucessivamente a ponto de reconhecer a ação da natureza, e de penetrá-la fundo para prever e anunciar sem dúvidas as diferentes revoluções da doença. Encorajado por esse primeiro sucesso, não mais duvidei da possibilidade de levá-lo à perfeição, se tivesse êxito em descobrir que existe, entre corpos que compõem nosso globo, uma ação igualmente recíproca e semelhante àquela dos corpos celestes, mediante a qual eu poderia imitar artificialmente as revoluções periódicas do fluxo e do refluxo de que já falei.

Eu tinha sobre o ímã os conhecimentos comuns. Sua ação sobre o ferro, a aptidão de nossos humores para receber este mineral e os diferentes efeitos obtidos tanto na França quanto na Alemanha e na Inglaterra para os males do estômago e as dores de dentes me eram conhecidos. Estas razões, acrescidas à analogia das propriedades dessa matéria com o sistema geral, fizeram-me considerá-la como a mais apropriada a este gênero de prova. Para me assegurar do sucesso desta experiência, preparei a doente, no intervalo dos acessos, para um uso contínuo dos materiais.

Minhas relações de sociedade com o padre Hell,[60] jesuíta, professor de anatomia em Viena, forneceram-me em seguida a ocasião de pedir-lhe que me deixasse executar pelo seu artista várias peças imantadas com forma cômoda para aplicação. Ele se encarregou disso e de remetê-las.

A doente experimentando, a 28 de julho de 1774, uma volta de seus acessos usuais, eu lhe fiz a aplicação sobre o estômago e nas duas pernas de três peças imantadas. Resultaram, pouco tempo depois, sensações extraordinárias. Ela sentiu interiormente correntes dolorosas de uma matéria sutil, que, após diferentes esforços para tomarem sua direção, dirigiram-se para a parte inferior, e fizeram cessar, durante seis horas, todos os sintomas do acesso. O estado da doente me fez supor que no dia seguinte, ao repetir a mesma prova, obteria o mesmo sucesso. Minha observação sobre esses efeitos, combinados com minhas ideias sobre o sistema geral, deu-me novo alento: confirmando minhas ideias precedentes sobre a influência do AGENTE GERAL, abriu-me então outro princípio, sugerindo que o ímã seria incapaz de por si mesmo agir sobre os nervos. Isso me fez ver que eu teria apenas de dar alguns passos a mais para chegar à TEORIA IMITATIVA que seria objeto de minhas pesquisas.

Alguns dias depois, tendo reencontrado o padre Hell, eu o informei numa conversa sobre o melhor estado da doente e os bons efeitos do meu procedimento. Disse-lhe sobre a esperança que eu tinha, após esta operação, de logo encontrar o meio de curar as doenças dos nervos.

Todavia, pouco tempo mais tarde, tomei conhecimento, publicamente e pelos jornais, de que esse religioso, abusando de sua celebridade em astronomia,

---

60   Maximilian Hell ou Maximilian Höll (1720-1792) foi um conhecido astrônomo da corte, e também um padre jesuíta. Na Hungria, era conhecido como Hell Miksa Rudolf. Nasceu em Banska Stiavnica, uma cidade no centro da Eslováquia. Posteriormente assumiu o cargo de diretor do Observatório Imperial de Viena.

e querendo apropriar-se de uma descoberta da qual ignorava completamente a natureza e suas vantagens, permitiu-se publicar que estava seguro de ter descoberto os meios de curar doenças dos nervos, mesmo as mais graves, apenas com as peças imantadas às quais ele supunha haver uma virtude específica dependente de sua forma. Para dar crédito a essa opinião, ele endereçou a várias academias guarnições compostas de peças imantadas de todas as formas, indicando por meio de figuras a analogia que elas tinham com as diferentes doenças. Eis como ele se expressava: "Eu descobri, nestas figuras de acordo com o *turbilhão magnético*, uma perfeição da qual depende a virtude específica contra as doenças. Foi pela falta dessa perfeição que as provas feitas na Inglaterra e na França não tiveram nenhum sucesso." E, culminando por confundir a fabricação das figuras imantadas com a descoberta que eu lhe havia confiado, ele terminava por dizer "que ele havia comunicado aos médicos, e particularmente a mim, que continuaria a delas se servir para realizar suas provas".

Os reiterados escritos do padre Hell sobre este assunto transmitiram ao público, sempre ávido de um específico contra as doenças nervosas, a opinião mal fundada de que a descoberta em questão consistia apenas no emprego do ímã. Eu escrevi e publiquei, por minha vez, para destruir esse erro sobre a existência do magnetismo animal, que é essencialmente distinto do ímã, mas o público, prevenido por um homem reputado, persistiu no seu erro.

Todavia, continuei a produzir minhas provas sobre diferentes doenças a fim de generalizar meus conhecimentos e aperfeiçoar sua aplicação.

Eu conhecia particularmente o senhor barão Stoërk, presidente da Faculdade de Medicina de Viena, e primeiro médico de sua majestade.[61] Ele estava, aliás, convencido de que fora bem instruído sobre a natureza e a finalidade de minha descoberta. Em consequência, pus sob seus olhos os detalhes circunstanciados de minhas operações, particularmente sobre a comunicação e as correntes da matéria magnética animal. E então o convidei a se assegurar por si mesmo, anunciando-lhe que minha intenção era de lhe prestar conta, daí em diante, de todos os progressos que eu poderia fazer nesta nova jornada. E, para lhe dar a prova mais certa de minha ligação, eu lhe comunicaria meus meios sem nenhuma reserva.

---

61 Doutor Anton von de Freiherr Stoërk (1731-1803), barão de Wenzel, foi médico pessoal da imperatriz Maria Teresa da Áustria (1717-1780) e do imperador Francisco I (1708-1765). Assumiu o cargo de diretor do Hospital Geral de Viena e em 1770 esteve à frente das reformas nos hospitais, iniciando as visitas clínicas nas enfermarias.

A timidez natural desse médico, apoiada sem dúvida em motivos nos quais minha intenção não é a de me envolver, levou-o a me responder que não queria conhecer nada do que eu lhe anunciava e que me convidava a não comprometer a Faculdade de Medicina de Viena pela publicidade de uma inovação deste gênero.

As prevenções do público e suas incertezas sobre a natureza de meus meios me determinaram a publicar uma *Carta de 5 de janeiro de 1775, a um médico estrangeiro*,[62] na qual eu dava uma ideia precisa da minha teoria, dos sucessos que havia obtido até então e daqueles que tinha chance de esperar. Eu anunciava a natureza e a ação do MAGNETISMO ANIMAL e a analogia de suas propriedades com aquelas do ímã *e da eletricidade*. Eu acrescentava que "todos os corpos eram, assim como o ímã, suscetíveis da comunicação deste princípio magnético; que esse fluido penetrava tudo; que podia ser acumulado e concentrado como o fluido elétrico; que ele continuava a agir com o afastamento; que os corpos animados eram divisíveis em duas classes, da qual uma era suscetível deste magnetismo, e a outra de uma virtude oposta que suprime a ação". Enfim, mostrava a razão das diferentes sensações, e apoiava essas asserções em experiências que me haviam permitido prevê-las.

Poucos dias antes da publicação desta *Carta*, notei que o senhor Ingenhousz, membro da Academia Real de Londres e inoculador em Viena,[63] que, entretendo a nobreza e as pessoas distintas com experiências de eletricidade, e com artifícios com os quais ele variava os efeitos do ímã, havia adquirido a reputação de ser físico. Eu notei então que esse médico, pretendendo falar de minhas operações, tratava-as como quimeras, chegando até a dizer "que o gênio inglês era o único capaz dessa descoberta, se ela fosse possível". Ele se dirigiu à minha casa, não para melhor se instruir, mas unicamente para me persuadir de que eu me expunha a cair em erro, e devia suprimir toda publicidade para evitar o ridículo que daí adviria.

---

62   Esta carta de 1775 foi a primeira exposição pública de Mesmer sobre suas descobertas.

63   Um homem de interesses científicos variados, o fisiologista e médico holandês Jan Ingenhousz (1730-1799) ficou famoso por ser um dos primeiros cientistas a investigar o processo da fotossíntese. Em Londres, foi um dos pioneiros da inoculação contra varíola pelo uso de pequenas quantidades do vírus vivo retirado de pacientes com casos moderados da doença. Em 1768, viajou a Viena para inocular a família da imperatriz Maria Teresa, inclusive a jovem Maria Antonieta, que seria a última rainha da França. Depois, atuou como médico oficial da corte austríaca durante mais de dez anos. Futuramente, a inoculação seria substituída pela vacinação.

Eu lhe respondi que ele não tinha suficientes conhecimentos para me dar este conselho, e que, além disso, para mim seria um prazer convencê-lo do contrário na primeira ocasião. Ele se apresentou dois dias depois. Em determinado momento, a senhorita Esterlina demonstrou um terror e um resfriamento que lhes ocasionaram uma súbita supressão e ela caiu com suas primeiras convulsões. Convidei, então, o senhor Ingenhousz para vir à minha casa. Ele veio acompanhado de um jovem médico. A doente estava então em síncope e com convulsões. Eu o preveni de que essa era a ocasião mais favorável para se convencer por si mesmo do princípio que eu anunciava, e da propriedade que ele haveria de comunicar. Eu o fiz se aproximar da doente, enquanto me afastava, dizendo que a tocasse. Ela não fez nenhum movimento. Eu o chamei para perto de mim, e lhe comuniquei o magnetismo animal tomando-o pelas mãos. Fiz em seguida com que se aproximasse da doente, mantendo-me sempre afastado, e lhe disse para tocá-la uma segunda vez. Desta vez resultaram movimentos convulsivos. Fiz com que repetisse várias vezes esse toque, o que ele fazia com a extremidade do dedo e variava a direção a cada vez. E então, para sua grande surpresa, ele sempre operava um efeito convulsivo na parte que tocava. Terminada esta operação, ele me disse estar convencido. Propus-lhe então uma segunda prova. Nós nos afastamos da doente de maneira a não sermos percebidos, mesmo quando ela estava consciente. Ofereci ao senhor Ingenhousz seis taças de porcelana, e lhe pedi para me indicar aquela à qual ele desejava que eu comunicasse a virtude magnética. Após sua escolha, toquei a taça indicada. Fiz em seguida a doente segurar em sua mão, sucessivamente, as seis taças. Quando chegou a vez daquela que eu havia tocado, sua mão fez um movimento e deu sinais de dores. O senhor Ingenhousz, tendo feito por sua vez repassar as seis taças, obteve o mesmo efeito.

Fiz com que fossem levadas as seis taças para o local onde haviam sido apanhadas. Após certo intervalo, pegando o senhor Ingenhousz por uma mão, disse-lhe para tocar, com a outra, a taça que ele quisesse. Pois quando essas taças foram aproximadas da doente, como precedentemente, provocaram o mesmo efeito.

A comunicabilidade do princípio estando bem fundada aos olhos do senhor Ingenhousz, eu lhe propus uma terceira experiência para lhe fazer conhecer sua ação sobre o afastamento e sua virtude penetrante. Dirigi meu dedo para a doente à distância de oito passos. Após um instante, seu corpo entrou em convulsão a ponto de deitar-se sobre seu leito com as aparências da dor. Mantendo minha posição, continuei a dirigir meu dedo para a doente, colocando agora o senhor Ingenhousz entre eu e a doente. Ela experimentou as mesmas sensações. Estas provas tendo sido repetidas à vontade do senhor Ingenhousz, perguntei-lhe se estava satisfeito e se estava convencido das propriedades maravilhosas que eu lhe havia anunciado. Oferecendo-lhe, caso contrário, repetir nossos procedimentos. Sua resposta foi que nada mais havia para desejar e que estava convencido. Mas que me convidava, pela consideração que tinha por mim, a nada comunicar ao público sobre esta matéria, a fim de não me expor à sua incredulidade. Depois de sua saída, aproximei-me da doente para continuar meu tratamento. Ele teve o mais feliz sucesso. Ocupei-me no mesmo dia a restabelecer o curso normal da natureza e a fazer cessar todos os acidentes que haviam ocasionado a supressão.

Dois dias depois eu vi, surpreso, que o senhor Ingenhousz dirigiu ao público afirmativas totalmente opostas àquelas que sustentara em minha casa. Publicamente, ele desmentia o sucesso das diferentes experiências de que havia sido testemunha. Dizia que aceitava confundir o magnetismo animal com o ímã. E, por fim, afirmou estar determinado a ofuscar minha reputação dizendo que "com o concurso de várias peças imantadas, de que se serviria, ele estava seguro de me desmascarar e de dar a conhecer que isto não passava de uma fraude ridícula e orquestrada".

Aventei que tais afirmativas me pareceram por demais inacreditáveis, e que me custava ser forçado a crer que o senhor Ingenhousz fosse o autor. Mas sua associação com o jesuíta Hell, os escritos inconsequentes deste último em apoio a tantas odiosas imputações, e o fato de ele destruir minha *Carta de 5 de janeiro de 1775*, não mais me permitiram duvidar de que o senhor Ingenhousz fosse culpado. Para refutar o padre Hell, dispus-me a formalizar uma queixa, quando a senhorita Esterlina, informada dos procedimentos do senhor Ingenhousz, sentiu-se de tal modo ofendida de se ver assim comprometida que recaiu aos seus primeiros acidentes, agravados por uma febre nervosa. Seu estado mobilizou toda minha atenção durante 15 dias. Foi nessas circunstancias que, continuando minhas pesquisas, senti-me muito feliz por ultrapassar as dificuldades que se opunham ao meu caminho. E por dar à minha teoria a perfeição que eu desejava. A cura dessa senhorita foi o primeiro fruto. E tive a satisfação de vê-la, depois dessa época, gozando de uma boa saúde, casada, e com filhos.

Foi durante esses 15 dias que, determinado a justificar minha conduta e a dar ao público uma justa ideia dos meus meios, e em desvelar a conduta do senhor Ingenhousz, instruí o senhor Stoërk, e lhe pedi para tomar as ordens da corte, para que uma comissão da Faculdade fosse encarregada dos fatos, para constatá-los e torná-los público. Meus pedidos pareceram-me agradar a esse primeiro médico. Ele demonstrava dividir comigo o modo de pensar, e prometeu agir rapidamente. Observando, entretanto, que ele não podia ser da comissão. Eu lhe propus várias vezes vir ver a senhorita Esterlina, e se assegurar por si mesmo do sucesso do meu tratamento. Suas respostas sobre este assunto foram sempre vagas e incertas. Eu lhe expus o quanto seria vantajoso para a humanidade adotar em seguida meu método nos hospitais, e lhe pedi para mostrar nesse momento a utilidade naquele Hospital dos Espanhóis. Ele concordou e deu a ordem necessária ao senhor Reinlein, médico daquela casa. Este último foi testemunha durante oito dias dos efeitos e da utilidade das minhas visitas. Demonstrou várias vezes sua surpresa e deu conta ao senhor Stoërk. Mas me apercebi em breve que se havia dado novas impressões a este primeiro médico. Eu o via quase todos os dias, para insistir sobre a necessidade de uma comissão, e lhe lembrar das coisas interessantes que eu havia realizado. Mas não via de sua parte senão indiferença, frieza e afastamento em relação a tudo que se relacionava com esse assunto. Nada podendo obter, e tendo o senhor Reinlein cessado de me dar satisfações, e tendo sido informado de que essa mudança de conduta era fruto de interferências do senhor Ingenhousz, senti minha insuficiência para deter os processos da intriga, e me condenei ao silêncio.

O senhor Ingenhousz, impulsionado pelos sucessos de sua conduta, adquiriu novas forças. Ele fez de sua incredulidade um mérito, e passou em pouco tempo a fazer classificar de espírito fraco qualquer um que não concordasse com seu julgamento, ou que não estivesse do seu lado. É fácil compreender que não via senão vantagem em afastar a multidão, e me fazer lembrado no mínimo como um visionário, de tal modo que a indiferença da Faculdade parecia apoiar essa opinião. O que me pareceu muito estranho foi vê-la acolher, no ano seguinte, o senhor Klinkosch, professor de medicina de Praga, que, sem me conhecer e sem ter a mínima ideia da questão, teve a baixeza, para nada mais dizer, de apoiar em escritos públicos[64] o singular detalhe das imposturas que o senhor Ingenhousz havia adiantado em relação a mim.

Qualquer que tenha sido a opinião pública, creio que a verdade não pode ser mais bem apoiada do que por fatos. Levei a cabo o tratamento de diferentes doenças, tais, entre outras, como uma hemiplegia, seguida de uma apoplexia. Supressões, vômitos de sangue, cólicas frequentes e um sono convulsivo desde a infância, com escarros sanguinolentos e oftalmias habituais. O senhor Bauer, professor de matemáticas em Viena, de renomado mérito, estava atacado desta última doença. Meus trabalhos foram seguidos dos mais felizes sucessos, e o senhor Bauer teve a honestidade de dar ele mesmo ao público uma relação

---

64   Nota de Mesmer: Carta sobre o magnetismo animal e o eletróforo, endereçada ao senhor conde de Kinszky. Ela foi inserida nos *Atos dos Sábios da Boêmia*, no ano de 1776, Tomo II. Ela foi também impressa separadamente, e distribuída em Viena no ano seguinte.

detalhada de sua cura. Entretanto, o preconceito havia levado a melhor. Tive, no entanto, a satisfação de ser muito bem conhecido de um grande ministro, de um conselheiro privado e de um conselheiro áulico,[65] amigos da humanidade, que tinham muitas vezes reconhecido a verdade por si mesmos. Para sustentar e proteger a verdade, eles fizeram várias tentativas para afastar as trevas que a tentavam obscurecer. Todavia, as opiniões desses senhores foram constantemente desconsideradas, em lhes opondo que apenas o aval dos médicos seria capaz de determinar. Sua boa vontade se reduziu assim a me oferecerem dar a meus escritos a publicidade que me seria necessária nos países estrangeiros.

Foi por esta via que minha carta explicativa de 5 de janeiro de 1775 foi comunicada à maior parte das academias de ciências, e a alguns sábios. Entre todas, apenas a Academia de Berlim, a 24 de março desse ano, deu uma resposta por escrito, pela qual, confundindo as propriedades do magnetismo animal que eu anunciava com aquelas do ímã, do qual eu falava apenas como condutor, ela caiu em diferentes erros. E sua opinião era a de que eu estava iludido.

Essa academia não apenas caiu no erro de confundir o *magnetismo animal* com o *mineral*, apesar de sempre eu ter me dedicado em meus estudos a estabelecer que o emprego do ímã, apesar de útil,[66] era sempre imperfeito sem o apoio da teoria do magnetismo animal. Os físicos e médicos com os quais estive me correspondendo, ou que buscaram se intrometer para usurpar esta descoberta, pretenderam e presumiram divulgar, uns que o ímã era o único agente que eu empregava, os outros que eu utilizava a eletricidade. E assim por diante, porque sabiam que eu havia feito uso desses dois meios. A maior parte deles se desiludiu com sua própria experiência. Mas em lugar de reconhecer a verdade que eu anunciava, concluíram que, como não obtinham sucesso com o uso desses dois agentes, as curas anunciadas por mim eram suposições. E que minha teoria era ilusória. O desejo de me descartar para sempre de semelhantes erros, e de trazer à luz a verdade, determinaram-me a não mais fazer uso da eletricidade nem do ímã após 1776.

A pouca acolhida dada à minha descoberta, e a débil esperança que ela me

---

65   Conselheiro áulico é um assessor de confiança.

66   Naquela época, muitos médicos experimentavam o emprego do magnetismo mineral e da eletricidade na cura das doenças. Benjamin Franklin, que descobriu a eletricidade, era um deles. Anos depois, Hahnemann estudou a ação homeopática do magnetismo mineral, recomendando sua aplicação em seu livro *Organon*.

oferecia para o futuro, determinaram-me a nada mais empreender publicamente em Viena. Fiz uma viagem a Suábia[67] e à Suíça, para ampliar minha experiência, e me levar à verdade pelos fatos. Tive efetivamente a satisfação de obter várias curas relevantes em Suábia. E operar nos hospitais, sob os olhos de médicos de Berna e de Zurique, efeitos que, não deixando nenhuma dúvida quanto à existência do magnetismo animal e sobre a utilidade da minha teoria, dissiparam o erro no qual meus contraditores a haviam lançado.

Foi do ano de 1774 ao de 1775 que um eclesiástico,[68] homem de boa-fé,

---

67   Região cultural e linguística do sudoeste da Alemanha, antigo território de um ducado medieval. Hoje está dividida nos estados da Baviera e Baden-Württemberg.

68   Trata-se do padre Johann Joseph Gassner, que nasceu em 20 de agosto de 1727, na cidade de Bratz, perto de Bludens (Suábia), hoje Áustria. Tendo estudado em Insbruck e em Praga, em 1750 foi ordenado. Alguns anos depois, em 1758, foi promovido do curato de Kloesferte, no cantão de Grisons. Sofrendo graves problemas de saúde, consultou vários médicos, sem encontrar solução. Imaginou então que suas fraquezas poderiam estar relacionadas à influência do mau espírito, e poderiam ser curadas por meios espirituais. Espantosamente, curou suas próprias enfermidades, e passou a atender todos os que o procuravam em sua paróquia. Curava todas as doenças pela simples aposição de mãos, sem empregar remédios, nem exigir remuneração. Logo obteve centenas de curas. Sua fama como exorcista e curador se espalhou por toda Europa. Gassner solicitou permissão e foi sucessivamente a Wolfegg, Weingarten, Ravensperg, Detland, Kirchberg, Morspurg e Constança. Enquanto os doentes o cortejavam, os médicos ergueram-se contra ele. Os primeiros proclamavam suas curas como maravilhosas, ao passo que os segundos as contestavam. O bispo de abriu um inquérito. Gassner declarou jamais ter nutrido o pensamento de fazer milagres, limitando-se a aplicar o poder que a ordenação confere a todos os padres de exorcizar, em nome de Jesus Cristo, os demônios que são uma das causas mais frequentes de nossas doenças. Declarou dividir todas as doenças em naturais ou lesões, doenças de obsessões e em doenças complicadas por obsessões. Dizia que não tinha poder sobre as primeiras e fracassava nas da terceira categoria, quando a doença natural era superior à doença da obsessão. O bispo não ficou convencido e ordenou a Gassner que voltasse ao curato, mas pouco depois o autorizou a continuar seus exorcismos. O cura apressou-se em aproveitar a autorização e surpreendeu os habitantes de Elwangen, Sulzbach e Ratisbonne, pela imensa multidão que seu renome atraía da Suíça, da Alemanha e da França. O duque de Wurtemberg declarou-se abertamente seu admirador e protetor. Seus sucessos lhe atraíram poderosos adversários. Sterzingen e o célebre Häen atacaram-no com perseverança e

mas de um zelo excessivo, operou na diocese de Ratisbonne, sobre diferentes doentes do tipo nervoso, efeitos que pareceram sobrenaturais aos olhos de homens menos prevenidos e os mais esclarecidos desse lugar. Sua reputação atingiu Viena, onde a sociedade estava dividida em dois partidos: um tratava esses efeitos como imposturas e embuste, enquanto o outro os julgava como maravilhas operadas pelo poder divino. Um e outro, entretanto, estavam errados. Minha experiência me havia prevenido desde então que esse homem não era senão um instrumento da natureza. Sua profissão, secundada pelo acaso, determinava ao seu lado certas combinações naturais, e ele renovava os sintomas periódicos das doenças, sem conhecer a causa. O fim desses paroxismos assemelhava-se às curas reais. Só o tempo pôde desenganar o público.

Retirando-me para Viena, lá pelos fins do ano de 1775, passei por Munique, onde sua alteza, o eleitor da Baviera, houve por bem me consultar sobre esse assunto, e me pedir se eu podia explicar-lhe essas pretensas maravilhas.[69] Fiz sob seus olhos experiências que afastaram os prejulgamentos de sua pessoa, não lhe deixando nenhuma dúvida sobre a verdade que eu anunciava. Isso foi pouco tempo após a Academia de Ciências dessa capital ter-me honrado ao admitir-me no seio de seus membros.

Fiz, no ano de 1776, uma segunda viagem à Baviera. Lá obtive os mesmos sucessos com doenças de diferentes gêneros. Operei particularmente a cura de uma gota serena imperfeita, com paralisia dos membros, de que estava atacado o senhor Osterwald, diretor da Academia de Ciências de Munique.

---

paixão. Vários bispos prestaram apoio ao fogoso Sterzingen e impediram o padre Gassner de exorcizar em suas dioceses. Por fim, José II lançou um edito que ordenava a Gassner deixar Ratisbonne. Mas, fortalecido pela proteção do príncipe-bispo dessa cidade, que lhe havia conferido o título de conselheiro eclesiástico, Gassner perseverou. Tal resistência prolongou-se até 1777, quando ele foi provido do curato de Bondorf, para onde se retirou. Ali morreu em 4 de abril de 1779, com 52 anos. (Publicado no jornal *L'Exposition Populaire Ilustreé*, n. 24, reproduzido pela *Revista Espírita*, 1867). Em 1775, o papa Pio VI colocou no Índice dos Livros Proibidos da Igreja todas as obras de Gassner sobre suas curas.

69   O príncipe-eleitor, Max José da Baviera estabeleceu uma comissão de inquérito da Academia de Ciências. Mesmer foi convidado a dar sua opinião e concluiu que Gassner era sincero nas suas convicções, mas esclareceu que as sua curas eram naturais, devidas a um alto grau de magnetismo animal.

Ele teve a honestidade de prestar contas ao público, assim como de outros efeitos que ele testemunhou.[70]

De retorno a Viena, persisti até o fim do mesmo ano, a nada empreender; e eu não teria mudado de resolução se meus amigos não se tivessem reunido para combatê-la: suas instâncias, aliadas ao desejo que eu tinha de fazer triunfar a verdade, fizeram-me conceber a esperança de um porvir com novos sucessos, e sobretudo por alguma cura retumbante. Eu atendi, sob esse ponto de vista, entre outros doentes, a senhorita Paradis,[71] com a idade de 18 anos, nascida de pais bastante conhecidos. Ela mesma particularmente conhecida de sua majestade, a imperatriz-rainha, recebia de sua beneficência uma pensão a que fazia jus como absolutamente cega desde os quatro anos. Era uma amaurose completa, com convulsões nos olhos. Ela estava ainda atacada por melancolia, acompanhada de uma obstrução no baço e no fígado, que a levava muitas vezes a acessos de delírio e de furor, próprios para convencer que ele era uma doida consumada.

Eu atendi ainda a chamada Zwelferine, com idade de 19 anos, cega desde a idade de dois anos por uma amaurose, acompanhada de uma catarata rugosa e muito espessa, com atrofia do globo. Apresentava também escarro de sangue

---

70   Nota de Mesmer: Foi publicada, no começo de 1778, uma *Compilação das curas operadas pelo magnetismo*, impressa em Leipzig. Esta compilação informativa, da qual ignoro o autor, tem o mérito de ter reunido fielmente, e sem parcialidade, as relações e os escritos pró e contra meu sistema.

71   A famosa cantora e pianista Maria Theresa von Paradis (1759-1824) foi uma menina-prodígio nascida em Viena. Era filha do secretário imperial Joseph von Paradis. Ficou parcialmente cega aos três anos, e completamente depois dos quatro. Somente com sete anos seus pais descobriram seu ardente amor pela música e sua natural aptidão para sua aprendizagem. Aos 12 anos, ela já tocava na igreja de Viena. Foi chamada a tocar para a imperatriz, que concedeu uma pensão vitalícia para assegurar sua educação musical. Maria Theresa von Paradis sabia tocar mais de 60 concertos de memória. Foi amiga de Mozart. Compositora, escreveu mais de 30 peças para piano. Dedicava-se à formação de jovens músicos e à educação de crianças e jovens deficientes visuais. Mozart escreveu, especialmente para ela, o "Concerto em si bemol maior nº 18", que estreou em Paris, em 1784, para Luís e Maria Antonieta. Mesmer estava presente. Ainda em Paris, ela encontrou-se com Valentin Haüy (precursor da educação especial para cegos). Theresa von Paradis influenciou o trabalho de Haüy tanto na fundação de sua escola quanto na seleção de materiais para a educação de cegos.

periódico. Eu avaliei essa moça na casa dos Orfelinos em Viena. Sua cegueira foi atestada pelos administradores.

Atendi, no mesmo tempo, a senhorita Ossine, com 18 anos de idade, pensionista de sua majestade como filha de um oficial de seus exércitos. Sua doença consistia de uma tuberculose purulenta e uma melancolia atrabiliária, acompanhada de convulsões, furor, vômitos, escarros de sangue, e síncopes. Estas três doentes estavam, assim como os outros, alojadas em minha casa, para poderem seguir meu tratamento sem interrupção. Eu estava muito contente por poder curá-las todas as três.

O pai e a mãe da senhorita Paradis, testemunhas da sua cura, e dos progressos que ela fazia com o uso de seus olhos, apressaram-se a divulgar este evento e sua satisfação. Acorreu à minha casa uma multidão para disso se assegurar; e cada um, após submeter a doente a um gênero de prova, retirava-se com admiração, e me dizendo coisas as mais lisonjeiras.

Os dois presidentes da Faculdade, à testa de uma comissão de seu instituto, determinados pelas repetidas instâncias do senhor Paradis, foram à minha casa. E, após terem examinado esta jovem, juntaram seu testemunho àquele do público. O senhor Stoërk, um desses senhores, que conhecia particularmente essa jovem, e a havia tratado durante dez anos sem sucesso algum,[72] expressou-me sua satisfação por uma cura tão interessante, e seus agradecimentos por poder ressaltar por seu aval a importância dessa descoberta. Vários médicos, cada um em particular, seguiram o exemplo de nossos chefes, e renderam a mesma homenagem à verdade.

Após esses acontecimentos tão autênticos, o senhor Paradis achou dever expressar seu reconhecimento, transmitindo-o, por seus escritos, a toda a Europa. Foi ele que, com o tempo, consagrou nos jornais os detalhes[73] interessantes da cura de sua filha.

Entre médicos que estavam vindo à minha casa para satisfazer sua

---

72   Durante o tratamento médico, Maria Theresa von Paradis foi sujeitada a numerosas sangrias, purgações, cauterizações e dolorosas aplicações de três mil choques ao seu globo ocular.

73   Nota de Mesmer: Eis, para a satisfação do leitor, o resumo histórico dessa cura singular. Ele foi fielmente extraído do relatório escrito em língua alemã pelo próprio pai. Foi ele que me remeteu, no mês de março do ano de 1777, para torná-lo público. [O texto está como apêndice, no final da *Memória*.)

curiosidade, estava o senhor Barth,[74] professor de anatomia das doenças dos olhos, e cirurgião de catarata. Ele tinha mesmo reconhecido duas vezes que a senhorita Paradis gozava da faculdade de ver. Este homem levado pela inveja ousou divulgar publicamente que essa moça não via, e que ele estava seguro disso; ele apoiava essa asserção no fato de que ela ignorava ou confundia o nome dos objetos que lhe eram apresentados. Se lhe respondia de toda parte que ele confundia nisso a incapacidade necessária dos cegos de nascença ou da primeira idade com os conhecimentos adquiridos dos cegos operados de catarata. Como, diziam-lhe, um homem de sua profissão pode produzir um erro tão grosseiro? Mas sua falta de pudor respondia a tudo pela afirmativa do contrário. O público tinha por bem lhe repetir que milhares de testemunhas deporiam a favor da cura. Ele apenas sustentava a negativa, associando-se assim ao senhor Ingenhousz, inoculador de quem já falei.

Estes dois personagens logo tratados como extravagantes pelas pessoas honestas e sensatas resolveram firmar uma conspiração para tirar a senhorita Paradis dos meus cuidados. Planejaram que ela fosse apresentada a sua majestade no estado de imperfeição em que ainda estavam seus olhos, impedindo que ela se apresentasse curada, acreditando assim tornar irreversível sua impostura deslavada. Resolveram para tanto convencer o senhor Paradis, pela crença de ver suprimida a pensão da sua filha, e várias outras vantagens que estavam anunciadas. Como consequência, ele reclamou sua filha. Esta, de acordo com a mãe, testemunhou-lhe sua repugnância, e a crença que sua cura ainda era imperfeita. Insistiu. E esta contrariedade, renovando suas convulsões, ocasionou-lhe uma recaída perigosa. Não chegou a ponto de interferir em seus olhos: ela continuava a usá-los perfeitamente. O pai, vendo-a melhor, e sempre animado pela conspiração, renovou seus pedidos; reclamou a filha calorosamente e forçou sua mulher a exigi-la. A filha resistiu, pelos mesmos motivos precedentes. A mãe, que até então os havia apoiado, e me havia rogado para recusar as extravagâncias do seu marido, veio anunciar a 29 de abril que ela entendia desde agora que deveria retirar sua filha. Eu lhe respondi que ela era a patroa, mas que se disso resultassem novos acidentes, ela devia renunciar aos meus cuidados. Essa proposta foi estendida à sua filha. Isso atingiu sua sensibilidade, e ela caiu num estado de convulsão. Foi socorrida por um de meus doentes. A mãe, compreendendo sua crise, deixou-me bruscamente, tirou a filha

---

74   O doutor Augenarzt Joseph Barth (1745-1818) foi professor da Faculdade de Medicina, famoso por suas operações de catarata. Antes de Mesmer tratá-la, Barth examinou a senhorita Paradis e diagnosticou sua cegueira como incurável.

com furor das mãos da pessoa que a socorria, dizendo: "Infeliz, você mostra tanta inteligência com as pessoas desta casa!" E jogou com raiva sua cabeça contra a muralha. Todos os acidentes desta infortunada se renovaram. Corri em direção a ela para socorrê-la. A mãe sempre furiosa jogou-se contra mim, para impedir-me, cobrindo-me de injúrias. Afastei-me pela mediação de algumas pessoas de minha família, e me aproximei da jovem para lhe dar minha ajuda. Durante o tempo em que dela me ocupava, ouvi de novo as crises de furor, e os esforços repetidos para abrir e fechar, alternadamente, a porta do cômodo onde eu estava. Era o senhor Paradis, que, avisado por um criado da sua mulher, havia se introduzido em minha casa com a espada à mão e queria entrar nesse apartamento, enquanto meu criado procurava afastá-lo segurando a porta. Uma vez desarmado este furioso, ele saiu de minha casa, após ter vomitado milhares de imprecações contra mim e minha família. Sua mulher, por outro lado, jazia desmaiada. Eu lhe fiz dar os socorros de que necessitava, e ela retirou-se algumas horas após. Mas sua infeliz filha sofreu vômitos, convulsões e furores ao menor ruído, e sobretudo ao som dos sinos, tudo era repetido em excesso. Ela estava mesmo recaída na sua primitiva cegueira pela violência do golpe que sua mãe lhe havia ocasionado, o que me levou a temer pelo estado do seu cérebro.

Tais foram para ela e para mim os funestos efeitos desta cena aflitiva. Ter-me-ia sido fácil fazer constatar juridicamente os excessos, pelo testemunho do senhor conde de Pellegrini, e o de oito pessoas que estavam em minha casa, sem falar de outros tantos vizinhos que estavam em condição de depor sobre a verdade. Mas unicamente ocupado em salvar, se fosse possível, a senhorita Paradis, negligenciei todos os meios que a justiça me oferecia. Meus amigos reuniram-se em vão para me fazer entender a ingratidão demonstrada por essa família, e as sequências infrutuosas dos meus trabalhos. Insisti na minha primeira resolução. Eu deveria me felicitar se pudesse vencer, pelos benefícios deste caso, os inimigos da verdade e do meu repouso.

Tomei ciência, no dia seguinte, que o senhor Paradis, tentando acobertar seus excessos, divulgou publicamente as mais atrozes imputações contra mim. Sempre com a intenção de retirar sua filha, e de provar, pelo seu estado, o perigo dos meus meios. Recebi, com efeito, pelo senhor Ost, médico da corte, uma ordem por escrito do senhor Stoërk, na sua qualidade de primeiro médico, datado de Schoenbrunn, 2 de maio de 1777, que me ordenava a terminar a "fraude" – foi esta sua expressão – "e entregar a senhorita Paradis à sua família, se julgar que ela está fora de perigo".

Quem poderia crer que o senhor Stoërk, que estava bem instruído pelo mesmo médico de tudo que havia se passado em minha casa e que, após sua primeira visita, havia vindo duas vezes para se convencer por ele mesmo do progresso da doente e da utilidade dos meus meios, viesse a se permitir a empregar a meu respeito a expressão ofensiva e de desprezo? Eu tinha tomado a posição de pensar o contrário, que, estando ele numa condição privilegiada para reconhecer uma verdade deste gênero, deveria tê-la defendido. Ouso mesmo dizer que, como presidente da Faculdade, mais ainda como depositário da confiança de sua majestade, seria o primeiro de seus deveres o de proteger, nesta circunstância, um membro da Faculdade que ele sabia ser irreprochável, e que ele havia por cem vezes assegurado sua proximidade e sua estima. Eu respondi então, a essa ordem irrefletida, que a doente estava fora do estado de ser transportada sem se expor a perecer.

O perigo de morte a que estava exposta a senhorita Paradis se impôs sem dúvida a seu pai, e lhe provocou algumas reflexões. Ele empregou junto a mim a mediação de duas pessoas recomendáveis, para que eu continuasse a dedicar meus cuidados à sua filha. Eu lhes fiz dizer que o faria, com a condição que nem ele nem sua mulher apareceriam em minha casa. Meu tratamento, com efeito, superou minhas esperanças, e nove dias foram suficientes para acalmar inteiramente as convulsões e fazer ceder os acidentes. Mas a cegueira estava na mesma.

Quinze dias de tratamento a fizeram ceder, e restabeleceram o órgão ao estado em que se encontrava antes do acidente.

Dediquei ainda 15 dias a instruções para o aperfeiçoamento e a manutenção da saúde. O público veio então se assegurar do seu restabelecimento, e cada um em particular me deu, mesmo por escrito, novos testemunhos de sua satisfação. O senhor Paradis, seguro do bom estado de sua filha pelo senhor Ost, que por sua requisição e meu consentimento seguia os progressos do tratamento, escreveu à minha mulher uma carta na qual tocava nos seus sentimentos maternais. Ele me endereçou também o mesmo agradecimento, pedindo-me que aceitasse suas escusas pelo passado, e seu reconhecimento pelo futuro. Ele terminava por pedir que enviasse sua filha, para que pudesse respirar o ar do campo, onde pretendia permanecer. E que de lá ele a reenviaria à minha casa sempre que achasse necessário para continuar sua instrução, e que ele esperava que eu quisesse continuar a conceder meus cuidados. Eu acreditei de boa-fé, e lhe reenviei a filha a 8 do mês de junho. Soube, desde o dia seguinte, que sua família resolvera divulgar que ela continuava cega e convulsiva, e que a apresentava como tal, forçando-a a imitar as convulsões e a cegueira. Esta notícia sofreu ainda algumas contradições de parte das pessoas que estavam seguras do contrário. Mas ela foi sustentada e acreditada pela conspiração obscura da qual o senhor Paradis era o instrumento, sem que me fosse possível barrar o seu progresso, apesar dos testemunhos os mais recomendáveis, tais como o do senhor de Spielman, conselheiro áulico de suas majestades e diretor da Chancelaria do Estado; dos senhores conselheiros de suas majestades; de Molitor; de Umlauer, médico de suas majestades; de Boulanger; de Heufeld; e do senhor barão de Colnbach e de Weber, os quais, independentemente de muitas outras pessoas, seguiram por si próprios, quase todos os dias, meus procedimentos e seus efeitos. É assim que sucessivamente não tem encontrado sucesso, malgrado minha perseverança e meus trabalhos, a colocação nem no campo das suposições ou pelo menos no das coisas mais incertas, a verdade mais autenticamente demonstrada.

É fácil conceber o quanto eu devia estar afetado pela animosidade dos meus adversários dedicados a me prejudicar, e pela ingratidão de uma família que eu havia coberto de benefícios. Entretanto, continuei, durante os seis últimos meses do ano de 1777, a aperfeiçoar a cura da senhorita Ossine. E da denominada Zwelferine, que chamava atenção pelo estado dos olhos, que era ainda mais grave que aquele da senhorita Paradis. Continuei ainda com sucesso o tratamento dos doentes que me restaram, particularmente o da senhorita Wipior, com idade de nove anos, que tem sobre o olho uma excrescência da córnea, conhecida sob o nome de *estafiloma*,[75] e essa elevação de natureza cartilaginosa, que era de três a quatro linhas, privava-a da faculdade de ver desse olho. Estou feliz por ter obtido êxito em resolver essa excrescência, a ponto de lhe restituir a faculdade de ler de lado. Restou-lhe apenas um véu ligeiro no centro da córnea, e não duvido que o fizesse desaparecer inteiramente se as circunstancias me houvessem permitido prolongar o tratamento.[76] Mas fatigado de meus trabalhos após 12 anos consecutivos, mais ainda da animosidade constante de meus adversários, sem ter colhido de minhas pesquisas e das minhas penas outra satisfação senão aquela que a adversidade não pôde me tirar, creio haver cumprido, até então, tudo o que eu devia a meus concidadãos. E persuadido de que um dia me renderão mais justiça, resolvi viajar com o único objetivo de procurar o passatempo que estava precisando. Mas para ir, o quanto estava em mim, diante do prejulgamento e das imputações,

---

75   *Estafilomas* são alterações de espessura da esclera, que é a parte branca e opaca da camada externa do olho, conhecida popularmente como "branco do olho".

76   Esta, e muitas outras curas de Mesmer, demonstram que sua terapia obtinha alterações físicas em seus pacientes, e não apenas psicológicas, como afirmam contestadores do magnetismo animal.

dispus as coisas de maneira a deixar em minha casa, durante minha ausência, a senhorita Ossine e a chamada Zwelferine. Tomei depois a precaução de dizer ao público o motivo deste arranjo, anunciando-lhe que estas pessoas estavam na minha casa porque seu estado podia ser constatado a cada instante e servir de apoio à verdade. Elas aí permaneceram por oito meses após minha partida de Viena, e saíram apenas por ordem superior.

Chegando a Paris,[77] no mês de fevereiro de 1778, comecei a gozar das doçuras do repouso, e a me aproveitar inteiramente da interessante relação com os sábios e os médicos desta capital, onde, para responder às amabilidades e à sinceridade com que eles me cumularam, fui levado a satisfazer sua curiosidade, falando-lhes de meu sistema. Surpresos com sua natureza e com seus efeitos, eles me pediram a explicação. Eu lhes dei minhas asserções sumárias em 19 artigos.[78] Eles lhes pareceram sem nenhuma relação com os conhecimentos estabelecidos. Senti, com efeito, como era difícil de persuadir, apenas pela razão, sobre a existência de um princípio do qual não existe ainda nenhuma ideia. E me sujeitei, por esse fato, ao pedido que me foi feito de demonstrar a realidade e a utilidade da minha teoria, pelo tratamento de alguns doentes graves[79].

---

77   Nota de Mesmer: Meus adversários, sempre ocupados em me perturbar, apressaram-se a divulgar, quando da minha chegada à França, prevenções sobre minha conduta. Eles, inclusive, comprometeram a Faculdade de Viena, fazendo inserir uma carta anônima no Jornal Enciclopédico do mês de março de 1778, página 506; e os senhores Hell, Bailio d'Hirsingen e de Lundzer não foram temerosos em emprestar seus nomes a este escrito difamatório. Eu não era, entretanto, conhecido; e não os vi senão em Paris, depois dessa época, para receber suas desculpas. A perfídia, as inconsequências e a malignidade dessa carta não merecem nada mais do que desprezo: basta lê-la para convencer-se.

78   Nota de Mesmer: Estas mesmas asserções foram transmitidas, em 1776, à Sociedade Real de Londres pelo senhor Elliot, enviado da Inglaterra à Dieta de Ratisbonne. Eu as havia comunicado a esse ministro, a seu pedido, após ter feito sob suas vistas experiências múltiplas em Munique e em Ratisbonne.

79   Segundo o discípulo de Mesmer, J. L. Picher Grandchamp: "Vítima do ciúme em Viena pelas suas descobertas, Mesmer encontrou a França para as apreciar e as divulgar. A reputação que ele adquiriu pelos seus sucessos nas ciências fez com que recebesse a acolhida favorável que a nação tem costume de dedicar aos estrangeiros. Seu saber e sua modéstia lhe deram partidários. Mas a inveja não tardou a lhe suscitar inimigos poderosos. Cobriram-no

Vários doentes me cederam sua confiança. A maior parte estava num estado tão desesperador que abalou todo meu desejo de lhes ser útil, e me decidir a satisfazê-los. Entretanto, obtive a cura de uma melancolia vaporosa[80] com vômitos espasmódicos, de várias obstruções inveteradas do baço, fígado e mesentério. De uma amaurose incompleta, ao grau de impedir a doente de se conduzir por si mesma. De uma paralisia geral com tremores, que dava ao doente, com 40 anos de idade, toda a aparência da velhice e da embriaguez: esta doença era consequência de um congelamento, e havia sido agravada pelos efeitos de uma febre pútrida e maligna de que esse doente havia sido atacado há seis anos, na América. Obtive ainda o mesmo sucesso numa paralisia absoluta das pernas com atrofia. Sobre um vômito habitual que reduzia a doente a

---

de calúnias e de ridículos. Sua fortuna, sua própria vida e seu nome foram expostos a grandes perigos. Ele sofreu a sorte do famoso Galileu, perseguido pelo fanatismo do seu século por haver sustentado o movimento da terra. Ele foi tratado de visionário como o célebre Harvey, que ensinava a circulação do sangue. Perseguiram-no como a Cristóvão Colombo, que descobriu o Novo Mundo. Enfim, foi imitado no teatro como Sócrates, para fazê-lo odiado do povo. A maior parte das corporações encarregadas da instrução pública possui o poder de nada admitir que lhe seja estranho, apesar de quanto vantajoso lhe possa ser. É uma mercadoria proibida que eles bloqueiam nas barreiras do seu reino. É o destino dos grandes homens serem perseguidos.".

80   A origem da expressão *melancolia vaporosa* remonta ao século 17, quando os médicos tentavam explicar, a partir de novas descobertas como a dos vapores, os casos considerados pela Igreja como possessão demoníaca. Um médico da época escreveu: "Os médicos, nesse caso, têm grandes prerrogativas sobre os eclesiásticos, pois eles sabem que, se o humor melancólico se estagna nos mitocôncrios, daí se elevam vapores e ventos de qualidade assaz maligna para produzir todos esses efeitos estranhos e extraordinários." (apud por R. Mandrou, *Magistrats et sorciers em France au XVII siécle*. Paris: Plon, 1968, p. 170) A patologia vaporosa servia para explicar os casos de histeria, epilepsia, transes sonambúlicos. No início do século 18, a teoria dos vapores tornou-se moda. Porém, com os primeiros estudos da neurologia por médicos como Sydenham, Willis e Whytt, os vapores foram abandonados. Apesar disso, por força do hábito, a expressão melancolia vaporosa permaneceu no vocabulário médico, o que explica o seu uso por Mesmer. O magnetismo animal foi a primeira hipótese científica da modernidade para explicar os casos de histeria, loucura e as chamadas doenças dos nervos.

um estado de marasmo, sobre uma caquexia escrofulosa[81] e, enfim, sobre uma degeneração geral dos órgãos da transpiração.

Estes doentes, cujo estado era conhecido e constatado pelos médicos da Faculdade de Paris, todos sofreram crises e evacuações sensíveis e análogas à natureza de suas doenças, sem ter feito uso de qualquer medicamento. E, após terem terminado seu tratamento, deixaram-me uma declaração detalhada.

Eis que tudo isso serve para demonstrar sem dúvida as vantagens do meu método, e eu tinha esperança de que a convicção iria acontecer em seguida. Mas as pessoas que me haviam determinado a encetar esse tratamento não foram levadas a reconhecer seus efeitos. Em relação a isso, as considerações e os motivos em detalhes serão conhecidos nesta *Memória*. Resultou que as curas, contra minhas expectativas, não podendo ser comunicadas às instituições das quais só sua consideração poderia fixar a opinião pública, não preencheram senão imperfeitamente o objetivo que me havia proposto e que eu esperava. O que me leva hoje a fazer um novo esforço para o triunfo da verdade, dando mais extensão às minhas primeiras asserções, e uma publicidade que lhe faltou até agora.

---

81 Estado de desnutrição profunda produzida por escrófula, uma localização primária de infecção tuberculosa em gânglios linfáticos do pescoço.

PROPOSIÇÕES

1. Existe uma influência mútua entre os corpos celestes, a Terra e os corpos animados.
2. Um fluido universalmente expandido e contínuo de modo a não sofrer nenhum vazio, cuja sutileza não permite nenhuma comparação, e que por sua natureza é suscetível de receber, propagar e comunicar todas as impressões do movimento, é o meio dessa influência.
3. Esta ação recíproca está submetida a leis mecânicas, desconhecidas até o presente.
4. Resultam desta ação efeitos alternativos que podem ser considerados como um fluxo e refluxo.
5. Este fluxo e refluxo é mais ou menos geral, mais ou menos particular, mais ou menos composto, segundo a natureza das causas que o determinam.
6. É por esta operação (a mais universal dentre aquelas que a natureza nos oferece) que as relações da atividade se exercem entre os corpos celestes, a terra e suas partes constitutivas.
7. As propriedades da matéria e do corpo organizado dependem desta operação.
8. O corpo animal sofre os efeitos alternativos desse agente, e é se insinuando na substância dos nervos que ele os afeta imediatamente.
9. Manifestam-se particularmente no corpo humano propriedades análogas àquelas do ímã, distinguindo-se polos igualmente diversos e opostos, que podem ser comunicados, mudados, destruídos e reforçados. O fenômeno da inclinação também pode ser observado.
10. A propriedade do corpo animal que o torna suscetível à influência dos corpos celestes e da ação recíproca daqueles que o cercam, manifestada por sua analogia com o ímã, levou-me a nomeá-la MAGNETISMO ANIMAL.
11. A ação e a virtude do magnetismo animal, assim caracterizadas, podem ser comunicadas a outros corpos animados e inanimados. Uns e outros são, no entanto, mais ou menos suscetíveis.
12. Esta ação e esta virtude podem ser reforçadas e propagadas para estes mesmos corpos.

13. Observa-se na experiência o escoamento de uma matéria cuja sutileza penetra todos os corpos sem perder notavelmente sua atividade.

14. Sua ação tem lugar a uma distância afastada, sem o auxílio de qualquer corpo intermediário.

15. Ela é aumentada e refletida pelos vidros, como o é a luz.

16. Ela é comunicada, propagada e aumentada pelo som.

17. Esta virtude magnética pode ser acumulada, concentrada e transportada.

18. Eu tenho dito que os corpos animados não são igualmente suscetíveis: é mesmo possível, se bem que muito raro, que tenham uma propriedade tão oposta e que sua simples presença destrua todos os efeitos deste magnetismo noutros corpos.

19. Esta virtude oposta penetra também todos os corpos: ela pode ser igualmente comunicada, propagada, acumulada, concentrada e transportada, refletida pelos espelhos e propagada pelo som, o que constitui não somente uma privação, mas uma virtude oposta positiva.

20. O ímã, seja natural, seja artificial, é, assim como os outros corpos, suscetível do magnetismo animal, e mesmo da virtude oposta, sem que, nem em um nem em outro caso, sua ação sobre o ferro e a agulha sofra alguma alteração, o que prova que o princípio do magnetismo animal difere essencialmente daquele do mineral.

21. Este sistema fornecerá novos esclarecimentos sobre a natureza do Fogo e da Luz, assim como da teoria da atração, do fluxo e refluxo, do ímã e da eletricidade.

22. Será revelado que o ímã e a eletricidade artificial têm, em relação às doenças, propriedades comuns a vários outros agentes que a natureza nos oferece e que, se resultarem alguns efeitos úteis da administração deles, serão devidos ao magnetismo animal.

23. Reconhecer-se-á pelos fatos, após as regras práticas que estabelecerei, que este princípio pode curar imediatamente as doenças dos nervos, e indiretamente as demais.

24. Que apenas com sua ajuda o médico é esclarecido sobre o uso dos medicamentos, que sua ação é aperfeiçoada, e que ele provoca e direciona as crises salutares, de maneira a se tornar o seu dirigente.

25. Comunicando meu método, demonstrarei, por uma nova teoria das doenças, a utilidade universal do princípio que lhes proponho.

26. Com este conhecimento, o médico julgará com segurança a origem, a natureza, e o progresso das doenças, mesmo das mais complicadas. Ele impedirá seu desenvolvimento, e levará à sua cura, jamais expondo o doente a efeitos

perigosos ou a incômodos seguidos, qualquer que seja sua idade, temperamento ou sexo. As mulheres mesmo no estado de gravidez, e quando do parto, usufruirão da mesma vantagem.

27. Esta doutrina, enfim, colocará o médico em condições de bem julgar o grau de saúde de cada indivíduo, e de preservá-lo das doenças às quais poderá estar exposto. A arte de curar atingirá assim a derradeira perfeição.

Se qualquer uma destas asserções – sobre as quais dediquei minha observação constante por 12 anos – deixar alguma dúvida, eu entendo claramente. Isso porque meu sistema deve parecer, à primeira vista, sustentar a ilusão e não a pura verdade, frente aos princípios expostos e aos conhecimentos estabelecidos. Mas eu rogo às pessoas esclarecidas que afastem os prejulgamentos, e que suspendam temporariamente seu julgamento, até que as circunstancias me permitam dar a meus princípios a evidência de que são suscetíveis. Em relação aos homens que gemem nos sofrimentos e na desgraça, apenas pela insuficiência dos meios conhecidos, é bem natural que se lhes inspire o desejo, e mesmo a esperança de um reconhecimento dos mais úteis.

Os médicos, como depositários da confiança pública no que tange mais de perto à conservação e à felicidade dos homens, são os únicos capazes, pelos conhecimentos inerentes à sua condição, de bem julgar a importância da descoberta que venho anunciar e apresentar os frutos. Apenas eles, numa palavra, são capazes de pô-los em prática.

A vantagem que tenho de partilhar a dignidade de sua profissão não me permite duvidar de que eles irão adotar e difundir princípios que tendem ao maior alívio da humanidade, desde que tenham sido fixados por esta *Memória*, que lhe é essencialmente destinada, sobre a verdade ideada pelo MAGNETISMO ANIMAL.

FIM

APÊNDICE

(Publicado originalmente como nota, na primeira edição da *Memória*.).

Eis, para a satisfação do leitor, o resumo histórico desta cura singular. Ele foi fielmente extraído do relatório escrito em língua alemã pelo próprio pai. Foi ele que o remeteu a mim, no mês de março do ano de 1777, para torná-lo público. O resumo está agora sob meus olhos:

Maria Teresa von Paradis, filha única do senhor Paradis, secretário de suas majestades, o rei e rainha-imperatriz, nasceu em Viena a 15 de maio de 1759 e tinha os olhos perfeitos.

A 9 de dezembro de 1762, percebeu-se no seu despertar que ela não via mais. Seus pais ficaram tão mais surpresos e aflitos com este acidente súbito porque após o nascimento nada havia anunciado a alteração naquele órgão.

Reconheceu-se que se tratava de uma amaurose completa, cuja causa poderia ser um humor repercutido, ou uma escoriação consequente a um susto que essa criança tenha sofrido nessa mesma noite, consequente a um ruído que se fez à porta de seu quarto.

Os pais, desolados, empregaram em seguida todos os meios julgados próprios para remediar esse acidente, tais como vesicatórios, sanguessugas, e os cautérios.

O primeiro desses meios foi mesmo levado muito longe porque durante mais de dois meses a cabeça estava coberta por um emplastro, que continha uma supuração contínua. Foram utilizados por vários anos os purgativos e aperitivos, o emprego da planta pulsátil e da raiz valeriana. Estes diferentes meios não trouxeram nenhum sucesso, seu estado foi mesmo agravado por convulsões nos olhos e nas pálpebras e, conduzindo em direção ao cérebro, deu lugar a transportes que faziam acreditar na alienação do espírito. Seus olhos tornaram-se caídos, estavam de tal modo deslocados que não se percebia senão o branco – o que, acrescido à convulsão, tornava seu aspecto desagradável, e penoso de suportar. Recorreu-se no último ano à eletricidade, que lhe foi administrada nos olhos por mais de três mil abalos – ela chegou a receber até cem por sessão. Este último meio lhe foi funesto, e foi de tal modo acrescido à sua irritabilidade e às suas convulsões que não foi possível preservá-la de um acidente senão por sangrias reiteradas.

O senhor barão de Wenzel, em sua última estada em Viena, foi encarregado de parte de sua majestade de examiná-la e prestar-lhe socorros, desde que possível. Ele disse, após examiná-la, que a acreditava incurável.

Malgrado este estado e as dores que a acompanhavam, os pais não negligenciaram nada para sua educação e distraí-la dos seus sofrimentos: ela havia feito grandes progressos na música; e seu talento ao órgão e ao cravo proporcionou-lhe a feliz vantagem de ser conhecida da imperatriz-rainha. Sua majestade, tocada pelo seu desgraçado estado, achou por bem lhe dar uma pensão.

O doutor Mesmer, médico, conhecido desde há alguns anos pela descoberta do magnetismo animal, e que havia sido testemunha dos primeiros tratamentos que haviam sido feitos na sua infância, observava após algum tempo essa doente com uma atenção particular todas as vezes que tinha ocasião de encontrá-la. Ele se informava das circunstâncias que haviam acompanhado essa doença, e dos meios de que se havia servido para tratá-la até então. O que ele julgava o mais contrário, e que parecia inquietá-lo, foi a maneira com que se fez uso da eletricidade.

Não obstante o grau a que essa doença havia atingido, ele fez a família ter a esperança de que colocaria os olhos na sua posição natural, diminuiria as convulsões e acalmaria as dores. E fosse o que fosse feito em seguida, ele tinha desde então a esperança de lhe retornar a visão. Ele insistiu com os pais, aos quais uma experiência infeliz e as contrariedades seguidas haviam feito com que tomassem a resolução de não fazer mais nenhuma tentativa para obter uma cura que eles acreditavam impossível.

O senhor Mesmer começou seu tratamento a 20 de janeiro: seus primeiros efeitos foram o calor e a cor rósea na cabeça. Cuidou em seguida dos tremores das pernas e dos braços. Ele provocou na nuca um repuxão, que levava a cabeça para trás, e que, aumentando sucessivamente, ajustava-se ao abalo convulsivo dos olhos.

No segundo dia do tratamento, o senhor Mesmer produziu um efeito que surpreendeu muito as pessoas que foram testemunhas: estando sentado ao lado da doente, ele dirigia seu bastão para a figura representada por um vidro, e ao mesmo tempo em que ele agitava esse bastão, a cabeça da doente seguia seus movimentos. Essa sensação era tão forte que ela mesma anunciava as diferentes variações do movimento do bastão. Percebeu-se então que a agitação dos olhos aumentava e diminuía alternadamente, de uma maneira muito sensível. Seus movimentos multiplicados para trás e para frente eram algumas vezes seguidos de uma total tranquilidade, que foi absoluta desde o quarto dia, e os olhos adquiriram sua situação natural, o que deu lugar a se perceber que o esquerdo era menor do que o direito. Mas, continuando o tratamento, eles se igualaram perfeitamente.

Os tremores dos membros cessaram poucos dias depois, porém ela apresentava no occipital uma dor que penetrava a cabeça, e aumentava insinuando-se para frente. Quando parecia que atingia onde se unem os nervos ópticos, pareceu-lhe durante dois dias que sua cabeça se dividia em duas partes. Esta dor seguia os nervos ópticos, dividindo-se como eles. Ela se definia como picada de ponta de agulha, que, avançando sucessivamente para os globos, parecia penetrá-los e aí se multiplicavam espalhando-se pela retina. Estas sensações eram muitas vezes acompanhadas por sacudidelas. O olfato da doente estava alterado há vários anos, e a secreção do muco não mais se fazia. Seu tratamento lhe fez provar um inchaço interior do nariz e das partes vizinhas, que desapareceu em oito dias por uma evacuação copiosa de um material verde e viscoso. Ela teve ao mesmo tempo uma diarreia de abundância extraordinária. As dores de seus olhos aumentaram, e ela apresentou vertigens. O senhor Mesmer julgou que eram efeitos das primeiras impressões da luz. Ele fez então com que a doente ficasse em sua casa, a fim de assegurar as necessárias precauções.

A sensibilidade desse órgão se tornou tal que, após terem sido cobertos seus olhos por uma tripla bandagem, ele foi forçado a mantê-la numa câmara escura, de tal modo que a menor impressão da luz, sobre todas as partes do corpo, indiferentemente, agitava-a a ponto de fazê-la cair. A dor que ela provava nos seus olhos mudava sucessivamente de natureza: ela era em primeiro lugar geral e aguda, o que provocava em seguida uma viva comichão, que terminava numa sensação semelhante àquela que produziria um pincel passado ligeiramente sobre a retina.

Estes efeitos progressivos deram lugar a que o senhor Mesmer pensasse que a cura estava suficientemente avançada para dar a doente uma primeira ideia da luz e de suas modificações. Ele retirou a bandagem, deixando-a na câmara escura, e a convidou a prestar atenção ao que sentiam seus olhos diante dos quais ele colocava alternadamente objetos brancos e negros. Ela explicava a sensação que lhe ocasionavam os primeiros, como se no globo se insinuassem pontos sutis, cujo efeito doloroso tomava a direção do cérebro. Esta dor e as diferentes sensações que a acompanhavam aumentavam e diminuíam em razão do grau da brancura dos objetos que eram apresentados, e o senhor Mesmer as fazia cessar de vez substituindo-os pelos negros.

Por esses efeitos sucessivos e opostos, ele fez conhecer à doente que a causa destas sensações era externa, e que elas diferiam em razão daquelas que ela havia tido até então. Ele pretendia assim lhe fazer conceber a diferença da luz e da sua privação, como também da sua gradação. Para continuar sua instrução, o senhor Mesmer apresentou-lhe as diferentes cores. Ela observava então que a luz se insinuava mais docemente, e deixava-lhe alguma impressão: ela as distinguia então as comparando, mas sem poder reter seus nomes, apesar de ter uma memória muito boa. Em relação ao negro, ela dizia tristemente que nada mais via, e que isso a lembrava de sua cegueira.

Nos primeiros dias, a impressão de um objeto na retina durava um minuto após havê-lo visto, de maneira que para distinguir outro, e não confundi-lo com o primeiro, ela era forçada a cobrir seus olhos durante o tempo que durava sua primeira impressão.

Ela distinguia numa obscuridade em que as outras pessoas dificilmente viam, mas ela perdeu paulatinamente esta faculdade quando seus olhos puderam admitir mais luz.

Os músculos motores de seus olhos não lhe puderam servir até aí, ela desaprendeu como usá-los para dirigir os movimentos deste órgão, buscar os objetos, vê-los, fixá-los diretamente, e indicar sua situação. Essa instrução, da qual se podem depreender dificuldades múltiplas, era ainda mais penosa porque muitas vezes era interrompida pelos acessos de melancolia que eram uma sequela da doença.

A 9 de fevereiro, o senhor Mesmer ensaiou, pela primeira vez, fazê-la ver figuras e movimentos. Ele próprio se apresentou diante dela na câmara escura. Ela ficou assustada ao ver a figura humana: o nariz pareceu-lhe ridículo, e durante vários dias ela não podia vê-lo sem morrer de rir. Ela pediu para ver um cão, que acariciou várias vezes. O aspecto desse animal lhe pareceu mais agradável do que o do homem. Não se lembrando do nome das figuras, ela desenhava suas formas com o dedo. Um ponto de instrução dos mais difíceis foi o de lhe ensinar a tocar aquilo que via e combinar essas duas faculdades. Não tendo nenhuma ideia da distância, tudo lhe parecia perto, qualquer que fosse o afastamento, e os objetos pareciam-lhe aumentar à medida que se aproximavam.

O exercício contínuo que ela estava obrigada a fazer para combater sua pouca habilidade e o grande número de coisas que tinha que aprender a desanimavam algumas vezes, a ponto de regressar ao seu estado precedente, pois, quando era cega, eram admiradas sua habilidade e sua inteligência. Mas sua alegria natural a fazia superar essas fases, e os cuidados contínuos do senhor Mesmer lhe permitiam fazer novos progressos. Ela foi insensivelmente levada a atingir o grande dia, e a distinguir perfeitamente os objetos a qualquer distância: nada lhe escapava, mesmo as figuras pintadas em miniaturas, em que ela interpretava os traços e a atitude. Ela possuía mesmo o talento singular de julgar, pela fisionomia, com uma exatidão surpreendente, o caráter das pessoas que via. Na primeira vez em que viu o céu estrelado, ela experimentou o encanto, a emoção e a admiração, e, após esse momento, todos os objetos que lhe são apresentados, mesmo belos e agradáveis, parecem-lhe muito inferiores ao aspecto das estrelas, pelas quais ela testemunha uma preferência e uma diligência decididas.

O grande número de pessoas de todos os estados que veio ver fez crer ao senhor Mesmer que ela estava excessivamente fatigada, e a sua prudência fez com que tomasse precauções a esse respeito. Seus contraditores disso se prevaleceram, do mesmo modo que da ingenuidade e da incapacidade da jovem, para atacarem a realidade da cura. Mas o senhor Mesmer assegura que o órgão está perfeito, e que facilitará o uso exercitando-o com aplicação e perseverança.

FRANZ ANTON MESMER

RESUMO HISTÓRICO DOS FATOS RELATIVOS AO MAGNETISMO ANIMAL

NOTA À EDIÇÃO BRASILEIRA

A presente tradução é a primeira em português, e foi feita a partir da primeira edição, publicada em francês por Mesmer em 1781, intitulada *Précis historique dês faits relatifs au magnétisme-animal jusque en avril 1781. Par m. Mesmer, docteur en medicine de la Faculte de Vienne*. Londres, 1781. O exemplar encontra-se na Biblioteca Nacional da França.

Os manuscritos originais foram redigidos em alemão por Mesmer, e depois traduzidos pelo seu discípulo doutor d'Eslon (o que explica a inscrição no original: *ouvrage traduit de L'allemand*). Entretanto, a edição alemã precisou ser traduzida do francês, pois os manuscritos originais haviam se perdido. A primeira edição alemã foi publicada em 1783: Mesmer, F. A. *Kurze geschichte des thierischen magnetismus bis april 1781*. Carlsruhe: Michael Macklot, 1783.

Esta obra de Mesmer ainda não foi traduzida para a língua inglesa, apesar de ter sido utilizada como texto de referência fundamental para as biografias sobre Mesmer escritas no século passado.

PAULO HENRIQUE DE FIGUEIREDO

LISTA DAS CORPORAÇÕES DE SÁBIOS ÀS QUAIS ESTE ESCRITO FOI ENDEREÇADO

N.B. – Sendo este escrito destinado à instrução tanto de sábios como do público, o Autor destinou um número determinado aos primeiros. O restante da edição será vendido ao público do modo costumeiro.

RÚSSIA
À Academia de Ciências de Petersburgo

DINAMARCA
À Sociedade Real de Medicina de Copenhague

SUÉCIA
À Academia de Ciências de Estocolmo
Ao arcebispo de Upsala, para a Universidade desta cidade N.B. – Um destes sete exemplares para ele, rogando que o aceite. À Sociedade Real Patriótica de Estocolmo

PRÚSSIA
À Academia de Ciências de Berlim

POLÔNIA
Ao arcebispo de Cracóvia, para a Universidade desta cidade. N.B. – Um destes sete exemplares para ele, rogando que o aceite.

HOLANDA
Ao Colégio de Medicina de Amsterdã
À Academia de Harlem
À Sociedade de Medicina de Haia

ALEMANHA
À Faculdade de Medicina de Viena
À Academia de Ciências da Baviera, em Munique
À Academia Imperial e Eleitoral de Munique
À Sociedade Real de Gottingen
Ao Colégio dos Médicos de Liège

SUÍÇA
À Sociedade Helvética de Basiléia
À Sociedade Econômica e de Emulação de Berna

FRANÇA
Ao senhor reitor da Universidade de Paris, para a Universidade. N.B. – Um dos sete exemplares para ele, rogando que o aceite.

Ao senhor Philip, deão da Faculdade de Medicina de Paris, para a Faculdade N.B. – Um dos sete exemplares, para ele, rogando que o aceite. Ao senhor De Martiniere, presidente da Academia de Cirurgia, para a Academia

N.B. – Um dos sete exemplares para ele, rogando que o aceite. Ao senhor Lassonne, presidente da Sociedade Real de Medicina N.B.– Um dos sete exemplares para ele, rogando que o aceite.

À Academia de Ciências de Paris
À Academia de Ciências e Belas Letras de Rouen
À Academia de Ciências de Bordeaux
À Academia de Ciências e Arranjos Florais de Toulouse
Ao deão da Faculdade de Medicina de Montpellier
N.B. – um dos sete exemplares para ele, rogando que o aceite.
À Academia de Ciências e Belas Letras de Marselha
À Academia de Ciências e Belas Letras de Besançon
À Academia de Ciências e Belas Letras de Dijon

ESPANHA
À Academia Real de Ciências de Madri
À Sociedade Real de Medicina de Madri

PORTUGAL
À Academia Real de Portugal, em Lisboa

ITÁLIA

À Academia di Humanisti, em Roma À Academia del Cimento, em Florença
Ao Instituto de Bolonha, em Bolonha

À Academia di Adormentati, em Gênova

À Academia di Ardenti, em Nápoles

INGLATERRA

À Sociedade Real de Londres

À Sociedade Real de Medicina em Londres

Ao chanceler da Universidade de Oxford, para a Universidade N.B. –
Um dos sete exemplares, para ele, rogando que o aceite. Ao chanceler da
Universidade de Cambridge, para a Universidade N.B. – Um dos sete exemplares para ele, rogando que o aceite.

ESCÓCIA

À Sociedade Real de Edimburgo

À Sociedade de Medicina de Edimburgo

IRLANDA

Ao chanceler da Universidade de Dublin, para a Universidade
N.B. – Um dos sete exemplares para ele, rogando que o aceite.

ESTADOS UNIDOS DA AMÉRICA

À Sociedade de Filosofia da Filadélfia

À Academia de Ciências de Massashussets-Day

N.B. – Esses 12 exemplares remetidos a Paris, ao senhor Franklin, Ministro
dos ditos Estados, com um 13º exemplar para ele, rogando que o aceite.

RESUMO HISTÓRICO DOS FATOS RELATIVOS AO MAGNETISMO ANIMAL

Até abril de 1781
Pelo senhor Mesmer
Doutor em Medicina pela Faculdade de Viena

Faz quatorze anos que anunciei pela primeira vez ao mundo sábio a existência do magnetismo animal.

Quando em 1766 fiz minha dissertação *Da influência dos planetas sobre o corpo humano*, apoiava a minha teoria sobre os princípios das ciências e sobre exemplos geralmente conhecidos. Mas as induções particulares que obtive de uns e de outros não eram sustentados por experiências imediatamente aplicáveis à questão. Não perceberam tratar-se de um doutrina científica, e não de um sistema pessoal.

Após a constância de meus trabalhos e a exatidão de minhas observações, estabeleci a evidência de meus princípios baseada em provas continuamente renovadas. Deve-se reconhecer que se os fatos se apresentam hoje numerosos em apoio da razão, a razão veio antes ao apoio dos fatos, ocorrência que raramente se deu em favor das descobertas mais úteis ou mais louváveis.

O magnetismo animal é uma consequência de duas ciências conhecidas, a *astronomia* e a *medicina*. É menos uma descoberta nova do que uma aplicação de fatos conhecidos desde há muito tempo a necessidades sentidas em todos os tempos.

Por esta expressão, *magnetismo animal*,[82] eu designo então uma dessas operações universais da natureza, cuja ação determinada nos nossos nervos oferece à arte um meio universal de curar e de preservar os homens.

Único possuidor da verdade mais preciosa para o gênero humano, devo a primeira homenagem e a primeira satisfação à minha pátria.

A Faculdade de Medicina de Viena, na Áustria, da qual sou membro, estava essencialmente indicada para apreciar, fazer valer e pôr em evidência as vantagens que eu anunciava. Eu teria ficado lisonjeado se ela tivesse se interessado em constatar sua realidade e promulgar sua utilidade, mas quando me dirigi a ela com tal esperança acabei frustrado em meus desejos e minha perseverança.

Cansado pela inveja, intriga e calúnia, talvez mesmo pela exaltação do espírito necessária ao homem que persegue a verdade sem desvios, eu senti necessidade de repouso. Algumas viagens me pareceram adequadas para me recuperar de trabalhos tão longos quanto penosos.

Cheguei a Paris sem objetivo determinado, no mês de fevereiro de 1778. A esperança de ser mais feliz do que na minha pátria me fez consentir em apresentar à Academia de Ciências desta capital as asserções relativas ao meu sistema. Porém, elas foram desfavoravelmente acolhidas. O mesmo se deu na Sociedade Real de Medicina, estabelecida nesta cidade.

Finalmente, o senhor d'Eslon, primeiro-médico regular do conde de Artois, irmão do rei e membro da Faculdade de Medicina de Paris, convenceu-me a fazer diligências em sua companhia.

Aquilo que se passou na Academia de Ciências e na Sociedade Real de Medicina ditou a necessidade de me precaver contra os efeitos do preconceito. Dois anos inteiros foram dedicados a este trabalho. Nos primeiros meses, procuramos nos conciliar com o espírito de diferentes médicos ou outros sábios e a não negligenciar nenhuma ocasião decente de me aproximar deles. Em 1779, fiz imprimir uma memória analítica do meu método.[83]

Subsequentemente, três médicos conhecidos se juntaram ao senhor d'Eslon, para seguir as experiências do magnetismo animal. Como resultado dessas

---

82 A expressão, "magnetismo animal", de acordo com Mesmer, tem três significados: o agente natural, a ciência, e a terapia ou meio de cura.

83 Nota de Mesmer: Memória sobre a descoberta do magnetismo animal pelo senhor Mesmer, doutor em medicina da Faculdade de Viena. Casa P. Fr. Didot, o jovem, Paris.

experiências, o senhor d'Eslon deu ao público suas observações relativas a elas.[84]

Finalmente, quando os espíritos nos pareciam suficientemente preparados, eu pedi ao senhor d'Eslon para que ele propusesse à Faculdade de Medicina de Paris meios apropriados para tirar todas as dúvidas sobre a importante questão que eu desejava submeter às suas luzes.

Em consequência eu lhe enviei um escrito assinado por mim no qual eu propunha à Faculdade de Medicina de Paris tratar um dado número de doentes concomitantemente, de modo a poderem ser constatados os efeitos do meu método por comparação com os efeitos dos métodos antigos.

A franqueza deste procedimento é justa. Eu tenho certeza de que no estilo e na forma nada se encontrará que possa ter racionalmente ofendido a corporação à qual me dirigi.[85]

A 18 de setembro de 1780, por requisição do senhor d'Eslon, houve uma assembleia geral da faculdade. Este médico fez a leitura de minhas proposições e as apoiou num discurso preparado para este fim e colocou os originais sobre a secretária.

No mesmo dia e na mesma assembleia, o senhor d'Eslon foi excluído do quadro dos médicos da faculdade por ter feito observações sobre o magnetismo animal.

Assim minhas proposições foram rejeitadas com desdém e animosidade.

No primeiro instante os procedimentos da faculdade, fossem contra o senhor d'Eslon, fossem contra mim, causaram em Paris um rumor geral e uma censura universal, mas após este primeiro momento não mais se tornou a considerar o magnetismo animal como objeto de conversação. Cada um acreditando prevalecer seu espírito trata hoje este assunto em Paris não segundo a razão, mas segundo o lugar em que se encontra, as pessoas diante das quais fala, o tipo de espírito de cada uma das sociedades onde se encontra.

Não será indigno de um observador esclarecido examinar em que grau o domínio subterrâneo dos médicos se tornou, em tão pouco tempo, capaz de prender as línguas que no princípio se manifestavam mais abertamente.

É entre as pessoas de nível que este fenômeno de servilismo é mais evidenciado. O ponto essencial entre elas parece ser o de não chocar o médico que

---

84 Nota de Mesmer: Observações sobre o magnetismo animal pelo senhor d'Eslon, doutor--regente da Faculdade de Medicina de Paris, e primeiro-médico regular do monsenhor o conde de Artois, Casa P. Fr. Didot, o jovem, C.M. Saugrain, o jovem e Clousier, Paris.

85 Nota de Mesmer: Essas proposições se encontram ao longo deste escrito, podendo ser consultados.

frequentam. Elas têm medo. Dir-se-á de bom grado que não está reservada a pena de morte a não ser para aquilo que a mim concerne.

O grosso da nação menos atemorizada age a seu modo. Protetores, partidários, antagonistas, médicos, sábios de todas as ordens, o senhor d'Eslon, o magnetismo animal, meus doentes e eu somos alternadamente ou ao mesmo tempo, o alvo dos gracejos de que os desocupados parisienses se alimentam.

Os estrangeiros que não conhecem Paris e seus indefinidos habitantes, a não ser pelos livros ou por relatos truncados, talvez possam concluir do que eu disse que aqui existe a mais medíocre opinião sobre a minha descoberta. Eles muito se enganarão. Porque ela impressiona demais, exige um raciocínio constante e toca em tantos campos do conhecimento, que muito se fala sem nada concluir. Mas, se ela fosse considerada menos importante, há muito tempo ter-se-ia tomado um partido definitivo e já se estaria falando de outra coisa.

Os franceses que pretendem conhecer melhor sua nação asseguram que lhes é impossível acolher uma boa razão antes que ela sofra as mais severas críticas. Se assim for, eles não estão dando a atenção necessária ao que eu digo, pois é inacreditável a quantidade de afirmativas insensatas às quais dei lugar.

No entanto, a grande questão de que trato não é nem individual nem nacional: é universal. É à humanidade inteira e não apenas a Paris, à França ou à Alemanha que devo dar conta de meus esforços para fazer prosperar a consciente verdade que prometo. É a todos os povos do mundo que devo dirigir a palavra.

No estado atual das ciências, o homem afortunado que descobre uma verdade útil deverá encontrar tanto mediadores entre ele e o resto dos homens quanto sábios. A vaidade, mãe de todos os ciúmes, faz com que muitas vezes os mediadores se tornem rivais, inimigos ou detratores.

Malgrado estes escolhos, que me são muito conhecidos, mantive-me com uma opinião constante, a de que as corporações de sábios me foram colocadas para me servirem de intérpretes perante as nações. Há muito tempo que lhes presto homenagem dos primeiros resumos de meu sistema. Hoje lhes presto conta de minha conduta subsequente. Encontrar-se-á no início deste escrito a lista das corporações às quais o enviei.

Os sábios de todas as nações e eu temos por juiz comum o público de todas as nações: juízo não recusável, pois que os conhecimentos são de todas as classes e de todos os lugares.

Os numerosos jornais espalhados pela Europa procuraram os meios de fazer conhecer com brevidade, facilidade e prontidão os detalhes necessários para a instrução do público, mas este porto não é de acesso fácil para igualmente todo o mundo. Tanto as inconsequências espalhadas contra mim foram absorvidas com rapidez quanto minhas produções ou minhas defesas foram negligenciadas com afinco:[86] o que me forçou a recorrer a outras medidas e escrever livros.

---

86   Nota de Mesmer: O humor não ditou estas linhas, eu poderia lhes provar com vários exemplos. Um único me será suficiente. Ocorreu na França, porque este escrito é principalmente destinado a prestar conta de minha estada na França. Um médico de província, chamado, creio, Thouvenel, obteve um prêmio de química de uma das academias meridionais da França. Este esforço de gênio lhe pareceu merecer, pelo menos, cumprimentos do governo. Foi a Paris para solicitar e receber as graças, e logo citou meu nome, o gênero de minha descoberta, e as circunstâncias de minha discussão anterior com a Sociedade Real de Medicina. O sucesso de seu projeto dependia dos chefes ou dos protetores desse estabelecimento. Meu tympanifer [instrumento cirúrgico] lhe pareceu um título válido perante eles. Ele se introduziu em minha casa e foi recebido polidamente, e tomou-se por um grande desejo de testemunhar algumas de minhas operações. Logo se apressou em parodiá-las. Um livro escrito em português lhe forneceu a composição de uma fórmula com a qual pretendia conseguir os efeitos que eu atribuía ao magnetismo animal. Os pregadores postos em ação espalharam em breve, por Paris, as maravilhas da fórmula e pessoas benquistas não desdenharam em aparecer à testa dessas momices.

A menor reflexão teria feito sentir a Sociedade Real de Medicina como foi absurdo acolher a falsificação do meu método, ela, que fez profissão de negar sua existência. O que não pode o espírito de facção? Esta corporação aceitou os princípios do senhor Thouvenel e com entusiasmo deliberou que a receita imitativa fosse impressa às custas e em nome da corporação, e que, todavia, toda a honra seria rendida ao verdadeiro autor.

O senhor Thouvenel sentiu então a imprudência do seu ato. Se nada lhe custou para fazer, em seu proveito, uma ação pouco honesta, custar-lhe-ia muito me dar os meios de fazer recair sobre ele parte do ridículo, daí seu desejo de gratificar-me por inteiro. Ele se opôs, pois, à deliberação e declarou a dependência que ele tinha do livro português, ofereceu-se para remetê-lo a fim de que a tradução pudesse ser feita e tornada pública, pedindo, por favor, que seu nome não aparecesse nesse processo. Elevemos ao céu o "desinteresse" e a "modéstia" do senhor Thouvenel, enquanto o senhor Carrere, um dos membros da Sociedade, encarregou-se de provar como seria importante não me poupar. A disputa que surgiu nessa ocasião abriu enfim os olhos de alguns membros mais circunspetos. Eles viram bem mais longe, como poderiam se comprometer desagradavelmente perante o público e julgaram prudente abafar esse acontecimento. Visando o êxito, decidiram empreender ou ordenar a tradução do português, deixaram ao senhor Carrere a liberdade de fazer imprimir às custas da receita da corporação e fizeram obter para o senhor Thouvenel as recompensas devidas a seu mérito. O acerto assim feito teve a satisfação de todas as partes, esperava-se

A história do magnetismo animal apresenta cinco épocas principais que servirão de divisão a este escrito.

1. Relações com a Faculdade de Medicina de Viena.
2. Relações com a Academia de Ciências de Paris.
3. Relações com a Sociedade Real de Medicina de Paris.
4. Relações diversas durante os dois anos seguintes.
5. Relações com a Faculdade de Medicina de Paris.

Por meio de algumas reflexões muito curtas que juntarei a esta crônica, restará pouca coisa a desejar para aqueles que quiserem conhecer os detalhes deste caso.

Fui acolhido com indecência pelas corporações de sábios que citarei. Direi sem cautela como as coisas se passaram entre mim e eles.

Tratarei todos os sábios de igual para igual. Porque declaro que não sei de um qualquer que seja que deva vacilar ao tratar de igual para igual comigo. Poderá haver mais gênio, mas eu serei mais útil.

---

que o público, muito acostumado a essas intrigas miseráveis, e ser a muito tempo enganado, não tardaria a esquecer o que havia desprezado.

O evento já havia provado a fragilidade destas atitudes: o senhor Thouvenel não estava mais em questão em Paris, mesmo porque ele havia se retirado para a província. Mas, como se não bastasse, os repórteres do jornal Le Mercure de France resolveram inserir no seu jornal a pretensa falsificação desse médico, precedida de um preâmbulo descortês contra mim, no qual, fazendo profissão de imparcialidade, decidiram com desvantagem minha e com sua própria autoridade, pelo menos três ou quatro questões muito complicadas (ver Mercure do sábado, 9 de setembro de 1780, parte política, Paris).

Devo dizer em favor das pessoas estranhas às letras francesas, que o Mercure é o mais antigo dos jornais conhecidos. Após ter mudado várias vezes de forma, ele tornou-se alvo do governo: é seu protegido e de algum modo seu advogado – os autores que o redigem hoje têm pretensão à estima pública e ficam irritados quando se os julga capazes apenas de serem os melhores na redação de um jornal.

Que me permitam inquiri-los por qual espécie de combinação eles deram importância às loucuras do senhor Thouvenel, enquanto que não tomaram conhecimento de minha dissertação sobre a descoberta do magnetismo animal, enquanto deram apenas um extrato informe e insuficiente das observações do senhor d'Eslon, por que, enfim, nada disseram das minhas proposições à Faculdade de Medicina de Paris, proposições que, sob qualquer aspecto que se as considere, são muito certamente, nas ciências, um evento mais importante do que a poção Thouvenel.

Deixarei entregues ao desprezo as pessoas que acreditaram fazer nome alardeando desprezo por mim.

Chamarei cada um por seu nome. Cada um me chamará pelo meu. Por dura que poderá parecer minha veracidade, quero as atenções que não tiveram para comigo. Jamais caluniarei.

RELAÇÕES COM A FACULDADE DE MEDICINA DE VIENA

A narração das numerosas e insuperáveis dificuldades que me opuseram em Viena ocupa uma grande parte da memória que fiz em 1779, *Sobre a descoberta do magnetismo animal*. Como seria fatigante para as pessoas que já têm conhecimento repeti-la aqui, remeto meus novos leitores àquela memória, e lhes apresentarei hoje apenas um extrato da minha narrativa.

Em 1773, confiei ao padre Hell, jesuíta e professor de anatomia em Viena, alguns ensaios necessariamente informes de meu sistema para os quais me utilizei peças imantadas. Este religioso, querendo usurpar minha descoberta, espalhou por toda a Europa que com peças imantadas, às quais atribuiu uma virtude específica dependente de sua forma, ele havia assegurado os meios de curar as mais graves doenças dos nervos. Ele se serviu de mim, disse, para as provas.

Eu não estava ainda afeito a esse tipo de audácia. Essa do padre Hell era tão mal intencionada que me alegrei ao destruir rapidamente suas pretensões e os erros consequentes que poderiam advir. Eu publiquei a existência do magnetismo animal como essencialmente distinto do *mineral*, enunciando com precisão que o uso do ímã era útil somente como condutor, ele seria sempre insuficiente sem o concurso da teoria do magnetismo animal.

Resultou desse debate que as imaginações do padre Hell foram, com a experiência, reconhecidas como tais, e todavia não se admitiu a distinção que eu havia estabelecido. Hoje, apesar de após 1776 me ter sido interdito o uso do ímã e da eletricidade, pretende-se ainda (e existem pessoas propensas a crer sem outro exame) que eu ajo com a ajuda desses dois meios separadamente ou combinados.[87]

---

87 Nota de Mesmer: Quando se estiver familiarizado com a expressão magnetismo animal e alguém fizer alguma descoberta surpreendente por efeitos desconhecidos, não se furtarão de dizer ao autor: é do magnetismo animal, como me dizem hoje que é do ímã. Decisões muito pertinentes, muito úteis, e que necessitam, como se vê, de se enxergar longe.

Ao padre Hell juntou-se o senhor Ingenhousz, membro da Sociedade Real de Londres e inoculador em Viena, que devia a meios pueris a reputação de físico.[88]

Eu lamento todos os dias a pena que me foi imposta por acreditar nesse homem fútil. De má-fé, usou de todo seu talento para me denegrir, e tentou, igualmente, por clamores insensatos, furtar ao público a inconsequência de sua conduta.

Conheço particularmente o barão de Stoërk, presidente da Faculdade de Medicina de Viena e primeiro-médico de sua majestade, a rainha-imperatriz.[89] Dele me aproximei e lhe ofereci a comunicação de todos os meus meios sem nenhuma reserva, solicitando que se assegurasse da verdade por seus próprios olhos. Este médico era muito tímido para o lugar que ocupava.[90]

Jamais tomou partido decisivo. Sempre vacilou segundo as circunstâncias: logo ele evitou se comprometer, ou então que eu comprometesse a Faculdade. De pronto, ele aquiesceu para que eu demonstrasse as utilidades dos meus princípios num hospital; depois, ele não ousou tomar tento dos efeitos que eu produzia. Constantemente me recusou uma comissão da Faculdade, que eu solicitara, e colocou-se ele mesmo à testa de uma deputação que eu não solicitara. Nessa ocasião, ele juntou com firmeza sua opinião à do público, apoiando-me sem rodeios, e em presença de testemunhas disse seus pesares por ter discordado em favorecer pelo seu aval a importância da minha descoberta. Entretanto, jamais ousou nem avalizar nem defendê-la nos momentos decisivos. Enfim, possuo cartas suas pelas quais confessa sua persuasão, possuo uma *ordem* sua pela qual me taxa de trapaceiro.

Fiz com que fosse enviado à maior parte das academias de ciências da Europa o resumo de meu sistema, notadamente à Sociedade Real de Londres,

---

88 Nota de Mesmer: A notícia de suas experiências em física publicada há alguns meses com elogio no jornal Mercure de France não me fez mudar de opinião. O título de membro da Sociedade Real de Londres deveria ser considerado pouco importante. É o mesmo tanto na Inglaterra quanto na França. A falsa aplicação e a prodigalidade das distinções literárias são distribuídas incessantemente a tal ponto que todo homem de mérito verdadeiro não mais as quer.

89 Rainha-imperatriz Maria Teresa (1717-1780), que iniciou seu reinado em 1740.

90 Nota de Mesmer: Um primeiro-médico em Viena é uma espécie de ministro à frente do Departamento de Medicina.

à Academia de Ciências de Paris e à Academia de Berlim. Apenas a última me respondeu. Ela decidiu que eu estava iludido. Decidiu mal, mas me ouviu.

Interrompi duas vezes o curso destes debates pela necessidade de me ausentar de Viena. Fiz viagens à Baviera, à Suábia e à Suíça, procurando por todos os sábios e tentando impressioná-los, porém despertando pouco interesse.

Quando retornei de vez a Viena, estava bem convencido, por experiência própria, que os homens eram os mesmos em todos os lugares, facilmente inflamados pela vaidade, porém dificilmente entusiasmados pela verdade.

Persisti algum tempo na resolução de nada mais empreender. As insistências de meus amigos e, sem dúvida, o fogo mal extinto da esperança me fizeram conceber o projeto de algumas curas brilhantes. Cito três na minha *Memória sobre a descoberta do magnetismo animal*. Aqui falarei apenas de uma: aquela da senhorita Paradis.

Esta senhorita estava com dezoito anos de idade. Seus pais eram conhecidos, ela era particularmente conhecida de sua majestade, a imperatriz-rainha: recebia de sua beneficência uma pensão, que começou a ser paga após ela ter ficado totalmente cega com a idade de quatro anos, o fundo de sua doença era uma amaurose perfeita. Ela apresentava os olhos salientes, saindo das órbitas e convulsivos. Além disso, estava atacada por uma melancolia acompanhada de obstruções do baço e do fígado que promovia muitas vezes acessos de delírio e de furor que lembravam ser ela uma consumada demente. Ela havia se submetido a remédios de toda espécie – havia sofrido imprudentemente mais de três mil choques de eletricidade –, tendo sido tratada durante dez anos pelo senhor Stoërck, sem sucesso. Enfim, foi declarada incurável pelo senhor barão de Wenzel, médico oculista residente em Paris que numa de suas viagens a Viena a examinou por ordem de sua majestade a rainha-imperatriz.

Se alguma vez a cegueira foi constatada, foi sem dúvida aquela da senhorita Paradis. Eu lhe restituí a visão. Milhares de testemunhas, dentre as quais vários médicos, inclusive o senhor Stoërck, acompanhado do segundo presidente da Faculdade e à testa de uma deputação dessa entidade, vieram usufruir desse espetáculo e render homenagem à verdade.

O pai da senhorita Paradis comprometeu-se a transmitir seu reconhecimento a toda a Europa, consignando publicamente em jornais os detalhes mais interessantes dessa cura. Pode-se ler seu relatório, traduzido do alemão, na minha *Memória sobre a descoberta do magnetismo animal*.

Pareceria impossível contestar um fato tão inusitado. No entanto, o senhor Barth, professor de anatomia dos olhos e cirurgião de catarata, encarregou-se com sucesso de fazê-lo passar por uma suposição. Após haver reconhecido por duas vezes perante mim que a senhorita Paradis gozava da faculdade de ver, ele não ousou atestar perante o público que ela enxergava. Ele falava atrevidamente sem estar seguro de si e deu por prova o que ele supunha, ou seja, que a senhorita ignorava ou confundia o nome dos objetos que lhe eram apresentados – coisa bem simples de entender e mesmo inevitável numa pessoa cega de nascença ou com pouca idade.[91]

Este membro, além da associação do senhor Ingenhousz e do padre Hell, pouco me alarmava. A verdade provaria os disparates com clareza. Como eu conhecia pouco os recursos da inveja!

Tramou-se o ardil de retirar de meus cuidados a senhorita Paradis, no estado de imperfeição em que estavam seus olhos, e impedir que ela fosse mostrada a sua majestade, que acreditaria assim definitivamente na impostura deslavada.

Para atingir esse fim odioso, foi preciso induzir o senhor Paradis. Fez-se com que ele acreditasse na suspensão da pensão dependente da cegueira de sua filha – persuadiram-no de retirá-la de minhas mãos. Ele a reclamou primeiramente apenas por sua vontade, mas depois de comum acordo com a mãe. Porém, a resistência da senhorita atraiu para si maus tratos: o pai quis levá-la à força. Ele entrou em minha casa com a espada em punho como um arrebatado. Esse furioso foi desarmado, mas a mãe e a filha caíram desmaiadas a meus pés. A primeira de raiva, a segunda por ter a cabeça batida contra a muralha pela bárbara mãe. Livrei-me deles algumas horas depois, mas fiquei muito inquieto pela sorte da senhorita Paradis. As convulsões, os vômitos e os furores se renovariam a cada instante: ela retornou à sua primitiva cegueira. Eu temia por sua vida ou pelo menos pelo estado do cérebro. Eu não pensava em vingança, recurso que a lei me oferecia, eu não pensava senão na saúde da infortunada que esteve colocada em minhas mãos.

O senhor Paradis, apoiado por pessoas que o manipulavam, inundou Viena com seus clamores. Tornei-me objeto das calúnias mais insensatas. Esse estado de coisas convenceu facilmente o muito impotente senhor Stoërck a me ordenar enviar a senhorita Paradis aos seus pais.

---

91   Nota de Mesmer: Não é suficiente restabelecer o órgão dos cegos de nascença e cuidar de sua sensibilidade: é preciso ainda familiarizá-los com a ideia que a causa de sua sensação é externa, com a ausência, a presença e a gradação da luz, com a diferença das cores e das formas, o afastamento e a aproximação dos objetos, a estreita aliança da vista com o tato etc. Todas essas aquisições nós as fazemos automaticamente todas na infância, o que nos impede de refletir, como consequência, sobre suas excessivas dificuldades.

Ela não estava em condições de ser transportada e eu a retive ainda por um mês. Na primeira quinzena, tive a felicidade de restabelecer seu órgão de visão ao estado em que se encontrava antes do acidente. Empreguei os últimos 15 dias para lhe dar instruções necessárias para reafirmar sua saúde e aperfeiçoar o uso de seus olhos.

As escusas que me ofereceu o senhor Paradis sobre o passado, os agradecimentos de sua mulher à minha pessoa, a promessa voluntária de retornar sua filha para mim todas as vezes que achasse necessário à sua saúde: tudo isso não passava de mentiras, mas, seduzido pelas aparências da boa-fé, consenti que a senhorita Paradis fosse respirar o ar do campo. Nunca mais a vi em minha casa. Era essencial no esquema dos seus ávidos pais que esta infortunada permanecesse cega ou que tal aparentasse. Foi a isto que os cruéis genitores dedicaram todos os seus cuidados.

Assim triunfaram o senhor Ingenhousz e seus associados.[92]

Sempre que me recordo dessas cenas aflitivas jamais deixam de se manifestar em mim sentimentos involuntários de indignação contra a natureza humana. Cada vez necessito de alguns instantes de calma para retornar a sentimentos mais razoáveis.

Este acontecimento fez com que me tornasse determinado. Fiz meus preparativos para deixar Viena e executei essa resolução seis meses depois, deixando em minha casa, e aos cuidados de minha esposa, duas senhoritas cuja cura poderia ser constatada a qualquer momento e servir de prova à verdade. Esses arranjos dos quais tive o cuidado de indicar os motivos ao público cessaram apenas oito meses após minha partida e por ordem superior.

Quando da minha chegada à França, meus adversários se apressaram em divulgar prevenções contra mim. Entre outras inculpações desonestas diziam eles que foi a autoridade que me ordenou deixar Viena. Esta calúnia inútil estava mal endereçada, porque eu estava recomendado ao senhor De Merci, embaixador do império na França, pelo ministro dos Negócios Estrangeiros de Viena, e sua excelência jamais me desfavoreceu. Nada fiz para combater essa maledicência. Contentei-me em desmentir nas ocasiões propícias, mas sem contar vantagens. Mas a quem interessam as calúnias contra minha pessoa? Não se trata de atingir a mim, mas sim à minha descoberta.

---

92   Nota de Mesmer: Se fosse possível pretender razão na má-fé, o estado da senhorita Paradis teria apresentado um fato bem convincente. Era de notoriedade pública que antes de entrar em minha casa seus olhos estavam caídos e tombados fora de suas órbitas. Eu os coloquei em seus devidos lugares, retrnando a faculdade de que se movessem à vontade. Não fiz melhor porque minha descoberta necessitava de mais séria atenção. É o mínimo que se pode registrar.

RELAÇÕES COM A ACADEMIA DE CIÊNCIAS DE PARIS[93]

O sistema que me conduziu à descoberta do magnetismo animal não foi obra de um dia. As reflexões foram sucessivamente acumuladas no meu espírito, assim como as horas sobre minha cabeça. Eu tinha apenas a confiança e a coragem necessárias para atacar os prejulgamentos da razão e da filosofia, sem ser, conforme meu entendimento, culpado de temeridade.

A fria acolhida que tiveram as primeiras noções que expus à publicidade me atingiu como se eu não a tivesse previsto. O escárnio, sobretudo, pareceu-me excessivamente descabido por parte dos sábios, e mais particularmente por parte dos médicos, pois que meu sistema, destituído de todas as provas, teria ainda assim sido razoável quanto a maior parte daqueles que eles honram todos os dias em nome de princípios.

Este insucesso me levou a rediscutir minhas opiniões. Mas, longe de perdê--las, com este exame elas tiveram suas cores realçadas. Com efeito, tudo me

---

93 A Academia de Ciências de Paris deve sua origem ao projeto de Colbert para criar uma academia geral e também se relaciona com diversos círculos de cientistas do século 17, custeados por um patrocinador. Colbert escolheu um pequeno grupo de cientistas, reunidos em 22 de dezembro de 1666 na biblioteca do rei, garantindo a publicação de relatórios científicos a partir de então. Em seus primeiros 30 anos, a academia se reuniu esporadicamente. Em 1699, Luís 14 deu à companhia seu primeiro regulamento. A academia recebeu o título de Academia Real e foi instalada em Claraboia. Composta de 70 sócios, passou a exercer papel de conselho do poder e a julgar descobertas, pesquisas e invenções. Porém, em 8 de agosto de 1793, a Convenção (durante a Revolução Francesa) viria a suprimir todas as academias. Em 1835, os trabalhos estavam sob a direção de François Arago. No princípio do século 20, a Academia sofreu um declínio de atividade e influência, mas continua exercendo suas atividades, com outras missões, até hoje.

dizia que, além dos princípios que já admitíamos nas ciências, necessariamente existiam outros sendo negligenciados ou não percebidos.

Cada vez que percebo quanto os princípios das ciências podem ser falsos ou incertos, mais considero os esforços dos mais belos gênios instrutivos para a felicidade ou a instrução dos seus semelhantes.

E acrescento também que os sábios cuidam com zelo da grande árvore das ciências, mas, estando sempre ocupados com as extremidades dos ramos, acabam por negligenciar o cultivo do tronco.

Comparo os médicos aos viajantes que se encontram fora de seu caminho correto e continuam caminhando, cada vez mais se afastando de seu rumo, em vez de voltarem seus passos para trás, reconhecendo o engano.

E então um ardor vivo se apoderou dos meus sentidos. Eu não procurava mais a verdade com amor. Eu a procurava com inquietude. O campo, as florestas, as solidões mais retiradas eram os únicos atrativos para mim. Eu me sentia mais perto da natureza. Violentamente agitado, parecia-me algumas vezes que o coração, cansado dos inúteis convites da natureza, recusava-a com furor. Oh, natureza! Prendendo-me nesses acessos, que pretende de mim?! De outra feita, ao contrário, eu me imaginava estreitando-a em meus braços com ternura, ou apertando-a com impaciência e sapateando fortemente, desejando-a rendida aos meus desejos. Felizmente meus gritos perdiam-se no silêncio dos bosques: havia apenas árvores para testemunhar a veemência, eu tinha certamente o aspecto de um frenético.

Todas as outras ocupações se me tornaram inoportunas. Os momentos que lhes concedi me pareceram furtos feitos à verdade. Vim a lamentar os tempos que me dedicava à pesquisa de expressões com as quais eu redigia meus pensamentos. Percebi que, todas as vezes que temos uma ideia, nós a traduzimos imediatamente e sem reflexão para a língua que nos é mais familiar. Tomei o desígnio bizarro de me libertar dessa escravidão. Tal era o esforço de minha imaginação com que eu idealizava essa ideia arbitrária. Pensei três meses sem um idioma.[94]

---

94 Nota de Mesmer: Leitores suscetíveis de entusiasmo, só vocês me entenderão sem dúvida. Só vocês apreciarão as provas pelas quais tive de passar para ser útil, aquele que, pode ser, vocês condenaram várias vezes com leviandade. Ensaiem, eu os convido, a pensarem sem traduzir seu pensamento – mas que isso seja apenas um passatempo. Se lhes falar sobre o homem que se aproxima do gênio, se me responderem que existe apenas uma nuança imperceptível entre o último grau de entusiasmo e a loucura, creio dever informá-los que em medicina se entregar a tais excessos é expor órgãos do cérebro a perigos iminentes.

Ao sair desse acesso profundo de devaneio, olhei com espanto em torno de mim, meus sentidos não me enganam mais da mesma maneira que no passado: os objetos tomaram novas formas, as combinações mais comuns me pareceram sujeitas à revisão: os homens me pareceram de tal modo entregues ao erro que eu sentia um deslumbramento desconhecido quando encontrava entre as opiniões acreditadas uma verdade inconteste, porque era para mim uma prova tão rara que não há incompatibilidade decidida entre a verdade e a natureza humana.

Insensivelmente, a calma voltou ao meu espírito. A verdade que eu havia perseguido tão ardorosamente não me deixou mais dúvidas quanto à sua existência. Ela se mantinha ainda à distância: estava ainda obscurecida por uma ligeira névoa, mas eu via distintamente o rasto que conduzia a ela, e não mais me afastei. Foi assim que adquiri a faculdade de submeter à experiência a TEORIA IMITATIVA, que havia pressentido, e que é hoje a verdade física mais autenticamente demonstrada pelos fatos.

Restava-me uma longa e penosa carreira a percorrer na opinião dos homens. Ela se apresentava a meus olhos em toda a sua extensão. Longe de me desencorajar, senti a necessidade de aumentar meus obstáculos, contraindo estreita obrigação de transmitir à humanidade, em toda a pureza que recebi do reino natural, o benefício inapreciável que tinha em mãos. Examinava cuidadosamente quais seriam as precauções a tomar para preservá-la de qualquer alteração no trajeto que tinha ainda a percorrer para chegar à verdadeira destinação.

Estas precauções encontraram desaprovadores em grande número. Fui taxado de uma conduta equivocada porque não publiquei a teoria de minha doutrina. Respondo a isso dizendo que não pude.

Como é por convicção, e não por amor próprio, que sou levado a reconhecer a inutilidade e mesmo o perigo de tal tentativa, eu desejaria muito poder estabelecer provas com ordem, clareza e precisão, mas o assunto de que trato escapa da expressão positiva. Não me resta, para me fazer entender, senão imagens, comparações, aproximações. Qualquer precisão que eu coloque nesta linguagem, sempre vai apresentar lados imperfeitos. Endereço, portanto, as reflexões seguintes a essa porção de leitores que se esforçam por entender e não para torcer as expressões de modo a encontrar o que não está aí. Na confiança de que pesam minhas razões com imparcialidade, não lhes peço nada além de atenção. O restante de meus leitores tem a opção de não ler o que se segue ou me julgarem sem cuidado após me ter lido.

O magnetismo animal deve ser considerado em minhas mãos como um sexto sentido *artificial*. Os sentidos não se definem nem se descrevem: eles se sentem. Seria em vão ensinar a um cego de nascença a teoria das cores. É necessário fazê-los ver, ou seja, sentir.

É o mesmo para o magnetismo animal. Ele deve em primeiro lugar se transmitir pelo sentimento. O sentimento e apenas ele pode tornar a teoria inteligível.

Por exemplo, um dos meus doentes, acostumado a provar os efeitos que produzo, tem, para me compreender, uma disposição a mais do que o restante dos homens.

A suposição de um sexto sentido *artificial* não deve chocar: toda pessoa que se serve de um microscópio faz, no rigor da expressão, uso de um sexto sentido *artificial*.[95]

Se o microscópio não fosse conhecido, e se um espírito ativo pressentisse e predissesse a invenção e os seus efeitos maravilhosos, não seria ouvido: na melhor das hipóteses, passaria por sonhador engenhoso.

Inutilmente, estabeleceria a possibilidade do seu sistema, por cálculos profundos, tomados do mecanismo do olho e dos fenômenos da luz. Sua linguagem, necessariamente abstrata, seria taxada de obscura.

Se ele anunciasse subsequentemente a esperança próxima de realizar o que ele não havia feito a não ser pressentir até então, sua confiança seria qualificada de presunção.

Se pela constância de seus trabalhos ele chegasse enfim a ser possuidor de um microscópio, e se ele convidasse sábios para que se convencessem por seus próprios olhos da verdade e das vantagens da descoberta, não teriam eles a má ideia de recusar pelo motivo de não lhes ter sido fornecidos previamente a descrição do instrumento e a teoria de seus efeitos?

Deveríamos acusar o autor de má-fé se ele pretendesse que a descrição de um microscópio não pode substituir em nada a posse de um microscópio?

Seria inadmissível se ele adiantasse que a definição deste instrumento só pode ser inteligível para aqueles que já têm ideia nítida do que seja um vidro lenticular.

Com a ajuda de obreiros inteligentes, o microscópio tornou-se tão comum quanto é hoje, e não por sua simplicidade. Entretanto, isso serve para o observador digno da grandiosidade da natureza, e não para observadores limitados, ineptos e impertinentes!

O inventor desse aparelho admirável teria agido muito simploriamente se o tivesse prodigalizado sem outros cuidados. Pois o mundo despreza os objetos

---

95   Nota de Mesmer: O ouvido, a vista, o olfato e o paladar são extensões do tato; de sorte que existe apenas um sentido. Entretanto, contam-se cinco associando-os às diferenças sensíveis. Deve-se convir que o microscópio está para o olho como o olho está para o tato: uma extensão do órgão. Esta ideia pode ser muito arbitrária para as pessoas pouco familiarizadas com a linguagem das ciências.

de curiosidade e, mesmo deles abusando, até certo ponto o inconveniente seria desprezível.

Mas ele teria cometido a mais alta imprudência se a descoberta interessasse à segurança, à saúde, à vida ou à morte de seus semelhantes – assuntos sagrados com os quais são permitidas tantas horríveis leviandades.

Podem-se aplicar ao magnetismo animal as considerações que apresentei, e extrair duas consequências principais. A primeira é que eu tentaria em vão fornecer a teoria da minha doutrina sem outra prévia: eu não seria nem ouvido nem entendido. A segunda é que quando ela for universalmente estabelecida, apresentará, na prática, uma uniformidade aos exames superficiais, enquanto absorverá todas as faculdades intelectuais das pessoas dignas de compreendê-la.

Admitidas estas duas consequências, deve-se conceber com quais cuidados deverei fazer discípulos pelos quais possa ser entendido, aos quais possa transmitir sem perigo os frutos de minha experiência, e que possam por sua vez fazer novos discípulos.

A intenção de trabalhar para sua instrução somente às vistas do governo deveria fechar a boca de todos aqueles que ousam me atribuir intenções estranhas à felicidade dos povos.[96]

Os infelizes atrasos que sofro[97] têm trazido pessoas de senso e bem intencionadas a me aconselharem a me sujeitar só à verdade ao fazer discípulos à minha escolha, e em tal número que satisfaça, sem me perturbar com ataques do governo.

Esta advertência tem seus lados especiais, e a sua execução me seria fácil. Mas, após reflexão madura, senti que meus esforços culminariam em fundar uma seita que teria que vencer tanto ou mais obstáculos do que eu. Isolado, faço pouca sombra: satisfeito em sentir prazer e em censurar. Todavia, se houver apenas mais cinco ou seis médicos como eu, espalhados pelos países, a avareza temerosa por seus ganhos habituais, veria neles inimigos perigosos e prestes a

---

96   Nota de Mesmer: Taxam-me como visando apenas a fortuna. Eu avaliaria talvez de outro modo esta objeção. Observo aqui 1) que ela está muito deslocada na boca da maior parte das pessoas de letras ou de ciência, pois tais pessoas visam apenas à fortuna; 2) que não preciso de nenhum governo para ganhar dinheiro à saciedade.

97   Nota de Mesmer: Quem não lastimou mortalidades que estes últimos anos têm atingido tantos marinheiros nos portos da França? Talvez não tivesse perecido nenhum se eu tivesse sido ouvido dois anos antes.

tudo usurpar sem partilha. Fariam de tudo para levantar suspeitas e para destruir sua doutrina: seus efeitos maravilhosos ajudariam a fazer com que o alarme fosse soado. Pode ser até que a imprudência das pessoas depositárias de meus princípios desse lugar a falsas interpretações. Evidente que posso e devo responder por mim, mas não posso fazê-lo pelos outros. Não seria então surpreendente que a verdade fosse constrangida a se ocultar no envilecimento. Creio que seria melhor, qualquer que fosse o custo, adiar seu triunfo com prudência do que comprometê-la por precipitação.

Tais são, em substância, os princípios que serviram de regra à minha conduta, seja em Viena, seja na França.

Quando cheguei a Paris, foi divulgado publicamente que eu havia deixado a Alemanha com o desejo de submeter minha causa ao julgamento dos sábios franceses. Havia sido divulgada ao público uma série de escritos nos quais minha reputação fora aviltada e minha descoberta, jogada ao ridículo: eu não estava sendo mais bem tratado nos relacionamentos particulares. Estas circunstâncias, acrescidas à singularidade e ao mérito real de minha descoberta, persuadiram-me de que poderia ser questão de eu estar num país estrangeiro. Mas eu não tinha nenhuma pretensão a uma celebridade adquirida. Sentia-me surpreso de me ver procurado em Paris com alguma solicitude. Apenas escolhida uma pousada, vi-me assaltado por pessoas que vinham me consultar.[98]

Este início me lisonjeou, mas desde logo percebi que a curiosidade superficial era o gosto dominante nesta capital. Julguei então conveniente romper sem afetação todo liame capaz de me conduzir por um caminho tão contrário aos meus desejos.

---

98   Nota de Mesmer: Um dia em que muita gente estava em minha casa, anunciaram-se um presidente de uma corte suprema. Vi entrar uma pessoa vestida com uma toga. Sem dar atenção aos demais, esta pessoa apoderou-se de mim e me consultou sobre suas doenças, inundou-me de perguntas, falando exageradamente e com uma familiaridade que achei fora de propósito para um homem de sua classe. Era o senhor Portal, médico de Paris. Muito satisfeito de sua posição, ele se apressou a dar publicidade do seguinte fato: estava provado, segundo ele, que eu não tinha nenhum dos talentos de que me gabava, porque só por sua palavra eu o acreditei doente quando ele nada sofria, porque eu havia dado fé à segurança com que ele me relatava sintomas, que de fato não possuía e porque enfim fui enganado pelo hábito – eu não havia sabido fazer distinção entre as calças e o presidente.

No entanto, eu tinha dentre o número de meus conhecidos o senhor Le Roi,[99] diretor da Academia de Ciências de Paris. Ele havia assistido a várias de minhas experiências, tinha reconhecido a realidade de minha descoberta, parecia apreciar as consequências, e tomar interesse pelo sucesso. Não dissimulei o quanto havia ficado decepcionado com o pouco caso dado pela corporação às minhas comunicações, e o quanto julguei estranho sua indiferença por uma questão que tratava da saúde do Povo.

O senhor Le Roi me ofereceu sua mediação frente à sua corporação se eu me sujeitasse a fazer uma segunda tentativa. Eu lhe remeti as asserções relativas ao meu sistema, e combinamos quanto ao dia em que iria à Academia para dar meu testemunho.

Fui pontual e cheguei em boa hora para ver se formar uma assembleia da Academia de Ciências de Paris.

À medida que os acadêmicos chegavam, estabeleciam-se os comitês particulares, nos quais, sem dúvida, eram tratadas questões sábias. Eu supunha com convicção que quando a assembleia fosse suficientemente numerosa para ser considerada completa, a atenção, esparsa até aquele momento, iria se fixar num único assunto. Enganei-me: cada um continuou sua conversação. Quando o senhor Le Roi quis falar, reclamou inutilmente por atenção e por silêncio, que não lhe concederam. A perseverança neste pedido foi mesmo energicamente solicitada por um seu confrade, impaciente, que lhe assegurou que não seriam atendidos nem um nem o outro, acrescentando que fez bem o mestre em deixar a memória que ele leria sobre a secretária, onde dela poderia tomar conhecimento quem o desejasse. O senhor Le Roi não ficou feliz com o anuncio de um segundo assunto. Um segundo confrade lhe sugeriu cavalheirescamente passar para um assunto menos controvertido pela razão peremptória de que este o enfadava. Enfim, um terceiro assunto foi bruscamente taxado de charlatanismo por um terceiro confrade, que achou melhor suspender a conversação particular, rapidamente, para dar essa decisão circunspeta.

Felizmente não fui questionado em tudo isso. Perdi o fio da ciência, e refletindo sobre a espécie de veneração que sempre tive pela Academia de

---

99 Jean Baptiste Le Roi (1720-1800). Foi sócio das Academias das Ciências e da Marinha, da Sociedade Real, da Sociedade Filosófica Americana e do Instituto de França. Autor de cerca de cem artigos nas artes mecânicas para a Enciclopédia. Desenvolveu pesquisas para determinar a melhor maneira de iluminar as ruas de Paris e a higienização dos hospitais. Amigo próximo de Benjamim Franklin e divulgador, na França, de suas ideias sobre eletricidade.

Ciências de Paris, conclui que seria essencial para certas coisas só serem vistas apenas em perspectiva. Basta reverenciá-las de longe, pois que são pouca coisa quando vistas de perto!

O senhor Le Roi tirou-me do devaneio ao anunciar que iria falar de mim. Opus-me vivamente, implorando para deixar a coisa para outro dia. "Os espíritos, senhor, parecem-me indispostos hoje", eu lhe disse. "Faltou atenção para com o senhor, e não é difícil presumir que faltará ainda mais para um estrangeiro como eu. De qualquer modo, desejo não estar presente nessa leitura." Eu teria saído se o senhor Le Roi não houvesse insistido.

A assembleia terminou como havia começado: os membros desfilaram sucessivamente. Não restou mais do que uma dúzia de pessoas das quais o senhor Le Roi despertou suficientemente a curiosidade, e para as quais me pressionou para fazer experiências.

Que infantilidade a de me pedir experiências antes de se pôr a par do assunto. Eu teria providenciado o necessário se soubesse antecipadamente. Desculpei-me habilmente, dizendo que o local não era conveniente. Mas, não tão habilmente, deixei-me levar, sem saber me defender, à casa do senhor Le Roi, onde o senhor A***, sujeito a ataques de asma, queria se prestar aos meus ensaios.[100]

O senhor A*** estava numa poltrona. Eu estava em pé diante dele, e o segurava pelas mãos. A alguma distância, atrás de mim, postava-se desatento o restante do grupo.

Interroguei o senhor A*** sobre a natureza das sensações que eu lhe causava. Ele não teve nenhuma dificuldade em me responder que sentia repuxões nos seus pulsos e correntes de matéria sutil nos braços, mas, quando os confrades lhe fizeram ironicamente a mesma pergunta, ele não ousou responder a não ser balbuciando, e de modo equívoco. Eu não via mais propósito em estar ali. Voltei-me para o senhor A*** durante um dos seus ataques de asma: a tosse foi violenta. O que você tem então, perguntaram os confrades com ar de pouco caso? Não é nada, replicou o senhor A***, é que tusso, é minha asma, tenho todos os dias ataques parecidos. Sempre à mesma hora? Perguntei por meu turno e em voz alta. Não, respondeu ele, meu acesso veio mais cedo, mas não é nada. Não duvido, respondi friamente e não demorei a por fim a essa cena ridícula.

---

100   Nota de Mesmer: Anunciei que enumeraria cada um por seu nome, mas a cena que descrevo é muito bizarra – não tenho como nomear os atores. Será suficiente saber que estávamos em 10 ou 12 pessoas reunidas na casa do senhor Le Roi, todos acadêmicos, ou aspirantes a acadêmico.

Acreditei perceber que o senhor A*** estava menos oprimido após a saída de várias testemunhas. Não estávamos em mais do que cinco, incluindo a senhora A***, Le Roi e eu. Ofereci a esses senhores uma prova de que nosso organismo está sujeito a polos, assim como eu havia adiantado. Eles consentiram, e em consequência eu pedi ao senhor A*** para colocar uma venda em seus olhos. Assim feito, passei os dedos em suas narinas por diversas vezes e, mudando alternadamente a direção do polo, eu o fiz respirar um odor de enxofre, ou o privei, à vontade. O que fiz para o olfato, fiz igualmente para o paladar, com a ajuda de uma taça com água.

Estas experiências tendo sido bem constatadas pelo testemunho formal e repetido do senhor A***, eu me retirei pouco satisfeito, podem crer, da companhia com a qual havia desagradavelmente perdido meu tempo.

Poucos dias depois, ia prestar meus deveres à sua excelência, o senhor De Merci, embaixador do Império. Eu o havia prevenido contra a solidez das experiências que acabei de citar. Ele havia sido instruído pelo senhor abade Fontana, que, não tendo sido testemunha, falava segundo o senhor Le Roi, o que achei pelo menos singular.

Tive a ocasião de enviar minhas asserções ao senhor conde de Maillebois,[101] tenente-general dos exércitos do rei e membro da Academia de Ciências. Elas faziam parte de uma memória em que eu expunha sucintamente o desejo de associar sua corporação ao sucesso de uma descoberta tão essencial quanto a minha, e a pena que eu sentiria se não o conseguisse.

Tendo me encontrado, na casa desse cavalheiro, com o senhor Le Roi, lamentei-me amargamente da frieza com a qual este último me expôs, eu estrangeiro e sem apoio, à incivilidade de seus confrades. Na minha justa indignação, eu iria a ponto de dizer que acreditava dever depositar pouca fé num homem que, após ter abraçado por sua própria vontade a causa da verdade, sustentou-a tão mal na ocasião.

A urbanidade francesa amenizou a amargura dessa conversa. Graças ao senhor Maillebois, fomos conduzidos, insensivelmente, a não mais falar sobre o ocorrido. Quanto às questões relativas ao gênero, os efeitos e as consequências de minha descoberta, ele lamentou não estar presente e poder amenizar os dissabores de que me queixava, e expôs o desejo de ver as experiências que os confrades haviam desprezado. Eu consenti em lhe dar essa satisfação.

---

101   Jean Baptiste François Desmarets (1682-1762), conde de Maillebois, marechal de França, filho de Nicolas Desmarets (também se escreve Des Marets), marquês de Maillebois, ministro das Finanças durante os últimos sete anos de reinado (1643-1715) de Luís 14.

No dia indicado, os senhores de Maillebois e Le Roi foram à minha casa. O último estava acompanhado de sua mulher e de um amigo. Eu tive o cuidado de reunir alguns doentes. Um deles inchou e desinchou sob minhas mãos. Estas poucas palavras devem ser suficientes para fazer pensar que minhas experiências foram satisfatórias.

O senhor Maillebois não achou subterfúgios. Ele se referiu com candura ao seu espanto, mas ao mesmo tempo declarou que não prestaria contas à Academia sobre aquilo que viu, com a crença de que iriam fazer troça dele. O senhor Le Roi, tendo a mesma opinião, propôs-me pôr a verdade em evidência' pelo tratamento e pela cura de várias doenças.

Eu rejeitei esse meio como sendo inútil para convencer pessoas a quem a ciência não dá a faculdade de apreciar pelo raciocínio o mérito de experiências como as minhas. Complementei ao excesso que, quando eu estava determinado a sair do local do meu nascimento em razão dos desgostos que me fizeram provar o tratamento feliz de doenças muito graves, não foi para me expor alhures a desgostos da mesma espécie. Se alguma vez as circunstâncias exigiriam de novo o sacrifício de meu repouso, eu o deveria à minha pátria de preferência a qualquer outro país. Que estava nos meus projetos conhecer a França, a Inglaterra, a Holanda etc. e estabelecer relações com os sábios desses diversos lugares, de lhes provar a existência de uma verdade física desconhecida e mesmo de apresentar aos seus olhos a utilidade das experiências sem aparelho. Mas que não me convinha me fixar, sem objetivo determinado, em país estrangeiro, travar disputas inúteis, levantar os médicos contra minha descoberta, até contra mim mesmo, médicos que desejam, em uma palavra, fazer-me conhecer na física e não na medicina, que eu deveria agir na física, até que as circunstâncias me permitissem fazer melhor.

Pretendi, várias vezes, atribuir vagamente à imaginação aqueles meus efeitos que se desejava negar, mas para mim seria novidade pretender atribuir a ela os efeitos tal como os havia produzido. Essa lastimável objeção saiu da boca do senhor Le Roi.

Eu estava armado contra os arrazoados especiais da pendência comum. As declarações tão repetidas em favor da humanidade haviam perdido o direito de me seduzir: eu havia mesmo resistido às solicitações da amizade, bem convencido de que deveria ser mudo apenas para as considerações independentes de todo interesse particular. No entanto, eu não soube me guardar contra um arrazoado pueril. Pego desprevenido, fui picado: perdi meus pontos de vista, e me engajei como por desafio, e contra toda a espécie de razão, a empreender o tratamento de certo número de doentes.

Esta espécie de prova parecia ser inatacável: é um erro. Nada prova demonstrativamente que o médico ou a medicina curam as doenças. Ver-se-á na sequência deste escrito com qual serenidade se fez uso deste arrazoado contra mim. Rapidamente fui acusado de paradoxo.[102]

Mas quando, por exemplo, desloco sob meu dedo uma dor fixa ocasionada por um incômodo qualquer, quando a levo, segundo a minha vontade, do cérebro ao estômago, do estômago ao baixo ventre e reciprocamente do ventre ao estômago e do estômago ao cérebro, nada mais há do que a demência consumada ou a má-fé mais insigne que são atribuídas ao autor de sensações semelhantes.

Transformo então em axioma incontestável que todo sábio deve no prazo de uma hora estar tão convencido da existência da minha descoberta quanto um camponês das montanhas suíças possa estar após tratamentos de vários meses.

Entretanto, ver-se-á que eu me engajei em tratamentos seguidos para convencer os sábios. Ficou estabelecido que eu cuidaria apenas de doentes que previamente tivesse sua condição constatada pelos médicos da Faculdade de Paris, a fim de que pudesse ser julgado o sucesso pela inspeção das pessoas, quando seus tratamentos tivessem sido consumados.

Fielmente, segui esses acordos. Retirei-me no mês de maio de 1778, com alguns doentes, para a cidade de Creteil, a duas léguas de Paris. Em 22 de agosto, escrevi ao senhor Le Roi uma carta.

"Senhor Mesmer ao senhor le Roi, diretor da Academia de Ciências de Paris. Creteil, 22 de Agosto de 1778.

Tive a honra, senhor, de informá-lo várias vezes em Paris, na sua qualidade de diretor da Academia, sobre o magnetismo animal. Alguns de seus confrades participaram comigo de conferências sobre esse princípio. Sua existência pareceu-lhe possível pelas provas que apresentei a seus olhos e aos deles. Eu lhe solicitei que minhas proposições sumárias fossem comunicadas à Academia. Deixei também com o senhor conde de Maillebois uma memória relativa. Os senhores me solicitaram, pareceu-me, um e outro, provas da sua existência e que eu reunisse aquelas de utilidade. Realizei, em consequência, tratamentos de vários doentes, que foram levados a cabo, para tanto, como consenso na cidade de Creteil, em que moro já há quatro meses.

---

102 Nota de Mesmer: De curandeiro me acusavam de todos os lados, e você acreditará – nada é mais falso. Muito seguramente fiz curas em Paris. No entanto, ainda mais grave do que me acusar de curandeiro é supor que nenhuma cura existiu.

"Embora eu ignore ainda, senhor, o modo de pensar da Academia sobre minhas proposições, empenho-me em convidá-la, por sua mediação e ao senhor também, particularmente, a constatar a utilidade do magnetismo animal aplicado às doenças mais inveteradas. Seus tratamentos devem terminar neste mês. Ouso esperar que o senhor se digne a me transmitir as intenções da Academia, indicando-me o dia e a hora em que seus deputados irão me louvar com sua visita, a fim de que me possa preparar para recebê-los. É com sentimentos e a mais perfeita consideração que tenho a honra de ser, Senhor, Vosso... etc.".

A Academia não julgou oportuno responder a essa carta. O relato que se seguirá sobre minhas relações com a Sociedade Real de Medicina dirá por que não fiquei surpreso.

Procurei saber como as coisas estavam se passando. Foi-me assegurado que o senhor Le Roi havia tido a honestidade de apresentar minha carta à Academia, tendo sido a leitura interrompida pelos senhores Auberton e Vicq d'Azyr,[103] que estavam formalmente contra se ocuparem de minha descoberta. Estes dois senhores são membros da Sociedade Real de Medicina.

Verdadeiro ou falso, este procedimento não me surpreendeu de parte do senhor Vicq d'Azyr. Mas não se passa o mesmo em relação ao senhor Auberton. Associado em êmulo aos escritos e à glória de um homem imortal, fiel companheiro do canto eloquente, em que se honram à porfia a França e a natureza, ele não deveria ser perdido de vista, pois que caminha para a posteridade com passo firme ao lado do senhor De Buffon,[104] para estar sentado num trono de maravilhas inconcebíveis. Eu espero um momento no qual possa lhe perguntar com que direito ele disse à natureza que os limites do seu poder estão colocados aquém da carreira que eu afirmo vê-lo percorrer.

Acabei de relatar de modo exato e verdadeiro minhas relações com a Academia de Ciências de Paris. Entendo que acreditaram na impostura. Todas

---

103   Doutor Felix Vicq D'Azyr, (1748-1794), anatomista francês. Eleito para a Academia de Ciências em 1774. Médico do rei em 1788. Autor de vários trabalhos, especialmente em neurologia, foi um pioneiro de estudos veterinários na França.

104   Georges-Louis Leclerc, conde de Buffon (1707-1788), naturalista francês, com estudos em medicina e direito. Escreveu a *Historie Naturelle* em 44 volumes e *Les Epoques de la Nature*. Por seus trabalhos, ficaria conhecido como precursor da teoria da evolução do homem, antecipando Darwin em um século.

as vozes estão interessadas em depor contra mim. Não se levantou nenhum testemunho a meu favor. Entretanto, só, contra todos, mesmo assim compareceria com segurança diante de meus juízes. É ao público que apelo. Julgo que ele preferirá, acima de tudo, minha carta ao senhor Le Roi. Ela certamente não foi escrita apenas porque havia convenções anteriores. Resolvido este ponto, é evidente:

– que procurei a Academia de Ciências de Paris;

– que fiz experiências e tratei dos doentes para trabalhar sua convicção;

– que ela não fez esforço para se convencer. Nada mais peço.

RELAÇÕES COM A SOCIEDADE REAL DE MEDICINA DE PARIS

Circula amiúde por Paris que eu fui mal agradecido por recusar uma *comissão* nomeada pela Sociedade Real de Medicina para o exame de minha descoberta.

De fato recusei essa *comissão*? A questão assim colocada soa tão mal que eu poderia responder indiferentemente sim ou não. De fato, eu recusei uma *comissão*, mas aceitei *comissários* – espécie de enigma que exige explicação caso se queira entender.

O que é uma comissão da Sociedade Real de Medicina de Paris? Vejamos.

Quando o possuidor de um pó, de um licor ou de uma composição qualquer, das quais se supõe virtudes medicinais, deseja comerciá-la sem correr o risco de ser perturbado, deve dirigir-se à Sociedade Real de Medicina, para obter, nas formas estabelecidas, uma permissão que se chama *brevet* ou também *privilege*.[105] Em consequência, ele o apresenta ao secretário perpétuo da corporação. A corporação autoriza ao suplicante que deposite um frasco do licor ou um pacote do pó, tudo selado para evitar indiscrições. Comissários nomeados são convidados a guardar o segredo e são as únicas pessoas com direito a abrir os selos na ocasião devida. Eles fazem a análise química se for o caso, assistem aos tratamentos realizados pelos autores ou processadores dos remédios, e constatam seus bons ou maus resultados. Sobre seu relatório se forma a opinião da corporação. Todas essas formalidades, e mais rigorosas ainda, são observadas com a mais escrupulosa exatidão. E, mesmo com todas as prevenções, é assim que são *brevetados* ou *privilegiados* todos os comerciantes de venenos que, sob o nome genérico de *charlatães* devastam à vontade as cidades e os campos deste belo reino.

---

105   Brevet e privilége são direitos cujos equivalentes atuais são o registro de patente de invenção e as concessões de exploração.

Sem dúvida, meus leitores já se aperceberam do motivo de minha não--aceitação de tal *comissão*: eu não possuo nem pó nem licor para depositar, também não tenho nem *brevet* nem *privilege* a solicitar. Meu desejo não é o de me estabelecer na França, e certamente não desejo fazer nenhum comércio de drogas. Enfim, se minha doutrina pudesse ser colocada dentro de um frasco ou num pacote, eu só confiaria o frasco ou o pacote a indivíduos cuja sabedoria fosse do meu conhecimento de longo tempo e não a *comissários* escolhidos a esmo e nomeados por ordem de tabela.

Eis como e por que eu recusei uma *comissão*. Porém, veja-se na sequência como e por que exigi *comissários*.

Tenho em mãos uma verdade essencial para o bem da humanidade. Mas não é suficiente que eu deseje ser benfeitor dos homens: é ainda necessário que eles aceitem o benefício. Antes de tudo é preciso que eles creiam. Com este fim, procurei as pessoas cuja opinião tem alguma preponderância frente ao público. Eu lhes propus serem testemunhas dos efeitos salutares de minha descoberta, fazer valer a verdade rendendo-lhe homenagem, e de merecer, por esse meio simples, o reconhecimento das nações. A Sociedade Real de Medicina de Paris não achou que este papel fosse digno dela. Recusou-me os *comissários* sob o pretexto de que eu não apresentava nem pó, nem licor, nem frasco, nem pacote.

Não há necessidade nem de dissimular nem de olvidar: as dificuldades entre eu e os sábios provieram do fato de eu me contentar em invocar seu testemunho, pedindo-lhes apenas que constatassem e confessassem a existência e a realidade de minha descoberta. Mas eles desejavam ser os árbitros, os juízes, os dispensadores. Seu tribunal é tudo, e a verdade não lhes é nada se não podem obter vantagens para sua glória ou sua fortuna. Que pereça a humanidade antes de suas pretensões.

Eles devem reconhecer que no fundo eu não tenho outro alvo senão aquele que eles próprios propõem. A qualquer governo que eu remeta minha descoberta, não a guardará certamente para si apenas: ele a divulgará – mas este rumo não lhes convém. Eles me tratam com desprezo porque eu desejo que se exija deles alguma sabedoria na administração da verdade. Dir-se-á, segundo seu ponto de vista, que a ordem e a ciência não podem conviver juntas. E verdadeiramente, no estado atual das coisas, é tentador acreditar que eles têm razão.

Aos olhos da Sociedade, a pretensa recusa de que me acusam não é meu único crime. Porém, não tenho culpa das circunstâncias. Não somente recusei uma comissão, mas o fiz num momento inoportuno, num momento em que estão com as vistas sobre mim. É preciso que eu entre em detalhes sobre esse assunto para que se possa perceber a maneira com que essa corporação se conduziu em todo esse caso.

A Sociedade Real de Medicina de Paris não era apenas um estabelecimento novo,[106] na verdade, não era nem nascida quando tratei com ela.[107] Naquele momento, ela estava apenas sendo concebida. Eu, por assim dizer, assisti à criação. O trabalho foi laborioso e o berço que a recebeu resistiu com sofrimento às tempestades que a assolaram. A Faculdade de Medicina de Paris, que monopolizava a teoria, a prática e o ensino da medicina, opôs-se vivamente a que se dividissem essas suas funções, sustentando que eram feitas para se ampararem e se enobrecerem mutuamente. Ela entendia que seria inútil ou, melhor dizendo, até perigoso criar na medicina uma Academia de palavras e de escritos sem a necessária ação prática. O efeito infalível seria o de aviltar progressivamente a prática e ainda mais o ensinamento, levando, além disso, os encorajamentos, as distinções, as recompensas e as prerrogativas. Tal era o fulcro da discussão que, aliás, não mais me compete. O processo foi julgado em favor da Sociedade: ela adquiriu autoridade, e hoje está evidente que a Faculdade não se reerguerá jamais do golpe que deve em seguida lançá-la a uma depreciação absoluta. Ela, os seus membros, suas escolas e seus alunos.

Entretanto, tratava-se de por a opinião pública do seu lado: era necessário fazer um nome no mundo, porque, não menosprezando o público, poderia tê-lo ao seu lado. A Sociedade Real de Medicina apoia integralmente toda divulgação que possa favorecê-la.

Pressionada a estar pronta a se pronunciar diante de qualquer espécie de novidade, a Sociedade resolveu lançar seus olhos sobre mim. Ela me apresentou para que eu beijasse o cetro que estava estendido para o charlatanismo. Mas eu não me inclinei: esta foi minha desgraça. Pode ser, entretanto, que as coisas fossem arranjadas amigavelmente se o categórico secretário perpétuo dessa corporação não houvesse rompido sem cuidado as medidas protetoras dos seus confrades flexíveis.

---

106   Em 29 de abril de 1776, uma reunião do Conselho de Estado criou "uma comissão de medicina em Paris para corresponder-se com os médicos de província, para tudo o que pode ser relativo às doenças epidêmicas". Nesse mesmo ano, a comissão, por iniciativa de Lassone e Vicq de Azyr, e com o apoio do rei, tornou-se a Socideda Real de Medicina. Ela começou a funcionar provisoriamente, até seu registro oficial pelo Parlamento, de acordo com cartas patentes de agosto, publicadas em setembro de 1778.

107   Nota de Mesmer: Havia já quatro meses que eu tratava com a Sociedade quando ela obteve as cartas patentes do mês de agosto de 1778, título de sua criação. Seria longo e inútil dizer que espécie de existência ela expreimentou anteriormente.

A sequência dos fatos vai mostrar se minha presunção é ou não é verossímil. Ainda quando eu me encontrava em Viena, fui informado pelos jornais e os folhetins a respeito dos maravilhosos efeitos da eletricidade administrada pelo senhor Mauduyt[108] sobre as doenças reconhecidas como graves. Desde minha chegada a Paris, apressei-me em fazer uma visita a este médico. As inspeções de seus doentes reunidos até aquele momento, e por meio de seu próprio relato, desiludiram-me. Soube por ele mesmo que não havia podido citar nenhuma cura. Por outro lado, ele me testemunhou o desejo de ver a ação do magnetismo animal sobre alguns de seus doentes. Assim aproximei-me de uma mulher paralítica dos braços e de um homem que havia perdido o tato em ambas as mãos. Eles provaram por seus testemunhos as sensações extraordinárias experimentadas, e que lhes eram desconhecidas por meio da eletricidade. O senhor Mauduyt testemunhou sua admiração, e eu me retirei após haver recebido dele honestas particularidades.

Depois desse dia, recebi sucessivamente a visita dos senhores Mauduyt, Andry e Desperrieres e o abade Teffier, todos membros da Sociedade Real de Medicina.

Como eu ignorava a existência e a constituição dessa corporação, esses senhores se propuseram a me esclarecer. Instruídos de que eu estava comprometido com a Academia de Ciências para tratar de doentes, eles me objetaram que a inspeção dos remédios novos era atribuição da Sociedade Real e que eu deveria me associar a ela.

Não argumentei contra essa pretensão, mas observei, em primeiro lugar, que o testemunho da Academia era suficiente para a questão proposta, e que se tratava menos de conhecer um remédio do que constatar a existência de uma verdade física; em segundo lugar, que estando ligado pela palavra a ela, eu estaria agindo mal faltando aos meus compromissos. Além do mais, não percebendo na concorrência da Sociedade nada de desagradável para a Academia, eu propunha a esses senhores seguir e constatar as mesmas experiências.

Aceito o oferecimento, esses senhores me propuseram de sua parte uma de suas *comissões*. Eu perguntei do que se tratava e, quando me foi explicado, não mais quis ouvir falar. Eu me expressei várias vezes sobre isso tão claramente, e com tanta precisão, que para atingir os meios de superar este obstáculo foram feitas duas assembleias particulares, às quais assisti.

---

108   O médico Pierre Jean Claude Mauduyt de la Varenne (1732-1792) foi um dos primeiros franceses a pesquisar o uso da eletricidade com finalidades terapêuticas. Criou diversos instrumentos para aplicação. Escreveu a obra *Memoire sur les differentes manieres d'administrer l'electricite. Paris: Impr. Royale*, 1786.

Concordamos enfim que seguiríamos os mesmos trâmites que a Academia de Ciências, isto é, que me engajaria à Sociedade, assim que estivesse engajado à Academia, cuidando de doentes cujo estado tenha sido previamente constatado pelos médicos da Faculdade de Paris, de modo a julgar os sucessos por inspeção das pessoas após o término de seus tratamentos.

Ficou bem estabelecido que não seria envolvido direta ou indiretamente nenhum médico da Faculdade neste caso. Mas esta cláusula, após um debate adequado, tendo sido considerada inadmissível, eu prometi apresentar sucessivamente à Sociedade cada doente de que deveria tratar a fim de que ela pudesse se assegurar da solidez e da veracidade das consultas.

Consenti ainda em remeter antes os relatórios, consultas e atestados dos médicos da Faculdade para a Sociedade.

De acordo com essas convenções, fiz apresentar a senhorita L***, por sua mãe, aos senhores Mauduyt e Andry. Essa jovem era epiléptica e seus acessos repetiam-se tão frequentemente que ela teve vários na presença desses dois médicos. Entretanto, eles não julgaram seus conhecimentos suficientes para constatar essa doença. Apenas o senhor Mauduyt pretendeu que com sua eletricidade poderia constatar se a jovem desempenhava um papel fictício. Ele achava melhor constatar o fato do que apenas dizer. A proposta pareceu dura e aflitiva à mãe. Ela ofereceu as consultas feitas a vários médicos e cirurgiões e mesmo o testemunho do carrasco, a quem, no seu desespero, havia confiado a saúde de sua filha. Tudo foi igualmente recusado. Para eles, tal consulta nada significava, porque ela foi dada por um médico da Faculdade. Por sua vez, o senhor Bordeu não mais podia ter autoridade: ele estava morto. O senhor Varnier, médico de Vitri-le-François, não passava de um desconhecido. Os senhores Didier, pai e Moreau eram apenas cirurgiões etc. A infeliz mãe procurou-me em lágrimas. Eu a consolei encarregando-me de sua filha, sem me preocupar com os incômodos que eu previa.

Eu não mais enviava doentes para serem examinados pelos senhores Mauduyt e Andry.[109] Eu estava estabelecido há apenas 12 dias com alguns doentes na cidade

---

109 Nota de Mesmer: A mãe da senhorita L*** ocupa-se com prendas domésticas. Objetar-se-á, sem dúvida, que um testemunho desta ordem não é admissível. Eu respondo a isso dizendo que é precisamente porque ela não é um sábio que suas palavras são provas em favor das ciências. Ela conta simplesmente o que não saberia inventar. Por outro lado, as informações que ofereço, segundo o depoimento dela, aproximam-se tanto do que tenho percebido por mim mesmo, que seria puerilidade minha colocar essa narrativa em dúvida. O senhor d'Eslon faz menção à cura da senhorita L*** na página 70 de suas Observações sobre

de Creteil quando tomei conhecimento por uma via muito deturpada sobre a chegada próxima de uma *comissão* da Sociedade Real. Isso foi espalhado rumorosamente pela minha casa por um lacaio que havia ouvido de um dos comissários nomeados. Ele veio até a mim e, embora a coisa me parecesse inconcebível por si mesma, os detalhes estavam tão evidentes que encarreguei a pessoa com quem me correspondia em Paris de lembrar a esses senhores os nossos acordos mútuos, assim como minha recusa muito formal e insistente quanto à presença de uma comissão.

Meus desejos aceitos, dirigi-me a Paris e testemunhei aos senhores Andry e Desperrieres minha surpresa sobre seu procedimento irregular. Este último respondeu-me que a *comissão* havia sido determinada por causa de uma demanda feita em meu nome. Disse-lhe a meu turno que se eu tivesse mudado de ideia não teria confiado a ninguém para instruir a Sociedade, que de minha parte eu não daria fé a uma mudança tão súbita, ainda mais de parte dele, que conhecia perfeitamente bem minhas intenções. Enfim, para fechar a questão, eu desautorizei formalmente todas as conversações feitas em meu nome.[110]

Esta linguagem perturbou o senhor Desperrieres, e o fez sair de sua moderação habitual. Ele pôs fim à conversação, assegurando-me que não havia interesse

---

o magnetismo animal. Após a publicação de seu livro, haviam-nos assegurado que a jovem havia recaído num estado pior do que o anterior. Isso seria possível, e nós ficamos pouco surpresos, porque, segundo as mesmas informações, havia sido testemunhada sua piora numa casa religiosa. Mas qual não foi minha surpresa quando, ao entrar em minha casa, vi que lá me esperava já há algum tempo a senhorita L*** em companhia de sua mãe? O ar saudável e a robustez da filha me confundiram: custei a acreditar e fiquei mudo por alguns instantes. Finalmente, expliquei as causas do meu espanto, e fiquei sabendo que a mãe, aproveitando sua estada no campo, havia colocado a filha num convento. Crises muito vivas alarmaram as religiosas e outras testemunhas. Entretanto, sua saúde foi se tornando cada vez melhor. Progressivamente, a doença foi se extinguindo, não restando senão uma lembrança do mal e o sentimento de um reconhecimento que a mãe e a filha me testemunharam com efusão. Por meu lado, fiquei emocionado durante toda essa cena. Eis a maneira como vejo, interpreto e conto ao mundo. Aproveito-me deste exemplo para fazer observar que se a cura da senhorita L*** e de outros tivessem ocorrido sob os auspícios e observações do governo, nada restaria a objetar contra as provas deste gênero. Que diferença hoje! Digo: mal prestam a atenção.

110 Nota de Mesmer: Era verdade que a demanda havia sido feita, mas com quem a pessoa que abusou do meu nome estava em acordo? Não era comigo. Sempre pensei que alguns membros da Sociedade Real estavam mais bem instruídos do que eu a esse respeito.

nem nos meus tratamentos nem na minha descoberta, nem em mim e que, além do mais, eu encontraria em minha casa a resposta da Sociedade. Efetivamente, de volta ao campo, recebi a seguinte carta à qual junto minha resposta.

"Senhor Vic d'Azyr, secretário perpétuo da Sociedade Real de Medicina de Paris, ao senhor Mesmer.

"Paris, 6 de Maio de 1778,

"A Sociedade Real de Medicina me encarregou, senhor, dado o conhecimento que ela teve ontem, de reenviar-lhe certificados que foram remetidos de sua parte, *no mesmo envelope, o qual não foi aberto*. Os comissários que ela nomeou, *segundo seu pedido*, para acompanharem suas experiências não podem e nem devem dar qualquer parecer sem terem previamente constatado o estado dos pacientes por um cuidadoso exame. *Sua carta* denunciando que *este exame* e as visitas necessárias não entram no seu projeto e para substituí-los nos basta, segundo o senhor, ter a palavra de honra de seus doentes e atestados, a corporação remetendo-os, declara-lhe que ela afastou a comissão da qual havia encarregado alguns de seus membros conforme seu pedido. É de seu dever não fazer nenhum julgamento acerca de assuntos sobre os quais não haja pleno e inteiro conhecimento, sobretudo quando se trata de justificar novas asserções. Deve-se a ela mesma essa circunspeção que sempre teve e da qual sempre fará uma lei.

"Sou perfeitamente, Senhor, etc.".

"Senhor Mesmer ao senhor Vicq d'Azyr, secretário perpétuo da Sociedade Real de Medicina de Paris.

"Creteil, 12 de Maio de 1778,

"Minha intenção, senhor, sendo sempre a de demonstrar a existência e a utilidade do princípio do qual tenho a honra de manter a atenção dos senhores da Sociedade Real de Medicina, eu mesmo teria pressa em solicitar da comissão citada a carta que me fizeram a honra de me escrever no dia 6 deste mês, se eu houvesse pensado que as doenças tão graves quanto aquelas que iniciei o tratamento fossem suscetíveis de serem caracterizadas à simples inspeção e ao simples relato dos doentes. Os senhores Mauduyt e Andry, membros da Sociedade Real, pensaram como eu nesse assunto, no momento em que responderam à senhora L*** quando lhes apresentou a filha para constatar sua doença, que eles viram bem que a jovem executava movimentos convulsivos; mas que esses sinais aparentes eram insuficientes para motivar sua atenção. Tomei então, senhor, de todos os partidos, aquele que parecia mais seguro, e ao mesmo tempo o mais conforme com as intenções da Sociedade Real, reclamando doentes que de fato pudessem me outorgar sua confiança de acordo com as atenções ou consultas feitas e assinadas pelos médicos da Faculdade, e eu poria essas peças sob os olhos da Sociedade Real, a fim de colocá-las em condições de julgar sobre o mérito das curas, quando o tempo e as circunstancias me permitissem lhes oferecer.

"Após essas reflexões, senhor, que poderá comunicar à Sociedade Real, em resposta à carta que ela o encarregou de me escrever, ela julgará facilmente que o pedido de uma comissão, e todas as tentativas análogas foram feitos sem o meu aval. Tenho a confiança que ela não irá duvidar após a segurança que demonstrei, em me conceder para o futuro os mesmos benefícios que ela me concedeu durante minha estada em Paris, e crer que me empenharei sempre em deferir à superioridade de suas luzes. Ouso rogar lhe oferecer estas crédulas expressões de meus respeitosos sentimentos. Não duvide da perfeita consideração com a qual tenho a honra de ser, Senhor etc."

A carta acima, do senhor Vicq d'Azyr, deve parecer pouco refletida ou insidiosa. Ficaria mal para ele referir-se a uma de minhas cartas que não existia, de minha solicitação de uma comissão que ele sabia muito bem que eu desaprovaria, recusar-se a constatar o estado de meus doentes pelos quais ela não ignorava que eu havia feito solicitações inúteis etc.

Seria difícil relevar essas faltas de atenção ou estes pequenos ardis. Visando apenas à reconciliação, eu evitava cuidadosamente na minha resposta qualquer recriminação, e me esforçava, assim que pude me aperceber, a não comprometer ninguém. Cuidados inúteis! As leituras das cartas seguintes convencerão.

"Senhor Mesmer ao senhor Vicq d'Azyr, secretário perpétuo da Sociedade Real de Medicina de Paris.

"Creteil, 20 de Agosto de 1778,

"Não duvidando, senhor, que os senhores da Sociedade Real não tendo tomado conhecimento da resposta que tive a honra de lhes dar, por sua mediação, em 12 de maio último, e os tratamentos que realizei em Creteil devendo terminar este mês, eu me apresso a convidar esses senhores a virem se assegurar, por eles mesmos, do grau de utilidade do princípio do qual anunciei a existência. Se o senhor tiver a bondade de me anunciar o dia e a hora em que quererão me honrar com sua visita, estarei disposto a recebê-los e lhes repetir os votos de meus respeitosos sentimentos.

"Tenho a honra de ser etc."

"Senhor Vicq d'Azyr, secretário perpétuo da sociedade real de medicina de paris, ao senhor Mesmer.

"Paris, 27 de Agosto de 1778,

"Comuniquei, senhor, a carta que me escreveu à Sociedade Real de Medicina. Esta corporação, que não teve nenhum conhecimento do estado anterior dos doentes submetidos ao seu tratamento, não pode fazer nenhum julgamento a esse respeito.

"Tenho a honra de ser etc."

Frente a esta resposta, nada mais me restava esperar da Sociedade Real e eu deveria cessar todas as tentativas que vinha fazendo.

Não duvido que a versão dessa corporação difira da minha. Nada mais cômodo do que contestar fatos baseados em palavras. Mas não é tão fácil desmentir aquilo que está escrito.

Vê-se nas cartas do secretário perpétuo da Sociedade Real que os certificados enviados de minha parte para constatar o estado dos doentes diante do tratamento das doenças me foram reenviados *no mesmo envelope que sequer foi aberto*, e que se recusaram a aceitar meus convites, quando lhes propus conhecer o estado melhorado dos mesmos doentes após seus tratamentos. Estes avais formais são decisivos.

A Sociedade Real teve suas razões para agir assim: ela se prescreveu regras, nada a faria desviar. Mas estas regras não podiam autorizá-la a divulgar publicamente, sem outra explicação, que eu havia recusado uma de suas *comissões* para o exame de minha descoberta.

Por quais motivos essa corporação prescrevia-se regras contrárias às finalidades de toda instituição respeitável? Por quais motivos ela se permite não constatar para o bem do povo o que lhe dão para constatar para o bem do povo, sob o pretexto de que ela deve examinar aquilo que não lhe dão para examinar?

As regras da Sociedade Real são calcadas nas regras da Academia de Ciências. A cada dia ela derroga as suas, salvo para modificar seus interesses segundo as circunstâncias. Viu-se que isso não foi difícil para a Academia em relação a mim. A Academia não opôs suas regras para mim em nada.

No momento em que a Sociedade Real de Medicina de Paris agia assim em relação a um fato dos mais interessantes para a humanidade, ela solicitava e obtinha cartas patentes (do mês de agosto de 1778), donde fazia inferir que ela refletiria *dignamente* as esperanças que nela foram depositadas. Colocaram nas mesmas cartas que todos os membros da Sociedade Real são pessoas sábias, recomendáveis, plenas de zelo, de experiência e de capacidade... A pena me cai das mãos.[111]

Vou tratar de uma questão mais interessante. Que teriam visto os deputados da Academia de Ciências e da Sociedade se, como deveriam, tivessem aceitado meus convites para a cidade de Creteil? Teriam visto curas e alívios remarcáveis. A voz do público está aqui contra mim: assim deve ser, eles determinaram.

Já citei a senhorita L*** . Na época de que falo, ela não estava curada. No entanto, estava aliviada de modo a surpreender todo examinador digno de um exame desta importância.[112] A este exemplo eu acrescentaria três outros de pessoas mais conhecidas[113] de que tratei, todas as três em Creteil de maio até agosto de 1778.

A senhora Malmaison apresentou-se em minha casa, impotente das partes inferiores do corpo. Ela retirou-se andando livremente.

A senhora de Berny via apenas para conseguir conduzir-se. Ela me deixou lendo e escrevendo.

O senhor cavalheiro de Haussay estava atacado em todas as partes do corpo por uma paralisia imperfeita. Na idade de

40 anos, tinha a aparência da velhice e da embriaguez. Eu o pus a andar direito, sem apoio e com vivacidade.

Para se fazer uma justa ideia da complicação dessas doenças e das suas curas, é preciso ler os detalhes nos relatórios que me deixaram os três doentes, e comparar os sintomas das doenças com os sintomas das curas. Estas peças tomariam muito espaço aqui. Serão encontradas a seguir a estes escritos sob a forma de peças justificativas números 1, 2 e 3.

---

111   Nota de Mesmer: Não vim para a França para me erigir em Aristarco [crítico severo] da legislação. No entanto, não escrevo unicamente para os franceses. Posso dizer como vejo com pesar que já está estabelecido, em alguns Estados vizinhos, sociedades de medicina à semelhança da de Paris. Só posso exortar as pessoas que tenham o mesmo projeto para outros lugares, a bem refletir antes da execução.

112   Nota de Mesmer: O gênero da doença me fez suprimir o nome da senhorita L***.

113   Nota de Mesmer: Na França, a cura de uma pessoa pobre nada é. Quatro curas burguesas não valem a de um marquês ou a de um conde: quatro curas de um marquês equivalem apenas à de um duque. E quatro curas de um duque nada serão diante daquela de um príncipe. Que contraste com as minhas ideias, eu que acreditei merecer a atenção do mundo inteiro quando na verdade não consegui curar senão cães.

Foram impressos apenas estes certificados dentre outros. Qual! Sempre o odioso julgamento sem provas e sem exame! Sempre esse desonesto ataque gratuito àqueles que lhes deram dedicação ao menos tanto quanto eu. Que pensar dos senhores de la Malmaison, de Berny e do cavalheiro du Haussay se todos os três tivessem feito, sem nenhum interesse, uma farsa para me ajudar a enganar o público em matéria tão delicada. Veja-se o início do relatório que me deixou o senhor cavalheiro de Haussay: *A justiça que eu devo à verdade me faz tornar público em detalhe circunstanciado etc.* Aquele que se expressa assim, contra sua consciência, não seria pelo menos um homem bem educado?

Acredita-se poder invalidar as consequências iminentes dessas curas argumentando contra sua solidez. Chega-se a dizer que os três doentes que acabei de citar estão no mesmo estado, e mesmo num estado pior do que no passado.

Se admitíssemos os fatos como verdadeiros,[114] existiria evasiva e contradição nessa maneira de raciocinar: evasiva por colocar-se em dúvida a solidez das curas apenas para evitar um tratamento sério da questão de sua existência; e contradição quando se observa que a disputa sobre a solidez supõe necessariamente a existência das curas que se lhe nega.

Enquanto os sábios fizerem voto de tal incoerência de ideias, será impossível entendê-los ou segui-los.

Reportemo-nos a arrazoados mais sólidos, atribuindo por alguns instantes às cabeças acadêmicas e societárias um pouco menos de agilidade e um pouco mais de amor do que eles têm demonstrado. Suponhamos que, em consequência de nossa convenção, estas duas corporações se tivessem mudado para a cidade de Creteil para se comportarem com a dignidade e a verdade das quais deveriam ser zelosas.

Os deputados, pessoas bem elevadas, não teriam certamente aderido à pretensão de dizer ou de fazer gentilezas.

Podemos supor que eles teriam interrogado os doentes com decência e discrição: o que não impede que o médico se aprofunde no conhecimento dos detalhes essenciais.

Eles teriam encorajado e não insultado o reduzido número de meus doentes que, por inferioridade de posição, teriam ficado intimidados diante deles.

---

114   Nota de Mesmer: Como se vê, passo por cima dessa alegação. Entretanto não estou convencido da sua veracidade. No ano passado, entendi poder assegurar muito positivamente que a senhora Malmaison não andaria mais. Na véspera, o senhor d'Eslon lhe havia dado o braço em Paris. Eu não supus que a senhora Berny tornaria a ficar cega, mas compreendi que se atribuía aos efeitos do meu tratamento os incômodos surgidos depois, não sem o aval dos maiores médicos da capital. Quanto ao senhor cavalheiro du Haussay, assegurou-me que havia procurado um grande número de médicos depois de eu não vê-lo mais.

Examinando com atenção e imparcialidade o estado dos doentes sob seus olhos, eles teriam por objetivo comparar, com uma igual atenção e uma igual imparcialidade, o estado das mesmas doenças anteriormente constatadas pelos médicos.

Ponderados diálogos com os doentes teriam servido para estabelecer a derradeira opinião sobre a eficácia dos meus procedimentos.

Os arrazoados aprofundados, os simples pareceres, a ingenuidade, o próprio entusiasmo das pessoas questionadas teriam fornecido muitos pontos de comparação adequados para estabelecer um julgamento definitivo sobre a questão proposta.

A uniformidade e a simplicidade dos testemunhos teria dado a certeza de que os alívios obtidos não seriam devidos a quaisquer dos medicamentos conhecidos até o presente.

Então os deputados, bem convencidos da existência de uma verdade muito importante, não teriam colocado qualquer dificuldade em lhe render uma correta homenagem.

Retornando às suas corporações, eles teriam feito, sem exageros, mas com exatidão, o relatório daquilo que teriam visto e entendido.

Eles teriam concluído pelo fato de que não haviam sido negligenciadas nenhuma das medidas apropriadas para segura e prontamente fazer fruir para a humanidade vantagens evidentes.

As duas corporações teriam adotado esses pontos de vista, não só por palavras, mas também por fatos.

A confiança assim estabelecida entre as duas corporações e o autor só seria perturbada por ulteriores pressões sobre a natureza da descoberta.

Nós reconhecemos, podemos dizer-lhe, que seu agente tem sobre o corpo animal uma ação sensível, e que essa ação é um meio de cura e de alívio equivalentes. Seus efeitos são da mais alta importância. Nós temos o dever de reconhecer, e sentiremos uma verdadeira satisfação em publicá-lo. Entretanto, restam ainda algumas dúvidas.

A que grau está seguro da eficácia de seu agente? Onde ela começa? Onde ela termina?

Não acredita que suas curas são apenas aparentes ou momentâneas?

Pressionando a natureza a usar todos os seus recursos, como parece acontecer, não poderá ser que disto resulte a destruição da adaptabilidade de seus recursos a ponto de proporcionar só a total destruição em face da perspectiva da menor recaída, do menor incômodo?

Eis o que eu teria achado dever responder:

Se eu tivesse obtido de minha descoberta apenas uma ação sensível sobre os corpos animados, ela ofereceria à física um de seus fenômenos curiosos e extraordinários e necessitaria atenção muito séria, pelo menos até que fosse reconhecida por experiências exatas, multiplicadas, e refeitas em todos os sentidos, mesmo que não houvesse nenhuma vantagem real a se esperar.

Hoje, esta última suposição seria inadmissível, porque está provado que a ação do magnetismo animal é um meio de alívio e de cura das doenças. Apenas a indiferença sobre um fato dessa natureza seria um fenômeno mais inconcebível do que própria descoberta.

Os dados que tenho obtido sobre a eficácia do magnetismo animal são muito satisfatórios. Em geral, ele deve levar a bom termo a cura de todas as doenças, contanto que os reforços da natureza não estejam inteiramente esgotados, e que a paciência esteja ao lado do remédio, porque está a cargo da natureza restabelecer lentamente o que foi minado lentamente.

Não importa o que o homem deseje ou faça na sua impaciência: poucas são as doenças de um ano que se curam num dia.[115]

Os efeitos que eu produzi indicam-me muito prontamente e muito seguramente os sucessos que devo esperar. Entretanto, não desejo a infalibilidade. Pode me acontecer de calcular mal as forças da natureza. Eu posso esperar muito e não esperar o suficiente. O melhor é ensaiar sempre, porque, quando não obtenho êxito, provo pelo menos a consolação de tornar o aparelho da morte menos horrível e menos intolerável.

O magnetismo animal não curará certamente aquele que sentirá o retorno de suas forças apenas para se voltar para novos excessos. Antes de todas as coisas, é indispensável que o doente deseje ser curado. Uma cura sólida depõe mais em favor da solidez das curas pelo magnetismo animal do que dez recaídas poderiam depor contra; porque uma recaída não prova que a doença não tenha sido curada, mas deve sempre restar a suspeita de que a doença favoreceu ou provocou a recaída. [116]

---

115   Kardec corrobora a afirmação de Mesmer afirmando que, quando a degeneração material causada pela doença é mais intensa, o tratamento magnético é mais lento: "São extremamente variados os efeitos da ação fluídica sobre os doentes, de acordo com as circunstâncias. Algumas vezes é lenta e reclama tratamento prolongado." (KARDEC, A gênese, p. 295).

116   A participação da vontade do doente, aqui revelada por Mesmer, é, segundo Kardec, um dos mais importantes princípios da cura fluídica. "Considerado como matéria terapêutica, o fluido [...] pode então ser dirigido sobre o mal pela vontade do curador, ou atraído pelo desejo ardente, pela confiança, numa palavra: pela fé do doente." (KARDEC, A gênese, p. 316) E também: "A ação fluídica é poderosamente secundada pela confiança do enfermo, e Deus recompensa, frequentemente, a sua fé pelo sucesso." (KARDEC, Obras póstumas). Atualmente, o resgate desse conceito é de fundamental importância para todo aquele que lida com a saúde.

Uma cura sólida depõe mais em favor da solidez das curas pelo magnetismo animal do que dez recaídas poderiam depor contra; porque uma recaída não prova que a doença não tenha sido curada, mas deve sempre restar a suspeita de que a doença favoreceu ou provocou a recaída.

Para curar verdadeiramente uma doença não é suficiente fazer desaparecer os sintomas visíveis: é preciso destruir a causa. [117] Por exemplo, a cegueira que provém do embaraço nas vísceras não será verdadeiramente curada se não for removida a obstrução que a ocasionou.

Tal cura será seguramente perfeita. Entretanto, tal poderia não parecer na sequência se a doença se dissimulasse de acordo com a inclinação que a natureza tivesse por algum tempo, ou talvez pelo resto da vida, em direção ao curso inoportuno do qual havia sido desviada. Nesta hipótese, é possível que a obstrução venha a se formar de novo, os sintomas desaparecidos de novo voltarem sucessivamente e, entretanto a cura não ter parecido menos real.

O conhecimento deste último perigo sempre me levou a encorajar as pessoas que eu havia curado a recorrerem de tempos em tempos aos tratamentos pelo magnetismo animal, seja para provar sua saúde, seja para a manutenção, seja para reafirmá-la, se fosse o caso.

Às causas físicas deve-se juntar a influência das causas morais. O orgulho, a inveja, a avareza, a ambição, todas as paixões aviltantes do espírito humano são também causas invisíveis de doenças visíveis. Como curar radicalmente os efeitos de causas sempre subsistentes?[118]

---

117   Aqui Mesmer, como depois faria Hahnemann, diverge da alopatia, determinada em suprimir os sintomas. Agindo assim, a medicina alopática, ao contrário do que pretende, torna a doença incurável, por não se dirigir ao verdadeiro agente. Allan Kardec esclarece: "Certas doenças têm sua causa original na alteração mesma dos tecidos orgânicos. É a única admitida pela ciência até hoje. E como, para a remediar, até hoje, só se conhece as substâncias medicamentosas tangíveis, a ciência não compreende a ação de um fluido impalpável, tendo a vontade como propulsor. Entretanto, aí estão os curadores magnéticos, para provar que não é uma ilusão." (*Revista Espírita*, 1862)

118   Com esta admirável afirmação, Mesmer revelou a causa moral de numerosas doenças, e seu caráter psicossomático. O espiritismo retoma este conceito quando afirma: "Os males mais numerosos são os que o homem cria pelos seus vícios, os que provêm do seu orgulho, do seu egoísmo, da sua ambição, da sua cupidez, de seus excessos em tudo. Aí a causa [...] da maior parte das enfermidades." (KARDEC, *A gênese*, p. 71) Entretanto, Mesmer não encontrou, no magnetismo animal, recursos para curar as doenças morais. Somente no século

Falam-se tanto nos reveses da fortuna, e nas melancolias interiores tão comuns no mundo. O magnetismo animal não cura a perda de cem mil libras de renda, nem de um marido brutal ou ciumento, nem de uma mulher rabugenta ou infiel, nem de um pai ou de uma mãe desnaturados, nem de filhos ingratos, nem de inclinações infelizes, de vocações forçadas etc.

O funesto hábito dos medicamentos por muito tempo oporá obstáculos aos progressos do magnetismo animal. Os males aos quais nos entrega a severa natureza não são nem tão comuns, nem tão longos nem tão devastadores, nem tão resistentes quanto os males acumulados sobre nossas cabeças por essa dependência. Um dia esta verdade será demonstrada, e a humanidade me deverá a obrigação. No entanto, é justo observar que se o magnetismo animal cura algumas vezes de medicamentos já tomados, ele não cura jamais daqueles tomados em seguida. As pessoas que, saindo de minha casa, lançam-se por impaciência ou superstição aos remédios em uso, não devem duvidar que a eles são devidos os acidentes provocados.[119]

Essas diversas considerações devem indicar suficientemente que a questão da solidez ou da não solidez das curas pelo magnetismo animal é mais complicada do que parece à primeira vista.

---

seguinte, com o espiritismo, a educação seria revelada como providencial na cura moral: "O espiritismo, igualmente, pelo bem que faz é que prova a sua missão providencial. Ele cura os males físicos, mas cura, sobretudo, as doenças morais e são esses os maiores prodígios que lhe atestam a procedência." (KARDEC, 1868, p. 327) E assim "A educação, convenientemente entendida, constitui a chave do progresso moral. Quando se conhecer a arte de manejar os caracteres, como se conhece a de manejar as inteligências, conseguir-se-á corrigi-los, do mesmo modo que se aprumam plantas novas." (KARDEC, 1857, perg. 917)

119   Diferentes causas exigem diferentes processos terapêuticos, mas isso exclui práticas médicas perniciosas. "Os defensores da substância mórbida tão grosseiramente aceita deveriam envergonhar-se de ter negligenciado e desconhecido tão irrefletidamente a natureza não material de nossa vida [...] assim se rebaixando à categoria de médicos-limpadores, que, pelo seu desempenho em expulsar do corpo doente substâncias mórbidas inexistentes, destróem a vida, ao invés de curar." (HAHNEMANN, 1842, p. 35) Kardec, em sua época, registrava o materialismo como o mantenedor de práticas médicas irracionais e prejudiciais ao homem, porém profetizando um futuro melhor: "A medicina não pode compreender estas coisas, por não admitir, entre as causas que as determinam, senão o elemento materi al; donde os erros frequentemente funestos. A história descreverá um dia certos tratamentos em uso no século 19, como se narram hoje certos processos de cura da Idade Média." (KARDEC, 1861, p. 110)

Em que se baseia a crença de que o magnetismo animal esgota os recursos da natureza? Não é mais do que presunção. Presunção por presunção, será mais razoável e mais consolador pensar que a imitação da natureza, trabalhando para nossa conservação, deve se orgulhar da sua benignidade.

Embora minha experiência tenha provado para mim que o magnetismo animal, nas mãos de um homem prudente, não exporá jamais o doente a consequências desagradáveis, concordo que esta questão existe de fato, e só posso estar convicto com conhecimento de causa por meio de experiências tão constantes quanto refletidas. Mas é precisamente por esta razão que só minha opinião pode ter algum peso a este respeito, até que a comunicação e o estudo aprofundado de minha doutrina dê [a alguém] o direito de se crer tanto ou mais esclarecido do que eu.

Se alguns leitores, após terem lido o que acabei de transmitir, imbuídos de uma atitude capaz de me objetar – por motivo determinante e com a ajuda da sua incredulidade – que não curei algum de seus conhecidos, ou ainda que tal outro caiu doente ou morto após haver utilizado meus tratamentos, eu me acharei no direito de lhe fazer sentir que nem o magnetismo animal nem eu curamos a raiva de falar sem reflexão sobre assuntos que a exigem ao máximo.

RELAÇÕES DIVERSAS DE AGOSTO DE 1778 A SETEMBRO DE 1780

Na época de minha ruptura com a Academia de Ciências e a Sociedade Real, sai de Creteil e fui a Paris. Continuei a tratar de quatro de meus pacientes, tanto por consideração às suas pessoas quanto por humanidade e o desejo de não romper inteiramente o fio de minhas atividades, mas evitei cuidadosamente a grande publicidade desses tratamentos.

Resumindo minha situação, desejo apenas falar de meus trabalhos, de minhas complacências e de minhas penas. Restar-me-á o testemunho de minha consciência. E apenas isso.

Eu havia multiplicado as experiências para provar a ação do magnetismo animal, e no entanto não pude fazer reconhecer a ação do magnetismo animal.

Eu havia imaginado um número muito considerável de tratamentos para provar que o magnetismo animal é um meio de cura das doenças mais inveteradas, e no entanto não consegui fazer reconhecer que o magnetismo animal é um meio de cura.

Minha profissão de médico me havia dado outrora em Viena alguma consideração. Minha descoberta me havia posto no maior descrédito.

Na França, tornei-me objeto de risos entregue à turba acadêmica.

Só no restante da Europa meu nome chegou a tocar algumas vezes a abóbada dos templos elevados às ciências, porém o foi só para ser repelido com desprezo.

Felizmente, não passo necessidades. A fortuna, secundando meu coração ativo, impede que dependam da humanidade minha fome e minha sede. Foi justa a fortuna, porque se, por desgraça, o precioso segredo que me confiou a natureza tivesse caído em mãos necessitadas, ela teria corrido grandes perigos. Os ecos infiéis das ciências falam sempre sobre tom de entusiasmo dos encorajamentos dados às ciências. Mas nada dizem de que vil dependência são os meios.[120]

Eu devo ser protegido, eu desejo ser, mas pelo monarca pai de seus povos, pelo ministro depositário de sua confiança, pelas leis amigas do homem justo e útil. Todo protetor digno desse nome não me verá jamais ruborizar da qualidade de protegido, mas eu não o serei jamais, nem desejo jamais sê-lo de uma corja de pequenos importantes, que conhecem o valor da proteção apenas pelo preço infame que lhe custou para adquiri-la.

Porém, mais isolado em Paris do que se não conhecesse ninguém, lancei os olhos em torno de mim para descobrir se não poderia me apoiar em algum homem nascido para a verdade. Céus! Que vasta solidão! Que deserto povoado por seres inanimados para o bem![121]

Caí numa insegurança excessiva. Vi bem que não devia mais fazer o que havia feito até então, mas qual partido tomar? Eu não o via.

A medicina é livre na França. Ela se mantém nesse estado malgrado os assaltos frequentes que desde há dois séculos lhe tem sido desferidos pelos primeiros médicos do rei. Na França, onde tudo respira a proteção e crédito, a proteção e o crédito dos primeiros médicos do rei não puderam franquear as barreiras opostas às vias ilegítimas de dominação. Eles são respeitados na medicina, mas

---

120   O poder econômico agiria de forma mais perniciosa ainda nos séculos seguintes, principalmente no século 20. Em seu artigo "A respeito da degradação do homem de ciência", afirmou Einstein: "A concentração do poder político e econômico nas mãos de tão poucas pessoas não acarreta somente a dependência material exterior do homem de ciência: ameaça ao mesmo tempo sua existência profunda." Um exemplo disso foi a ação de impérios financeiros norte-americanos no início do século 20. O magnata do petróleo John D. Rockefeller II investiu na criação da indústria farmacêutica. O ensino da medicina alopática foi padronizado, e todas as faculdades de medicina homeopática, sem investimento e apoio, foram fechadas.

121   Einstein, o renomado cientista, retomou o tema: "Alguns homens se dedicam à ciência, mas não todos o fazem por amor à ciência mesma. Existem alguns que entram em seu templo porque se lhes oferece a oportunidade de desenvolverem seus talentos particulares. Para esta classe de homens, a ciência é uma espécie de esporte [...] E há outro tipo de homens que penetram no templo para ofertar sua massa cerebral com a esperança que esta lhe assegure um bom pagamento. [...] Se descesse um anjo do senhor e expulsasse do Templo da Ciência a todos aqueles que pertencem às categorias mencionadas, temo que o templo apareceria quase vazio. Poucos fiéis restariam, alguns dos velhos tempos, alguns de nossos dias." (cf. prólogo em Max Planck. *Adonde va la Ciência?* Buenos Aires: Editora Losada, 1941)

eis tudo: eles não são seus senhores. Seria algo para mim, que, desejoso de sua benevolência, não desejaria sua proteção.

O lugar de primeiro-médico do rei era ocupado pelo senhor Lieutaud[122], morto depois. O senhor Lassonne,[123] seu substituto, possuía outro título honorífico de primeiro-médico da rainha. Ambos eram membros da Academia de Ciências, e os dois, *presidentes* da Sociedade Real de Medicina.

Este título comum de *presidente* da Sociedade Real era desdenhado abertamente pelo senhor Lieutaud, e respeitado politicamente pelo senhor De Lassonne. Segue-se que minha discussão com a Sociedade Real era objeto de alegria para o primeiro e devia ser um pecado grave aos olhos do segundo.

O senhor Lieutaud me recebeu com a afabilidade devida ao seu caráter terno, o que sempre conservou a meu respeito. Pois eu o vi várias vezes depois, mas senti grande decepção ao reconhecer que ele era muito inclinado a não mais confiar no que havia acreditado anteriormente e, por outro lado, a se deixar convencer daquilo que jamais havia acreditado.

Duas visitas ao senhor de Lassonne me convenceram plenamente de que ele não levava em consideração minha pessoa e minha descoberta, a não ser quando circunstâncias, para mim impossíveis de calcular, libertavam-no de julgamentos preestabelecidos.

Eu não direi quanto vi, pesquisei ou colhi dos sábios de todas as ordens durante minha permanência na França: o número é bastante considerável.

Dizem que as mulheres são superficiais. Pois eu enumeraria facilmente mulheres que me espantaram com perguntas cheias de justeza e de razão, e teria dificuldade em citar um número elevado de sábios cuja conversação tenha correspondido ao que eu esperava de suas luzes.

Anteciparei a ordem cronológica desta narrativa para que se possa ver que me levanto contra a frivolidade, o desleixo, a arrogância e a má-fé dos sábios, mas estou pronto também a reconhecer o mérito verdadeiro onde quer que se encontre.

---

122 Joseph Lieutaud nasceu em 1703. Sobrinho do botânico Pierre Garidel, tornou-se primeiro-médico do rei Luís 16 em 1774. Sócio da Academia de Ciências (1732), presidente da Sociedade Real de Medicina (1776), publicou muitos trabalhos propondo uma medicina mais prática e eficaz. Fez importantes pesquisas em anatomia. Morreu em Versalhes, em 6 de dezembro de 1780.

123 Joseph Marie François de Lassonne (1717-1788) foi um dos idealizadores e também presidente da Sociedade Real de Medicina, da qual Vicq d'Azyr era secretário perpétuo.

Lá pelo mês de agosto ou de setembro último (1780), amigos comuns me fizeram encontrar o senhor Bailly. Todos diziam como na sua *História da astronomia* e em suas pesquisas sobre os atlantes esse sábio falou às ciências com a linguagem do gênio e com dignidade, profundidade e amabilidade. Acreditava-se entender o senhor Buffon falando dos céus como ele falou da terra.

Eu vi no senhor Bailly um homem honesto e amável, simples e solícito, mais pronto a escutar o que não sabia do que a fazer valer o que sabia. Eu não estava acostumado a essa maneira. Em lugar de falar da sua convicção pessoal como da coisa mais importante, em lugar de fazer depender de seu aval a convicção do mundo inteiro, ele falou modestamente dos seus conhecimentos, do temor que sentia de não ter apreendido bem o sentido ou o fio de minhas ideias, e da esperança de melhor se instruir quando as circunstâncias permitissem, de buscar mais amplas luzes. O senhor Bailly, quem o creria! O senhor Bailly não exigiu que eu o convencesse, por experiências, que a natureza pudesse saber mais do que ele.

Não foi apenas diante de mim que o senhor Bailly se explicou com sabedoria sobre o que me concerne. Falou um dia de mim na Academia de Ciências num tom pouco convincente. O senhor Bailly acreditou poder fazê-lo um tanto mais convenientemente dizendo que ele não havia seguido por si próprio nenhuma de minhas atuações, mas que ele acreditava ser certo que uma senhora conhecida havia encontrado por meus tratamentos o calor de que uma de suas pernas estava privada desde há muito tempo a ponto de exigir em pleno inverno grandes precauções para aquecê-la. Este fato não provava, segundo o senhor Bailly, que o magnetismo animal seria um remédio universal, mas provava a existência de uma descoberta qualquer à qual era importante prestar atenção.

Este sábio tem na Academia de Ciências um confrade em astronomia, que fez, sem dúvida, profissão em não acreditar facilmente. O senhor Lalande[124] levantou-se contra a pretensão do senhor Bailly muito vivamente, até o ponto

---

124   Joseph Jérôme le François Lalande (1732-1807) é o mais famoso astrônomo francês em sua época. Nascido em Bourg-en-Bresse (cidade em que Allan Kardec viveu sua infância), foi, por causa de uma pesquisa, com apenas 19 anos, admitido na Academia de Ciências de Berlim. Em 1760, tornou-se o professor de astronomia no Collège de France, permanecendo no posto durante 46 anos. Em 1768 tornou-se diretor do Observatório de Paris. O Lalande Prix, estabelecido por ele em 1802, é oferecido todo ano ao mais útil trabalho em astronomia. Entre seus tra balhos estão *Traité d'astronomie* (1764); *Histoire céleste française* (1801), inclusive um catálogo de mais de 47 mil estrelas; *Bibliographie astronomique* (1802).

em que aquele achou melhor ficar em silêncio. Eu não pretendo rebaixar os talentos do senhor Lalande, nem questionar o quanto a opinião pública considera o seu mérito, mas espero que concordem comigo que o tom das conversações acadêmicas está necessariamente mal quando se chega a dispensar o respeito em relação a um confrade como o senhor Bailly.[125]

Remetamos o leitor aos tempos que se seguiram à minha ruptura com a Academia de Ciências e a Sociedade Real de Medicina de Paris.

No mês de setembro de 1778, eu estava abandonado, retirado, denegrido, difamado por tudo que se referia às ciências. Os extremos se tocam: essa época é precisamente aquela das minhas primeiras relações com o senhor d'Eslon.[126]

---

125   Nota de Mesmer: O senhor Bailly falava da senhora C***. Eu não assumo a satisfação de curar esta senhora, não que acredite ser sua cura impossível, mas porque os inconvenientes do alojamento que ocupo não me permitem empregar os meios suficientes para doenças dessa espécie. Por que não tenho um alojamento mais cômodo? Não é disto que se trata. Já disse alhures que se eu pudesse me determinar a fazer sem crítica a nenhum governo um estabelecimento apropriado para desenvolver uma doutrina, não seria na França. Eu tenho a minha pátria. A senhora C*** chegou à minha casa paralítica das partes inferiores do corpo, em seguida a um antigo depósito leitoso. Sobre o exposto, eu me recusei a cuidar dela, mas não sei me defender de solicitações que pressionam. Apliquei prontamente calor natural às partes que estavam dele privadas, mas as sequências do tratamento não responderam como no começo, e suspeitei de que não haviam me contado tudo. Obtive algumas informações, e me assegurei que a senhora C*** havia sentido desde a tenra infância uma grande fraqueza nas partes tornadas impotentes, de sorte que eu trabalhava não sobre um mal inveterado, mas sim sobre um mal de nascença, e que já contava 40 anos de vida. Reconheci então que meus cuidados deveriam operar pouca eficácia. No entanto, continuei a dá-los à senhora C*** na certeza de que eu poderia fazer-lhe bem, e na esperança de que o governo, vindo em meu socorro, eu pudesse ser-lhe de grande utilidade. A doente ficou cansada de esperar, e me deixando, não pude conservar nenhuma pretensão à sua cura, nem ao seu reconhecimento. Citei esse exemplo para provar àqueles que se deixam prevenir contra minha descoberta por falsas curas o quanto é difícil estar tão perfeitamente instruído para arriscar sobre tais fatos um julgamento decisivo.

126   Charles Nicolas d'Eslon (1750-1786), primeiro-médico do conde d'Artois, da princesa de Lamballe, do príncipe de Condé, do duque de Bourbon e de Lafayette. Escreveu Observação sobre o magnetismo animal (Paris: Didot, 1780). D'Eslon adquiriu convicção da eficácia do magnetismo animal como tratamento por ter sido ele mesmo curado por Mesmer.

Eu disse que o senhor d'Eslon é membro da Faculdade de Medicina de Paris, e primeiro-médico regular do conde d'Artois,[127] irmão do rei. Mas eu não disse o quanto o senhor d'Eslon é um homem verdadeiramente raro. Nascido sincero, ele ama a verdade com toda a franqueza de uma alma pura e de reto coração, essa verdade que ele considera sem corar, acolhe com candura, diz sem ofensa, segue com constância e firmeza, publica sem calor e sem ostentação... Eu me contenho: tenho sacrificado minha vida para a felicidade da humanidade, e não adquiri ainda o direito de lhe fazer o elogio de meu amigo.

O senhor d'Eslon referiu-se em seu livro *Observações sobre o magnetismo animal* à ocasião, ao começo e às sequências de nossa ligação. A verdade que eu transmito de forma bruta em meus relatos, ele tem a arte de apresentá-la de uma forma mais fiel aos pendores de seu coração.

Seria inútil insistir sobre as diferenças de opinião que existem entre o senhor d'Eslon e eu. Fui contra as proposições que ele achava razoáveis, mas também me escusei de considerar outras que ele inutilmente me havia solicitado.

É assim que estou ainda na França, eu que não pretendia permanecer senão poucos meses; é assim que fiz experiências para os sábios, eu que após minha aventura na Academia de Ciências prometi a mim mesmo não mais dar espetáculo dessa maneira. Foi assim que realizei tratamentos de doenças para convencimento de pessoas que não querem ser convencidas, embora minhas relações com a Academia de Ciências e a Sociedade Real me tenham feito conhecer desgostos ligados a este gênero de complacência. Enfim, foi assim que, após ter renunciado a todo engajamento muito formal com as companhias de sábios, fiz todavia grandes esforços para me ligar pelo engajamento mais formal à Faculdade de Medicina de Paris.

Passarem-se alguns meses antes que o senhor d'Eslon e eu ficássemos perfeitamente de acordo sobre nossos fatos. Nesse ínterim, ele falou diversas vezes sobre minha descoberta nas assembleias da Faculdade, procurando acostumar seus confrades a tratar seriamente uma questão que os clamores da Academia de Ciências e da Sociedade Real haviam ridicularizado. De meu lado, eu preparava minha *Memória sobre a descoberta do magnetismo animal*. No momento correto, acreditei dever autorizar o senhor d'Eslon a livremente fazer as negociações que o plano convencionado entre nós exigia. Eis a carta ostensiva que lhe escrevi:

---

127   O conde d'Artois (1757-1836) era o irmão mais velho dos reis Luís 16 e Luís 17. Nasceu no palácio de Versalhes. Foi coroado rei de França em 1824, como Carlos 10, na catedral de Reims, e reinou até 1830.

"Senhor Mesmer ao senhor d'Eslon

"Paris, 30 de março de 1779

"O senhor me fez acreditar, após a leitura da *Memória* que lhe apresentei, desejar saber quais eram minhas intenções subsequentes. Eu já lhe disse, mas como elas podem ter-lhe escapado na rapidez de uma breve conversação, permiti-me transmiti-las aqui com mais precisão.

"Eu tornarei esta *Memória* pública em Paris e em todos os locais onde o erro e os prejulgamentos foram divulgados sobre minha doutrina e minha pessoa. Mas, antes de assim proceder, desejo fazer uma homenagem particular à Faculdade de Medicina de Paris pela mediação de vários de seus membros. Estes senhores reconheceram facilmente, à simples leitura da *Memória*, que meus princípios nada têm em comum com os específicos rotineiros e as produções do empirismo.[128] Se, como não duvido, tão imbuídos eles estão, como o senhor me parece estar, do desejo de ver o desenvolvimento de minha teoria, e de serem os seus propagadores, acredito que eles gostariam de me indicar os meios que lhes parecem os mais próprios para atingir este importante objetivo, para lhes testemunhar meu zelo em secundar suas opiniões. Assegure-lhes antecipadamente, eu lhe peço, das minhas disposições no que me proponho a fazer, e tenha certeza dos sentimentos com os quais tenho a honra de ser etc.".

Quando esta *Memória* surgiu, os sábios a declararam ininteligível.

Se fosse apenas a minha reputação de autor, eu cederia sem pesar essa débil vitória aos meus antagonistas, mas o interesse de minha descoberta se opõe a isso. Eu devo defender meu livro porque os princípios verdadeiros que ele contém, embora profundos e mesmo abstratos, são apresentados com clareza e precisão.

Meu livro é, concordo, ininteligível para aquele que pretende adivinhar o que não é, mas eu mantenho que nada há de obscuro para aquele que se contenta com aquilo que é.

Este escrito consiste em 88 páginas de impressão *peti-in-12*. A narração das dificuldades que sofri na Alemanha, e da qual já dei acima um resumo, ocupa três quartos do livro. O quarto restante é consagrado à exposição da minha doutrina.

Eu acreditaria ser difícil dizer mais coisa em menos palavras, e com essa crença espero não abusar da paciência dos meus leitores colocando uma segunda vez meus princípios sob suas vistas. As pessoas que conhecem essa

---

128   Específicos eram os remédios empregados pelos médicos alopatas, uma mistura sem sentido de ingredientes, muitas vezes prejudiciais e, em alguns casos, causadores de efeitos letais.

parte poderão, à sua escolha, ou ignorá-la ou fazer uma segunda leitura. Aqueles que não a conhecem, serão dispensados de recorrer ao original.

Extrato da Memória sobre a descoberta do Magnetismo Animal

[Mesmer incluiu um resumo de sua primeira obra, inclusive as vinte e sete proposições. Como a reprodução foi textual, ele pode ser lido em Memória sobre a descoberta do magnetismo animal]. Em seguida, ele concluiu:

"Se qualquer uma dessas asserções, sobre as quais mantenho minha observação constante, após 12 anos, deixar alguma dúvida, eu entendo facilmente, frente aos princípios expostos e aos conhecimentos estabelecidos, que meu sistema deve parecer, à primeira vista, sustentar a ilusão e não a pura verdade. Mas eu rogo às pessoas esclarecidas que afastem os prejulgamentos, e que suspendam temporariamente seu julgamento, até que as circunstancias me permitam dar a meus princípios a evidência de que são suscetíveis. Em relação aos homens que gemem nos sofrimentos e na desgraça, apenas pela insuficiência dos meios conhecidos, é bem natural que se lhes inspire o desejo e mesmo a espera de um reconhecimento dos mais úteis.

"Os médicos, como depositários da confiança pública no que tange mais de perto à conservação e à felicidade dos homens, são os únicos capazes, pelos conhecimentos essenciais a seu estado, de bem julgar a importância da descoberta que venho anunciar e apresentar os frutos. Apenas eles, numa palavra, são capazes de pô-los em prática. Se esta pequena obra oferece dificuldades, deve--lhes ficar claro que elas são de natureza a serem aplainadas por um arrazoado com concurso da experiência. Só ela dissipará as nuvens e colocará em dia esta importante verdade: que a natureza oferece um meio universal de curar e de preservar os homens."

(Fim do extrato da Memória sobre a descoberta do magnetismo animal.).

Tal é o trecho que os sábios de Paris declararam ininteligível. Porém o senhor d'Eslon havia julgado diferentemente quando convidou 12 de seus confrades para um jantar a fim de eles presenciarem a leitura do meu manuscrito. Chegou o dia convencionado. A leitura foi realizada antes do jantar. Eu propus fazer as experiências adequadas para provar a parte da minha doutrina suscetível a esse gênero de provas, num hospital. Deixei esses senhores pouco após o repasto. No momento em que eu partia, ficou deliberado que minha proposta de se transportar para o hospital seria aceita, mas não foi marcado o dia para sua execução.

Esta última circunstância me deu algumas suspeitas do que estava por vir. Inutilmente, o senhor d'Eslon tentou impedir que seus colegas se dispersassem, e multiplicou seus esforços para provar essa injustiça. O evento demonstrou que é mais fácil reunir os médicos da Faculdade de Medicina de Paris para um jantar do que para uma visita ao hospital.[129]

Estando meu livro impresso, acreditei ser conveniente oferecer um exemplar à Faculdade. Mas o senhor Désessarts, deão dessa instituição, a quem, por direito, enderecei o livro e a carta relativa, não deixou escapar a oportuna ocasião para cometer duas faltas de uma só vez: uma contra seu dever, não transmitindo minha homenagem à sua corporação; a outra contra a mais ordinária honestidade, não se dignando a me dar o menor sinal de atenção.

A inutilidade das minhas primeiras tentativas de contato com os médicos fez o senhor d'Eslon pensar que seria indispensável se contentar em convencer apenas três ou quatro doutores muito amigos da verdade para professá-la condignamente, e fazer pender a balança para o seu lado. Ele se encarregaria de encontrar esses raros personagens, se eu quisesse empreender tratamentos segundo sua convicção.

---

129   Nota de Mesmer: Os doze médicos convidados pelo senhor d'Eslon foram os senhores Majault, Borie, Bertrand, Grandolas, Malloët, Sallin, e d'Arcet, Phelip, Lepreux, Sollier dela Romittais, Bacher e de Villiers. Os senhores Sallin e d'Arcet não se apresentaram e o senhor Borie, não podendo jantar conosco, assistiu apenas à leitura e esteve presente na deliberação. Minha proposição não foi acolhida sem dificuldades. O senhor d'Eslon foi o único de opinião de que ela era importante, até que o senhor Grandelas, juntando-se a ele, fez prevalecer seu sentimento, enquanto o senhor Bacher (pronuncia-se Baker) gritou a pulmões despregados, contra minha pessoa, minha descoberta, meu livro e minha proposição. Que gênero de prevenção poderia animar o senhor Bacher? Eu o via pela primeira vez. À saída do jantar, este médico me levou para um local afastado para fazer-me grandes cumprimentos sobre a beleza da minha descoberta, e me propor juntos fazê-la valorizar. Tratava-se de a ele confiá-la, de conseguir uma casa e aí tratar pacientes com gastos e ganhos comuns. Em agradecimento ao senhor Bacher por sua boa vontade para comigo, eu me ofereci para lhe tornar claro que ele se enganava se acreditava poder pôr minha doutrina em uso com a mesma facilidade que teria com a um específico qualquer. Não é o mesmo, disse-lhe, usar o magnetismo animal ou uma caixa de pílulas. Eu insistia nisso vivamente sem exitar. Eu ignorava até então que o senhor Bacher havia se iniciado em Paris como um fabricante e negociante de pílulas, e que ele havia vendido sem remorsos ao governo o segredo de sua composição por mil escudos de renda, embora não pudesse dissimular no foro de sua consciência que esta renda seria o único lucro que a medicina tiraria da publicação da sua receita.

Porém, ele estava me pedindo aquilo com que eu acreditava ser impossível concordar. A lembrança dos acontecimentos passados me desencorajava totalmente. O senhor d'Eslon pretendia, ao contrário, que agir às claras era o único meio de destruir as interpretações errôneas acerca de trabalhos muito pouco conhecidos.

A este modo de ver o caso, não faltava solidez. Eu estava preocupado por outro lado pela desconfiança sobre os médicos que se juntaram ao senhor d'Eslon, e eu não podia ter nenhuma desconfiança. Porém, eu cedi.

Os senhores Bertrand, Malloët, e Sollier de la Romittais foram os médicos amigos da verdade que o senhor d'Eslon escolheu.

Foi-lhes apresentado um paralítico que havia perdido toda a sensibilidade e todo o calor nas partes inferiores do corpo. Em oito horas de tratamento, o calor e a sensibilidade retornaram, e não foram perdidos depois. — "Calor e sensibilidade não são curas, e podem ser devidos à natureza apenas" disse, contudo, o senhor Malloët, prontamente repetido pelos seus dois ecos.

Um segundo paralítico de todo o lado direito chegou à minha casa no dia 20 de janeiro, numa *maca*, lá permanecendo até o dia 20 de março seguinte, tendo progressivamente recobrado o uso dos membros de modo a agir sem precisar de qualquer auxílio. Este exemplo que causou na época grande impressão no público, não causou nenhuma sobre os senhores Bertrand, Malloët e Sollier. Entretanto, o progresso das mãos lhes pareceu, segundo as regras da medicina, mais impressionante do que aqueles do pé, mas só isso.

Uma senhorita jovem estava quase cega, tendo também glândulas no seio. Seis semanas após sua entrada em minha casa, ela via perfeitamente. O que disseram os doutores? Convenhamos que ela via, mas não era tão evidente que ela não havia nunca enxergado. Ninguém se encontrava nos seus olhos para assegurar que não se tratava de uma farsa. Essa impertinência me foi dita quase que dessa maneira.

Um militar obstruído a ponto de não pensar senão na morte, segundo sua expressão, e então não pensava senão na vida após um mês. O que os médicos concluíram? Na realidade, foi vista uma mudança real, e as evacuações pareceram espantosas, mas não seria preciso, para operar tais efeitos, mais do que uma revolução da qual a natureza por si só seria capaz.

Uma jovem dessecada pelas escrófulas já havia perdido um olho, o outro estava atacado por uma hérnia e coberto de úlceras. Seis semanas após, essa pessoa havia adquirido carne, via perfeitamente de seu olho claro e os tumores escrofulosos haviam diminuído consideravelmente: Onde está a prova que a natureza foi ajudada em tudo isso pelo magnetismo animal? Existem tantos recursos na idade desta jovem, concluíram os doutores.

Eu poderia citar uma série de casos parecidos, mas cada exemplo me obrigaria a atribuir aos meus três Aristarcos[130] as célebres palavras do salmista: *Oculos habent et non videbun.*[131]

Estas fatigantes cenas foram repetidas a cada 15 dias durante sete meses consecutivos. Neste longo intervalo, eu fui muitas vezes testemunha dos inúteis incômodos a que se submeteu o senhor d'Eslon para fazer com que seus confrades compreendessem que deviam à verdade uma homenagem desinteressada.

Eu não estava satisfeito: pedi seriamente ao senhor d'Eslon para tomar medidas a fim de que tudo aquilo terminasse de uma ou de outra maneira. Por seu lado, ele me pressionou a agir para com seus confrades tão abertamente quanto eu agia com ele. Eis do que se tratava.

A entrada ao salão onde estão os meus doentes é interdita a toda pessoa inútil. Tanto eles quanto eu não devemos sofrer nem com incômodo pedante, nem com curiosos indiscretos, nem com gargalhadas incivis.

O convívio do senhor d'Eslon conosco era natural: todos os dias ele me dava testemunhos inequívocos de sua obrigação. Além de ser o médico de alguns de meus doentes, era também amigo de muitos. Trouxe para tratamento o maior número de pacientes para a clínica, depois de mim, e não cessava de se comportar frente a todos com a familiaridade honesta e graduada da verdadeira civilidade.

Não se passava o mesmo com os senhores Bertrand, Malloët e Sollier: não havia ditos agradáveis que os não irritasse e desagradasse. Sua importante gravidade era ridícula, e suas suspeitas injuriosas, do mesmo modo que seus questionamentos, eram chocantes, e seus olhares incomodativos. Juntando a essas considerações sumárias a prevista inutilidade de seus exames, será que vários doentes deviam achar desagradável sujeitar-se a eles.[132]

---

130   Chama-se de Aristarco aquele que é um crítico severo, censor.

131   Mesmer se refere ao Salmo 135,16: "têm olhos, e não veem".

132   Nota de Mesmer: O senhor conde de La-Touche Treville, tenente-general das armadas do rei, e comandante da Ordem Militar de São Luís, tendo-me autorizado várias vezes citá--lo quando eu achasse conveniente, agora farei uso de sua permissão para dar um exemplo das complacências com as quais meus doentes têm se submetido para convencer os senhores Bertrand, Malloët e Sollier. O senhor d'Eslon referiu-se à doença desse oficial nas suas Observações sobre o magnetismo animal, p.83 e seguintes, sob o título Contragolpe à cabeça. Pode-se recorrer ao seu livro para os detalhes. É suficiente referir-se aqui que o golpe era já

No fundo, para mim era totalmente indiferente que esses senhores entrassem ou não entrassem na sala de meus tratamentos, mas me é custoso ter essa deferência para com pessoas capazes de regatear tão indignamente a verdade, para fazer depender seu aval de meus sacrifícios. Apesar de o senhor d'Eslon ter usado de toda sua delicadeza para que seus confrades não se queixassem de pretensas predileções, eu o deixei livre para agir à sua vontade, após ter-lhe assegurado, todavia, que eu não acreditava de modo algum que pudesse esperar bons efeitos dessa minha concordância.

Por fim, aconteceu o que eu havia previsto. A esperança de logo ver o magnetismo animal como se vê uma poção fortificante através das paredes de um vidro branco inflamou os senhores Bertrand, Malloët e Sollier pelo interesse de minha descoberta, mas eles caíram em si quando se aperceberam de uma espécie de tina[133] montada sobre três pés, recoberta, e de onde saiam algumas varas de ferro recurvadas de maneira a aplicar as extremidades, seja na cabeça, seja no peito, seja no estômago, seja no ventre e que se aplicava ao mesmo tempo em pessoas sentadas em torno da tina.

Os senhores Bertrand, Malloët e Sollier haviam reconhecido muito recentemente a obrigação de um aval claro e preciso sobre a verdade para não sentir algum embaraço e não passar pela necessidade de se retratarem. Eles procuraram então outro caminho no seu modo de agir e, argumentando que existem

---

antigo, que os remédios utilizados não haviam produzido nenhum alívio, que eu procurei até a cura total o escoamento pelo nariz do depósito fixado atrás da cabeça, e que o doente não mais se ressentiu deste acidente. Quando os senhores Bertrand, Malloët e Sollier chegaram à minha casa, o senhor de Treville tivera, assim como os demais doentes, a complacência de deixar por sua vez seu tratamento para prestar contas dos efeitos seguidos que ele proporcionou, e seu lenço, cheio de pus e de sangue, veio em apoio à sua declaração. O senhor de La Touche-Treville concordou plenamente que ele havia sido curado por mim, na presença dos senhores Bertrand, Malloët e Sollier. Estes negam, calam-se, atenuando ou dando o fato como suspeito. De qual lado, creem, está a lealdade, leitores? É a vocês que dirijo a questão.

133   Aqui se descreve a baquet, que é uma pequena tina de madeira, com água em seu interior, um artifício criado por Mesmer para atender alguns pacientes ao mesmo tempo. Ele tinha um grande número de pacientes para atender e encontrava-se sozinho. Mesmer sempre deixou claro a necessidade apenas circunstancial de qualquer instrumento como o descrito. O fundamental era que o médico conhecesse a base científica e filosófica de sua descoberta, pois o método de aplicação seria fruto do estudo e da pesquisa individual de cada magnetizador.

dificuldades para decidir em qual caso as curas são devidas à medicina, e em quais casos elas são devidas à natureza, demandaram experiências feitas a partir daquele momento, e com muito pouco tempo de preparação, a fim de que a ação do magnetismo animal pudesse ser reconhecida ou invalidada.

Médicos sábios fazerem surgir tais dificuldades após sete meses de exames! A coisa estava muito ridícula para ser considerada como ofensiva, porém não me fiz pressionar. Não convinha ao senhor d'Eslon e a eu ficarmos furiosos, por que se esses senhores não se decidissem depois disso, nós poderíamos dispensá--los sem nenhuma formalidade.

Escolhido o dia para as experiências, determinou-se de comum acordo que, para evitar qualquer ideia de conluio, cada médico trataria dos doentes em número de três, totalizando 12.

Os senhores Bertrand, Malloët e Sollier não faltaram ao encontro, mas, fiéis a seus princípios, reservaram-se o direito de trazerem os seus doentes. Fomos reduzidos àqueles que o senhor d'Eslon procurou assim que estava engajado nessa tarefa.

Os senhores Bertrand, Malloët e Sollier têm constantemente agido da mesma maneira. Cada vez que o senhor d'Eslon os pressionava para que me dessem doentes cujo estado lhes eram anteriormente conhecido, eles concordavam que de fato esse era um meio inequívoco de se assegurar que as doenças não eram supostas. No entanto, jamais me deram diretamente algum doente. Assim, acreditavam-se dispensados de se explicar com precisão sobre os efeitos curativos de meu método, e se reservaram o direito de pôr em dúvida a necessidade de doenças mais graves.

Não sei que vantagem eles esperam tirar destas precauções, mas deverão concordar, espero, que eu conceda aos doentes a capacidade necessária para decidir se sofrem ou não sofrem mais, se eles emagreceram, se engordaram, se estão curados ou ainda doentes. É certo que não é necessário ser doutor na Faculdade de Medicina de Paris para saber julgar tais coisas.

Além dos três doentes que serviram às experiências, tomo por testemunhas da cena que vou descrever vários de meus doentes comuns: senhor Didier, filho, cirurgião conhecido nesta capital; senhor Demanne, seu aluno; e senhor cavalheiro de Crussol, capitão das guardas do conde d'Artois, irmão do rei.

Primeira Experiência – feita no senhor barão D'Andelau, coronel comandante do Regimento de Nassau-Sarbruck. Ele é frequentemente atormentado por ataques de asma. Eu anunciei que não o tocaria, a fim de provar que o tato imediato não é necessário à ação do magnetismo animal. Fiquei distante de quatro a cinco passos, dirigi a vara de ferro[134] que tinha em mãos para seu peito e assim lhe fiz cessar a respiração. Ele teria caído desfalecido se eu não o tivesse amparado. Em acréscimo, ele assegurou sentir tão distintamente as correntes opostas que operaram em si que começou a desenhar, com os olhos fechados, cada movimento do meu ferro. Esta última experiência de fato aconteceu, mas se lhe deu pouca atenção.

Segunda Experiência – feita no senhor Verdun, homem de negócios da senhora de Petineau, residindo em Paris, Rua Richelieu, e no palácio real. Sua sorte é assaz deplorável. Ele é sujeito a doenças nervosas, que começam por inflamação e terminam apenas com evacuações tardias. Estava saindo de uma dessas doenças. A direção do meu ferro lhe ocasionou tremores, calor no rosto, sufocação, suor e desfalecimento. Em seguida caiu sobre um canapé.[135]

Terceira Experiência – feita na senhorita de Berlancourt de Beauvais, 24 anos de idade, paralítica da metade do corpo. Um de seus olhos havia perdido a faculdade de ver, o outro estava muito dolorido. Ela tornava-se totalmente cega por acessos. As articulações da língua estavam tão comprometidas que somente as pessoas acostumadas a seu serviço podiam adivinhar algumas de suas intenções: ela estava muda para o resto do mundo, ninguém a entendia. Esta situação era excessivamente agravada por uma dor na fronte tão terrível que essa infeliz senhorita esteve algumas vezes por 10 a 12 dias inteiros num estado de infelicidade inexprimível. Algumas vezes os acentos lamentosos de sua voz fizeram com que saíssem lágrimas dos olhos de vários de meus doentes, testemunhas de seus sofrimentos. Dirigi meu ferro para sua fronte. A dor que ela sentiu foi imediata: eu a deixei acalmar-se. No intervalo, ofereci-me para provar que o foco do mal não estava na cabeça, mas sim nos hipocôndrios.[136] Em consequência, dirigi meu ferro para o hipocôndrio direito: a dor foi mais

---

134   Mesmer fazia uso de uma vareta de ferro para direcionar a intenção da ação do magnetismo animal. Esse instrumento tinha o mesmo significado que a baquet (tina). Cumpria também a função de evitar o toque direto das mãos do magnetizador nos pacientes, mais especificamente as mulheres, devido ao pudor da época.

135   Espécie de sofá com a estrutura de madeira aparente.

136   Hipocôndrios é um termo da anatomia humana que compreende cada uma das partes laterais do abdome, logo abaixo das falsas costelas.

súbita e mais viva do que da primeira vez. Deixei que a doente se acalmasse e, prognosticando que o verdadeiro princípio do mal está no baço, anunciei que se iria perceber a diferença dos efeitos da minha ação. Apenas dirigi meu ferro para a víscera, a senhorita de Berlancourt oscilou e caiu, com seus membros palpitantes, e dores excessivas. Eu a fiz transportar em seguida, julgando não ser oportuno levar mais longe a experiência, já que mais de um leitor me acusaria, talvez, de barbárie.[137]

Quarta Experiência – feita no senhor cavalheiro de Crussol, vindo como testemunha, mas sujeito a incômodos habituais, às vezes manifestados por acessos de dores de cabeça de 12 a 15 dias. O senhor cavalheiro de Crussol havia me pedido, num dos intervalos entre as experiências precedentes, que o tocasse, e eu lhe havia ocasionado no toque uma dor acompanhada de calor tão sensível que ele havia se engajado na companhia para assegurar-se de poder ser atendido. Essa dor não lhe era desconhecida. Ela ocorria muito frequentemente antes de aparecer a dor de cabeça da qual já falei. O senhor de Crussol, desejando servir de paciente para uma última experiência, fez-me ignorar essas particularidades e perguntou se eu não poderia experimentar fazer com que ele sentisse as dores habituais sem estar prevenido do seu gênero. Prestei-me a fazer o ensaio: o resultado foi bom, isto é, no sentido de que o senhor de Crussol ganhou uma violenta dor de cabeça. Então ele concluiu que eu lhe havia feito um grande mal, e pediu-me para retirá-la, se a coisa fosse possível. E era: achei justo livrá-lo de seu mal antes que deixasse minha casa.

Tais foram as experiências que não convenceram os senhores Bertrand, Malloët e Sollier. Eu me consolei ao saber que o senhor d'Eslon me havia sustentado sua

---

137   Nota de Mesmer: A senhorita de Berlancourt me havia sido enviada pelo senhor Didier, filho, sob o patrocínio do senhor d'Eslon, que eu disse ter estado presente em minhas experiências. Após essa época, a senhorita de Berlancourt seguiu meus tratamentos. Nada lembra hoje a pessoa infeliz que conheci: ela vê, fala e age com uma vivacidade que vai algumas vezes a ponto de nos alarmar, e que pensei mesmo lhe ser funesta. Querida de todos nós, eu não a vejo senão como a uma pessoa à qual tive o prazer inexprimível de haver dado a vida (ouso me servir dessa expressão), cujo objetivo é o mais digno. Se as circunstâncias me per mitem concluir sua cura, acreditar-me-ei no direito ao reconhecimento da sociedade por lhe haver dado uma pessoa que possui as qualidades de coração e de espírito ao mais elevado grau. Possa essa muito singela homenagem me fazer perdoar, pelas pessoas austeras, a liberdade que tomo de chamar como testemunha pública uma senhorita cuja delicadeza deveria poder ser preservada deste incômodo.

palavra e que esses senhores não teriam mais acesso à minha casa.[138]

Logo depois de nos livrarmos dos senhores Bertrand, Malloët e Sollier, o senhor d'Eslon pôs mãos à obra nas suas *Observações sobre o magnetismo animal.* Direi pouca coisa desse livro: não está em mim julgá-lo, cumpre tal tarefa aos amigos da humanidade que o lerem.

Esta obra serviu de elucidação aos críticos. Se eu escrevesse apenas para Paris, ou mesmo para a França, teria a honra de entreter as pessoas às quais se recusa talentos e consideração; mas, escrevendo indistintamente para todos os países, direi apenas a pessoas estrangeiras o que se passa em Paris, podendo imaginar que lhes oculto objeções valiosas.

É de se presumir que o senhor d'Horne estivesse instruído sobre a publicação próxima do livro do senhor d'Eslon, pois lançou, poucos dias antes, uma brochura contra mim sob o título *Resposta de um médico de Paris a um médico da província, sobre o pretenso magnetismo animal do senhor Mesmer.*[139]

Este opúsculo é maravilhoso a meu ver, pois que em 16 páginas *in-12* contém absurdos e contradições suficientes para um *in-folio.*[140]

Repreende-me futilmente por ter deixado Viena, na Áustria, em razão de desgostos que tive. De sua parte, o senhor d'Horne não crê, sem dúvida, que se lhe possa perguntar se por acaso ele não deixou Metz, nos três bispados, em razão de desgostos que tenha sofrido.

Segundo ele, meus doentes são pessoas crédulas, com imaginações exaltadas, vaporosas, com espírito crédulo, tímidas, e dignas de piedade. Ele não dispensa mínimos favores aos partidários do meu método. Quanto a mim, sou pouco

---

138   Nota de Mesmer: Em seguida a essas experiências, eu tive a penosa condescendência de tratar do senhor Crussol em sua casa. Seu nível e suas qualidades pessoais o tornaram muito agradável à corte, ele é muito bem conhecido a fim de que cada um possa comparar o estado antigo da sua saúde com aquela que possui depois de eu ter começado a cuidar dele. Faço menção a essa circunstância para dar alguma satisfação aos que repetem sem cessar que meu método não pode operar curas sem se darem o menor trabalho de verificar se elas existem ou não à sua volta.

139   Nota de Mesmer: O título desta obra diz: médico de Paris, porém não se deve concluir desta palavra que o senhor d'Horne fosse médico de Paris. Ele é médico não sei de onde.

140   *In-12* designa as dobras de página de uma publicação de pequeno formato, um livro de bolso. Já in-folio é um grande formato, como um álbum.

delicado, por nada dizer de mais, tenho o cúmulo de segurança, por nada dizer a mais. Tenho destreza, tenho artifício, montei um teatro, faço meus exercícios, saio-me maravilhosamente neste tipo de esgrima, sou um taumaturgo, meu voo é audacioso, sou um Prometeu, sou, enfim o operador Mesmer.

Às pessoas que asseguram ter sentido por meus procedimentos impressões remarcáveis, o senhor d'Horne opõe habilmente as pessoas que asseguram nada terem sentido, donde ele conclui que ninguém nada sentiu.

No seu modo de ver, eu tenho o grande defeito de insinuar (não sei onde) que o princípio pelo qual opero prodígios reside em mim, como se fosse possível, diz o senhor d'Horne, que emanasse continuamente de mim um princípio tão perigoso e que, se assim fosse, seria evidente que eu já estaria destruído, evaporado, morto.

Não seria demais repetir: é sempre o senhor d'Horne que fala – toda minha arte, toda minha charlatanice consiste talvez em aproveitar habilmente meios que me proporcionam uma imaginação exaltada, afoita e iludida. Donde resulta, por uma consequência sensível, que a influência dos astros nada faz para o meu princípio, e que peço emprestado a virtude de corpos estranhos.

Entretanto, como seria inoportuno se minha descoberta não passasse de uma quimera, o senhor d'Horne encarrega-se de consolar o mundo, predizendo ao universo a vinda muito próxima de um grande homem, senhor Thouvenel.[141] Grande médico, grande químico, e, sobretudo grande alquimista, laborioso e instruído. O senhor Thouvenel vai descobrir não só um magnetismo animal mas ainda um magnetismo vegetal.

Tendo comentado muito sobre o senhor d'Horne, serei breve em relação ao senhor Paulet.[142]

---

141   Pierre Thouvenel (1747-1815), médico de Luís 16, foi autor de uma tese que desacreditava a descoberta de Mesmer afirmando que o magnetismo animal seria um fenômeno originário da eletricidade e do magnetismo mineral.

142   Doutor Jean Jacques Paulet (1740-1826), diretor da Faculdade de Medicina de Paris. Diretor da *Gazette de Santé, Journal des sciences médicales*, periódico sobre medicina que em 1784 teria a sua direção assumida pelo doutor Philippe Pinel (1745-1826), médico pioneiro no tratamento dos doentes mentais. As obras de Paulet contestavam o magnetismo animal: "Les miracles de Mesmer", *extraits de la Gazette de santé, suivi de Réponse d'un médecin de Paris sur le prétendu magnétisme animal; Réponse à l'auteur des "Doutes d'un provincial" [Servan], proposés à MM. les Médecins-commissaires, chargés par le roi de l'examen du magnétisme animal.* Londres, 1785. Obras anônimas atribuídas ao autor: *L'Antimagnétisme, ou Origine, progrès,*

O senhor Paulet possui mais celebridade do que o senhor d'Horne em medicina. Sabe-se, por tradição, que ele é autor de um livro sobre a pequena varíola, e, além disso, é gazeteiro. Ele tomou conhecimento na sua gazeta da carta do senhor d'Horne, e do livro do senhor d'Eslon. Ele censurou o primeiro por sua pretensão a arrazoar, evita cuidadosamente esta crítica, faz historietas, cita versos, refere-se a canções. É a isto que o senhor Paulet chama ser gracioso.

No entanto, como não dissimula que sua gazeta só pode ser lida pelos estudantes, ele retirou aquilo que se refere a mim, fez imprimi-lo à parte e distribuiu exemplares de porta em porta, e por esse meio, algumas pessoas honestas foram forçadas a lê-lo.

Se o senhor Paulet é gazeteiro, o senhor Bacher é Jornalista. Ele tomou conhecimento, pelo seu triste jornal, do livro de senhor d'Eslon e de mim. O caminho que ele seguiu não diferiu daquele do senhor Paulet em que o senhor Paulet simula o gracejo, e o senhor Bacher a gravidade. Por outro lado, ambos são adeptos de tornar nossas expressões ridículas aproximando o que deve ser afastado, dividindo o que deve estar num conjunto, truncando o que deve ser lido por inteiro etc.

Existem, todavia, três páginas úteis no jornal do senhor Bacher. São elas, creio eu, as únicas desde sua fundação. Eis como ele aí revela grosseiramente o segredo do sistema.

Jornal de Medicina, outubro de 1780, páginas 294 a 297:

O senhor d'Eslon confessou implicitamente que os três médicos que foram admitidos para ver doentes do senhor Mesmer em sua casa, e que necessariamente os viram em diferentes momentos, em diferentes circunstâncias, não acreditaram naquilo que ele acreditava. Entretanto, é certo que eles viram alguma coisa, e que após seis meses estavam ainda incrédulos, não sobre os movimentos singulares, bizarros e violentos que executavam os doentes, nem sobre as lamentações que eles sabiam provir das dores agudas, e mesmo insuportáveis, mas sobre a causa desses movimentos, destas dores que o senhor Mesmer dizia serem efeitos do seu princípio. Após terem visto ser imposta uma prova das mais fortes a *uma jovem da província*, um deles propôs ao senhor d'Eslon fazer com que esta jovem servisse para dissipar todas suas dúvidas.

---

décadence, renouvellement et réfutation du magnétisme animal. Londres, 1784; e *Mesmer justifié. Constance, et se trouve à Paris, chez les Libraires qui vendent les nouveautés,* 1784. Suas obras foram utilizadas, principalmente no século 19, por muitos pesquisadores de Mesmer e do magnetismo animal, sem levar em consideração sua posição de inimigo declarado do mesmerismo.

Eis o meio que ele indicou. Que o senhor Mesmer reunisse em sua sala, ou em outra que quisesse, 24 pessoas, médicos e outros; que esta *jovem tão suscetível às impressões do magnetismo animal*, fosse colocada num ângulo isolada de todo mundo, que tivesse os olhos cobertos por uma banda, de sorte que nada pudesse ver, fosse o que fosse; que se observasse o mais absoluto silêncio, que todos os assistentes fossem diferenciados por uma fita ou outra sinalização de cor diferente para cada um: todos passariam, um após outro, e parariam diante da jovem, fazendo ou não os mesmos gestos, ou gestos semelhantes àqueles que vimos o senhor Mesmer fazer. Esta procissão se repetiria sempre em silêncio, 18, 20 ou 24 vezes; e o senhor Mesmer passaria por seu turno, mais uma vez, por exemplo, na 5.ª, na 2.ª vez, na 12.ª etc. Nem ele nem os demais tocariam *na jovem, porque o senhor Mesmer não a tocou para operar o que se passou sob nossos olhos.*[143]

Um dos assistentes, colocado num local de onde pudesse ver tudo, faria um registro exato de tudo o que aconteceu sem nada dizer, identificando as pessoas somente por sua cor. Se, a cada procissão, a presença do senhor Mesmer produzisse sensações dignas de nota, dores, movimentos e que a presença dos outros assistentes não produzisse nenhum efeito, como esse médico é o único que conhece o magnetismo animal, o único que sabe como agir, seríamos convencidos, com efeito, que ele possui a arte de agir sobre os corpos animados sem tocá-los, sem que a imaginação dos doentes possa ser suspeita de ser a causa de todos esses fenômenos; que numa palavra, fez agir um fluido qualquer, conhecido ou desconhecido, que existe em todos os animais, uma direção, um movimento que ele dirige a seu gosto.

Essa proposta pareceu desgostar, pelo menos não foi de pronto aceita; em consequência, os três doutores *se retiraram*, e deixaram o senhor d'Eslon como único espectador das operações do senhor Mesmer. Eles não retornaram após esse momento. *Nós conhecemos todos os três* e somos testemunhas de que se eles tivessem visto quaisquer curas verdadeiramente operadas pelo magnetismo animal, não hesitariam em atestar. Mas guardaram silêncio.

Ah! Senhor Bacher! Que lhes fizeram os senhores Bertrand, Malloët e Sollier? Eles estão, por sua causa, cruelmente decaídos na opinião pública, porque o senhor os acreditou capazes de aceitar sua garantia sem protestar.

---

143 Nota de Mesmer: Espero que o leitor saiba observar bem o testemunho positivo, que não somente se passou alguma coisa sob os olhos dos senhores Bertrand, Malloët e Sollier; mas ainda que o que eu operei aconteceu sem que eu tocasse a jovem.

Sua garantia! O senhor sonha então? Tenho certamente que me condoer desses senhores, mas me reservo o direito de pedir ao Céu que jamais os insulte! A ponto de exigir para eles a garantia do senhor Bacher!

Eu juntaria algo à exposição do senhor Bacher, mas nada suprimiria. Eu afirmo sem dúvida que os fatos relatados são verdadeiros, e não me sinto embaraçado em conciliar sua publicidade com o silêncio religioso que se atribui aos senhores Bertrand, Malloët e Sollier, e do qual estão realmente afetados.

No presente, deve haver plena convicção de que os senhores Bertrand, Malloët e Sollier viram algo na minha casa, que viram meus doentes em diferentes ocasiões e em diferentes circunstâncias; que sua incredulidade não cedeu aos efeitos, mas sim à causa; que uma *jovem da província* submeteu-se diante deles a uma prova das mais severas e que um dos médicos (senhor Malloët) propôs fazer *esta jovem* submeter-se a uma experiência muito complicada. Eu agradeço, senhor Bacher! Jamais eu poderia obter esses avais diretamente dos senhores Bertrand, Malloët e Sollier.

A rapariga da província, esta jovem, tão suscetível às impressões do magnetismo animal, não é outra senão a senhorita Berlancourt da qual já falei. Não lhe peço desculpas. É possível que apenas citando as expressões da má companhia eu esteja muito longe de delas me apropriar.

As experiências feitas com a senhorita de Berlancourt e os senhores Andelau, de Crussol e Verdun aconteceram num sábado. A deliberação dos doutores aconteceu na terça-feira seguinte. A assembleia dos quatro médicos teve lugar na casa do senhor Malloët e ele propôs a bela experiência cujos detalhes estão acima. O senhor d'Eslon respondeu:

– que tal demanda não podia ser fundada senão sobre suspeitas as mais injuriosas para ele, para mim, para o senhor Didier, filho, para os doentes que haviam concordado em se prestar às experiências; suspeitas desprovidas de todo respeito e notadamente que havia cabido apenas aos senhores Bertrand, Malloët e Sollier trazer cada um doentes dos quais se sentissem seguros;

– que supondo na senhorita Berlancourt a força necessária para se submeter ao lastimável papel que pretendiam que ela desempenhasse, não estava nada aparente que ela ou qualquer outra pessoa sensível quisesse se submeter;

– que seria inútil e inconsequente dirigir-se a doentes menos sensíveis ou mercenários, porque eles seriam necessariamente suspeitos ao senhor Malloët, ele que só via saltimbancos nos senhores Andelau, de Crussol etc.

Enfim, o senhor d'Eslon fez ao senhor Malloët uma objeção sem réplica:

Não somente, ele lhe disse, sua experiência não deve ser proposta, mas o senhor sabe que não pode existir. O senhor Mesmer afirma, o senhor

não ignora, que a existência do magnetismo animal nos corpos animados pode dar a vários indivíduos a capacidade momentânea de operar
os mesmos efeitos que ele, fenômenos menos surpreendentes ainda,
numa circunstância em que se tenha estabelecido a comunicabilidade
do princípio. É, portanto, presunção não absurda que entre 24 médicos fazendo cada um por sua vez parceria com o senhor Mesmer, e a
480 reprises diferentes, travessuras sob o nariz de uma pessoa da qual
fossem tapados os olhos, encontrar-se-á alguém que operaria efeitos
suficientes para que o senhor Mesmer não pudesse ser reconhecido
imediatamente; o que seria suficiente para fazer falhar a experiência,
ou o que seria o mesmo, para torná-la improvável e inadmissível.

Parecia que o senhor Malloët não tinha como responder a esses argumentos
tão positivos. No entanto ele resistiu a esses assaltos. Salvando-se à sua maneira
por meio de *se*, *mas* e *porque*. O senhor d'Eslon pediu que se votasse. O senhor
Bertrand escusou-se, por seu lado, protestando que estava satisfeito. O senhor
Sollier, ao contrário, pôs-se ao lado do senhor Malloët, unicamente para estar
com a mesma opinião do senhor Malloët, pois não dissimulava sua convicção.

Após ter exposto todos os seus meios, o senhor d'Eslon se determinou a
agradecer a estes senhores de minha parte. "São, sem dúvida, agradecimentos
com toda a veracidade da expressão, disse o senhor Malloët muito surpreso. Eu
não agiria de outro modo, respondeu o senhor d'Eslon, e saiu."

Eis a versão que o senhor Bacher anunciou em seu jornal, dizendo que os
três doutores *se retiraram*. Eis a versão que eu anunciei, afirmando que os três
doutores foram *despedidos* sem formalidade.

Quem pôde ditar aos senhores Bertrand, Malloët e Sollier sua inocência,
sua inconcebível conduta? Que interesse os conduziu à minha casa unicamente
para fazer o voto de silêncio mais ofensivo a mim e o mais nocivo à verdade? Se
eles viram os fatos que relato, por que não concordaram? Não imagino por qual
crença indigna eles desiludiram o público a meu respeito. Que não se alegue
que, na ocasião, eles me desprezaram à cabeceira de seus doentes, mas isso só
aconteceu perto dos grandes colegas, nas suas sociedades particulares, nas assembleias de sua Faculdade. Num assunto importante tal como este, silêncio é crime,
destratar pesadamente é infâmia. Por outro lado, eu diria a estes senhores, não
estamos sós, a verdade e eu. Um de seus confrades, pelo qual muito certamente
os senhores têm muito respeito, está junto a nós. O que responderam os senhores às interpelações do senhor d'Eslon, que se pode encontrar nas páginas 29,
30, 31 de suas *Observações sobre o magnetismo animal*? Suas precauções por sua

reputação fizeram com que fechassem os olhos com a segurança com a qual ela os isenta de toda complacência? Recordam os senhores que a 18 de setembro de 1780, na desonrosa assembleia de sua Faculdade, ele os colocou entre sua companhia e ele com tanta dignidade quanto firmeza. Os senhores o desmentiram formalmente? Os senhores o abandonaram negligentemente! Digam: não havia outro meio. (*ver o discurso do senhor d'Eslon* à *Faculdade de Medicina de Paris*)

Estando morto o senhor Bertrand, restam Malloët e Sollier para me responder e me desmentir. Eu os convidei, mas prevenindo-os de que reconheceria apenas a eles como adversários. Campeões tais como os senhores d'Horne, Paulet e Bacher não podem nem representá-los nem me provocar. Apenas eles podem me comprometer a dizer tudo o que tenho calado por respeito aos desejos do conciliador e pacífico senhor d'Eslon.[144]

---

144   Nota de Mesmer: Tenho falado coletivamente dos senhores Bertrand, Malloët e Sollier. Eu devia assim agir, para evitar as personalidades marcadas. Têm, entretanto, existido gradações na conduta desses três senhores. Por exemplo, o senhor Bertrand declarou-se várias vezes diante de seus confrades, pela verdade, mas não teve o vigor necessário para censurá-los de frente por sua conduta dando publicidade constante à sua opinião. Se o senhor Bertrand não estivesse morto, eu teria entrado nessa discussão, e não estaria temeroso de deixar transparecer minha ligação com ele ao mesmo tempo em que teria censurado profundamente sua convicção. Mas não é mais a ocasião de me desmentir ou de me confessar. Devo me calar.

RELAÇÕES COM A FACULDADE DE MEDICINA DE PARIS

Minha discussão com a Faculdade de Medicina de Paris teve algo de agradável, não durou mais do que um dia, e além do mais tudo se passou por escrito entre nós.

Vou causar em meus leitores o mais mortal tédio. Se quiserem estar a par do que se passou, basta ler.

1. Minhas proposições à Faculdade de Medicina de Paris. Creio ser sua leitura mais instrutiva do que recreativa.

2. Uma longa memória do senhor Roussel de Vauzesmes, que na assembleia da Faculdade, em 18 de setembro de 1780, conduziu a palavra contra o senhor d'Eslon e a mim. Eu a interromperei para reflexões explicativas, porque a discussão em si termina ao mesmo tempo em que a leitura, mas este comentário deve associar-se ao tédio do texto, infinitamente indigesto. E isto não deve espantar: o senhor Vauzesmes é um jovem médico de última licença – é, com toda a força do termo, um estudante cuja educação não terminou, se de fato ela começou seriamente.

3. O discurso do senhor d'Eslon na mesma assembleia, bem-feito, pronunciado para amenizar a leitura de minhas proposições, fez aceitar e apresentar com rapidez a história do magnetismo animal na França. Todavia não acreditei que o senhor d'Eslon tivesse por pretensão fazer algo jocoso.

4. O decreto da Faculdade trazendo decisão sobre o senhor d'Eslon e eu, resultante das peças precedentes. O fragmento é curto. Não pode ser fatigante.

Percebo a necessidade de classificar como proveitosa a sensação que o livro do senhor d'Eslon havia causado nos espíritos, e tornar o público juiz da minha conduta quanto à Faculdade de Medicina de Paris, enquanto os fatos passados eram ainda familiares.

Remeti ao senhor d'Eslon as proposições que lhe roguei fazer à companhia. Ei-las:

PROPOSIÇÕES DO SENHOR MESMER À FACULDADE DE MEDICINA DE PARIS

A descoberta do magnetismo animal deu lugar à publicação de uma *Memória*, na qual é dito que a natureza oferece um meio universal de cura e de preservar os homens; que com esse conhecimento o médico julgará seguramente sobre a origem, a natureza e os progressos das doenças, mesmo as mais complicadas; que ele impedirá o desenvolvimento, e proverá sua cura, sem jamais expor o doente a efeitos perigosos ou a sequências incômodas, qualquer que seja sua idade, temperamento ou sexo.

Este sistema, diferente de tudo que já se viu, foi tomado como sendo uma ilusão. O autor da descoberta aguardou, mas apresentou, no momento correto, as razões que justificam o fato.

Ele procedeu a um número considerável de tratamentos, sob os olhos de toda Paris. Os alívios procurados e as curas operadas pelo magnetismo animal têm invencivelmente provado a veracidade das alegações apresentadas.

Igualmente, é preciso observar que as experiências feitas até o presente têm dependido tanto de vontades diversas que a maior parte não pôde ser levada ao ponto de perfeição do qual elas são suscetíveis; porque se alguns doentes seguiram seus tratamentos com a constância e a assiduidade necessárias, um grande número deles se sacrificou por conveniências estranhas.

Se o autor visasse apenas a celebridade, seguiria seu próprio caminho sem se preocupar, mas o desejo de ser mais amplamente útil lhe fez buscar outras direções.

Ele procurou convencer o governo, mas o governo não pôde resolver razoavelmente tal matéria sem a ajuda dos sábios.

Se existe na Europa uma corporação que, sem presunção, possa se gabar de uma preponderância indiscutível no caso em questão é sem dúvida a FACULDADE DE MEDICINA DE PARIS.

Dirigir-se por seu intermédio ao governo é, pois, a prova mais formal da sinceridade do autor, e da honestidade dos seus propósitos.

Como consequência, ele propôs à Faculdade conseguir, de comum acordo, e sob o patrocínio formal do governo, os mais decisivos meios de constatar a utilidade de sua descoberta.

Nada parecia atingir mais diretamente este objetivo do que um ensaio comparativo do novo método de cura com os métodos antigos.

A administração de remédios não poderia estar em melhores mãos do que aquelas da Faculdade, e é evidente que se o método novo obtivesse vantagem sobre o antigo, as provas a seu favor seriam as mais positivas.

Eis alguns dos arranjos que poderiam ter sido feitos com esta finalidade. É inútil dizer que, de uma parte e de outra, dever-se-ia conservar a maior liberdade de opiniões, e uma autoridade igual sobre os doentes submetidos a cada tratamento.

1. Solicitar a intervenção do governo. Mas como é fácil perceber que a demanda de uma corporação como a Faculdade deve ter mais peso do que a de um particular, seria a propósito que antes de tudo a Faculdade se encarregasse dessa negociação.

2. Fazer a escolha de 24 doentes, dos quais 12 estariam reservados pela Faculdade para serem tratados pelos métodos comuns. Os outros 12 seriam enviados ao autor, que os trataria segundo seu método particular.

3. O autor excluiu de sua escolha todas as doenças venéreas.

4. Seria previamente realizado um protocolo do estado de cada doente. Cada protocolo seria assinado tanto pelos comissários da Faculdade como pelo autor e pelas pessoas propostas pelo governo.

5. A escolha dos doentes seria feita pela Faculdade, ou pela Faculdade e o autor em conjunto.

6. Para evitar todas as discussões ulteriores e todas as exceções que poderiam acontecer segundo as diferenças de idade, de temperamentos, de doenças, de seus sintomas etc., a divisão dos doentes se faria por meio de um sorteio.

7. A forma de cada exame comparativo das doenças e suas épocas seria fixada por antecipação, a fim de que na sequência não se pudesse travar qualquer discussão razoável sobre os progressos obtidos por um ou por outro dos métodos.

8. O método do autor exigiria pouco gasto, não demandaria nenhuma recompensa de suas necessidades, mas seria natural que o governo bancasse as despesas relativas à manutenção dos 24 doentes.

9. As pessoas propostas pelo governo assistiriam a cada exame comparativo dos doentes e assinariam os protocolos, mas como é essencial evitar da parte do público toda censura quanto à inteligência ou conivência, seria indispensável que os prepostos do governo não fossem ligados a alguma corporação médica.

O autor espera que a Faculdade de Medicina de Paris veja nessas proposições acima apenas uma justa homenagem aos seus luminares e o desejo de fazer prosperar, por intermédio de uma corporação querida da nação, a verdade que pode ser-lhe a mais vantajosa.

Segundo os estatutos e regulamentos da Faculdade de Medicina de Paris, o senhor d'Eslon só poderia apresentar essas proposições à sua companhia numa assembleia geral convocada para tal. Ao deão em exercício pertence o direito da convocação.

O senhor Le Vacher de la Feutrie[145] era o deão. Ele tinha a reputação de possuir em mais alto grau todas as qualidades de homem honesto. Infelizmente, não são suficientes para um deão de faculdade. O senhor Le Vacher não tardou em sentir esta verdade. Convencido que lhe faltava a firmeza necessária à testa de uma corporação indisciplinada, ele tomou o prudente partido de se demitir voluntariamente do seu cargo em seguida às discussões nas quais eu fiz o relato, e de algumas importunações feitas contra ele.

Ele tinha amizade com o senhor d'Eslon e ficou vivamente preocupado por seu amigo pela demanda de uma assembleia da Faculdade. Não concebia que ele se comprometesse por um desconhecido como eu, e por uma descoberta imaginária como a minha. É fácil pressentir quão difícil nesses assuntos devem ser os conselhos de um coração amigo a outro quando se julga que este está agindo com insegurança.

O senhor d'Eslon respondeu a isso dizendo que já estava totalmente compromissado; que acreditava ser por uma boa causa; que, em todo caso, os conselhos vinham muito tarde para serem úteis; e, enfim, que ele não precisava de aviso, mas sim de uma assembleia da Faculdade.

Ele chegou a se irritar. Após múltiplas demoras, a assembleia foi marcada, mas com condições sujeitas a consequências muito opostas, sem dúvida, às vias conciliatórias do senhor Le Vacher de la Feutrie. Ele não percebeu que quando o aconselharam a dar ao senhor d'Eslon e ao seu denunciador apenas a mesma assembleia, tal faria com que se aproximassem demais temas de discórdia e que se avivaria um fogo que ele não seria capaz de extinguir ou de

---

145   Thomas Le Vacher de la Feutrie (1738-1790), médico francês e autor de trabalhos em medicina e higiene. Foi o primeiro beneficiário da Faculdade de Medicina de Paris, recebendo uma bolsa de estudo oferecida por um médico rico para estudantes de medicina pobres, em 1766. Chegou a sub-reitor (deão) em 1779. Era um dos fundadores da Companhia Médica de Competição de Paris (Société Médicale d'Émulation).

dirigi-lo à sua vontade.[146]

Nesse ínterim, passou-se um fato que eu cito por duas razões: a primeira é que o senhor d'Eslon fez alusão a esse fato no seu discurso à Faculdade, e que esta passagem ficaria ininteligível se não fosse previamente explicada; a segunda é que estabelecia com provas o grau de consideração que gozava o senhor d'Eslon na corporação antes de ter ligações comigo.

A Faculdade só se revelou sobre as consequências desta ligação do senhor d'Eslon comigo após o sucesso que fez o seu livro sobre minha descoberta. Até esse momento, a conduta equívoca dos senhores Bertrand, Malloët e Sollier a havia mantido entorpecida. Quando do aparecimento do livro do senhor d'Eslon, acreditava-se dever sonhar com o partido que tomariam: aconteceram assembleias secretas. À frente dessas mal-intencionadas assembleias secretas estavam os mais famosos componentes da Faculdade. Pretendia-se que disso tudo resultasse um compromisso entre eles. Entretanto, os senhores, muito prudentes para se revelarem publicamente, acreditaram dever colocar como cabeça algum homem jovem, ardente, pouco avisado, consequentemente menos arguto observador das conveniências. O senhor Roussel de Vauzesmes parecia talhado para este papel: ele foi pesquisado, acarinhado, bajulado, consultado, admitido às assembleias – que glória! Ele foi sensível: dentro em pouco lançou fogo e chamas contra o senhor d'Eslon e, numa das assembleias ordinárias da Faculdade, solicitou uma assembleia geral para denunciar o senhor d'Eslon, sua conduta e o seu livro.

O senhor Le Vacher, a quem a palavra foi dada por direito na qualidade de deão, ficou visivelmente comovido. Ele disse que não estava de acordo com o senhor d'Eslon, mas confessou, sem dificuldade, ser seu amigo. Fez-lhe um elogio. Disse que nenhum membro da Faculdade merecia mais elogios, que nenhum merecia mais direitos à benevolência da corporação, pois nenhum lhe havia dado testemunhos mais frequentes de dedicação. Enfim, censurando sem rodeio a diligência pouco honrosa do senhor de Vauzesmes, rogou que ele desistisse.

Tendo o senhor de Vauzesmes insistido, o deão foi forçado a intimá-lo a redigir sua demanda por escrito nos termos do regulamento. O senhor de Vauzesmes não se fez esperar, tomou de uma pena, tinta, papel. Mas, durante o tempo em

---

146 Nota de Mesmer: O senhor Le Vacher de la Feutrie, desconfiado de suas próprias forças nas circunstâncias em que as discussões com a Sociedade Real tornavam-se espinhosas para um deão, tomou a decisão de agir apenas após os conselhos de alguns membros. Fiquei irritado ao encontrar o nome do senhor Malloët entre eles.

que escrevia, a assembleia se dissolveu, os membros se dispersaram, e o senhor Vauzesmes encontrou-se só, ou quase, com o Deão, que tentou fazê-lo entender que sua atitude contra um homem amado e estimado devia desgostar e desagradar efetivamente.

Tenho a satisfação de contar este fato caricato. Ela tem um caráter de nobreza que eu admiro, e que me convence de que, se a Faculdade não possuísse alguns espíritos fogosos, ela teria posto na sua conduta a dignidade que dela se deveria esperar. Não duvido mesmo que, se os senhores Bertrand, Malloët e Sollier tivessem feito o que deveriam, essa corporação teria terminado por se render aos apelos conciliadores do senhor d'Eslon e para servir de órgão e de protetor para a verdade que eu desejaria fosse apreciada por ela.

O senhor de Vauzesmes ficou sem dúvida desconcertado, mas ele ainda se tranquilizará. Ele se descomporá novamente, se lamentará, bradará contra a injustiça etc. O senhor d'Eslon persistindo com a derradeira firmeza na resolução de apresentar diante da corporação a causa da humanidade, por outro lado, o deão acreditou não poder fazer melhor do que terminar num único e mesmo dia e numa única e mesma assembleia. Estou persuadido de que, cometendo esse mal-entendido incrível, ele tinha a intenção de agradar a todos os partidos: porém acabou por ser um meio eficaz de não agradar a nenhum. A assembleia foi indicada, e foi realizada no dia 18 de setembro de 1780. O senhor Roussel de Vauzesmes foi o primeiro a falar nestes termos:

Memória do senhor Roussel de Vauzesmes

(Lida por ele numa assembleia geral da Faculdade de Medicina de Paris, a 18 de setembro de 1780).

Em todos os tempos, existiram pessoas com segredo, possuidoras de receitas miraculosas para a cura de doenças, e o público, ignorante em medicina, sempre tem sido enganado pelas vãs promessas desses aventureiros. Não se estabelecem em nenhuma parte numa residência fixa, porque suas manobras são em breve descobertas, e esse mesmo público, envergonhado de ter sido grosseiramente seduzido, trata-os com a indignação que justamente merecem, mas por uma crença arraigada na humanidade, que não cessa de correr atrás do erro, se ainda voltar a aparecer em cena um novo charlatão, ele atrairá para si toda a atenção da multidão. Assim, o senhor Mesmer, após ter feito, durante um longo tempo, muita sensação em

Viena, na Áustria, após ter sido, como de costume, desmascarado e ridicularizado, veio estabelecer seu teatro nesta capital, após quase três anos, dá as representações mais tranquilas do mundo. Todos os médicos que exercem aqui nobremente sua profissão contentaram-se em desprezá-lo e certamente seu reino teria sido de curta duração se o senhor d'Eslon, um dos nossos confrades, não se estabelecesse abertamente como seu procurador, promotor e seu satélite, e o título de doutor regente desta Faculdade, do qual o senhor d'Eslon está revestido, não pode contribuir para dar ao malabarista alemão uma espécie de celebridade momentânea, à qual ele não devia ter direito. Como a causa do senhor d'Eslon está intimamente ligada àquela do senhor Mesmer, peço-lhes que me permitam expor sucintamente o que é necessário que saibam em relação a este último.

Nota do senhor Mesmer: Com a intenção de não mais recordar as injúrias e insultos de que esta *Memória* já está repleta, peço ao leitor observar:

1. Que ele leu essa introdução na presença do senhor d'Eslon;

2. Que a Faculdade de Medicina de Paris, sendo composta de 150 a 160 membros, cuja importância exige uma grande divulgação de suas resoluções para as sociedades de todo o gênero, concluo que poucos foram os insultos que se tornaram mais públicos contra o senhor d'Eslon e contra mim;

3. Que os senhores Bertrand, Malloët e Sollier, presentes, não se levantaram contra o senhor de Vauzesmes;

4. Que a Faculdade, longe de se voltar contra este último, escutou-o com ar de aprovação, enquanto o senhor d'Eslon foi *vaiado* ao ler o discurso que se seguiu àquele do senhor de Vauzesmes.

Quando se tiver feito todas essas observações, peço que sejam comparadas aos clamores que se elevaram de todas as partes contra a pretensa audácia com a qual falo contra quaisquer sábios, ou que se dizem tais. As boas pessoas! Quando me achincalharam de todas as maneiras, acreditavam-se ao abrigo das represálias!

Em 1776, o senhor Mesmer recebeu o título de doutor da Faculdade de Viena. Desejando sair da obscuridade à qual lhe condenaram os débeis talentos em medicina (e é este o testemunho que dão seus confrades), ele começou a provocar o espanto do povo fazendo uso da eletricidade. Que, aliás, dirigia mal. A seguir, fez uso de placas imantadas. Um cirurgião de Viena, chamado Leroux, declarou-se seu destacado discípulo sobre essas práticas extravagantes. E do mesmo modo que o senhor d'Eslon, escreveu para anunciar as maravilhas do senhor Mesmer. Declarou que em primeiro lugar Mesmer eliminou apenas algumas doenças como as afecções vaporosas e epilépticas. Em breve, seu império se expandiu. Segundo o mesmo Leroux, Mesmer estava disposto a curar a metade dos males que afligem a humanidade. O senhor d'Eslon enfim, para aumentar, publicou ousadamente que ele curaria todas as doenças. Mesmo aquelas que são incuráveis.

Nota do senhor Mesmer: É verdade que o senhor Leroux, doutor em medicina e cirurgião do Estado das Armadas Imperiais e Reais, informou ao público sobre vários efeitos e curas operados pelo magnetismo animal. Nós nos separamos depois, mas por motivos estranhos à minha descoberta, e nos quais ninguém tem o direito de se meter.

Em 1772, um hidroscopista de Dauphiné[137] fez um grande e repentino sucesso. Um médico do cantão atestou os milagres que ele operava. Porém, o senhor de Lalande, que todos conhecem, descobriu o truque que fez com que ele caísse no esquecimento. Do mesmo modo, um hábil astrônomo de Viena (senhor Heuzer) seguiu de perto o senhor Mesmer, que havia feito todos os esforços para chamar sua atenção, mas este honroso sábio desmascarou o charlatão. Depois, ele foi obrigado a abandonar sua pátria, onde não mais poderia ficar decentemente. Seu charlatanismo foi logo a seguir revelado por uma carta escrita ao senhor Hell, célebre físico alemão, da qual vou lhes dar um extrato.

Nota do senhor Mesmer: É a segunda vez que encontro o senhor Lalande no meu caminho. Se ele desmascarou o hidroscopista de Dauphiné[147] tão sutil-

---

147   Em 1870, o doutor Pierre Thouvenel começou a investigar um jovem camponez francês da cidade de Bouvantes em Dauphiné, Barthelemey Bléton, que exibia uma rara habilidade de hidroscopista. Hidroscopia ou rabdomancia é a capacidade de perceber a localização de fontes e correntes de água subterrâneas. Bleton, quando tinha sete anos, percebeu que sentia febre ou fraqueza ao se sentar em determinada pedra. Ao se afastar, a fraqueza cessava. Isto foi contado ao prior de Chartreuse, que desejou ver o fenômeno. Quando mandou cavar o chão sob a pedra, lá acharam uma fonte próspera. Quando ele passa sobre o leito de um rio subterrâneo, seu corpo treme, sua respiração se torna ofegante e ele tem a sensação de estar com febre. Pierre Thouvenel, médico de Luís 16, ouviu falar de Bleton e o escolheu para testar as sua teorias sobre magnetismo animal e publicou uma obra (*Mémoire physique et médicinal, montrant des rapports évidens entre les phénomènes de la baguette divinatoire, du magnétisme et*

mente quanto Heuser desmascarou o charlatão Mesmer, creio firmemente que ele não fez por mal. Creio dever informar aos verdadeiros sábios que a verdadeira hidroscopia[148] não está inteiramente fora da natureza. Há tantas coisas a descobrir em física que não se ofenderão de se reduzir à dúvida até a comunicação de princípios desconhecidos.

> Extrato de uma carta sobre as curas do senhor Mesmer. (Escrita de Viena, na Áustria, em 21 de dezembro de 1777, aos senhores Hell, Baili de Hersinger e de Landzer, membros das Sociedades Econômicas e de Emulação de Berna, de Bale etc.)
> Em minha última carta, esqueci-me de satisfazê-lo quanto ao que tenho a dizer a respeito do senhor Mesmer. Peço-lhe desculpas. E para reparar minha falta vou contar-lhe o que se passou. A reputação que ele alcançou neste país é pouca coisa melhor do que aquela do muito reverendo abade Gassner, que o senhor conheceu. Enquanto o

---

de l'électricité, avec des éclaircissements sur d'autres objects non moins importants, qui y sont relatifs. Londres e Paris: Didot le jeune, 1781). Neste livro, Thouvenel defende a tese de que a tradição da medicina magnética e a eletricidade explicariam os poderes da rabdomancia. Ele conclui então, em sua obra, que o magnetismo animal tem origem nessa tradição e não nas descobertas de Mesmer. Porém, Bleton declarou que a vara não possuía nenhum poder em si mesma em virtude de sua forma ou material, e que era somente um instrumento para sinalizar exteriormente aos espectadores suas indicações. Ele sentia um tremor, primeiramente no diafragma, e que se comunicava do corpo e das mãos para a vara. Em 1782, Bleton foi chamado a Paris, onde participou de uma série de testes experimentais. Uma notícia da época, no Diário de Paris, informa que, na presença de milhares de espectadores, ele seguiu um aqueduto subterrâneo no jardim de Luxemburgo pela extensão de 15.000 jardas sem um engano. O engenheiro do sistema hidráulico disse que o rastro era tão preciso que se os mapas do seu escritório se perdessem, os passos de Bleton teriam constituído uma pesquisa completa para os substituir.

148   A hidroscopia ou rabdomancia, capacidade de encontrar agua ou metal no subterrâneo com o auxilio de uma varinha ou forquilha, seria tema de testes conduzidos pelo pesquisador William Barrett em 1891. Barrett foi professor de física da Faculdade Real de Ciência em Dublin e um dos principais fundadores da Society for Psychical Research. Suas conclusões foram publicadas em dois volumes dos Procedimentos (Proceedings) da Sociedade, (Barrett,1891, resumidos em Hansen, 1982), registrando resultados estatísticos que atestam a existência do fenômeno.

abade Gassner pretende operar milagres por uma virtude sobrenatural, o outro emprega um remédio que a natureza lhe pôs nas mãos, e do qual ele não conhece nem os efeitos e tampouco a causa que deve produzi-los. Perfeitamente ignorante em física (embora esta ciência convenha aos seus propósitos mais do que qualquer outra), ele não tem o menor conhecimento da teoria do ímã. Cheio de confiança em suas palavras, que impõe sobretudo aos doentes, ele consegue muitas vezes abafar o entendimento por meio de uma linguagem exaltada, até ininteligível. A seguir, ele vai tateando. Varia no emprego de sua cura para lhe dar um ar de verdade. E se a sorte o ajudar, ou se a imaginação do doente lhe atribuir um sucesso que não existe, como o senhor Gassner, o faz gabar-se e encher as gazetas e os jornais, para adquirir uma reputação que não merece.

Eis, meu caro amigo, o que os membros da Faculdade de Viena pensam sobre o senhor Mesmer. E como são pessoas de honra e de probidade, não creio que a paixão os leve a desacreditar de um remédio cujo emprego influenciaria tanto sobre a felicidade da humanidade. De resto, eles acreditam que um médico hábil e físico profundo que quisesse cultivar como homem prudente este ramo da física, e considerar a analogia que o ímã possa ter com o corpo humano, tentaria com prudência algumas experiências, enriqueceria sua arte com experimentos que o senhor Mesmer tentou inutilmente. Porque, para resumir, seria necessário reunir todas as qualidades que faltam a ele. Isto é, conhecimento perfeito da coisa, um estudo infatigável, longo e penoso das doenças contra as quais este remédio possa ser útil. Enfim as faculdades e os desinteresses necessários quando se quer trabalhar para a felicidade dos homens.

Eu sou muito mais levado a crer nesses senhores do que numa cura do senhor Mesmer feita numa senhorita cega, que eu conhecia de nome, e que teve os mais funestos efeitos. Nos primeiros dias, persuadiu a pobre moça de que ela via. Ela identificou perfeitamente uma cor quando ele havia dito baixinho seu nome. Todo mundo se esforçou por observá-la e saiu persuadido de sua cegueira como antes. Ninguém acreditava no fazedor de milagres, a não ser os pais e a jovem, que não ousavam ser incrédulos. Enfim, após alguns dias, essa infortunada teve convulsões horríveis e dores insuportáveis, que o socorro de outro médico amenizou. Mas me assegurou que ela se encontra numa situação pior do que nunca.

Enfim, meu caro amigo, as leituras que fiz sobre a analogia do magnetismo mineral e da eletricidade me fazem presumir que existem tanto curas magnéticas quanto pela eletricidade médica. Vários médicos, tanto na França como na Suíça, na Itália e em outros países da Europa, têm-se ocupado desta última com sucessos diversos. Ela decaiu desde que o empirismo foi agregado, que nenhum sábio teve paciência de se interessar como convinha. Voltou atualmente em Paris e em Genebra. E se acontecer de o sucesso se firmar, nós poderemos, certamente, após a perfeita relação existente entre os dois fluidos, esperar o mesmo sucesso do magnetismo.

Extraia disto, meu caro amigo, o que crê devia determinar a pessoa cuja saúde lhe é tão cara. Em seu lugar eu não me exporia à despesa inútil de uma longa viagem, e ao perigo do acaso. A reputação do senhor Mesmer faz sucesso fora, mas em Viena ela fala tão baixo que ninguém o entende.

Esta carta, senhores, encontra-se no seu todo no *Jornal Enciclopédico* do ano de 1778, primeira quinzena de junho. Encontra-se também outro concludente num jornal, intitulado: *A natureza considerada sob seus diferentes aspectos, ano de 1780, Nº 4*. Vou colocá-lo sob suas vistas.

Extrato de uma carta de senhor de Volter, doutor em medicina, conselheiro-áulico, médico do eleitor e diretor da academia real de ciências da Baviera, ao senhor Higlemann, doutor em medicina.

"Fico muito agradecido por ter sido comunicado sobre seu sentimento sincero sobre o magnetismo animal do senhor Mesmer. Trata-se de um homem bem ousado, a exemplo de todos os charlatães, ao citar as pessoas de Viena e de Munique que ele pretende ter curado. Notadamente o senhor Osterwald, que acreditou na verdade apoiada na sequência de sua cura, mas que, após pouco tempo, tornou-se mais doente do que jamais esteve, e cuja prostração de forças aumentava todos os dias, até que finalmente sentiu-se exaurido. Quanto às suas curas realizadas em Viena, tiveram tão pouco sucesso que esta prática foi-lhe negada, embora o senhor Stöerck, nascido na Suábia, fosse seu compatriota. O bom homem Mesmer acreditava serem seus inimigos todos aqueles que não participavam de seu sistema quimérico. Eu sei e vi o quanto sua operação é capaz de afetar o sistema nervoso, geralmente em detrimento e jamais vantajosamente em relação aos doentes. Foi por isso que lhe propus cem ducados contra dez se ele curasse aqui uma só pessoa vaporosa e hipocondríaca. E desse modo eu me tornaria seu defensor".

Nota do senhor Mesmer: Que o senhor Vauzesmes encontre munição para si nas duas cartas acima, tudo bem. Mas que uma assembleia de sábios, uma Faculdade de Medicina, escute friamente e com ar de aprovação, tal conjunto de absurdos contraditórios, é preciso, acima de tudo, ficar de sobreaviso.

Eu disse, num de meus escritos, citando o senhor abade Gassner, que ele operava efeitos reais, mas ignorava a causa. E eu o repito aqui.

Quanto ao senhor Osterwald, não sei como cuidou da saúde que lhe dei. Ele casou-se logo depois. Asseguraram-me que estava morto ao sair da mesa, seja por indigestão, seja por um golpe de sangue. Estou aborrecido por não tê-lo tornado imortal.

De resto, todo leitor imparcial deve reconhecer, no estilo do senhor de Volter, que esse pretenso *apostador* não é ao menos imparcial no que me concerne.

> O que esses senhores nos apresentaram sobre o senhor Mesmer nos foi *plenamente confirmado* por todos aqueles que acompanharam suas operações na França. Mas se restar dúvida, nada melhor do que ler as observações que o senhor d'Eslon não teve confiança de publicar, por estar convencido de sua inutilidade, porque elas nada acrescentam ao magnetismo animal.

Nota do senhor Mesmer: Os senhores d'Eslon, Bertrand, Malloët e Sollier são as únicas pessoas capacitadas que assistiram às minhas operações na França. São as três últimas que o senhor de Vauzesmes pretende designar pelas linhas que transcrevi, como lhe tendo *plenamente confirmado* o que é exposto nas cartas aos senhores Hell e de Volter? Se for isso, peço aos senhores Malloët e Sollier que se expliquem. E deve parecer muito extraordinário que eles não tenham feito tal coisa desde o primeiro momento. Se não fosse para apoiar o senhor de Vauzesmes, pelo menos para refutar o senhor d'Eslon, que os interpelou de modo não duvidoso, como se verá oportunamente. Quanto a mim, não cessarei de invocar o silêncio deles em meu favor.

> Mas antes de lhes entreter sobre o que é particular ao senhor d'Eslon, atesto aqui que nem o interesse nem qualquer outra paixão me impeliram a citá-lo ao seu tribunal. Posso mesmo dizer que não sou seu único acusador. Se eu não tivesse elevado a voz, muitos outros de

meus confrades teriam cumprido esse dever. E mesmo o senhor Pajou Demoncets já tinha solicitado algum tempo atrás uma assembleia ao senhor deão. Atesto ainda, senhores, que é com uma extrema repugnância que os senhores me vêm hoje lhes fazer esta denúncia. É sempre desagradável ter má opinião sobre um dos confrades, e dá-las àqueles que ainda a ignoram. Mas o amor ao bem público, a honra da minha corporação, a esperança de fazer com que esse confrade volte ao caminho do qual se desgarrou – todos esses motivos poderosos me têm encorajado, me movido, apesar de mim. E vou falar-lhes neste momento com a maior moderação de que sou capaz, embora o assunto não seja suscetível de assim ser tratado.

Percorrendo pela primeira vez a obra intitulada *Observações sobre o magnetismo animal pelo senhor d'Eslon, doutor regente desta Faculdade,* percebi que o tom afirmativo do autor, o testemunho que ele afirma prestar a si mesmo, de sua boa consciência, de sua probidade, de sua honestidade (porque estas palavras, *honra, honestidade, verdade, franqueza,* encontram-se em quantidade em todas as linhas) me induziram num primeiro momento. Porém, uma segunda leitura e um exame mais refletido me abriram os olhos.

Vou então lhes apresentar o senhor d'Eslon, em primeiro lugar, como se comportando de um modo pouco conforme a dignidade do seu estado, favorecendo o charlatanismo. E em seguida, insultando todas as corporações sábias, e especialmente esta Faculdade.

Enfim, verão como ele abandonou a doutrina das escolas, anunciando princípios contrários à verdadeira medicina, e requisitando nosso apoio e confirmação de seus falsos princípios e das observações de curas *impossíveis & inverossímeis.* Juntarei a todos esses artigos alguns comentários e algumas reflexões.

Conduta do senhor d'Eslon, charlatanismo aceito.

Coloquemos antes sua conduta em oposição àquilo que escreveu. É assim que ele se expressa, pág. 116: Acredito que todo homem que se respeita, evita, o quanto está em si, de dar espetáculo público, pois que a circunspeção é uma das primeiras virtudes do médico, e que é muito perigoso para si causar suspeitas sobre a solidez do seu julgamento. Entretanto, o senhor d'Eslon, que afirma não querer que falem dele, publicou pelo Jornal de Paris que em certas horas ele dava consultas gratuitas no templo, fazendo uso de uma maneira indireta, e indigna de um verdadeiro médico, de dar seu endereço.

Nota do senhor Mesmer: A crítica do senhor de Vauzesmes é tão mais admirável por o senhor d'Eslon não morar nem atender no. Quem conhece Paris sabe que o templo não é vizinho à Rua Montmartre. Não pude recusar esta nota aos leitores, embora ela não se refira a mim em nada. Estas bagatelas dizem mais do que as críticas mais graves.

> Eu disse que ele defendia os charlatães. Vou citar dois exemplos. Todo mundo sabe que o senhor d'Eslon apresenta a seus clientes e consulta publicamente com o charlatão Gondran, que vende um remédio para a gota, embora o senhor d'Eslon não conheça a virtude desse remédio. Ele acolhe do mesmo modo o charlatão Mesmer e com ele estabeleceu ligação mais íntima. Ouçamos o que diz o senhor d'Eslon, p. 26. *Tomei o partido de passar por cima das considerações ordinárias, vencer algumas repugnâncias pessoais e me aproximar do senhor Mesmer. Nós vamos juntos bater às portas.* Submeto totalmente estas últimas palavras, tão indecentes quanto extraordinárias, à sua reflexão.

Nota do senhor Mesmer: À exclamação do senhor de Vauzesmes, dir-se-ia que nós fomos bater às portas para pedir esmola? Foi às portas dos sábios que fomos bater inutilmente.

> Sua sociedade se estende até à província, aonde vão juntos, ou separadamente, desencavar doentes. Foram recentemente até Orleans para trazer aqui uma senhora vaporosa muito rica. Na Alemanha, o anteriormente citado Leroux percorreu também as províncias com o senhor Mesmer. Foram distribuídos em Orleans folhetos. Isto é, Observações sobre o magnetismo animal e Memórias sobre o magnetismo animal. Também aqui em Paris estas duas obras foram distribuídas em profusão. E com uma habilidade capaz de se impor aos crédulos. Porque foi o senhor d'Eslon que distribuiu a *Memória* do senhor Mesmer e foi este último que distribuiu o livro do senhor d'Eslon.

Nota do senhor Mesmer: O charlatão Gondran! O charlatão Mesmer! Sua sociedade! Desencavar os doentes! Uma senhora vaporosa! Uma senhora muito rica! O citado Leroux!

Cartazes para expressar o livro do senhor d'Eslon e o meu! Quanto este tom é malvado!

Eu parti de Paris para Orleans com uma senhora que pode ser classificada como *rica*, mas esta não é minha opinião. Por outro lado, o senhor d'Eslon não saiu de Paris. Eu também não distribui memórias em Orleans, e assim por diante... Não se pode estar mais distante da honradez e da verdade do que o senhor de Vauzesmes.

Quanto ao resto, o senhor d'Eslon assegura haver entendido o senhor de Vauzesmes, pronunciando seu discurso, dizer que eu *vendi* os livros do senhor d'Eslon e que este *vendeu* os meus. De fato a palavra *vender* soa melhor do que a palavra *distribuir* no gosto do senhor Vauzesmes, e no da corporação a que ele endereça a palavra. Eu não diria que nós temos, o senhor d'Eslon e eu, a habilidade de se impor aos crédulos, mas duvido que fizéssemos fortuna no comércio de livros.

O que há ainda de mais singular, e que espanta a todo mundo, é que o senhor d'Eslon, preconizando com entusiasmo o magnetismo animal, do qual ignora absolutamente a natureza, e que ele ousa mesmo evitar.

Corporações de sábios insultadas

Pode-se dizer em honra de todos os sábios franceses, sem a crença de ser desmentido, que eles sempre receberam os sábios estrangeiros da maneira mais afável e mais atraente. Quando o senhor Mesmer chegou a Paris, não somente foi acolhido e festejado pelos médicos, mas eles ficaram às suas ordens. Porém, o senhor Mesmer, vendo suas atenções correspondidas, tratou logo de explorá-las, no que foi bem-sucedido. A maneira ultrajante com que ele começou a falar da medicina e dos médicos, o véu sob o qual se acobertou, o alarde da reputação que ele adquiriu na Alemanha, teve o efeito muito breve de fazer com que se mudasse de opinião em relação a ele. Mesmer se dirigiu a duas corporações de sábios, diz-se, mas lhes fez proposições que não eram nem honestas nem admissíveis. O senhor d'Eslon aproveitou-se da ocasião para insultar essas corporações e dizer, à página 20: Eu não sei se não seria mais fácil fazer correr os quatro grandes rios da França num mesmo leito do que reunir os sábios de Paris para julgar de boa-fé uma questão fora de seus princípios.

Nota do senhor Mesmer: O senhor d'Eslon está errado. Estou persuadido que ele deveria refazer seu livro. Ele devia ter evitado falar dos quatro grandes rios da França, e no lugar deles citar o Volga, o Niger, o Gânges e o rio Amazonas.

Gostaria de chamar a atenção para o seguinte detalhe: quando o senhor de Vauzesmes adianta que eu me dirigi a duas corporações de sábios, ele acrescenta: *diz-se*. Mas quando diz que lhes fiz propostas que não eram nem honestas nem admissíveis, ele não mais disse *diz-se*. O fato torna-se positivo. Pretendo fazer observações sobre apenas algumas dessas contradições, porque o senhor de Vauzesmes é tão abundante nelas que é impossível que escapem aos leitores.

> Ele afirma em seguida, à página 135, que as corporações literárias são muito culpáveis, não havendo um ponto claro quanto ao alvo de sua instituição no que concerne ao magnetismo animal. E ele afirma até que quando o senhor Mesmer teria recusado os meios para uma reconciliação decente com as academias, elas deveriam ainda procurá-lo, mesmo quando ele tivesse faltado para com esta corporação.

Nota do senhor Mesmer: Analisando as citações que o senhor de Vauzesmes faz do senhor d'Eslon aqui e nas páginas seguintes, constatamos que o senhor de Vauzesmes o desfigura inteiramente. Ele acaba por colocá-lo lado a lado com os diminutos Paulet e Bacher. Aqueles que quiserem conhecer o sentido original vão precisar necessariamente ler o livro do senhor d'Eslon.

> O senhor Cadet, apotecário[149] da Rua Santo Antônio, novo eco dos senhores Mesmer e d'Eslon no Jornal de Paris, número 266, faz saber que o senhor Mesmer se dirigiu sucessivamente às corporações. E que os convidou a seguir seu agente, que enfim ele recebeu a acolhida que sempre receberam os autores de qualquer descoberta. O senhor d'Eslon repete ainda a mesma coisa, página 141. Estes senhores não identificaram nenhuma dessas corporações de sábios. Mas no mundo não se deixa de incluir a Faculdade. Porque parece especialmente que se a tem em vista nesta circunstância, e se insinua manhosamente que só o ciúme fez rejeitar as proposições do senhor Mesmer. O senhor d'Eslon nos advertiu que é preciso parar de visar ao senhor Mesmer. Que é necessário cativá-lo, e que cada dia se multiplicam

---

149   Nos fins do século X surgiu nos conventos da França e Espanha o apotecário, que desempenhava o papel de médico e farmacêutico. Eles cultivavam as plantas que eram utilizadas na preparação dos medicamentos. Surgiram depois as apotecas ou boticas, que foram as precursoras das farmácias.

nossos crimes contra a humanidade. Ele também nos disse *prima--mensis*[150] que nós não sabemos o que perderemos se o senhor Mesmer nos abandonar. Que ele, o senhor d'Eslon, estava encarregado de fazer de sua parte adiantamentos à Faculdade, à qual ele desejava devotar todos os seus segredos. Mas, dir-se-á ao senhor d'Eslon: Por que o seu homem não deu parte de sua bela descoberta à Faculdade de Viena da qual era membro? Parece-me que é melhor enriquecer sua pátria do que a uma terra estrangeira. Por que nos diferentes cursos da Alemanha, nos quais ele foi antes acolhido, não realizou esse mesmo sacrifício? Ele crê que aqui é perseguido, e como prêmio pela perseguição que sofre, deseja nos acabrunhar com benefícios! Sabe-se que em aqui chegando ele pediu comissários à Sociedade Real e que esta os nomeasse. Estes comissários foram apresentados, diz-se; mas foram dispensados, porque possuíam precisamente uma virtude antimagnética, e que o senhor d'Eslon escreveu, segundo o senhor Mesmer, que existem, com efeito, corpos animados totalmente opostos ao magnetismo, que apenas sua presença destrói todos os efeitos. Não se poderia daí concluir que, se a Faculdade nomeou-lhe comissários, eles também tivessem a propriedade tão singular de destruir o magnetismo. O que é um meio seguro e reto de previamente evitar astuciosamente qualquer espécie de verificação. Malgrado este inconveniente, compreende-se, contudo, que o senhor Mesmer desejava que a Faculdade lhe nomeasse comissários, mas isso não passaria de um novo expediente para ganhar tempo, e de fazer que se falasse de si de um modo mais marcante.

Nota do senhor Mesmer: Estas últimas linhas e as seguintes estão em letras itálicas, não para que fique claro que o senhor de Vauzesmes as pronunciou, mas sim para se observar que a Faculdade as ouviu e as aprovou.

Com efeito, a Faculdade está muito atenta ao bem público, por acreditar que jamais ela se prestará a favorecer essa demanda. A que tem levado até o presente tudo que se tem feito para verificar as pretensas panaceias de todos os charlatães e impostores? As infelizes experiências

---

150   *Prima-mensis:*expressão da época, referência a assembleia de doutores da Faculdade de teologia de Paris, que se reuniam no primeiro dia do mês para deliberar todos os ocorridos.

feitas com todos os remédios anunciados como específicos não provam que ao menos durante o tempo dessas experiências se deve acreditar nos charlatães que se dizem autores dessas composições miseráveis? Eles divulgam então que médicos sábios experimentaram seus remédios, mas, longe de dizerem que esses médicos reconheceram sua insuficiência, eles divulgam ardilmente o contrário. É impossível desenganar o público nesse momento.

Além disso, a tentativa que fez o senhor d'Eslon é consequência do que ele escreveu à pág. 145 onde faz com que o senhor Mesmer assim fale: *seria absurdo querer me dar juízes que nada entendem daquilo que pretendem julgar. É de discípulos e não de juízes o que necessito.* Por esta frase, senhores, podem ver que ele exclui absolutamente os seus comissários, ou que tema pretensão audaciosa de querer fazer discípulos.

Nota do senhor Mesmer: Não vejo audácia em mostrar às pessoas o que elas não sabem. Se minha descoberta apresenta uma doutrina desconhecida, nada mais simples do que fazer discípulos. Igualmente, se o termo desagrada, que me indiquem outro. Eu dele me servirei com prazer.

Não mais do que jamais, o senhor Mesmer revelará o seu segredo, nem a razão pela qual o guardará, página 147: *Será de outra maneira que chegará o dia em que o* magnetismo animal será tratado como moda. Cada um desejará brilhar e encontrar mais ou menos aquilo que não tem. Abusar-se-á. Sua utilidade tornar-se-á um problema cuja solução não terá lugar a não ser após séculos. *Os senhores veem, então claramente, que o senhor Mesmer escarnece da Academia de Ciências, da Sociedade Real, e que deseja igualmente impor-lhes, se fosse possível, comprometê-los.*

Nota do senhor Mesmer: Lendo o senhor d'Eslon no original, verão quanto o senhor Vauzesmes faz críticas a Paulet, Bacher e d'Horne.

Enfim, senhores, estarão talvez bem informados para encontrar aqui uma reflexão sensata, análoga a tudo que lhes vim anunciar, realizada pelos autores do *Mercure de France* do dia 26 de agosto. *A oferta que faz o senhor Mesmer de iniciar algumas elucidações quanto aos segredos de sua arte, nos parece indigna de um verdadeiro médico. Todo mistério deve ser para sempre banido do santuário das Ciências... Supondo que o senhor Mesmer seja realmente possuidor de uma descoberta importante, deve-se convir que ele entenda bem mal de seus interesses. Como é possível se entender que seja qualificado de visionário e de impostor, quando poderia obter os títulos de homem de gênio e de benfeitor da humanidade.*

Nota do senhor Mesmer: Os títulos de homem de gênio e de benfeitor da humanidade já me são certos, e o que mais vier eu aguardo com paciência. Não basta a aprovação do senhor de Vauzesmes para que possa ser considerada melhor a reflexão dos autores do *Mercure*. Tomo a liberdade de observar que falta solidez a ela. Eles confundem meus interesses pessoais com os interesses da descoberta em si. Se o interesse da descoberta exigir que se faça algum tempo de mistério no *santuário* das ciências, não se conclui que o mistério deve ser proscrito do *santuário* das ciências. Donde se segue que os autores do *Mercure* poderiam economizar a citação que fizeram das palavras *visionário* e *impostor* que vêm mal empregadas depois do uso de *santuário*, palavras indevidas na boca de pessoas honestas, e ainda mais sob a pena de um eclesiástico. Digo isto porque é ao senhor abade Remy, autor da *Reflexão*, que se endereça esta última frase.

> Princípios do senhor Mesmer apresentados e adotados pelo Senhor d'Eslon Observações, página 33. Do mesmo modo que há apenas uma natureza, uma vida, uma saúde, há apenas uma doença, um remédio, uma cura. Este remédio é o magnetismo animal. É assim que falam os senhores Aillaud e Molenier, que, um com seu pó, o outro com a sua tisana,[151] curam todos os males sem exceção.
>
> Página 35. Leem-se estas palavras estranhas: Os médicos têm dado a cada um dos acidentes de uma mesma doença um nome particular, e os têm definido como outras tantas doenças. Os efeitos são inumeráveis, mas a causa é única. O que se segue é mais surpreendente: Assim como a medicina é uma, o remédio é um; e todos os remédios usados na medicina comum, não têm jamais obtido sucessos vantajosos, a não ser em combinações felizes, mas devidas ao acaso, servem de condutores ao magnetismo animal. Seguramente sentindo-se ainda com alguma dúvida, o senhor d'Eslon acrescentou a seguir: esta conclusão não agradará universalmente.

---

151   Tisana é um medicamento líquido que constitui a bebida comum de um enfermo.

Páginas 36 e 37. Lê-se: O magnetismo cura pelas crises acelerando-as. Por exemplo, se o senhor Mesmer realiza a cura de um louco, ele o curará ocasionando acessos de loucura; os vaporosos terão acessos de vapores; os epilépticos, de epilepsia. Uma crise operada em nove dias será obtida em nove horas pelo magnetismo animal. Tem-se dito até o presente com os pais da medicina: *Medicus naturae minister*[152]. Atualmente, tudo mudou: será preciso dizer com o senhor d'Eslon: *Medicus naturae magister*[153].

Página 92. O senhor Mesmer é todo magnetismo, porque o magnetismo lhe sai continuamente das mãos, dos pés, dos olhos e por todos os poros. O senhor Mesmer, longe de estar enfraquecido por esse eflúvio continuado desta matéria magnética, torna-se ainda mais forte e vigoroso. Ele dirige como quer esse fluido, e adquiriu pelas suas mãos a perfeição necessária para a cura de todas as doenças.

Os princípios que lhes venho expor, e que estão contidos no livro do senhor d'Eslon, pareceram-me tão singulares e inverossímeis que acreditei que seria supérfluo lhes demonstrar. Uma simples exposição neste caso é mais do que suficiente. Mas como as observações que lhe estão anexadas e que dela dependem seriam muito perigosas se não se pudesse provar sua falsidade, eu me restringirei apenas a essa parte, que me parece a de maior consequência, e que poderia ter em medicina resultados funestos, se o público pudesse crer que os senhores as aprovassem ao menos por seu silêncio. Vou sucessivamente expô-las e respondê-las.

Observação primeira – Um menino de dez anos tem sucessivamente mal de estômago, movimento febril, irritação dos nervos, febre miliar,[154] cai num marasmo e numa letargia que ordinariamente

---

152 Expressão de Hipócrates, significa: "o médico é o servo e intérprete da natureza", ou seja, é necessário respeitar o processo natural da cura e o médico deve compreendê-lo auxiliá-lo.

153 Num trocadilho com a expressão anterior, *magister* significa: o que manda, dirige, ordena.

154 No século 19, "febre miliar" se referia a uma doença infecciosa aguda que se manifestava de forma epidêmica e pela qual o indivíduo apresentava febre de instalação abrupta, grande sudorese, prostração, erupções cutâneas e até manifestações hemorrágicas. No atestado de óbito de Mozart consta "febre militar aguda".

precedem a agonia e a morte. Estava no 45º dia do mal. O senhor d'Eslon, desesperado, chama o senhor Mesmer que toca as mãos e elas se cobrem de uma matéria viscosa. Ele toca a língua e isso ocasiona um calor interior agradável. O senhor d'Eslon pressiona o senhor Mesmer para *acabar o que tinha começado*. O senhor Mesmer recusa-se; porque imaginava o menino morto. O senhor d'Eslon insiste e reafirma que o senhor Mesmer havia feito um milagre. Com efeito, o menino, que tinha o olhar fixo, a pele baça e terrosa, a palavra expirante nos lábios, ao cabo de cinco quartos de hora portava-se bem, e pelo fato de ele ter comido pão, lagostim e bebido uma taça de champanhe.

Como é possível que um menino num estado de marasmo e agonizante, qual tenha sido o meio empregado possa aliviá-lo para em cinco quartos de hora provocar uma mudança que lhe permitiu comer pão, um lagostim e beber champanhe? Ou a narrativa da doença é excessivamente exagerada, ou se tomou por agonia um acesso vaporoso, ou a cura que se diz miraculosa é falsa. É ao menos permitido duvidar, porque o senhor d'Eslon não dá nem o nome nem a morada do doente para que se possa verificar. Esta cura deve então ser inserida na classificação das que são impossíveis.

Nota do senhor Mesmer: Após ter observado uma segunda vez que é preciso ler no livro do senhor d'Eslon o que lá está citado, caso se deseje conhecer o real sentido, darei ao senhor de Vauzesmes as satisfação que ele parece desejar. A cura que ele acabou de citar é aquela do senhor Pellet, filho, na Escola Real Militar. Acrescentarei alguns fatos da mesma natureza, unicamente para provar que, fazendo com que o senhor Pellet comesse, fiz uma coisa que me é muito comum.

Uma senhora passou três dias em minha casa sem comer, surda, cega, muda, sem conhecimento e em estado convulsivo. O primeiro ato que ela fez, por minha ordem, reassumindo seus sentidos, foi tomar uma boa sopa com arroz.

Uma senhorita passou treze dias no mesmo estado que a senhora de quem falei. Nos últimos nove dias, ela não havia engolido nada. No momento em que voltou desse terrível estado, ela nada podia pedir. Mandei buscar dois ovos frescos, e a fiz comer com fatias de pão. Com as fatias de pão, senhores da faculdade!

Um terceiro doente ainda me inquietou cruelmente oito dias seguidos, mas havia intervalos. Eu os aproveitei sempre para fazê-lo comer.

Eu poderia oferecer à crítica do senhor Vauzesmes vários outros exemplos desse gênero, mas que seja suficiente que ela saiba que em geral meus doentes, quaisquer que sejam seus estados, uma ou duas horas antes, retiram-se de manhã para ir almoçar, e à noite para ir tomar sopa.

Esta medicina nutritiva parece uma fábula aos olhos dos médicos acostumados a fazer com que seus doentes morram de fome, quando não podem se alimentar a não ser com migalhas. Entretanto, deveriam refletir que a nutrição é uma necessidade ingente da natureza. Prejulgamentos à parte, o senso comum está do meu lado. Eu tinha forte desejo de reencontrar a Faculdade de Medicina de Paris, mas o exame dos fatos os assusta, e a palavra *discípulos* lhes parece *audaciosa*.

> Observação, páginas 66 e 67: O senhor d'Eslon cita uma cura de icterícia e de cores pálidas, e ele assegura bem positivamente que em Paris não se cura estas doenças. Os senhores sabem, melhor do que o senhor d'Eslon, que se curam todos os dias em Paris as icterícias e as cores pálidas. É incômodo sem dúvida que essas doenças resistam aos remédios do senhor d'Eslon.

Nota do senhor Mesmer: O senhor d'Eslon realmente não disse tal coisa. Se por infelicidade ele se adiantasse até esse ponto, não sei se eu não estaria envolvido nessa rixa, mas, como ele nada disse, é uma querela a menos.

> Observação, páginas 83 e 84: Contragolpe na cabeça. Eu copio: O senhor Mesmer prometeu a este doente que ele faria deslocar sua dor de cabeça de baixo para cima, que ele provocaria um escorrimento pelo nariz, e que lhe faria pelar sua fronte. Ao cabo de um mês, por virtude do magnetismo, as profecias mesmerianas se cumpriram e nada deixou a desejar, nem mesmo a fronte descascada.
>
> Reflexão do senhor d'Eslon, páginas 87 e 88. O senhor Mesmer faz pouco caso de suas curas, ele se preocupa muito com sua satisfação. Agradam-lhe, como diz Moliere, temperamentos bem arruinados, massas de sangue bem viciadas. Para satisfazer seu coração e seu gênio, moribundos a aliviar, vítimas a arrancar do túmulo.
>
> Eu creio, com efeito, que o senhor d'Eslon se apoderou bastante dos gracejos de Moliere. Ele próprio os sentiu, porque se apresenta da graça ao ridículo que se lhe pode atribuir. Esta observação não precisa de outra resposta.

Nota do senhor Mesmer: Esta observação *que não precisa de resposta* é o relato da cura do senhor conde de la Touche-Treville, que já citei, mas creio ter feito pelo menos o suficiente colocando-o frente a frente com os senhores Bertrand, Malloët e Sollier. Não vejo mais a necessidade de confrontá-lo com o senhor de Vauzesmes. Ademais, se quiserem ter alguma ideia sobre esta cura, basta recorrer ao livro do senhor d'Eslon, porque quando o senhor de Vauzesmes copia, ele o faz da imaginação.

> Observação, página 57: Catarata no olho com úlcera e hérnia. A citada... tinha o olho esquerdo profundamente afundado na órbita. O olho direito, ao contrário, estava caído na mesma proporção, e recoberto por uma catarata cinza e espessa. A doente estava absolutamente cega. Após o exame, o senhor Mesmer prometeu reacomodar os dois olhos e colocá-los em seus lugares, e o senhor d'Eslon assegura que ele cumpriu a palavra, e que fez a doente ver claramente. Reflexão do senhor d'Eslon. Ouve cura? Não houve? Olhos são alguma coisa ou nada? Os olhos são sem dúvida, muito preciosos; mas quando estão fundidos, como diz o senhor d'Eslon, há uma impossibilidade física para seu restabelecimento, a menos que haja uma nova criação, e o senhor Mesmer não chegou ainda a tal ponto!

Nota do senhor Mesmer: Para sentir tudo o que há de lastimoso no que acaba de dizer o senhor de Vauzesmes, é preciso ler o relato do senhor d'Eslon: relato tão simples quanto o do senhor de Vauzesmes é miserável.

> Observação, página 75: Paralisia com atrofia da coxa e da perna. A cura desta paralisia é sem dúvida das mais surpreendentes. Não havia calor natural nem movimento da coxa: as cadeiras estavam dessecadas e endurecidas: os ossos estavam mais curtos e mais delgados do que aqueles do outro lado do corpo; e esta doente havia sido declarado incurável pelas escolas de cirurgia. Muito bem! Disse o senhor d'Eslon, as cadeiras foram recompostas, os ossos engrossaram, os movimentos são livres, e o que há de mais singular, o pé esquerdo, antes mais curto, é *atualmente o mais longo*. O observador concorda que o fato é incompreensível. Eu estou inteiramente de acordo. Para que se possa ter fé no senhor d'Eslon, creio ser indispensável que a Academia de Cirurgia, que segundo ele reconheceu essa doença como incurável, constate-a hoje de novo, tal qual ela

lhe fora apresentada, quando a julgou, e que ela ateste que a cura subsequente e os fenômenos que a acompanharam não são pontos equívocos e não possam ser contestados.

Nota do senhor Mesmer: Nada mais desejo do que dar essa satisfação ao senhor de Vauzesmes, mas espero que pelo seu lado ele possa esclarecer o caso dos quatro grandes rios da França, do Volga, do Niger, do Gânges e do Amazonas.

Observação, página 47: Doença convulsiva. Uma jovem inconsciente, e em estado convulsivo desde há cinco dias, estava deitada de costas, e apoiava sobre seu leito apenas a cabeça e os calcanhares. O senhor d'Eslon, confessando, disse ele, sua incapacidade, chamou o senhor Mesmer. Infelizmente, eram dez horas da noite. O senhor Mesmer disse que necessitava de três a quatro horas para fazê-la sair desse estado. Ele anunciou que o sentimento de humanidade cedeu à necessidade, e adiou a operação para o dia seguinte. Enquanto isso, a doente, em cerca de dez horas, foi deixada a si mesma. Daí passou para a casa do senhor Mesmer, onde, segundo o senhor d'Eslon, seu tratamento foi dos mais singulares, dos mais aparentes e dos mais instrutivos.

Reflexão dolorosa do senhor d'Eslon, página 49. Se a natureza postergada para o dia seguinte pela *necessidade* teve a bondade de ficar à disposição do senhor Mesmer, é preciso convir que ela é bem *condescendente* a seu respeito, e ao mesmo tempo bem *cruel* para comigo a quem parece tomar a tarefa de fazer cair em erro. O acaso, senhores, fez-me conhecer uma pessoa ligada aos parentes dessa moça. Eis *palavra por palavra* um bilhete que recebi recentemente sobre esse assunto: a senhorita P*** ficou seis meses na casa do senhor Mesmer, onde foi tratada de uma doença nervosa. Depois de ela ter voltado para a casa de seus pais, o senhor d'Eslon veio vê-la, e assegurou que ela estava radicalmente curada. Mas, atualmente, ela voltou a ter suas convulsões ainda mais sérias. Conseguiu-se que os guardas franceses não fizessem ruídos na rua ao passar diante da porta de sua casa. Além do mais, esta moça passou a mesma doença a uma de suas irmãs mais novas e ao cãozinho que dormia com ela.

Nota do senhor Mesmer: Eu gasto oito dias na viagem a Orleans citada pelo senhor de Vauzesmes. Durante minha ausência, a senhorita P***, estando só, teve a fantasia, não sei por que cargas d'água, de subir tão alto. Ela colocou una poltrona sobre uma mesa, e sobre a poltrona uma cadeira, mas essa edificação caiu sobre ela, a queda foi desastrosa. A senhorita P*** caiu sobre o assoalho, sem consciência e sem movimentos. O senhor Didier e sucessivamente o senhor d'Eslon foram chamados. A lembrança de que eu já havia atuado sobre essa senhorita inspirou-lhes a resolução de me chamar, sem administrarem nenhum remédio: mas a demora foi mais além do que eu poderia prever, porque cheguei vários dias após o acidente. Apresentei-me no mesmo instante junto à doente, a qual fiz retornar a si, mas as consequências dessa queda me inquietaram por longo tempo: acreditei, durante quatro meses e meio, que não restaria nenhum mal a essa senhorita. Não me desesperei a ponto de fazer administrar-lhe os últimos sacramentos. Felizmente, a natureza reparou os defeitos. No momento em que escrevo, a senhorita P*** está no mesmo estado em que se achava antes do acidente.[155]

> **Observação, página 62:** cegueira consequente a inflamação dos olhos. Em seguida a uma doença e aos remédios que ela exigiu, os olhos do citado***, lacaio, inflamaram-se e atrofiaram-se. Ele se fez

---

155 Nota de Mesmer: À Memória do senhor de Vauzesmes está agregado um papel intitulado Carta ou Nota no qual não vejo utilidade. Eu o tomaria por original do texto se o senhor de Vauzesmes não assegurasse que ele é copiado palavra por palavra. Seja o que for, veja-se esta Carta ou Nota. Não desejo que me acusem de alterar em nada a produção do senhor de Vauzesmes: "A senhorita P***, primogênita, que esteve por mais de seis meses nas mãos do senhor Mesmer, devido a violentos ataques de nervos, está atualmente mais atacada do que antes. Ela transmitiu mesmo esta doença a uma de suas irmãs mais jovens, que está nesse momento em grande perigo. Além do mais, um cão que dormia com ela mostrou os mesmos sintomas. Essas moças são filhas de um inspetor geral das... e moram na rua... Elas pediram e obtiveram, nestes dias, que os guardas franceses não batessem a caixa por ocasião da retreta, porque isso lhes causava dores intoleráveis. Foi o senhor Didier, cirurgião, rua nova de Santo Eustáquio, que viu as senhoritas. O senhor D'Eslon foi vê-las também e as disse curadas." Posso assegurar que o senhor de Vauzesmes errou ao denunciar o cãozinho à Faculdade. Jamais Azor teve ataques de nervos. Ele por longo tempo acompanhou sua patroa aos meus tratamentos, mas, longe de latir, como tantos outros animais, contra o magnetismo animal, tinha em mim uma grande confiança. Ele sabia muito bem distinguir, na minha ausência, quando sua patroa realmente necessitava de minha ajuda. Então, vinha me procurar, e muitas vezes comprovei que ele não se enganava e que o instinto o fazia agir. Como adendo à leitura do decreto da Faculdade de Medicina de Paris, provarei que essa corporação não levou em consideração a queixa do senhor de Vauzesmes contra o cãozinho.

conduzir das Tulherias a Marais por um saboiano. O senhor Mesmer tocou os olhos por alguns minutos, o cego voltou a enxergar, e na alegria do seu coração, desceu, pagou o saboiano, dispensou-o e voltou para casa sem condutor.

Após essa exposição tem-se o direito de dizer: ou os olhos não estavam atrofiados; porque a atrofia é uma espécie de emurchecimento, de dessecamento, que destrói, em alguma intensidade, a organização; ou, se estavam, o senhor Mesmer, qualquer que fosse o seu método, não poderia restabelecer o órgão em alguns minutos. Há então nessa observação um erro de cálculo: eis aqui. Este doente é ainda mais um dos que eu conheci, infelizmente para o senhor d'Eslon. Não é verdade que tinha os olhos atrofiados. Foi verificado que uma grande abundância de humor seroso se encontrava nos seus olhos; que ele tinha sobre a córnea várias manchas que a obscureciam. Ele ficou por longo tempo na casa do senhor Mesmer, onde tomou muitos banhos, tisana, creme tártaro. Ele sentiu *uma espécie de alívio* durante os quinze primeiros dias, mas não saiu do estado parecido com aquele que tinha quando entrou. Daí esse doente encontrou o senhor Grand-Jean, que lhe deu um certificado para se apresentar aos incuráveis. O senhor Cadet, cirurgião, enviou-o ao senhor Chamferu, que o fez passar ao Asilo de St. Sulpice, onde ele foi ter às mãos de nosso confrade, o senhor Doublet. Foi visto pelos senhores Thierry, de Buffy, Tissot e outros médicos. Um tratamento mais ativo desviou para cima o fluxo do humor que ele tinha, e agora houve uma sensível melhora.

Eis duas pretensas curas, e mais fatos impostos, reconhecidos como absolutamente falsos. Não se pode ter o mesmo julgamento para com os demais? Por que o senhor d'Eslon, como eu já disse, oculta os nomes, as qualidades, as residências das pessoas que são objeto dessas observações? Do mesmo modo com as observações. O senhor d'Eslon não crê que se as verifica? Nós podemos então rigorosamente exigir dele que dê um nome a cada uma de suas observações, se não quiser que se as confunda com as que publicam diariamente os charlatães. Elas interessam essencialmente ao público, porque são as curas extraordinárias que se lhes apresenta numa circunstância *muito importante* e *muito delicada*. Além disso, as doenças que ele expõe não são nem vergonhosas nem ridículas.

Nota do senhor Mesmer: Se a circunstância é *muito importante* e *muito delicada*, o senhor de Vauzesmes a escreveu com um tom muito trigueiro e muito indecente. A Faculdade não é menos culpada por não lhe haver imposto silêncio com indignação.

O senhor de Vauzesmes, falando dos tratamentos do citado P***, lacaio, escreve: *eis duas pretensas curas, e mais fatos a serem impostos, reconhecidos absolutamente falsos*. O senhor d'Eslon não deu nem um nem outro por curas, mas por tratamentos extraordinários. Eu já falei da senhorita P***. Nada direi aqui sobre o tratamento do citado *** porque essa digressão retalharia agora muito a *Memória* do senhor de Vauzesmes, mas eu o colocarei imediatamente a seguir à *Memória*.

Quanto ao senhor d'Eslon não ter dado no seu livro o nome dos doentes, ele acreditou, sem dúvida, em não expô-los. Poucas pessoas gostam de serem citadas em público e nos livros, sobretudo para não serem alvos dos malditos escritores sem pudor.

Não se gosta de ser tratado publicamente mesmo pelos senhores d'Horne, Bacher e Paulet, de almas pusilânimes, de cabeças exaltadas, de visionários, de loucos etc.

As senhoras sob meu tratamento acharam muito ruim que o senhor de Horne se permitisse dizer que eu emprego *meios de sedução, que não são meios do arsenal da medicina.*

Creio que o senhor Bacher terá tido poucos admiradores no seu estilo no trecho que citei, e onde a senhorita de Berlancourt é designada sob a denominação de *a donzela*. Creio ser bom não examinar passagens desse rude escritor, que, se significam algo, são de uma grosseria abominável.

O padre Gerard, procurador geral da Ordem da Caridade, ficou muito chocado a se ver indecentemente citado na gazeta do senhor Paulet. O tom desse gazeteiro não mostra realmente nem o caráter nem a honestidade desse religioso.

O mesmo senhor Paulet, fazendo alusão à parte do livro do senhor d'Eslon, em que é dito que eu passei a noite num catre de campanha ao lado de um dos meus doentes em perigo, acrescenta, decorosamente entre parênteses, que eu *durmo* com meus doentes. Peço perdão aos meus leitores pela insolência do termo. Apenas o cito.

É preciso que seja feito um elogio à discrição do senhor d'Eslon, tanto que se sua corporação tivesse tomado resoluções dignas dela, ele teria disposto de tempo para lhe dar todos os esclarecimentos dessa espécie que ela tivesse podido desejar.

Tratamento do senhor Busson

Isso é público. É um artigo, senhores, que é muito importante esclarecer. Na penúltima assembleia do *prima-mensis*, o senhor d'Eslon lhes anunciou à muito alta voz, e com sua conhecida segurança, que o nosso confrade, o senhor Busson, tinha sido declarado canceroso e incurável, que o senhor Mesmer com seu magnetismo tinha diagnosticado uma supuração com bom prognóstico e que ele estava à véspera de uma cura *ridícula*. O senhor d'Eslon e os partidários do magnetismo fizeram soar bem alto esta futura cura. Eis o fato: os senhores d'Horne, Moreau, Louis, Ferrand, Lassus, GrandJean foram as únicas pessoas da arte chamadas para ver o senhor Busson. Eles o consultaram várias vezes em conjunto sobre seu estado. Todos decidiram que o pólipo não era canceroso, nem mesmo incurável. Como não se pôde determinar onde se implantavam suas raízes, por ser empastado, flácido, e que sempre havia um escorrimento linfático e sanguinolento, acreditaram que extirpando ou atacando por cáusticos, sobreviveria uma hemorragia que seria talvez impossível de conter, ainda mais que o senhor Busson tinha grande propensão a essas hemorragias. Todos convieram que só poderia ser feito com que uma fusão bem-sucedida se estabelecesse nessas partes e que o pólipo se autodestruiria sem operação, experiência que já mostrou por mais de uma vez que a natureza se desvencilha por este modo, mas que não se poderia prever nem o tempo nem o modo. O senhor Ferrand havia igualmente e particularmente sugerido este prognóstico, e eu soube por ele que há cerca de dois meses surgiu uma pequena inflamação, uma supuração, enfim que uma parte do pólipo se destacou. Então a senhora Busson, na vivacidade do seu reconhecimento, escreveu ao senhor Ferrand que ele era o salvador de seu marido, e que ela lhe anunciava o cumprimento de sua profecia. Se a mesma supuração, talvez mais completa, repetiu-se depois que o senhor Mesmer e o senhor d'Eslon vieram e trataram do senhor Busson, não é uma razão para atribuí-la ao magnetismo, pois que essa mesma supuração tinha sido predita como possível, que ela já havia mesmo começado a se estabelecer, sem que se possa determinar exatamente o que depois a interrompeu. Se outrossim, como eu creio, o magnetismo não produziu a seguir nenhuma melhora sensível no estado de nosso confrade, e como eu temo, este estado infeliz vier a piorar, os senhores Mesmer e d'Eslon portanto não cessarão de cantar vitória. Um acidente ou uma imprudência qualquer terá, segundo eles, sido a causa de todo o desastre. O magnetismo terá sempre feito um milagre, e esta cura brilhará tanto mais quanto terá sido operada sobre um homem distinguido na sua arte, pois o charlatanismo sabe habilmente aproveitar-se de tudo.

Mas, pergunta-se, como é possível que o senhor Busson tenha se entregado aos senhores Mesmer e d'Eslon? A isto eu respondo citando dois exemplos: já não vimos que o senhor Baron, célebre químico, consentiu no tratamento de uma hidropisia que terminou seus dias, por uma chusma de charlatães dos quais ele tomou em confiança todas as drogas? O senhor Ferrein não foi morto por um saquinho de Arnould, aplicado sobre seu peito? É extraordinário que um doente qualquer, numa situação grave e que ele imagina deses-peradora, tenha fé num charlatão que assegura com audácia que o curará, sobretudo quando os socorros apresentados pelas pessoas da arte não são muito disponíveis e muito eficazes?

Nota do senhor Mesmer: O que está muito claro, no meu modo de ver, na narração do senhor de Vauzesmes, é que, na Faculdade de Medicina de Paris, vários membros recearam que eu não tivesse êxito na cura do senhor Busson. É preciso assegurar-lhes: o senhor Busson morreu malgrado meus cuidados, ou por meus cuidados, como queiram. Eu reservo a exposição dos fatos, para colocá-los após a memória do senhor de Vauzesmes.

Que aflição deve ter se apoderado do senhor de Vauzesmes por não poder alegar positivamente que eu fiz com que caísse o pólipo de que o senhor Busson estava atacado! Seria a única verdade importante para discutir e a única do tratamento do senhor Busson que o senhor d'Eslon fez valer na assembleia do *prima-mensis.*

Segundo o senhor de Vauzesmes (e a Faculdade está muito contente com ele) eu não sou mais do que um charlatão, por ter feito cair o pólipo do senhor Busson. Mas os senhores d'Horne, Moreau, Louis, Ferrand, Laffus e Grand-Jean são pessoas hábeis por terem pronunciado que isso não seria impossível para Deus.

Eles se reuniram, estas pessoas hábeis, eles consultaram, eles decidiram que não sabiam onde se implantavam as raízes do mal! Eles veriam que o pólipo estava empastado e amolecido! Eles reconheceram um escoamento linfático ou sanguino-lento! Acreditaram numa hemorragia! Enfim, não ousaram dar nenhum socorro ao doente, mas o consolaram com belas palavras! Infeliz por ser louvado pelo senhor de Vauzesmes e obter assim os sufrágios da Faculdade de Medicina de Paris!

É bom assinalar aqui que tudo o que nos forneceu o senhor d'Eslon sobre o magnetismo animal e sobre as pretensões do senhor Mesmer, é um contínuo plágio e que o citado Leroux precisamente publicou as mesmas coisas em 1777, mas o cirurgião escreveu bem diferente do senhor d'Eslon. Há, sobre o que ele fez, ordem, clareza, sem pretensão no estilo que não é nem baixo nem gigantesco. Ele é sempre consequente. Se as curas que ele exaltou são falsas, como aquelas do senhor d'Eslon, não são pelo menos *ridículas* e *inverossímeis*.

Nota do senhor Mesmer: Não tenho o espírito para compreender como o senhor d'Eslon, plagiário do senhor Leroux, não disse senão coisas ridículas e inverossímeis, enquanto que este mesmo senhor Leroux é sempre consequente, apesar de dizer coisas falsas. A Faculdade de Medicina de Paris compreende tudo isso!

As contradições numerosas nas quais caiu o senhor d'Eslon são grosseiras e revoltantes. Os senhores sabem, por exemplo, e eu o disse anteriormente, que o senhor Mesmer solicitou comissários, aos quais deveria submeter sua conduta e seus tratamentos; depois, à página 147, ele quis guardar seu segredo, e rejeita toda espécie de juízes.

Nota do senhor Mesmer: Eu li o livro do senhor d'Eslon, mas eu não o havia analisado tão espiritualmente.

Outras contradições, página 38: Palavras do senhor d'Eslon: O magnetismo animal tem seus dissabores. A assiduidade, as dores muito fortes ocasionadas por esse agente, a obstinação do mal, as diversidades dos organismos não são poucas. Vejam que ele é bem positivo: muito bem! Na página 39 se lê: O magnetismo animal dá coragem, o remédio liga-se ao remédio, parece que nos torna mais fortes, tenho visto a poucos doentes lhes faltar a constância. É um meio de responder a todas as objeções que poderiam fazer todos os doentes. Antes do tratamento se lhes promete que não mais sofrerão, e após se os faz crer que era necessário que o contrário acontecesse.

Nota do senhor Mesmer: Leiam, repito sempre, o senhor d'Eslon no original se quiserem compreendê-lo. Senão, serão levados a crer com o senhor de Vauzesmes, que o senhor d'Eslon visa a enganar delicadamente todos os doentes, fazendo impor seu modo de pensar.

Outra contradição não menos gritante. Na página 35 se lê: Assim como a medicina é uma, o remédio é um, e este remédio é o magnetismo animal. No entanto, à página 95 o senhor d'Eslon nos diz: O senhor Mesmer admite a sangria e os vomitivos, não como remédios, mas como adequados para desobstruírem as primeiras vias quando elas estão muito obstruídas. Ele se serve também do creme de tártaro quando visa a obter uma evacuação, que crê necessária. Quando ele necessita de águas minerais, também as emprega. E o senhor D'Eslon nos assegura sempre que a sangria, os banhos, os vomitivos, os purgativos, as águas minerais das quais se serve diariamente o senhor Mesmer, não são remédios.

Nota do senhor Mesmer: Esta passagem me lembra de que o senhor Paulet disse na sua gazeta que eu tinha em minha casa uma botica, com ruibarbo, sene, creme de tártaro, xarope, quina, e mesmo *armonica* etc. etc. Foi nessa botica que o senhor de Vauzesmes encontrou os purgativos e as águas minerais as quais a Deus não agrada de que me sirva.

Emprego frequentemente os banhos quando tenho as comodidades, mas sou quanto a isso tão pouco guiado pelas ideias comuns que me serve indiferentemente a água do rio, da fonte ou do poço. Demonstrarei um dia que a ciência quanto a tais diferenças é ignorante.

Pelas razões alegadas pelo senhor d'Eslon, eu faço um uso muito moderado da sangria e muito raro de vomitivos.

O creme de tártaro, a magnésia, a orchata, limonada, laranjada, água de groselhas, são bebidas comuns para meus doentes.

Creio, igualmente, poder dizer num termo adequado, que não uso medicamentos.

O senhor d'Eslon nos falou de febre miliar maligna, de fluxos do peito, de obstruções, de disenteria, de paralisia inicial, de cores pálidas, de reumatismos, de vapores, de dores de cabeça. E ele nos assegura, à página 101, *que esses exemplos são típicos dessas doenças graves, que desde há muito tempo têm desafiado os efeitos da medicina conhecida.* Como o senhor d'Eslon ousa falar dessa maneira dos médicos? Onde nesse momento ele prova sua mais completa ignorância, ou ele nos insulta supondo-nos a todos ignorantes do mesmo modo!

Nota do senhor Mesmer: Se o senhor de Vauzesmes se irrita, é uma infelicidade imprevista. Eu acreditava também que as moléstias citadas pelo senhor d'Eslon fossem graves,

Enfim, senhores, eu poderia fazer aqui uma longa enunciação das doenças às quais os senhores Mesmer e d'Eslon prometeram uma total cura, e cuja intenção foi rompida. Não há ninguém dentre os senhores que não conheça essas doenças. Eu peço aqui aos senhores Bertrand, Malloët e Sollier que, *diga-se*, seguiram vários tratamentos mesmerianos, se eles viram algumas curas reais, operadas pelo magnetismo animal?

Nota do senhor Mesmer: Eu me junto ao senhor de Vauzesmes para interpelar os senhores Malloët e Sollier para que digam a verdade por si mesmos. Eles estão convidados a dar seu modo de pensar público pelo *Jornal de Paris*.

O senhor de St. Lubin, paralítico, não foi curado: o senhor Mesmer o enviou às águas de Bourbon, e é o doente com cura radical do qual tanto se falou.

Nota do senhor Mesmer: O senhor St. Lubin foi para as águas de Bourbon, mas contra o meu aval. Ele pagou essa imprudência muito caro para podê-la censurar.

Que o senhor d'Eslon cita entre alguns confrades estimáveis que atestam a mesma coisa que ele. Existirá um único? Até aqui não há senão o senhor Cadet, apotecário da Rua Santo Antônio, que pôde dizer: *O senhor Mesmer fez curas: elas lhes foram negadas assim como o testemunho dos doentes.* Esses doentes nunca foram conhecidos. Ele continua assim: *Ele realizou novas curas sob os olhos de vários médicos.* Esses médicos, como já lhes disse, são os senhores Bertrand, Malloët e Sollier. *Eles viram as curas,* acrescenta o senhor Cadet. Depois ele termina desta maneira: *Via-se enfim, em torno da sua mesa mágica 30 vítimas das misérias humanas, todas, sem exceção, provando dos efeitos salutares do magnetismo, dos quais nenhum desmentirá o que adianto.* É preciso ser tão confiante e tão pouco instruído como o senhor Cadet para ousar prever tão ousadamente este futuro.

Para subjugar a confiança pública, o senhor d'Eslon nos disse num tom confiante: *Pesem o que sou e o que posso ser.* Após haver descrito uma observação: *é isto uma cura?* Exclamou ele *É isto um tratamento.* E quando se trata de estabelecer os efeitos maravilhosos do magnetismo, escutemos o que ele disse pelo órgão do senhor Cadet: *é preciso ao menos duvidar quando tal conclusão é tirada por um médico, e por um médico da Faculdade de Paris que jamais cessou de usufruir a dupla reputação de homem de mérito e do mais bondoso homem.* Eis pois o senhor Cadet que nos assegura que o senhor d'Eslon é um homem hábil e honesto: essas asserções podem ser interpretadas de outra maneira.

Nota do senhor Mesmer: Deixemos de lado o mérito do senhor d'Eslon. É certo que ele goza de uma grande reputação de honestidade. Jamais na própria companhia foi levantada uma dúvida a esse respeito. Como pôde ocorrer que o senhor de Vauzesmes tenha lançado um problema tão injurioso contra o senhor d'Eslon a propósito de um livro no qual ninguém é insultado ou mesmo nomeado?

Não foi sem propósito que esses senhores assumiram uma linguagem ambígua. Com efeito, o senhor Cadet, após ter elogiado o conjunto da honestidade e da probidade dos senhores Mesmer e d'Eslon, fala--nos, logo em seguida, da *animosidade de seus inimigos,* de modo que não se sabe se os inimigos são incitados çontra o senhor d'Eslon. Ninguém entretanto havia ainda inculpado este último quando surgiu a carta do senhor Cadet. Registra-se a mesma ambiguidade quando os senhores Cadet e d'Eslon nos falaram das corporações de sábios, às quais se dirigiu o senhor Mesmer, e quando eles falam de pessoas da arte que dizem ter seguido seus tratamentos. Pessoas honestas, e amigas da verdade, escrevem de um modo tão capcioso, tão equívoco?

Nota do senhor Mesmer: Quanto eu possa me conhecer, os erros dos quais é acusado o senhor Cadet restringem-se:

1. Em ter reconhecido no senhor d'Eslon um homem de mérito e um homem de probidade;

2. Em ter cometido uma falta de estilo – isso não me parece tão grave.

As palavras atribuídas ao senhor Cadet estão consignadas no *Jornal de Paris*. Não posso nem afirmar nem negar com segurança quais são e quais não são do senhor Cadet. O que há de certo é que o *Jornal de Paris*, fazendo voto de imparcialidade a meu respeito, publicou a favor e contra mim. Para agradar ao senhor de Vauzesmes, ele teria de aprovar apenas o que me é injurioso.

Os senhores Mesmer e d'Eslon asseguram sempre que eles tiram o mal como com a mão – essa é sua expressão –; que os remédios utilizados na medicina comum, se não são inúteis, ao menos são perigosos; que o magnetismo animal, quando bem empregado, em um único mês, por exemplo, por seu meio se obteriam 400 ou 500 evacuações; que o magnetismo, disse, em lugar de enfraquecer dá forças e vigor. Não é essa a linguagem do charlatanismo e da sedução? Além do mais, se o tempo não lhe permite fazer na casa do senhor Mesmer um tratamento seguido, não há razão para se inquietar. Pode-se fazer apenas uma metade, ou apenas um terço ou um quarto, e finalmente, não importa o intervalo que se coloque entre estas partes do tratamento, sempre se obtém cura total. O autor da *Gazeta da Saúde* (senhor Paulet) não teve razão de empregar apenas gracejos quando se deu conta de uma obra tão cheia de coisas tão ridículas? Seria necessário um grosso volume para analisar seriamente todas as contradições, os absurdos contidos nessa pequena brochura.

Cumpri a missão que me foi imposta se pude, senhores, provar as manobras do senhor Mesmer, a associação escandalosa do senhor d'Eslon com os charlatães. Se lhes fiz ver que ele havia injuriado as corporações literárias, e especialmente esta Faculdade. Enfim, se demonstrei o ridículo, a falsidade de seus princípios, o absurdo, a impossibilidade, a falsidade das curas que ele lhes apresentou para examinar. Eu ataco somente sua ridícula e muito perigosa doutrina, que considero como inimiga do bem público, e que compromete esta corporação, porque é como doutor regente desta Faculdade que ele apoia essa doutrina. Deixo a seu julgamento, senhores, decidir sobre a obra do senhor d'Eslon, porque, repito, não viso à sua pessoa. (Fim da *Memória* do senhor de Vauzesmes e das Notas e acréscimos.).

Nota do senhor Mesmer: Não tenho coragem de comentar a peroração do senhor de Vauzesmes. Eu felicito o leitor e a mim por termos conseguido chegar ao fim de sua memória. É um terrível dever o de transcrever e comentar o senhor de Vauzesmes. Isto lembra bem a penitência imposta pela Sociedade de Racine e Despreaux, em que todo culpado, segundo certas regras, era condenado a ler os versos de Chapelain.

Estou engajado a dar alguns esclarecimentos sobre o tratamento do dito P***, citado pelo senhor d'Eslon, página 62 e seguintes, e negado pelo senhor de Vauzesmes.

O citado Charles Lecat, dito Picard, criado do senhor cavalheiro de Servan, residente nas Tulherias, pátio da Comédia Francesa, era-me totalmente desconhecido. Cego, a ponto de não poder se conduzir, foi levado à minha casa por um saboiano, e me foi apresentado pelo senhor d'Eslon. Eu o toquei por cinco ou seis minutos: saiu de seus olhos um humor seroso em quantidade considerável;

o que lhe restituiu subitamente a faculdade de ver a ponto de estar capacitado de voltar para sua casa sem condutor.

Este homem voltou no dia seguinte, implorando para que eu me dedicasse a empreender sua cura, essa espécie de eloquência que a miséria e a desgraça fazem tornar persuasiva, bem melhor do que todas as regras da arte. Não é do meu caráter repelir o pobre com dureza. Eu buscava desculpas e eu as tinha, que podiam seguramente passar por razões: eu estava sobrecarregado de doentes, e minha casa não oferecia um recanto qualquer para alojar um infeliz cuja indigência o teria deixado sem pousada próxima à minha casa. O senhor d'Eslon assumiu esta última dificuldade, encarregando-se do alojamento: eu tive apenas o mérito de me encarregar da alimentação.

A cura radical de Picard não era coisa fácil nem coisa de pouco alento. Já tive ocasião de observar que os males agravados pela arte eram bem mais cruéis do que os males devidos apenas à natureza. Picard havia tido a infelicidade de passar por tratamentos mercuriais, administrados com a máxima indiscrição. Obtive, durante sua estada em minha casa, tudo o que me podia prometer razoavelmente, ou seja, que após lhe haver proporcionado a faculdade de ver eu a conservei e a reafirmei a ponto de ele andar e ver por toda Paris, e ajudar no serviço de minha casa com a maior liberdade. Aquele que maneja com vidros e porcelanas, lava-os, limpa-os, transporta-os, guarda-os e entrega-os onde e a quem eles pertencem, numa população numerosa e perturbada – este certamente não é cego. Além disso, eu não tenho observado minuciosamente os progressos de seus olhos. Ele via e via bem: é tudo que tenho feito.

Restavam duas grandes dificuldades a relevar. Os olhos estavam recobertos por catarata: eu estava persuadido de que com o tempo conseguiria dissipá-la. Em segundo lugar, os olhos estavam diminuídos, dessecados, endurecidos – em uma palavra, atrofiados. Duvidei de que jamais teria condições de restabelecer o órgão à sua condição primitiva, mas estava convencido de que lhe seria útil.

O senhor de Vauzesmes perora muito inutilmente sobre a expressão *olhos atrofiados*. Existem vários graus de atrofia, e a língua francesa não possui um termo expresso para designar cada um desses graus. A prova suplementar de que os olhos de Picard estavam atrofiados, baseia-se em que eles estão ainda, malgrado os cuidados eficazes e louváveis do *nosso confrade Doublet*.

É baseado na palavra do *confrade Doublet* que o senhor de Vauzesmes nos trata de charlatães ao senhor d'Eslon e a mim. Quem é o senhor Doublet? O senhor Doublet é médico do Asilo de St. Sulpice em Paris. Além disso, doutor da Faculdade, da mesma época, com a mesma experiência, quase da mesma idade que o senhor de Vauzesmes.

Por que acaso, por qual fatalidade, por qual vício da instituição, deseja-se colocar à testa de hospitais médicos sem reputação ou sem mérito? Ou, o que apresenta o mesmo problema sob outro aspecto, por qual acaso, por qual fatalidade, por qual vicio da instituição, o público raramente outorga confiança aos médicos dos hospitais? Há certamente nesta caminhada contra a natureza um vicio radical, ao qual nunca se deu muita atenção.

Volto ao senhor Doublet. É baseado em sua palavra que o senhor de Vauzesmes deu um desmentido formal ao senhor d'Eslon. Eis a carta do senhor Doublet na qual o senhor de Vauzesmes se baseou.

"Senhor Doublet ao senhor Roussel de Vauzesmes
"17 de setembro, à noite (1780)
"Você conhece sem dúvida, meu caro amigo, a triste causa que muito perturbou a minha cabeça a ponto de me fazer esquecer sua carta e sua pergunta. Não pensei nisso senão ontem. Enquanto eu continuava esta manhã uma muito longa história sobre o homem em questão, o acaso o trouxe à minha casa. Para, disse-me ele, agradecer-me novamente, e para me pedir um certificado, assegurando-me de resto que se falava pela cidade sobre sua entrada no Hospital, e que se dizia que ele havia sido tratado apenas para fazer pirraça a Mesmer. Sem crer firmemente nisso tudo, e sempre tomando cuidado, eu lhe dei um certificado nos seguintes termos:

"Eu, abaixo assinado, doutor etc., certifico que o dito Charles Lecat, criado, chegado ao Hospital a 20 de junho com a visão tão obscurecida que ele via apenas seu condutor, saiu a 25 de agosto, não perfeitamente curado, mas distinguindo bem os objetos, e lendo mesmo num livro com caracteres medianos. A catarata que ele tinha na córnea, inteiramente dissipada no lado direito, e do lado esquerdo, quase que totalmente. Examinado de novo a 17 de setembro, encontrei as coisas quase da mesma maneira. Ele leu meia página do *Dicionário de história natural* de Bomare, última edição, *in-4º*, e como o doente me disse ainda que não está sempre bem como hoje, que a fadiga e a atenção lhe causam transtornos, eu o creio ainda incapaz de fazer os trabalhos necessários para ganhar a vida. Em boa-fé eu assinei.

"Ele é certamente o homem com o saboiano, a pessoa da sexta cura citada no *Jornal de Medicina* de setembro, porque não conheço o original do senhor d'Eslon. Ele permaneceu vários meses na casa de Mesmer, e saiu vendo apenas ao seu condutor, nos momentos de maior luminosidade. Ignoro em que estado ele estava quando se apresentou ao senhor d'Eslon, mas assim estava ele quando veio à nossa casa, testemunharam os senhores Chamferu, Cadet, o cirurgião, que o viram então. Testemunharam 50 pessoas que o viram chegar ao Hospital, dentre as quais posso citar Thierri, de Bussy e Tissot, oito dias após a saída da casa do senhor Mesmer. Testemunhas são também todos aqueles que vieram vê-lo hoje na casa do senhor Le Moine, relojoeiro, Rua Fauxbourg Montmartre, onde ele ficou.

"Eis o resumo do fato que você me pediu, meu caro amigo, e creio que você não precisa de outros detalhes. Se todas as outras curar citadas pelo senhor Mesmer não estão mais bem apoiadas que aquelas, sua causa é tão boa quanto bela, meu amigo, e não havia outro modo de tratá-la do que estabelecer a comparação dos fatos. Não irei amanhã à Faculdade: meus afazeres não me permitem. Além disso, se você fizer uso do que o acaso me deu ocasião de lhe apresentar, eu não poderia talvez conscientemente opinar. Reúna-se, à saída da assembleia, a nossos dois inseparáveis, e venha com eles me informar sobre o curso de um caso pelo qual me interesso de todos os modos. Adeus, coragem e moderação: ataque o erro, destrua a opinião, mas poupe o homem e respeite-se a si mesmo no seu confrade.

"Sou todo seu. Seu amigo Doublet."

O autor dessa carta não parece irrecusável quando nos previne gratuitamente que tem a cabeça perturbada. Interessando-se, disse ele, de todos os modos pelo curso deste caso, ele não se deu ao trabalho de ler os detalhes no livro original: ele se contenta com um resumo feito, com desonra à razão, pelo senhor Bacher. Ele compôs uma longa história: essa longa história ele a deixou de todo para dar um certificado casualmente. Este certificado dado e publicado por acaso só serve para ser mantido, não se sabe o porquê, sob suas guardas, como se essa peça não fosse absolutamente inútil: ele é baseado naquela que se vê nas mãos desses infelizes que correm os campos mendigando de cidade em cidade, de paróquia em paróquia, de lugarejo em lugarejo.

Quando o senhor Doublet deixou ao senhor de Vauzesmes a liberdade de fazer uso da carta, não podia deixar de saber que ela se tornaria pública, ou pelo menos que seria comunicada à Faculdade. Se *Thierry, de Bussy, Tissot e Mesmer* não merecerem a seus olhos algum respeito, parece que, por respeito a essa corporação, seria bom banir dessa carta essa baixa e desgastada familiaridade, que não parece senão um hábito crapuloso, embora muitas vezes ele não pareça, talvez, inadequado na secreta intimidade do confrade Doublet, do confrade de Vauzesmes e dos dois inseparáveis.

Do que se tratava? Provar que o senhor d'Eslon havia se imposto ao público. Então, há duas coisas a demonstrar:

1. Que Picard não estava cego ao entrar em minha casa;

2. Que estava cego ao sair de minha casa. Não se fez nenhuma nem outra. Sobre o primeiro ponto, o senhor Doublet nada disse; sobre o segundo, seu certificado diz positivamente o contrário do que pretendia provar. Picard, e ele disse, *via apenas para se conduzir*. Ver apenas para se conduzir é e ver mal, mas é ver.

É verdade que Picard *via apenas para se conduzir*? É a expressão do senhor Doublet. Cinquenta testemunhas estão prontas, diz ele, a atestar que ele chegou neste estado no Hospital. Talvez seu testemunho fosse mais concludente se elas afirmassem terem visto o senhor Picard chegar sendo conduzido por um saboiano, assim como veio a mim pela primeira vez. Porque, segundo a declaração ulterior feita ao senhor d'Eslon por Picard, ele ia encontrar uma senhora: esta senhora o enviou a um abade; o abade, a um cura. O abade lhe deu uma carta, ele levou a carta, ele dirigiu-se ao Hospital. Nos intervalos, é de se presumir que o senhor Picard retornou frequentemente à minha casa para jantar e tomar sopa. Enfim segundo o senhor de Vauzesmes, ela estava indo encontrar os senhores Grand-Jean, Cadet e Chamferu. Vejam bem os percursos de um homem que *via apenas para se conduzir*. Não sei; mas é muitas vezes mais provável, a meu ver, que se em vez de lhe ter sido apresentada a *História Natural de Bonare in-4º*, última edição e que tivesse lido *meia página*, saber-se que na verdade ele serviu na minha casa como copista durante quase três semanas a uma pessoa que tinha necessidade dele. Objetarão, não duvido, o relato do senhor Grand-Jean, que segundo o senhor de Vauzesmes, declarou incurável Picard ao sair de minha casa. Mas este mesmo senhor de Vauzesmes não assegura que o doente teve uma melhora sensível depois de um tratamento *ativo* administrado pelo senhor Doublet? Donde nasceu o dilema seguinte, que eu não resolvi?

Que o senhor Grand-Jean deu, diria eu, o certificado de ignorante declarando incurável um homem suscetível de cura nas regras da arte ordinária. Ou então o senhor Doublet fez um ato bárbaro, submetendo a um tratamento *ativo* um homem incurável, segundo as mesmas regras da arte.

Foi verdadeiramente *ativo* o tratamento de que fala o senhor de Vauzesmes. Durante 53 dias consecutivos o infeliz Picard sofreu a aplicação de vesicatórios. Horrivelmente atormentado, sem melhoras, ele pedia por todas as graças que o deixassem fora, favor que lhe foi recusado por algum tempo, com a promessa que lhe colocariam um *sedenho* à noite. Não sei se tiveram tempo de executar essa ameaça. Picard em seguida atemorizou-se, ou se fez expulsar poucos dias após por seus gemidos inoportunos.

O senhor Doublet pretende que, após 65 dias de tortura em seu Hospital, restassem a Picard frequentes deslumbramentos. Eu o creio. Ele pretende por outro lado que a catarata do olho direito esteja dissipada, e que a do olho esquerdo quase que esmaecida. Eu não creio. Mas não faço mais do que crer ou não crer quando o senhor Doublet, após ter enaltecido os maravilhosos efeitos de seus tratamentos *ativos*, promove um encontro para os curiosos na casa do senhor Lemoine, relojoeiro, Rua do Fauxbourg Montmartre, para convencer que o senhor Picard *não mais vê para se conduzir.*

Rogo ao leitor judicioso que creia que eu não tenho nenhuma pretensão de ter vaidade das vantagens que me dão os senhores de Vauzesmes e Doublet, mas na questão de que trato é extremamente importante fazer ver por quais relações, por quais razões, e por quais personagens foi seduzida a Faculdade de Medicina de Paris quando rejeitou minhas proposições.

Ainda uma palavra a propósito do senhor Doublet. Com qual intenção disse, sem necessidade, a Picard que sua entrada no Hospital não foi feita senão *para fazer pirraça a Mesmer?* De nada quero saber. Provei na França várias dessas infâmias; mas tomei o partido de não mais me afetar ou me irritar. Passemos aos esclarecimentos que prometi sobre o senhor Busson.

O reverendo padre Gerard, procurador geral da Ordem da Caridade, mandou-me um doente portador de um pólipo no nariz. Eu o toquei por alguns instantes com cuidado. Obtive efeitos tão felizes que alguns dias depois o padre Gerard relatou-me a queda do pólipo e a cura do doente. Este fato, que não pude verificar, porque a pessoa a que ele se refere disse-me na ocasião apenas que provinha da vila de Ruel, distante duas léguas de Paris, onde estava retirado o senhor Busson, primeiro-médico da senhora condessa d'Artois, e membro da Faculdade de Paris.

O pólipo do senhor Busson era enorme. O olho direito, deslocado pelas raízes do mal, estava situado sobre a têmpora. Sua espessura havia alargado a narina do mesmo lado, a ponto que ele avançava até o osso da maçã do rosto. Vertia habitualmente, há mais de seis meses, sangue decomposto. E um desvio da pior espécie indicava que a massa dos humores estava inteiramente alterada.

A singularidade da cura que acabei de citar segundo o padre Gerard deu ao senhor Busson um desejo ardente de me conhecer. Ele rogou ao seu velho amigo, o senhor d'Eslon, para obter-lhe tal satisfação. Fui conduzido a Ruel sob pretextos sem importância para detalhá-los. Fiquei muito tempo com o senhor Busson, ouvi os detalhes de seus males, discuti sua opinião, os seus conselhos, a minha opinião, e dei-lhe meu aval. Anunciei que se estabeleceriam dois pontos de supuração que necessitariam ser abertos, ciente de que o pus estagnante não causaria a abertura ou a tornaria incurável. Durante todo esse tempo, eu o tratei, e operei nele efeitos satisfatórios.

O senhor Busson pareceu estar satisfeito comigo, e sentiu-se bem novamente. Depois da minha visita, ele sentiu um bem-estar desconhecido há muito tempo. Ele recorreu à proteção do senhor conde D'Artois, que achou por bem me dizer "que ele desejava que eu tratasse do senhor Busson, porém, desde que acreditasse que isso não iria comprometer minha reputação". Este testemunho tocante de interesse não me deixou a liberdade de escolha: fiz dizer ao senhor Busson que como a natureza do seu mal não me permitia tratá-lo com meus outros doentes, ele poderia alojar-se em minhas vizinhanças, onde eu lhe consagraria os momentos que pudesse extrair de minhas ocupações ordinárias. Este arranjo foi conveniente ao senhor Busson.

Obtive o fim do escorrimento sanguinolento e da diarreia *coliquativa*, o pólipo caiu, o nariz diminuiu, o olho voltou à órbita e, ainda mais, o senhor Busson adquiriu forças suficientes para passear pelas alamedas. Mas, no momento crítico, quando os pontos de supuração anunciados apareceram e as aberturas neles foram feitas, perdi toda a esperança. Os humores que surgiram na ferida se organizavam à medida que elas apareciam: os progressos da esperada chaga surgiram a descoberto, e eu não pude evitar o exaurimento ocasionado pela decomposição do sangue e dos humores.

Entretanto, não me afastei dos cuidados para com o senhor Busson. Ele os amava, ele os desejava, ele os solicitava, eu acalmava suas dores. Foi assim que o acompanhando ao túmulo, o que não pude evitar, vi-me cumulado por suas bênçãos: amenizei as amarguras de seus últimos momentos e recebi da família lacrimosa o testemunho de uma sensibilidade insuspeitada.

Pode-se comparar esse relato com aquele do senhor de Vauzesmes. Refiro-me à narrativa do que se passou na assembleia da Faculdade de Medicina de Paris a 18 de setembro de 1780.

A satisfação com a qual a leitura do senhor de Vauzesmes havia sido acolhida fez entender ao senhor d'Eslon o quanto os espíritos estavam exaltados. Ele sentiu a inutilidade de se tentar aguardar por tempo mais longo e a necessidade de se restringir ao seu próprio objetivo.

Entretanto, antes de entrar no assunto, ele acreditou dever observar que a maneira pela qual o senhor de Vauzesmes se explicava era igualmente contrária à dignidade da corporação e aos deveres que se tem mutuamente com as pessoas honestas. Não estando nem um pouco preparado para a longa lista de inculpações contraditórias, falsas alegações e fatos controvertidos que ouviu, ele rogou à corporação que não se entrasse na ocasião em nenhuma discussão sobre estes diversos assuntos, e que ele se limitasse à leitura de um discurso escrito nos momentos nos quais a possibilidade da cena que veria a se passar não devia ser presumida. Quanto à memória do senhor de Vauzesmes, ele conclui que ela foi colocada sobre a escrivaninha, seja para ser consultada a tempo e lugar, seja para esclarecer se a corporação o desejasse. Este ponto foi acordado.[156]

Antes de transcrever o discurso do senhor d'Eslon, devo assinalar que é essencial colocá-lo em comparação àquele do senhor de Vauzesmes. Porque se o senhor d'Eslon disse coisas sensatas enquanto o senhor de Vauzesmes disse apenas injúrias e absurdos, é evidente que a Faculdade de Medicina de Paris, acolhendo o senhor de Vauzesmes e rejeitando o senhor d'Eslon, pronunciou sua própria condenação aos olhos de toda pessoa judiciosa.

O senhor d'Eslon não usa de cautela no seu discurso à Sociedade Real de Medicina. Essa conduta, em aparente oposição ao seu caráter, é, entretanto, muito consequente. Sempre contrário aos conluios inconsiderados de sua corporação neste caso, ele sempre professou que a Sociedade Real era um estabelecimento nocivo. Na sua corporação, em público, diante dos Fundadores, mantenedores, membros e protetores deste estabelecimento, ele sempre usou da mesma linguagem. Nada a pode variar, e é assim que deu como exemplo o que ele dava em princípio nas assembleias da Faculdade. Sejamos firmes, dizia ele, e sempre sediciosos. Nisso como no magnetismo animal, ele pregava no deserto.

De outro modo se verá o senhor d'Eslon no seu discurso. Ele descreve melhor que tudo o que eu poderia dizer. Professando a verdade sem desvio, mas não negligenciando nenhum dos meios próprios de torná-los agradáveis às pessoas às quais ele fala, interpelando muito seus confrades, pressionando-os a renderem homenagem à verdade, prendendo-os, por assim dizer, num torno, mas tratando com muito cuidado seu amor-próprio, e lhes dando mesmo chances para saírem com honra do mau passo para o qual sua imprudência os levou. Esta sabedoria foi uma pura perda. Os senhores Bertrand, Malloët e Sallier acreditaram nada ter a dizer.

---

156   Nota de Mesmer. A Memória do senhor de Vauzesmes, embora colocada sobre a escrivaninha, deve ter sido alterada e corrigida em diversos pontos. Entre outras coisas, o senhor D'Eslon pretendia, quanto ao assunto senhor Busson, que ele deveria ter sido citado e depois deveria lida uma carta da senhora Busson ao senhor D'Horne na qual essa senhora louva os meus cuidados e os meus resultados. Esta carta o senhor de Vauzesmes a apresentou, para provar que, pelo fato de a senhora Busson louvar o senhor Mesmer, estava evidente que ela havia sido seduzida pelo senhor D'Eslon. Não sei porque se retirou essa caricatura da Memória do senhor de Vauzesmes. Ela não era assim tão má.

Discurso do senhor d'Eslon (Pronunciado na assembleia da Faculdade de Medicina de Paris, a 18 de setembro de 1780.). Senhor deão, senhores: Eu solicitei a assembleia da Faculdade para lhes falar sobre o magnetismo animal. O autor desta descoberta designou-me para ser seu representante diante dos senhores, e de submeter às suas luzes os meios que ele crê serem os mais próprios a fixar indelevelmente as opiniões sobre a importante verdade que ele anuncia. Por quase dois anos, senhores, tenho seguido as experiências com o magnetismo animal. Por qual motivo tenho negligenciado durante este longo intervalo de lhes dar conta da minha conduta? Tenho eu dissimulado meus deveres? É por vergonha de um empreendimento imprudente ou infeliz que parece que tenho fugido de suas vistas? Ou então tenho pretendido enganá-los e me apropriar da glória de acolher uma descoberta útil à felicidade dos povos?

Se os senhores se dignarem a me dar alguns momentos de atenção garanto que minha justificativa nada deixará a desejar. A sequência e a ligação dos fatos lhes dirá que jamais estive tão seriamente ocupado em lhes provar minha dedicação e minha deferência.

O senhor Mesmer chegou a esta capital no mês de fevereiro de 1778. Eu o conheci apenas no mês de setembro seguinte. Por esta época, suas relações com a Academia de Ciências e a Sociedade Real de Medicina não haviam ainda tido lugar. Havia descontentamento de uma parte e de outra e, segundo o costume, atribuíam-se erros recíprocos.

Não entrarei nos detalhes dessas discussões: o histórico poderia parecer muito longo e inoportuno. Ser-me-á suficiente fazê-los observar que, quando das minhas primeiras ligações com o senhor Mesmer, o amor-próprio das duas corporações que acabei de citar estava interessado em desacreditar a descoberta do magnetismo animal. Seus ecos só repetiam o nome do senhor Mesmer ao público no tom de desprezo: a prevenção era geral, e pretender eu sozinho vencer tantos obstáculos seria o cúmulo da presunção.

Teria sido menos indiscreto fazer com que o senhor Mesmer se aproximasse dos senhores sem outras precauções, porque é preciso convir que suas infrutuosas tentativas junto às duas corporações ligadas ao Estado não seriam pontos favoráveis a uma novidade por si mesma extraordinária.

Entretanto, as prevenções não eram as únicas coisas a recear. Era preciso prevenir e evitar, se possível, as oposições subsequentes da Sociedade de Medicina, porque seria a que verdadeiramente atravessaria as vias do senhor Mesmer em razão dos procedimentos que ela se havia permitido a seu respeito.

Com efeito, senhores, não se deve confundir a conduta da Academia de Ciências com aquela da Sociedade de Medicina. Os erros da Academia são apenas erros de negligência: ela desdenhou o magnetismo animal por falta de reflexão suficiente, e por não ter considerado o assunto como deveria. A Sociedade de Medicina, ao contrário, buscando o senhor Mesmer, ligou-se a ele com o desejo de pura vaidade. Se ela o rechaçou depois, foi por uma inconsequência indesculpável. Numa palavra, pode-se dizer que se envolveu com o magnetismo animal muito rapidamente para ter tempo de um erro refletido. Depois, ela procurou atenuar a imperfeição de sua conduta condenando os erros de forma do senhor Mesmer, e simulando supor que essas imputações ficariam impunes. Esse não é o ponto final, senhores, mas, quando for, não seria necessário pelo menos lhe provar com fundamento que ela sacrificou os mais caros interesses da nação por vãs e miseráveis pretensões?

A vaidade não é o único móvel que pode animar a Sociedade contra o sucesso do magnetismo animal. Ver essa descoberta ter êxito por suas qualidades lhe seria extremamente desagradável. Esta corporação não pode se dissimular como uma Academia de oitiva, numa ciência prática tal como a medicina, não pode adquirir consistência real na França com sua destruição ou seu inteiro aviltamento. Assim, pois, por princípio e pelo interesse de sua própria conservação, a Sociedade de Medicina deve se opor com ardor a toda negociação própria a lhe conciliar com o sufrágio do público e com a sua estima. Estas crenças, senhores, podem ser tratadas como imaginárias, mas elas lhes recordam sem dúvida que no tempo de que eu falo, a Sociedade não negligenciava em nada para apagar da lista de seus direitos tudo que se tratava da verdadeira teoria da medicina. E que para lhes obstar toda a esperança de resistência ela obtinha êxito por um culpável abuso de autoridade, a fornecer seus registros, e então repetir todos os de seus decretos que não mais lhe interessavam.

Tais eram, senhores, as circunstâncias quando eu sonhava, pela primeira vez, fazer passar por suas mãos a mais importante descoberta que jamais havia atingido o espírito humano.

Suponhamos, senhores, que eu lhes fosse apresentar o senhor Mesmer e que, desdenhando os clamores elevados, os senhores estivessem com sua atenção ligada no magnetismo animal: seguramente ninguém duvida que os senhores não tivessem reconhecido ainda toda a importância da descoberta, mas creem que a Sociedade de medicina humilhada teria visto com olhos tranquilos suas negociações benfeitoras? Creem que ela não teria feito de tudo para atravessá-los, e se isto tivesse falhado, para, displicente, abafar no nascimento uma verdade? Creem enfim que se ela não tivesse tido êxito em nenhum desses projetos ela não teria procurado esvaziar a ajuda que a nação teria destinado, segundo seus sentimentos generosos?

Cada um pode a seu critério ter sua opinião particular. Eu penso que seria imprudente correr tais riscos e que antes de tudo seria necessário opor a opinião pública como barreira, seja aos adversários do magnetismo animal, seja aos seus.

Eis, senhores, os princípios em que me baseio para convencer o senhor Mesmer a ligar-se ao público, ligando-se ao mesmo tempo tão cerca dos senhores quanto as circunstâncias permitirem, de modo a formar insensivelmente as ligações pelas quais eu espero uni-los um dia.

No primeiro objetivo, o senhor Mesmer cercar-se-á de suas obras. Os fatos falarão: cada dia se elevará alguma voz em favor da verdade. A incredulidade foi banida e as dúvidas, esclarecidas. A persuasão ganhará de todos os modos. Enfim, senhores, hoje não é mais tempo de se fazer servir a singularidade do sistema para negar a possibilidade da descoberta.

No segundo objetivo, isto é, senhores, na intenção de lhes aproximar o senhor Mesmer, reunirei em minha casa 12 de seus membros (eles estão aqui, ou melhor, podem estar). Lá o senhor Mesmer fará, em suas pessoas, homenagem da memória analítica do seu método, ainda manuscrito. Após a impressão, ele fará passar ao seu deão, quando no cargo, um exemplar acompanhado de uma carta obsequiosa para a corporação. Não nos dedicaremos nesta assembleia à leitura da *Memória* do senhor Mesmer. Melhor do que isso, achamos conveniente nos encontrarmos com ele num hospital para aí ver as experiências comprobatórias do seu método.

Infelizmente, é muito difícil nesta capital reunir num determinado local um número tão considerável de pessoas que o público não cesse de chamar de todos os lados. Os efeitos de nossa resolução se arrastaram em extensão. Apercebi-me enfim que perdi meu tempo em vãos desejos, e creio devo mudar minhas medidas.

Propus aos senhores Bertrand, Malloët e Sollier seguirem comigo diversos tratamentos de doenças pelo magnetismo animal. Os senhores ignoram que este arranjo teve lugar durante sete meses e meio consecutivos, após os quais nos separamos. Fiquei só com o senhor Mesmer. Tem-se interpretado diferentemente essa separação: porque se é levado sempre a supor motivos extraordinários para os eventos mais simples. O fato é, senhores que nossos três confrades viram o suficiente para adquirirem, sem dúvida, uma opinião definitiva, para poderem responder com conhecimento de causa às pessoas com direito de interrogá-las.

Seja como for, a lentidão de nossa marcha havia disposto favoravelmente os espíritos, e isto devia de ser assim, porque um longo e sério exame supõe necessariamente uma questão suscetível de ser examinada. Creio dever aproveitar as circunstâncias para, no que depende de mim, fixar a atenção pública sobre este assunto. Eu publiquei minhas observações sobre o magnetismo animal; e me gabo de não ter inteiramente perdido meu tempo, porque essa descoberta é hoje objeto dos acontecimentos mais vivos e mais repetidos.

Não me restava mais então, senhores, que lhes apresentar as proposições que o senhor Mesmer me remeteu para lhes serem comunicadas, mas tendo logo me convencido de que minha conduta daria lugar a murmúrios na minha corporação, acreditei ser útil suspender minha tentativa, na crença de que sua indisposição contra mim não imputa erro à missão de que eu estava incumbido. Eu estava certo dessa opinião por conta do conhecimento de várias reuniões secretas em que estava vivamente deliberado sobre a maneira como eu deveria ser tratado. Enfim, um de meus confrades justificou minha suspeita, denunciando-me formalmente numa de suas assembleias.[157]

Eu não tomaria a iniciativa, senhores de lhes dizer o quanto estou convencido da acolhida que tiveram por bem fazer a esta denúncia. Sem dúvida pensaram que meu envolvimento com os senhores era inviolável. Ouso assegurar-lhes que ele sempre será.

Este testemunho expressivo de sua confiança, senhores, leva-me a suprimir, como inúteis, todos os artigos da minha justificativa que

---

157 Nota de Mesmer. Vê-se que o senhor d'Eslon fala aqui da primeira denúncia do senhor de Vauzesmes de que a Faculdade não queria ouvir.

não tratam diretamente da história do magnetismo animal. Não era minha primeira intenção. Eu desejava repelir a censura de não ter respeitado muito seu *status*.

Se algumas pessoas concluíram pelo meu silêncio que estou satisfeito de evitar um esclarecimento delicado, caindo voluntariamente em erro, estou e sempre estarei pronto a responder não somente às perguntas de minha corporação como também àquelas de todos meus confrades, sem exceção.

Eu lhes direi humildemente que gostaria de me sujeitar a tratar seriamente um assunto sério. Com efeito, nada de mais sério senhores do que a descoberta do magnetismo animal. Dignem-se, eu lhes peço, prestar-me toda sua atenção.

O senhor Mesmer afirma na sua memória sobre essa descoberta que a natureza oferece um meio universal de curar e de preservar os homens. Esta asserção, tão extraordinária quanto é, parece-me uma indução justa, e mesmo necessária, dos fatos numerosos dos quais fui testemunha. No entanto, por não se abalançar na palavra de outrem, e por afastar até a sombra do sistema, eu me restrinjo a pôr como princípio invariável: QUE A NATUREZA OFERECE NO MAGNETISMO ANIMAL UM MEIO GERALMENTE ÚTIL PARA A CURA DAS DOENÇAS.

A proposição assim reduzida, seria supérfluo examiná-la numa assembleia tal qual esta, e ainda por estar em oposição a todos os nossos conhecimentos anteriores. Quanto esta descoberta era inesperada, e quanto seria de desejar que ela viesse prontamente em socorro da nossa insuficiência diária.

Não é o momento para examinar se eu estou errado ou não, mas é muito importante observar que se os senhores Bertrand, Malloët e Sollier, que seguiram comigo as experiências do magnetismo animal, fecharam-se num silêncio circunspeto. No entanto, nunca negaram a existência da verdade que eu afirmo. Eu diria mais: se não devia deixar-lhes o dever de fazerem valer sua opinião até quando fossem formalmente convidados como eles esperam, ou como desejam após muito tempo.

Não se deve então concluir de sua circunspeção que estou sozinho, mas, bem ao contrário, que existem necessariamente quatro de seus membros que desejam com ardor que se preste a atenção mais séria a tudo o que concerne ao magnetismo animal.

Que força deve ter nossas vozes reunidas, se é verdade, senhores, assim como nos orgulhamos, que não nos julguem indignos de sua estima! À voz dos seus confrades juntam-se aquelas da nação. Após séculos, ela nos faz depositários de seus interesses mais caros. Olhos fixos sobre nós, ela exige hoje o prêmio de sua confiança. Recusaremos-nos aos seus desejos, nós que em todos os tempos asseguramos-lhe um devotamento a toda prova?

Enfim, a crença na honra nos pressiona a não deixar em outras mãos o desejo de uma ação generosa e útil.

Também, senhores, a possibilidade da descoberta admite, eu colocaria no número das suposições criminosas, o único pensamento de sua negligência.

Estas altas considerações não me permitem nenhuma dúvida sobre o partido que irão tomar hoje. Devo-lhes anunciar que as proposições do senhor Mesmer são estranhas aos seus costumes e que, igualmente, me inclino muito a pensar que elas deveriam ser aceitas sem restrição. Eu me explico, senhores.

Faz parte dos projetos do senhor Mesmer depositar a sua descoberta nas mãos do governo. Quaisquer que sejam os motivos, esta disposição deve ser ao menos respeitada.

Ele pensa que apenas o governo pode razoavelmente estatuir em tal matéria, com a ajuda dos verdadeiros sábios.

Menos estranho às nossas instituições do que quando chegou à França, ele reconhece que a Faculdade de Medicina de Paris é o único mediador digno de uma negociação tão importante.

Ele acredita que se é de sua honra secundar as vistas do governo, ainda mais glorioso lhe seria provocar sua atenção. Como consequência, ele pensa deixar-lhes toda a honra das primeiras negociações. Essas negociações consistiriam em solicitar o apoio do governo e a presença dos seus delegados nas experiências do magnetismo animal. O senhor Mesmer deseja estabelecer as experiências por um exame comparativo dos métodos ordinários com o método particular, isto é, senhores, ele lhes propõe tomar à sua escolha certo número de doentes. Os senhores tratariam metade sob seus cuidados, ele trataria a outra metade segundo o seu método, e a comparação dos efeitos salutares ditaria a decisão adequada para orientar o governo sob suas vistas paternas. Tais são em resumo as proposições do senhor Mesmer. Eu nada vejo, senhores, que possa ferir sua sensibilidade, mas vejo o meio mais seguro de juntar ao brilho de sua glória dando à geração presente e às gerações futuras provas de seu zelo pela verdade, do seu amor pela humanidade e do seu reconhecimento quanto à nação que lhes dá o sentido precioso de sua conservação.

Eu vou, senhores, proceder à leitura detalhada das proposições do senhor Mesmer. Após o que deixarei sobre a escrivaninha uma cópia assinada pelo autor. Juntarei, senhores, cópia do que tive a honra de ler. (Fim do discurso do senhor d'Eslon.).

O senhor d'Eslon leu efetivamente minhas proposições, anexou-as ao seu discurso, colocou-o sobre a escrivaninha, assinado por ele, e saiu para deixar que deliberassem. Quando voltou, o deão lhe fez a leitura de um decreto trazendo a seguinte deliberação:

1. Injunção de ser mais circunspeto no futuro;
2. Suspensão por um ano da voz deliberativa nas assembleias da Faculdade;
3. Cancelamento, ao término do ano, do quadro dos médicos da Faculdade, se não houver nesse tempo rejeitado suas observações sobre o magnetismo animal;
4. As proposições do senhor Mesmer foram rejeitadas.[158]

Eu deixo de julgar o porquê esse decreto é desonroso: pelo senhor d'Eslon insultado, ou pela Faculdade insultante. Todavia, tanto citei o senhor d'Eslon que creio dever juntar algumas palavras sobre as sequências que este caso pode ter para ele.

A Faculdade de Medicina de Paris não pode excluir do seu seio um de seus membros, senão após três deliberações, tomadas em três diferentes assembleias. Os resultados da primeira e da segunda não têm valor nem força, nem efeito.

---

158   Nota de Mesmer: Eu li uma prévia informal deste decreto. Não era questão do quarto artigo, isto é, de minhas proposições. Seria inútil se ocupar dessas variantes. Que a Faculdade rejeitou minhas proposições por um pronunciamento positivo ou por um silêncio absoluto, isto resultará exatamente no mesmo. No primeiro artigo do decreto está: injunção de ser mais circunspeto. Ter-se-ia juntado estas palavras: nos seus escritos concernentes à Faculdade. Como o senhor d'Eslon jamais produziu escritos concernentes à Faculdade, não se sabe o que isso quer dizer. Estas alterações ou correções de peças originais e, por assim dizer, sagradas, não devem surpreender. A Faculdade é tão bem organizada que ela simplesmente não possui registros. Todas as coisas deste gênero são escritas em papéis avulsos, que se guardam sob a chave do deão da época. Por pouco que esta chave seja confiada, são possíveis, facilmente, falsificações.

A terceira assembleia, só, faz lei, seja ela anulando, seja ela confirmando o que se passou nas duas outras. Como só aconteceram duas assembleias no caso do senhor d'Eslon, o que foi deliberado é como que considerado nulo, próximo do insulto. Ele não está suspenso, ele não está riscado, ele não está privado de nenhum de seus direitos. Ele não contradisse suas observações sobre o magnetismo animal. Ele jamais irá contradizê-lo. E, além disso, ele está muito inclinado a presumir que a Faculdade, esclarecida nos seus interesses pela censura pública, não irá querer submeter-se à sua própria desonra, impedindo a terceira assembleia. Se não acontecer desse modo, tanto pior para ela. Tanto quanto posso conhecer, ela sofreria todos os dissabores.

Viu-se quanto foi difícil obter a primeira assembleia do senhor Le Vacher de la Feutrie. Ele recusou a segunda e apenas concordou devido à solicitação de um membro da Faculdade que se dignou, disse ele, a convencer os confrades a uma conduta menos inconveniente. Como o acontecido rompeu essa esperança, o senhor Le Vacher protestou que sob nenhum pretexto ele convocaria a terceira assembleia. Manteve a palavra. O senhor Philip, seu sucessor, passa por homem prudente. Ele acreditava que não se comprometeria apenas levemente num caso tão público. Qualquer que seja, não cabe a mim profetizar sobre sua conduta nem da do senhor d'Eslon.

REFLEXÕES HISTÓRICAS SERVINDO DE CONCLUSÃO A ESTA OBRA

Não julgando conveniente deixar para a Faculdade de Medicina de Paris a liberdade de publicar e "colorir" a seu modo nossos procedimentos respectivos, fiz publicar minhas proposições a essa corporação no *Jornal de Paris*, e acrescentei uma carta indicativa sobre o que se passou.[159]

Esta divulgação revolucionou as ideias. Até então, minhas descobertas não passavam de uma quimera. De repente, elas adquiriram uma existência real aos olhos dos médicos de todos os partidos, mas eles acreditaram como haviam negado: sem exame e sem boa-fé.

Foi citada a palavra de um homem célebre da medicina, mais do que médico célebre: "A descoberta do magnetismo animal é bela, disse, mas é perigosa nas mãos do senhor Mesmer: ele não sabe manejá-la – é uma navalha nas mãos de uma criança." A partir do que esse fazedor de bons modos julga-se entendido sobre meus conhecimentos numa ciência que ele não conhece? De onde ele tirou de que fiz uma descoberta, ele que jamais me viu? Como pode decidir se ela é bela ou feia, salutar ou perigosa? Existe entre mim e ele uma distância que sua agilidade jamais fará ultrapassar. Que ele mude as senhoras de Paris em vassouras e em enceradeiras de apartamentos é o seu papel, mas para a felicidade do mundo e a honra da razão ele não serve.

Os médicos da Faculdade procuraram insinuar ao público que a um particular não é admissível medir-se com uma corporação por proposições como as minhas. Sua pretensão teve pouca repercussão porque foram abrigados a dizer sobre qual princípio razoável eles se baseavam.

---

159   Nota de Mesmer. O Jornal de Paris está nas mãos de todo o mundo, mas nenhum jornalista acreditou dever examinar minhas proposições, de sorte que elas não interessaram, na França, a nenhuma outra publicação.

Eles têm sido mais felizes em caluniar do que em arrazoados. A calúnia é muito cômoda, porque não exige nem bom senso, nem espírito, nem reflexão.

Seria necessário, por exemplo, não mais do que uma reflexão medíocre que não possui nem base, nem bom senso, nem espírito para culpar minha casa de indecência de algum tipo. A continência e os tipos de dor não são indecências, e existe imenso absurdo na suposição de que pessoas de todos os estados, de toda idade, de todo sexo se escarnecem cada dia ao sinal da dor para chocar os costumes e a decência.

Em minha casa, como em todos os locais, o riso e os choros contraem fatalmente os músculos da face. Pretender ridicularizar estes efeitos designando-os por trejeitos ridículos é ser ridículo por si mesmo.

Se nas mais vivas dores não se ouve nenhuma dessas expressões grosseiras as quais as pessoas da mais alta classe sujam tão facilmente alhures sua soberba linguagem, se a alegria não se expande com propósitos agradavelmente equívocos, a não ser que por uma baixeza extrema se nada sacrificam, são bons apenas para indignar o pudor, se significam qualquer coisa, se enfim a religião é inviolavelmente respeitada no seu discurso, ela é talvez das poucas sociedades em Paris em estado de sustentar o paralelo com o que se passa em minha casa.

Que parte das pessoas de alto padrão esteja chocada com a mistura de níveis e de condições que se encontram em minha casa, isto não me preocupa, disso eu nada sei. Minha humanidade é de todos os padrões, e não está em mim despender alguns de meus cuidados além daqueles que dispensei ao paralítico que faz minhas comissões, ou daqueles pelos quais arranquei dos braços da morte meu fiel e afeiçoado empregado.

De todas as classes de homens, aquela dos grandes convém menos ao meu gosto. Eles não sabem em geral saldar a conta dos benefícios a não ser em dinheiro ou em falsos protestos, e não em reconhecimento ou em amizade. Algumas exceções particulares que acreditaria poder citar não destruiriam a solidez do princípio.

Depende só de mim admitir em meus tratamentos apenas pessoas de nome, mas se algumas vantagens se me fazem entrever nesse arranjo, não pude me entregar a essa triste escravidão.

Por todo lugar onde se encontram homens reunidos irão se encontrar interesses diversos, pequenas divisões, intrigas miseráveis, enfados. Como tais coisas não existiriam em minha casa? Os tronos estão cercados disso. Jamais julguei a propósito prestar mais séria atenção, bem persuadido de que nessas ocasiões as puerilidades do dia seguinte fazem sempre esquecer as puerilidades antigas.

É ainda possível que em grande número de pessoas que seguiram meus tratamentos se contem aquelas cujas condutas nem sempre foram isentas de reprovações. Eu não as conheço, não posso ser juiz das ações particulares. Os cuidados de um médico não podem depender de uma informação de vida e de costumes: que respeitem minha casa e a sensibilidade das pessoas que lá estão, é tudo que posso exigir.

Os nomes de Montmorency, De Nesle, Chevreuse, Puységur etc. encontravam-se em minha casa em companhia de oficiais gerais, de militares de todas as categorias, de pessoas do local, de pessoas ligadas intimamente ao serviço do sangue real quando a nobreza de França não achava ruim que os médicos ousassem falar, em altos brados, de minha casa como um mau lugar, e quando, pelo prazer de suas almas estreitas, ela, sem reflexão, adotou e espalhou suas maldades estudadas.

Ó, cavalheiros franceses! Para onde foi sua antiga altivez? Do tempo de sua soberba ignorância, não teriam visto com olhos indiferentes seu palácio mudar em ateliês tenebrosos de contrafações literárias. Não teriam visto tranquilamente uma princesa, pequena filha de um marechal de França, o chefe de uma de suas legiões, o companheiro dos trabalhos e dos perigos de um de seus admiráveis, ocupar-se com alguns comparsas menos conhecidos, a usurpar o fruto de minhas vigílias, espiar por si mesmos, ou por seus emissários, o que se passa em minha casa, interrogar a simplicidade dos meus valetes, vangloriar-se prematuramente do sucesso, anunciar a leitura de suas memórias na Academia de Ciências, beber por antecipação a infâmia de uma derrota ridícula ou de um triunfo revoltante. Ó, cavalheiros franceses! Recebam esta lição mortificante de um sábio obscuro, que apenas deseja ser-lhes útil. É ele que lhes grita. Ó, cavalheiros de França! Que acontece com sua antiga altivez?

O que eu achei, outro pode também ter achado, sobretudo depois de por algum modo eu ter trazido a público, provando a possibilidade de sucesso, mas não é inconsequente rejeitar uma verdade que ofereço inteira para recebê-la em pedaços? Isso não pode ser perigoso? As pessoas que buscam e as pessoas que sofrem passivamente que se a busque, elas pesaram bem as consequências de sua conduta? Eu lhes deixo a decisão. Quanto a mim, não saberia dizer o quanto se me tornou indiferente que chegue a me atingir pelo fato de eu não poder ser acusado e mesmo deixar-me atingir pela indiscrição.[160]

---

160 Nota de Mesmer. Os pretensos imitadores do meu método estabeleceram em suas residências tinas semelhantes àquelas que viram na sala de meus tratamentos. Se sabem apenas isso, estão pouco avançados. É de se presumir que se eu tivesse um estabelecimento cômodo, suprimiria as tinas. Em geral, uso apenas pequenos meios e isso quando necessários.

Ninguém, sem dúvida, está mais interessado do que os primeiros médicos do rei e em tirar proveito da minha descoberta. Os deveres mais sagrados, o respeito, o reconhecimento, o amor, tudo se reúne para lhes dizer sem cessar que eles têm em mãos a balança em que deve ser pesado um dia, talvez agora, o destino dos soberanos do mundo. Um só de seus erros, uma só de suas desatenções pode mudar a sorte de vários impérios. Unicamente por sua falta, milhões de homens felizes hoje podem estar infelizes amanhã. Caso se reflita por um momento, irá se reconhecer que um primeiro-médico do rei, indiferente sobre um novo meio de conservar o sangue de seus senhores, deve viver, na ignorância de seus benefícios, num entorpecimento inconcebível.

Já relatei a conduta que teve para comigo o senhor Stoërk na Alemanha. Falei do senhor de Lassone, primeiro-médico de suas majestades na França.

Pude entrever que, em 1778, eu não havia estado satisfeito com o acolhimento do senhor de Lassone. Decidido a não mais procurá-lo, não fiquei de sobreaviso apenas em relação a ele, porque a minha ruptura com a Faculdade de Medicina de Paris me fez perceber a necessidade de buscar, enfim, diretamente o governo. O senhor d'Eslon não se ocupou mais do que eu do senhor de Lassone e me prestou nessas circunstâncias os mesmos serviços que no passado. As aparências indicavam o sucesso, mas, quando eu quis me apresentar por mim mesmo, percebi que haviam dificultado os porvires de modo a me impedir de ir mais longe.

Eu sei de qual circunspeção se deve usar quando se fala dos governos. Felizmente, nada me força ao silêncio. O que tenho a dizer não pode servir senão para provar o quanto deve ficar embaraçado o ministro de um Estado ordenado sobre máximas usuais quando os agentes subalternos se julgam interessados em pôr entraves à sua marcha. Se eu não tivesse obtido na França o sucesso que minha longa perseverança devia me proporcionar, certamente não teria nada a me lamentar do governo. Pode ser que não estivesse tão avançado a não ser em relação à verdade que apresento.

O desgosto que viria a me acontecer me foi extremamente marcante. Após tantas contradições, após três anos de combates públicos, não se avançou mais do que no primeiro dia e isso me pareceu insuportável. Deixando-me cair no desencorajamento, e não querendo nada mais do que o repouso, comuniquei ao senhor d'Eslon a resolução de deixar meus doentes no dia seguinte. Nossa conversa foi tão viva quanto longa. Ela terminou por nos cedermos reciprocamente alguma coisa, Consenti em conservar até a primavera os doentes de que estava encarregado, com a condição de não aumentar seu número, e de renunciar às consultas. Eu devo pôr o leitor ao par sobre minha repugnância pelas consultas.

O senhor d'Eslon é de opinião que eu deveria sujeitar-me por dever, enquanto eu sempre o fiz por complacência. Ele baseia sua opinião no fato de que minhas simples consultas operaram algumas vezes curas interessantes. Sob seu ponto de vista, essa consideração deve prevalecer sobre todas as outras.[161]

Eu creio pessoalmente que minhas consultas lembram muito o charlatanismo. Examinar doentes, tocá-los, não fazê-los nada provar, ou lhes ocasionar efeitos mais ou menos sensíveis, indicar-lhes por meus meios a sede do seu mal, e terminar, se creio sua cura possível, por anunciar-lhes que nada posso lhes oferecer por falta de local etc. – eis em resumo o que se passa em minhas consultas, o que me parece muito pouco satisfatório para os doentes e muito fatigante para mim. Seria impossível suportar indiferentemente. É um suplício ao qual alguém se pode condenar no máximo por dois ou três meses.

Além disso, as verdadeiras curas desse gênero são raras, e têm essa desvantagem: darem nascimento aos contos mais absurdos. Que pessoas sensatas, pelo menos por tal, vieram me consultar com a certeza de que eu as devia curar subitamente ao dedo e ao olho, e saíram coléricas porque não fiz aquilo que esperavam!

Não nego, entretanto, que as consultas são coisas maravilhosas, e concordo que devam ser caras à medicina. É uma mina de ouro: o dinheiro flui de todos os lados e, do modo que as coisas vão, eu não saberia o que fazer do meu dinheiro se tivesse continuado nesse excelente negócio.

No entanto, o senhor d'Eslon esforçou-se para renovar a negociação. De um golpe, depreendi com certeza que o senhor de Lassone declarou de modo a não poder mais se retratar que estava convencido da existência e da utilidade da minha descoberta. De outro lado, o senhor d'Eslon recebia por resposta que seria justo dirigir-se ao senhor de Lassone, e que ele seria encarregado de endereçar e apresentar o plano de aceitação a ser realizado sobre minha descoberta.

Existia entre o senhor de Lassone e o senhor d'Eslon antigas causas de afastamento. Ele não mais apareceu: seja por escrito, seja de viva voz, o senhor d'Eslon fez todas as tentativas necessárias, e certamente o senhor de Lassone nada teve para se queixar. Eu mesmo, quando julguei a ocasião propícia, uni-me a esse primeiro-médico.

---

161 Nota de Mesmer. Eu citei uma dessas curas no relatório do reverendo padre Gérard. O senhor d'Eslon, na página 81 de suas Observações sobre o magnetismo animal, cita uma outra sob o nome de reumatismo na cabeça. Esta última foi realizada no senhor Noverre, célebre compositor de balés de caracteres. Eu poderia falar de várias outras: mas a maior parte delas só me é conhecida por citações das quais não tive o cuidado nem o desejo de verificar a exatidão.

No início da negociação, o senhor de Lassone tinha dificuldades para traçar um plano. Isso não deve surpreender: em três anos, ele não tivera tempo de aprender uma palavra do meu assunto e, o que me preocupava muito, ele parecia não ter pressa para se instruir. O senhor d'Eslon propôs várias vezes, inutilmente, ao senhor de Lassone para tomar a iniciativa.

Para pôr este último a par, o senhor d'Eslon lhe deu uma memória em que ele dizia:

Que, no começo de minha estada na França, eu estava interessado em dirigir os eventos, mas que os ensaios nesse gênero não foram felizes, e eu havia perdido a esperança e o desejo.

Que a perda de um tempo precioso durante três anos inteiros me havia determinado a negligenciar ou rejeitar toda proposição que não fosse decisiva.

Que eu não aceitaria do governo um engajamento parcial. Que minha intenção era de me ligar por um contrato indissolúvel até inteiro cumprimento das condições e acordos, ou de permanecer dono absoluto de minha liberdade, de modo a, por exemplo, poder sair da França da noite ao dia seguinte, se me agradasse, sem criar nenhum obstáculo legítimo ou repreensão fundamentada.

Que a frieza com a qual se viu na conduta da Faculdade de Medicina a meu respeito havia sido passada para mim.

Que depois disso tudo eu me contentaria que apreciassem minha descoberta, mas que eu não pretendia mais influenciar ninguém.

Que eu veria sem dúvida com satisfação que se ocupavam em verificar os fatos existentes, mas que não seria um caso essencial para mim.

Que menos ainda eu me prestaria a fazer eclodir novos fatos – em resumo, que poderiam se convencer, mas não que eu desejasse convencer.

Que as provas necessárias para constatar de forma autêntica a eficácia do magnetismo animal na cura das doenças poderiam ser reunidas em quantidade suficiente.

Que se trata apenas de querer, e que seriam encontrados os meios adequados para afastar todas as dificuldades.

Que o governo poderia nomear comissários, não para examinarem meus procedimentos, não para se conciliarem comigo, mas para tomarem conhecimento dos fatos notórios, levando-os em conta.

Que em princípio existia a presunção de que eu não me recusaria a qualquer complacência. Pessoas verdadeiramente honestas devem encontrar necessariamente um retorno da honestidade num homem que pensa.

Que se me recusasse, isso redundaria no mesmo, porque, com efeito, não importaria meu consentimento para saber a que se apegar, pois que eu não sou o senhor e que aquilo que havia feito não o foi.

Que os comissários do governo poderiam escolher dentre os numerosos fatos aqueles que lhes parecessem mais importantes e que a verificação poderia ser feita por meios considerados razoáveis.

Que se os préstimos relativos ao senhor d'Eslon forem julgados necessários, seja para encontrar as pessoas ou os papéis relacionados, seja para engajar os doentes a se apresentarem, seja para acompanhar os mais tímidos etc., se o encontrará sempre pronto.

Assim que os fatos forem constatados, o governo fará o que for necessário, e poderá apreciar os meios de fazer a humanidade usufruir as vantagens anunciadas fixando-me na França.

Que quando eu me recusava constantemente a provar a ação do magnetismo animal por meio de experiências instantâneas, eu parecia, após os trâmites necessários, agir não razoavelmente, mas que esse modo de pensar não é exato, porque o resultado dessas experiências, não podendo ser assegurado, seria pelo menos indiscreto não obter nenhuma conclusão em desvantagem da descoberta. Com efeito, o resultado depende do estado atual do doente sobre o qual se deu a experiência, de sorte que se o seu estado mudar da véspera para o dia seguinte, o resultado deverá ser diferente ou nulo. Pessoas que me viram arriscar várias vezes alguns ensaios com pessoas não aprovadas não poderiam, por consequência, senão tirar perigosas induções de resultados pouco concludentes, mas sim que o fruto dessas complacências não havia tido encorajamento.

Que haviam sido feitas nomeadamente experiências extraordinárias para a convicção de quatro médicos conhecidos que seguiram meus tratamentos, e que haviam recusado a evidência. Eu bem podia, sem disposição de ânimo, correr riscos parecidos nos momentos em que isso poderia levar a maior consequência.

O senhor d'Eslon terminou sua memória indicando o gênero de interrogações que os comissários do rei poderiam fazer aos doentes. Como serei obrigado a disso falar depois, suprimo aqui o detalhe.

Quando o senhor d'Eslon me comunicou esta *Memória*, eu o autorizei a dizer de viva voz ao senhor de Lassone que pelas razões alegadas não me era possível me engajar formalmente a fazer experiências diante dos comissários do rei, mas que não, duvidando que enfim se usaria em relação a mim de honestidade, decência e boa-fé, eu me comprometia verbalmente a dar a esses senhores as satisfações desse gênero que poderiam ser razoavelmente desejadas.

Restava apenas debater a natureza do comissariado. O senhor de Lassone achou muito difícil transgredir as regras ordinárias, regras que vêm dos comissários inspetores e não dos comissários inquisidores.

De minha parte, eu pretendia que uma comissão dada pelo rei fosse honrada por si mesma e que, desde que estivesse regrada a forma, a forma seria conveniente.

Eu sustentava por outro lado que as pretensas regras que se opunham eram imaginárias, porque não eram conhecidas na França nas ocasiões em que se tratava da vida dos cidadãos. Eis o que eu disse a esse respeito, falando ao senhor Lassone. Rogo observar que meu arrazoado, embora bizarro à primeira vista, é, no entanto, muito sério e muito seriamente aplicável à questão.

Quando se está convencido de que um ladrão roubou, se o enforca; quando se está convencido de que um assassino de fato matou, ele é levado ao suplicio da roda; mas para aplicar essas terríveis penas não se exige que o ladrão roube de novo a fim de provar que ele roubou, não se exige que o assassino assassine uma segunda vez a fim de provar que ele é assassino: constata-se pelas provas testemunhais e o corpo de delito que o roubo ou o assassinato foram cometidos, e depois se enforca ou se põe à roda com consciência segura.

E então é o mesmo comigo. Peço ser gentilmente tratado como um homem a ser enforcado ou à espera da roda, e que se pesquise seriamente e se estabeleça que curei, sem me mandarem curar de novo para provar que sabia na ocasião como se faz para curar.

Eu acrescento que toda essa discussão era no fundo inútil. Não ajo mais, dizia eu, com humor, mas por princípios que creio muito razoáveis: proponho minha descoberta. Não podem me fazer passar por condições contrárias às que acredito justas, e sobre o artigo que tratamos, é recusar ou aceitar.

O senhor de Lassone reconheceu enfim que, após ter sido por tão longo tempo paciente, minha repugnância e minha resistência a novos adiamentos não estão destituídas de fundamento, e que as proposições feitas pelo senhor d'Eslon eram aceitáveis. Convencionou-se escolher oito comissários. Eis quais pessoas o senhor de Lassone indicou.

Senhor de Angevilliers, diretor e ordenador de abastecimento do rei; senhor de Saron, presidente e almofariz do Parlamento de Paris; senhor de Montigny, tesoureiro de França; senhor de Auberton, guarda e demonstrador do gabinete de história natural do rei; e os senhores Bercher, Grandelas, Lory e Mauduyt, médicos.

Os quatro primeiros são membros da Academia de Ciências e os quatro últimos, da Faculdade de Medicina de Paris, com a observação de que os senhores Lory e Mauduyt, ligados à Sociedade Real, são de algum modo representantes dessa corporação, enquanto os senhores Barcher e Grandelas são igualmente representantes da Faculdade, pois que nunca estão separados.

Quando o senhor d'Eslon me consultou em nome do senhor Lassone sobre esses arranjos, observei que não me cabia julgar as pessoas em quem o governo depositava confiança, mas que já que me consultava, que acreditava poder dizer que o número me parecia difícil de reunir em Paris no momento preciso; que além disso a escolha parecia lisonjeira a mim; que principalmente eu teria certo prazer em me reencontrar com o senhor Auberton, na esperança de fazê--lo lembrar-se das prevenções que lhe tem sido atribuídas; que, finalmente, parecia-me que, após o que se passou entre eu e o senhor Mauduyt, nosso relacionamento havia sido evitado. O senhor de Lassone pareceu sentir a justeza desta última observação e me assegurou que ele faria escolher outra pessoa em substituição ao senhor Mauduyt.

Como se vê, esse caso parecia caminhar a grandes passos para um acordo comum. Infelizmente, quando o senhor d'Eslon desejou apressar a conclusão, o senhor de Lassone foi obrigado a lhe anunciar que os comissários designados haviam achado a comissão inadmissível, o que nos levou a outros arranjos.

Tive a curiosidade de penetrar os verdadeiros motivos dos comissários. Empreguei pessoas de confiança para descobrirem algo a esse respeito. Os pretensos comissários aos quais se dirigiram não haviam, disseram eles, ouvido falar de nada.

Então, não demorei em comunicar aos meus doentes que, devendo deixar a França, meus tratamentos terminariam a 15 de abril seguinte (1781).

Esta novidade devia desagradar às pessoas que haviam perdido toda confiança na medicina comum e acreditavam apenas na minha. Seus alarmes chegaram até os pés do trono.

Sua majestade, a rainha, encarregou uma pessoa de sua confiança para me dizer que ela achava o abandono dos meus doentes contrário à humanidade, e que lhe parecia que eu não devia deixar a França dessa maneira.

Eu respondi, em síntese, que minha longa estada na França não podia deixar em sua majestade nenhuma dúvida sobre o desejo que eu tinha de preferir seus Estados a todos os demais, exceto minha pátria, mas que, desesperançado por todos fortes motivos de ver na França uma indefinição quanto ao importante caso que para aí me havia conduzido, eu estava decidido a aproveitar a nova estação para fazer operações que com grande pesar eu não conseguia realizar a longo tempo; que, além disso, eu suplicava a sua majestade examinar que ela tinha até 15 de abril um longo tempo para tomar uma determinação, se a necessidade de tomar uma já estava enfim reconhecida.

Alguns dias depois, uma pessoa de nível, e suficientemente autorizada, pediu-nos, ao senhor d'Eslon e a mim, que nos reuníssemos com ela. A reunião durou quatro horas. Parece que isto seria muito para um caso por mais complicado que fosse, mas não se saberia imaginar o quanto é difícil fazer compreender quando existem prejulgamentos de toda espécie a combater. Meias-razões, falsas interpretações, fantasias inventadas por puro prazer, ridículos gracejos, receio de se comprometer: tudo estava contra mim, exceto o sentimento de uma verdade desconhecida que eu ainda ousava ter no rosto.

Eu tive, por exemplo, muita dificuldade em fazer entender que se deveria estimar muito minha descoberta para poder desejá-la realmente, e que seria muito simples que se o dissesse sem hesitar, nas condições desejadas:

> – Jamais, senhor, disse eu à pessoa na casa em que estivemos, eu nada pedi e nada tenho a pedir; e isto, não que eu não pretenda ser recompensado, mas porque minha recompensa só pode vir após as condições necessárias ao estabelecimento de minha descoberta, e que tudo deva ir junto e estar fundido num só e mesmo conjunto. Tenho a honra de lhes assegurar que, se eu perder essa resolução de vista, a primeira coisa que aconteceria fatalmente seria eu negociar sobre as condições. Ora, eu não quero ser negociado. Se for obrigado a isso, prefiro, a todo custo, criar as dificuldades do que ter de resolvê-las.

De minha parte, cumpri fielmente o que me propus, quando, após longos debates, pressionaram-me a assumir proposições condicionais que me engajariam até 15 de abril, tempo no qual eu me encontraria livre se elas não houvessem sido postas em execução. Eu repetia continuamente que queria fazer alguma proposição, e me respondiam do mesmo modo que o governo estava no momento impossibilitado de agir mais abertamente. Com efeito, os sábios têm de tal modo gritado na França que terminaram por persuadir que eles são qualquer coisa, e que atentar contra sua jurisprudência imaginária é crime de lesa-majestade. Não fiquei convencido, mas enfim desfilaram sob meus olhos as proposições que se vai ler. Ver-se-á sob que forma vaga elas são apresentadas. Quanto a mim, não posso dizer o quanto me custou para assiná-las, sempre sentindo o ar de uma demanda.

Foi proposto:

Que o governo nomeie cinco comissários, dos quais dois somente médicos, os três demais pessoas instruídas, para obter os últimos conhecimentos que se julguem necessários para não deixar nenhuma dúvida sobre a existência e a utilidade da descoberta do magnetismo animal.

Que os comissários examinem um número determinado de doentes tratados pelo senhor Mesmer. Os doentes serão indiferentemente escolhidos dentre aqueles que ainda seguem os tratamentos pelo magnetismo animal ou dentre aqueles que não os seguem mais.

Que este exame se faça a seguir aos procedimentos do senhor Mesmer. Eis em resumo as perguntas que poderão fazer os comissários aos doentes.

1. Qual era seu estado antes de se submeter aos tratamentos pelo magnetismo animal? — As consultas e atenções dos médicos de Paris ou outros poderão ser solicitadas como apoio.

2. Quais efeitos sentiram durante seus tratamentos e qual a marcha desses efeitos?— Se forem interrogados alguns doentes atualmente nas mãos do senhor Mesmer, serão examinados os efeitos sensíveis tais como a gordura, evacuação, obstruções tornadas visíveis etc.

3. Se tomaram medicamentos durante o tratamento pelo magnetismo animal.

4. Em que estado estava sua saúde quando deixaram o senhor Mesmer.

Que se o relatório dos comissários for favorável à descoberta, o governo o reconhecerá por uma carta ministerial,

Que o senhor Mesmer tem uma descoberta útil.

Que para recompensar o senhor Mesmer e se engajar a estabelecer a propagar sua doutrina na França o rei lhe dará com toda a propriedade um local que lhe possa ser conveniente para tratar, o mais vantajosamente possível, os doentes, e comunicar seus conhecimentos aos médicos.

N.B. – À margem destas proposições está escrito: O senhor Mesmer preferiu o Castelo e Terra de *** a qualquer outro.

Que para fixar o senhor Mesmer na França e reconhecer seus serviços lhe será dada uma pensão vitalícia de 20 mil libras.

Que sua majestade exige que o senhor Mesmer fique na França até que esteja suficientemente estabelecida sua doutrina e seus princípios e que ele não a pode deixar a não ser por permissão do rei.

Foi ainda proposto:

Que o senhor Mesmer goze de vantagens que lhe serão dadas desde o momento em que o governo tenha reconhecido a utilidade da descoberta.

Que o rei nomeie uma pessoa para presidir e velar pelo estabelecimento feito para o senhor Mesmer.

> Eu aceitei estas proposições pura e simplesmente, mas com a condição expressa de que elas serão executadas para o 15º dia de abril próximo: época na qual não mais estarei ligado a nada, se as proposições acima não forem realizadas. Paris, 14 de março de 1781. Assinado Mesmer.

Ignoro o que se passou nos dias seguintes. Somente: acreditei entrever que talvez não estivesse obrigado a narrar hoje o incômodo resultado de minhas negociações, se o senhor de Lassone, consultado sobre esse caso, não estivesse se limitado a ver as dificuldades.

Fui chamado por um ministro de Estado, e me apresentei a ele a 28 de março, em companhia do senhor d'Eslon e da pessoa pelas mãos da qual eu havia assinado as proposições que acabei de ler.

O ministro começou por me anunciar que o rei, informado da minha repugnância por ser examinado pelos comissários, achou por bem me dispensar dessa formalidade, estabelecer para mim uma pensão vitalícia de 20 mil libras e a pagar por outro lado um aluguel de dez mil francos pela casa que eu achei adequada a formar discípulos, a saber: três para o governo, e o número que me convier para minha satisfação. O restante das graças que eu podia pedir, juntou o ministro, seria proporcionado quando os discípulos do governo houvessem reconhecido a utilidade da minha descoberta.

Respondi que eu lhe suplicava que chegassem a sua majestade os justos sentimentos de sensibilidade e de reconhecimento com que eu estava animado, mas que eu não podia aceitar as proposições de que acabara de tomar conhecimento.

Sinto que revolto um grande número de meus leitores, mas já estou acostumado à impressão que lhes causo. As acusações de vaidade, de importância, de teimosia, de falso desinteresse fizeram minhas orelhas tremerem de todos os lados.

A essa precipitação no julgamento eu oporei o exemplo do ministro de Estado diante do qual eu compareci. Podem-se tomar suas lições sem contestar. Não saiu de sua boca nenhuma expressão dura. Tranquilo, com doçura, sua voz exprimia passivamente as objeções, e seu ouvido escutava atentamente as minhas. A conversa durou duas horas nesse tom.

Não mais procurarei entrar em detalhes. Contentar-me-ei em resumir minhas respostas. Indicando a natureza das dificuldades, elas lançarão luz suficiente sobre a questão. Eu me expresso então:

Que os oferecimentos que me foram feitos me pareciam pecar por visarem meu interesse pecuniário e não a importância da minha descoberta como objeto principal.

Que a questão devia ser absolutamente vista em sentido contrário, pois que, com efeito, sem minha descoberta, minha pessoa nada seria.

Que eu sempre havia agido de conformidade com estes princípios, solicitando constantemente a importância da minha descoberta, jamais a da minha pessoa.

Que as iniciativas do governo de me dispensar da formalidade de um exame pelos comissários me pareceu tanto mais expediente porquanto a ação do magnetismo animal sobre o corpo humano e sua utilidade em medicina são hoje verdades de notoriedade pública, e seria, por assim dizer, pueril pôr ar de dúvida no que não deixa nenhuma.

Que após estar assim elevado acima das formalidades inúteis me parecia incompreensível, ou pelo menos contraditório, que me deixasse julgar pelos meus alunos.

Que esta cláusula, aliás, era rigorosamente inadmissível, desde que não se podia prever quais interesses estariam ditando seu julgamento. A quem se deveria, por exemplo, a verdade, pergunto eu, se me fosse dada por discípulos, comissários e juízes os senhores de Lassone, Malloët, Sollier?

Que se não se acreditava em minha descoberta, haveria evidentemente um grande erro em me oferecer 30 mil libras de renda.

Se ao contrário se acreditasse, a sorte da humanidade não deveria ser sacrificada nem ao amor-próprio de alguns sábios em delírio, nem ao receio de algumas despesas indispensáveis.

Que eu não concebia como a submissão dos espíritos mais esclarecidos da nação às opiniões dos sábios podia ser tal que deixasse de modo tão evidente surgir por minha causa o receio real de seu desgosto. Que importa o sentimento da Faculdade de Medicina, da Sociedade Real, do senhor de Lassone se toda essa gente não se importa com a sorte da humanidade? É compreensível que ela esteja descontente.

Que por estar exposto pacientemente à derrisão pública durante 15 anos consecutivos, não significa que eu esteja mais disposto a assumir minha vergonha, que seria lembrada como excessivamente aviltante para mim se estivesse fundada a suposição de que eu pudesse aceitar 20, 30, 40 e mesmo 100 mil libras de renda por uma verdade que no fundo do coração eu sabia não existir, que tal suposição jamais serviria de base a qualquer tratado voluntário de minha parte, e que meu coração se revoltaria de tal modo a essa ideia que eu não saberia se não seria melhor perder uma descoberta do que dá-la a tal preço.

Que se taxasse essa conduta de desumanidade, eu deveria pouco me preocupar, que o erro estaria na própria humanidade ou nos seus representantes, que após tudo eu não veria a que título se exigiria que eu amasse a humanidade se ela não se ama a si própria.

Que resumindo os meus princípios, eu não podia decididamente encetar algum tratado com o governo que previamente não reconheceu formal e autenticamente a existência e a utilidade da minha descoberta.

Que alegar em resposta a crença de comprometer a dignidade real seria admitir positivamente que não estava convencido, donde, sem me lamentar, eu devia inferir após tudo o que eu havia feito que a convicção é uma planta estranha ao solo francês e que o melhor para mim é me ocupar em arrotear algum terreno menos ingrato.

Que não posso admitir razões econômicas. Toda despesa necessária ao bem--estar dos povos é um dever rigoroso. Pode-se adiar para tempos mais felizes a edificação de um palácio agradável, a construção de um local útil, a formação de um caminho cômodo, mas não se pode adiar para o dia seguinte a saúde e a conservação dos homens.

Que se eu tivesse severamente evitado durante minha estada na França questionar meu tratamento pessoal, não teria duvidado um só instante que ele não devia ser digno da nação francesa e da grandiosidade da monarquia que a governa.

Que pressionado mais do que desejaria para me explicar mais positivamente sobre esse assunto eu teria, por respeito pela opinião dos demais, e se eu desejasse, por crença, assinado proposições que eu jamais me permitiria, mas depois não teria mais tempo de me retratar e alegaria sem evasivas que aceitaria as 20 mil libras de pensão vitalícia que me haviam oferecido com a condição de que acresceria a dádiva a uma propriedade com uma extensão territorial própria aos estabelecimentos que eu havia projetado.

Que entrava necessariamente nos meus projetos o de gerir estes estabelecimentos de modo que pudessem servir de modelos a todos aqueles deste gênero que a seguir se julgaria necessário fazer, seja na França, seja alhures.

Que eles deviam ser de natureza a desdobrar os recursos e os meios de minha doutrina, de modo a poder praticá-la e ensiná-la sem restrições.

Que, esses meios postos em prática, não é preciso imaginar que eu os transportaria de um lugar a outro por minha vontade ou daquela de pessoas poderosas.

Donde se seguirá que o estabelecimento devia estar num local bastante vasto e bastante cômodo para receber convenientemente as pessoas postas no mundo para obter as primeiras preferências sobre o restante da nação.

Que seria impossível que as coisas se passassem de outro modo até que a multiplicação desse tipo de estabelecimento tivesse satisfeito as condições necessárias de parte do reino ou na sua generalidade.

Que não seria razoável pedir ou exigir que eu contribuísse com despesas consideráveis e inevitáveis num local que não me pertencesse.

Que enfim as contrariedades passadas muito me ensinaram o quanto me importava ser livre, independente, ter minha casa para que eu esquecesse facilmente a sua necessidade.

Que esse amor pela liberdade não estava, entretanto, nada menos do que desordenado. Eu havia sempre reclamado e reclamo ainda que o nome e a autoridade do rei apareçam à testa do meu estabelecimento: a ele só pertencem essencialmente a proteção e a propagação de uma verdade de que depende a felicidade dos homens.

Que por escrúpulo eu desejava usufruir indiretamente da munificência do governo a concessão que pedi, repugnante àquele que me concedeu uma soma qualquer destinada a fazer esta aquisição assim que me conviesse. É uma possessão territorial e não dinheiro que eu peço.

Que qualquer interpretação que se dê a esta sutileza não se poderá pelo menos evitar aí reconhecer um ponto de segurança para o governo. Que risco pode ele correr dando uma pensão a si mesmo e concedendo uma pensão territorial? Tais coisas não podem nem se esvair nem se eclipsar num piscar de olhos. São, por assim dizer, cauções de justiça e de fidelidade para cumprir os compromissos contratados.

Que eu sabia muito bem que o tratamento que se desejava importava numa soma considerável. Mas que eu sabia muito bem que minha descoberta não tem preço.

Que se considerar essa soma como imposto lançado sobre os povos, eles não seriam lesados, porque não teriam tido senão a mim para levar em mais alta consideração depois de permanecer na França, e que, além disso, o dinheiro é feito para pagar as necessidades.

Que, visto como recompensa, esta soma me pareceria talvez fiel. O compromisso que assumi de não deixar a França sem permissão expressa do rei, 15 anos de trabalho jogados à humilhação, o que me restava a fazer, o desinteresse do qual sempre fiz profissão, o que particularmente usei na França, país estranho para mim, e que pelas máximas ordinárias me teria permitido espoliar sem escrúpulo, a agitação contínua de minha vida, a do meu espírito, aquela enfim do meu coração, não seriam talvez os únicos motivos que eu poderia fazer valer para justificar uma recompensa, mais digna de fé que se pode dizer, se ela for comparada àquela que simulam pessoas que, totalmente inúteis, ficariam muito irritadas por serem prejudiciais a tudo.

Que eu deixaria à sagacidade de sua majestade e a de seus ministros a decisão da utilidade ou do perigo que poderiam representar as contrafações do meu método, e que eu lavaria minhas mãos quanto aos inconvenientes resultantes, assim que eu tivesse com certeza adquirido o direito.

Que o porte de minha inteligência não seria suficiente para compreender como de um lado se repeliu assim toda precaução, enquanto de outro me objetaram a importância de tomar as maiores precauções antes de acolher uma descoberta que parecia bater de frente com preconceitos tanto quanto a minha.

Os preconceitos são inimigos da felicidade dos homens. Só sobre a verdade pode repousar sua felicidade. Apresentar aos povos com sabedoria e circunspeção a verdade livre de erros, de prestígios e de embustes é pois o dever mais caro ao verdadeiro legislador: eis o que eu proponho.

É sob um monarca amigo de seus povos e sem dificuldade um dos melhores cidadãos de seu reino, é sob um ministério no qual todos os membros possuem uma reputação de virtude, é enfim no momento de uma espécie de ressurreição para a honra francesa que se rejeita na França a verdade mais amiga dos homens, e que esta nação, ciumenta de todas as suas glórias, renuncia ao título precioso de benfeitora das gerações. E à sólida honra de servir de modelo e de preceptora ao universo. Ó, verdade! Verdade! Teu império é certo, mas teus primeiros passos são difíceis!

Tal foi, ou ao menos tal deve ter sido a conversação de que me inteirei. Eu disse "tal deve ter sido" porque numa conferência em que cada um toma da palavra com liberdade é impossível que os fatos sejam apresentados, seguidos, ouvidos e sentidos como num livro. Pressionando-se uns aos outros, eles se enfraquecem, se obscurecem e se fazem esquecer reciprocamente.

Essas considerações são mais motivações para que eu deva aqui deduzir minhas razões tão sucintamente quanto posso. Sua enumeração deve, por toda razão, ser a justificação do governo francês. Se pelos eventos aos quais tudo me diz que não devo esperar ele mudar sua resolução ou aceitar a oferta de minha descoberta, poderei indicar os principais motivos pelos quais será fundada sua conduta. Se ele persistir na sua recusa, o que é mais provável, poderei indicar igualmente os entraves que devem embaraçar sua marcha, e incomodar sua afeição pelos povos aos quais ele serve de pai.

Eu eximiria o ministro, imbuído de seus deveres e alijado de um peso imenso. Meu caso havia terminado mal, mas estava terminado, o que foi um imenso bem, melhor do que um fim qualquer.

De volta à minha casa, pensei no que deveria fazer quanto à rainha, *filha* da minha primeira soberana, *irmã* do meu senhor legítimo, *esposa* do monarca que mantém as felizes leis sob as quais eu estive muito tempo em segurança fora da minha pátria, não me era mais possível esquecer que ela havia desejado algo de mim. Eu lhe escrevi sem demora a carta que se segue. Ela terminará esta obra sem outras reflexões. Devo me contentar em assegurar verdadeiramente que eu a escrevi com os sentimentos do respeito o mais isento de todas as considerações ulteriores, e que não me faltaram razões, menos poderosas que aquelas do dever e do reconhecimento, para sacrificar seis meses dos quais o emprego me era extremamente caro por motivos que só eu posso apreciar. Enfim, eu o declaro como penso. Não coloco na ordem das coisas moralmente possíveis, senão que a cena se transforma na França para mim: minha razão, ei-la: os interesses que combati, ou melhor dizendo, que se crê ter que defender, pertencem a pessoas muito poderosas ou muito hábeis, para que se possa lutar contra elas com alguma igualdade.

"Senhora,

"Passei por momentos da mais pura satisfação ao saber que sua majestade se dignou a projetar sua atenção sobre mim, e no entanto minha situação pesa dolorosamente sobre meu coração. Havia precedentemente exposto sua majestade o projeto que eu tinha de deixar a França como contrário à humanidade, em que eu abandonaria os doentes a que meus cuidados eram ainda necessários. Hoje não mais tenho dúvida de que se atribuiu a motivos interesseiros minha recusa às condições que me foram oferecidas em nome de sua majestade.

"Não agi, senhora, nem por desumanidade nem por avidez. Ouso esperar que SUA MAJESTADE me permita colocar as provas sob seus olhos, que antes de todas as coisas devo dizer o quanto isso me perturbou e meu primeiro desejo deve ser de fazer falar minha respeitosa submissão a seus menores desejos.

"Desse modo, unicamente por respeito por SUA MAJESTADE, eu lhe ofereço a esperança de prolongar minha estada na França até 18 de setembro próximo e de continuar até essa época com meus cuidados para com meus doentes que continuarem a me dar sua confiança.

"Suplico ardorosamente a sua majestade que considere que essa oferta deve estar ao abrigo de toda nova interpretação. É a sua majestade que tenho a honra de fazê-lo, mas independentemente de todas as graças, de todos os favores, de toda esperança outra do que aquela de usufruir, ao abrigo do poder de SUA MAJESTADE, da tranquilidade e da segurança merecidas que me foram acordadas nos estados após minha permanência. É enfim, senhora, declarando a SUA MAJESTADE que renuncio a toda espera de arranjo com o governo francês, que eu lhe suplico para juntar o testemunho da mais humilde, da mais respeitosa e da mais desinteressada das deferências.

"Eu busco, senhora, um governo que perceba a necessidade de não mais deixar de introduzir facilmente no mundo uma verdade que, por sua influência sobre o físico dos homens, pode operar modificações que, desde o seu nascimento, a sabedoria e o poder devem conter e dirigir para um curso e em direção a uma meta salutar. As condições que me foram propostas em nome de SUA MAJESTADE não preenchendo essas condições, a austeridade dos meus princípios impediu-me imperiosamente de aceitá-las.

"Numa causa que interessa à humanidade em primeiro lugar, o dinheiro não deve passar de uma consideração secundária. Aos olhos de sua majestade, 400 ou 500 mil francos mais ou menos, empregados a propósito, nada são: a felicidade dos povos é tudo. Minha descoberta deve ser acolhida, e eu, recompensado com uma liberdade digna da grandeza do monarca ao qual me ligarei. O que deve me desculpar sem dúvidas de toda falsa interpretação a esse respeito, é que após minha estada em seus estados, eu não tiranizei nenhum de seus objetivos. Após três anos, eu recebia a cada dia ofertas pecuniárias, meu tempo mal dá para lê-las, e posso dizer que, sem contar, tenho sido chamuscado por somas consideráveis.

"Minha marcha pelos estados de sua majestade tem sido sempre uniforme. Não é seguramente nem por cupidez, nem por amar a uma glória vã que me tenho exposto ao ridículo pressentido com o qual sua Academia de Ciências, sua Sociedade Real e sua Faculdade de Medicina de Paris pretenderam me cobrir sempre. Quando o fiz foi porque cria dever tê-lo feito.

"Após sua recusa, eu estava crente que o governo devia me ver com seus próprios olhos: perdidas minhas esperanças, determinei-me a buscar alhures o que eu não podia mais razoavelmente esperar aqui. Eu estava determinado a deixar a França no mês de abril próximo. Foi o que se chamou de desumanidade, como se minha decisão não tivesse sido forçada.

"No balanço da humanidade, 20 ou 25 doentes, quaisquer que sejam, nada pesam ao lado da humanidade inteira, e para fazer a aplicação deste princípio a uma pessoa que SUA MAJESTADE honra com sua ternura não posso eu dizer que dar apenas à senhora duquesa de Chaulnes a preferência sobre a generalidade dos homens seria, no fundo, também condenável a mim apreciar minha descoberta apenas por razão de meus interesses pessoais.

"Eu já me encontro, senhora, na necessidade de abandonar os doentes que me são caros e aos quais meus cuidados são ainda indispensáveis. Isto foi nos tempos em que eu deixava os locais de nascimento de sua majestade. Eles são também minha pátria! Por que então não me acusavam de desumanidade? Por que, senhora? Porque essa grave acusação tornar-se-ia supérflua: porque ela surgiu por intrigas mais simples, a me perder frente ao espírito de sua augusta mãe e do seu augusto irmão.

"Aquele, senhora, que sempre terá como eu presente no espírito o julgamento das nações e da posteridade, aquele que se preparará sem cessar a prestar conta de suas ações, suportará, como tenho feito, sem orgulho, mas com coragem, um revés tão cruel. Porque ele saberá que, se existem muitas circunstâncias em que os reis devem guiar a opinião dos povos, ainda as há em grande número em que a opinião pública predomina irresistivelmente sobre aquelas dos reis. Hoje, senhora, asseguraram-me em nome de sua majestade que vosso augusto irmão, tem desprezo por mim. Que seja! Quando a opinião pública tiver decidido, ele me renderá justiça. Se não for enquanto eu estiver vivo, ele honrará minha tumba com sua pessoa.

"Sem dúvida a época de 18 de setembro que indiquei a sua majestade lhe parecerá extraordinária. Eu lhe suplico lembrar-se que num dia semelhante do ano passado, que não ocorreu aos médicos de seus estados, a não ser a um dos seus confrades, a quem tudo devo, não foi desonroso para comigo. Nesse dia aconteceu a assembleia da Faculdade de Medicina de Paris, em que foram rejeitadas as minhas proposições, e que proposições! SUA MAJESTADE as conhece. Eu sempre acreditei, SENHORA, e creio ainda na persuasão que, após um estrépito tão aviltante para os médicos da sua cidade de Paris, toda pessoa esclarecida não poderá mais evitar fixar os olhos sobre minha descoberta, e que a proteção de toda pessoa poderosa a ela estará dirigida sem dificuldade. Seja como for, em 18 de setembro próximo fará um ano que eu havia fundada minha única esperança nos cuidados vigilantes e paternais do governo. Nessa época, espero que SUA MAJESTADE julgará meus muito longos sacrifícios, e aos quais não fixei um termo, nem por inconstância, nem por disposição de ânimo, nem por desumanidade, nem por jactância. Ouso enfim acreditar que sua proteção me seguirá nos lugares aonde meu destino me levará longe dela, e que, digna protetora da verdade, ela me dignará usar de seu poder sobre o espírito de um IRMÃO e de um ESPOSO para me lançar sua benevolência.

"Sou, de sua majestade, com o mais profundo respeito, senhora, o mais humilde e obediente servidor. Paris, 29 de março de 1781, Mesmer."

FIM

PEÇAS JUSTIFICATIVAS

Nº 1 – Exposição da doença e cura da senhora de la Malmaison

A senhora de La Malmaison, com a idade de 38 anos, embora com constituição forte na aparência, sempre havia tido uma disposição vaporosa, em que os acessos lhe haviam ocasionado vários falsos recolhimentos. Estes acidentes foram precedidos e seguidos de vômitos, desmaios, desgostos absolutos, dores de cabeça, tosse convulsiva, e escarros sanguinolentos. Suas pernas enfim se recusaram totalmente a servi-la, e a conduziram às águas de Plombières três anos consecutivos. Ela obteve efeitos bons até a chegada do inverno, que a remeteu pouco a pouco ao mesmo estado em que estava antes. Estas variações tiveram lugar até o mês de junho de 1777, quando um acidente com um veículo lesou suas pernas a ponto de expor os tendões. Este acidente cruel renovou e aumentou suas afecções precedentes. O vômito sobretudo tornou-se tão violento que ela não podia reter nenhum alimento. Suas pernas, antes tépidas, tornaram-se frias. Estava evidente que elas não mais recebiam nutrientes. Elas dessecaram. Os dedos dos pés recurvaram-se. As coxas também estavam sem movimentos. Em uma palavra, a paralisia elevava-se até seus quadris. Sua medicação teve sucesso em acalmar o vômito, e pô-la em condições de dirigir-se a Paris no mês de fevereiro de 1778.

O senhor Le Roi, que lhe deu consulta, e de quem vieram os conselhos, concluiu o restabelecimento do seu estômago e acalmou os demais sofrimentos, mas a paralisia permanecia na mesma, e ela estava muito incomodada com uma *asma vaporosa*. A doente estava de partida para as águas de Balaruc quando soube que o senhor Mesmer tratava de doenças tão graves quanto a sua na cidade de Creteil. Ela preferiu, após tê-lo consultado e ter recebido esperanças, seguir seu tratamento.

Após o acima exposto, que certifico como verdade, declaro que tendo provado o tratamento do senhor Mesmer e o novo método, desde o mês de maio último até hoje, recobrei a faculdade de andar livremente e sem apoio, de modo a poder subir e descer sem dificuldade. Que minhas pernas recuperaram seus movimentos e calor. Que elas estão, assim como os dedos dos pés, em estado natural. E que enfim, estou perfeitamente curada da paralisia, assim como de outros incômodos de que estava afligida.

Creteil, 30 de Agosto de 1778. Assinado Douet de Vichy de la Malmaison.

N° 2 – Exposição da doença da senhora de Berny

A senhora de Berny, com 54 anos, estando em Bareges no mês de julho de 1776, sentiu subitamente como uma nuvem nos olhos, que a impediu de ler e de escrever. Indo a Auch alguns dias depois, essa perturbação aumentou. O médico do local julgou que se tratava de uma *fluxão* (abcesso) e lhe receitou uma sangria no braço, purgações, e muitas fumigações. O que não trouxe nenhum alívio.

Ela veio a Paris no fim de agosto e consultou quatro célebres médicos, que lhe receitaram sucessivamente fumigações de Karabé[162], vapor de café, vesicatórios nos braços e na cabeça, ipecacuanha (planta medicinal) e águas de Vichy[163]. Todos esses remédios agravaram seu estado. Ela tomou a decisão de se banhar e sentiu-se melhor; foi tomar banhos de St. Sauveur, nos Pirineus, e se achou ainda melhor, mas no mês de abril de 1778 a nuvem mais opaca cobriu sua visão e aumentou a ponto de impedir sua faculdade de se conduzir. O olho esquerdo, sobretudo, não lhe servia para mais nada. Um humor aquoso a impedia de elevar as pálpebras. Junto a isso, ela apresentava lassidões dolorosas em seus membros. O sono era raro, e comumente interrompido por dores lancinantes nas têmporas e atrás da cabeça. Males dos rins, e um aperto habitual do ventre que ela sofria desde a infância, e que acreditava hereditário, aumentava todos os seus males. A cabeça estava sem transpiração desde vários anos. Os ouvidos estavam secos, e produziam um ruído fatigante. Um dos piores acidentes era uma contração espasmódica na garganta, esôfago e estômago que provocava vômitos violentos várias vezes ao dia. Ela estava sem apetite. Uma melancolia vaporosa piorava tudo ainda mais.

Foi neste estado que ela tomou a iniciativa de consultar o senhor Mesmer, que lhe respondeu de pronto que a doença dos olhos era uma amaurose incompleta, ocasionada, assim como os demais incômodos, originariamente por uma obstrução no baixo ventre que ele acreditava suscetível de resolução.

---

162   Aplicação medicamentosa no corpo da fumaça de âmbar queimado.

163   Água termal da região de Vichy, França, considerada benéfica desde o império romano.

Esta opinião, apoiada por aquela do senhor Petit, que dois anos antes lhe havia anunciado o princípio dessa obstrução, determinou que a senhora de Berny se dirigisse a 27 de abril de 1778 a Creteil, lugar escolhido pelo senhor Mesmer para o tratamento de vários doentes.

Após esta exposição, que certifico verdadeira, eu igualmente atesto que tendo me submetido ao tratamento do senhor Mesmer, de 28 de abril último até hoje, meus olhos estão restabelecidos a ponto não somente de me conduzir perfeitamente só e de distinguir todos os objetos de perto e de longe mas também poder ler e escrever. O sono e o apetite estão restabelecidos. Não mais tenho dores nos membros, na cabeça, nos rins. Ando com força e facilidade. O ventre está livre.

A cabeça transpira. Os ouvidos estão úmidos e sem secreção. Os espasmos da garganta e do estômago não mais existem. Os vômitos cessaram após três meses. A melancolia se dissipou e as obstruções estão resolvidas, o que me foi revelado por urinas de tal modo carregadas que durante um mês elas tinham a aparência leitosa turva e se depositavam em grande parte, assim como pelas contínuas dores de cabeça, uma diarreia moderada e ebulições sucessivas sobre toda a superfície do corpo.

Todas esses diferentes efeitos foram operados sem o uso de qualquer medicamento. E o senhor Mesmer empregou para minha cura um método cujo princípio ignoro. O que certifico em Creteil neste 28 de agosto de 1778. Assinado Menjot de Berny.

Nº 3 – Exposição da doença e cura do senhor cavalheiro du Houssay

A justiça que devo à verdade me fez dar a público em detalhe circunstanciado tanto de minha doença quanto dos efeitos seguintes que provei após os quatro meses em que estive nas mãos do senhor doutor Mesmer.

Na noite de 24 de dezembro de 1757, estando, assim como toda a armada, acampado em Bivouac, junto à cidade de Zell, no país de Hanover, o sono, acrescido da fadiga. Fez-me dormir sobre a neve numa noite extraordinariamente fria. Pela manhã, foi necessário que dois granadeiros me levassem, estando tão congelado que não podia me sustentar. O movimento e a ação, acrescidos da juventude e ainda da força do meu temperamento, impediram-me de sentir as consequências desse frio excessivo a que me havia submetido. Continuei a guerra até a conclusão da paz, sem outro incômodo. Dois anos depois da paz, fui atacado por uma forte doença do peito, que se dissipou pelo uso do leite.

Algum tempo depois, fui atacado por um humor que se lançava sobre minha face, e começava a se manifestar pela ponta do nariz. Essa vermelhidão ganhava meu nariz por inteiro, a fronte, os olhos e as bochechas. Os médicos fizeram o impossível, mas inutilmente, para me fazer melhorar. Eu me apercebi em seguida de um pouco de fraqueza nas pernas, o que não me impediu de viajar em 1772 para a Martinica. Contraí nessa ocasião uma febre pútrida e maligna que me atingiu toda extremidade, e que a seguir se declarou uma paralisia generalizada, que me forçou a voltar à França para encontrar os recursos necessários para o meu estado. Após quatro anos de experiências em que a medicina empregou todos os remédios conhecidos, grande número de banhos, tanto frios quanto quentes, e vapores aromáticos, não havendo nenhuma melhora, não hesitei em me colocar nas mãos do senhor Mesmer, que me fez aguardar a cura por um processo novo e desconhecido até esse dia. Quando cheguei a ele, eu tinha a cabeça continuamente agitada de todos os lados: o pescoço pendia para frente, os olhos vermelhos, saindo das órbitas, a língua paralisada e espessa, causando grandes dificuldades para eu falar, tinha a respiração dificultada, dor habitual no dorso, um riso contínuo que anunciava uma alegria desarrazoada, o nariz inchado com uma vermelhidão púrpura em toda a face, as espáduas relaxadas, o peito entrado para o dorso, tremor por todo o corpo que agitava meus braços e minhas mãos, e que me fazia estrebuchar de todos os lados ao andar. Esse estado me dava mais o ar de velho bêbado do que de um homem de 40 anos.

Eu não conhecia bem os meios pelos quais o senhor Mesmer se servia. O que posso assegurar com a maior verdade é que no decurso do tratamento nenhum remédio foi usado, que por seu princípio dito magnetismo animal ele me fez provar desde a raiz dos cabelos até a planta dos pés efeitos inacreditáveis. Apercebi-me durante o tratamento que com exceção das vísceras não havia um só ponto do meu corpo que não havia sido afetado pela doença. O cérebro, a medula e mesmo os ossos não haviam sido poupados. Tive crises que começaram por um mal-estar geral, e que eram seguidas por um frio excessivo, como se pedaços de gelo saíssem da cadeira. Depois disso, um violento calor sem febre, que terminava por um suor fétido, algumas vezes tão abundante que encharcava meu colchão, o que se repetiu durante quase um mês. Atualmente, encontro-me perfeitamente curado de todos esses males. Tenho meu corpo a prumo: minha cabeça é fixa e reta, minha língua está liberada, articulo e falo bem como o fazia antes da doença, a grossura do meu nariz diminuiu, meus olhos e a cor do meu rosto estão naturais, minha figura denuncia minha idade e boa saúde, meu peito está reforçado, eu me apoio sobre os rins, tenho a respiração forte e livre, e a espinha dorsal não mais me faz mal, minhas espáduas são retas, a liberdade e a força de meus braços e de minhas mãos estão restabelecidas, mas é fácil compreender que o mau hábito e a inércia prolongados impedem que minha marcha pareça tão desembaraçada como será com o tempo e os exercícios necessários para o perfeito uso das faculdades recém-recuperadas.

Eu certifico o presente enunciado conforme a verdade. Em fé do qual eu assino. Em Paris a 28 de agosto de 1778. Assinado cavalheiro du Haussay, major da Infantaria, cavalheiro da Ordem Real e Militar de São Luís.

FIM

FRANZ ANTON MESMER

MEMÓRIA DE F. A. MESMER, DOUTOR EM MEDICINA, SOBRE SUAS DESCOBERTAS

Multa renascentur quae jan cedicere, cadente que quae nunc sunt honoré...
HORÁCIO

NOTA À EDIÇÃO BRASILEIRA

A presente tradução foi feita a partir da edição original, em francês, publicada por Mesmer em 1799, intitulada *Mémoire de F. A. Mesmer, docteur em medicine, sur sés découvertes* ([*Memória de F. A. Mesmer, doutor em medicina, sobre suas descobertas*] A Paris, Ches FUCHS, Libraire, rue des Mathurins, Maison Cluny. De L'Imprimerie de Lesguilliez, frères, rue de la Harpe, no 151. An VII [1799] 129 p.). Foi utilizado exemplar pertencente à Biblioteca Nacional da França.

Uma segunda edição francesa foi publicada em 1781, e no mesmo ano foi o texto vertido para o alemão: *Abhandlung* über *die entdeckung des thierischen magnetismus*. Tübingen: edition diskord. (1985, Tübingen: edition diskord: Michael Macklot, 1781)

Em português, foi primeiramente publicada junto com a *Memória* de 1779, em 1862, pelo divulgador do mesmerismo, doutor Eduardo A. Monteggia. Um exemplar original encontra-se na nossa Biblioteca Nacional, no Rio de Janeiro.

A primeira tradução para o inglês surgiu somente em 1948, com introdução de Gilbert Frankau e tradução de V. R. Myers: *Dissertation by F. A.Mesmer, doctor of medicine, on his discoveries, 1799*. (Macdonald: London. 1948. Frontis,63,[1] p. illus., ports. 18 1/2 cm). Em 1980, George Bloch publicou em ingles: *Mesmerism: a translation of the original medical and scientific writings of F. A. Mesmer* (Los Altos/CA: Kaufman, c1980. xxii, 152 p.). No entanto, apesar do título, a tradução não foi dos textos originais de Mesmer, mas de uma edição moderna das obras de Mesmer, com algumas alterações do original, publicada por Robert Amadou em 1971: *Magnetisme animale* (com comentários e notas de Frank A. Pattie e Jean Vinchon. Paris, Payot, 1971. 407 p. Bibliotheque scientifique. Collection science de l'homme).

PAULO HENRIQUE DE FIGUEIREDO

PREFÁCIO

A história oferece poucos exemplos de uma descoberta que, apesar de sua importância, tenha sofrido tantas dificuldades para se estabelecer e ganhar credibilidade quanto a de um agente que opera sobre os nervos, até agora desconhecido, a que denomino magnetismo animal.

A obstinação com a qual foi feita oposição ao progresso da apenas nascente opinião sobre este novo método de cura me fez empregar esforços para retificar essa atitude e para juntar ao sistema uma grande parte de conhecimentos da física.

Antes de apresentar este sistema, no qual tentei reunir e encadear seus princípios, sinto-me obrigado a oferecer, numa dissertação preliminar, uma ideia justa e precisa do seu objetivo, da extensão da sua utilidade, e eliminar os erros e os prejulgamentos que poderiam ocorrer.

Eu apresentarei uma teoria tão simples quanto nova do progresso e do desenvolvimento das doenças. Também substituirei os princípios incertos que até agora têm servido de regra à medicina por uma prática igualmente simples, geral e tomada da natureza.

A maior parte das propriedades da matéria organizada, tais como a coesão,[164] a elasticidade, gravidade, o fogo, a luz, a eletricidade, a irritabilidade animal, que até o presente têm sido consideradas como qualidades *ocultas*, serão explicadas pelos meus princípios e seus mecanismos, postos em evidência.

Eu me ufano de haver lançado uma nova luz com a teoria dos sentidos e do instinto. Por meio desta teoria, procurei explicar mais perfeitamente os tão variados quanto surpreendentes fenômenos derivados do estado chamado sonambulismo.[165]

---

164   Coesão é a propriedade resultante da ação das forças atrativas existentes entre as partículas (moléculas, átomos, íons) constitutivas de um corpo.

165   Sonambulismo provocado, sono mesmérico ou sono crítico é o mesmo estado que o sonambulismo natural, mas provocado pela ação do magnetismo animal, por meio de passes longitudinais e imposição das mãos.

Demonstro que determinadas doenças são um desenvolvimento crítico do estado sonambúlico: a história da medicina relata um tão grande número de exemplos que não se pode duvidar que estes fenômenos sempre tenham sido motivo de interessantes observações para as pessoas dedicadas à arte de curar. Posso hoje afirmar que todas as gradações da alienação mental estão relacionadas a esta crise extraordinária.

É esta condição que produz as aparições maravilhosas, os êxtases, as visões inexplicáveis, fontes de tantos erros e opiniões absurdas. Não é difícil avaliar o quanto a obscuridade que envolve tais fenômenos, acrescida da ignorância popular, favoreceu o estabelecimento de preconceitos religiosos e políticos em todos os povos.[166]

Espero que minha teoria evite, de agora em diante, estas interpretações que produzem e alimentam a superstição e o fanatismo e, acima de tudo, impeça aqueles que tenham a infelicidade de entrar no estado de sonambulismo, por um acidente ou por doenças graves, de serem abandonados pela medicina e afastados da sociedade como incuráveis, porque tenho a certeza de que os estados mais horríveis, tais como a loucura, a epilepsia e a maior parte das convulsões são, na maioria das vezes, efeitos funestos da ignorância do sonambulismo, e da ineficácia dos meios empregados pela medicina, [167] que na maioria dos casos

---

166 Para que a totalidade das aparições, êxtases e visões pudessem ser completamente esclarecidas, afastando as ideias supersticiosas, faltava, além do magnetismo, outra ciência: o espiritismo, que, ao acrescentar a intervenção dos espíritos, esclarece os casos relativos a atuação desses seres: "O espiritismo e o magnetismo nos dão a chave de uma imensidade de fenômenos sobre os quais a ignorância teceu um sem-número de fábulas, em que os fatos se apresentam exagerados pela imaginação. O conhecimento lúcido dessas duas ciências que, a bem dizer, formam uma única, mostrando a realidade das coisas e suas verdadeiras causas, constitui o melhor preservativo contra as ideias supersticiosas, porque revela o que é possível e o que é impossível, o que está nas leis da natureza e o que não passa de ridícula crendice." (KARDEC, 1857, p. 279).

167 Por muitos séculos, os alucinados, sonâmbulos, médiuns e obsediados foram considerados loucos e abandonados pela medicina. Ainda hoje isso ocorre. Muitos desses casos podem ser explicados pelo magnetismo animal. Outros, como os casos de obsessão, são explicados e tratados pelo espiritismo: "Somos sabedores de que se tem pretendido curar, como atacados de alucinações, alguns indivíduos, submetendo-os ao tratamento a que se sujeitam os alienados, o que os torna realmente loucos. A medicina não pode compreender estas coisas, por não admitir, entre as causas que as determinam, senão o elemento material, donde, erros frequentemente funestos. A história descreverá um dia certos tratamentos em uso no século 19, como se narram hoje certos processos de cura da Idade Média." (KARDEC, 1861, p. 110).

essas doenças não são senão crises desconhecidas e degradadas, que enfim são poucas as circunstâncias em que não se pode preveni-las e curá-las.

Tenho a confiança de que princípios dos quais as consequências são tão importantes não serão julgados nem sob prevenção nem sob julgamentos prematuros, nem baseados em fragmentos e falsificações que foram publicados sem meu aval, menos ainda no relatório daqueles que obcecados por preconceitos, deram suas próprias interpretações baseados em conhecimentos *duvidosos*.[168] Aliás, se, malgrado todos os meus esforços, não sou suficientemente feliz em esclarecer meus contemporâneos sobre seus próprios interesses, terei ao menos a satisfação íntima de haver cumprido minha tarefa para com a sociedade.

---

168   Nota de Mesmer: Os imitadores de meu método de curar, por tê-lo exposto muito frugalmente à curiosidade e à contradição, deram lugar a muitas prevenções contra ele. Além disso, tem-se confundido o sonambulismo com o magnetismo, e por um zelo irrefletido, por um entusiasmo exagerado, pretendeu-se constatar a realidade de um pelos efeitos surpreendentes do outro. A dissertação que se vai ler tem, em parte, por objetivo, desfazer tal erro.

MEMÓRIA DE F. A. MESMER, DOUTOR EM MEDICINA, SOBRE SUAS DESCOBERTAS

A filosofia conseguiu neste século triunfar sobre os preconceitos e a superstição: foi pelo ridículo, sobretudo, que ela foi bem-sucedida na extinção das fogueiras que o fanatismo, muito crédulo, havia acendido, porque o ridículo é a arma à qual o amor-próprio pode menos resistir.[169] A opinião elevava outrora a coragem até fazê-la desafiar o martírio, ao passo que hoje não se pode suportar o menor ridículo: é que o amor-próprio punha então toda a sua glória na força da resistência, e no presente ele temeria a humilhação de uma credulidade que se taxaria de *fraqueza*. O ridículo seria, sem dúvida, o melhor meio de reformular as opiniões se, todavia, não houvesse de errar pela intenção, mas, por um zelo exagerado para o progresso da filosofia, abusou-se muitas vezes desse meio: as verdades mais úteis foram desconhecidas,

---

169   No passado, a Inquisição da Igreja fez uso da fogueira para impedir a revelação da verdade. A segunda arma da intolerância foi o ridículo. O espírito de Verdade, na *Revista Espírita* de abril de 1860, concorda e desenvolve a opinião de Mesmer: "Outrora vos teriam crucificado, queimado, torturado. O cadafalso está tombado; a fogueira está extinta; os instrumentos de tortura estão quebrados; a arma terrível do ridículo, tão poderosa contra a mentira, se enfraquecerá contra a verdade; seus mais terríveis inimigos estão encerrados num círculo intransponível. (...) Não tendes, pois, nada melhor a fazer que responder-lhes como respondeu o Cristo aos seus predecessores, quando, contra ele, formularam as mesmas acusações, e, como ele, pedir a Deus para perdoá-los, porque não sabem o que fazem." (O ESPÍRITO DA VERDADE in *Revista Espírita*, 1860, p. 125).

confundidas com os erros e sacrificadas com eles.[170]

Antigamente, os erros causados pelas superstições não impediram a constatação de fatos extraordinários, mesmo que a falta de conhecimentos sobre eles impedisse a compreensão de suas causas. Não se hesitava em constatar esses fatos com uma atenção proporcional à sua importância, e se havia engano quanto às sua causas, não se tinha nenhuma dúvida sobre os seus *efeitos*. Hoje, é recusado examinar e verificar os fatos, de sorte que se está reduzido a ignorar tanto os efeitos quanto as causas.

Também precisamos considerar que algumas verdades descobertas no passado foram de tal maneira mal compreendidas e desfiguradas que perderam o seu valor e muitas vezes até foram confundidas com os erros mais absurdos. Mesmo assim tais verdades não perderam por isso o direito de reaparecer no grande dia para a felicidade dos homens. Eu ouso dizer que aqueles que têm dominado a opinião publica por meio de seus conhecimentos têm o dever de investigar esses antigas verdades para livrá-las da escuridão e do preconceito que ainda as envolvem em vez de reduzir o progresso da ciência a uma desastrosa incredulidade.

Nas memórias que publiquei em 1779, sobre a descoberta do magnetismo animal, anunciei as ideias que havia formado após vários anos estudando a universalidade de certas opiniões populares, que, segundo acredito, são os resultados de observações gerais e constantes.

O que eu queria dizer com isso é que havia me proposto, como investigador, a examinar as crenças mais remotas, tidas como absurdas, e resgatar delas o que poderia se tornar útil e verdadeiro. E acreditei poder adiantar que *entre as opiniões vulgares de todos os tempos, que não têm seu princípio no coração humano, mesmo desfiguradas, algumas absurdas e mesmo extravagantes que possam parecer, que não existem as que não possam ser considerados como os resquícios de uma verdade primitivamente reconhecida.*[171]

---

170   Mas, entre os lùmieres materialistas, esse "zelo", descrito por Mesmer, pecou pelo excesso, rejeitando a investigação de fatos então inexplicáveis (como aparições, visões etc.), com o intuito de eliminar as indesejáveis explicações místicas de causas sobrenaturais associadas àqueles fatos. Atualmente, o pensamento científico ainda sofre as consequências funestas do materialismo extremado.

171   Allan Kardec fez a mesma constatação: "A coincidência entre o que hoje nos dizem [os espíritos] e as crenças das mais remotas eras é um fato significativo do mais elevado alcance. Quase por toda parte a ignorância e os preconceitos desfiguraram esta doutrina, cujos princípios fundamentais se misturam às práticas supersticiosas de todos os tempos, exploradas com o fim de

Meu primeiro objetivo foi o de meditar sobre o que poderia ter levado a opiniões absurdas segundo as quais o destino dos homens, assim como os eventos da natureza, pudesse ser visto como submetidos às constelações e às diferentes posições dos astros entre si.[172]

Um vasto sistema de influências ou de relações que ligam todos os seres, as leis mecânicas e mesmo o mecanismo das leis da natureza, foi o resultado das minhas meditações e de minhas pesquisas.

Ouso me vangloriar de que as descobertas que fiz, e que são o assunto desta obra, ampliarão os limites de nosso saber em física do mesmo modo que o fizeram a invenção dos microscópios e dos telescópios nos tempos que nos precederam.[173] Elas farão saber que a conservação do homem, assim como sua existência, é baseada nas leis gerais da natureza; que o *homem possui* propriedades

---

abafar a razão. Entretanto, sob esse amontoado de absurdos germinam as mais sublimes ideias, como sementes preciosas ocultas sobre as sarças." (KARDEC, *Revista Espírita*, 1858, abril, p. 95)

172 A astrologia foi introduzida na Europa, juntamente com a astronomia, pelos árabes e os judeus, e o número de crentes nos seus prognósticos era tão grande e a fé neles tão intensa que os médicos eram obrigados a conhecê-la, ainda que não acreditassem nas suas predições, a fim de poder tirar todo o proveito material da sua profissão. A astrologia era estudada com profundidade nos cursos de medicina, pois se aceitava, de acordo com o que Cláudio Ptolomeu de Alexandria (séc. 2º d.C.) tinha escrito e sistematizado no seu Tetrabiblos, que os astros tinham uma influência determinante sobre as doenças. No mesmo caso estavam os astrônomos. A astronomia e a astrologia eram estudadas em conjunto. Os homens que sabiam registrar e prever o movimento dos astros eram os mesmos que sabiam estabelecer horóscopos. Regiomontano e Kepler, por exemplo, escreveram obras sobre praticas astrológicas. Quanto à influência das constelações, esclarece Kardec: "A crença na influência das constelações, sobretudo das que constituem os 12 signos do zodíaco, proveio da ideia ligada aos nomes que elas trazem. Se à que se chama Leão fosse dada o nome de Asno ou de Ovelha, certamente lhe teriam atribuído outra influência." (KARDEC, *A gênese*, pp. 100-101)

173 Allan Kardec faria a mesma comparação entre as descobertas, referindo-se, contudo, ao descobrimento do mundo dos espíritos: "O microscópio nos revelou um mundo dos infinitamente pequenos que não supúnhamos, embora estivesse sob nossos dedos; o telescópio nos revelou a infinidade de mundos celestes, que não supúnhamos mais; o espiritismo nos descobre o mundo dos espíritos que está por toda parte, ao nosso lado como nos espaços; mundo real que reage incessantemente sobre nós." (KARDEC, *Revista Espírita*, 1858, p. 340)

análogas àquelas do ímã; que ele é dotado de uma sensibilidade, pela qual pode estar em relação com os seres que estão à sua volta, mesmo os mais afastados; e que ele é suscetível de se carregar de um *ton de movimento*[174] que ele pode, à *semelhança do que acontece com o fogo*,[175] comunicar a outros corpos animados e inanimados; que este movimento[176] pode ser propagado, concentrado,

---

174 Nota de Mesmer: Entendo por ton um modo particular e determinado do movimento que existe entre si nas partículas que constituem o fluido. (Nota do editor: podemos compreender o termo ton como se referindo às características de uma onda que se propaga no meio fluido: sua frequência, ou seja, o número de suas vibrações por segundo, e seu comprimento. Segundo conceitos atuais da física, poderíamos definir ton de movimento como sendo uma ação dinâmica produzida por uma função de onda vital).

175 A teoria do flogisto surgiu com Johann Becher (1635-1682), desenvolvendo-se e consolidando-se com Georg Stahl (1660-1734). A palavra flogisto (ou flogístico) designava o princípio da inflamabilidade, reformulando cientificamente a teoria de Aristóteles do fogo como sendo um dos quatro elementos básicos da matéria (água, fogo, terra e ar). O flogisto seria aquilo que um corpo perde ao se inflamar. Todos os combustíveis conteriam flogisto. O carvão seria rico em flogisto, pois arde quase sem deixar resíduo, e poderia, então, ser usado como fonte de flogisto para regenerá-lo num corpo que não o possua. No entanto, como explicar que, quando um metal se oxida, sua massa aumenta? Se ele perdesse flogisto, sua massa deveria diminuir. Lavoisier concluiu que a combustão não implica perda de substância, mas sim a incorporação de algo àquilo que arde. Ele definiu o calor como um fluido permeando toda a natureza, e que penetra os corpos em maior ou menor grau proporcionalmente a sua temperatura e capacidade, o calórico. O calórico, hipótese a que se refere Mesmer nesta obra, era considerado uma substância simples, como também a luz. Entre os 33 elementos simples da tabela de substâncias simples de Lavoisier, encontramos, ao lado do oxigênio e do azoto (hidrogênio), a luz e o calórico. Um corpo a alta temperatura conteria muito calórico, ao passo que outro a baixa temperatura conteria pouco. Assim, quando dois objetos nessas condições eram colocados em contato, o mais rico em calórico transferiria uma parte de si mesmo para o outro. Tal teoria era capaz de explicar satisfatoriamente muitos fenômenos físicos, como por exemplo a condução do calor. A ideia de que o calor é uma substância não podia, contudo, resistir às evidências em contrário que começaram a surgir apenas no século 19, quando tal ideia foi substituída pela concepção de que o calor é uma forma de energia.

176 Na época em que Mesmer escreveu este livro, o conceito de energia ainda não tinha sido desenvolvido. Utilizava-se apenas o conceito de movimento, enquanto a ideia de energia

refletido como a luz, e comunicado pelo som; que enfim o princípio desta ação, considerado como um agente que opera sobre a substância íntima dos nervos do corpo animal, pode tornar-se UM MEIO DE CURAR E MESMO DE SE PRESERVAR DAS MOLÉSTIAS.

Tive êxito ao descobrir a causa imediata do importante fenômeno do movimento de alternância que nos oferece o Oceano.[177] Estou convencido de que a ação desta mesma causa não se limita a este elemento (a água), mas que se estende a todas as partes constitutivas do nosso globo; que esta ação, determinando o que chamo de *intenção* e *remissão*[178] alternativas das propriedades da matéria organizada, anima e vivifica tudo o que existe; e que enfim esta ação mais universal é para o mundo o que os atos da respiração são para a harmonia do animal.

Eis em essência as principais descobertas que há 25 anos eu anunciei sob

---

está apenas implícita nos raciocínios, como o leitor observará na continuidade desta obra. Por outro lado, o conceito de fluido universal, adotado por Mesmer, foi abandonado pela ciência. Mas está renascendo atualmente, com as teorias das supercordas. Podemos observar, como Bachelard, que "não há desenvolvimento das antigas doutrinas para as novas, mas antes, pelo contrário, envolvimento dos antigos pensamentos pelos novos. As gerações espirituais procedem por encaixes sucessivos" (BACHELARD, 1985, p. 55).

177   Mesmer observou uma regularidade do movimento de fluxo e refluxo dando-lhe o caráter de lei presente em toda a natureza. Hahnemann, em seu Organon da arte de curar, fez uso da mesma comparação. No tratado do médico Richard Mead, primeiro-médico de el-rei da Grã-Bretanha, *De imperio solis, ac lunae in corpora humana, et morbis inde oriundis*. Nessa obra, o doutor Mead defende a tese de que a força gravitacional, recém-descoberta por Newton, exerce diretamente uma influência de fluxo e refluxo nos humores do corpo humano. Observe que, por sua vez, Mesmer adota a força gravitacional apenas como exemplo em sua teoria. A aparente similaridade das teorias dos doutores Mead e a de Mesmer levaram alguns pesquisadores (como Stephan Schwartz) a imaginar que Mesmer o teria plagiado em sua tese de doutorado *De Planetarium Influxu*. Um estudo cuidadoso das duas obras evidencia que eles desenvolvem diferentes linhas de raciocínio e chegam a conclusões distintas, afastando decididamente a precipitada hipótese de imitação.

178   Nota de Mesmer. Entendo pelas palavras intenção e remissão o aumento e a diminuição da propriedade ou a faculdade, o que não deve ser confundido com a intensidade, que exprime o efeito desta propriedade ou faculdade.

a denominação de *magnetismo animal*,[179] expressão plenamente justificada por sua natureza.

A singularidade desta novidade indignou em primeiro lugar na Alemanha os físicos e os médicos, aqueles que empregam a eletricidade e as pessoas que manipulam ímãs. Acolheram desdenhosamente os primeiros anúncios feitos por um homem ainda desconhecido por eles. Classificaram a possibilidade dos fenômenos como sendo contrários aos princípios reconhecidos pela física. Em vez de aguçar a curiosidade, eu estava interessado em tornar úteis esses fenômenos, e só quis convencer por meio de fatos.

As primeiras curas obtidas para algumas doenças consideradas incuráveis suscitaram inveja e produziram mesmo ingratidão, que se somaram para ampliar as prevenções contra meu método de cura, de sorte que muitos sábios uniram-se para fazer cair, senão no esquecimento pelo menos no desprezo, as aberturas que realizei neste campo: divulgou-se por toda parte como impostura.

Na França, nação mais esclarecida e menos indiferente aos novos conhecimentos, não deixei de amargar contrariedades de toda espécie, e perseguições que meus compatriotas me haviam preparado há tempos, mas que, longe de me desencorajarem, redobraram meus esforços para o triunfo das verdades que acho essenciais à felicidade dos homens.

Um grande número de doenças, que durante 10 a 12 anos consecutivos comprovaram os efeitos salutares deste método e pessoas instruídas que se beneficiaram desta prática benfazeja renderam-me total justiça. Mas alguns sábios deste país, fazendo por profissão governar a opinião, estão, por assim dizer, mancomunados com os estrangeiros, colocaram no nível de ilusões tudo o que se apresenta em favor deste assunto: a autoridade de seus nomes fortificou a prevenção.

Um ministro do reino passado abusou de todo o seu poder para destruir a opinião nascente. Após ter ordenado (malgrado meus protestos) a formação de uma comissão para julgar minha doutrina, e condená-la pela prática que dela fazia uma pessoa que eu havia desautorizado, fez celebrar seu triunfo na Academia de Ciências, na qual foi elogiado por ter protegido a humanidade, como foi dito, de um grande erro que faria a desonra do século. Ele inundou toda a Europa com um relatório feito por essa comissão, e terminou por expor minha doutrina e meu método de cura ao escárnio público nos teatros.

---

179   Referência ao livro *Memórias sobre a descoberta do magnetismo animal*, por Franz Anton Mesmer, Paris, 1779.

Será que a grande nação à qual eu consagrei o fruto de minhas descobertas continuará indiferente enquanto está sendo furtada, por desprezíveis intrigas, da confortante posição de ter adquirido um novo meio de conservar e de restabelecer a saúde?\Não, ela se apressará a corrigir-se de seu erro relativo a um assunto tão essencial ao bem-estar da humanidade.

Na realidade, é duro acreditar que 25 anos de esforço não conseguiram tirar essas preciosas descobertas da incerteza nas quais foram envolvidas pelas circunstâncias. É possível que este século passará sem avançar um passo em física, permanecendo estacionária em eletricidade e magnetismo? Procurariam ainda se unir para fazer oposição a uma revolução que eu gostaria de realizar na arte de curar, que fez muito pouco progresso, e oferecer o que está sendo tão necessário à humanidade?

Ver-se-á, ouso crer, que estas descobertas não são produtos do acaso, mas sim o resultado do estudo e da observação das leis da natureza; que a prática que eu ensino não é um empirismo cego, mas um método racional.

Embora saiba muito bem que o princípio primordial de todo conhecimento humano é a experiência,[180] e que é por ela que se pode constatar a realidade das suposições, preocupei-me em provar *a priori* por um encadeamento de noções simples e claras a possibilidade dos fatos que anunciei, dos quais um grande número foi publicado sob diferentes formas por aqueles favoráveis à minha doutrina.

Os fenômenos que surpreendi na natureza me reportaram à fonte comum de todas as coisas. Creio ter aberto uma rota simples e reta para chegar à verdade, e ter livrado em grande parte o estudo da natureza das ilusões e das metafísicas.[181]

A linguagem da convenção, o único meio de que podemos nos servir para comunicar nossas ideias, tem, em todas as épocas, contribuído para desfigurar

---

180   Mesmer revela seguir o método científico, mas sua ciência é espiritualista, pois reconhece uma realidade não observada diretamente pelos sentidos, como também faz o espiritismo.

181   Um claro objetivo de Mesmer está em tratar suas pesquisas e sua doutrina com um enfoque absolutamente científico. No mesmo sentido, afirmou Kardec: "Pelos fenômenos do sonambulismo, quer natural, quer magnético, a Providência nos dá a prova irrecusável da existência e da independência da alma e nos faz assistir ao sublime espetáculo da sua emancipação. Abre-nos dessa maneira, o livro do nosso destino. [...] Enquanto o homem se perde nas sutilezas de uma metafísica abstrata e ininteligível, em busca das causas da nossa existência moral, Deus cotidianamente nos põe sob os olhos e ao alcance da mão os mais simples e patentes meios de estudarmos a psicologia experimental." (KARDEC, 1857, 455).

nossos conhecimentos. Nós adquirimos todas as ideias pelos *sentidos*: os sentidos nos transmitem apenas as propriedades, os caracteres, os acidentes, os atributos, as ideias de todas estas sensações se expressam por um adjetivo ou epíteto, como *quente, frio, fluido, sólido, pesado, leve, brilhante, sonoro, colorido* etc. Substituam-se esses epítetos, por comodidade da língua, por substantivos: logo se substantivarão as propriedades – dir-se-á o *calor, a gravidade, a luz, o som, a cor*, e eis a origem das abstrações metafísicas.

Estas palavras produzem confusão na percepção de substâncias, isto é, quando se acredita estar percebendo a própria substância, na verdade se tinha apenas a percepção da *palavra substantiva*. Estas qualidades ocultas de outrora hoje se chamam *propriedades dos corpos*. À medida que se afastava a experiência, ou antes se afastavam os meios de obter êxito, não somente se multiplicaram estas substâncias, mas ainda se as personificaram. As substâncias preenchem todos os espaços: elas presidem e dirigem as operações da natureza. Daí *os espíritos, as divindades, os demônios, os gênios*, etc. A filosofia experimental lhes diminuiu o número, mas ainda nos resta muito a fazer para chegar à pureza da verdade.[182] Nós o conseguiremos quando formos aptos a não reconhecer outra substância física que não o *corpo*, ou a *matéria organizada e modificada de tal ou qual maneira*. Trata-se então de conhecer e de determinar o *mecanismo* destas modificações, e as ideias que resultarão deste mecanismo conhecido serão as ideias *físicas* mais próximas da verdade. É, em geral, o desígnio que me proponho atingir para o sistema de influências que aqui faço anunciar.

Uma agulha não imantada posta em movimento não responderá a não ser por acaso a uma direção determinada enquanto, ao contrário, a imantada, tendo recebido a mesma impulsão, após diversas oscilações proporcionais a essa impulsão e ao magnetismo que ela recebeu, voltará à sua primitiva direção e aí se fixará: é assim que a harmonia dos corpos organizados, uma vez perturbada, deve sofrer as incertezas da minha primeira suposição, se ela não for chamada e determinada pelo agente geral de que vou demonstrar a existência e que pode restabelecer essa harmonia ao estado natural.[183]

---

182   Tem razão Mesmer, pois, apesar do conflito entre o avanço da ciência e a religião prisioneira dos dogmas, característico do Iluminismo, muitos médicos ainda acreditavam em causas sobrenaturais, como na intervenção demoníaca em casos de doenças mentais. Como era de seu interesse, a Igreja dogmática apoiava e incentivava essa distorção.

183   Nota de Mesmer. Memória sobre a descoberta do magnetismo animal, 1779.

Examinemos qual a natureza deste agente?

Existe um fluido universalmente distribuído, e contínuo de modo a não sofrer nenhum vazio, cuja sutileza não permite nenhuma comparação, e cuja natureza é suscetível de receber, propagar e comunicar todas as impressões do movimento. Sendo a fluidez da matéria um estado relativo entre o movimento e o repouso, é evidente que, após se ter esgotado pela imaginação todas as nuances de fluidez possíveis, ser-se-á forçado a atingir a um último grau de subdivisão, e este último grau é este fluido que preenche todos os interstícios resultantes das formas das moléculas associadas. A areia, por exemplo, tem um grau de fluidez. A figura de seus grãos forma necessariamente interstícios que podem estar ocupados pela água; os da água, pelo ar; os do ar, pelo que se chama éter,[184] os do éter, enfim, serão ocupados

---

184   Além de Mesmer, naquela época, cientistas como Franklin, acreditavam na existência de um meio físico pelo qual a luz se propagaria. As descobertas do século 20, porém, colocaram em dúvida a existência de um éter espacial. Neste início de século, a hipótese está sendo novamente considerada, até mesmo com localização temporal. Einstein, em seu A evolução da física, com Infeld, esclareceu: "Essa palavra éter mudou de significado muitas vezes, com o desenvolvimento da ciência. Sua história não chegou ao fim, é continuada com a teoria da relatividade." (EINSTEIN, 1962) Pela própria interpretação de sua teoria geral da relatividade, o grande cientista alemão concluiu que o éter existia, mas não poderia ser observado nem medido por quaisquer instrumentos. Num texto apresentado por ele à Universidade de Leyden, encontramos: "Nós podemos dizer que, de acordo com a teoria geral da relatividade, o espaço é dotado de qualidades físicas; neste sentido, existe um éter no espaço. De acordo com a teoria geral da relatividade, espaço sem éter é inconcebível, pois a luz não teria como se propagar, nem existiria medida de espaço nem de tempo, como também não existiriam padrões de espaço e tempo (réguas e relógios), e nem qualquer intervalo de distância ou tempo no meio físico. Mas este éter não pode ser imaginado como sendo um meio ponderável, consistindo de partes que possuam localização temporal. A ideia de movimento não é aplicável a ele." (EINSTEIN, 1920) Depreende-se assim que, segundo Einstein, o éter existe, mas fora do espaço-tempo. Essas incompreensíveis condições levaram muitos físicos a interpretarem que o conceito de éter estava extinto pela teoria da relatividade. A doutrina espírita tem a chave para a solução desse mistério. "A matéria cósmica primitiva continha os elementos materiais, fluídicos e vitais de todos os universos que estadeiam suas magnificências diante da eternidade. A substância etérea, mais ou menos rarefeita, que se difunde pelos espaços interplanetários [...] nada mais é do que a substância primitiva onde residem as forças universais, donde a natureza há tirado todas as coisas." (KARDEC, A gênese, p. 115) Uma leitura cuidadosa revela que, segundo os espíritos, existe mais de um universo! A matéria ponderável não é o único estado dessa matéria

por uma substância ainda mais fluida, e de que ainda não fixamos a denominação. É difícil determinar onde essa divisibilidade termina.[185] É, no entanto, de uma destas séries de matérias, da mais dividida pelo movimento interno, que vou falar aqui.

Poder-se-ia comparar, se posso me expressar assim, a opinião de alguns sábios para rejeitar a ideia de um *fluido universal* e a possibilidade de um movimento no pleno[186] àquela dos peixes, que se revoltariam contra aquele dentre eles que lhes anunciaria que o espaço entre o fundo e a superfície do mar é preenchido por um fluido que eles habitam. Que é nesse meio que eles se relacionam, que se deslocam, que se comunicam, que se encadeiam. E que é o único meio de suas relações recíprocas.

Entretanto, alguns físicos já reconhecem a existência de um fluido universal.[187]

---

primitiva ou éter. O princípio vital e o perispiritual estão fora do alcance dos instrumentos de medida dos laboratórios da ciência, pois, como confirma a teoria da relatividade, esses fluidos existem fora do espaço-tempo relativo ao nosso universo físico. Porém, os fluidos são observáveis para o espírito, que habita, por meio de seu perispírito, o universo espiritual. Esses são conceitos que a ciência ainda está por compreender.

185   A doutrina espírita concorda com Mesmer e propõe a existência de uma escala que que começa na matéria bruta e passa por diversas nuances até cjeghar ao grau máximo de dissolução que está representado pelo fluido cósmico universal, a matéria primitiva, substância geratiz de todas as coisas. "Entre esses dois extremos, dão-se inúmeras transformações, mais ou menos aproximadas de um e de outro." (KARDEC, 1868, p. 276)

186   O espaço, totalmente preenchido pelo fluido universal, não oferecia qualquer lugar vazio. Assim, dizia-se que o universo era pleno. A doutrina espírita considera real essa condição do universo.

187   Quando da publicação de O livro dos médiuns (1861), uma matéria elementar geratriz de todas as outras era mais geralmente aceita. Os espíritos a confirmaram: "A existência de uma matéria elementar única está hoje quase geralmente admitida pela ciência, e os espíritos, como se acaba de ver, confirmam-na. Todos os corpos da natureza nascem dessa matéria que, pelas transformações por que passa, também produz as diversas propriedades desses mesmos corpos." (KARDEC, 1861, p. 111) Hoje, a ciência define matéria e energia como sendo uma mesma coisa. Porém, os físicos ainda pesquisam uma teoria que unifique todas as forças da natureza: força nuclear forte, a fraca, eletromagnética e gravitacional. Entre as propostas apresentadas, uma das promissoras é a teoria das supercordas.

Mas, apenas tendo realizado este primeiro passo, apenas próximos da verdade, pretenderam precisar os caracteres deste fluido, sobrecarregando-o de propriedades específicas, atribuindo-lhe qualidades, poderes, tendências, aspectos, causas finais. Enfim, de poderes conservadores, produtores, destruidores, reformadores.

A verdade está sobre uma linha traçada entre os erros. O espírito humano, por sua atividade inquieta, é como um cavalo fogoso: para ele também é difícil calcular com precisão a energia necessária para chegar a um destino sem correr o risco de ultrapassá-lo. Inquieto, sente dificuldade em se conter por longo tempo, de modo a não avançar e nem recuar seus passos.

É preciso admitir a existência de um fluido universal, que é o conjunto de todas as séries da matéria dividida pelo *movimento interno* (isto é, o movimento de suas partículas entre si). Neste estado, ele preenche os interstícios de todos os fluidos, do mesmo modo que de todos os sólidos contidos no espaço. Por causa dele, o universo está fundido e reduzido a uma única massa.[188] A fluidez constitui sua essência. Não tendo nenhuma propriedade, ele não é elástico e não tem peso, mas é o meio apropriado para determinar as propriedades de todas as ordens da matéria que se encontra mais composta e que não é ele próprio. Este fluido está em relação às propriedades que ele determina nos corpos orgânicos do mesmo modo que o ar[189] está para o som e à harmonia, ou o éter para a luz, ou enfim a água para o moinho – isto é, ele recebe as impressões, as modificações

---

188   O conceito do fluido universal, adotado pela ciência do magnetismo, seria um dos postulados fundamentais da doutrina espírita: "A substância etérea, mais ou menos rarefeita, que se difunde pelos espaços interplanetários; esse fluido cósmico que enche o mundo, mais ou menos rarefeito, nas regiões imensas, opulentas de aglomerações de estrelas; mais ou menos condensado onde o céu astral ainda não brilha; mais ou menos modificado por diversas combinações, de acordo com as localidades da extensão, nada mais é do que a substância primitiva onde residem as forças universais, donde a natureza há tirado todas as coisas." (KARDEC, 1868, p. 116)

189   Nota de Mesmer. O ar que passa através dos tubos de um órgão recebe vibrações proporcionais ao tamanho e à forma dos tubos. Estas vibrações não se tornam som a não ser quando são propagadas e comunicadas a um órgão do animal disposto a recebê-las. O ar, no caso, é o condutor do movimento em direção ao ouvido, do mesmo modo que o movimento de um outro fluido mais sutil que ele, refletido pela superfície do objeto observado, recebe vibrações que, transferidas ao órgão da visão, determinam a percepção das formas e de cores que existem certamente apenas no fluido.

do movimento, que lhes transfere, que lhes aplica, e insinua nos corpos orgânicos; e os efeitos assim produzidos são o resultado combinado do movimento e da organização dos corpos.

É preciso considerar aqui que as diversas séries de que o fluido universal é composto, a partir da matéria elementar até as que tocam nossos sentidos – como a água, o ar, o éter –, diferem entre si por uma espécie de organização íntima, efeito da combinação primitiva de suas partículas. Esta organização especial torna cada uma dessas séries suscetível de um movimento particular que lhe é próprio.

Nós observamos a gradação dessa suscetibilidade exclusiva de movimentos nos três gêneros de fluidos. Nem a luz, nem o fogo, nem a eletricidade, nem o magnetismo e nem o som são substâncias, mas sim efeitos do movimento nas diversas séries do fluido universal.[190]

Será demonstrado pela minha teoria das influências como este fluido, esta matéria sutil, sem ter peso, determina o efeito que chamamos *gravidade*; como, sem ser elástica, concorre para a elasticidade. Como preenchendo todos os espaços, provoca a coesão, sem estar ela mesma nesse estado. Demonstrarei que *atração* é uma palavra vazia de sentido. A atração, para dizer a verdade, não existe na natureza, é um efeito aparente de uma causa que não se percebe. Provarei que a eletricidade, o fogo, a luz, *todas as propriedades são o resultado combinado da organização dos corpos e do movimento do fluido no qual estão mergulhados.*

Compreender-se-á primeiramente como uma impulsão uma vez dada sobre a matéria basta para o desenvolvimento sucessivo de todas as possibilidades. Como

---

190 Essa mesma teoria seria adotada pela doutrina espírita: "O fluido cósmico universal [...] assume dois estados distintos: o de eterização ou imponderabilidade, que se pode considerar o primitivo estado normal, e o de materialização ou de ponderabilidade, que é, de certa manbrissoteira, consecutivo àquele. O ponto intermédio é o da transformação do fluido em matéria tangível. Mas, ainda aí, não há transição brusca, porquanto podem considerar-se os nossos fluidos imponderáveis como termo médio entre os dois estados." (KARDEC, 1868, p. 273) O que Mesmer explicou como efeitos do movimento, os espíritos definiram como forças: "O éter ou matéria cósmica primitiva [...] são-lhe inerentes às forças que presidiram às metamorfoses da matéria, as leis imutáveis e necessárias que regem o mundo. Essas múltiplas forças, indefinidamente variadas segundo as combinações da matéria, localizadas segundo as massas, diversificadas em seus modos de ação, segundo as circunstâncias e os meios, são conhecidas na Terra sob os nomes de gravidade, coesão, afinidade, atração, magnetismo, eletricidade ativa." (KARDEC, 1868, p. 111)

os impulsos particulares, que são a continuidade, tornam-se a origem de novas organizações; como o movimento é a causa do repouso, e o repouso, por sua vez acelera o movimento da matéria fluida para operar outras combinações. Ver-se-á, enfim, que é pela simplicidade da ordem, num circulo perpétuo entre as causas e os efeitos, que poderemos ver a mais justa e a maior ideia da natureza e do seu autor.[191]

Podemos juntar a estas considerações que a imensidade da matéria fluida permanecerá homogênea, sem produzir novos seres, se o acaso das primeiras combinações não determinar correntes nas quais as celeridades variadas e modificadas tornam-se uma fonte infinita de organizações e de efeitos assim produzidos.

Remontando assim de uma simples progressão até as grandes operações da natureza, descobrimos que o magnetismo ou influência mútua entre o ímã e o ferro é a ação mais universal e que o *ímã* nos oferece o modelo para o mecanismo do universo[192]. Nós descobrimos que esta ação é *o necessário efeito de movimento de toda a natureza*[193].

Como todas as verdades se relacionam, é impossível fazer progressos no estudo da natureza sem ter compreendido o encadeamento desses princípios. É

---

191   Mesmer liga a harmonia da natureza ao seu autor: Deus. O espiritismo o acompanha: "Ora, assim como só há uma substância simples, primitiva, geradora de todos os corpos, mas diversificada em suas combinações, também todas essas forças dependem de uma lei universal diversificada em seus efeitos e que, pelos desígnios eternos, foi soberanamente imposta à criação, para lhe imprimir harmonia e estabilidade." (KARDEC, 1868, p. 112)

192   O recurso do ímã como modelo também foi utilizado por Kardec: "Em falta de observação direta, seus efeitos podem observar-se como se observam os do fluido do ímã, fluido que jamais se viu, podendo-se adquirir sobre a natureza deles conhecimentos de alguma precisão. É essencial esse estudo, porque está nele a chave de uma imensidade de fenômenos que não se conseguem explicar unicamente com as leis da matéria." (KARDEC, 1868, p. 171).

193   O fluxo e refluxo é uma lei universal, e rege os universos. Segundo o espiritismo: "Todas essas forças são eternas [...] e universais, como a criação. Sendo inerentes ao fluído cósmico, elas atuam necessariamente em tudo e em toda parte, modificando suas ações pela simultaneidade ou pela sucessividade, predominando aqui, apagando-se ali, pujantes e ativas em certos pontos, latentes ou ocultas noutros, mas, afinal, preparando, dirigindo, conservando e destruindo os mundos em seus diversos períodos de vida, governando os maravilhosos trabalhos da natureza, onde quer que eles se executem, assegurando para sempre o eterno esplendor da criação." (KARDEC, 1868, p. 112).

por isso que eu creio ser necessário expor todo esse sistema físico, do qual o corpo humano faz parte, antes do propor métodos de cura. Porque as leis pelas quais o universo é governado são as mesmas que regem a harmonia do corpo animal. A vida do mundo é uma só, e a do homem individual é apenas parte dela.[194]

Todas as propriedades dos corpos são, repito, o resultado combinado de sua organização e do movimento do fluido no qual elas se encontram.

Se considerarmos a ação do fluido assim definido, como aplicado ao corpo animal, ela se torna então o princípio do movimento e das sensações.

É certo que a natureza e a qualidade dos humores do homem dependem unicamente da ação dos sólidos, do mecanismo dos órgãos ou vísceras, e dos vasos que contêm estes humores. São eles que os elaboram, dirigindo e regulando os movimentos, as misturas, as proporções, as secreções, as excreções etc. É fácil conceber que é pela irregularidade de ação dos sólidos sobre os líquidos, ou na imperfeição do mecanismo ou da ação das vísceras e dos órgãos, que está a causa primeira de todas as aberrações. E que, consequentemente, o remédio comum e único deve ser encontrado no restabelecimento da ação dos órgãos, únicos capazes de mudar e corrigir os vícios e as alterações dos humores. É aqui o caso de examinar qual é o princípio do movimento, e a *força comum* das diferentes máquinas que agem sobre os líquidos.[195]

É a *fibra muscular* que por seu mecanismo particular torna-se, como pude provar, o instrumento de todo movimento, como o principio de toda ação dos sólidos sobre os líquidos. As correntes do fluido universal estão dirigidas e aplicadas à organização íntima da fibra muscular, precisamente como o vento ou a água, para o moinho, determinando suas funções. Estas funções consistem na alternativa de se encurtar e se alongar, ou de se relaxar. Seu encurtamento é propriamente sua ação positiva. Esta faculdade é chamada de *irritabilidade*.

---

194   Mesmer estabeleceu uma correspondência entre o macrocosmo e o microcosmo, com também fizeram Hipócrates, Paracelso, Giordano Bruno e outros. Depois de Mesmer, seguiriam o mesmo princípio Hahnemann e a homeopatia, Kardec e o espiritismo. O espiritismo tem como um de seus fundamentos a harmonia universal, representada pela divisa unidade/diversidade. Deus representa a unidade e a diversidade está representada pela totalidade dos seres, desde o átomo até o mais evoluído espírito.

195   Todo este parágrafo define a medicina da escola de Boerhaave, o solidismo, a mais avançada de sua época, e na qual Mesmer se formou. Ela surgiu em oposição à medicina humoral galênica, predominante durante mais de um milênio.

É a esta faculdade, aplicada ao mecanismo particular do coração, que devemos o movimento de sístole e de diástole dessa víscera hidráulica vital e de todas as artérias.

O fenômeno da dilatação e da contração dos vasos sobre o líquido que eles contêm é a causa da circulação dos humores, e consequentemente da vida animal. O defeito numa dessas duas ações ou da reação para o curso. Logo que são privados do movimento local e intenso, os humores se espessam e se consolidam. Este espessamento ou repouso se estende comunicando-se com uma parte mais ou menos considerável dos canais. Outro efeito do repouso dos humores é sua degenerescência: decompondo-se, eles ficam nos canais cuja capacidade não é própria para contê-los. O estado dos vasos nos quais o curso dos humores é interrompido ou diminuído é chamado de *obstrução*.

A fibra muscular animada pelo princípio da irritabilidade é ainda suscetível de uma afecção externa, chamada *irritação*. O efeito ordinário desta afecção é o encurtamento da fibra.

Toda ação da fibra muscular pode ser considerada como dependente, seja da irritabilidade, seja da irritação, seja de uma e de outra em conjunto. Existem, consequentemente, duas causas imediatas de obstrução: a primeira, quando um vaso perdeu sua irritabilidade, o que o impede de contrair-se; a segunda, quando um vaso está num estado de irritação, ou que exista algum obstáculo à sua dilatação. Assim, nos dois casos, as condições necessárias para os movimentos alternativos dos vasos são contrariadas, e sua ação, bloqueada.

Sem entrar em detalhes desta aberração, que é a mais geral e quase que a única nos corpos vivos, é fácil conceber, segundo uma lei geral, que a causa do movimento faz sempre um esforço contra a resistência, e que deve ser proporcional para vencê-la. Este esforço é chamado *crise*, e todos os efeitos que resultam diretamente desse esforço são chamados *sintomas críticos*: são os verdadeiros meios de cura, ou o que forma a *cura* da natureza,[196] enquanto, ao contrário,

---

196   Veja-se que para Mesmer o magnetismo animal, como instrumento terapêutico, nada tem de metafísico ou milagroso, mas evoca o processo natural de cura, que então acelera. Nem mesmo é fluidista. Segundo Mesmer, a ação dinâmica do magnetizador fortalece o paciente, que age no desequilíbrio gerador da doença, cumprindo seu ciclo até a crise, quando o equilíbrio, que é a saúde, é restabelecido. O espírito André Luiz, quando esclareceu o mecanismo do passe magnético, fez uso desse mesmo conceito: "Por meio do passe magnético, no entanto, notadamente naquele que se baseie no divino manancial da prece, a vontade fortalecida no bem pode soerguer a vontade enfraquecida de outrem para que essa vontade novamente ajustada à

os efeitos provenientes da resistência contra esse esforço da natureza são ditos *sintomas sintomáticos* e formam o que se deve chamar de doença.[197]

A crise é determinada pela irritação da fibra, seja pela *intenção* da irritabilidade, seja por um esforço aumentado sobre a fibra resistente, seja enfim pela reunião dessas duas causas.

É, pois, constante e conforme as leis do movimento que nenhuma aberração no corpo animal possa se retificar sem ter provado os efeitos deste esforço – isto é, qualquer doença não pode ser curada sem uma crise. Esta lei é tão verdadeira e tão geral que, após a experiência e a observação, a mais simples pústula, a menor bolha na pele não se cura senão após uma crise.

As diferentes formas segundo as quais o esforço da natureza se manifesta dependem da diversidade da estrutura das partes orgânicas ou das vísceras que sofrem esse esforço, de suas correspondências e relações, segundo os diversos graus e modos da resistência, do período do seu desenvolvimento.

Os antigos tinham pouco conhecimento do mecanismo de funcionamento do corpo animal, e sabiam menos ainda como esse mecanismo está relacionado com a organização da natureza como um todo, então eles relacionaram cada gênero desses esforços como sendo espécies de doença. Desde o nascimento da medicina houve oposição ao verdadeiro e único meio empregado pela natureza para destruir as causas que perturbam a harmonia.

Hipócrates[198] parece ter sido o primeiro e talvez o único que compreendeu o fenômeno das crises nas doenças agudas. Seu gênio observador o levou a reconhecer que os diversos sintomas nada mais são do que modificações dos esforços que a natureza faz contra as doenças. Depois dele, quando nas doenças

---

confiança magnetize naturalmente os milhões de agentes microscópicos a seu serviço, a fim de que o estado orgânico, nessa ou naquela contingência, recomponha-se para o equilíbrio indispensável." (André Luiz, pela mediunidade de Chico Xavier, *Evolução em dois mundos*, p. 203)

197   O conceito de doença e cura fogem aqui de qualquer causa mágica, oculta ou sobrenatural. A crise é o esforço natural e instintivo do organismo para lutar contra a desarmonia temporária que é a doença. O magnetismo auxilia o doente nesse processo. Esse conceito supera a crença médica alopática. Essa mesma teoria foi adotada por Hahnemann na homeopatia.

198   Hipócrates é o médico mais notável da Antiguidade, considerado o pai da medicina. Veja-se que a doutrina de Hipócrates é precursora da ciência do magnetismo animal explicada neste livro. Mesmer recupera e desenvolve os princípios doutrinários germinais da arte de curar hipocrática.

crônicas se observou os mesmos sintomas, mais afastados da causa, isolados, sem febre contínua, substantivaram-se estes acidentes eventuais como se fossem outras tantas doenças, diferenciando-se cada uma com um nome. Estudaram-se, analisaram-se estes acidentes e seus sintomas como coisas, avaliaram-se mesmo por *indicador* as sensações da doença. Eis então a fonte de erros que assolam a humanidade por tantos séculos.

Pelos sintomas aparentemente mais opostos, Hipócrates, em lugar de ficar desconcertado, prognosticou a cura. Sua segurança estava baseada na observação da marcha periódica dos dias, que ele chamou *críticos*. Ele sentia, vagamente, que existia um princípio externo e geral cuja ação era regular, e que seria este princípio que desenvolveria e decidiria a complicação das causas que formam a doença.

O que o pai da medicina observava assim, e que outros após ele chamaram *natureza*, não era senão o efeito deste princípio que eu reconheci e cuja existência anunciei, princípio que determina sobre nós essa espécie de fluxo e refluxo ou intenção e remissão das propriedades.

É de se lamentar que a luz que ele lançou sobre a arte de curar fosse restrita às doenças agudas: ele poderia ter reconhecido que as doenças crônicas diferem das outras apenas pela continuidade e a rapidez com que os sintomas se sucedem. As doenças agudas estão em relação às crônicas da mesma forma que o curso da vida de um inseto que se chama *efêmero* está para a vida dos outros animais: o primeiro sofre nas 24 horas todas as revoluções da idade, do sexo, do crescimento e da decrepitude, enquanto outras espécies animais levam anos para percorrer estas etapas.

Por outro lado, deve-se lembrar de que lamentavelmente a medicina ainda ignora o desenvolvimento natural e necessário da maior parte das doenças crônicas: opõem este desenvolvimento com seus remédios que perturbam o progresso da doença, interrompendo seu curso e muito frequentemente o fim vem antes de seu tempo, com uma morte prematura.[199] A marcha e o desenvolvimento da epilepsia, por exemplo, assim como da mania, da melancolia, das doenças ditas dos nervos, o inchamento das glândulas e suas complicações, as afecções dos órgãos dos sentidos, são ainda desconhecidos, e é principalmente nesses diversos estados que se confunde a crise com a doença.

---

199   A preocupação de Mesmer poderia parecer excessiva se não fossem os meios empregados pelos médicos da época, que eram verdadeiras torturas ineficazes. O esgotamento da força do paciente já debilitado pela enfermidade quase sempre provocava a morte. No século seguinte, Hahnemann reforçaria esta crítica.

As causas imediatas de todas as doenças internas ou externas supõem o defeito ou irregularidade da circulação dos humores ou *obstruções* de diferentes ordens dos recipientes. Sendo este estado, como se salientou, o resultado do defeito da *irritabilidade* ou da ação dos sólidos sobre os humores que eles contêm, compreender-se-á enfim que em vez de recorrer a uma escolha vaga e incerta, aos específicos e às inumeráveis drogas advindas da teoria dos humores,[200] tem-se, em todos os casos, apenas duas indicações, a saber:

1. Restabelecer a irritabilidade ou a ação dos sólidos sobre os líquidos;
2. Impedir e prevenir os obstáculos que podem se opor. Está provado pelo sistema de influências, e está constatado pela observação exata e assídua, que os grandes corpos chamados *celestes* governam os movimentos parciais do nosso globo. As alternativas de fluxo e refluxo (efeito comum a todas as partes constitutivas da Terra), a vegetação, as fermentações, as organizações, os ciclos gerais e particulares das quais o globo é suscetível, são naturalmente determinadas por essa influência que, por meio da continuidade de um fluido universal, produz aumento ou diminuição de todas as propriedades dos corpos, como vemos distintamente no desenvolvimento e decréscimo da vegetação.

É assim e pelas mesmas causas que a irritabilidade é naturalmente aumentada ou diminuída do mesmo modo que o curso, o desenvolvimento das doenças, e mesmo sua cura, que se atribui vagamente à natureza, são regrados e determinados por essa influência ou pelo que se chama de *magnetismo natural*.

Mas como esta operação da natureza, apesar de geral, não pode tornar-se útil senão aos seres que são particularmente suscetíveis, restou-me descobrir e reconhecer as leis e o mecanismo íntimo dos processos da natureza, a fim de saber imitá-los e fazer a aplicação reforçada e graduada nos casos individuais, em todos os tempos e em todas as situações em que o homem se encontra.

Creio ter obtido da natureza este mecanismo de influências, que, como explicarei, consiste numa espécie de *entrega* recíproca e alternativa das correntes que entram e saem, de um fluido sutil, preenchendo o espaço entre dois corpos. A necessidade dessa entrega é baseada na lei do *pleno*, o que significa que no espaço cheio de matéria não pode ser feito um deslocamento sem recolocação,

---

200   A doutrina de Mesmer oferecia uma alternativa aos ensinamentos da medicina da época, que seguiam de forma ortodoxa as teorias de Galeno. Entre eles, o princípio contraria contraris e a teoria dos humores. Segundo esta teoria, a vida era mantida pelo equilíbrio entre os humores: sangue, fleuma, bile amarela e bile negra. Veja-se a Segunda Parte: "Breve história da medicina".

o que supõe que se um movimento da matéria sutil é provocado num corpo, produz-se um movimento semelhante num outro corpo suscetível de recebê--la, qualquer que seja a distância entre os corpos. Esta espécie de circulação é capaz de excitar e de reforçar neles as propriedades análogas à sua organização, o que se conceberá facilmente refletindo-se sobre a continuidade da matéria fluida, e sua extrema mobilidade: o ímã, a eletricidade, como também o fogo, oferecem-nos os modelos e os exemplos desta lei universal.

Reconheci que, embora exista uma influência geral entre os corpos, é todavia por modos, tons particulares e diversos movimentos que uma influência pode se efetuar.

Como o fogo, por um *movimento tônico*[201] determinado, difere do calor, assim o magnetismo dito *animal* difere do magnetismo natural: o calor está na natureza e, sem *ser fogo*, ele consiste no movimento interior de uma matéria sutil. Ele é geral, enquanto o fogo é um produto do trabalho humano ou de certas condições. O fogo produz quase que instantaneamente, e na maior parte das circunstâncias, os mesmos efeitos que se obtém com o calor, se bem que neste caso com tempo mais longo e com o concurso de causas particulares. E eis como o magnetismo natural difere do magnetismo animal de que aqui se trata. As experiências e as sensações das doenças confirmam de modo incontestável esta teoria.[202]

A ação mais imediata do magnetismo ou da influência deste fluido é o de reanimar e de reforçar a ação da fibra muscular por um movimento acelerado, tônico e análogo à parte orgânica à qual pertence.[203] Milhares de observações

---

201   Nota de Mesmer: Entendo por ton ou movimento tônico o gênero ou modo especial de movimento que possuem as partículas de um fluido entre si. Assim de acordo com as partículas de alguns fluidos, o movimento é ondulatório ou oscilatório, em outros é vibratório, de rotação etc.

202   Aqui também Mesmer esclarece aqueles que, não tendo lido ou compreendido suas ideias, pensam que ele confunde magnetismo animal com o natural. O magnetismo natural, para ele, serve apenas como meio de comparação entre os efeitos de um e outro.

203   A doutrina espírita confirma a hipótese de Mesmer: "Tanto quanto do espírito errante, a vontade é igualmente atributo do espírito encarnado. Daí o poder do magnetizador, poder que se sabe estar na razão direta da força de vontade. Podendo o espírito encarnado atuar sobre a matéria elementar, pode do mesmo modo mudar-lhe as propriedades, dentro de certos limites. Assim se explica a faculdade de cura pelo contato e pela imposição das mãos, faculdade que algumas pessoas possuem em grau mais ou menos elevado." (KARDEC, 1861, p. 172)

provaram que a aplicação deste meio desenvolve o curso das doenças, isto é, após um combate mais ou menos decisivo entre os esforços e a resistência, ele determina, regula e acelera a ordem e a marcha segundo as quais as causas e os efeitos se sucedem, a fim de operar o restabelecimento da saúde, provocando, em todos os casos, de modo seguro, as *crises* e seus efeitos relativos.

O magnetismo animal, considerado como um agente, é então efetivamente um *fogo* invisível.[204] Trata-se:

1. De saber provocar e entreter por todos os meios possíveis este *fogo* e fazer a aplicação;

2. De conhecer e retirar os obstáculos que podem perturbar ou impedir sua ação, e o efeito gradativo que se busca obter no tratamento;

3. De conhecer e de prever a marcha do seu desenvolvimento para regrá-lo e firmemente manter o curso até a cura.

Eis a que se reduz geralmente a descoberta do magnetismo animal, considerado como *meio* de prevenir doenças e curá-las.

Está provado pela razão e constatado pela experiência contínua que este fogo pode ser concentrado e conservado. Que a água, os animais, as árvores e todos os vegetais, assim como os minerais, são suscetíveis de serem carregados com ele.[205]

---

204   Paracelso foi um dos precursores de Mesmer e Hahnemann: "Se nós conseguirmos extrair o fogo da vida do coração e extrair da quintessên cia das substâncias e usá-la para alcançar nosso objetivo, poderemos viver para sempre usufruindo a saúde sem experimentar nenhuma doença... Esse medicamento é a prima matéria, a fonte da vida que rejuvenesce e renova, uma substância espiritual, invisível e inatingível que pode ser incorporada a um veículo material." (PARACELSO, 1563 III, pp. 351-53) Paracelso distingue duas fontes naturais da prima matéria: a vida do coração (corpo humano) e substâncias (madeira, ervas e minerais). Uma correspondência tanto ao magnetismo animal quanto à homeopatia. Na doutrina espírita, essa mesma substância espiritual é o princípio vital, presente em todos os seres, desde o mineral até o homem.

205   Como a ciência do magnetismo animal, a doutrina espírita confirma que diversos materiais podem servir de veículo ou depositório para o magnetismo animal. Essa propriedade explica uma das curas de Jesus, conforme está em *A gênese*: "Quanto ao meio empregado para a sua cura, evidentemente aquela espécie de lama feita de saliva e terra nenhuma virtude podia encerrar, a não ser pela ação do fluido curativo de que fora impregnada. É assim que as mais insignificantes substâncias, como a água, por exemplo, podem adquirir qualidades

Após tudo que tem sido dito aqui, sem dúvida são esperadas explicações sobre a maneira de se aplicar o magnetismo animal, e de torná-lo um meio curativo eficaz. Mas como, independentemente da teoria, este novo método de curar exige indispensavelmente uma instrução prática e contínua, não creio ser possível dar aqui a descrição, nem desta prática, nem do aparelho e das máquinas de diferentes espécies, nem dos procedimentos de que me servi com sucesso, porque cada um, em consequência da sua instrução, aplicar-se-á em estudá-los, e aprenderá por si mesmo a variá-los e a acomodá-los às circunstâncias e às diversas situações da doença.[206] É o empirismo ou a aplicação às cegas dos meus procedimentos, que deram lugar às prevenções e às críticas indiscretas que se fizeram contra este novo método. Estes procedimentos, se não forem razoáveis, serão semelhantes a afetações tão absurdas quanto ridículas, às quais será impossível atribuir fé. Determinados e prescritos de modo positivo, tornar-se-ão, sob uma observação muito escrupulosa, motivo de superstição. E eu ousaria dizer que uma grande parte das cerimônias religiosas da Antiguidade parecem consequência desse empirismo. Por outro lado, todos aqueles que quiseram se assegurar por sua própria experiência da realidade do magnetismo, praticando-o sem conhecer seus princípios, viram-se privados de obter o sucesso que pretendiam, imaginando que os efeitos deveriam ser o resultado imediato dos procedimentos como aqueles da eletricidade ou das operações químicas.

Considerando que a influência recíproca é geral entre os corpos, que o ímã nos representa o modelo dessa lei universal, e que o corpo animal é suscetível de

---

poderosas e efetivas, sob a ação do fluido espiritual ou magnético, ao qual elas servem de veículo, ou, se quiserem, de reservatório." (KARDEC, 1868, p. 325) A água é a substância mais comumente magnetizada: "Esta teoria nos fornece a solução de um fato bem conhecido em magnetismo, mas inexplicado até hoje: o da mudança das propriedades da água, por obra da vontade. O espírito atuante é o do magnetizador, quase sempre assistido por outro espírito. Ele opera uma transmutação por meio do fluido magnético que, como atrás disse mos, é a substância que mais se aproxima da matéria cósmica, ou elemento universal. Ora, desde que ele pode operar uma modificação nas propriedades da água, pode também produzir um fenômeno análogo com os fluidos do organismo, donde o efeito curativo da ação magnética, convenientemente dirigida." (KARDEC, 1861, p. 172)

206   O magnetismo animal, como meio de cura, é uma terapia que precisa ser aplicada com os conhecimentos e métodos da ciência médica, necessita que o terapeuta conheça anatomia, fisiologia, e também tenha domínio de práticas médicas como anaminese e diagnóstico.

propriedades análogas às do ímã,[207] creio justificar plenamente a denominação de *magnetismo animal* que adotei para designar tanto o sistema e a doutrina das influências em geral quanto a dita propriedade do corpo animal, assim como o remédio e o método de cura.

Isso é pouco suficiente para demonstrar que não se deve confundir o magnetismo com os fenômenos que puderam dar lugar ao que se chamou *eletricidade animal*.

Vejo com pesar que se tem abusado desta denominação: desde que se está familiarizado com a palavra *magnetismo*, as pessoas julgam ter ideia da coisa, enquanto se tem apenas a ideia da palavra.

Enquanto muitas descobertas foram colocadas na fila das quimeras, a incredulidade de certos sábios me deixava toda a glória da invenção. Mas depois, quando foram forçados a reconhecer sua existência, começaram a me opor obras da Antiguidade nas quais se encontram as palavras *fluido universal, magnetismo, influência* etc. Mas não é uma questão de palavras e sim da coisa, e sobretudo da utilidade de sua aplicação.

Encontrar-se-á no corpo de minha doutrina que o homem, como objeto principal de nossa contemplação na natureza, pode ser considerado em razão dos pontos constitutivos do seu mecanismo, e em razão de sua conservação. Sob a primeira se compreende os instrumentos do movimento e das sensações, que determinam as funções e as faculdades – daí, a esse respeito, minhas ideias sobre os nervos, a fibra muscular, a irritabilidade, os sentidos etc.

Sob o ponto de vista da conservação, o homem é considerado nos diversos estados em que percorre a carreira de sua existência, como no estado de vigília, no qual faz uso dos seus sentidos, e continua a existir, em relação aos outros seres que o cercam, e enfim no estado de saúde e de doença.

---

207 Sobre o tema, esclareceram os espíritos: "Considerado como matéria terapêutica, o fluido tem que atingir a matéria orgânica, a fim de repará-la. Pode então ser dirigido sobre o mal pela vontade do curador, ou atraído pelo desejo ardente, pela confiança, numa palavra: pela fé do doente. Com relação à corrente fluídica, o primeiro age como uma bomba calcante e o segundo como uma bomba aspirante. Algumas vezes, é necessária a simultaneidade das duas ações; doutras, basta uma só." (KARDEC, 1868, p. 316) Hahnemann também fez uso da comparação com o ímã para explicar a força vital e a cura na homeopatia: "a força dinâmica dos medicamentos sobre o princípio vital, a fim de tornar o homem sadio, nada mais é do que o contágio, não sendo absolutamente material nem absolutamente mecânico, assemelhando-se à força do ímã quando atrai poderosamente um pedaço de ferro ou aço que esteja próximo". (HAHNEMANN, *Selected Writings*, p. 99)

A vida de todos os seres no universo é uma só: ela consiste no movimento da matéria mais sutil.[208] A morte é o repouso ou a conservação do movimento. Ver-se-á que a marcha natural e inevitável é passar do estado de fluidez ao de solidez, que o termo natural da vida do homem é determinado e fixado por sua organização e sua própria vida, que a doença pode aproximar este termo, impedindo o movimento e avançando a consolidação. Trata-se aqui de conhecer os meios de retardar este termo fatal.

O homem é dotado da faculdade de sentir, É pelas sensações e seus efeitos que ele existe em relação com outros materiais e com os seres que se encontram fora dele. A diversidade dos órgãos chamados *os sentidos* o torna suscetível de provar os efeitos dos diferentes materiais que o cercam. O princípio que o anima e que o torna ativo é determinado pelas sensações, e todas as ações são resultantes das sensações.

Independente dos órgãos conhecidos, temos ainda outros órgãos próprios para receber sensações. Nós duvidamos de sua existência pelo arraigado hábito de nos servirmos dos primeiros, de um modo mais aparente, e pelas impressões fortes às quais estamos acostumados desde a primeira idade, absorvendo as impressões mais delicadas e não nos permitindo percebê-las.

Após as experiências e as observações feitas, existem fortes razões para crer que somos dotados de um sentido *interior* que está em relação com o conjunto do universo, e que poderia ser considerado uma *extensão* da visão.[209]

---

208   Concordando com Mesmer, assim se expressaria Camille Flammarion, no século seguinte: "A grande lei de unidade e continuidade revela-se não somente na forma plástica dos seres como também na força que os anima, desde o modesto vegetal ao homem superior." (O homem primitivo, p. 89).

209   Diversos sábios do passado já haviam se ocupado de um "sentido interior". Aristóteles, Alberto Magno, Giordano Bruno denominavam sensus interior ou sensibus internis. Também Descartes o estudou profundamente. Mas o enfoque dado por Mesmer ao sentido interior é bem diferente: é a capacidade de estender a percepção dos sentidos, colocando o indivíduo em contato com todo o universo, por meio do fluido universal. Este conceito foi retomado por Allan Kardec com a revelação do corpo espiritual ou perispírito. Kardec acrescentou a este sentido, além do sonambulismo, também a mediunidade: "O sonambulismo e a mediunidade [...] não passam de dois efeitos resultantes de uma mesma causa. Essa dupla faculdade é um dos atributos da alma e tem por órgão o perispírito, cuja radiação transporta a percepção além dos limites da ação e dos sentidos materiais. A bem dizer, é o sexto sentido, que é designado sob o nome de sentido espiritual." (*Revista Espírita*, 1867, p. 176)

Se fosse possível ser afetado de maneira a ter a ideia de um ser a uma distância infinita, assim como vemos as estrelas cuja impressão nos é transmitida em linha reta, pela sensação e a continuidade de uma matéria coexistente entre elas e nossos órgãos,[210] não seria igualmente possível que por meio de um órgão interno, pelo qual estivéssemos em contato com todo o universo, fossemos afetados por seres cujo movimento sucessivo seria propagado até nós em linha curva ou oblíqua, em uma palavra, numa direção qualquer? Se for verdade, como desejarei provar, que seríamos afetados pelo encadeamento dos seres e dos eventos que se sucedem, compreender-se-ia a possibilidade dos pressentimentos e de outros fenômenos, tais como a predição, as profecias, os oráculos das sibilas etc.[211]

De acordo com minha teoria sobre as *crises*, foi observando com mais atenção o desenvolvimento tão negligenciado e tão contrariado das doenças crônicas que reconheci o fenômeno de um sono crítico cujas modificações infinitamente variadas mostraram-se muitas vezes a meus olhos. Isto abriu um campo novo para as minhas observações da natureza e das propriedades do homem.[212]

O sono do homem não é um estado negativo ou a simples ausência da vigília: modificações deste estado me ensinaram que as faculdades no homem adormecido não só não estão suspensas como agem muitas vezes com mais perfeição que na vigília. Observa-se que certas pessoas adormecidas andam, conduzem-se e produzem atos bem coordenados, com o mesmo reflexo, a mesma atenção e a mesma exatidão como se estivessem acordadas. É ainda mais surpreendente ver faculdades chamadas *intelectuais* serem levadas a um

---

210   Mesmer aqui se refere à teoria do éter como sendo o meio pelo qual a luz se propaga, assim como o som se propaga tendo como meio o ar.

211   Neste trecho, Mesmer não tornou explícita a existência do perispírito, mas suas observações tecem um paralelo perfeito com as teorias dos fluidos e os efeitos do corpo espiritual. Sendo experimental, o resultado da pesquisa do magnetismo animal tem uma estreita ligação com os fenômenos mediúnicos e a revelação dos espíritos. As duas ciências – magne tismo animal e espiritismo – completam-se mutuamente, e não se contradizem.

212   A partir deste ponto, Mesmer desenvolve sua teoria do sonambulismo. Décadas antes, ele já tinha notado este estado e feito experimentos para compreendê-lo. No entanto, concentrou seus esforços na divulgação de uma revolução na medicina. A partir de 1784, os fenômenos sonambúlicos vieram a público pela pesquisa experimental dos irmãos Puységur. Mas esta obra foi o primeiro ensaio teórico para explicar o sono crítico e a lucidez sonambúlica.

tal grau, que ultrapassam infinitamente aquelas no estado ordinário.[213]

Neste estado de crise, esses seres podem prever o futuro, e tornar presente o passado mais remoto. Seus sentidos podem se estender a todas as distâncias e a todas as direções, sem qualquer obstáculo. Parece enfim que toda a natureza lhes está presente.[214] A vontade de outras pessoas pode lhe ser comunicada independentemente de todos os meios convencionais.[215] Estas faculdades variam para cada indivíduo. O fenômeno mais comum é o de ver o interior de seus corpos, e também os dos outros, e o de julgar com grande exatidão as doenças, sua evolução, os remédios necessários, e seus efeitos.[216] Mas é raro ver todas as faculdades reunidas num mesmo indivíduo.

---

213   Segundo o espiritismo, a exaltação das faculdades nos estados alterados da consciência (inclusive o sonambulismo natural e o sono ordinário) deve-se ao sexto sentido, o sentido espiritual. É a mesma hipótese de Mesmer, como se vê neste parágrafo e nos seguintes. Kardec retomou: "No estado de sonambulismo natural ou magnético, de hipnotismo, de catalepsia, de letargia, de êxtase e, mesmo, no sono ordinário, os sentidos corporais estando momentaneamente entorpecidos, o sentido espiritual se desenvolve com mais liberdade. Toda causa exterior tendente a entorpecer os sentidos corpóreos, provoca a expansão e a atividade do sentindo espiritual." (*Revista Espírita*, 1864, p. 297)

214   Segundo o espiritismo, o sonambulismo é um desprendimento da alma.

Portanto, os sentidos ilimitados dos sonâmbulos, aqui descritos por Mesmer, são inerentes aos dons do espírito: "No espírito, a faculdade de ver é uma propriedade inerente à sua natureza e reside em todo o seu ser, como a luz reside em todas as partes de um corpo luminoso. É uma espécie de lucidez universal que se estende a tudo, que abrange simultaneamente o espaço, os tempos e as coisas, lucidez para a qual não há trevas, nem obstáculos materiais." (KARDEC, 1857, 247)

215   É o fenômeno conhecido posteriormente como telepatia: "O sonâmbulo não precisa, portanto, que se lhe exprimam os pensamentos por meio da palavra articulada. Ele os sente e adivinha." (KARDEC, 1857, 455)

216   A geração seguinte dos magnetizadores definiu essa capacidade do sonâmbulo como lucidez sonambúlica, também adotada pelo espiritismo: "A lucidez sonambúlica não é outra senão a faculdade que a alma possui de ver e sentir sem o socorro dos órgãos materiais. Essa faculdade é um dos seus atributos, ela reside em todo o seu ser. Os órgãos do corpo são os canais restritos por onde lhe chegam certas percepções." (KARDEC, 1890, p. 53)

Minha intenção não é a de entrar aqui nos detalhes dos múltiplos fatos que a história apresenta, que uma longa experiência me forneceu pessoalmente, e que se renovam a cada dia sob os olhos daqueles que fazem uso dos meus princípios. Pretendo apenas dar uma ideia sumária e precisa dos fenômenos inumeráveis que a natureza do homem não cessa de oferecer ao observador atento. Qualquer desses fatos é conhecido de todos os tempos sob diversas denominações, e particularmente sob aquela de *sonambulismo*. Algumas outras foram completamente negligenciadas. Outras foram cuidadosamente ocultas.

O que é certo é que esses fenômenos, tão antigos quanto as enfermidades dos homens, sempre espantaram e muitas vezes alucinaram o espírito humano. A disposição como se manifestam sem cessar, lembrando substâncias cujas modificações têm mecanismos desconhecidos, levam-no igualmente a atribuir aos espíritos ou a princípios sobrenaturais os efeitos que sua inexperiência o impede de atinar com as verdadeiras causas. Segundo sejam felizes ou funestas, segundo as aparências, seus princípios foram caracterizados como bons ou maus. E segundo eles determinem a esperança ou a crença, a superstição e a credulidade ignorantes os tornam por sua vez sagrados ou criminosos.[217] Estes fenômenos só serviram para provocar frequentes revoluções, dispondo as fontes e meios para a charlatanice política e religiosa de várias pessoas.

Observando esses fenômenos, refletindo sobre a facilidade com a qual esses erros nascem, multiplicam-se e sucedem-se, ninguém poderá desconhecer a fonte das opiniões sobre os oráculos, as inspirações, as sibilas, as profecias, as divinações, os sortilégios, a magia, a demonologia dos antigos. E nos nossos dias, as possessões e as convulsões.

Embora essas diferentes opiniões pareçam tão absurdas quanto extravagantes, não passam de quimeras. São muitas vezes o resultado de observações de certos fenômenos da natureza que por falta de luz ou boa-fé foram sucessivamente desfigurados, ocultos ou misteriosamente escondidos. Posso provar hoje que tudo o que tem sido considerado verdadeiro nos fatos analisados deve ser relacionado com a mesma causa e que não devem ser levadas em conta senão como sendo modificações do estado chamado *sonambulismo*.

Depois de meus métodos de tratar e de observar as doenças serem postos em prática em diferentes partes da França, várias pessoas, seja por um zelo

---

217 A ignorância da origem natural dos fenômenos metafísicos alimenta a superstição, a equivocada suposição do milagre e o charlatanismo. Mesmer demonstra que uma reflexão positiva, deduzida da observação e da experimentação, elimina as causas supersticiosas e remete o tema para o âmbito da ciência.

imprudente, seja por vaidade e sem cuidado pelas recomendações e precauções que eu julgo necessárias, deram publicidade prematura aos efeitos e, sobretudo à explicação desse sono crítico. Não ignoro que foram resultantes de abusos, e vejo com dor os antigos preconceitos retornarem a passos largos.

Temos ainda presentes as perseguições que o fanatismo muito crédulo exerceu, nos séculos da ignorância, sobre as pessoas que tiveram a infelicidade de serem os personagens desses prodígios ou que foram seus ministros. É de se acreditar que sejam hoje vítimas do *fanatismo da incredulidade*, não serão punidos como idólatras ou sacrílegos, mas serão tratados talvez como impostores e perturbadores da ordem pública.[218]

Como a ignorância é, em todas as suposições, a fonte das injustiças e do mal moral, creio ser necessário esclarecer sobre a natureza de um fenômeno que tanto nos fascina, mas que foi constantemente desconhecido, mesmo estando diante de nossos olhos.

Sobre os efeitos do magnetismo animal, notadamente do sono crítico, que é um dos fenômenos mais impressionantes quanto à sua aplicação, a sociedade francesa pode ser dividida em três classes.

Na primeira, estão os que ignoram absolutamente todos os fatos relativos a este fenômeno, seja por indiferença, seja por um interesse mal-entendido, e se obstinam a fechar os olhos a tudo o que a história e a observação lhes apresentam. Tentar ensiná-los qualquer coisa seria explicar as cores aos nascidos cegos.

Vejo na segunda classe os que, após terem conhecimento exato dos meus princípios, meditaram sobre eles, ou deles fizeram uso e obtiveram a cada dia a confirmação por experiência própria: eu nada mais faço do que convidá-los à perseverança, tenho confiança de que esta escritura acrescentará algo aos seus esclarecimentos.

Finalmente, incluo na terceira classe aqueles que, por observações constantes e múltiplas, asseguraram-se da realidade dos fatos, mas que, não podendo explicar as causas e querendo sair do estado penoso da perplexidade, em lugar de terem recorrido aos meus princípios, preferiram as ilusões da metafísica. Foi para eles, essencialmente, que escrevi: que me leiam sem prevenção e não tardarão a

---

218   Anton Mesmer refere-se aqui às perseguições da Inquisição: os sonâmbulos, pelo efeito dos fenômenos que provocavam, eram classificados como bruxos ou endemoniados e condenados às fogueiras. Para Mesmer, isso foi devido à fé cega. Em seu tempo, apesar de extinta a condenação fatal, os sonâmbulos e magnetizadores eram acusados de charlatanismo pela incredulidade materialista. Em ambos os casos, a causa primeira é sempre a ignorância e a submissão da vontade pelo despotismo.

reconhecer que tudo é explicável pelas leis da mecânica encontradas na natureza, e que todos os efeitos pertencem às modificações da *matéria* e do *movimento*.

Penso que cumpri essa tarefa importante se trouxe, no curso desta memória, uma solução adequada para as questões que seguem e nas quais creio ter previsto as dificuldades mais espinhosas.

1. Como o homem adormecido pode julgar e prevenir suas moléstias, e mesmo as dos outros?

2. Como, sem qualquer instrução, pode indicar os meios mais adequados à cura?

3. Como pode ver objetos afastados e pressentir os acontecimentos?

4. Como o homem pode receber impressões de outra vontade que não a sua?

5. Por que o homem não é sempre dotado dessas faculdades?

6. Como são passíveis de aperfeiçoamento?

7. Por que este estado é mais frequente e parece ser mais perfeito após o emprego do processo do magnetismo animal?

8. Quais têm sido os efeitos da ignorância destes fenômenos e quais são eles ainda hoje?

9. Quais são os inconvenientes resultantes do abuso que deles se faz?

Para que eu possa responder a estas perguntas de uma maneira precisa, creio dever facilitar a inteligência e a explicação, por meio de uma exposição resumida dos princípios gerais propostos na minha teoria, dos quais alguns já são conhecidos do leitor.

O *universo* é o conjunto de todas as partes coexistentes da matéria que preenche o espaço. Segundo esta ideia, existe tanta matéria quanto o espaço possa conter, e está num estado igual de continuidade. Todas as partes da matéria estão em repouso ou em movimento entre si, e por consequência trata-se ou de fluidos ou de sólidos.

A fluidez e a solidez devem ser consideradas como um estado relativo do movimento e do repouso das partículas entre si. E nessas *relações* únicas se encontra a razão de todas as formas e propriedades possíveis. Os sólidos supõem uma forma, que contém interstícios preenchidos por matéria menos sólida ou mais sutil, que por sua vez consiste de pequenas massas com forma determinada, estando presentes ainda interstícios com uma matéria mais fluida. Estas divisões entre os interstícios e os fluidos, como foi dito, sucedem-se por uma espécie de gradação, até a última das subdivisões da matéria, que chamo de *elementar*, ou *primordial*, que é apenas de fluidez absoluta, e os interstícios não são mais ocupados, pois que não existe matéria mais sutil.

A mobilidade da matéria, estando na razão inversa da ausência da coesão, deve responder à sua sutileza. Consequentemente a mais fluida e a mais sutil devem ser devidas à mobilidade mais eminente. As três ordens de fluidez, que impressionam nossos sentidos – a água, o ar, e o éter – confirmam-nos esta progressão.

É necessário lembrar aqui que entre o éter e a matéria elementar existem séries de matérias de fluidez graduada, capazes de penetrar e preencher todos os interstícios.[219]

Cada um dos três fluidos conhecidos é suscetível de ser o *condutor de um movimento particular proporcional ao seu grau de fluidez*. A água, por exemplo, pode sofrer as modificações do calor. O ar, todos os movimentos de vibração que podem produzir som, a harmonia e suas modulações. O éter em movimento constitui a luz. Suas modificações são determinadas pelas formas, as superfícies, as relações das distâncias e dos locais. Por outro lado, a água e o ar podem guardar nos seus interstícios partículas de uma gravidade específica análoga, e tornar-se assim veículos de corpúsculos, que, segundo sua *configuração*, são capazes de produzir tais ou quais efeitos.

Colocado no meio desses diferentes fluidos, o homem é dotado de órgãos que confinam com as extremidades dos nervos em maior ou menor quantidade. Estes nervos estão mais ou menos expostos ao contato com diferentes *ordens de fluidos*, dos quais recebem impressões. Qualquer um destes órgãos, tais como os do tato, do paladar e do olfato, recebem essas impressões por uma aplicação *imediata* da matéria ou do movimento. Os outros, como a visão e a audição, são afetados pela comoção dos *meios* cuja causa pode estar à distância. Estes órgãos são chamados de *sentidos*. Sua estrutura é tal que cada um deles pode ser afetado por uma ordem de matérias, com exclusão das demais.

O olho oferece ao movimento do éter, por expansão do nervo óptico, uma superfície unida, capaz de receber e de retratar o *conjunto* das formas, das figuras, das cores e das situações. E por sua estrutura composta de partes diáfanas e opacas ele pode empreender o acesso a qualquer outra substância fluida. O ouvido apresenta na sua estrutura partes distintas e dispostas de tal modo que respondem a todos os graus de *intensidade* de tom e de som.

O tato prova, ao contrário, todas as nuances das *resistências* e das impressões dos corpos que lhe são imediatamente aplicados. O paladar é afetado pela

---

219 A percepção de Mesmer quanto à rarefação dos fluidos até o seu grau máximo como fluido universal nos remete à teoria espírita dos fluidos: "A pureza absoluta, da qual nada nos pode dar ideia, é o ponto de partida do fluido universal. O ponto oposto é o em que ele se transforma em matéria tangível. Entre esses dois extremos, dão-se inúmeras transformações, mais ou menos aproximadas de um e de outro." (KARDEC, 1868, p. 276)

forma das partículas que, atenuadas pelo líquido, insinuam-se nos poros que lhes apresenta a superfície da membrana desse órgão, quando tocam as extremidades nervosas. O órgão do olfato recebe da mesma maneira a impressão pela *forma* dos corpúsculos que lhe são trazidos e aplicados pelo ar.

Esta variedade de disposições era necessária para que, imersos num oceano de fluidos, possamos não confundir, e mesmo distinguir com a maior justeza, os efeitos das diferentes matérias e os movimentos determinados pelos diversos objetos. A estrutura e o mecanismo particular de cada órgão torna-os suscetíveis a uma única função.

Nós somos, pois, pelo número e pela propriedade de cada um dos nossos sentidos, delimitados a estarem em relação com as únicas combinações e subdivisões da matéria, da qual a ordem é relativa à nossa conservação. Esta reflexão me leva a pensar que existem animais dotados de órgãos diferentes dos nossos, e cujas faculdades os põem em relação com as matérias de uma ordem diferente daquelas que nos afetam.

Eis o que eu pude dizer de mais sucinto, sobre a diversidade dos efeitos produzidos na extremidade dos nervos.

Trata-se de examinar atualmente o que se opera na sua *substância* íntima. Eu vejo apenas *movimentos*, tão variados quanto à ação das diferentes matérias sobre os sentidos externos. Mas não temos palavras que possam expressar todas as nuances. Estes movimentos assim alterados, recebidos primeiramente na superfície, são propagados para um centro comum formado pela reunião e entrelaçamento dos nervos, cujas extremidades, que chamamos de *sentidos*, devem ser consideradas como prolongamentos. Por esta reunião, várias vezes repetida na organização animal, estes movimentos mesclam-se, confundem-se, modificam-se. É este conjunto que constitui o órgão que eu chamo de *senso* íntimo, e o que resulta é o que chamamos *sensações*.[220] Estes mesmos movimentos, assim comunicados aos músculos motores, determinam as ações.

Para bem conceber esse grande fenômeno das sensações, importa refletir sobre a fidelidade e a justeza com a qual se propagam e se repetem o som e a luz, observar como seus raios e seus movimentos mais multiplicados e mais

---

220   Nesta explicação, o espiritismo acrescenta a distinção, em suas funções, entre o corpo orgânico e a alma, com seu perispírito: "A lucidez sonambúlica não é outra senão a faculdade que a alma possui de ver e de sentir sem o socorro dos órgãos materiais. Essa faculdade é um dos seus atributos. Ela reside em todo o seu ser. Os órgãos do corpo são os canais restritos por onde lhe chegam certas percepções." (KARDEC, 1890, p. 53)

combinados se cruzam sem se destruírem e sem se confundirem, de sorte que, em qualquer ponto em que se encontrem colocados, o olho ou o ouvido recebem com exatidão o detalhe e o conjunto dos efeitos mais complicados.

Eu disse que entre o éter e a matéria elementar existem séries de matérias que se sucedem em fluidez e que, por sua sutileza, podem penetrar e preencher todos os interstícios.

Entre estas matérias fluidas existe uma essencialmente correspondente, em continuidade com aquela que anima os nervos do corpo animal, e que, encontrando-se mesclada e confundida com as diferentes ordens de fluidos de que já falei, deve acompanhá-los, penetrá-los, e consequentemente participar de todos seus movimentos particulares. Ela se torna como o condutor direto e imediato de todos os gêneros de modificações que sofrem os fluidos destinados a realizar impressões sobre os sentidos externos, e todos estes efeitos aplicados à própria substância dos nervos são levadas ao órgão interno das sensações.

Deve-se conceber por esse apanhado como é possível que todo o sistema dos nervos se tornasse *olho* a respeito dos movimentos que representam as cores, as formas, as figuras; *ouvido* a respeito dos movimentos que exprimem as proporções das oscilações do ar; e enfim os órgãos do tato, do paladar, do olfato aos movimentos produzidos pelo contato imediato das formas, das figuras.

Refletindo ainda sobre a tenuidade e a mobilidade da matéria, e a exata contiguidade com que preenche todo o espaço, é que se pode conceber que não chegue nenhum movimento ou deslocamento nas suas menores partes que não responda, a certo grau, a toda extensão do universo.

Concluir-se-á então que, como não há nem ser nem combinação da matéria que, pelas relações mantidas com o conjunto, não imprimam um efeito sobre toda a matéria circundante, e sobre o meio no qual estamos mergulhados, segue-se que tudo que tem uma existência pode ser sentido, e que os corpos animados, encontrando-se em contato com toda a natureza, têm a faculdade de serem sensíveis tanto aos seres como aos eventos que se sucedem.

Independentemente das impressões que os objetos causam sobre nossos sentidos, em razão de suas figuras e de seus movimentos, nós percebemos ainda a sensação de *ordem e de proporções* que aí se encontra. Esta sensação é expressa por diferentes denominações, segundo os órgãos que percebem, como a *beleza* pela visão, o *harmonioso* pelo ouvido, o *doce* pelo paladar, o *suave* pelo olfato, o *agradável* pelo tato. A partir destes pontos de comparação, existe uma multidão de nuances que se afastam mais ou menos da perfeição.

Nós somos dotados de uma faculdade de sentir na harmonia universal as *relações* que os *eventos* e os seres têm com nossa *conservação*. Esta faculdade nos é comum com os outros animais, embora façamos menos uso dela do que eles, porque a substituímos pelo que chamamos *razão*, que depende absolutamente dos sentidos externos. Nós percebemos, pelo *senso íntimo*, as proporções não somente das superfícies, mas mais ainda da sua estrutura íntima, assim como de suas partes constitutivas, e podemos discernir sobre seja o *acordo*, seja a *dissonância* que as substâncias têm com nossa organização. A esta faculdade devemos chamar *instinto*, e ela é tão mais perfeita quanto independente dos sentidos externos que para fruírem têm necessidade de serem retificados, um pelo outro, por causa das diferenças de seu mecanismo.

É pela assim explicada extensão do instinto que o homem adormecido pode ter a intuição das doenças, e distinguir entre todas as substâncias as que convêm à sua conservação e cura.[221]

Pude explicar da mesma maneira um fato que parecia mais extraordinário: a *comunicação da vontade*. Com efeito, esta comunicação só pode ter lugar entre dois indivíduos no estado ordinário, quando o movimento resultante de seus pensamentos é propagado do centro aos órgãos da voz e às partes que servem para expressar os sinais naturais ou de convenção. Estes movimentos são então transmitidos pelo ar ou pelo éter, como veículos intermediários, para serem recebidos e percebidos pelos órgãos dos sentidos externos. Tais movimentos assim modificados pelo pensamento no cérebro e na substância dos nervos são comunicados ao mesmo tempo à série de um fluido sutil com a qual esta substância dos nervos está em continuidade,[222] podendo, independentemente e sem

---

221   Muitas vezes, a sensibilidade do sonâmbulo em reconhecer tanto a doença quanto o medicamento ideal não se confunde com a orientação dos espíritos, caracterizada pela mediunidade. São fenômenos distintos. No primeiro caso, trata-se da lucidez sonambúlica: "Em cada uma de suas existências corporais, o Espírito adquire um acréscimo de conhecimen tos e de experiência. Esquece-os parcialmente, quando encarnado em matéria por demais grosseira, porém deles se recorda como Espírito. Assim é que certos sonâmbulos revelam conhecimentos acima do grau da instrução que possuem e mesmo superiores às suas aparentes capacidades intelectuais. Portanto, da inferioridade intelectual e científica do sonâmbulo, quando desperto, nada se pode inferir com relação aos conhecimentos que porventura revele no estado de lucidez." (KARDEC, 1857, p. 239)

222   Esse mesmo mecanismo fisiológico foi descrito por Kardec, acrescido do perispírito: "O fluido perispiritual constitui, pois, o traço de união entre o espírito e a matéria. Enquanto aquele se acha unido ao corpo, serve-lhe ele de veículo ao pensamento, para transmitir o

o concurso do ar e do éter, estenderem-se a distâncias indefinidas e comunica-rem-se *imediatamente* com o *senso* íntimo de outro indivíduo. Pode-se conceber como as vontades de duas pessoas podem se comunicar pelos seus sentidos inter-nos. Por consequência, pode existir uma reciprocidade, um acordo, uma espécie de *convenção* entre duas vontades, o que se pode chamar *estar em relação*.[223]

Parece sem dúvida mais difícil explicar como é possível ter o sentimento dos fatos que ainda não existem, ou de outros entre os quais se escoaram longos intervalos.

Ensaiemos em primeiro lugar tornar essa ideia sensível por uma comparação tomada do estado ordinário. Coloquemos um homem sobre uma elevação de onde ele descortina uma ribeira e um barco que segue seu curso: ele percebe num mesmo golpe de vista o espaço já percorrido pelo barco e aquele que ainda vai percorrer. Estendamos essa débil imagem por uma estimativa do passado e do futuro, lembrando que o homem, estando pelo *senso* íntimo em contato com toda a natureza, encontra-se sempre colocado de modo a sentir o enca-deamento das causas e dos efeitos. Compreender-se-á que ver o passado não é outra coisa do que sentir a causa pelo efeito, e que prever o futuro é sentir o efeito pela causa, qualquer distância que possamos supor entre a primeira causa e o último efeito.[224]

---

movimento às diversas partes do organismo, as quais atuam sob a impulsão da sua vontade e para fazer que repercutam no espírito as sensações que os agentes exteriores produzam. Servem-lhe de fios condutores os nervos, como, no telégrafo, ao fluido elétrico serve de condutor o fio metálico." (KARDEC, 1868, p. 214)

223   Pela primeira vez, Mesmer conceitua o *estado de relação* entre magnetizador e magneti-zado, consagrado pelo termo francês *rapport*, tanto na ciência do magnetismo animal quanto na hipnose.

224   A figura do homem que da elevação vê o barco tornou-se clássica entre os magnetiza-dores e fazia parte das aulas de Mesmer. Na doutrina espírita, a mesma ideia foi utilizada por Kardec, em sua teoria da dupla vista: "que um homem [...] colocado sobre uma montanha, perceba ao longe, no caminho, uma tropa inimiga se dirigindo para uma aldeia que quer incendiar; ser-lhe-á fácil, calculando o espaço e a velocidade, prever o momento da chegada da tropa. Se, descendo à aldeia, diz simplesmente: 'A tal hora a aldeia será incendiada', o acontecimento vindo se cumprir, ele passará, aos olhos da multidão ignorante, por um adivi-nho, um feiticeiro, ao passo que, muito simplesmente, viu o que os outros não podiam ver, e disso deduziu as consequências." (KARDEC, 1890, p. 104)

Por outro lado, tudo o que *foi* deixou alguns traços. Do mesmo modo, o que *será* já está determinado pelo conjunto das causas que o deve realizar. O que conduz à ideia de que no universo tudo está presente, e que o passado e o futuro são apenas diferentes relações das partes entre si.[225]

Como só é possível adquirir este gênero de sensação pela mediação dos fluidos, que são tão superiores em sutileza ao éter quanto este pode ser ao ar comum, as expressões me faltam tanto como se desejasse explicar as cores pelos sons.[226] É necessário complementar pelas reflexões o que se pode fazer sobre as *pré-sensações*, constantes dos homens e sobretudo dos animais nos grandes eventos da natureza nas distâncias inacessíveis aos órgãos aparentes, sobre o encanto irresistível dos pássaros e dos peixes por viagens periódicas, e enfim sobre todos os fenômenos relativos que nos apresenta o conhecimento do homem.

Mas por que, perguntar-se-á, o estado de sono do homem é mais apropriado que o da vigília para nos fornecer estes exemplos?

O sono natural e perfeito do homem é o estado em que as funções dos sentidos estão suspensas, isto é, em que a continuidade do *sensorium commune*[227] com os órgãos dos sentidos externos está interrompida: cessam todas as funções que mediata ou imediatamente dependem dos sentidos externos, como a imaginação, a memória, os movimentos voluntários dos músculos, dos membros, a palavra etc. Quando o homem está saudável, o sono é regular e periódico.

---

225   Curiosamente, Allan Kardec grafou, em seu *A gênese*, logo após o título: "Para Deus, o passado e o futuro são o presente."

226   Como evidenciou Mesmer, as sensações dos sonâmbulos (e também dos médiuns) são indescritíveis. Kardec esclareceu: "Para compreendermos as coisas espirituais, isto é, para fazermos delas ideia tão clara como a que fazemos de uma paisagem que tenhamos ante os olhos, falta-nos em verdade um sentido, exatamente como ao cego de nascença falta um que lhe faculte compreender os efeitos da luz, das cores e da vista, sem o contato. Daí se segue que somente por esforço da imaginação e por meio de comparações com coisas materiais que nos sejam familiares chegamos a consegui-lo. As coisas materiais, porém, não nos podem dar das coisas espirituais senão ideias muito imperfeitas, razão por que não se devem tomar ao pé da letra essas comparações." (KARDEC, 1868, p. 361)

227   Destacamos que Allan Kardec, na *Revista Espírita*, definiu esta expressão, sensorium commune, utilizada por Mesmer, como sendo exatamente o espírito: "chegam ao sensorium commune, que é o próprio espírito" (*Revista Espírita*, 1858, p. 350).

Mas por uma espécie de irregularidades na economia animal, e por diferentes irritações interiores, pode acontecer que as funções denominadas *animais* não sejam *inteiramente* interrompidas, e que certos movimentos dos músculos, assim como o uso da palavra, sejam conservados no homem adormecido. Nos dois estados de sono, as impressões das matérias ambientes não se fazem sobre os órgãos dos sentidos externos, mas diretamente e imediatamente sobre a própria substância dos nervos. O *senso* íntimo se torna assim o único órgão *das sensações*.[228] Estas impressões se encontram independentes dos sentidos externos e se tornam então sensíveis pelo fato de serem únicas. Como a lei imutável das sensações é a de que a mais forte sobrepuje a mais débil, isto pode ser sentido na ausência de uma mais forte. Se a impressão das estrelas não é sensível à nossa vista durante o dia como o é durante a noite, apesar de sua ação ser a mesma, é que elas são ofuscadas pela impressão superior do sol.

Pode-se dizer que no estado do *sono* o homem sente suas relações com toda a natureza. Como não podemos ter qualquer ideia dos conhecimentos do homem mais instruído se ele não fala ou não se faz entendido, eu creio que seria difícil persuadir quanto à existência desse fenômeno se não se encontrar indivíduos que durante seu sono e por efeito de uma doença ou de uma *crise* conservem a faculdade de nos dar a entender, tanto por suas ações como por suas expressões, o que se passa com eles.[229]

---

228   O espiritismo completa a hipótese de Mesmer quanto ao senso íntimo, considerando na fisiologia a existência do perispírito: "A vida intelectual está no espírito. O perispírito é o agente das sensações exteriores. No corpo, estas sensações estão localizadas em órgãos que lhe servem de canal. Destruído o corpo, as sensações tornam-se gerais." (*Revista Espírita*, 1858, p. 348) Em vida, essa propriedade explica os fenômenos magnéticos e espíritas: "Cremos piamente – o que pode ser provado pela experiência – que a privação de relações com o mundo exterior devido à falta de certos sentidos dá, em geral, maior poder à faculdade de abstração da alma e, por conseguinte, maior desenvolvimento ao senso íntimo, pela qual ela se comunica com a esfera espiritual." (KARDEC, 1890, p. 102)

229   Kardec concorda com Mesmer quando afirma: "O sonambulismo é um estado de independência do Espírito, mais completo do que no sonho, estado em que suas faculdades adquirem maior amplitude. A alma tem então percepções de que não dispõe no sonho, que é um estado de sonambulismo imperfeito." (KARDEC, 1857, p. 231) Os espíritos completaram: "Durante o sono, afrouxam-se os laços que o prendem ao corpo e, não precisando este então da sua presença, ele se lança pelo espaço e entra em relação mais direta com os outros espíritos." (KARDEC, 1857, p. 221)

Suponhamos, por um momento, um povo que, à semelhança de alguns animais, dorme necessariamente ao pôr-do-sol, para acordar apenas após o seu retorno no horizonte: ele não teria nenhuma ideia do magnífico espetáculo da noite, e creria apenas na existência das coisas limitadas aos objetos visíveis durante o dia. Se nessas condições se dissesse a esse povo que existe entre eles homens nos quais esta ordem habitual foi perturbada por doenças, e que foram revelados durante a noite, a distâncias infinitas, corpos luminosos inumeráveis, e por assim dizer, novos mundos, seriam sem dúvida tratados como visionários, pelas prodigiosas diferenças entre suas opiniões. Tais são, entretanto, hoje, aos olhos da multidão, considerados os que pretendem que no sono o homem tem a faculdade de entender suas sensações.

O estado de crise da qual falo, sendo *intermediário* entre a vigília e o sono perfeito, pode estar distante mais ou menos de uma e de outra, é suscetível de diversos graus de perfeição. Se este estado estiver mais próximo da vigília, ela participa então da memória e da imaginação, prova os efeitos dos sentidos externos: estas impressões se encontram então confundidas com aquelas do *senso* íntimo a ponto de algumas vezes dominá-las, podendo ser consideradas neste caso como *sonhos*. Mas quando esse estado é o mais próximo do sono, as asserções dos sonâmbulos são então o resultado das impressões recebidas diretamente pelo *senso* íntimo com exclusão dos outro: pode-se considerá-los como fundamentados na proporção desta aproximação.

A perfeição deste sono crítico varia ainda em razão da marcha e do período da crise, como também do caráter, do temperamento e dos hábitos das pessoas. Mas singularmente, por uma espécie de educação que se lhe pode dar nesta estado, e pela maneira como se dirigem suas faculdades, pode-se compará-los a esse respeito a um telescópio cujo efeito varia conforme a maneira como é ajustado.[230]

Embora no estado do sono crítico a substância dos nervos seja afetada imediatamente, de modo que o homem age segundo o *senso* íntimo, os *efeitos* das diversas matérias estão relacionados com os órgãos dos sentidos internos, que lhe são particularmente destinados. Assim, quando o sonâmbulo diz que

---

230   Os magnetizadores sabiam regular ou ajustar o estado de transe sonambúlico para torná-lo mais apropriado aos seus propósitos. O magnetizador Alphonse Bué assim procedia: "Acionam-se mais ou menos o cérebro e o epigástrio e procura-se manter um justo equilíbrio entre esses dois centros de vida nervosa [...] aumenta-se ou diminui-se assim, à vontade, a profundeza do estado sonambúlico, que apenas deve ser produzida por ações graduais com paciência e tato indefiníveis." (BUÉ, 1934, p. 28)

vê, não são seus olhos propriamente ditos que sentem as modificações do éter, mas se refere a *ver* as impressões que lhe representam os movimentos da luz, tais como as formas, as figuras, as cores, as situações. Quando diz que ouve, não é pelos ouvidos que recebe as modulações do ar, mas se refere simplesmente a ouvir estes *movimentos* relativos de onde tira a impressão. É o mesmo para os outros órgãos, e faz assim uma espécie de tradução para expressar suas ideias na língua formada pelo *senso* íntimo. Segue-se que como ele faz sempre uso de uma língua que se pode dizer emprestada, é fácil se enganar, e é necessária a experiência de um bom observador para entender e bem interpretar.

Devo dizer ainda que a perfeição dessa sensação depende essencialmente de duas condições. Uma é a suspensão total da ação dos sentidos externos. A outra é a disposição do órgão do senso íntimo.

Quando eu disse que este órgão consiste de união e entrelaçamento dos nervos, não tinha entendido que fosse um ponto ou centro único, nem uma região circunscrita, mas sim o sistema nervoso inteiro, ou seja, o conjunto composto de todos os pontos de reunião, tais como o cérebro, a medula espinhal, os plexos e os gânglios. Estas diferentes partes, em relação às suas funções, podem ser consideradas, separadamente ou em conjunto, como diferentes instrumentos musicais cuja harmonia depende do seu acordo perfeito, ou ser comparado aos efeitos que produziria a nossos olhos um vidro exposto em diferentes direções, cuja superfície seria mais ou menos polida, descorada, envolvida por vapores, ou mesmo partida. Eu pude enfim me aproximar ainda mais da verdade e dar uma justa ideia da perfeição do *senso* íntimo, considerar todos os pontos que o constituem como estando submetidos à mesma lei, dependentes uns dos outros e tentando igualmente formar um todo bem ordenado. Eu pude compará-los a um líquido cujas partes, todas estando em equilíbrio perfeito e oferecendo uma superfície unida, são capazes de traçar fielmente todos os objetos. É claro que toda mudança neste equilíbrio e nas suas proporções deve alterar os efeitos. Do mesmo modo, a perfeição das sensações é sempre alterada na proporção das perturbações que agitam o corpo animal nas doenças e nos momentos de crise.

É essencial dizer aqui que todos os gêneros de alienação do espírito são nuances de um sono imperfeito. A loucura, por exemplo, existe quando diversas vísceras estão tão obstruídas que suas funções são suspensas, sendo por consequência reduzidas a um estado *soporoso* enquanto os órgãos naturais do sono estão numa ação contínua e irregular, e que o sono assim deslocado ocupa as partes afetadas pela doença. A cura pode se operar então pela ação do magnetismo animal: as obstruções e os obstáculos que se opõem à harmonia do *sensorium commune* serão levados a estas partes retiradas do seu estado soporoso de modo que o sono necessário seja por assim dizer transportado aos órgãos destinados às funções animais e àquelas dos sentidos.[231]

É importante distinguir entre as doenças o sono sintomático e o sono crítico.

Como sequência a estas explicações e do que eu disse dos antigos preconceitos, é fácil antever como erros e abusos se expõem aos observadores deste estado quando se lhes concede uma confiança muito ampla.

Resta-me ainda dizer por que o estado de sonambulismo é mais frequente e presente com mais perfeição depois que se empregam meus princípios: a razão é que o magnetismo determina um movimento tônico que penetra todas as partes do corpo, vivificando os nervos e reanimando todas as partes da máquina. Já comparei esta ação àquela da corrente de água ou de ar dirigida para as partículas móveis de um moinho. É esta ação que provoca as crises necessárias à cura de todas as doenças. Estas crises participam na maioria das vezes do sonho de que tenho falado. E como a ação que os produziu tende a restabelecer a harmonia em todos os órgãos e vísceras, produz tão necessariamente o efeito insuperável de *aperfeiçoar as sensações*. Enfim, as faculdades do homem são manifestadas pelos efeitos do magnetismo, assim como as propriedades dos outros corpos são desenvolvidas pelos procedimentos do fogo graduado empregado pela química.

Resulta desses princípios e destes desenvolvimentos que as antigas opiniões não devem ser desdenhadas só porque estão associadas a alguns erros. Que os fenômenos do sonambulismo foram percebidos em todos os tempos e desnaturados segundo os preconceitos do século ao qual pertenceram. Que o homem foi sempre imperfeitamente conhecido, sobretudo no seu estado de doença. E que as faculdades extraordinárias que nele se manifestam devem ser vistas apenas como a *extensão de suas sensações e do seu instinto*.

Após tudo que tenho feito conhecer do magnetismo como *agente* direto e imediato sobre os nervos e sobre a fibra muscular, instrumentos das sensações e do movimento no corpo animal; após as provas que estabeleci, que é sob a ação apenas da fibra, animada por esse mesmo agente, que reside a causa geral

---

231   Até hoje, a medicina classifica como loucura fenômenos perfeitamente explicáveis pelo sonambulismo magnético e pela mediunidade. Outros casos explicados pelo espiritismo são causados pela obsessão, em que o agente causador são espíritos: "Entre os que são tidos por loucos, muitos há que apenas são subjugados; precisariam de um tratamento moral, enquanto com os tratamentos corporais os tornamos verdadeiros loucos. Quando os médicos conhecerem bem o Espiritismo, saberão fazer essa distinção e curarão mais doentes do que com as duchas." (KARDEC, 1861, p. 323)

da qualidade dos humores como também da sua circulação; que é enfim ele que, em todos os casos de doença, determinando as crises salutares, retifica as aberrações nos fluidos e nos sólidos, compreender-se-á que estou autorizado a considerá-lo como um meio único e *universal* de prevenir as doenças e de obter a cura. Claro, quando ela não se torna absolutamente impossível: quando as partes do corpo estão desorganizadas ou destruídas, ou que o indivíduo doente está privado dos recursos essenciais para a ação da máquina e do mecanismo da economia animal.

Só porque alguém pode afirmar que a aplicação do magnetismo é suficiente para operar a cura de *toda espécie* de doença, seria insensato pretender curar todos os indivíduos doentes. É necessário então encontrar no senso possível aquilo que chamo de a *universalidade* deste modo de curar.

Toda causa física supõe certas condições necessárias para que o efeito possa ter lugar. No caso de que venho falando, como obter êxito se existem obstáculos que impedem a ação da causa?

Esta lei da natureza torna indispensável para a prática do magnetismo uma teoria salutar da economia animal, e o concurso das luzes que dão o estudo da medicina.[232]

Por que esta descoberta anunciada após 20 anos, sustentada pelas provas mais autênticas, defendida pelos homens mais estimáveis, pelos fatos os mais multiplicados por todas as partes da França; por que, digo eu, uma descoberta tão importante por sua extensão e tão preciosa pelos seus efeitos, produzia uma opinião tão incerta? É que as minhas asserções, os procedimentos e os efeitos aparentes do magnetismo animal lembram antigas opiniões, antigas práticas justamente lembradas após longo tempo como erros e malabarismos. A maior parte dos homens consagrados à ciência e à arte de curar não considerou minha descoberta senão sob este ponto de vista: entranhados por essas primeiras impressões, negligenciaram aprofundá-las. Outros, excitados por motivos pessoais, pelo interesse de corporação, só viram na minha pessoa um adversário que deveriam abater. Para tanto, muitas vezes usaram a arma mais potente, a

---

232 Para Mesmer, a prática terapêutica do magnetismo animal exige indispensáveis conhecimentos médicos, como biologia, fisiologia, anatomia, etc. É preciso conhecer os mecanismos biológicos que serão manipulados e estimulados para concorrer com o desenvolvimento natural da doença, alcançando a cura. Afirmou Kardec: "A magnetização comum é um verdadeiro tratamento seguido, regular e metódico [...] Todos os magnetizadores são mais ou menos aptos a curar, desde que saibam conduzir-se convenientemente." (KARDEC, 1861, p. 217)

do ridículo, e a nem menos ativa nem menos odiosa que a da calúnia, e enfim a publicidade imoderada de um relatório que será para todo o sempre um movimento pouco honorável para aqueles que ousaram assiná-lo.[233] Outras pessoas enfim, e o número é muito grande, convencidas, seja por sua própria experiência, seja pelas alheias, exaltaram-se e, possuídas de tais exageros, tornaram todos os fatos inacreditáveis. Isto resultou, para a multidão crédula e sem instrução, ilusões e crenças sem fundamento. Eis o que tem sido até o presente as fontes de opinião pública contra minha doutrina.

Superior a tantos obstáculos e contradições, acreditei ser necessário ao progresso da ciência, mais ainda ao sucesso do magnetismo, publicar minhas ideias sobre a organização e a influência respectiva do corpo. Abandono voluntariamente minha teoria à crítica, declarando que não tenho nem tempo nem vontade de responder. Não teria nada a dizer àqueles que, incapazes de me julgar com justiça e com generosidade, comprazem-se em me combater com disposições puramente hostis ou sem nada melhor para substituir aquilo que pretendem destruir, e eu verei com prazer melhores gênios remontarem a princípios mais sólidos, mais luminosos, talentos mais amplos que os meus descobrirem novos fatos e tomarem, por suas concepções e seus trabalhos, minhas descobertas ainda mais interessantes. Em uma palavra, eu devo desejar que se faça melhor do que eu. Será suficiente sempre à minha glória ter podido abrir um vasto campo aos cálculos da ciência, e de ter de algum modo traçado a rota desta nova carreira.

Como me resta a percorrer apenas um curto trecho do caminho da vida, desejo consagrar o que me resta de existência à única *prática* de um meio que reconheço como eminentemente útil à conservação de meus semelhantes, a fim de que não sejam de agora em diante expostos às chances incalculáveis das drogas e de sua aplicação.

FIM

---

233   Mesmer está fazendo referência aos relatórios apresentados em 1784 pela comissão da Faculdade de Medicina de Paris e da Academia de Ciências, e da Academia Real de Medicina, concluindo pela negação da existência do magnetismo animal e considerando sua prática perigosa.

APÊNDICE I

MAGNETISMO ANIMAL E HOMEOPATIA

Em 1991, o pesquisador Thomas Genneper estava trabalhando sobre a atividade clínica de Samuel Hahnemann. Todavia, os testemunhos históricos eram parciais e muito escassos. Seria necessário consultar os arquivos do próprio fundador da homeopatia. Foi o que ele fez e, entre as obras de Hahnemann, encontrou duas dezenas de grandes livros numerados em série, grafados com manuscritos em gótico, contendo, sob a forma de diário de atendimento, numerosos casos da prática médica homeopática.

Desde 1799, Hahnemann começou a registrar sistematicamente em seus livros diários os diagnósticos dos pacientes e os medicamentos ministrados. Minucioso e dedicado, elaborou seus registros por 44 anos, em 54 volumes com suas anotações de próprio punho. Entre todos os casos, Genneper encontrou a descrição detalhada do caso do famoso professor de piano Friedrich Wieck (1785-1873), tratado nos anos 1815-16.

Depois de um estudo dedicado, Genneper chegou a conclusões surpreendentes envolvendo o magnetismo animal:

> A enorme importância do magnetismo animal com uma participação de pelo menos 33% no tratamento de Friedrich Wieck é, certamente, uma das conclusões mais surpreendentes de meu trabalho. Até então se partia do pressuposto de que o mesmerismo somente ganhara maior importância entre os grandes homeopatas na década de 20 do século 19, desempenhando nos anos anteriores um papel secundário.

Hahnemann fazia uso frequente do mesmerismo nos tratamentos de seus pacientes. Contemporâneo de Mesmer, o fundador da homeopatia teve uma trajetória muito semelhante à sua. Estudou medicina na Universidade de Leipzig, em Viena e em Erlangen, onde defendeu sua tese de doutorado em 1779. Lecionava grego, latim, inglês, hebraico, italiano, sírio, árabe, espanhol e alemão. Sua rotina contava com pesquisas, escritos, tratamentos, traduções. Durante toda a sua vida, trabalhou intensamente. Rapidamente, alcançou prestígio e relativa prosperidade. No entanto, sempre manteve uma insatisfação com sua profissão:

> Para mim, foi uma agonia estar sempre no escuro quando tinha que curar o doente e prescrever, de acordo com essa ou aquela hipótese relacionada com as doenças, substâncias que tinham o seu lugar na matéria médica, por uma decisão arbitrária! Logo depois de meu casamento, renunciei à prática da medicina para não mais correr o risco de causar danos e me dediquei exclusivamente à química e às ocupações literárias. (BRADFORD, 1895)

Mas foram nascendo seus filhos, e suas preocupações com a saúde dos rebentos começaram a atormentá-lo: "Onde, porém, encontrar os recursos certos? Em torno de mim só vejo trevas e desertos. Nenhum conforto para o meu coração oprimido.".

Determinado dia, experimentando em si mesmo o efeito de substâncias, descobriu os princípios da homeopatia, fruto de muitos anos de pesquisa. Depois de ter adquirido bastante experiência e já conhecido por suas curas, Hahnemann escreveu seu *Organon*: "As doenças nada mais são do que alterações do estado de saúde do indivíduo saudável, que se expressam por meio de sinais mórbidos".

A sua descrição da fisiologia humana é bastante semelhante à de Mesmer:

> No estado de saúde do indivíduo reina, de modo absoluto, a força vital não material (*Autocratie*) que anima o corpo material, mantendo todas as suas partes em processo vital admiravelmente harmônico nas suas sensações e funções, de maneira que nosso espírito racional que nele habita possa servir-se livremente deste instrumento vivo e sadio para o mais elevado objetivo de nossa existência. (HAHNEMANN, 1842, § 9)

Não cabe aqui uma biografia do descobridor da ciência homeopática. Todavia, são muito interessantes os últimos fatos da vida de Hahnemann, pois demonstram sua persistência e determinação. Com 80 anos, ele se recolheu a Coethen, após a morte de sua mulher, em 1830. Ela lhe dera 11 filhos. Muitos deles morreram tragicamente. Mas retirar-se não foi o último feito da vida do doutor Hanemann. Em 1835, ele começou a escrever a sexta edição de sua obra principal, o *Organon da arte de curar*. Nesse mesmo ano, casou-se com uma francesa de 38 anos, Mélaine d'Hervilly Gohier, que havia sido sua paciente na Alemanha. Voltou com sua segunda esposa para Paris e foi recebido por seus primeiros discípulos franceses. Durante oito anos, exerceu a medicina homeopática, depois de enfrentar a perseguição da elite médica alopática.

François Guizot (1787-1874), ministro de Luís Felipe de Orleans (1773-1850), intercedeu a seu favor junto à Academia de Medicina, que queria impedi-lo de exercer a medicina vitalista:

> Hahnemann é um sábio de grande mérito. A ciência deve ser para todos. Se a homeopatia é uma quimera ou um sistema sem valor próprio, ela cairá por si mesma. Se for, ao contrário, um progresso expandir-se-á mal grado todas as medidas de preservação, e a Academia deve desejá-lo antes de qualquer outra, ela que tem por missão impulsionar a ciência e encorajar as descobertas. (CROLL-PICCARD, 1933)

A Academia, 50 anos depois de ter atacado Mesmer e suas descobertas sem permitir defesa, tentava fazer o mesmo com Hahnemann. Porém, o bom senso de Guizot impediu uma nova injustiça.

O fundador da medicina homeopática deixou este mundo no dia 2 de julho de 1843. Doze anos depois, em espírito, valendo-se dos médiuns, já estava orientando Allan Kardec no surgimento do espiritismo.

O MAGNETISMO ANIMAL NO *ORGANON*

Como a terapia do magnetismo animal, a homeopatia era incompatível com as práticas médicas alopáticas, explicou Hahnemann:

> A homeopatia jamais derrama uma gota de sangue; não ministra vomitivos, laxantes, purgativos ou sudoríferos, não suprime o mal externo por meio de tópicos nem prescreve qualquer banho mineral quente ou desconhecido ou clisteres medicamentosos ou aplica a mosca espanhola ou sinapismos, sedenhos, cautérios, nem hesita a salivação ou queima com a mocha, ou ferro ardente até os ossos etc., mas ao invés de misturas, dá o medicamento simples, preparado por suas próprias mãos e que ela conhece exatamente; ela jamais acalma a dor com ópio e assim por diante.

No entanto, Hahnemann não só prescrevia aplicações de mesmerismo aos seus pacientes como também incorporou à medicina homeopática a sua terapêutica. O texto dos parágrafos 288 a 290 do *Organon* fazem uma descrição bastante completa:

Neste ponto, acho ainda necessário fazer menção ao chamado magnetismo animal, ou melhor, ao mesmerismo (como deveria ser chamado, graças a Mesmer, seu fundador), que difere da natureza de todos os outros medicamentos. Essa força curativa, muitas vezes tolamente negada e difamada ao longo de um século inteiro, esse maravilhoso e inestimável presente com que Deus agraciou o Homem, mediante o qual, por meio da poderosa vontade de uma pessoa bem intencionada sobre um doente, por contato ou, mesmo sem ele e mesmo a certa distância, a força vital do mesmerizador sadio, dotado com essa força, aflui dinamicamente para outro indivíduo, agindo de diversas maneiras: enquanto substitui no doente a força vital deficientes em vários pontos de seu organismo, em outros, onde a força vital se acumulou em demasia, causando e mantendo indescritíveis padecimentos nervosos, desvia-a, suavizando-a, distribuindo-a, equitativamente, extinguindo principalmente o distúrbio mórbido do princípio vital do doente e substituindo pela força vital normal do mesmerizador que age poderosamente sobre ele, por exemplo, velhas úlceras, amaurose, paralisias parciais etc. Muitas curas rápidas aparentes realizadas por magnetizadores animais de todos os tempos dotados de grande força natural pertencem a essa categoria. Mas a ação da força humana comunidade a todo o organismo se evidencia de modo mais brilhante na reanimação de algumas pessoas que permaneceram algum tempo em morte aparente, mediante a vontade muito poderosa e muito acolhedora de um indivíduo em pleno gozo de sua força vital, um tipo de reanimação do qual a história aponta vários exemplos. Se o mesmerista de outro sexo é capaz, ao mesmo tempo, de um benévolo entusiasmo (mesmo degenerado na beatice, fanatismo, misticismo ou sentimentalismo altruísta), então, ele estará ainda mais em condições, mediante essa conduta filantrópica e abnegada de, não somente, dirigir a força de sua bondade predominante exclusivamente ao objeto carente de sua ajuda, mas também como que ali concentrá-la, assim operando, por vezes, aparentes milagres. (HAHNEMANN, 1842, § 288)

Mesmer definiu como sendo duas as ações básicas da terapia do magnetismo animal, decorrentes de um desequilíbrio: suprir sua falta ou restabelecer o fluxo natural. Outra ação, útil em alguns casos específicos, era a de equilibrar o excesso de magnetismo animal, ou força vital, segundo a homeopatia. Servia também, nos fenômenos do sonambulismo provocado, para decrescer as fases do transe sonambúlico, fazendo o magnetizado voltar ao estado desperto. Hahnemann definiu essa ação como mesmerismo negativo:

> Todos os tipos mencionados de prática do mesmerismo baseiam-se num afluxo dinâmico de maior ou menor força vital no paciente, sendo conhecidos, por isso, como mesmerismo positivo.[234] Contudo, uma prática oposta do mesmerismo merece ser chamada de mesmerismo negativo, pois age de modo contrário. A essa categoria pertencem os passes que são empregados para despertar do sono sonambúlico, bem como todos os processos manuais que foram catalogados sob o nome de acalmar e ventilar. Essa descarga, através do mesmerismo negativo da força vital acumulada em excesso, em partes isoladas do organismo de pessoas não debilitadas, faz-se de modo mais certo e mais simples, efetuando-se um movimento rápido do alto da cabeça até a ponta dos pés com a palma da mão direita estendida paralelamente a uma distância de cerca de uma polegada do corpo.[235] Quanto mais rápido for esse passe, tanto mais forte será a descarga. Assim, por exemplo, por ocasião da morte aparente de uma senhora, até então sadia,[236] ocasionada pela suspensão repentina

---

234 Nota de Hahnemann: Apresso-me em lembrar aqui que, quando me referi à força curativa segura e enérgica do mesmerismo positivo, não me reportava a seu abuso altamente reprovável em que, mediante passes desta espécie, repetidos a cada meia hora, de hora em hora, ou mesmo diariamente, produz-se, em doentes de nervos débeis, esse monstruoso transtorno de toda personalidade humana que se chama sonambulismo e clarividência, no qual o homem, subtraído do mundo dos sentidos, parece pertencer mais ao mundo dos espíritos – um estado profundamente antinatural e perigoso, por meio do qual muitas vezes se tentou, em vã, curar doenças crônicas.

235 Nota de Hahnemann: Que a uma pessoa a ser magnetizada positiva ou negativamente não é permitido absolutamente vestir seda em qualquer parte do corpo é uma regra já conhecida; menos conhecido, entretanto, é o fato de que, se o próprio mesmerizador estiver sobre um tecido de seda, poderá transmitir sua força vital ao doente de modo mais completo do que se manter seus pés apenas no chão.

236 Nota de Hahnemann: Daí, um passe negativo, especialmente muito rápido, ser sempre extremamente prejudicial a uma pessoa cronicamente débil e de pouca vitalidade.

da menstruação, em virtude de um intenso abalo psíquico, a força vital acumulada provavelmente na região precordial, por meio de tais passes negativos rápidos, é descarregada e retoma o equilíbrio em todo o organismo, resultando, imediatamente, o restabelecimento. Um camponês, jovem e robusto de dez anos de idade, por motivo de ligeira indisposição, recebeu de manhã, de uma magnetizadora, vários passes muito fortes com as pontas de ambos os polegares do epigástrio até ao redor das costelas inferiores, ficando, no mesmo instante, pálido como se estivesse morto e caindo num tal estado de inconsciência e imobilidade que nada conseguiu despertá-lo, sendo quase dado por morto. Fiz com que seu irmão mais velho lhe aplicasse um passe rápido negativo desde o topo da cabeça, sobre o corpo até os pés e imediatamente recobrou a consciência, são e salvo.

Segundo a doutrina homeopática, essa ação magnética é muito útil em algumas patologias:

Assim também um passe negativo suave, um pouco menos rápido em pessoas muito sensíveis, suaviza a excessiva inquietação e a insônia com ansiedade, que proveem, muitas vezes, da aplicação de um passe positivo muito forte, e assim por diante. (HAHNEMANN, 1842, § 289)

Além dos passes, imposições e sopros, no *Organon* recomenda-se a massagem que utiliza o magnetismo animal, ou força vital:

A essa categoria pertence também, em parte, a chamada massagem feita por uma pessoa vigorosa e benévola em um indivíduo que foi doente crônico, que, embora curado, encontra-se em lenta convalescença, sofrendo ainda de enfraquecimento, digestão débil e insônia. Ele segura separadamente os músculos dos membros do doente, peito e costas, comprimindo-os e, como que batendo moderadamente, a fim de, com esse procedimento reanimar o principio vital, de modo que a reação deste restabeleça o tônus dos músculos e dos vasos sanguíneos e linfáticos. A influência mesmérica é, naturalmente, elemento principal nesse procedimento de que não se deve abusar em pacientes ainda portadores de um psiquismo sensível. (HAHNEMANN, 1842, § 290)

O ESPÍRITO DE HAHNEMANN E KARDEC

No dia 7 de maio de 1856, Allan Kardec encontrava-se na casa do senhor Roustan, na Rua Tiquetone, em Paris, fazendo suas pesquisas para a elaboração de *O livro dos espíritos*. Dialogava com o espírito do médico Hahnemann, que havia desencarnado há apenas 13 anos. A médium era a senhorita Japhet. Essa médium teve um papel fundamental na elaboração da obra inicial da doutrina espírita, *O livro dos espíritos*, e era também, segundo Kardec, uma excelente sonâmbula.

Kardec perguntou a Hahnemann: "Outro dia, os espíritos me disseram que eu tinha uma missão importante a cumprir, e me indicaram o seu objeto. Desejaria saber se a confirmais.".

O espírito respondeu: "Sim, e se interrogares as tuas aspirações, as tuas tendências, e o objeto quase constante de tuas meditações, isso não deverá te surpreender. Deves cumprir o que sonhaste há muito tempo. É necessário que nisso trabalhes ativamente para estar pronto, porque o dia está mais próximo do que pensais.".

Ao que ponderou Kardec: "Para cumprir essa missão, tal como a concebe, são necessários meios de execução que estão ainda longe de mim.".

E prontamente respondeu Hahnemann: "Deixa a Providência fazer a sua obra e estarás satisfeito.".

Foram os primeiros momentos do trabalho do professor Rivail na elaboração da doutrina dos espíritos. Hahnemann foi um espírito participante da codificação, ao lado de Franz Anton Mesmer, sob o comando do espírito de Verdade. Eles ainda acompanhariam Kardec por muitos anos.

Em agosto de 1863, Kardec publicou, na *Revista Espírita*, uma mensagem do espírito Hahnemann:

> O magnetismo foi o primeiro passo para o conhecimento da ação perispiritual, fonte de todos os fenômenos espíritas. O sonambulismo foi a primeira manifestação isolada da alma. [...] Provando o poder de ação da matéria espiritualizada, a homeopatia se liga ao papel importante que representa o perispírito em certas afecções. Ataca o mal em sua própria fonte, que está fora do organismo, cuja alteração é apenas consecutiva. Tal a razão pela qual a homeopatia triunfa numa porção de casos em que falha a medicina comum: mais que esta, ela leva em conta o elemento espiritualista, tão preponderante na economia, o que explica a facilidade com que os médicos homeopatas aceitam o espiritismo e porque a maioria dos médicos espíritas pertencem à escola de Hahnemann.

Em 1869, Kardec tabulou uma pesquisa feita com mais de dez mil espíritas num universo, estimado por ele, de um milhão de adeptos só na Europa. Na proporção relativa das profissões liberais, a de maior número era a de médico homeopata, seguida pelos magnetistas. De acordo com Allan Kardec, isso se deve ao fato de os princípios da homeopatia conduzirem naturalmente ao espiritualismo, e às propriedades fisiológicas do perispírito:

> Pelo mesmo motivo os espíritas puderam, melhor que os outros, compreender os efeitos desse modo de tratamento. Sem serem exclusivos a respeito da homeopatia, sem rejeitar a alopatia, compreenderam a sua racionalidade e a sustentaram contra ataques injustos. (*Revista Espírita*, 1869, p. 16)

As doutrinas do magnetismo animal, da homeopatia e do espiritismo estão intimamente ligadas. A base científico-filosófica dessas três ciências vitalistas e espiritualistas é a mesma. Portanto, é fundamental uma contribuição mútua para um desenvolvimento teórico e o fortalecimento histórico e cultural de suas doutrinas.

APÊNDICE II

AFORISMOS DO SENHOR MESMER

NOTA À EDIÇÃO BRASILEIRA

A presente tradução foi feita a partir da edição original francesa: [CAULLET DE VEAUMOREL (Louis)]. Aphorismes de M. Mesmer, dictés à l'assemblée de ses élèves, & dans lesquels on trouve ses principes, sa théorie & les moyens de magnétiser; le tout formant un corps de Doctrine développé en 344 paragraphes, pour faciliter l'application des Commentaires au Magnétisme animal. Ouvrage mis au jour par M.C. de V. Paris, Quinquet, 1785. In-16. f. blanc, xxiv, 172 p., (1) f. edition originale.

É importante destacar que Mesmer rejeitou a publicação destas notas de aula. Todavia, seu discípulo Caullet de Veaumorel as editou e publicou, mesmo sem autorização do mestre. A apresentação das teorias do magnetismo animal foi feita por Franz Anton Mesmer em sua *Memória de 1799*. (BARRUCAND, 1967, p. 261. CRABTREE, 1993. p. 129. DORBON, 1975. p. 651)

PAULO HENRIQUE DE FIGUEIREDO

AFORISMOS DO SENHOR MESMER

Ditados na assembleia dos seus discípulos, e nos quais se encontram seus princípios, sua teoria e os meios de magnetizar, ao todo formando um corpo de doutrina desenvolvido em 344 parágrafos, para facilitar a aplicação dos comentários ao magnetismo animal. Obra publicada por M. C. de V. [CAULLET DE VEAUMOREL, Louis], médico da Casa do Senhor.

> *Scilicet ut possem curvo dignoscere rectum, Atque inter silvas Acadoemi quoerere verum.*
> (Horácio, livro II, epístola 2)

AFORISMOS DO SENHOR MESMER

1. Existe um princípio não criado: Deus. Existem na natureza dois princípios criados: a matéria e o movimento.

2. A matéria elementar é aquela que foi empregada pelo Criador para a formação de todos os seres.

3. O movimento opera o desenvolvimento de todas as possibilidades.

4. Não é possível ter uma ideia positiva da matéria elementar: ela está colocada entre o ser simples e o começo do ser composto, ela é como a unidade em relação às quantidades aritméticas.

5. A impenetrabilidade constitui sua essência. A impenetrabilidade faz com que uma parte não seja a outra.

6. À matéria é indiferente estar em movimento ou em repouso.

7. A matéria em movimento constitui a fluidez. O repouso da matéria faz a solidez.

8. Se duas ou várias partes da matéria estão em repouso, desse estado resulta uma combinação.

9. O estado de combinação é um estado relativo do movimento ou do repouso da matéria.

10. Apenas nestas relações consiste a fonte de todas as variedades possíveis nas formas e nas propriedades.

11. Como a matéria é suscetível a diversas combinações, as ideias que nós temos delas, dos números ou das quantidades aritméticas pode servir para nos fazer sentir a imensidade do desenvolvimento das possibilidades.

12. Considerando as partículas da matéria elementar como unidades, conceber-se-á facilmente que estas unidades podem se associar em duas, em três, em quatro, em cinco etc. e que desta associação resultam somas ou agregados que podem ser continuados ao infinito.

13. Esta maneira de reunir estas unidades, estes agregados, constitui a primeira espécie das combinações possíveis.

14. Considerando em seguida estas primeiras combinações como novas unidades, teremos tantas espécies de unidades quantos números possíveis, e poderemos conceber ainda associações destas unidades entre si.

15. Se essas associações ou agregados são compostos de unidades da mesma espécie, elas constituem um todo de matéria homogênea.

16. Se os agregados forem formados de unidades de diferentes espécies, eles constituem um todo de matéria heterogênea.

17. Destas diversas combinações, em que cada uma pode chegar ao infinito, concebe-se a imensidade de todas as combinações possíveis.

18. A matéria propriamente dita não tem, por si mesma, nenhuma propriedade: ela é indiferente a todo tipo de combinações.

19. O conjunto da quantidade da matéria em estado de combinação, considerada como formando um todo, é o que nós chamamos *um corpo*.

20. Se na combinação das partes constitutivas de um corpo existe uma ordem tal que em consequência dessa ordem resultam novos efeitos, ou novas combinações, elas constituem um todo que chamamos *corpo orgânico*.

21. Se as partes da matéria estão combinadas numa tal ordem que não resulta nenhum novo efeito desta ordem, resulta um todo que chamamos de corpo inorgânico.

22. O que nós chamamos de *corpo inorgânico* é uma distinção puramente metafísica porque, se não resultasse absolutamente nenhum efeito de um corpo, ele não existiria.

23. A matéria elementar de todas as partes constitutivas dos corpos é da mesma natureza. Esta identidade encontra-se na última dissolução dos corpos.

24. Se nós consideramos as partes constitutivas dos corpos como existentes uma fora da outra, temos a ideia do lugar.

25. Os lugares são pontos imaginários nos quais se encontra ou pode se encontrar matéria.

26. A quantidade destes pontos imaginários determina a ideia de espaço.

27. Se a matéria muda de lugar, e ocupa sucessivamente diferentes pontos, esta mudança ou este ato da matéria é o que nós chamamos *movimento*.

28. O movimento transforma a matéria.

29. O primeiro movimento é um efeito imediato da criação, e este movimento dado à matéria é a única causa de todas as diferentes combinações, e de todas as formas que existem.

30. Este movimento primitivo é universalmente e constantemente realizado pelas partes mais delicadas da matéria e nós a chamamos *fluido*.

31. Em todos os movimentos da matéria fluida, consideramos três coisas: a direção, a celeridade e o tom.

32. O tom é o gênero ou o modo de movimento que possuem as partes envolvidas em estado.

33. Existem apenas duas forças, de direção frontalmente oposta uma à outra. Todas as demais são compostas destas duas: por uma dessas direções as partes se aproximam, e pela outra se afastam. Por uma se opera a combinação; pela outra, a desproporção.

34. A igualdade as forças nessas duas direções faz com que as partes não se afastem nem se aproximem. Pelo fato de elas não estarem nem no estado de coesão nem no de dissolução, isto constitui o estado de fluidez perfeita.

35. À medida que as direções se afastam deste estado de igualdade, a fluidez diminui e a solidez aumenta e vice-versa.

36. A combinação ou a coesão primitiva é operada quando as direções dos movimentos das partes encontram-se opostas, ou que sua celeridade, para a mesma direção, é desigual.

37. Uma quantidade de matéria no estado de coesão ou de repouso constitui a solidez ou a massa do corpo.

38. A primeira impulsão do movimento que a matéria tinha reunido num espaço absolutamente pleno era suficiente para lhe dar todas as direções e todas as gradações de celeridade possíveis.

39. A matéria conserva a quantidade de movimento que reuniu no princípio.

40. Os diferentes gêneros de movimento podem ser considerados ou nos corpos inteiros ou nas partes constitutivas.

41. As partes constitutivas da matéria fluida podem estar combinadas de todas as maneiras possíveis, e receber todos os gêneros de movimento possíveis entre elas.

42. Todas as propriedades, seja dos corpos organizados, seja dos corpos não organizados, dependem da maneira como suas partes estão combinadas, e do movimento de suas partes entre si.

43. Se uma quantidade de fluido é posta em movimento numa mesma direção, a isto se chama *corrente*.

44. Supondo-se uma corrente que, insinuando-se num corpo, divide-se em uma infinidade de pequenas correntes delgadas, em forma de linhas, estas subdivisões são chamadas de *fileiras*.

45. Quando a matéria elementar, por direções opostas, ou por celeridades desiguais, põe-se em repouso, e adquire alguma coesão, da maneira como as partículas estiverem combinadas resultam intervalos ou interstícios.

46. Os interstícios das massas ficam permeáveis às correntes ou fileiras da matéria sutil.

47. Todo corpo lançado num fluido obedece a um movimento deste fluido.

48. Segue-se que, se um corpo é lançado numa corrente, ele é envolvido por sua direção, o que não acontece a um corpo que obedece a várias direções confusas.

Seja A—C—B.

49. Se A se move para B, e se a causa do movimento é B, acontece o que se chama *atração*. Se A se move em B e se a causa desse movimento está em C, então isso nada mais será do que um arrebatamento ou o que se pode chamar de *atração aparente*.

50. A causa da atração aparente e da repulsão está na direção das correntes penetrantes ou que saem.

51. Quando as fileiras das correntes opostas se intercalam uma na outra imediatamente, há atração. Quando elas se afastam em oposição, há repulsão.

52. Admitindo que tudo é pleno, não pode existir uma corrente saindo sem uma corrente entrando, e vice-versa.

53. Existe no universo uma soma determinada, uniforme e constante de movimento, que no começo é impressa à matéria.

54. Essa impressão do movimento se faz então sobre uma massa de fluido, de modo que todas as partes contíguas do fluido receberam as mesmas impressões.

55. Resultam duas direções opostas, e todas as progressões dos outros movimentos compostos.

(A)   (B)

56. Tudo sendo pleno, se A se dirige a B, é preciso duas coisas: que B seja deslocado por A e que A seja substituído por B.

57. Esta figura explica:

1º todas as gradações e todas as direções do movimento;

2º um movimento de rotação universal e particular;

3º este movimento é propagado apenas a certa distância da impressão primitiva;

4º correntes universais e mais ou menos compostas.

58. 5º Mediando estas, correntes a soma do movimento é distribuída e aplicada a todas as partes da matéria.

59. 6º Nas modificações das correntes, existe a fonte de todas as combinações e de todos os movimentos possíveis, desenvolvidos e a desenvolver. Assim, no número infinito das combinações da matéria que o movimento de uma ou de outra espécie havia gerado, aquelas perfeitas – isto é, nas que não havia ponto de contradição de movimento – subsistiram e estão conservadas, aperfeiçoando-se, e são destinadas a formar núcleos para a propagação das espécies. Poder-se-á fazer uma ideia desta operação pelo confronto com as cristalizações.

60. 7º Todos os corpos flutuam numa corrente da matéria sutil.

61. 8º Assim, por direções opostas, e celeridades desiguais, as partículas tocando-se e ficando sem movimento, formaram o primeiro grau de coesão, umas infinidades de moléculas mais grosseiras ficaram juntas e aplicadas às primeiras mais consideráveis, que estavam em repouso, e constituíram uma massa que se tornou o germe e a origem de todos os grandes corpos.

62. Duas partículas que estão em repouso formam um obstáculo às duas fileiras das correntes que lhes correspondem. Estas duas fileiras não podendo mais passar retas, juntam-se em duas fileiras vizinhas, e aceleram seu movimento, e esta aceleração está em razão de que as passagens ou interstícios estão mais retraídos.

63. À aproximação de um corpo sólido, toda corrente é acelerada, e esta aceleração é devida à compatibilidade ou à solidez da matéria.

64. Ou estas fileiras passando guardam sua primeira direção, e suas partes obedecem a um movimento confuso.

65. Se esta corrente atravessando um corpo é modificada em fileira separada, e se as fibras opostas, partindo de dois corpos, insinuam-se mutuamente nos interstícios uma da outra, sem perturbar seu movimento, resulta a atração aparente ou o fenômeno do ímã.

66. Se as fileiras, em lugar de se insinuarem, anulam-se, ou se uma predomina sobre a outra, resulta a repulsão.

67. O equilíbrio exige que, quando uma corrente entra num corpo, outra saia igualmente. No entanto, o movimento dos raios que saem é mais fraco, porque eles são divergentes e esparsos.

68. A natureza das correntes universais e particulares, estando assim determinada, explica a origem e a marcha dos corpos celestes.

69. 1º A molécula mais grosseira que o acaso formou tornou-se o centro de uma corrente particular.

70. 2º A corrente, à medida que penetrou a matéria flutuante que a estava envolvendo, aumentou esse corpo central, a corrente sendo acelerada, tornando-se mais geral e se apoderando da matéria mais grosseira. Esta ação estendeu-se até a distância em que ela é contrabalançada pela ação semelhante dum outro corpo central.

71. 3º Depois de a ação se fazer igualmente da periferia para o centro, os corpos tornam-se necessariamente esferas.

72. 4º A diferença de sua massa dependeu do acaso, da combinação das primeiras moléculas, que lhe deu mais ou menos espessura.

73. 5º A diferença de sua massa corresponde à extensão do espaço que se encontra entre eles.

74. 6º Como toda a matéria recebeu um movimento de rotação, disso resulta em cada corpo central um movimento sobre seu eixo.

75. 7º Como estes corpos são excêntricos relativamente ao turbilhão no qual estão mergulhados, eles se afastam do centro até que o movimento centrífugo seja proporcionado à força da corrente que os leva para o centro.

76. 8º Todos os corpos celestes têm uns para com os outros uma tendência recíproca que está em razão da sua massa e da sua distância. Esta ação se exerce mais diretamente entre os pontos de sua superfície que se relacionam.

77. 9º Estes corpos esféricos girando sobre seus eixos e se opondo reciprocamente uma metade de sua superfície, recebem as impressões mútuas sobre essa metade. Estas impressões mútuas e alternativas constituem o fluxo e o refluxo em cada uma de suas esferas.

78. 10º Estas ações e estas relações recíprocas explicadas constituem a influência entre todos os corpos celestes. Elas são manifestadas nos corpos mais afastados pelos efeitos que produzem uns sobre os outros. Eles perturbam-se nas suas revoluções, diminuindo, retardando ou acelerando o movimento de suas órbitas.

79. 11º Há então uma lei constante na natureza: a de que há uma influência mútua sobre a totalidade desses corpos, e consequentemente ela se exerce sobre todas as partes constitutivas e sobre suas propriedades.

80. Esta influência recíproca e as relações de todos os corpos coexistentes formam o que se chama *magnetismo*.

DA COESÃO

81. A Coesão é o estado da matéria em que suas partículas se encontram juntas, sem movimento local, e não podem se afastar sem um esforço externo.

82. A matéria pode estar reduzida a tal estado pelas direções opostas do movimento, ou pela desigualdade da força nas mesmas direções.

83. Duas partículas que se tocam excluem no ponto de contato a matéria sutil. A separação não pode se fazer sem um esforço contra a matéria sutil que as envolve, e o esforço necessário para operá-la será igual à resistência.

84. A resistência é igual à coluna inteira que corresponde ao ponto de contato.

85. A resistência total é apenas um momento, e esse momento é aquele da separação.

86. A resistência ou a coesão estão, portanto na razão combinada dos pontos de contato e da grandeza da coluna do fluido universal na qual o corpo está imerso, e que tem por base os pontos de contato.

87. A coluna da matéria resistente é invariável, e a coesão está na razão direta dos pontos de contato.

88. Sendo a coesão o momento em que a continuidade do fluido é interrompida pelo contato, quando a continuidade é restabelecida, a coesão cessa.

DA ELASTICIDADE

89. Um corpo é elástico quando, comprimido, restabelece-se ao seu primeiro estado.

90. A elasticidade nos corpos é a propriedade de se restabelecer no seu antigo estado após ter sido comprimido.

91. Então um corpo é elástico,

1º quando as partes que o compõem podem, por sua aparência, ser aproximadas ou afastadas sem estarem deslocadas entre si;

2º quando estas mesmas partículas sofrem um esforço para descontinuar a coesão, sem que o esforço seja suficiente para realizá-lo.

No primeiro caso, isto é, quando as moléculas se aproximam, as fileiras da corrente ficam retraídas sem estarem descontinuadas, e elas agem como ângulos sobre os pontos laterais das moléculas, com tanto mais força quanto sua aceleração foi aumentada pelo estreitamento dos interstícios.

No segundo caso, é feito um esforço para vencer o momento da coesão sendo este esforço bastante sutil até que aquele seja vencido e aniquilado pela causa da coesão.

92. O corpo elástico comprimido sofre, no instante da compressão, a resistência da coesão, sem que ela possa ser vencida inteiramente. É o momento da resistência ao maior esforço da separação iniciada, que não é terminada, que constitui o mais alto grau da elasticidade de um corpo, Neste estado, ele sofre a ação da coluna do fluido, ou seja, o esforço realizado para vencer a coesão é igual à ação da coluna de fluido que faz pressão sobre as partes laterais das moléculas, e que é preciso elevar para vencê-la.

93. Mais um corpo elástico é comprimido, mais a resistência aumenta. A causa da elasticidade sendo em parte aquela da coesão, a resistência está em razão da quantidade de pontos de contato sobre os quais os esforços se fazem, e que se opõem a esses esforços.

94. Os corpos não elásticos são aqueles em que as partes comprimidas podem, por seus aspectos, serem deslocadas sem ficarem descontinuadas entre si.

95. Num corpo elástico, as partes não podem se deslocar sem a solução da coesão.

96. As nuances de esforços contra a coesão e as nuances de resistência para a causa da coesão produzem todos os efeitos da elasticidade.

97. Estes esforços dão às partes constitutivas outra direção, sem as poder dissolver. Estas partes constitutivas deslocam-se em relação à massa sem se deslocarem entre elas, permanecendo sem deixar o local.

DA GRAVIDADE

98. Há uma tendência recíproca entre todos os corpos coexistentes. Esta tendência está na razão das massas e das distâncias.

99. As causas desta tendência são as correntes nas quais os corpos encontram-se mergulhados, e em que a força e a quantidade de movimento estão na razão composta da sua massa e grandeza e da sua celeridade.

100. É a esta tendência que se chama de *gravidade*, em que todos os corpos coexistem gravitando uns em torno dos outros.

101. Uma corrente geral da matéria sutil elementar, dirigida para o centro do nosso globo, leva na sua direção toda a matéria combinada que encontra, e que por sua composição opõe uma resistência a este fluido.

102. No princípio, fez-se para o centro uma precipitação de todas as partículas que se encontravam em toda a extensão da atividade desta corrente, na ordem da sua resistência, de sorte que a matéria, sendo a mais grosseira, oferecia mais resistência, precipitava-se primeiro.

103. Assim são formadas todas as camadas da matéria que compõem os diferentes objetos.

104. A força motriz sendo aplicada a cada uma das partículas da combinação primitiva, a quantidade do efeito da gravidade ou peso está em razão da celeridade da matéria.

105. Como a celeridade das correntes aumenta em se aproximando da terra, a gravidade aumenta na mesma proporção.

106. A terra gravita igualmente em direção a todos os corpos pesados e em direção a todas as partículas constitutivas.

107. Nos pontos em que as correntes se encontram em equilíbrio, a gravidade cessa.

108. A certa profundidade da massa da terra, a gravidade cessa.

109. As águas capazes de mudar a compatibilidade da matéria combinada, e aquelas que estão em estado de mudar a intensidade das correntes, podem tanto aumentar como diminuir a gravidade dos corpos – tais são a mudança do movimento de rotação, uma variedade de intensidade na causa do fluxo e do refluxo, ainda comparativamente a calcinação e a vitrificação.

110. As causas da gravidade e de sua modificação são a razão da solidez diferente das partes constitutivas da terra.

111. A solidez ou a compatibilidade da terra aumenta a certa profundidade, após a qual ela diminui e provavelmente cessa.

DO FOGO

112. Há duas direções do movimento. Segundo uma, as partes da matéria se aproximam; e segundo outra, elas se afastam. Uma é o princípio da combinação e a outro provoca a dissolução.

113. Um movimento da matéria extremamente rápido, oscilatório, que por sua direção é aplicado a um corpo em que a combinação se encontra apenas num certo grau de coesão, produz a dissolução: é o fogo.

114. O fogo, considerado relativamente aos nossos sentidos, produz sobre o fluido universal um movimento oscilatório que, sendo propagado até a retina, dá a ideia da chama ou clarão do fogo, e, sendo refletido por outros corpos, dá a ideia da luz.

115. O mesmo movimento propagado e aplicado às partes destinadas ao tato, diminuindo ou enfraquecendo mais ou menos a coesão, dá a ideia do calor.

116. O estado do fogo é então um estado da matéria oposto àquele da coesão. Por consequência, ele pode diminuir a coesão da matéria aproximando-se mais ou menos.

117. A matéria flogística é aquela que, pela débil combinação, não resiste à ação do movimento oposto.

118. A combustibilidade está em razão da debilidade da matéria. As diferentes nuances deste movimento e de sua aproximação em direção ao estado do fogo produzem os diversos graus do calor e dos seus efeitos.

DO FLUXO E DO REFLUXO

119. A causa da gravidade de todos os grandes corpos é também a de todas as propriedades dos corpos organizados e não organizados

120. O movimento de rotação das esferas e suas diferentes distâncias são as causas da influência mútua aplicada sucessivamente e alternativamente às partes destes globos que estão em presença uns dos outros.

121. A superfície do globo está coberta da matéria líquida, a atmosfera e a água, que se conformam exatamente às leis hidrostáticas.

122. A parte que se encontra à vista, tendo perdido sua gravidade, é comprimida e elevada pelas partes laterais, até que ela se encontre em equilíbrio com o restante. A superfície da atmosfera e aquela do mar tornam-se então um esferoide, em que o eixo mais longo está virado para a lua, e a segue no seu curso. O sol concorre com esta operação, embora mais debilmente.

123. A este efeito alternativo dos princípios da gravidade chama-se *fluxo e refluxo*.

124. Quando diferentes causas concorrem, seja relativamente a diversos astros, seja relativamente à terra na qual essa ação torna-se comum a todas as partes constitutivas, e a todos os seres que os ocupam, há então fluxo e refluxo mais ou menos gerais, mais ou menos compostos?

125. Os efeitos desta ação alternativa e recíproca, que aumenta e diminui as propriedades dos corpos organizados, serão denominados *intenção* e *remissão*. Assim, por esta ação serão aumentadas e diminuídas a coesão, a gravidade, a eletricidade, o magnetismo, a irritabilidade.

126. Em relação ao posicionamento respectivo da terra e da lua, esta ação é mais forte nos equinócios.

127. 1º Pelo fato de a tendência centrífuga sob o equador ser mais considerável, a gravidade das águas e da atmosfera é mais débil.

128. 2º Pelo fato de a ação do sol concorrer com a da lua, esta ação é ainda mais forte quando a lua está nas linhas boreais, quando está em oposição ou em conjunção com o sol.

129. Os diversos concursos destas causas modificam diferentemente a intenção do fluxo e refluxo.

130. Como todos os corpos particulares sobre a superfície da terra têm sua influência ou tendência mútua e recíproca, existe ainda uma causa especial do fluxo e refluxo.

131. Independentemente do fluxo e refluxo observado até o presente, existem seculares, anuais, mensais e diários, e diferentes outros irregulares e acidentais.

DA ELETRICIDADE

132. Se duas massas, carregadas de quantidades desiguais de movimento se encontram, elas se comunicam o excesso para se porem em equilíbrio. A massa

menos carregada recebe da outra o que ela tem a mais. Esta carga se faz ou em quantidade considerável de uma vez ou sucessivamente como por fileiras.

O primeiro caso se manifesta por uma explosão capaz de produzir o fenômeno do fogo e do som.

O segundo caso produz os efeitos de atração e da repulsão aparente; o produto desses efeitos chama-se *eletricidade*, que se manifesta nas nuvens com calor desigual ou mesmo entre as nuvens e a terra.

133. O excesso de movimento excitado pela fricção de um corpo elástico, e que se acha exposto a outro, de modo a poder se descarregar, forma a eletricidade artificial.

134. Em toda eletricidade se observam correntes que penetram e que saem.

DO HOMEM

135. O homem, em razão de sua conservação, é considerado no estado de sono, em estado de vigília, em estado de saúde, em estado de doença. Do mesmo modo que para toda a natureza, no homem existem dois princípios: a matéria e o movimento.

136. A massa da matéria que o constitui pode ser aumentada ou diminuída.

137. A diminuição deve ser reparada: a matéria perdida é então restaurada da massa geral por meio dos alimentos.

138. A quantidade de movimento é reparada da soma do movimento geral pelo sono.

139. Como o homem faz dois tipos de gastos, tem do mesmo modo duas espécies de refeição: pelos alimentos e pelo sono.

140. No estado do sono, o homem age como máquina em que os princípios do movimento são internos.

141. O estado de sono do homem existe quando o exercício e as funções de uma parte considerável do seu ser estão suspensos por um tempo, durante o qual a quantidade de movimento perdido durante a vigília é reparada pelas propriedades das correntes universais nas quais ele está colocado.

142. Existem dois tipos de correntes universais relativamente ao homem: a gravidade e a corrente magnética de um polo ao outro.

143. O homem recebe e acumula certa quantidade de movimento, como um reservatório. O excesso do movimento ou a plenitude do reservatório determina a vigília.

144. O homem começa sua existência no estado de sono. Neste estado, a porção de movimento que ele recebe, proporcional à sua massa, é empregada para a formação e o desenvolvimento dos rudimentos de seus órgãos.

145. Assim que a formação está terminada, ele se revela, faz esforços sobre sua mãe, tão poderosos para fazê-lo vir à luz.

146. O homem está no estado de saúde quando todas as partes de que é composto têm a faculdade de exercer as funções às quais são destinadas.

147. Se em todas as suas funções reina uma ordem perfeita, a este estado chama-se *estado de harmonia*.

148. A doença é o estado oposto, ou seja, aquele em que a harmonia está perturbada.

149. Como a harmonia é apenas uma, não há senão uma saúde.

150. A saúde é representada pela linha reta.

151. A doença é a aberração dessa linha. Esta aberração é mais ou menos considerável.

152. O remédio é o meio que faz retornar a ordem ou a harmonia que foi perturbada.

153. O princípio que constitui, restabelece ou mantém a harmonia é o princípio da conservação e o princípio da cura é então necessariamente o mesmo.

154. A porção do movimento universal que o homem recebeu em partilha na sua origem e que, embora modificado na sua mola mestra, tornou-se tônico, determinou a formação e o desenvolvimento das vísceras e de todas as outras partes orgânicas constitutivas.

155. Esta porção do movimento é o princípio da vida.

156. Este movimento origina e retifica as funções de todas as vísceras.

157. As vísceras são as partes constitutivas orgânicas preparam, retificam e assimilam todos os seus humores, determinando o movimento, as secreções e as excreções.

158. Sendo uma parte do movimento universal e obedecendo às leis comuns do fluido universal, o princípio vital está submetido a todas as impressões da influência dos corpos celestes, da terra e dos corpos particulares que o envolvem.

159. Esta faculdade ou propriedade do homem, de ser suscetível de todas estas relações, é que se chama *magnetismo*.

160. O homem, estando constantemente colocado nas correntes universais e particulares, é por elas penetrado. O movimento do fluido, modificado pelas diferentes organizações, torna-se tônico. Neste estado, ele segue a continuidade do corpo, pelo maior tempo possível, ou seja, para as partes mais eminentes.

161. Destas partes eminentes ou extremidades, esgotam-se e entram correntes quando um corpo capaz de recebê-las ou de cedê-las lhe é oposto. Nestes casos, as correntes estão recolhidas num ponto, sua celeridade está aumentada.

162. Estes pontos de escoamento ou de entrada de correntes tônicas são o que chamamos *polos*. Estes polos são análogos àqueles que se observam no ímã.

163. Existem então correntes que penetram e que saem, polos que se destroem, que se reforçam como no ímã. Sua comunicação é a mesma. É suficiente determinar um para que o outro, oposto, seja formado ao mesmo tempo.

164. Sobre uma linha imaginária entre os dois polos, há um centro ou ponto de equilíbrio em que a ação é nula, ou seja, onde nenhuma direção predomina.

165. Estas correntes podem ser propagadas e comunicadas a uma distância considerável, seja por uma continuidade ou encadeamento dos corpos, seja por aquela de um fluido, como o ar e a água.

166. Todos os corpos cujo aspecto é determinado em ponto ou em ângulo servem para receber as correntes, tornando-se condutores.

167. Podem-se considerar os condutores como aberturas de orifícios ou de canais que servem para fazer escoar as correntes.

168. Estas correntes, sempre conservando o caráter tônico que haviam recebido, podem penetrar todos os corpos sólidos e líquidos.

169. Estas correntes podem ser comunicadas e propagadas para todos os meios em que existe continuidade, seja sólido, seja fluido, nos raios da luz, e pela continuidade das oscilações dos sons.

170. Estas correntes podem ser reforçadas.

171. 1º por todas as causas do movimento comum – tais são todos os movimentos intestinos e locais, os sons, os ruídos, o vento, a fricção elétrica e outra qualquer – e pelos corpos que já são dotados de um movimento, como o ímã ou pelos corpos animados;

172. 2º por sua comunicação aos corpos duros nos quais podem ser concentradas e armazenadas como num reservatório, para serem distribuídas a seguir em diversas direções;

173. 3º pela quantidade dos corpos a que estas correntes são comunicadas. Este princípio não sendo mais uma substância, mas uma modificação, seu efeito aumenta como aquele do fogo à medida que é comunicado.

174. Se a corrente do magnetismo concorre na direção com a corrente geral ou com a corrente magnética do mundo, o efeito geral que resulta é o aumento de intensidade de todas estas correntes.

175. Estas correntes podem ainda ser refletidas nos espelhos, segundo as leis da luz.

DAS SENSAÇÕES

176. Sentir é a matéria organizada, a faculdade de receber impressões.

177. Assim como o corpo se forma pela continuidade da matéria, a sensação resulta da continuidade das impressões ou afeições de um corpo organizado.

178. Esta continuidade de afeições constitui em conjunto, um todo que pode combinar-se, compor-se, comparar-se, modificar-se, organizar-se. E o resultado disso tudo é um pensamento.

179. Todas as mudanças nas proporções e nas relações das afeições de nosso corpo produzem um pensamento que não havia antes.

180. Este pensamento representa a diferença entre o estado anterior e o estado modificado; a sensação é então a percepção da diferença. A sensação está na razão da diferença.

181. Existem tantas sensações possíveis quanto existem diferenças possíveis entre as proporções.

182. Os instrumentos ou órgãos que servem para perceber as diferenças das afeições são chamados de *sentidos*. As partes principais constitutivas destes órgãos, sobretudo nos animais, são os nervos que, em maior ou menor quantidade, são expostos a serem afetados pelas diferentes ordens da matéria.

183. Além dos órgãos conhecidos, temos ainda diferentes órgãos próprios para receber a impressão e de cuja existência duvidamos em decorrência do nosso hábito de nos servirmos dos órgãos conhecidos de uma forma grosseira, e porque impressões fortes com as quais estamos acostumados não nos permitem nos apercebermos das impressões mais delicadas.

184. É provável, e existem fortes razões *a priori*, que sejamos dotados de um sentido interno que está em relação com o conjunto de todo o universo. Observações exatas podem nos assegurar. Daí poder-se-á compreender a possibilidade dos pressentimentos.

185. Se é possível ser afetado de maneira a ter a ideia de um ser a uma distância infinita, assim como vemos as estrelas, cuja impressão nos é enviada em linha reta pela sucessão de uma matéria coexistente entre elas e nossos órgãos, por que não seria possível ser afetado por seres cujo movimento sucessivo é propagado até nós por linhas curvas ou oblíquas, numa direção qualquer, por que não poderíamos ser afetados pelo encadeamento dos seres que se sucedem?

186. Uma lei da sensação é que em todas as afeições que estão nos nossos órgãos, torna-se sensível aquela que é a mais forte. A mais forte sensação suprime a mais débil.

187. Nós não sentimos o objeto tal qual ele é, mas apenas a impressão, a natureza e a disposição do órgão que a recebe e as impressões que o precederam.

188. Nossas sensações são, portanto o resultado de todos os efeitos que causam os objetos sobre os nossos órgãos.

189. Disso vemos que nossos sentidos não nos apresentam os objetos tais

quais são. Pode-se apenas se aproximar mais ou menos do conhecimento da natureza dos objetos por um uso e uma aplicação combinada e refletida de diferentes sentidos, mas jamais se pode conhecer sua verdade.

DO INSTINTO

190. A faculdade de sentir na harmonia universal a relação que os seres e eventos têm com a conservação de cada indivíduo é o que se deve chamar de *instinto*.

191. Todos os animais são dotados desta faculdade, que está submetida às leis comuns das sensações. Esta sensação é mais forte em razão do maior interesse que os acontecimentos têm sobre nossa conservação.

192. A visão é um exemplo de um sentido pelo qual nós podemos perceber as relações que os seres coexistentes têm entre si, assim como suas relações conosco antes que eles nos toquem diretamente.

193. Esta relação ou diferença de interesse está para o instinto assim como a grandeza e a distância dos objetos estão para a visão,

194. Como este instinto é um efeito da ordem, da harmonia, ele se torna uma regra segura das ações e das sensações; trata-se apenas de cultivar esta sensibilidade diretriz e cuidar dela.

195. Um homem insensível ao instinto é o mesmo que um ângulo em relação aos objetos visíveis.

196. O homem que se serve apenas do que ele chama de razão é como aquele que se serve de uma luneta para ver tudo que deseja olhar: ele está disposto por esse hábito a não ver com seus próprios olhos e a jamais ver os objetos como outro.

197. O instinto está na natureza, a razão está descontente, cada homem tem sua própria razão. O instinto é um efeito determinado invariável da ordem da natureza em cada indivíduo.

198. A vida do homem é a porção do movimento universal que na sua origem torna-se tônico e aplicado a uma parte da matéria, e foi destinado a formar os órgãos e as vísceras e em seguida a manter e retificar suas funções.

199. A morte é a abolição total do movimento tônico. A vida do homem começa pelo movimento e termina pelo repouso. Do mesmo modo que na natureza toda, o movimento é a fonte das combinações e do repouso, do mesmo modo no homem o princípio da vida torna-se causa da morte.

200. Todo desenvolvimento e formação do corpo orgânico consistem nas relações diversas e sucessivas entre o movimento e o repouso. Sendo sua quantidade determinada, o número das relações possíveis entre um e outro deve ser determinada. A distância entre dois termos ou pontos pode ser considerada como representante da duração da vida.

201. Se um destes termos é o movimento e o outro o repouso, a progressão sucessiva de diversas proporções de um e do outro constitui a marcha e a revolução da vida: passado este ponto, começa-se a morrer.

202. Esta progressão de diversas modificações entre o movimento e o repouso pode ser exatamente proporcionada, ou esta proporção pode estar perturbada.

203. Se o homem percorre esta progressão sem que as proporções sejam perturbadas, ele existe em perfeita saúde e atinge seu último termo sem doença. Se estas proporções forem perturbadas, a doença começa. A doença não é, portanto outra coisa que não uma perturbação no progresso do movimento da vida. Esta perturbação pode ser considerada como a existente nos sólidos ou nos fluidos. Existindo nos sólidos, ela desarranja a harmonia das propriedades das partes orgânicas, diminuindo umas e aumentando as outras. Existindo nos fluidos, ela perturba seu movimento local e intestino. A aberração do movimento nos sólidos, alterando suas propriedades, perturba as funções das vísceras, e as diferenças que aí devem se fazer. A aberração do movimento intestino dos humores produz sua degeneração. A aberração do movimento local produz obstrução e febre: obstrução pela diminuição ou abolição do movimento, febre pela aceleração. A perfeição dos sólidos ou das vísceras consiste na harmonia de todas as suas propriedades e nas suas funções. A qualidade dos fluidos, seu movimento intestino e local são o resultado das funções das vísceras.

204. É suficiente, portanto, para estabelecer a harmonia geral do corpo, restabelecer as funções das vísceras, porque suas funções, uma vez restabelecidas, assimilarão o que pode ser e afastarão tudo o que não pode ser assimilado. Este efeito da natureza sobre as vísceras chama-se *crise*.

DA DOENÇA

205. A doença sendo a aberração da harmonia, esta aberração pode ser mais ou menos considerável, e produzir efeitos mais ou menos sensíveis. Estes efeitos são chamados *sintomas sintomáticos*.

206. Se estes efeitos são produzidos pela causa da doença, são chamados *sintomas*. Se, ao contrário, estes efeitos são esforços da natureza contra as causas da doença, e tendem a destruí-la, restabelecendo a harmonia, são chamados *sintomas críticos*.

207. Na prática, importa bem distingui-los, a fim de prevenir ou barrar uns e favorecer os outros.

208. Todas as causas das doenças desnaturantes ou que desarranjam mais ou menos as proporções entre a matéria e o movimento das vísceras entre os sólidos ou os fluidos produzem, por suas diferentes aplicações, uma remissão ou

perturbação mais ou menos marcada nas propriedades da matéria e dos órgãos.

209. Para remediar os efeitos da remissão e da perturbação, e para destruí-los, é preciso então provocar a intenção, isto é, é preciso aumentar a irritabilidade, a elasticidade, a fluidez e o movimento.

210. Um corpo, estando em harmonia, é insensível ao efeito do magnetismo, porque a proporção ou a harmonia estabelecida em nada varia pela aplicação de uma ação uniforme e geral. É o contrário com um corpo em desarmonia, isto é, num estado no qual as proporções estão perturbadas: neste estado, embora por hábito não seja mais sensível, ele se o torna pela aplicação do magnetismo, e isto porque a proporção ou a dissonância são aumentadas por essa aplicação.

211. Disso se depreende ainda que, a doença estando curada, ele se torna insensível ao magnetismo, e este é o *criterium* da cura.

212. Compreende-se ainda que a aplicação do magnetismo aumenta muitas vezes as dores.

213. A ação do magnetismo interrompe a aberração do estado da harmonia.

214. Segue-se dessa ação que os sintomas cessam pela aplicação do magnetismo.

215. Disso segue-se ainda que, pelo magnetismo, os esforços da natureza contra as causas das doenças são aumentados e, por consequência, os sintomas críticos são aumentados.

216. É por esses efeitos diversos que é possível distinguir estes diferentes sintomas.

217. O desenvolvimento dos sintomas se faz na ordem inversa daquela em que a doença se estabelece.

218. É preciso representar a doença como um novelo que se divide exatamente como ele começa e cresce.

219. Nenhuma doença se cura sem uma crise.

220. Numa crise, devem ser observadas três épocas principais: a perturbação, a cocção e a evacuação.

DA EDUCAÇÃO

221. O homem pode ser considerado como existindo individualmente, ou como constituindo uma parte da sociedade. Sob estes dois pontos de vista, ele busca a harmonia universal.

222. O homem é entre os animais uma espécie destinada pela natureza a viver em sociedade.

223. O desenvolvimento de suas faculdades, a formação de seus hábitos, sob estes dois aspectos, é o que se chama de *educação*.

224. A regra da educação é, portanto, primeiro, a perfeição das primeiras faculdades e, segundo, a harmonia dos seus hábitos com a harmonia universal.

225. A educação do homem começa com sua existência. Desde este momento, a criança começa, primeiro, a expor os órgãos de seus sentidos às impressões dos objetos externos e, segundo, a desdobrar e exercer os movimentos dos seus membros.

226. A perfeição dos órgãos dos sentidos consiste, primeiro, na irritabilidade e, segundo, em todas as combinações possíveis de seus usos.

227. A perfeição do movimento dos seus membros consiste, primeiro, na facilidade; segundo, na justeza das direções; terceiro, na força; e, quarto, no equilíbrio.

228. Sendo esse desenvolvimento um progresso da vegetação, a regra desse desenvolvimento deve ser oriunda da organização de cada indivíduo, que se submete à ação do movimento universal, e da influência geral e particular.

229. 1º A primeira regra é então a de afastar todos os obstáculos que poderiam perturbar e impedir este desenvolvimento.

230. 2º De colocar sucessivamente a criança na possibilidade ou inteira liberdade de fazer todos os movimentos e todos os ensaios possíveis.

231. A criança, obedecendo unicamente ao princípio da natureza que formou seus órgãos, encontrará por si apenas as ordens nas quais convém instruir-se, desenvolver-se e formar-se.

232. O homem considerado em sociedade tem duas maneiras de ser em relação aos seus semelhantes: por suas ideias e por suas ações.

233. Para comunicar suas ideias aos outros homens, existem dois meios, a língua e a escrita natural ou de convenção.

234. A língua natural é a fisionomia, a voz e os gestos; a escrita natural é a faculdade de definir tudo o que pode falar aos olhos.

235. A língua de convenção consiste nas palavras; a escrita de convenção, nas letras.

TEORIA DOS PROCEDIMENTOS

236. Foi exposto, na teoria do sistema geral, que as correntes universais são a causa da existência dos corpos, que tudo que é capaz de acelerar essas correntes produz a intenção ou o aumento das propriedades desses corpos. Segundo este princípio, é fácil conceber que, se está em nosso poder acelerar estas correntes, nós podemos, aumentando a energia da natureza, à nossa vontade estender a todos os corpos suas propriedades, e mesmo restabelecer aquelas que um acidente teria afetado, mas, do mesmo modo que as águas de um rio não podem retornar para sua fonte para aumentar a rapidez da corrente, as partes

constituintes da terra, submetidas às leis das correntes universais, não podem agir sobre a fonte primitiva de sua existência. Se não podemos agir imediatamente sobre as correntes universais, não existe para todos os corpos em geral meios particulares de agir uns sobre os outros, acelerando reciprocamente entre si as fileiras das correntes que atravessam seus interstícios.

237. Como existe uma gravitação geral e recíproca de todos os corpos celestes uns para os outros, do mesmo modo existe uma gravitação particular e recíproca das partes constitutivas da terra para tudo e desse todo para cada uma das partes, e enfim de todas essas partes umas para as outras. Esta ação recíproca de todos os corpos se exerce pelas correntes que penetram e pelas que saem, de uma maneira mais ou menos direta, segundo a analogia dos corpos. Assim, de todos os corpos, aquele que pode agir com mais eficácia sobre o homem é seu semelhante. É suficiente que um homem esteja ao lado de outro homem para agir sobre ele, provocando a intenção de suas propriedades.

238. A posição respectiva dos dois seres que agem um sobre o outro não é indiferente. Para julgar qual deve ser esta posição, é preciso considerar cada ser como um todo composto de diversas partes, possuindo cada um uma forma ou um movimento tônico particular. Concebe-se, por esse meio, que dois seres têm um sobre o outro a maior influência possível quando estão colocados de maneira que suas partes análogas ajam umas sobre as outras na oposição mais exata. Para que dois homens ajam o mais fortemente possível um sobre o outro, é preciso então que estejam colocados face a face. Nesta posição, eles provocam a intenção de suas propriedades de uma maneira harmônica e podem ser considerados como formando um todo. Num homem isolado, quando uma parte sofre, toda a ação da vida se dirige para ela para destruir a causa do sofrimento. Do mesmo modo, quando dois homens agem um sobre o outro, a ação inteira dessa reunião age sobre a parte doente com uma força proporcional ao aumento da massa. Pode-se então dizer em geral que a ação do magnetismo cresce em razão das massas. É possível dirigir a ação do magnetismo mais particularmente sobre tal ou qual parte, sendo suficiente para isso estabelecer uma continuidade mais exata entre as partes que se deve tocar, e o indivíduo que toca. Nossos braços podem ser considerados como condutores próprios a estabelecer uma continuidade. É suficiente, portanto, do que acabamos de dizer sobre a posição mais vantajosa de dois seres agindo um sobre o outro que, para conseguir a harmonia do todo, deve-se tocar a parte direita com o braço esquerdo, e reciprocamente. Desta necessidade resulta a oposição dos polos no corpo humano. Estes polos, como se verifica no ímã, são oposição um em relação ao outro: eles podem ser mudados, comunicados, destruídos, reforçados.

239. Para conceber a oposição dos polos, é preciso considerar o homem como dividido em dois por uma linha traçada de alto a baixo. Todos os pontos da parte esquerda podem ser considerados como os polos opostos àqueles pontos correspondentes da parte direita. Mas, a emissão das correntes se fazendo de uma maneira mais sensível pelas extremidades, nós não consideramos verdadeiramente como polos senão as extremidades. A mão esquerda será o polo oposto da mão direita, e assim por diante. Considerando em seguida estas mesmas extremidades como um todo, ou considerando ainda em cada uma delas polos opostos, na mão o dedo mínimo será o polo oposto do polegar, o segundo dedo participará da virtude do polegar, e o quarto daquela do dedo mínimo, e aquele do meio semelhante ao centro ou equador do ímã estará desprovido de uma propriedade especial. Os polos do corpo humano podem ser comunicados aos corpos animados e inanimados: uns e outros são mais sensíveis em razão da sua mais ou menor analogia com o homem, e da tenuidade de suas partes. É suficiente determinar um polo num corpo qualquer para que o polo oposto se estabeleça imediatamente. Destrói-se essa determinação tocando o mesmo corpo em sentido inverso daquele que antes foi empregado, e se reforça o polo já estabelecido tocando o polo oposto com a outra mão.

240. A ação do magnetismo animal pode ser reforçada e propagada para os corpos animados e inanimados. Como esta ação aumenta em razão das massas, mais se juntarão corpos magnéticos uns às extremidades dos outros de modo que os polos não sejam contrários, isto é, quando eles se tocam pelos polos opostos mais se reforça a ação do magnetismo. Os corpos mais apropriados para propagar e reforçar o magnetismo animal são os corpos animados, os vegetais vêm em seguida, e nos corpos privados de vida, o ferro e o vidro são aqueles que agem com maior intensidade.

OBSERVAÇÕES SOBRE AS DOENÇAS NERVOSAS E SOBRE A EXTENSÃO DOS SENTIDOS E DAS PROPRIEDADES DO CORPO HUMANO

241. A irritabilidade exagerada dos nervos produzida pela aberração da harmonia no corpo humano é o que se chama mais particularmente *doenças nervosas*.

242. Existem tantas variedades destas doenças quantas as combinações que se podem supor entre todos os números possíveis.

243. 1º A irritabilidade geral pode ser aumentada ou diminuída por nuanças infinitas.

244. 2º Diferentes órgãos podem estar particularmente afetados, antes de outros.

245. 3º Pode-se conceber uma infinidade de relações resultantes de diversos graus em que cada um destes órgãos pode estar afetado particularmente.

246. Um observador cuidadoso e atento encontrará nesses fenômenos um sem-número que produz as doenças nervosas, uma fonte de instruções; é nestas doenças que se pode facilmente estudar as propriedades e as faculdades do corpo humano.

247. É ainda nestas doenças que podemos persuadir, pelos fatos, de o quanto somos dependentes da ação de todos os seres que nos cercam e de como alguma mudança nestes seres ou nas suas relações entre eles nunca nos será indiferente.

248. A extensão das propriedades e das faculdades de nossos órgãos, estando consideravelmente aumentadas nestes tipos de doença, deve mesmo recuar o termo de nossos conhecimentos, dando-nos a conhecer uma multidão de impressões das quais não tínhamos nenhuma ideia.

249. Para bem conceber tudo que se vai dizer e poder apreciar, é preciso recorrer ao mecanismo das sensações segundo meus princípios.

250. A faculdade de sentir com impressão é, no homem, o resultado de duas condições principais, uma externa e outra interna. A primeira é o grau de intensidade com a qual um objeto exterior age sobre nossos órgãos e a segunda é o grau de suscetibilidade com a qual o órgão recebe a ação de um objeto exterior.

251. Se a ação de um objeto exterior sobre um de nossos órgãos for como dois, e que este órgão seja suscetível de transmitir a ideia de uma ação apenas como três, então é claro que eu não devia ter nenhum conhecimento dos objetos cuja ação é como dois. Mas se por um meio qualquer eu chegasse a tornar meu órgão suscetível de apreciar as ações como dois, ou bem que eu fizesse com que os objetos agissem naturalmente como três, é claro que, nesses dois casos, a ação destes objetos me tornaria igualmente sensível do desconhecido que ela era.

252. Até o presente a inteligência humana ainda não foi capaz de levar mais longe o exterior de nossos sentidos senão aumentando a condição das sensações, isto é, aumentando a interioridade da ação que estes objetos exercem sobre nós. É o que se fez para a visão com a invenção de lunetas, microscópios e telescópios. Por este meio, nós temos penetrado a noite que nos ocultava um universo inteiro dos infinitamente pequenos e dos infinitamente grandes.

253. Quanto a filosofia ganhou com essa engenhosa descoberta? Quantos absurdos ela demonstrou nos antigos sistemas sobre a natureza dos corpos? E que novas verdades fez ela perceber ao olho atento de um observador!

254. O que produziriam gênios como Descartes, Galileu, Newton, Kepler e Buffon sem a extensão do órgão da visão? Pode ser que grandes coisas, mas a astronomia e a história natural estariam ainda no ponto onde eles as encontraram.

255. Se a extensão de um sentido pôde produzir uma revolução considerável nos conhecimentos, que campo mais vasto ainda vai se abrir à nossa observação se, como penso, a extensão das faculdades de cada sentido, de cada órgão pode ser levada tão longe e mesmo mais do que as lunetas levaram a extensão da visão, se esta extensão pode nos colocar em condições de apreciar uma multidão de impressões que permanecem desconhecidas, de comparar estas impressões, de combiná-las, e daí chegar a um conhecimento íntimo e particular dos objetos que os produzem, da forma destes objetos, de suas propriedades, de suas relações entre si, e das partículas mesmo que os constituem.

256. No uso comum nós julgamos pelo concurso das impressões combinadas de todos os nossos sentidos. Poder-se-ia dizer que nós estamos em relação aos objetos pela extensão de um sentido que nos faz percebê-los como um indivíduo privado de todos os sentidos exceto o da visão estaria em contato com tudo aquilo que nos cerca. Certamente se um ser sutil assim desprovido pudesse existir a esfera de seus conhecimentos seria muito restrita, e podemos pensar que ele não teria a mesma ideia que nós acerca dos objetos sensíveis.

257. Suponhamos que se dê sucessivamente a este ser imbecil cada um dos sentidos que ele não possui, que multidão de descobertas que ele faria no mesmo instante! Cada impressão que um mesmo objeto lhe produziria num outro órgão lhe forneceria uma nova ideia desse objeto. Seria bem difícil fazê-lo compreender que estas ideias diversas partiam do mesmo objeto. Seria necessário antes que ele os combinasse, que ele verificasse os resultados por numerosas experiências. Na infância de suas faculdades, este homem levaria talvez mais de um mês antes de poder apreciar o que é uma garrafa, um candelabro etc. para ter a mesma ideia que nós.

258. Todas as impressões leves que produzem sobre nós a ação dos corpos que nos cercam são, em relação ao nosso estado habitual, muito menos conhecidas de nós como não seria a garrafa para o homem de que acabamos de falar. As propriedades de nossos órgãos na harmonia necessária para constituir o homem têm para cada um deles certo grau de extensão além do qual nós não sabemos apreciar.

259. Mas, quando por uma perda das faculdades em quaisquer partes as propriedades de outro órgão se encontram levadas a certo ponto de extensão, tornamo-nos então suscetíveis de apreciar e de conhecer impressões que nos eram absolutamente desconhecidas. É o que se nota a todo o momento ao observar os indivíduos atacados por doenças nervosas.

260. Quantidade de impressões das quais eles têm então a consciência são absolutamente novas para eles. Em primeiro lugar, são surpreendentes, aterrorizantes, mas em seguida, pelo hábito, familiarizam-se com elas, e passam algumas vezes a delas se servir pela sua utilidade de momento, como nós nos servimos dos conhecimentos que a experiência nos dá no estado de saúde. Assim é que erradamente se taxa de fantasia qualquer a singularidade que se nota no modo de ser desses indivíduos: o que os move, o que os determina é uma causa tão real quanto as causas que determinam a ação do homem mais razoável. Só existe diferença na mobilidade destes seres, o que os torna sensíveis a uma multidão de impressões que nos são desconhecidas.

261. O que há de inoportuno para a comodidade de nossa instrução é que essas pessoas sujeitas às crises perdem quase sempre a memória de suas impressões quando voltam ao estado comum. Sem isso, se elas conservassem a ideia perfeita, todas elas nos proporcionariam todas as observações que lhes proponho com mais facilidade do que eu. Mas isto que estas pessoas não podem nos relatar no estado comum não podemos nos informar delas próprias quando estão em estado de crise. Se forem verdadeiras sensações que as determinam, devem, quando estiverem no estado de apreciá-las, e de raciocinar, fazer um relato tão exato quanto aquele que poderíamos nós mesmos fazer de todos os objetos que nos afetam atualmente.

262. Sei que o que estou adiantando deve parecer exagerado, impossível mesmo, às pessoas que as circunstancias não puderam por a ponto de fazer estas observações, mas eu lhes rogo suspender ainda seu julgamento. Não é sobre um único fato que apoio minha opinião. A singularidade destes fatos levou-me a juntar prova sobre prova para me assegurar da sua realidade.

263. Penso então que é possível, estudando as pessoas nervosas, sujeitas às crises, torná-las por si mesmas cônscias das sensações que elas provam. Digo mais: que é com cuidado e com constância que se pode, exercendo nelas esta faculdade de explicarem o que sentem, aperfeiçoar sua maneira de apreciar estas novas sensações e, por assim dizer, proporcionar sua educação por esse fato. É com pessoas assim treinadas que é satisfatório trabalhar para se instruir de todos os fenômenos que resultam da irritabilidade exagerada de nossos sentidos. Ao fim de certo tempo, chega por outro lado que o observador atento torna-se suscetível de apreciar algumas das sensações que estes indivíduos experimentam pela comparação muitas vezes repetidas de suas próprias impressões com aquelas de sua pessoa em crise. O uso dessa propriedade, que está em nós, pode ser considerada como uma arte verdadeiramente difícil, mas que é entretanto possível de se adquirir, como as outras, pelo estudo e a aplicação.

264. Falarei com mais detalhe num outro tempo. Falemos dos diversos fenômenos que constatei nas pessoas em crise. Outro poderá verificá-los quando se encontrar em circunstâncias semelhantes àquelas em que me encontrava então.

265. Nas doenças nervosas, quando num estado de crise, a irritabilidade aparece em maior quantidade sobre a retina. O olho torna-se suscetível de aperceber-se de objetos microscópicos. Tudo que a arte do óptico pôde imaginar não pode se aproximar do grau desta percepção. As trevas mais escuras conservam ainda muita luz para que ele possa, recebendo uma quantidade suficiente de raios, distinguir as formas dos diferentes corpos, e determinar suas relações. Podem mesmo distinguir objetos através dos corpos que nos parecem opacos, o que prova que a opacidade nos corpos não é uma qualidade particular, mas uma circunstância relativa ao grau de irritabilidade de nossos órgãos.

266. Uma doente do qual tratei e vários outros que observei cuidadosamente forneceram-me numerosas experiências neste assunto.

267. Uma delas percebia os poros da pele com uma grandeza considerável: ela explicava a estrutura de acordo com aquela que o microscópio nos fez conhecer. Mas ela ia mais longe. Esta pele parecia-lhe uma peneira: ela distinguia através dela a textura dos músculos sobre as dobras carnosas e a junção do osso nas dobras desprovidas de carne. Ela explicava tudo isso de uma maneira muito engenhosa, e algumas vezes se impacientava com a esterilidade e a insuficiência de nossas expressões para dar suas ideias. Um corpo opaco muito delgado não a impedia de distinguir os objetos: fazia apenas diminuir sensivelmente a impressão que ela recebia, como um vidro faz para nós.

268. Melhor do que eu ela via, mesmo tendo as pálpebras baixadas e mantidas assim neste estado. Para verificar a realidade daquilo que elas me dizia, eu a fiz levar a mão sobre tal ou qual objeto, sem que ela jamais se enganasse.

269. É essa mesma pessoa que na obscuridade percebia todos os pelos do corpo humano, aclarados por um vapor luminosos. Isto não era fogo, mas a impressão que isso dava a esses órgãos dava uma ideia aproximada, que podia ser expressa pela palavra *luz*.

270. Eu observava simplesmente que não é preciso considerar tudo que ela dizia das variedades que observava, mas sim como a impressão particular que estes polos faziam sobre o órgão da visão e não como a ideia finita que se deve considerar.

271. É neste estado que é infinitamente curioso verificar todos os princípios que dei na minha teoria dos polos do corpo.

272. Se nada eu tivesse visto, e se o acaso me tivesse feito tentar esta experiência, esta senhora me a teria ensinado.

273. De minha cabeça, ela percebia os olhos e o nariz. Os raios luminosos que partem dos olhos vão reunir-se ordinariamente àqueles do nariz para reforçá-los, e de lá tudo se dirige para a ponta mais próxima que se lhe opõe. Entretanto, se eu quiser considerar meus objetos de lado, sem voltar à cabeça, então os dois raios dos olhos deixam o bordo de meu nariz para lançar-se na direção que eu comandar.

274. Cada ponto dos cílios, dos supercílios e dos cabelos dão uma débil luz, o pescoço parece um pouco luminoso, o peito um pouco aclarado. Se eu lhe apresento minhas mãos, o polegar aparece rapidamente marcado por uma luz viva; o dedo mínimo, com uma metade menos; o segundo e o quarto aparecem aclarados por uma luz artificial, o dedo médio é obscuro, a palma da mão é também luminosa.

PASSEMOS A OUTRAS OBSERVAÇÕES.

275. Se a irritabilidade exagerada se leva a outros órgãos, eles tornam-se como a visão, suscetíveis de apreciar as impressões mais leves, análogas à sua constituição, as quais lhe eram totalmente desconhecidas antes.

276. Eis o vasto campo de observações que nos é aberto, mas muito difícil de ser explicado. Aqui a arte nos abandona, ela não nos fornece nenhum meio de verificar pela comparação o que nos ensinam as pessoas em crise.

277. Temos apenas maus instrumentos para ampliar a audição; não temos nenhuma espécie para o olfato nem para o tato e ainda mais, não temos nenhum hábito para apreciar os resultados provenientes da comparação de todos estes sentidos aperfeiçoados, resultados que devem ser variáveis ao infinito.

278. Mas se a arte nos abandona, resta-nos a natureza: ela nos é suficiente. A criança que vem ao mundo com todos os seus órgãos ignora os recursos. Desenvolvendo sucessivamente as faculdades, a natureza lhe mostra o uso. Esta educação se faz sem sistema: ela está submetida às circunstâncias. A instrução que eu proponho deve ser feita do mesmo modo: renunciando a toda espécie de rotina, é preciso se abandonar à observação simples que as circunstâncias fornecem. Em primeiro lugar, perceberão apenas um imenso charco, não distinguirão nada, mas pouco a pouco a luz se fará, e a esfera dos seus conhecimentos aumentará simultaneamente à percepção dos objetos.

279. Muitas vezes as pessoas em crise são atormentadas por um ruído que as atordoa, que elas caracterizam tal qual é realmente. Sem se aproximar muito mais do que elas das causas que produzem tal ruído, você poderia ter a consciência.

280. Tenho observado muito uma pessoa afetada por doenças nervosas que não podia ouvir o som de uma trombeta sem cair em crises muito fortes. Muitas vezes eu a vi queixar-se de que ela a sentia e cair em convulsões sérias, dizendo

que ela se aproximava, e não era senão ao termo de um quarto de hora que eu podia distingui-lo.

281. Observar-se-á os mesmos fenômenos para o paladar. Em 20 iguarias que se fará com uma insipidez extrema, uma pessoa em crise, cuja irritabilidade estará consideravelmente aumentada na língua e no palato, perceberá uma variedade de sabores.

282. Conheço uma pessoa vivaz cujos nervos são muito irritáveis e que, tendo unicamente na língua esta irritação e conservando sua lucidez, disse-me várias vezes: "Comendo esta pequena crosta de pão, do tamanho da cabeça de um alfinete, parece-me que tenho um grande e saboroso pedaço. Mas, o que há de bem singular, não somente sinto o sabor de um bom pedaço de pão, como sinto separadamente o gosto de todas as partículas que o compõem – a água, a farinha, tudo enfim me produz uma multidão de sensações que não posso expressar e que me dão ideias que se sucedem com rapidez extrema, mas que não são exprimíveis por palavras."

283. O olfato pode ser ainda mais suscetível que o paladar a uma grande extensão de faculdade. Eu vi sentir odores os mais leves a distâncias muito grandes e mesmo através de portas de tabiques. Por outro lado, pessoas cujo odor é sensível distinguem todos os diversos odores primários que o perfumista empregou para compor um perfume.

284. Mas, de todos os sentidos, o que nos apresenta mais fenômenos para observar é aquele que mostra até o presente menos conhecimentos: o tato.

PROCEDIMENTOS DO MAGNETISMO ANIMAL

285. Foi visto pela doutrina que tudo se toca no universo, por meio de um fluido no qual todos os corpos estão mergulhados.

286. Faz-se uma circulação contínua que estabelece a necessidade das correntes que penetram e que saem.

287. Para estabelecê-las e as fortificar no homem, existem vários meios. O mais seguro é o de se colocar em oposição à pessoa que se vai tocar, isto é, face a face, de maneira que se lhe apresenta o lado direito ao lado esquerdo do doente. Para se pôr em harmonia com ele, é preciso primeiramente colocar as mãos sobre as espáduas, seguir todo o comprimento do braço até a extremidade dos dedos, prendendo o polegar do doente por um momento. Recomeçar por duas ou três vezes, após o que você estabilizará as correntes desde a cabeça até os pés. Você deve procurar ainda a causa e o local da doença e da dor. O doente lhe indicará o da dor e muitas vezes a causa, mas mais comumente é pelo toque e o arrazoado que você se assegurará da sede e da causa da doença e da dor – que, na maior

parte das doenças, reside no lado oposto ao da dor, sobretudo nas paralisias, reumatismos e outras dessa espécie.

288. Estando bem seguro dessa preliminar, você tocará constantemente a causa da doença e constatará as dores sintomáticas, até aquelas que você julgar críticas. Para tanto, você secundará o esforço da natureza contra a causa da doença, e levará a uma crise salutar, único meio de curar radicalmente. Você acalmou as dores que se chamam *sintomas sintomáticos* e que cedem ao toque sem que isso agisse sobre a causa da doença, o que distingue este tipo de dor daquelas que nós chamamos simplesmente de *sintomáticas* e que se irritam em primeiro lugar pelo toque para terminarem numa crise, após a qual o doente se encontra aliviado e a cause da doença, diminuída.

289. A sede de quase todas as doenças está comumente nas vísceras do baixo ventre; o estômago, o baço, o fígado, o *epíploon*, o mesentério, os rins etc. Nas mulheres, na matriz e suas dependências. A causa de todas estas doenças ou aberrações é um entupimento, uma obstrução, incômodo ou supressão da circulação numa parte: comprimindo os vasos sanguíneos ou linfáticos, e, sobretudo os ramos de nervos mais ou menos consideráveis, eles ocasionam um espasmo ou uma tensão nas partes que atingem, sobretudo naquelas em que as fibras têm menos elasticidade natural, como no cérebro, pulmão etc. ou naquelas por onde circula um fluido com lentidão, como a sinóvia, destinada a facilitar o movimento das articulações. Se os ingurgitamentos comprimem um tronco de nervos ou um ramo considerável, o movimento e a sensibilidade das partes às quais ele corresponde são inteiramente suprimidos, como na apoplexia, na paralisia etc.

290. Além dessa razão para tocar as vísceras, para descobrir a causa de uma doença, há ainda outra ainda mais determinante: os nervos são os melhores condutores do magnetismo que existem no corpo. Eles têm em si grande número nas suas partes, que vários físicos aí colocaram a sede das sensações da alma. Os mais abundantes e os mais sensíveis são o centro nervoso do diafragma, os plexos estomacal, umbilical etc. Este feixe de uma infinidade de nervos se corresponde com todas as partes do corpo.

291. Toca-se, na posição já indicada, com o polegar e o indicador ou com a palma da mão, ou com um dedo apenas reforçado por outro, descrevendo uma linha sobre a parte que se visa tocar, e em seguida, o quanto possível, a direção dos nervos, ou enfim com os cinco dedos abertos e recurvados. O toque a uma pequena distância da parte é mais forte, porque existe uma corrente entre a mão ou o condutor e o doente.

292. Toca-se diretamente com vantagem, servindo-se de um condutor estranho. Serve-se mais comumente de uma pequena vara, com comprimento de

10 a 15 polegadas, de forma cônica e terminada por uma ponte truncada. A base é de três, cinco ou seis linhas, e a ponta, de uma a duas. Depois do vidro, que é o melhor condutor, emprega-se o ferro, o aço, o ouro, a prata, etc., dando preferência aos corpos mais densos, porque as fileiras estão mais estreitadas e mais multiplicadas, dando uma ação proporcionada à menor largura dos interstícios. Se a vareta for imantada, ela tem mais ação, mas é preciso observar que existem circunstâncias, como na inflamação dos olhos, o maior eretismo etc. em que ela pode prejudicar. É então prudente dispor de duas. Uma magnética com um bastão ou outro condutor, atento que este seja como um corpo estranho, o polo é mudado, e que é preciso tocar diferentemente, isto é, da direita à direita e da esquerda à esquerda.

293. É bom também opor um polo ao outro, ou seja, que se toque a cabeça, o peito, o ventre, etc., com a mão direita, é preciso opor a esquerda na parte posterior, sobretudo na linha que divide o corpo em duas partes, ou seja, desde o meio da fronte até o púbis, porque o corpo representa um ímã: se você estabelecer o norte à direita, a esquerda torna-se o sul e o meio, o equador, que é sem ação predominante. Você aí estabelecerá os polos, opondo uma mão à outra.

294. Reforça-se a ação do magnetismo multiplicando as correntes sobre o doente. Existem várias vantagens em tocar face a face do que de toda outra maneira, porque as correntes emanadas de suas vísceras e de toda a extensão do corpo estabelecem uma circulação com o doente. A mesma razão prova a utilidade das árvores, das cordas, dos ferros e das cadeias etc.

295. Uma bacia de magnetita do mesmo modo que um banho, mergulhando o bastão ou outro condutor na água, para aí estabelecer uma corrente, agitando em linha reta, a pessoa que será mergulhada sentirá o efeito. Se a bacia for grande, serão estabelecidos quatro pontos, que serão os quatro pontos cardeais, será traçada uma linha na água, seguindo a borda da bacia do leste ao norte, e do oeste ao mesmo ponto. Será feita a mesma coisa para o sul. Várias pessoas poderão ser colocadas em torno dessa bacia e tirar proveito dos efeitos magnéticos. Se são em grande número, serão traçados vários raios atingindo a cada uma delas, após haver agitado a massa de água tanto quanto possível.

296. Uma tina é uma espécie de cuba redonda, quadrada ou oval, com um diâmetro proporcional ao número de doentes que vão se tratar. Aduelas espessas, reunidas, pintadas e unidas de modo a conter água, profundas em torno de um pé, a parte superior mais larga do que o fundo, de uma a duas polegadas, recobertas com uma tampa em duas peças, cujo conjunto é encaixado na cuba, e o bordo apoiado imediatamente sobre aquele da cuba à qual é sujeitado por grandes pregos. No interior, são arranjadas garrafas em raios convergentes da

circunferência ao centro, são colocadas outras camadas em toda a volta, o fundo apoiado contra a cuba, uma só de altura, deixando entre elas o espaço necessário para receber o gargalo de outra. Feita esta primeira disposição, colocar no meio do vaso uma garrafa reta ou deitada, donde partem todos os raios que serão formados primeiramente com as meia garrafas, depois com as grandes, quando a divergência permitir. O fundo da primeira está ao centro, seu pescoço entre o fundo da seguinte, de modo que o gargalo da última termina na circunferência. Estas garrafas devem ser cheias de água, tampadas e magnetizadas do mesmo modo. É de se desejar que isto seja pela mesma pessoa. Para dar mais atividade à tina, colocar uma segunda e uma terceira camada de garrafas sobre a primeira, mas comumente se faz uma segunda que, partindo do centro, recobre o terço, a metade ou os três quartos do primeiro. Em seguida, abastece-se a cuba com água a certa altura, mas sempre o necessário para cobrir todas as garrafas. Pode-se juntar limalha de ferro, vidro pilado e outros corpos semelhantes, sobre os quais tenho diferentes conceitos.

297. Também são usadas tinas sem água, preenchendo o intervalo das garra- fas com vidro, limalha, areia. Antes de colocar a água ou os outros corpos, impri- mem-se sobre a tampa as marcas onde devem ser feitos os orifícios destinados a receber os ferros que devem ficar entre o fundo das primeiras garrafas, a quatro ou cinco polegadas da parede da tina. Os ferros são espécies de triângulos, feitos com ferro amaciado, que entram em linha reta quase até o fundo da tina e são dobrados à sua saída, de modo que possam terminar numa ponta obtusa na parte que se lhes vai tocar, como a fronte, a orelha, o olho, o estômago etc.

298. Do interior ou do exterior da cuba sai, ligada a um ferro, uma corda muito ampla, que os doentes aplicam sobre a parte que eles sofrem. Eles formam cadeias pegando esta corda, e apoiam o polegar esquerdo sobre o direito, ou o direito sobre o esquerdo do seu vizinho, de maneira que o interior de um polegar toca o outro. Aproximam-se o mais que podem para se tocar pelas coxas, os joelhos, os pés, e formam, por assim dizer, um corpo contíguo, no qual o fluido magnético circula continuamente, e é reforçado por todos os diferentes pontos de contato, aos quais se junta ainda a posição dos doentes, que estão face a face, uns diante dos outros. Têm-se também os ferros bastante longos para abranger aqueles da segunda fila pelo intervalo daqueles da primeira.

299. Foram feitas pequenas tinas particulares, chamadas *caixinhas mágicas* ou *magnéticas*, para uso dos doentes que não podem dirigir-se ao tratamento, ou porque, pela natureza de suas doenças, necessitam de um tratamento contínuo. Tais tinas são mais ou menos compostas. As mais simples contêm apenas uma garrafa tampada e cheia de água ou de vidro pilado, colocada numa caixinha

da qual parte uma vara ou uma corda. Uma simples garrafa isolada, e que se aplica sobre a parte, vai ainda melhor. Podem ser colocadas várias sobre um leito, retas, contendo ferro e vedadas no gargalo, que produzem um efeito muito sensível. As caixinhas mais comuns são cofrinhos com forma cuboide, com altura e comprimento em proporção ao que devem conter. A altura não deve exceder ordinariamente aquela das caixinhas, que é de dez a doze polegadas. Colocam-se quatro ou um número maior de garrafas à vontade, preparadas e arranjadas como aquelas da tina. Se a caixinha é destinada a ser colocada sobre um leito, tomam-se meias garrafas, cheias, metade delas com água e a outra, com vidro. As cheias de água são tampadas, aquelas com vidro são armadas com um pequeno condutor de ferro partindo da garrafa, no pescoço da qual ele é selado e excede um pouco a cobertura da caixa que ele atravessa. O intervalo entre garrafas é preenchido com vidro pilado ou seco ou úmido. Uma corda enrolada em torno do gargalo de cada garrafa as faz comunicarem-se em conjunto e sai da caixa por um buraco feito na sua parede. A tampa é colocada e fixada por um parafuso. Esta caixa é colocada sobre o leito, e as cordas que saem da direita e da esquerda são arrumadas sobre o leito ou entre os lençóis ou sobre as cobertas, ao lado do doente.

300. As caixas que devem servir durante o dia com as garrafas cheias com água ou vidro, são preparadas e dispostas como nas grandes tinas: aí se pode colocar uma corda e ferros e fazer uma tina para a família.

301. Quanto mais densa for a matéria que preenche essas garrafas, mais ela é ativa. Se fosse possível enchê-las com mercúrio, elas teriam muito mais ação.

302. Existem vários meios de aumentar o número e a atividade das correntes. Se você deseja tocar um doente com força, reúna no seu apartamento o maior número de pessoas possível. Estabeleça uma cadeia que parte do doente e atinge o magnetizador, uma pessoa encostada a ele ou com a mão sobre sua espádua aumenta sua ação. Existe uma infinidade de outros meios impossíveis de serem detalhados, como a música, a visão, os vidros etc.

303. A corrente magnética conserva seu efeito ainda algum tempo após ter saído do corpo, aproximadamente como o som de uma flauta que diminui com o afastamento. O magnetismo a certa distância produz mais efeito do que quando está aplicado imediatamente.

304. Após o homem e os animais, os vegetais e, sobretudo as árvores são os mais suscetíveis ao magnetismo animal. Para magnetizar uma árvore sob a qual você deseja estabelecer um tratamento, escolha uma jovem, vigorosa, ramada, sem nós tanto quanto possível e com fibras retas. Embora toda espécie de arbusto possa servir, os mais densos como o carvalho, o olmo e a carpa são

preferíveis. Feita sua escolha, postando-se a certa distância no lado sul, estabelecer-se-ão um lado direito e um esquerdo, que formam os dois polos, e a linha de demarcação do meio, o equador. Com o dedo, o ferro ou o bastão, siga então as folhas, as ramificações e os ramos. Após ter determinado várias destas linhas num ramo principal, conduza as correntes ao ramo principal, conduza as correntes do tronco até as raízes. Recomece até que esteja magnetizado todo um lado. Em seguida, magnetize o outro da mesma maneira e com a mesma mão, porque os raios saem do condutor em divergência, convergindo-se a certa distância, não sendo sujeitos a repulsão. O norte se magnetiza pelos mesmos procedimentos. Esta operação feita, aproxime-se da árvore e após ter magnetizado as raízes, se as há visíveis, abrace-a e apresente-lhe todos os polos sucessivamente. A árvore possuirá então todas as virtudes do magnetismo. As pessoas sadias, ficando algum tempo ao seu lado ou a tocando, poderão sentir o efeito, e os doentes, sobretudo os já magnetizados, sentirão violentamente e sofrerão crises. Para estabelecer um tratamento, amarre cordas a certa altura, ao tronco e aos principais ramos, mais ou menos numerosas e mais ou menos longas em proporção às pessoas que devem se beneficiar e que, com a face voltada para a árvore e colocados circularmente, seja sobre cadeiras, seja sobre a palha, irão colocá-las em volta das partes sofredoras como na tina, e farão cadeias o mais frequentemente possível, e aí terão as crises como na tina, mas bem mais suaves. O efeito curativo é bem mais rápido e mais ativo em proporção ao número dos doentes que aumentam a energia, multiplicando as correntes, as forças e os contatos. O vento, agitando os ramos da árvore, junta sua ação. É o mesmo que um riacho ou uma cascata se tiver a felicidade de encontrá-los no local que se terá escolhido. Se várias árvores se avizinham, elas serão magnetizadas e se as fará comunicar por cordas que irão de uma a outra. Os doentes sentem nas árvores um odor que não podem definir, e que lhes é muito desagradável, e que conservam por algum tempo após terem se retirado, e que voltam a sentir em aí voltando. Não se pode assegurar por quanto tempo uma árvore conserva o magnetismo. Acredita-se que pode chegar até vários meses. O mais seguro é renovar de tempo em tempo.

305. Para magnetizar uma garrafa, pegue-a pelas duas extremidades, friccione-as com os dedos, levando o movimento ao bordo. Afaste a mão sucessivamente destas duas extremidades, por assim dizer comprimindo o fluido: tome de um copo ou de um vaso qualquer do mesmo modo, assim e magnetizará o fluido que ele contém, cuidando de apresentá-lo àquele que o deve beber. Segurando-o entre o polegar e o dedo mínimo, e fazendo o doente beber nessa direção, ele experimentará um gosto que não existiria se bebesse no sentido oposto.

306. Uma flor, um corpo qualquer, é magnetizado pelo toque, feito com princípios e intenção.

307. Esfregando as duas extremidades de uma banheira com os dedos, a vareta ou o tubo, descendo-os até a água na qual se descreve uma linha, na mesma direção e repetindo várias vezes, magnetiza-se um banho. Pode-se ainda agitar a água em diferentes sentidos, insistindo sempre sobre a linha descrita, em que a grande corrente reúne as pequenas que se avizinham e é reforçada. Se o doente, estando no banho, sente a água muito fria, mergulha-se uma haste, dirige-se uma corrente pela agitação. Esta adição faz com que o doente experimente uma sensação de calor que ele atribui àquele da água. Nos lugares onde existe uma tina ou árvores, coloca-se uma corda que supre a todas as outras preparações. Se não se pode magnetizar por si mesmo, penso que várias garrafas cheias de água magnética, e colocadas no banho seguindo a direção do corpo, poderão produzir o mesmo efeito. Um pouco de sal marinho juntado ao banho aumenta a tonicidade.

308. No centro da tina, poder-se-á colocar um vaso de vidro cilíndrico, ou com outra forma, que possuirá uma abertura embaixo, próprio a receber um condutor que virá ou de fora do apartamento ou do seu interior. Um triângulo de ferro, comprido proporcionalmente, da altura do soalho, cuja extremidade inferior terminaria em forma de funil ou com a extremidade arredondada, sairia por um buraco feito na abertura da tina, onde seria selado àquele do vaso de vidro, cujo contorno seria provido de vários buracos laterais que se comunicariam com os raios das garrafas. O condutor poderia ser de vidro.

NOÇÕES GERAIS SOBRE O TRATAMENTO MAGNÉTICO

309. Existe apenas uma doença e um só remédio. A perfeita harmonia de todos nossos órgãos e de suas funções constitui a saúde. A doença nada mais é do que a aberração dessa harmonia. A cura consiste, portanto, em restabelecer a harmonia perturbada. O remédio geral é a aplicação do magnetismo pelos meios designados. O movimento é aumentado ou diminuído no corpo: é então necessário temperá-lo ou exercitá-lo. É nos sólidos que se faz o efeito do magnetismo. A ação das vísceras sendo o meio de que se serve a natureza para preparar, triturar, assimilar os humores, são as funções destes órgãos que é preciso retificar. Sem proscrever inteiramente os remédios, sejam internos, sejam externos, é preciso empregá-los com muito cuidado, porque eles são contrários ou inúteis. Contrários no sentido de que a maior parte tem muita acridez, e eles aumentam a irritação, o espasmo e outros efeitos contrários à harmonia que é preciso restabelecer e manter, tais quais os purgativos violentos, os diuréticos quentes,

os aperitivos, os vesicatórios e todos os epispáticos. Inúteis porque os remédios recebidos pelo estômago e as primeiras vias sofrem a mesma elaboração que os alimentos, cujas partes análogas aos nossos humores são assimiladas pela quilificação [digestão], e os heterógenos são expulsos pelas excreções.

310. O fluido magnético não age sobre os corpos estranhos nem sobre aqueles que estão fora do sistema vascular. Quando o estômago contém saburra, podridão, superabundância ou está viciado, recorre-se ao emético ou aos purgativos.

311. Se o ácido domina, dá-se os absorventes, tais como o magnésio. (1) Se é o álcali, prefere-se os ácidos, como o creme de tártaro. (2) Se os deseja administrar como purgativos, é necessário dá-los na dosagem de uma ou duas onças. Numa dose menor, nada mais fazem do que alterar, e são próprios para neutralizar os ácidos ou os álcalis, e para se procurar a evacuação por uma via qualquer. Como o álcali domina na maioria das vezes em relação ao ácido, prefere-se ordinariamente o regime ácido. A salada, a groselha, a cereja, a limonada, os xaropes ácidos, o oxicrato leve etc.

(1) – É essencial que ele seja calcinado para obter os efeitos que se deseja, sabendo que o ar que ele contém, quando não se teve a precaução de assim prepará-lo, ocasiona repleção do estômago [saciedade], que provém do ar que se desprende, pela combinação que sofre no estômago com os líquidos ácidos que aí se encontram.

(2) – Esta substância age infinitamente melhor, de modo que me propus a usá-la quando ela é preparada para ser tomada em dissolução, na dose de uma onça em quatro onças de água. Obtém-se então uma limonada "tartarada", cujo gosto é agradável, e que não repugna tanto quando é em pó, e que faz com que seja necessário mastigá-la, sobretudo quando se deseja tomar uma dose mais forte para ser purgada.

312. A diminuição do movimento e das forças sendo a causa da maior parte das doenças, não somente não se ordena o emprego de dieta, mas se faz com que os doentes atenham-se à alimentação. Após o regime de que se virá a falar, os alimentos que os doentes desejam são aqueles permitidos. É raro que a natureza os perturbe.

313. O vinho forte, os licores, o café, os alimentos muito quentes por si mesmos ou por seus ingredientes são proibidos, assim como o tabaco cuja impressão irritante é propagada para a membrana pituitária na garganta, peito, cabeça, e ocasiona crepitações contrárias à harmonia. A bebida comum será o bom vinho diluído em muita água, água pura ou acidulada. As lavagens e os banhos são muitas vezes úteis se são usados copiosamente na inflamação ou disposição inflamatória ou na pletora verdadeira ou falsa.

314. Não é o caso de se dar uma história geral das doenças e de seus trata-mentos: citar-se-á somente aquelas que se apresentam mais comumente para serem tratadas pelo magnetismo, e o modo de aplicá-lo, após observações feitas, sobretudo o tratamento do senhor marquês de Tiffard, em Beaubourg.

315. Na epilepsia, toca-se a cabeça, seja na parte mais alta, seja sobre a raiz do nariz com uma mão, e a nuca com a outra. Procura-se nas vísceras a causa primeira, onde se encontra ordinariamente. Pelo toque duplo, reduzem-se as obstruções nestas vísceras e o entupimento que se encontra no cérebro dos epilépticos, do qual se faz a abertura, e se põe em ação quase todo o sistema nervoso. A catalepsia é tratada do mesmo modo.

316. Na apoplexia, a pessoa que toca age sobre os principais órgãos, como o tórax, o estômago, sobretudo o local que se chama escavado, abaixo da cartilagem xifoide, local onde se encontra o centro nervoso do diafragma, que reúne uma infinidade de nervos. Toca-se também por oposição a espinha dorsal seguindo o grande intercostal situado a uma polegada ou duas da espinha, depois o colo, até abaixo do tronco. É preciso insistir até que se obtenha uma crise, e reunir todos os meios para aumentar a intensidade do magnetismo, seja pelo ferro, seja pela cadeia que você forma com a maior quantidade de pessoas que pode reunir. O doente submetido às impressões ordinárias, e obtida a crise, o estado das primeiras vias e a causa da doença, ser-lhe-á indicado o que convirá fazer, e se os laxantes deverão ser empregados.

317. Nas doenças dos ouvidos, o doente coloca a corda em torno da cabeça, um ferro da tina na orelha, com o bastão na boca, para a surdez como para os paralíticos em que a palavra é impedida e para os mudos, e o contato se faz colocando a extremidade dos polegares na orelha, afastando os demais dedos, e os apresentando à corrente do fluido magnético, ou juntando a certa distância as correntes, e as restabelecendo com a palma da mão contra a cabeça, na qual se deixa a mão aplicada durante algum tempo.

318. As doenças dos olhos se tratam também com o ferro ou a ponta dos dedos, que se apresenta sobre a parte, e que se passa sobre o globo e as pálpebras, e o bastão, sobretudo na catarata. É preciso tocar muito levemente nos casos de inflamação.

319. Toca-se diretamente a tina, borrifando noite e dia com água magnética, a corda à cabeça.

320. Os tumores de toda espécie, os ingurgitamentos linfáticos e sanguíneos, as chagas, mesmo as úlceras provam excelentes efeitos. As loções com água magnética, os banhos locais com água fria ou tépida, o tratamento ordinário, têm um efeito surpreendente. Os doentes que sofrem dores vivas nas partes ulceradas ou feridas as veem acalmadas subitamente quando se as envolve com a corda.

321. Por estes pequenos detalhes, fica evidente que o magnetismo é útil nas doenças cutâneas e internas.

322. As dores de cabeça se tocam sobre a fronte, o cimo da cabeça, os parietais, os seios frontais, e os supercílios, sobre o estômago e as outras vísceras que podem ocultar a causa.

323. As dores de dentes, sobre as articulações, dos maxilares e os buracos mentonianos [orifícios do maxilar inferior].

324. A lepra se trata como a tina, pondo a corda nos locais afetados.

325. Na dificuldade de falar, ou a negação total ocasionada, sobretudo pela paralisia, magnetiza-se a boca com o ferro e o exterior dos motores deste órgão pelo toque.

326. Emprega-se o mesmo nos males da garganta, principalmente nos linfáticos. Magnetiza-se também a membrana pituitária, do mesmo modo que para o entupimento do nariz, e as afecções das partes que se estendem para o tórax.

327. Na enxaqueca, toca-se o estômago e o temporal, onde se faz sentir a dor.

328. A asma, a opressão e as outras afecções do peito se tocam sobre a própria parte, passando lentamente uma mão na parte anterior do tórax, e a outra ao longo da espinha, deixando-as certo tempo sobre a parte superior, e descendo com lentidão até o estômago, onde é preciso insistir também, sobretudo na asma úmida.

329. Ao incubo[237] se trata da mesma maneira, recomendando não dormir sobre o dorso até a cura.

330. As dores, os ingurgitamentos, as obstruções do estômago, do fígado, do baço e de outras vísceras se tocam localmente, exigindo mais ou menos constância e tempo à proporção do volume, da Antiguidade e da duração dos tumores.

331. Nas cólicas, no vômito, na irritação e nas dores intestinais e de todas as partes do baixo ventre toca-se o mal com muita delicadeza se existe inflamação, ou disposição inflamatória, circunstâncias nas quais é necessário evitar as fricções e o toque em todos os sentidos.

332. Nas doenças da matriz, toca-se não somente a víscera, mas também suas dependências, os ovários e ligamentos largos que estão situados na parte lateral e posterior, e os redondos na virilha. Após observações, a palma da mão aplicada na vulva adianta o fluxo menstrual e remedeia as perdas. Isso deve ser também útil no relaxamento e nas quedas da matriz e da vagina.

---

237 Chama-se incubo ao ataque sexual noturno de um espírito masculino à mulher durante seus sonhos. O inverso, espírito feminino ao homem, chama-se súcubo.

DAS CRISES

333. Uma doença não pode ser curada sem crise: a crise é um esforço da natureza contra a doença, tendendo – por um aumento do movimento, do tom e da intenção, da ação do fluido magnético – a dissipar os obstáculos que se encontram na circulação para dissolver e evacuar as moléculas que os formam e a restabelecer a harmonia e o equilíbrio em todas as partes do corpo.

334. As crises são mais ou menos evidentes, mais ou menos salutares, naturais ou ocasionadas.

335. As crises naturais devem ser imputadas apenas à natureza, que age eficazmente sobre a causa da doença e dela se desembaraça por diferentes excreções, como nas febres, ou a natureza triunfa apenas sobre aquilo que lhe era nocivo, e expulsa pelo vômito espontâneo, os suores, as urinas, o fluxo hemorroidal etc.

336. Os meios evidentes são aqueles pelos quais a natureza age surdamente, sem violência, superando lentamente os obstáculos que perturbam a circulação e os expulsa pela transpiração insensível.

337. Quando a natureza é insuficiente para o estabelecimento das crises, se a ajuda pelo magnetismo, que, sendo posto em ação pelos meios indicados, opera conjuntamente com ela a revolução desejada. Ela é salutar quando, após a ter experimentado, o doente percebe um bem e um alívio sensíveis, e principalmente quando é seguida de evacuações avantajadas.

338. A tina, o ferro, a corda e a cadeia dão crises. Se elas forem julgadas muito fracas para agirem vitoriosamente sobre a doença, aumenta-se-as tocando a sede da dor e da causa. Quando se a julga ter atingido seu estado, o que é anunciado pela calma, deixasse-a terminar por si ou, quando se a crê suficiente, retira-se o doente do estado de sono e do estupor no qual está lançado.

339. É raro que uma crise natural não seja salutar.

340. Tanto umas como as outras lançam muitas vezes o doente num estado de catalepsia que não deve atemorizar e que termina com a crise.

341. Num estado de eretismo, de irritabilidade e de muito grande suscetibilidade, é perigoso provocar e manter crises muito fortes, porque se aumenta a dificuldade que estas disposições anunciam na economia animal, dado a intenção onde é preciso chegar da remissão, cresce a tendência à inflamação, suspende, suprime as evacuações que devem operar a cura, e se opõe diametralmente às intenções e aos esforços da natureza.

342. Quando se excitam crises violentas num indivíduo que é disposto, aparece nos órgãos um estado de elasticidade forçada que diminui na fibra a faculdade de reagir sobre si mesma, sobre os humores que ela contém, donde

se segue uma forte inércia que mantém um estado contra a natureza que o ocasiona. Este estado habitual se opõe a todos os esforços da natureza contra a causa da doença, aumenta a aberração e forma nos órgãos a prega, comparada tão engenhosamente à de um tecido, que se desfaz tão dificilmente.

343. Vê-se de um lado a vantagem e a necessidade das crises e, de outro, o abuso que delas se pode fazer.

344. Um médico conhecedor da doutrina do magnetismo animal, e fiel observador dos efeitos das crises, tirará tudo de bom que elas apresentam e se garantirá do mal do seu abuso.

APROVAÇÃO

Li por ordem do monsenhor guarda dos selos um manuscrito tendo por título *Aforismos do senhor Mesmer*. Eu o creio interessante para ser impresso nas circunstâncias presentes. Em Paris, a 10 de dezembro de 1784, de Machy.

APÊNDICE III

UMA CARTA MANUSCRITA DE MESMER

Gilbert du Motier, o marquês de La Fayette (1757-1834), foi um entusiasmado aluno do magnetismo animal, iniciado pela ordem da harmonia universal, rito maçônico criado por Mesmer para preservar sua ciência em lojas maçônicas, desde que a comunidade científica a rejeitou (ficaria conhecida como *Sociedade da Harmonia*, para preservar o sigilo dos maçons). Em maio de 1784, o marquês escreveu ao presidente estadunidense: "Um médico alemão, Mesmer, tendo feito a maior descoberta sobre o magnetismo animal, formou alunos, entre os quais o seu humilde criado é considerado um dos mais entusiastas". George Washington chegou a intervir junto a Benjamin Franklin em favor de Mesmer, quando das comissões de investigações. Lafayette decidiu aproveitar sua viagem aos Estados Unidos para divulgar o Magnetismo como grande descoberta destinada a auxiliar a humanidade. Na América, fez palestras e chegou a visitar as comunidades *shakers em Albany, New York* (grupo que seria considerado no século 19 como precursor dos fenômenos espíritas). Pretendia pesquisar se havia algo em comum entre os transes mediúnicos e o sonambulismo provocado pelo magnetismo animal. Lafayette também levou em sua viagem uma carta do próprio Mesmer para George Washington, manuscrita e assinada, que reproduzimos adiante. Mesmer recebeu do presidente uma resposta em 25 de novembro de 1784:

"Ao médico Friedrich Anton Mesmer. Mount Vernon, 25 de novembro de 1784. O Marquês de Lafayette me fez a honra de apresentar sua carta do dia 16 de junho; e de oferecer algumas explicações dos poderes do Magnetismo Animal, cuja descoberta, sendo amplamente benéfica como ele afirma, será verdadeiramente afortunada para a Humanidade, devendo-se honrar amplamente o gênio a quem se deve seu surgimento. Pela confiança depositada em mim pela Sociedade que vocês formaram com o objetivo de difundir e fazer surgir todos os benefícios esperados; e pelos vossos sentimentos favoráveis a mim, peço-lhe para receber a minha gratidão, e as garantias do respeito e estima com eu tenho a honra, etc. George Washington".

Paris le 16.e Juin 1784.

Monsieur.

M.r Le Marquis de la Fayette, Se propose de faire connoître dans les régions Soumises à la domination des Etats unis, une découverte importante aux hommes. Auteur de cette découverte, j'ai formé pour la revendre une Société uniquement occupée de lui faire produire tous les avantages qu'il faut en attendre. Cette Société à désiré ainsi que moi, que M.r Le Marquis de la Fayette, demeure chargé de vous en faire hommage. Il

nous a paru que l'homme qui a le
mieux mérité de ses Semblables devoit
s'interesser au Sort de toute révolution
qui a le bien de l'humanité pour objet

Je Suis avec les Sentimens
d'admiration et de respect, que m'ont
toujours inspiré vos vertus

Monsieur

Votre très humble et
très obéissant Serviteur;

Mesmer

REFERÊNCIAS

ABBAGNANO, NICOLA. [1976] *História da filosofia*. Trad. A.R. Rosa, A.B. Coelho e A.S. Carvalho. Lisboa: Editorial Presença, 1976. Vols. 1 a 12. LIMA, D.R.A. e Smithfield, R.W. [1986]. *Manual de história da medicina*. Rio de Janeiro: Medin, 1986.

ANDRADE, MOACYR. [1982] Coisas da medicina no início de Belo Horizonte. *Revista do Arquivo Público Mineiro*. Vol. 33 n. XXXIII. Belo Horizonte: 1982.

ANTISERI, DARIO & REALE, GIOVANNI. [1997] *Storia della filosofia*. La Scuola, 1997.

AQUINO, TOMÁS DE. [1259] *Verdade e conhecimento*. Trad. L.J. Lauand e M.B. Sproviero. São Paulo: Martins Fontes, 1999.

ARISTÓTELES. [-355] *Da geração e da corrupção, seguido de convite à filosofia*. São Paulo: Landy, 2001.

_____. [-355] *Metafísica*. São Paulo: Loyola, 2002.

BACHELARD, GASTON. [1985] *O novo espírito científico*. 2ª ed. Rio de Janeiro: Tempo Brasileiro, 1995.

BAIGENT, MICHAEL; LEIGH, RICHARD. [1999] *A inquisição*. Trad. M. Santarrita. Rio de Janeiro: Imago, 2001.

BARNES, JONATHAN. [1987] *Filósofos pré-socráticos*. São Paulo: Martins Fontes, 1997.

BARRUCAND, D. [1967] *Histoire de hypnose en France*. Paris: Presses Universitaires de France, 1967.

BÉLIARD, OCTAVE. [1933] *Magnétisme et spiritisme*. Paris: Librairie Hachette, 1933.

BERGASSE, NICOLAS. [1785] *Titre Observations de M. Bergasse, sur un écrit du doutor Mesmer, ayant pour titre* Lettre de l'inventeur du magnétisme animal à l'auteur des Réflexions préliminaires. Londres: [s.n.], 1785.

BERSOT, ERNEST. [1995] *Mesmer e o magnetismo animal*. Trad. J. Jorge. Rio de Janeiro: Edições CELD, 1995.

BIASE, FRANCISCO DI. [1995] *O homem holístico: A unidade mente-natureza*.

Petrópolis: Vozes, 1995.

BILLOT, G. P. [1839] *Recherches psychologiques sur la cause des phénomènes extraordinaires observés chez les modernes voyans, improprement dits somnambules magnétiques ou correspondance sur le magnetisme animal entre un solitaire et M. Deleuze, bibliothécaire du muséum* à *Paris*. Paris: Albanel et Martin, 1839.

BINET, ALFRED & FÉRÉ, CH. [1887] *Le Magnetisme animal*. Paris: Ancienne Librairie Germer Bailliére, 1887.

BLOCH, GEORGE J. [1980] *Mesmerism: A translation of the original medical and scientific writings* of F.A. Mesmer. Califórnia: William Kaufmann, 1980.

BORNHEIM, GERD. *Os filósofos pré-socráticos*. São Paulo: Cultrix, 2001.

BOTSARIS, ALEX. [2001] *Sem anestesia: O desabafo de um médico*. Rio de Janeiro: Objetiva, 2001.

BOZZANO, ERNESTO. [1980] *Metapsíquica humana*. Rio de Janeiro: FEB, 1980.

BRADFORD, THOMAS L. [1895] *Life and letters of doctor Hahnemann*. Filadéfia: Boericke and Tafel, 1895.

BRUNO, GIORDANO. [1584] *Acerca do infinito, do universo e dos mundos*. 4. ed. Lisboa: Fundação Calouste Gulbenkian, 1958.

_____. [1977] *The ash wednesday supper*. Toronto: University of Toronto Press, 1995.

BUÉ, ALPHONSE. [1934] *Magnetismo curador: manual técnico*, vade-mecum *do estudante-magnetizador – parte I*. Rio de Janeiro/Paris: H. Garnier, 1934.

_____. [1934]. *Magnetismo curador: parte II*. Rio de Janeiro: FEB, 1934.

BURANELLI, VINCENT. [1975] *The wizard from Vienn:, Franz Anton Mesmer*. Nova York: Coward, McCann & Georghegan, Inc., 1975.

BURKE, PETER. [2000] *Uma história social do conhecimento de Gutenberg a Diderot*. Rio de Janeiro: Jorge Zahar Editora, 2003.

CALDER, RITCHIE. [1950] *O homem e a medicina: Mil anos de trevas*. Curitiba: Hemus, 2002.

CATHELL, DANIEL W. [1882] *The physician himself and what he should add to the strictly scientific*. Baltimore, 1882.

CHARPIGNON. [1842] *Physiologie, medicine et métaphysique do magnetisme*. Paris: Baillière, 1842.

CHAUÍ, MARILENA. [1994] *Introdução* à história *da filosofia: Dos pré-socráticos a Aristóteles – volume 1*. São Paulo: Companhia das Letras, 2002.

CHERTOK, LÉON. [1979] *The therapeutic revolution, from Mesmer to Freud*. Nova York: Brunner/Mazel Publishers, 1979.

CHOFFAT, FRANÇOIS. [1993] *Homeopatia e medicina: Um novo debate*. São Paulo: Loyola, 1996.

CRABTREE, ADAM. [1993] *From Mesmer to Freud: Magnetic sleep and the roots of psychological healing*. New Haven: Yale University Press, 1993.

CROLL-PICCARD, A.S. [1933]. *Hahnemann e a homeopatia*. Paris: G. Doin Editor, 1933.

DARNTON, ROBERT. [1988]. *O lado oculto da revolução: Mesmer e o final do Iluminismo na França*. São Paulo, Companhia das Letras, 1988. DASTRE, ALBERT JULES FRANK. [1903]. *A vida e a morte*. Lisboa: Livrarias Aillaude e Bertrand, 1903.

DELANNE, GABRIEL. [1885] *O Espiritismo perante a ciência*. Rio de Janeiro: Federação Espírita Brasileira, 1937.

_____. [1899]. *A alma é imortal*. 7. ed. Brasília, Feb, 1992.

DELEUZE, JOSEPH PHILIPPE FRANÇOIS. [1813]. *Histoire critique du magnétisme animal*. Paris: Belin-Leprieur, dois vols., 1813.

_____. [1826]. *Lettre à MM. les membres de l'Académie de médecine sur la marche qu'il convient de suivre pour fixer l'opinion publique relativement à la réalité du magnétisme animal, aux avantages qu'on peut en tirer et aux dangers qu'il représente*. Paris: Béchet jeune, 1826.

DEMARQUE, DENIS. [1968]. *Homeopatia: Medicina de base experimental*. Rio de Janeiro: Gráfica Olímpica Editorial, 1973.

DENIS, LÉON. [1919]. *O grande enigma*. 10. ed. Brasília: FEB, 1992.

DESCARTES, RENÉ. [1639]. *Discours de la méthode*. Paris: Garnier, 1950.

_____. [1649]. *As paixões da alma*. São Paulo: Martins Fontes, 1998.

_____. [1945]. *Obra escolhida*. São Paulo: Difusão Europeia do Livro, 1962. DIEPGEN, P. [1932]. *Historia de la medicina*. Barcelona: Labor, 1932.

DORBON. [1975]. *Bibliotheca esoterica. Catalogue annoté et illustré de 6707 ouvrages anciens et modernes qui traitent des sciences occultes (...) comme aussi des sociétés secretes*. Paris: Editions du Vexin français, 1975.

DOSSEY, LARRY. [1999]. *Reinventando a medicina*. São Paulo: Cultrix, 1999.

DOYLE, ARTHUR CONAN. [1926] *História do espiritismo*. São Paulo: Pensamento, 1960.

DU POTET DE SENNEVOY, barão Jules. [1826]. *Expériences publiques sur le magnétisme animal. Faites à L'Hotel-Dieu De Paris...Augmentée de nouveaux détails sur la personne qui avait été l'objet de ces Expériences; et d'un Précis des nouvelles Observations sur le Magnétism faites dans plusieurs hôpitaux de Paris; et suivie des dernières délibérations de l'Académie de Médecine, sur la question du magnétisme*. Paris: Bechet, 1826.

_____. [1840]. *Cours de magnétisme en sept leçons ; augmentée du rapport sur les expériences magnétiques faites par l'Académie Royale de Médecine en 1831*. Paris: Bintot, 1840.

_____. [1845]. *Essai sur l'enseignement philosophique du magnétisme*. Paris: A. René, 1845.

_____. [1856]. *Traité complet de magnétisme animal: Cours en douze leçons*. Paris: Germer Baillière, 1856.

DURVILLE, HECTOR. [1903]. *Théories et procedes du magnétisme. cour professé à l'école pratique de magnétisme*. Paris: Perthuis, 50. edição, 1956.

EINSTEIN, ALBERT. 1920. *Ether and the theory of relativity*. Http://www.tu-harburg.de/rzt/rzt/it/ether.htmls.

FIGUEIREDO, PAULO HENRIQUE DE. [2016]. *Revolução Espírita – a teoria esquecida de Allan Kardec*. São Paulo: Maat, 2016.

FLAMMARION, CAMILLE. [1920]. *A Morte e o seu mysterio: Volume I – antes da morte*. Rio de Janeiro: F. Briguiet, 1922.

FLECK, L. [1935]. *Genesis and development of a scientific fact*. Chicago: The University of Chicago Press, 1935.

FOUCAULT, MICHEL. [1972]. *História da loucura na idade clássica*. São Paulo: Editora Perspectiva, 1972.

_____. [1980]. *Naissance de la clinique*. France: Presses Universitaires. 1980.

GARRISON, F. H. [1928]. *History of medicine*. 4. ed. Filadélfia: Sanders, 1997.

GAULD, ALAN. [1992]. *A history of hipnotism*. Nova York: Cambridge University Press, 1992.

GAY, PETER. [1966]. *The Science of Freedom*, Nova York: W.W. Norton, 1966.

GENNEPER, THOMAS. [1991]. *Como paciente de Samuel Hahnemann: O tratamento de Friedrich Wieck nos anos 1815/1816*. Rio de Janeiro: Instituto de Homeopatia James Tyler Kent, 1996.

GILBERT, JEAN EMMANUEL, [1784]. *Aperçu sur le magnétisme animal, ou résultat de observations faites à Lyon sur ce nouvel agent*. Genebra: 1784.

GOFF, JACQUES LE. [1957]. Os intelectuais na Idade Média. Rio de Janeiro: José Olympio, 2003.

GOLDFARB, ANA MARIA ALFONSO. [1987]. *Da alquimia à química*. São Paulo: Nova Stella/USP, 1987.

GOSWAMI, AMIT. [1993]. *O universo autoconsciente*. 5. ed. Rio de Janeiro: Rosa dos Tempos, 2002.

GOUREVITCH, D. [1994]. *De l'art médical*. Trad. d'Émile Littré. Paris: Librairie Genérale, 1994.

HAHNEMANN, SAMUEL. [1821] *Materia medica pura*. Nova Délhi: B. Jain Publishers, 1984, 2 vols.

_____. [1838]. *Escritos menores*. Curitiba: Nova Época. 1991.

_____. [1964]. "Dissertação histórica e médica sobre o elaborismo", em *Estudos de medicina homeopática*. Rio de Janeiro: Gráfica Olímpica Editora, 1964.

_____. [1842]. *Organon da arte de curar*. 6. ed. São Paulo: Robe Editorial, 2001.

HERZLER, ARTHUR E. [1938]. *Horse and buggy doctor*. Nova York, 1938.

HEYDEBRAND, GLAS KOENIG. [1983]. *Os quatro temperamentos*. São Paulo: Editora Resenha Tributária, 1983.

HIPOCRATES. [-430] *Conhecer, cuidar, amar: O juramento e outros textos*. São Paulo: Landy, 2002.

_____. *De La medicina antigua*. Trad. C.E. Lan. México: Universidad Nacional Autónoma, 1987.

_____. [-430]. *Tratados hipocráticos*. Madri: Editorial Gredos, 1989. 6 vols.

HORKHEIMER, MAX; THEODOR W. ADORNO. [1998]. *Dialectic of Enlightenment*. Nova York: Continuum, 1998.

HUBERT, RENÉ. [1949]. *História da pedagogia*. São Paulo: Editora Nacional, 1976.

INCONTRI, DORA. [1997]. *Conforto espírita, o mestre dos mestres*. Salvador: Ideba, 1997.

_____. [2004]. *Para entender Allan Kardec*. Bragança Paulista: Lachâtre, 2004.

JAEGER, W. [1986]. *Paidéia: A formação do homem grego*. São Paulo: Martins Fontes, 1986.

JUNG, CARL GUSTAV. [1931]. *Estudos alquímicos*. Petrópolis: Vozes, 2002.

JUSSIEU, ANTOINE LAURENT DE. [1784]. *Rapport de l'un des Commissaires charges par le Roi de l'examen du magnetisme animal*. Paris, 1784.

KANT, IMMANUEL. [1781]. *Crítica da razão pura*. São Paulo: Abril Cultural, 1983.

_____. [1784]. *An answer to the question: What is Enlightenment? In Political writings*. 2ª ed. Cambridge: Cambridge University Press, 1991.

KARDEC, ALLAN. [1857]. *O livro dos espíritos*. Rio de Janeiro: FEB, 1944.

_____. [1859]. *O que é o espiritismo*. Rio de Janeiro: FEB, 1944.

_____. [1861]. *O livro dos médiuns*. Rio de Janeiro: FEB, 1944.

_____. [1864]. *O evangelho segundo o espiritismo*. Rio de Janeiro: FEB, 1944.

_____. [1865]. *O céu e o inferno*. Rio de Janeiro: FEB, 1944.
_____. [1868]. *A gênese*. Rio de Janeiro: FEB, 1944.
_____. [1869]. *Catálogo racional de obras para se fundar uma biblioteca espírita*. Notas E.C. Monteiro. São Paulo: Madras Espírita/USE, 2004.
_____. [1890]. *Obras póstumas*. Rio de Janeiro: FEB, 1944.
_____. *Revista Espírita, Revista espírita de estudos psicológicos*. 12 volumes (1858-1869) Trad. J. Abreu Filho. São Paulo: Edicel, 1968 a 1976.

KENT, JAMES T. [1900]. *Filosofia homeopática*. São Paulo: Robe Editorial, 2002.

KERNER, J.A.C. [1856]. Franz Anton Mesmer aus schwaben, entdecker dês thierischen magnetismus... Frankfurt: am Main, 1856.

LAVOISIER, A.L. [1789]. *Ouvres de Lavoisier*. Paris: Imprimiere Impériale. 1862-1868.

LIBERA, ALAIN DE. [1993]. *A filosofia medieval*. São Paulo: Loyola, 1998.

LIMA, ECKSTEIN TENÓRIO DE. *Kardec e o magnetismo: Anotações da Revista Espírita (1858-1869)*. Brasília: Comunicação Espírita Editora.

LOMBROSO, CÉSAR. [1909]. *Hipnotismo e espiritismo: Pesquisas sobre os fenômenos hipnóticos e espiríticos*. São Paulo: LAKE, 1999.

LOPES, O.C. [1970]. *A medicina no tempo*. São Paulo: Melhoramentos, 1970.

LYONS, A.S e R.J. PETRUCELLI, [1978]. *Medicine: An illustrated history*. Nova York: Abrams, 1978.

MANCHESTER, WILLIAM. [1992]. *Fogo sobre a Terra: A mentalidade medieval e o Renascimento*. Trad. F. Abreu. Rio de Janeiro: Ediouro, 2004.

MARGOTTA, ROBERTO. [1967]. *História ilustrada da medicina*. São Paulo: Manole, 1998.

MARIOTTI, HUMBERTO. [1940]. *Dialética e metapsíquica*. São Paulo: Edipo, 1950.

MARSICO, C.T. [1998]. *Modelos de medicina en* El banquete y La república *de Platón*. Hypnos 3(4): 168-180, 1998.

MELO, J.M. SOUZA (Ed.). [1989]. *A medicina e sua história*. Rio de Janeiro: EPUC, 1989.

MENEZES, ADOLFO BEZERRA DE. [1920] *A loucura sob novo prisma*. 7. ed. Brasília: FEB, 1989.

MESMER, FRANZ ANTON. [1766]. *Dissertatio physico-medica de planetarum influxu in corpus humanum*. Tese de doutorado. Viena: Universidade de Viena, 1766.

_____. [1779]. *Mémoire sur la découverte du magnétisme animal par F. A. Mesmer*. Genebra e Paris: Pamphlet, 1779.

_____. [1781]. *Précis historique des faits relatifs au magnétisme animal jusqu'en avril 1781.* Londres e Paris: Pamphlet, 1781.

_____. [1784]. *Copie d'une lettre écrit par m. Mesmer, à m. Franklin.* A messierur les auteurs du Journal de Paris, ce 20 Août 1784. Paris: Jornal de Paris, 1784.

_____. [1799]. *Mémoires de F. A. Mesmer, docteur en médicine, sur ses découvertes.* Paris: Suchs, 1799.

_____. [1814]. *Mesmerismus oder systeme der wechselwirkungen: theorie und anwendung des thierischen magnetismus als die allgemeine heilkunde zur erhaltung des menschen.* Org. von K. C. Wolfart. Berlim: Nikolaische Buchhandlung, 1814.

MIRANDA, HERMINIO C. [1987]. *Hahnemann, o apóstolo da medicina espiritual.* Rio de Janeiro: CELD, 1987.

MONTEGGIA, EDUARDO. [1861]. *A Verdadeira medicina physica e espiritual, propaganda de magnetotherapia: Jornal científico.* Rio de Janeiro, 1861.

NEWTON, ISAAC. [1704]. *Óptica.* Trad. A.K.T. Assis. São Paulo: Edusp, 2002.

OCHOROWICZ, JULIAN. [1903]. *A sugestão mental.* Trad. J.L. Souza. Rio de Janeiro: H. Garnier, 1903.

PALERMO, E. [1996]. *Enfermos, médicos y sociedades en la historia.* Buenos Aires: Cientec, 1989.

PARACELSO, FELIPE AUREOLO TEOFRASTO Bombasto de Hohenheim. [1563a] *Opera omnia medico-chirurgica tribus voluminibus comprehensa.* Genebra. 1663.

_____. [1563b] *A chave da alquimia: Texto inédito.* Biblioteca planeta. São Paulo: Editora Três, 1973.

_____. [1563c] The life and doctrines.

PATTIE, FRANK A. [1994]. *Mesmer and animal magnetism.* Nova York: Edmonston Publishing. 1994.

PEREIRA, ROSALIE HELENA DE SOUZA. [2002]. *Avicena: A viagem da alma, uma leitura gnóstico-hermética de Hayy IBnN Yaqzan.* São Paulo: Perspectiva, 2002.

PINKER, STEVEN. [2004]. *Tábula rasa: A negação contemporânea da natureza humana.* Trad. L.T. Motta. São Paulo: Companhia das Letras, 2004.

PIRES, JOSÉ HERCULANO. [1966]. *Parapsicologia e suas perspectivas.* São Paulo: Edicel, 1966.

_____. [1971]. *Espiritismo dialético.* Campinas: A Fagulha, 1971.

_____. [1977]. *Mediunidade.* 2. ed. São Paulo: Paidéia, 1992.

_____. [1991]. *O espírito e o tempo.* São Paulo: Edicel, 1991.

_____. [1995]. *Obsessão: O passe, a doutrinação*. 6. ed. Paidéia, 1995.
PLATÃO. [-340a] *As leis ou da legislação e epinomis*. Bauru: Edipro, 1999.
_____. [-340b] *Diálogos*. Trad. J. Bruna. São Paulo: Cultrix, 2002.
_____. [-340c] *Fedro*. Trad. A. Marins. São Paulo: Martin Claret. 2003.
_____. [-340d] *Timeu e Crítias ou a Atlântida*. Curitiba: Hemus, 2002.
PORTER, ROY. [1996]. *Cambridge história ilustrada da medicina*. Rio de Janeiro: Revinter, 2001.
PUYSÉGUR, ARMAND MARC-JACQUES DE CHASTENET, marquês de. [1785]. *Sequência das memórias para contribuir com a história e a instituição do magnetismo animal*. No prelo.
_____. [1784]. *Memórias para contribuir com a história e a instituição do magnetismo animal*. No prelo.
ROCHAS, EUGÈNE-AUGUSTE ALBERT DE. [1893a]. *Les etats profonds de l'hypnose*. Paris: Chamuel Éditeur, 1893.
_____. [1893b]. *Les etats superficiels de l'hypnose*. Paris: Chamuel Éditeur, 1893.
_____. [1911]. *As vidas sucessivas*. Bragança Paulista: Lachâtre, 2002.
ROGER, JACQUES. [1993]. *Les sciences de la vie dans la pensée française duXVIIIe siecle*. Paris: Albin Michel, 1993.
ROOT-BERNSTEIN, ROBERT E MICHELE. [1988]. *A incrível história dos remédios*. Rio de Janeiro: Campus, 1988.
ROSENBAUM, PAULO. [1996]. *Homeopatia e vitalismo: Um ensaio acerca da animação da vida*. São Paulo: Robe Editorial, 1996.
_____. [2000]. *Homeopatia: Medicina interativa – História lógica da arte de curar*. Rio de Janeiro: Imago, 2000.
ROUSSEAU, JEAN-JACQUES. [1781]. *Confissões*. Lisboa: Relógio d'Água. 1988.
_____. *Emílio ou da educação*. São Paulo, Martins Fontes, 2004.
RUIZ, RENAN. [2002]. *Da alquimia à homeopatia*. Bauru: Unesp, 2002.
SAGAN, CARL. [1996]. *O mundo assombrado pelos demônios: A ciência vista como uma vela no escuro*. São Paulo: Companhia das Letras, 1996.
SARGENT, EPES. [1880]. *Bases científicas do espiritismo*. 4. ed. Brasília: FEB, 1989.
SINGER, C. [1953]. *Science, medicine and history*. Londres: Oxford, 1953.
SOARES, MARIA LUÍSA COUTO (Coord.) [1999]. *Hipócrates e a arte damedicina*. Lisboa: Colibri, 1999.
STEWART, MARY. [1970]. *História da filosofia*. São Paulo: Nova Cultural, 2002.
SZAS, T. [1976]. *A fabricação da loucura*. Trad. D. M.Leite. Rio de Janeiro: Zahar Editores, 1976.

TALBOT, C. H. [1967]. *Medicine in medieval England*. Nova York: Oldburn, 1967.

TALHEIMER, A. [1934]. *Introdução ao materialismo dialético: Fundamento das teorias marxistas*. São Paulo: Livraria Cultura Brasileira, 1934.

THORWALD, JÜRGEN. [1962]. *O segredo dos médicos antigos*. São Paulo: Melhoramentos, 1985.

_____. [2002]. *O século dos cirurgiões*. Curitiba: Hemus, 2002.

TRILLAT, E. [1986]. *Histoire de l'hystérie*. Paris: Seghers, 1986.

TUBIANA, MAURICE. [1995]. *História da medicina e do pensamento médico*. Lisboa: Teorema, 1995.

ULRICH, H. [?]. Jahrbuch dês Rereins für Geschichte der Stadt Wien. Frankfurt.

VEAUMOREL, LOUIS CAULLET DE. [1785] *Aforismos de Mesmer ditados na assembleia dos seus discípulos, e nos quais se encontram seus princípios, sua teoria e os meios de magnetizar. Ao todo formando um corpo de doutrina desenvolvido em 344 parágrafos, para facilitar a aplicação dos Comentários ao magnetismo animal.* São Paulo.

VOVELLE, MICHEL. [1997]. *O homem do iluminismo*. Lisboa: Editorial Presença, 1997.

WANTUIL, ZÊUS. [1958]. *As Mesas girantes e o espiritismo*. Rio de Janeiro: FEB. 1958.

WHITE, MICHAEL. [1997]. *Isaac Newton: O último feiticeiro*. Trad. M.B. Medina. Rio de Janeiro: Record, 2000.

_____. [2002]. *O papa e o herege: Giordano Bruno – A verdadeira história do homem que desafiou a inquisição*. Trad. M.B. Medina. Rio de Janeiro: Record, 2003.

WIJNGAARDEN, ALEXIS LAMA T. [2002]. Boerhaave: Una mente brillante, un carácter virtuoso. *Revista Médica*, v.130 n.9, set. 2002, Santiago do Chile.

WILLIAMS, ELIZABETH ANN. [2003]. *A cultural history of medical vitalism in enlightenment Montpellier*. Ashgate, 2003.

WOLFE, BERNARD. [1948]. Hypnotism comes of age, its progress form *Mesmer to psychoanalysis*. Nova York: Blue Ribbon Books, 1948.

YATES, FRANCES A. [1964]. *Giordano Bruno e a tradição hermética*. 2. ed. São Paulo: Cultrix, 1990.

ZÖLLNER, JOHANN KARL FRIEDRICH. [1879]. *Provas científicas da sobrevivência*. São Paulo: Edicel, 1967.

ZWEIG, STEFAN. [1930]. A Cura pelo espírito: Mesmer, Mary Baker Eddy, Freud. R.

Revolução Espírita

A teoria esquecida de Allan Kardec

Que teria motivado um intelectual francês do século 19 a reconhecer, na teoria espírita, o potencial de transformar o mundo? No entanto, esse entusiasmo não corresponde ao que hoje se divulga. Sejam opositores ou simpatizantes, adeptos ou divulgadores, todos desconhecem o verdadeiro espiritismo. Após décadas de pesquisa em fontes primárias e documentos inéditos, acessando obras, jornais, revistas e folhetos do século 19, além das bases digitais de bibliotecas de todo o mundo, chegou a hora de resgatar a doutrina espírita original. O espiritismo tal como foi proposto por Allan Kardec é a solução definitiva para a crise moral da humanidade.

Fundação Espírita André Luiz

Há décadas a Fundação Espírita André Luiz – FEAL se dedica à missão de levar a mensagem consoladora do Cristo sob a visão abrangente do Espiritismo.

Com o compromisso da divulgação de conteúdos edificantes, a FEAL tem trabalhado pela expansão do conhecimento por intermédio de seus canais de comunicação do bem: Rede Boa Nova de Rádio, TV Mundo Maior, Editora FEAL, Loja Virtual Mundo Maior, Mundo Maior Filmes, Mercalivros, Portal do Espírito e o Centro de Documentação e Obras Raras (CDOR), criado com o propósito de recuperar a história do Espiritismo.

E não há como falar da Fundação Espírita André Luiz sem atribuir sua existência ao trabalho iniciado pelo Centro Espírita Nosso Lar Casas André Luiz, que desde 1949 se dedica ao atendimento gratuito à pessoas com deficiência intelectual e física.

Aliada ao ideal de amor e comprometimento com esses pacientes e suas famílias realizado pelas Casas André Luiz, a Fundação Espírita André Luiz atua como coadjuvante no processo de educação moral para o progresso da humanidade e a transformação do Planeta.

Esta edição foi impressa pela Gráfica Viena, sendo impressas duas mil cópias em formato fechado 15,5 x 22 cm, em papel Pólen Soft 70 g/m² para o miolo e papel cartão 330 g/m² para a capa. O texto principal foi composto em Goudy Old Style 10,5/13 e os títulos em Bebas Neue 30. A capa e o projeto gráfico foram elaborados por Bruno Tonel.

Maio de 2021